Ghassemi-Tabar/Pauthner/Wilsing (Hrsg.)

Corporate Compliance

Praxisleitfaden für die Unternehmensführung

Handelsblatt
FACHMEDIEN

Impressum

Corporate Compliance
Praxisleitfaden für die Unternehmensführung

Herausgeber:
Dr. Nima Ghassemi-Tabar/Jürgen Pauthner/Dr. Hans-Ulrich Wilsing

Handelsblatt Fachmedien GmbH
Grafenberger Allee 293
D-40237 Düsseldorf
Tel.: 0800/000-1637, Fax: 0800/000-2959
Internet: http://www.fachmedien.de
E-Mail: kundenservice@fachmedien.de

ISBN: 978-3-942543-52-1 (gedruckte Ausgabe)
       978-3-942543-56-9 (eBook)
       978-3-942543-57-6 (Bundle aus gedruckter Ausgabe und eBook)

Einbandgestaltung/Layout: Christian Voigt

Druck: Grafisches Centrum Cuno GmbH & Co. KG, Gewerbering West 27, 39240 Calbe

Printed in Germany
September 2016

Bibliografische Informationen der Deutschen Nationalbibliothek
Die Deutsche Nationalbibliothek verzeichnet diese Publikation in der Deutschen Nationalbibliografie;
detaillierte bibliografische Daten sind im Internet über www.d-nb.de abrufbar.

Hinweis zu Randnummern-Verweisen im Text:
Randnummern-Verweise im Fließtext ohne §§-Angabe beziehen sich auf das jeweilige Kapitel, bei Verweisen zwischen den Kapiteln sind die entsprechenden §§ mit angegeben.

Vorwort

Für die Mitglieder der Unternehmensleitung ist es in der Praxis von zentralem Interesse, wie Compliance-Risiken sicher festzustellen und zu steuern sind, um unerwünschte rechtliche und wirtschaftliche Folgen zu kontrollieren und nach Möglichkeit zu vermeiden. Dies wird erreicht durch die wirksame Beeinflussung der relevanten Abläufe und Handlungen im Rahmen der Geschäftsprozesse und Unternehmensstrategien.

Compliance-Risiken sind aus Sicht der Leitungsebenen zunächst operationale und strategische Management- und Steuerungsrisiken. Dies belegt die langjährige Compliance-Leitungspraxis in allen Unternehmen. Erst in einem zweiten Schritt geht es um die Feststellung und Bewertung der rechtlichen Aspekte.

Erstaunlicherweise fehlte bislang ein praxisnahes Informations- und Entscheidungsinstrument für Leitungspersonen zur Auswahl und Anwendung konkreter Maßnahmen für die wirksame und wirtschaftliche Steuerung der Compliance-Risiken. Das vorliegende Werk füllt diese Lücke. Es konzentriert sich auf die Umsetzung der Compliance-Steuerung und -Überwachung aus Sicht der Unternehmensführung. Über abstrakte Standards und Benchmarks hinaus listet es zahlreiche konkret umsetzbare Maßnahmen zur direkten Anwendung durch die Mitglieder der Unternehmensleitung auf.

Sämtliche Empfehlungen basieren auf konkreten Entscheidungssituationen und Erfahrungen der Leitungsorgane zahlreicher namhafter Unternehmen.

Großer Dank geht an die engagierten Autoren, die ihre Expertise und Erfahrung in fundierte Beiträge umgesetzt haben.

Düsseldorf, München im September 2016   Herausgeber und Verlag

Autorenverzeichnis

Dr. Nima Ghassemi-Tabar (Hrsg.)
Rechtsanwalt bei Linklaters LLP mit Schwerpunkt Corporate Litigation, insbesondere Vorstands- und Geschäftsführerhaftung im Bereich der Compliance-Leitungspflichten, Autor zahlreicher Fachbeiträge, unter anderem Mitherausgeber und Co-Autor des Münchener Handbuchs des Gesellschaftsrechts, Band 7, Gesellschaftsrechtliche Streitigkeiten.

Jürgen Pauthner, LL.M. (San Diego), MBA (Paris) (Hrsg.)
Internationaler Compliance Aufbau-, Entwicklungs- und Turnaround Manager seit 2001, zahlreiche Global Chief Compliance Officer-Funktionen, Vorstandsberatung, Inhouse-Interim-Projekte und Koordination komplexer Sachverhaltsklärungen in namhaften Unternehmen, langjähriger fachlicher Leiter des Certified Compliance Professional-Studiengangs an der Frankfurt School of Finance and Management, Lehraufträge unter anderem an der ESCP Europe Paris und Berlin, diverse Fachveröffentlichungen.

Dr. Hans-Ulrich Wilsing (Hrsg.)
Partner bei Linklaters LLP, Leiter der deutschen Corporate/M&A-Praxis, spezialisiert auf Vorstands- und Aufsichtsratsberatung, Organhaftung sowie Fragen der Corporate Governance, von JUVE seit 2000 durchgehend als einer der führenden Anwälte im Gesellschaftsrecht bezeichnet, Mitglied des Handelsrechtsausschusses des DAV und regelmäßiger Referent, unter anderem beim Deutschen Aktieninstitut (DAI) und beim Bundesrechnungshof.

Prof. Dr. Georg Annuß, LL.M.
Partner bei Linklaters LLP und außerplanmäßiger Professor an der Universität Regensburg, Autor zahlreicher Fachbeiträge, u.a. *Annuß/Thüsing*, Kommentar zum Teilzeit- und Befristungsgesetz; *Annuß/Kühn/Rudolph/Rupp*, Europäisches Betriebsräte-Gesetz sowie *Annuß/ Früh/Hasse*, Institutsvergütungsverordnung und Versicherungsvergütungsverordnung, in: *Staudinger*, Kommentar zum BGB.

Dr. Eike Bicker, LL.M. (Cambridge)
Rechtsanwalt, Partner bei Gleiss Lutz im Bereich Corporate & Compliance, Frankfurt am Main, Mitglied bei dem Deutschen Institut für Compliance e.V., Autor diverser Fachbeiträge zu Compliance- und Corporate Governance-Fragen.

Frank Dassler, LL.M. (UC Davis)
Rechtsanwalt, General Counsel adidas Group; Leiter globale Rechtsabteilung, Compliance Management, Umwelt und Soziales, Risk Management und Government Relations; Präsident des Weltverbands der Sportartikelindustrie (WFSGI).

Steffen Demuß
Diplom-Kaufmann, Rechtsanwalt und Steuerberater, Leiter Steuern bei der Koenig & Bauer AG in Würzburg.

Sebastian Glaab
Head of AML/Compliance bei der VTB Bank (Deutschland) AG, verantwortlich für die Einhaltung der regulatorischen Anforderungen in den Bereichen Geldwäsche- und Betrugsprävention (Wirtschaftskriminalität) sowie MaRisk; ferner zuständig für die Einhaltung nationaler und internationaler Sanktionsvorschriften.

Dr. Walther Graf
Rechtsanwalt, Partner bei Feigen Graf, Fachanwalt für Strafrecht, Praxisschwerpunkt: Individualverteidigung in Wirtschafts- und Steuerstrafsachen, Koordination komplexer Ermittlungsverfahren für Unternehmen (häufig auch mit internationalen Bezügen), Unterstützung von Unternehmen bei der Erstellung und Umsetzung von Compliance-Programmen.

Dr. Bernd Groß, LL.M.
Rechtsanwalt, Partner bei Feigen Graf, Fachanwalt für Strafrecht, Praxisschwerpunkt: Verteidigung in Wirtschafts- und Steuerstrafsachen (etwa „Beluga-Verfahren", „CO2-Emissionshandel-Verfahren", „Commerzbank-Verfahren", „Falk-Verfahren"), insbesondere Untreue- und Korruptionsverfahren, jeweils auch mit internationalem Bezug.

Prof. Niko Härting
Rechtsanwalt, Gründungspartner von HÄRTING Rechtsanwälte (Berlin), Honorarprofessor an der Hochschule für Wirtschaft und Recht (HWR) Berlin, Herausgeber der Zeitschrift Privacy in Germany (PinG), Mitglied der Schriftleitung der Zeitschrift Computer und Recht (CR), Europabeauftragter des Informationsrechtsausschusses des Deutschen Anwaltvereins (DAV).

Jörn Johannsen, LL.M. (University of Cape Town)
Rechtsanwalt, Head of Compliance Germany bei der AbbVie Deutschland GmbH & Co. KG, Mitglied im Vorstand des Vereins Freiwillige Selbstkontrolle für die Arzneimittelindustrie (FSA) e.V., Dozent an der Hochschule Fresenius im Fachbereich Wirtschaft & Medien.

Dr. Thomas Kapp, LL.M. (UCLA)
Rechtsanwalt, Partner bei Luther und seit 2003 Leiter des Bereichs Kartell- und EU-Recht, ausschließlich im Kartellrecht tätig und mit allen Fragen des nationalen und internationalen Kartellrechts befasst, insbesondere aber mit Compliance, Bußgeldverfahren, Schadensersatzprozessen, Fusionskontrolle und Vertriebsrecht.

Dr. Jan Kappel

Rechtsanwalt und Partner bei AGS Legal, Leiter der Praxisgruppe Interne Untersuchung und Compliance-Haftung, einer der zehn führenden Anwälte bei Compliance-Untersuchungen (JUVE), „Top Anwalt für Compliance – Wirtschaftsstrafrecht, Organhaftung" (WirtschaftsWoche), Gastdozent der Universität Heidelberg.

Thomas Kirstan

Partner bei Deloitte, verantwortlich für den Bereich Risk und Compliance innerhalb des Funktionsbereichs Risk Advisory, Mitglied im DICO-Arbeitskreis „Zertifizierung und Qualitätsmanagement", Mitglied im Arbeitskreis „Prüfung von Internen Revisionssystemen" des Instituts der Wirtschaftsprüfer in Deutschland e.V. (IDW).

Christian Krohs, LL.M.

Rechtsanwalt, Partner bei McDermott Will & Emery, spezialisiert auf Kartell- und Wettbewerbsrecht sowie Compliance-Angelegenheiten; sein Tätigkeitsbereich umfasst das europäische und deutsche Kartell- und Wettbewerbsrecht, Kartell-Ermittlungsverfahren, Kartell-Schadensersatzstreitigkeiten sowie nationale und internationale Fusionskontrollprojekte.

Dr. Tobias Larisch

Rechtsanwalt, Partner bei Freshfields Bruckhaus Deringer LLP, Mitherausgeber der Corporate Compliance Zeitschrift (CCZ).

Jens C. Laue

Wirtschaftsprüfer, Partner bei der KPMG AG Wirtschaftsprüfungsgesellschaft in Düsseldorf, Leiter der Geschäftseinheit Governance & Assurance Services, Mitglied im Arbeitskreis „GRC" des Instituts der Wirtschaftsprüfer in Deutschland e.V. (IDW).

Manuela Mackert

Chief Compliance Officer und Leiterin des Group Compliance Managements der Deutschen Telekom AG, Aufsichtsrätin der T-Systems GmbH, Vorstandsvorsitzende des Deutschen Instituts für Compliance (DICO) und des Forums Compliance & Integrity (FCI).

Prof. Dr. Andreas Mosbacher

Richter am Bundesgerichtshof (1. Strafsenat), Honorarprofessor für Wirtschaftsstrafrecht an der Universität Leipzig, Mitglied im Arbeitskreis „Corporate Compliance", Mitherausgeber der Neuen Zeitschrift für Wirtschafts-, Steuer- und Unternehmensstrafrecht (NZWiSt).

Malaika Nolde, LL.M. (Rechtsinformatik)

Rechtsanwältin, Partnerin der Kanzlei VBB Rechtsanwälte (Düsseldorf), Datenschutzauditorin (TÜV).

Stephan Pawlytsch

Diplom-Ingenieur, Geschäftsführer der proveho GmbH, Projektleitung für die Einführung von Compliance-Management-Systemen in der Industrie, Dozent für Beauftragte, Sicherheitsfachkräfte und für Leitungspersonal der Entsorgungsunternehmen.

Maximilian Reichert

Rechtsanwalt bei Linklaters LLP im Bereich Dispute Resolution in München, spezialisiert auf Corporate Litigation/Arbitration, insbesondere auf die Beratung im Zusammenhang mit Fragen der D&O-Versicherung.

Detlef Schmitz

Selbstständiger Rechtsanwalt, Berlin. Bis März 2016 General Counsel der LIXIL Water Technology Group, Luxemburg, Leitung der globalen Rechtsfunktion, globales Compliance Management.

Magdalene Steup, M.B.L.-HSG

Rechtsanwältin, Principal Associate bei Freshfields Bruckhaus Deringer LLP.

Dr. Oliver Suchy

Rechtsanwalt bei Linklaters LLP im Bereich Dispute Resolution in München, spezialisiert auf Criminal Compliance sowie die Beratung im Zusammenhang mit Fragen der Organhaftung und D&O-Versicherung.

Dr. Patrick Vogt

Chief Compliance Officer der DMG MORI AKTIENGESELLSCHAFT in Bielefeld, verantwortet das weltweite Compliance-Management-System von DMG MORI, zuvor beschäftigt bei der Siemens AG in Erlangen.

Dr. Konstantin von Busekist

Rechtsanwalt und Steuerberater, Partner KPMG Law, dort Leiter Compliance Practice, Lehrbeauftragter an der Universität Essen-Duisburg für Corporate Governance, Verwaltungsrat beim DICO.

Sylvia Zimack

Ass. jur., Justiziarin bei der Meinhardt Städtereinigung GmbH & Co. KG, Dozentin für Fachkunde in der Abfallwirtschaft und für Compliance, adressiert an Führungskräfte und Mitarbeiter in verantwortlichen Positionen, Autorin zahlreicher Fachbeiträge zu unterschiedlichen Themen der Abfallwirtschaft.

Inhaltsübersicht

Teil 1:
Umsetzung des Compliance Managements durch die Unternehmensleitung

Pauthner

§ 1 Steuerung eines wirksamen und wirtschaftlichen Compliance-Management-Systems

Übersicht

Executive Summary

Compliance-Risiken sind aus der **Umsetzungssicht der Unternehmensleitung** operative und strategische **Steuerungs- bzw. Managementrisiken** (→ Rn. 340). Sie werden durch Abläufe und Strukturen sowie durch Verhalten und Entscheidungen von Mitarbeitern und Leitungspersonen verursacht und in ihren qualitativen und quantitativen Dimensionen bestimmt. Diese Parameter sind für die Mitglieder der Unternehmensleitung **steuerbar**. Sie stehen daher beim Compliance Management im Fokus ihres Interesses.

Die **rechtlichen Aspekte** von Compliance-Risiken sind daneben sicherlich grundlegend wichtig und müssen stets fachgerecht beurteilt werden. Bei der Risikosteuerung durch die Unternehmensleitung fließen sie jedoch nur als eine von mehreren nicht direkt beeinflussbaren Bestimmungsgrößen mit ein.

Dass wirksame **Risikosteuerung** der **beeinflussbaren Compliance-Aspekte** für Leitungspersonen gleichzeitig zur **Entlastung** gegenüber Aufsichtsorganen und anderen Stakeholdern sowie zur **Haftungsfreizeichnung** führt (→ Rn. 66 ff., 111 ff.), bei richtiger Konzeption stets zugleich wirtschaftlich (→ Rn. 385 ff.) ist und zudem wichtige **operative und strategische Vorteile** impliziert (→ Rn. 64 ff.), rückt sie ins **Zentrum des Interesses der Unternehmensleitung**.

Bei Defiziten der Compliance-Steuerung entsteht für das Unternehmen die Gefahr einer beachtlichen Bandbreite von Nachteilen. Beispiele sind Bußgelder und Geldstrafen, Schadensersatzansprüche, Ausschreibungsausschlüsse, verschlechterte Kapitalmarktbewertungen und Reputationsminderung. Daneben entstehen regelmäßig Behinderungen der strategischen Unternehmensentwicklung und des operativen Geschäfts – etwa verzögerte oder unterleibende Investitionsentscheidungen und Widerstände in Kontrollgremien oder bei Geschäftspartnern. Mitunter werden durch Compliance-Defizite umfassender mittelbarer und unmittelbarer materieller Schaden sowie hohe Beratungskosten verursacht. Praxisbeispiele sind der Kauf von Tochterunternehmen mit Compliance-Altlasten und hohen Schadensfolgen oder Ermittlungen der Kartellbehörden. Zugleich werden bei Compliance-Defiziten in der Praxis stets strategische und operative Chancen vergeben (→ Rn. 64 ff.).

Für die Mitglieder der Unternehmensleitung entsteht bei Vernachlässigung der Compliance-Leitungs- und -Steuerungspflichten (→ Rn. 5 ff.) die Gefahr strafrechtlicher Verantwortung, von Bußgeldern und Geldstrafen, Schadensersatzansprüchen des Unternehmens und Dritter sowie von Abberufung oder Kündigung. Oftmals entstehen zugleich persönlicher Reputationsverlust und nachhaltige Beeinträchtigungen der weiteren beruflichen Entwicklung. Meist haben Leitungsmitglieder bei wesentlichen Compliance-Defiziten des Unternehmens auch ihren strategischen und operativen Führungs- und Managementaufgaben nicht genügt.

Compliance Management ist zu **100% präventives und reaktives Risikomanagement** (→ Rn. 246 ff.). Die wirksame Compliance-**Risikoanalyse** (→ Rn. 254 ff.) ist deshalb nach einhelliger Meinung aller Fachkreise, Behörden und anderer Stakeholder Ausgangspunkt, notwendige Voraussetzung und **essenzielle Grundlage** jedes wirksamen CMS. Wirksame Risikoidentifizierung, -bewertung, -priorisierung, -steuerung, -berichterstattung und -kontrolle sind dabei **zentrale Aspekte**.

Defizite bei der Risikoanalyse verursachen automatisch ein mindestens teilweise pflichtwidriges, unwirksames und unwirtschaftliches CMS – und damit die Gefahr der genannten unerwünschten Folgen für das Unternehmen und seine Leitung. Die **Unternehmensleitung** muss daher zu ihrer Entlastung und Freizeichnung durch sachgemäße **Dokumentation** (→ Rn. 406 ff.) den **Nachweis** führen können, dass das unternehmensindividuelle CMS **spezifisch** auf die fortlaufend wirksam ermittelten Compliance-**Risiken ausgerichtet** ist und diese hinreichend **reduziert und steuerbar** macht.

Gleichzeitig besteht für die Unternehmensleitung die Anforderung, das **CMS** nicht nur wirksam, sondern **auch wirtschaftlich** zu konzipieren. **Beispiele** sind schlanke, aber dennoch wirksame Ressourcen, die Ausrichtung des CMS zugleich auch auf die Leistung von Individuen und von Geschäftseinheiten und die sorgfältige Abstimmung mit den Erfordernissen der **Geschäftsprozesse**. Interessanterweise sind gerade **schlanke CMS**-Gestaltungen oftmals sowohl pflichtgemäß wirksam als auch effizient. Zugleich impliziert jedoch die rechtliche Verpflichtung der Unternehmensleitung, mindestens „hinreichende" Wirksamkeit des CMS zu gewährleisten, stets das **Dilemma optimaler Ressourcenzuteilung** (→ Rn. 385 ff.).

Schlanke Konzeptionen von CMS werden in der Praxis dadurch erleichtert, dass bei deren Aufbau, Anpassung und Überarbeitung **viele** der für ein wirksames CMS erforderlichen **Prozesse und Ressourcen bereits im Unternehmen vorhanden** sind und nach meist nur geringen Anpassungen genutzt werden können. Wichtige Voraussetzung der Wirksamkeit und Wirtschaftlichkeit des CMS ist dabei die sorgfältige **Integration** in das bestehende Risiko-, IKS-, Revisions-, Rechts- und HR-Management sowie in alle übrigen risikorelevanten Prozesse und Organisationsteile des Unternehmens – allen voran in die operativen Prozesse (→ Rn. 378 ff.).

Kernelemente eines pflichtgemäßen CMS sind in erster Linie wirksame Risikoidentifikation (→ Rn. 293 ff.), -bewertung (→ Rn. 342 ff.), -überwachung (→ Rn. 359 ff.), -berichterstattung (→ Rn. 298 ff, 399 ff.) und -steuerung (→ Rn. 357 ff.), CMS-Status-Monitoring (→ Rn. 359 ff.), periodische Wirksamkeitsbeurteilung des CMS (→ Rn. 383 ff.), unverzügliche wirksame Sachverhaltsklärung (→ Rn. 120 ff.), wirksame Information (→ Rn. 560 ff.) sowie Anleitung und Trainings der Mitarbeiter (→ Rn. 562 ff.), interne Richtlinien (→ Rn. 573 ff.), Top Level Commitment (→ Rn. 506 ff.) – ferner als Grundlage des wirksamen CMS sowie der Entlastung und Haftungsfreizeichnung der Unternehmensleitung die Sicherstellung der kontinuierlichen behörden- und stakeholdergerechten CMS-**Dokumentation**, einschließlich der eben genannten Elemente (→ Rn. 406 ff.).

Die **konkreten Umsetzungsmaßnahmen**, die die **Unternehmensleitung** im Rahmen des Compliance Managements veranlassen muss, sind **abhängig von** zahlreichen Aufbau-, Ablauf- und Risikoparametern des individuellen Unternehmens. Sie unterliegen zudem veränderlichen rechtlichen Anforderungen und Bewertungen. Die wirksamen und zur Haftungsfreizeichnung gebotenen individuellen Maßnahmen müssen deshalb stets im Einzelnen mit den internen und/oder externen Fachkräften abgeklärt werden.

Jedes CMS bedingt die Klärung von Rechtsfragen. Jedoch sollte die **Umsetzung** eines wirksamen und wirtschaftlichen CMS **niemals nur aus der Rechtsperspektive** erfolgen. Dies legen das Steuerungsinteresse der Unternehmensleitung (→ Rn. 357 ff.) und die durchgängige Unternehmenserfahrung nahe. Die wirksame und wirtschaftliche Umsetzung eines CMS erfordert vielmehr stets **wirtschaftlich-rechtliche Mischkompetenzen** und -qualifikationen (→ Rn. 237 ff., 299 ff.) sowie häufig eine Portion Pragmatismus.

Die Implementierung und kontinuierliche Wirksamkeitserhaltung des CMS ist relativ komplex und erfordert fachliche Qualifikationen. In der Regel **delegiert** die Unternehmensleitung diese Aufgabe deshalb aus Zeit-, Kompetenz- und Haftungsgründen an interne und/oder externe **Fachkräfte** (→ Rn. 173 ff., 227 ff.). Gangbare Wege sind dabei neben dem **Chief Compliance Officer** (→ Rn. 205 ff.) und weiterem Fachpersonal auch **Outsourcing, Co-Sourcing** (→ Rn. 227 ff.) sowie vorübergehend **fest** im Unternehmen **integrierte externe Fachkräfte** (→ Rn. 229 ff.). Der Unternehmensleitung verbleiben im Rahmen der Delegation stets **Auswahl-, Instruktions- und Kontrollpflichten** (→ Rn. 200 ff.).

Auf der Grundlage der schriftlichen **Compliance-Strategie** (→ Rn. 73, 271 ff.), zu der auch die Zuordnung hinreichender **Ressourcen** gehört (→ Rn. 385), ist die **Unternehmensleitung** verpflichtet, die periodische und die anlassbezogene **Compliance-Berichterstattung** (→ Rn. 359 ff., 399 ff.) der Delegationsempfänger und der Risikoeigner zum Risiko- und Kontrollstatus zu überwachen, zu bewerten und daraus wirksame und wirtschaftliche **Steuerungsmaßnahmen** abzuleiten (→ Rn. 357 ff.).

Die **Wirksamkeitsüberwachung** des CMS (→ Rn. 359 ff.) als **zentrale Leitungspflicht** sollte planvoll, wohl **dokumentiert** und auf der Grundlage mehrerer **Informationskanäle** (→ Rn. 202 ff.) erfolgen. Damit verbunden ist die Pflicht der kontinuierlichen **Anpassung und Aktualisierung** des CMS entsprechend veränderlicher interner und externer Parameter (→ Rn. 383 ff.).

Stets trifft die Unternehmensleitung die **Kernpflicht**, mögliches Compliance-**Fehlverhalten** durch Unternehmensangehörige und relevante Dritte unverzüglich und wirksam **aufklären** zu lassen (→ Rn. 120 ff.). **Verzögerungen** und Unterlassungen führen hier häufig zu gravierenden wirtschaftlichen und rechtlichen Folgen (→ Rn. 122). Für die **Bedeutung** der wirksamen und unverzüglichen **Sachverhaltsaufklärung** sprechen **fünf zentrale Gründe**:

1. Die Sachverhaltsklärung ist zentraler Teil der **Legalitätspflicht** der Unternehmensleitung.
2. Sie ist Voraussetzung der essenziell bedeutsamen wirksamen **Risikoermittlung** (→ Rn. 293 ff.).
3. Zudem ist sie notwendige Bedingung der wirksamen **Schadensbegrenzung**.
4. Sie hat **präventive Wirkung** im Hinblick auf mögliches künftiges Fehlverhalten.
5. Erkenntnisse aus der Sachverhaltsklärung sind eine notwendige Grundlage der pflichtgemäßen kontinuierlichen **Aktualisierung** und **Anpassung** und damit der Erhaltung der Wirksamkeit des CMS als **essenzielle rechtliche und wirtschaftliche Grundpflicht** der Unternehmensleitung. (→ Rn. 383 ff.).

Ein weiterer wichtiger Teil der rechtlichen und wirtschaftlichen Pflichtaufgaben der Leitung ist wirksame **Compliance-Führung** (→ Rn. 505 ff.) und **Kommunikation**. Ein CMS ohne Wahrnehmung der Compliance-Führungsfunktion unterliegt ohne Zweifel Effektivitäts- und Effizienzminderungen. Wirksame Compliance-Führung wird daher von allen **internationalen Standards** (→ Rn. 53 ff.) und auch von **Gesetzen** wie dem US FCPA und UK Bribery Act (→ Rn. 58) gefordert, die selbst in Drittländern Auswirkungen auf deutsche Unternehmen entfalten können. Kodifizierte Standards sind trotz ihrer Abstraktheit in der Praxis relevant, weil sie auch deutschen **Behörden** und anderen **Stakeholdern als Leitlinien** für die Einschätzung der Wirksamkeit des CMS und damit der Pflichterfüllung der Unternehmensleitung dienen.

Aus pragmatischer Sicht ist die **grundlegendste Pflicht der Unternehmensleitung** die der kontinuierlichen, umfassenden, sachgemäßen, behörden- und stakeholdergerechten **CMS-Dokumentation** (→ Rn. 406 ff.). Denn aus haftungs- und schadensrechtlicher Sicht ist selbst das beste und aufwendigste CMS weitgehend sinnlos, wenn die Unternehmensleitung dessen Wirksamkeit nicht für die Gegenwart, Vergangenheit und Zukunft nachweisen kann. Die fachgerechte CMS-Dokumentation dient der dauerhaften **Freizeichnung** und Entlastung der Unternehmensleitung im Hinblick auf ihre Compliance-Leitungs-, -Steuerungs- und -Überwachungspflichten. Die Dokumentationspflicht bezieht sich daher auf alle Maßnahmen, Entscheidungen, Teile und Aktivitäten, die für die Wirksamkeit des CMS aus Behörden- und Stakeholder-Sicht relevant sind.

Versäumnisse bei der Dokumentation rächen sich in der Unternehmenspraxis regelmäßig erst mit verzögerter Wirkung – wenn etwa aufgrund behördlicher Ermittlungen nachgewiesen werden muss, dass der Vorstand vor einigen Jahren ein CMS implementiert hatte, das hinreichend wirksam war, um die damaligen angeblichen Kartellverstöße zu verhindern. Erfahrungsgemäß ist die überwiegende Mehrheit der angestrebten **Entlastungsnachweise** infolge **unzureichender CMS-Dokumentation** wesentlich erschwert, ernsthaft gefährdet oder gänzlich unmöglich. **D&O-Versicherungen** (→ § 6) tragen den Schaden bei gravierenden Dokumentationsmängeln aufgrund von Fahrlässigkeits-Ausschlussklauseln mitunter nicht. Ohnehin erstrecken sie sich nicht auf persönliche Reputationsfolgen und deren wirtschaftliche Konsequenzen. Die Unternehmensleitung sollte zu ihrer Freizeichnung und Entlastung daher die qualitativ und quantitativ ausreichende Dokumentation des CMS **sicherstellen** und sich deren hinreichenden Stand periodisch durch unabhängige interne oder externe Fachkräfte schriftlich **bestätigen** lassen.

9-Punkte-Orientierung für Mitglieder der Unternehmensleitung

1 Mitglieder der Unternehmensleitung müssen zur Entlastung, Freizeichnung und Verhinderung wirtschaftlicher Schadenswirkungen in **vier Grundsituationen** unverzüglich einen **schnellen** Überblick über den aktuellen Stand des CMS gewinnen:

1. Anzeichen für möglichen **Verbesserungsbedarf** des unternehmenseigenen CMS,
2. Fehlen hinreichend qualitativer, quantitativer, aktueller und objektiver **Dokumentation der Wirksamkeit des CMS**,
3. Verifizierungsbedarf, ob die **eigenen Compliance-Leitungspflichten** bislang hinreichend erfüllt wurden,
4. **Neueintritt** in die Unternehmensleitung.

2 Leitungsmitglieder verfolgen mit der schnellen Orientierung in der Regel **fünf Hauptziele**:

1. unverzügliche Bestimmung der eigenen **Handlungs- und Leitungspflichten** in der konkreten Unternehmenssituation,
2. Feststellen akuten **Aktualisierungs- und Verbesserungsbedarfs** des CMS zur Freizeichnung und Entlastung,
3. Erkennen und Verhindern möglicher bevorstehender **Schadenswirkungen** aufgrund mangelnder Compliance,
4. **Dokumentation unverzüglichen** eigenen **Handelns** im Sinne der Prüfung der nachstehenden Aspekte (→ Rn. 111 ff.),

5. Stärkung der **eigenen Führungsposition** durch wahrnehmbare Erfüllung der Compliance-Leitungsaufgaben (→ Rn. 505 ff.).

Folgende **neun Kernpunkte** sollten **zeitnah geprüft und umgesetzt** werden, um Leitungsmitglieder im Hinblick auf Haftungsrisiken und die Erfüllung der eigenen wirtschaftlichen Leistungspflichten zu **entlasten:**   3

1. schriftliches **Festhalten der eigenen Prüfpunkte** mit festen **Zeitzielen,**
2. Bestätigung der **Wirksamkeit** der **Risikoanalyse** als essenzielle Leitungspflicht (→ Rn. 243 ff.),
3. Prüfen der behördengerechten **Dokumentation des CMS** zur Haftungsentlastung (→ Rn. 406 ff.),
4. **Puls-Check** bei möglicherweise **problematischen Unternehmensteilen** oder **Tochterfirmen** (→ Rn. 86 ff.),
5. Prüfen möglicher aktueller **Anlässe für Sachverhaltsklärungen** (→ Rn. 120 ff.),
6. **wirksame Delegation** auf einen **Compliance Officer** (→ Rn. 173 ff., 205 ff.) oder externe Fachkräfte (→ Rn. 229 ff.),
7. Prüfen der vorübergehenden Notwendigkeit **externen Supports** (→ Rn. 227 ff.),
8. Einsetzen eines wirksamen **Compliance Committees** zur Unterstützung (→ Rn. 216 ff.),
9. Orientierungsprüfung zur eigenen Absicherung bei **Neueintritt** in die **Unternehmensleitung** (→ Rn. 77 ff.).

Die **Prüfung** CMS-relevanter Aspekte sollte **unabhängig, sachverständig** und aufgrund möglicher Interessenkonflikte mitunter nicht durch die Compliance-Abteilung selbst erfolgen. Soll die Interne Revision prüfen, muss das Leitungsmitglied deren vertiefte CMS-Prüfkompetenz feststellen, die nicht lediglich anhand von Prüflisten umgesetzt wird.   4

A. Leitungsaufgabe

Es besteht Einigkeit in Rechtsprechung, Behörden, Rechtswissenschaft, Wirtschaftswissenschaften und unter relevanten Stakeholdern, dass Compliance Management eine der grundlegenden Aufgaben der Unternehmensleitung ist[1] (→ Rn. 66 ff.).   5

---

[1] Rechtlich folgt die Compliance-Leitungsaufgabe – neben zahlreichen weiteren Normen – auch aus der allgemeinen Sorgfaltspflicht des Vorstands bei Wahrnehmung seiner Leitungsaufgabe gemäß § 76 Abs. 1 und § 93 Abs. 1 AktG (→ § 2 Rn. 7) sowie aus der Bestandssicherungspflicht und der Pflicht zur Einrichtung entsprechender Kontrollsysteme aus § 91 Abs. 2 AktG (→ § 3 Rn. 12). Für die Mitglieder des Vorstands und anderer Leitungsorgane ergibt sich eine Reihe zwingender Compliance-Leitungs-, -Organisations-, -Überwachungs- und -Untersuchungspflichten ferner aus §§ 30, 130 OWiG (→ § 5 Rn. 30 ff.). Die Pflichten sind auf andere Unternehmensrechtsformen übertragbar.

I. Compliance-Kenntnisse als Grundpflicht

6   Die Mitglieder der **Unternehmensleitung** müssen aus zahlreichen betriebswirtschaftlichen und rechtlichen Gründen über **ausreichende Kenntnisse** zu den **Kernprinzipien** des Compliance Managements verfügen. Dies ist notwendige **Voraussetzung** für die Erfüllung der eigenen Compliance-Leitungs-, -Überwachungs- und -Steuerungspflichten – und damit der individuellen Haftungssicherheit, Entlastung und Freizeichnung der Mitglieder der Unternehmensleitung. Die **Grundprinzipien** des Compliance Managements werden daher im Folgenden kurz zusammengefasst.

1. Definition von Compliance

7   Eine **Begriffsdefinition** kann zunächst stichpunktartig erfolgen:
Eng: Einhaltung der gesetzlichen Vorschriften.
Weit: Darüber hinaus auch Einhaltung sonstiger akzeptierter Regeln:
- unternehmenseigene Regularien, etwa Satzungen, Geschäftsordnungen, Delegationsprinzipien, Zeichnungsrichtlinien, Arbeitsanweisungen, Konzernrundschreiben, Arbeitsverträge u.a.,
- Führungsgrundsätze, Unternehmensgrundsätze *(mission/core values)*, Leistungsprinzipien, Compliance-relevante Kulturaspekte,
- Governance-, Transparenz- und zum Teil auch CSR-Themen.

8   Die **weite Definition** ist wirtschaftlich und rechtlich evident **sinnvoller**. Sie entspricht auch dem Deutschen Corporate Governance Kodex (DCGK).

2. Compliance als zentrale Leitungs- und Managementfunktion

9   Dem **Unternehmen** wird in der Praxis weitgehend eine **Selbstverpflichtung** zu einem wirksamen CMS **abverlangt**. Diese Erwartung geht von Gesetzgebern, Behörden, unterschiedlichen Stakeholdern und auch von Geschäftspartnern (→ Rn. 94 ff.) aus. Um ihre **Wettbewerbsposition** sicherzustellen, müssen Unternehmen Compliance nicht nur im eigenen Haus, sondern auch bei relevanten Geschäftspartnern, unter anderem in der **Lieferkette**, sicherstellen.

10   Wirksames Compliance Management schließt zahlreiche Chancen- und **Nutzenfunktionen** ein (→ Rn. 64 ff.). Sie beeinflussen die wirtschaftlichen **Leistungsdaten** des Unternehmens und letztlich auch seinen **Wert**.

11   Ein **unwirksames CMS** bedingt hingegen zahlreiche **leistungsmindernde Wirkungen** und Schadensfolgen in Umkehrung der **Nutzen- und Chancenaspekte** (→ Rn. 64 ff.). So kann mangelnde Compliance etwa zu ernsthaften Beeinträchtigungen der **Funktionsfähigkeit zentraler Prozesse** führen, wenn wichtige Geschäftspartner aufgrund eigener interner Richtlinien gezwungen sind, laufende Beziehungen zu Partnern mit mangelhaf-

tem CMS und/oder akuten Compliance-Problemen vorläufig zu reduzieren. In der Praxis führt dies mitunter zu ernsthaften Beeinträchtigungen der **Lieferkette**.

Alle wesentlichen nationalen **Rechtsordnungen** postulieren Compliance- Leitungs-, -Steuerungs- und -Überwachungspflichten der Unternehmensleitung. Grund sind die vielfältigen möglichen Schadenswirkungen und Stakeholder-Interessen (→ Rn. 507 ff.). Bei **internationalen Aktivitäten** muss die Leitung des Mutterunternehmens daher den Anforderungen aller berührten Länder genügen (→ Rn. 418 ff.). Aufgrund der einheitlichen Funktionsmechanismen von CMS werden zwar von allen Rechtsordnungen und Standards im Wesentlichen **übereinstimmende Kernelemente** eines wirksamen CMS gefordert. Die Prüfung nationaler Voraussetzungen und der notwendigen Anpassung von Details der CMS-Umsetzung ist dennoch stets erforderlich. 12

3. Grundwissen zum Compliance-Management-System
Compliance Management ist zu **100% präventives und reaktives Risiko-management** (→ Rn. 246 ff.). Es muss daher in die übrigen Prozesse und Instrumente des Risikomanagements und des Internen Kontrollsystems (IKS) eng **integriert** werden. Compliance ist zudem Grundlage und Kernbestandteil der **Corporate Governance** des Unternehmens. Wirksame Governance ist ohne Compliance nicht denkbar. 13

Sämtliche Compliance-Maßnahmen, -Prozesse und -Instrumente lassen sich den Grundfunktionen **Prävention, Identifikation und Reaktion** *(prevent, detect, respond)* zuordnen. **Hauptfelder eines CMS** sind nach kodifizierten Standards (→ Rn. 53 ff., 289 ff.) Compliance-Strategie, -Ziele, -Kultur, -Risikomanagement, -Programm (im Sinne von Präventions- und Reaktionsgrundsätzen, -prozessen und -maßnahmen), -Aufbau- und -Ablauforganisation, interne und externe Kommunikation sowie kontinuierliche Überwachung und Verbesserung. Daneben bestehen weitere Kernelemente (→ Rn. 53 ff.). 14

Welche konkreten **Bestandteile** eines CMS die Unternehmensleitung implementieren muss, ist abhängig von den in einem wirksamen Verfahren ermittelten Compliance-Risiken des Unternehmens. Vom unternehmensindividuellen **Risikoprofil** hängen die Auswahl sowie die qualitative und quantitative Gestaltung der CMS-Teile ab. 15

Die **Leitungspflicht**, ein wirksames Compliance-System zu initiieren, zu delegieren, zu überwachen und zu steuern, ist somit ausschließlich auf der **Grundlage** systematischer wirksamer **Risikoidentifikation und -be-** 16

wertung erfüllbar. Ein CMS **ohne die Basis effektiver Risikoanalyse** kann nicht wirksam sein, da die risikomindernden Maßnahmen des CMS in diesem Fall nicht an den tatsächlich vorhandenen Risiken ausgerichtet wären. Die Steuerungsmaßnahmen würden in die falsche Richtung zielen, sich auf die falschen Wirkungspunkte konzentrieren, und die eingesetzten wirtschaftlichen Mittel wären verschwendet. Neben nicht verhinderten Schadenswirkungen sowie nicht erreichter Haftungsfreizeichnung und Entlastung würden auch die weiteren Nutzenfunktionen wirksamen Compliance Managements (→ Rn. 64 ff.) nicht erreicht.

17 Jedes CMS muss aus rechtlichen und betriebswirtschaftlichen Gründen **unternehmensweit** konzipiert und umgesetzt werden. Wichtig ist dabei die **Integration** in alle relevanten Einheiten, Funktionsfelder sowie Fach- und Geschäftsprozesse. **Lücken** bedingen eine pflichtwidrige Unkalkulierbarkeit von Compliance-Risiken und insoweit Unwirksamkeit des CMS. Neben der Einbeziehung strategischer und insbesondere operativer Prozesse ist die Integration beispielsweise der Fachbereiche Recht, Internes Kontrollsystem, Human Resources, Audit, Qualitätsmanagement und Risikomanagement erforderlich. Die **Integration und Verzahnung** muss in die behörden- und stakeholdergerechte CMS-**Dokumentation** aufgenommen werden.

18 Gleichsam als **Gegenpol zur internen Integration** muss das CMS nach den wirtschaftlichen und rechtlichen Erfordernissen auch extern integriert sein, d.h. sich auf relevante **andere Unternehmen** und Individuen **erstrecken**, sofern diese die Compliance-Risiken des Unternehmens beeinflussen können (→ Rn. 94 ff., 206). Beispiele sind Lieferanten, Abnehmer, Vertriebsmittler oder Joint-Venture-Partner.

19 Die **Ausgestaltung des CMS** muss aus **Effektivitäts- und Effizienzgesichtspunkten sowie entsprechend der rechtlichen Erfordernisse stets unternehmensindividuell** erfolgen – ausgerichtet am wirksam ermittelten Risikoprofil, an Aufbau- und Ablauforganisation sowie an zahlreichen weiteren Parametern. Der **Unternehmensleitung** verbleibt dabei in diesem Rahmen grundsätzlich **Gestaltungsermessen** (→ Rn. 34 ff., 39 ff., 73 ff., Business Judgement Rule), denn Ausgestaltung und Überwachung des CMS sind **unternehmerische Entscheidungen** im Rahmen der Organisationspflichten der gesetzlichen Vertreter. Sie erfolgen vor dem Hintergrund der **Leitungspflicht** zu **vorbeugender Sicherstellung** der **Gesetzeskonformität** des Unternehmens (→ Rn. 25, 200, 373).

20 Die rechtliche und wirtschaftliche **Verpflichtung** lautet stets auch im Rahmen des Gestaltungsermessens, ein wirksames CMS zu garantieren – also

eines, das die tatsächlichen Compliance-Risiken **hinreichend wirksam** reduziert. In der Unternehmenspraxis stellen sich bei der Beurteilung der „hinreichenden" Wirksamkeit durch die Unternehmensvertreter **drei Hauptschwierigkeiten**:

1. Die flächendeckende wirksame **Risikoanalyse** ist von einer Vielzahl unternehmensindividueller Parameter abhängig – etwa Unternehmensgröße, Branche, Geschäftsmodell, *supply chain*, Vertriebsstruktur, Prozesse, internationalen Aktivitäten sowie regelmäßig Hunderten von weiteren Faktoren.
2. Die **Konzeption** wirksamer Compliance-Maßnahmen muss denselben zahlreichen Risikoparametern und darüber hinaus den jeweiligen umsetzungsbezogenen Anforderungen genügen.
3. Was von der **Rechtsprechung** und den **Stakeholdern** im Schadensfall als **„wirksam"** angesehen wird, ist aufgrund der Vielzahl der genannten Parameter mit erheblichen Unsicherheiten für die Unternehmensleitung verbunden.

In der Unternehmenspraxis stellt es daher regelmäßig eine schwierige und mit Unsicherheiten behaftete Entscheidung der Unternehmensleitung dar (→ Rn. 385 ff.), eine tragbare **Balance** zwischen hinreichend wirksamer **Begrenzung** der Compliance-**Risiken** und **übermäßig komplexen und umfangreichen** risikowirksamen Maßnahmen zu etablieren. Der **Aufwand** für ein ausreichend wirksames CMS sollte aus wirtschaftlicher Sicht so gering wie möglich bemessen sein und dennoch Wirksamkeit, Haftungsfreizeichnung und positive wirtschaftliche Effekte, wie etwa tragbare Schadensbegrenzung, genügend sicher erreichen. Die Beurteilung als **„hinreichend"** hängt **in jedem Unternehmen** von den zahlreichen risikorelevanten Parametern und auch von der Risikobereitschaft der Investoren, anderen Stakeholdern und Leitungspersonen ab, soweit es nicht um rein rechtliche Anforderungen geht. Die wirksamste, wirtschaftlichste und obendrein haftungssicherste **Entscheidungsgrundlage** zur Dimensionierung des CMS ist im Ergebnis stets die verifiziert wirksame Gestaltung der Risikoidentifikation und die erfahrungsbasierte, sachgerechte Bewertung der festgestellten Risiken (→ Rn. 243 ff., 293 ff., 342 ff.).

Bei der Dimensionierung des CMS im Rahmen der Konzeption, Überarbeitung oder Anpassung auf der Grundlage wirksamer Risikoanalyse wird durch größeren Aufwand nicht zugleich bessere Wirksamkeit erzielt. Mitunter sind **schlanke Prozess- und Organisationslösungen**, fokussierte Kontrollen, Richtlinien, Trainings usw. wirksamer als allzu umfangreiche. Voraussetzung ist stets, dass auch schlanke Lösungen präzise auf der wirksamen periodischen **Risikoanalyse** beruhen und dies hinreichend dokumentiert wird (→ Rn. 291 ff.).

II. Rechtliche Compliance-Verpflichtung der Unternehmensleitung

1. Kernpunkte

23 Bei der Compliance-Steuerung handelt sich um eine **zentrale Management-Funktion** der Unternehmensleitung. Dies gilt aus rechtlicher, wirtschaftlicher und Governance-Perspektive. Die Mitglieder der Unternehmensleitung müssen **organisatorische Vorkehrungen** für die Erfüllung der Compliance-Pflichten des Unternehmens und seiner Angehörigen treffen. Im Rahmen dieser Verantwortung bestehen **präventive und reaktive Handlungsfelder**. Bei der **Überwachung** ist die Unternehmensleitung zur unternehmensweiten Erfassung aller Tätigkeitsfelder, Funktionsbereiche und Prozesse verpflichtet. Dabei darf sie **keine wesentlichen kontrollfreien Räume** zulassen.

24 Die Unternehmensleitung ist verantwortlich für
- die **Legalität** der geschäftlichen Aktivitäten ($\rightarrow$ Rn. 25, 200, 373) sowie
- die **Wirksamkeit** des CMS.

25 Aus der **Leitungspflicht** nach § 76 Abs. 1 AktG und der **Sorgfaltspflicht** nach § 93 Abs. 1 AktG folgt die **Legalitätspflicht** des Vorstands. Danach müssen sich die Mitglieder eines Leitungsgremiums nicht nur selbst rechtstreu verhalten, sondern sind zu organisatorischen Maßnahmen verpflichtet, die rechtstreues Verhalten aller Unternehmensangehörigen sowie relevanter Dritter sicherstellen.

26 Die Compliance-Pflichten der Unternehmensleitung sind von der Aktiengesellschaft auf **andere Gesellschaftsformen übertragbar**.

27 **Kernpflichten** sind der Aufbau und die kontinuierliche Erhaltung eines unternehmensindividuell wirksamen **CMS.** Dies schließt die Aktivitäten von **Dritten**, etwa Geschäftspartnern, teilweise mit ein ($\rightarrow$ Rn. 94 ff.).

28 Im Rahmen ihrer **Legalitätspflicht** und damit verbundenen CMS-Leitungsaufgaben hat die Unternehmensleitung eine Reihe von **Einzelpflichten** – etwa zur
- Überwachung und Kontrolle der Wirksamkeit der Risikoermittlung und -bewertung sowie des gesamten CMS als Summe der Risikokontrollmaßnahmen,
- unverzüglichen, wirksamen und sachgerechten Sachverhaltsklärung bei möglichem Fehlverhalten ($\rightarrow$ Rn. 120 ff.),
- Anordnung wirksamer Sanktionen bei erwiesenem Fehlverhalten,
- Organisation und wirksamen personellen, finanziellen und sachlichen Ausstattung der Compliance-Funktion,

- Auswahl zweifelsfrei hinreichend qualifizierter Compliance-Mitarbeiter oder externer Fachkräfte,
- sachgerechten Organisation und Aufgabenverteilung einschließlich klarer und überschneidungsfreier Definition von Zuständigkeiten,
- Instruktion, Aufklärung und Information der Compliance-Beauftragten hinsichtlich besonderer Risiken und Compliance-relevanter Umstände, etwa an einzelnen Standorten oder zur beabsichtigten Geschäftsstrategie.

Es besteht eine **enge Interdependenz** der verschiedenen **Compliance-Leitungs-, -Aufsichts- und -Steuerungspflichten.** Wird etwa die Überwachung der Wirksamkeit der Risikoidentifikation nicht hinreichend wahrgenommen, kann die Pflicht der Risikosteuerung nicht wirksam umgesetzt werden. 29

Selbstverständlich kann die Unternehmensleitung auch die **Aufsichtspflichten** zumindest teilweise auf interne oder externe Fachleute **delegieren**. Unter Voraussetzung der wirksam definierten Reporting-Pflichten der Delegationsempfänger verbleibt der Leitung jedoch stets die **Letztverantwortung**. 30

Von einem wirksamen CMS wird **nicht erwartet, dass** es **sämtliche Compliance-Verstöße im Unternehmen verhindert**. Dies ergibt sich neben logischen Erwägungen beispielsweise auch bereits aus dem Wortlaut „wesentlich erschwert" in § 130 OWiG. Jedoch muss die Unternehmensleitung erforderliche wesentliche, zumutbare und hinreichend wirksame **Maßnahmen** ergreifen, um Häufigkeit und Schadenswirkungen von Compliance-**Risiken hinreichend zu reduzieren**. 31

Da Compliance-Risiken in jedem Unternehmen unterschiedlich ausgeprägt sind und zudem die Beurteilung des Faktors **„hinreichend"** durch Behörden und Stakeholder schwer vorhersagbar ist, verbleibt der Unternehmensleitung als **Beurteilungsgrundlage** allein das wichtige Mittel der als wirksam nachgewiesenen und wohl dokumentierten **Risikoanalyse** – verbunden mit Erfahrungswissen, welche spezifischen Kontrollmaßnahmen angesichts des Risikoprofils etwa aus Behördensicht regelmäßig ausreichen. 32

Bei der **Verpflichtung zur Einrichtung eines CMS** muss zwischen der Frage nach dem Ob und dem Wie unterschieden werden. 33

2. Frage des Ob

34 Die Frage, ob die Unternehmensleitung **zwingend ein CMS** installieren muss, ist im Ergebnis – außer bei kleinen und wenig komplexen Unternehmen, wo sie individueller und genauer Beurteilung bedarf – fast immer zu bejahen.

35 Zwar wird die Frage der Verpflichtung zur CMS-Einrichtung in der Rechtsliteratur teilweise noch immer kontrovers diskutiert – zumeist mit Blick allein auf das Aktienrecht. Eine Auffassung bejaht eine generelle Pflicht, eine andere lehnt diese ab, eine dritte bejaht sie einzelfallabhängig nach Art und Umfang risikorelevanter Parameter.

36 In der Unternehmenspraxis wird die Frage der **Verpflichtung** zum Aufbau und zur Unterhaltung eines wirksamen CMS jedoch so gut wie immer **zu bejahen** sein. Denn ab einer gewissen **Komplexität** und ab einem gewissen **Risikogehalt** der Unternehmenstätigkeit ist ein **CMS** schlicht das **einzige Mittel** zur pflichtgemäßen ausreichenden Reduzierung von Compliance-Risiken. Ein relevanter **Komplexitätsgrad** liegt dabei im Rahmen des vernetzten Wirtschaftens bereits bei kleineren Unternehmen häufig vor. Die Notwendigkeit eines CMS als systematisch wirkender Steuerungsrahmen ist zudem wegen der stetig **wachsenden** wirtschaftlichen und rechtlichen **Bedeutung** von **Compliance-Risiken** meist gegeben. Im Ergebnis **verdichtet** sich das **unternehmerische Ermessen** regelmäßig dahin, dass die Einrichtung eines CMS aufgrund des wirksam ermittelten Risikoprofils erforderlich ist.

37 Die **meisten Unternehmensleitungen** sind daher längst dazu übergegangen, CMS mit aufeinander abgestimmten wirksamen Maßnahmen zu unterhalten. Ein Grund für diese **Entscheidung der Leitungspersonen** ist, sich nicht in der Zukunft dem **Vorwurf auszusetzen**, in der Vergangenheit trotz – ggf. **nachträglich** – festgestellter Risiken kein hinreichend wirksames CMS veranlasst zu haben.

38 Auch die als **globale Entwicklung** immer **strenger werdende Rechtsprechung** und Gesetzgebung zur Haftung von Leitungsorganen, die immer zahlreicheren Compliance-**Pflichten** der Unternehmensleitung und die immer komplexeren und vernetzteren Compliance-**Risiken** lassen der **Unternehmensleitung** bei der Entscheidung zum Aufbau und zur Unterhaltung eines wirksamen CMS **praktisch keine Wahl**.

3. Frage des Wie

Bei der **Auswahl** der Compliance-Maßnahmen hat die **Unternehmenslei-** 39
tung zwar das bereits skizzierte **Gestaltungsermessen** (→ Rn. 19 ff.). Dieses
besteht allerdings nur, soweit und solange die gewählten Maßnahmen zur
Reduzierung festgestellter Compliance-Risiken hinreichend wirksam sind
(→ Rn. 20). Die **Wirksamkeitsgrenze** wenigstens näherungsweise ausreichend sicher zu bestimmen, stellt in der **Praxis** eine der **Hauptschwierigkeiten dar** (→ Rn. 385 ff.).

III. Risiken für Leitungspersonen und Unternehmen
1. Sanktionen gegen Unternehmen

In den meisten Ländern werden Unternehmen mit **Bußgeldern** belegt, 40
wenn es in ihrem Organisationsbereich zu Compliance-Defiziten gekommen ist. In Deutschland erfolgt die Festsetzung einer Geldbuße über § 30
Abs. 4 OWiG, wenn den Unternehmensrepräsentanten gemäß § 9 StGB;
§ 9 OWiG eine **Aufsichtspflichtverletzung** nach § 130 OWiG zuzuschreiben
ist (→ § 5 Rn. 30 ff., 38 ff.). Zwar ist die Geldbuße zunächst auf **10 Mio. €** beschränkt, das tatsächliche **Risiko** für Unternehmen liegt jedoch **erheblich
höher**. Denn nach §§ 30 Abs. 3, 17 Abs. 4 OWiG kann ein höheres Bußgeld
festgesetzt werden, das erforderlich ist, um den durch die Compliance-
Verstöße entstandenen wirtschaftlichen **Vorteil abzuschöpfen**, ohne dass
dabei etwaige Aufwendungen angerechnet werden. Darüber hinaus kann
nach den Regeln des Verfalls (§§ 73 ff. StGB; § 29a OWiG) auch bei **unbe-
teiligten Dritten** abgeschöpft werden. Auf diese Weise werden mitunter
dreistellige Millionen-Euro-Beträge erreicht.

Als weltweiter Trend ist eine **Zunahme der Bußgeldhöhen** zu verzeichnen. 41
Dies gilt in den USA wie beispielsweise auch für die Bußgelder der Europäischen Kommission in Kartellsachen. Diese verhängte in zehn Jahren
über 18 Mrd. € Bußgelder und übertraf dabei den vorherigen gleichen Zeitraum um das Dreifache. Nach den neuen Bußgeldleitlinien hat sie dabei
sehr große Spielräume bei der Bußgeldbemessung, ohne dass dabei die
Compliance-Bemühungen der Unternehmen mildernd zu berücksichtigen
sind.

Über Bußgelder hinaus können **vergaberechtliche Sanktionen** durchaus 42
gravierende wirtschaftliche Folgen für Unternehmen entfalten und mitunter gar die wirtschaftliche Grundlage des Unternehmens ernsthaft gefährden. Denn um für den Geschäftsbetrieb wichtige behördliche Genehmigungen zu erhalten, muss ein Unternehmen zuverlässig und gesetzestreu
sein (z.B. nach § 8 Abs. 2 Satz 1 AWG). Gleiches gilt, um für öffentliche Aufträge in Betracht zu kommen (§ 97 Abs. 4 GWB). Überdies haben mehrere
Bundesländer **„Schwarze Listen"** oder Korruptionsregister eingeführt,

nach denen einzelne Ausschlüsse ebenso wie langfristige Vergabesperren gegen einzelne Unternehmen ausgesprochen werden können.

43 Weitere Risiken entstehen für Unternehmen mit mangelnder Compliance durch Ausschlüsse und andere Sanktionen der zahlreichen **Entwicklungsbanken** im Bereich von Infrastrukturprojekten. Unternehmen müssen den Banken gegenüber regelmäßig Fragen zur eigenen Geschäftspraxis und zur genauen Beschaffenheit des CMS beantworten. Beispiele sind etwa die World Bank, European Investment Bank, European Bank for Reconstruction and Development, Asian Development Bank, Inter-American Development Bank oder die African Development Bank. Neben Sanktionen und Ausschlüssen werden Unternehmen mit mangelnder Compliance auf **öffentlichen Listen** der Banken als unzuverlässig verzeichnet, was im Rahmen eines **Dominoeffekts** leicht zu weiteren **Auftragsverlusten** führen kann. Dazu trägt die Praxis der Entwicklungsbanken bei, bei einer Bank gesperrte Unternehmen auch bei den anderen Banken auszuschließen. Die Wirkung verstärkt sich insbesondere deshalb, weil Unternehmen bei der **Due-Diligence-Prüfung neuer Geschäftspartner** (→ Rn. 86 ff., 94 ff.) in Datenbanken regelmäßig auch auf die genannten Ausschlusslisten Zugriff erhalten.

2. Haftungsrisiken für Mitglieder der Unternehmensleitung

44 Nach dem Ordnungswidrigkeitengesetz drohen Mitgliedern der Unternehmensleitung und anderen relevanten Vertretern **Bußgelder** bis zu einer Million € (§§ 9, 30, 130 OWiG; § 14 StGB) (→ Rn. 40; § 5 Rn. 30 ff., 38 ff.). Die **Delegation** von Compliance-Aufgaben der Unternehmensleitung ändert an ihrer Gesamtverantwortung für die Compliance-Organisation des Unternehmens nichts, reduziert die Pflichten aber in vielen Fällen auf deren Leitungs-, -Steuerungs- und -Überwachungsaufgaben (→ Rn. 119 ff.; § 3 Rn. 1 ff.).

45 Bei Compliance-Verstößen durch Unternehmensangehörige drohen den Mitgliedern der Unternehmensleitung zudem unter Umständen **strafrechtliche Konsequenzen** (→ § 5 Rn. 2 ff.), beispielsweise bei Untreue oder Steuerhinterziehung mittels „Schwarzer Kassen", die zur Korruption eingesetzt werden, oder unter dem Aspekt der Beihilfe durch Unterlassen im Falle stillschweigend tolerierter oder durch fehlende CMS-Kontrollen nicht aufgedeckter Delikte.

46 Daneben besteht eine **zivilrechtliche Haftung** der Leitungspersonen (→ § 4 Rn. 1 ff.), wenn durch die Verletzung einer Compliance-Leitungs-, -Steuerungs- oder -Aufsichtspflicht ein Vermögensschaden des Unternehmens entstanden ist (§§ 93 Abs. 2 AktG, 43 Abs. 2 GmbHG).

Die **Aufsichtsgremien** (Aufsichtsrat der AG nach § 112 AktG, Gesellschafter- 47
versammlung der GmbH gemäß § 46 Nr. 8 GmbHG) **müssen Schadensersatzansprüche** gegenüber den Leitungspersonen **geltend machen**, sofern
sie nicht selbst strafrechtlich wegen Untreue sowie zivilrechtlich haften
wollen (→ § 4 Rn. 2 ff.).

3. Reputationsschaden mit wirtschaftlichen Auswirkungen

Nach öffentlich gewordenen Compliance-Problemen werden Unterneh- 48
men zumindest mittelfristig mit ihnen assoziiert. Dies hat Auswirkungen
auf die **Mitarbeitermotivation** und die Fähigkeit des Unternehmens, *high
performer* und *high potentials* anzuziehen und dauerhaft zu binden, wie Studien belegen.

Schwer erfassbar, aber nicht zu unterschätzen ist die mittelfristige Aus- 49
wirkung von Compliance-Problemen des Unternehmens auf die Entscheidungen von **Kunden** und anderen **Geschäftspartnern** für oder gegen das
Unternehmen.

Direkter absehbar sind die Auswirkungen unwirksamer CMS oder unent- 50
deckter Compliance-Verstöße der Vergangenheit als „Altlasten" auf **IPOs**,
im Vorfeld von **M&A** sowie bei der Beurteilung der **Kreditwürdigkeit** von
Unternehmen durch Banken und Investoren.

Compliance-Verstöße spielen zudem eine erhebliche Rolle in **internationalen** 51
Bewertungssystemen wie dem Dow Jones Sustainability Index. Große und/
oder **institutionelle Anleger** machen ihre Investitionsentscheidung unter anderem von dokumentierten wirksamen CMS in den Unternehmen abhängig.
Bei gravierenden oder systematischen Compliance-Verstößen drohen sie auch
nach bereits eingegangenen Engagements mit Deinvestitionsentscheidungen.

Mit den **verantwortlichen Mitgliedern der Unternehmensleitung** wer- 52
den gravierende Compliance-Verstöße im Unternehmen in der Wahrnehmung oftmals über lange Zeiträume verbunden und im Hinblick auf ihre
Reputation negativ bewertet, wie zahlreiche öffentlich bekannte Fälle sowie
die nicht öffentliche Unternehmenspraxis belegen. Bei fahrlässiger oder
schuldhafter Vernachlässigung der Compliance-Leitungs- und -Überwa-
chungspflichten ist nach gravierenden Schadensfolgen eine zumeist unvorteilhafte **Vertragsauflösung** die Regel. Andere Unternehmen derselben
oder benachbarter Branchen sowie Personalvermittler sind über den Kontext von Compliance-Verstößen als Grund des Ausscheidens in der Praxis
meist im Bilde. Auswirkungen auf den weiteren **Berufsweg** und das künftige **Einkommen** betroffener Manager sind empirisch nicht erfassbar, müssen jedoch oftmals als gravierend eingestuft werden.

IV. Internationale Standards zu CMS-Elementen und -Pflichten

53 Die **Pflichtbestandteile** des individuellen CMS des Unternehmens ergeben sich stets aus der individuellen **Risikoanalyse** (→ Rn. 243 ff., 291 ff.). Nationale und internationale Standards zu CMS können deshalb lediglich **allgemeine Hinweise und Leitlinien** vermitteln, die auf sämtliche Unternehmen, Branchen und Länder anwendbar sind.

54 Kodifizierte Standards führen gleichwohl **CMS-Grundelemente** an, die in jedem wirksamen CMS vorhanden sein müssen. Teilweise dienen die Standards auch **Stakeholdern** und **Behörden** als **Anhaltspunkte** dafür, welche Grundelemente von einem wirksamen CMS zu fordern sind.

55 Mindestens **sieben CMS-Hauptelemente** finden sich als **Oberbegriffe** in allen nachfolgend aufgeführten Standards:
1. Compliance-**Kultur**, -**Führung** und -**Kommunikation**,
2. Compliance-**Strategie**- und -**Ziele**,
3. **Aufbau**- und **Ablauforganisation**,
4. **Risikoanalyse** und -**steuerung**,
5. Compliance-**Programm**, das exakt auf das Risikoprofil ausgerichtet ist,
6. interne und externe **Kommunikation** und **Trainings**,
7. **Überwachung** der **Wirksamkeit** und kontinuierliche **Verbesserung**.

56 Jedes der oben genannten Elemente ist als Oberbegriff weit zu interpretieren und im Rahmen der Umsetzung auf Grundlage der individuellen Risikoanalyse mit einer Vielzahl von **Einzelmaßnahmen** auszufüllen.

57 Die Hauptinhalte einiger wichtiger internationale Standards werden nachfolgend aufgeführt:

58 **UK Bribery Act 2010**[2]
1. **Proportionate Procedures:** eindeutig definierte, praxisnahe, wirksam implementierte und überwachte Maßnahmen, die im Verhältnis zur Art und Größe des Unternehmens und den Ergebnissen der Risikoanalyse stehen,
2. **Top Level Commitment:** sichtbares Engagement der Unternehmensleitung in Richtung einer Unternehmenskultur, die Korruptionsrisiken so weit wie möglich ausschließt (→ Rn. 505 ff.),
3. **Risk Assessment:** kontinuierliche Risikoanalyse (→ Rn. 291 ff.),
4. **Due Diligence** von Geschäftspartnern (→ Rn. 86 ff., 94 ff.),

---

2 Gesetzestext und Gesetzesänderungen zum UK Bribery Act unter http://www.legislation.gov.uk/ukpga/2010/23/contents; offizielle Leitlinien des UK Ministry of Justice zur Umsetzung in Unternehmen unter https://www.justice.gov.uk/.../bribery-act-2010-guidance.pdf.

5. **Communication** (→ Rn. 541 ff.) and **Training** (→ Rn. 562 ff.),
6. **Monitoring and Review** des CMS im Sinne kontinuierlicher Verbesserung und Anpassung an veränderte Risiken (→ Rn. 169 ff., 383 ff.).

US Sentencing Guidelines[3]

59

1. wirksame **Standards** und **Prozesse**, um Fehlverhalten festzustellen,
2. **Verständnis, Überblick** und **Überwachung** des Compliance-Programms durch die **Unternehmensleitung**,
3. **Delegation** auf spezialisierte Fachkräfte, sofern erforderlich,
4. Keine Duldung von **Führungskräften**, die im Unternehmen Fehlverhalten gezeigt haben,
5. **Kommunikation** durch die Unternehmensleitung und wirksame **Trainings**,
6. **Überwachung** und **Audit** des CMS durch Delegationsempfänger,
7. **Anreize** für Compliance-gerechtes Verhalten, **Sanktionen** für Fehlverhalten,
8. **unverzügliche Reaktion** (→ Rn. 112 ff., 120 ff.) bei Hinweisen auf Fehlverhalten und nachfolgende **Verbesserung** des CMS (→ Rn. 169, 383 ff.).

Good Practices der OECD und der Weltbank[4]

60

1. **Risikoidentifikation** und **-bewertung** (→ Rn. 293 ff., 342 ff.),
2. **Antikorruptions-Richtlinie** (→ Rn. 576, 605),
3. periodisch aufgefrischte, angepasste, risiko- und zielgruppenspezifische sowie dokumentierte **Trainings** (→ Rn. 563),
4. **verantwortliches Verhalten** der Unternehmensangehörigen aller Ebenen, das auch überwacht wird,
5. **Top Level Commitment** der Unternehmensleitung (→ Rn. 505 ff.),
6. Compliance **Monitoring** durch die Unternehmensleitung (→ Rn. 359 ff.),
7. **Ausrichtung des CMS** auf die spezifischen Risikobereiche des Unternehmens (→ Rn. 357 ff.),
8. **Business Partner Due Diligence** (→ Rn. 94 ff.),
9. wirksame **Kontrollen** im **Finanzbereich** und in der **Buchhaltung**,
10. **Information** und **Beratung** der Mitarbeiter in Compliance-Fragen (→ Rn. 560 ff.),
11. vertrauliche **Meldemöglichkeiten** von Compliance-Verstößen (→ Rn. 148 ff., 204),
12. **Disziplinarmaßnahmen** (→ Rn. 158),
13. regelmäßige systematische **Wirksamkeitsbeurteilung** des CMS (→ Rn. 111, 169, 399, 403 ff.).

---

3 US Sentencing Guidelines Manual unter http://www.ussc.gov/guidelines/2015-guidelines-manual/archive/2012-ussc-guidelines-manual.
4 OECD Practice Guidance on Internal Controls, Ethics and Compliance unter https://www.oecd.org/daf/anti-bribery/44884389.pdf.

61 **IDW PS 980**[5]

1. Compliance-**Kultur**, **Grundeinstellung** und **Kommunikation** der Unternehmensleitung *(tone from the top)* (→ Rn. 505 ff., 524 ff., 533 ff.),
2. Compliance-**Ziele**: Die Unternehmensleitung definiert wesentliche Ziele, die mit dem CMS erreicht werden sollten und legt wesentliche Teilbereiche des CMS sowie die dort jeweils einzuhaltenden Regeln fest;
3. systematische, kontinuierliche **Compliance-Risikoidentifikation und -bewertung** (→ Rn. 293 ff., 342 ff.),
4. Compliance-**Programm**: wirksame Risiko-**Steuerungsmaßnahmen** auf Grundlage der **Risikoanalyse** (→ Rn. 291 ff., 357 ff.),
5. Compliance-**Organisation**: wirksame **Rollen** und **Verantwortlichkeiten**, wirksame **Aufbau- und Ablauforganisation**, Zuweisung wirksamer finanzieller, personeller und sachlicher **Ressourcen** (→ Rn. 385 ff., 486 ff.),
6. Compliance-**Kommunikation** durch die Unternehmensleitung, unter anderem **Information** über das CMS, über Rollen und Verantwortlichkeiten sowie wirksame **Berichtswege** im Hinblick auf Risiken und **Hinweise** für Regelverstöße (→ Rn. 298 ff., 399 ff., 533 ff.),
7. **Überwachung** und **Verbesserung** des CMS durch die Unternehmensleitung auf der Grundlage hinreichender, sachgerechter **Dokumentation**.

62 **ISO 19600 Compliance**[6]

Nach dieser generellen Norm für Compliance-Management-Systeme müssen unter anderem die folgenden **Kernelemente wirksam** umgesetzt werden, wofür die Norm jeweils generelle Leitlinien definiert:

1. Übersicht und **Verständnis der Unternehmensleitung** über die **unternehmensindividuellen Anforderungen** an das CMS, in erster Linie auf **Grundlage** der wirksamen **Risikoanalyse** sowie der **Stakeholder**-Interessen (→ Rn. 507, 243 ff.),
2. Festlegen der **Zielrichtungen** und **Grundelemente** des CMS (→ Rn. 73, 274 ff., 406 ff.),
3. Ausrichtung des CMS im Hinblick auf wirksame **Governance** (→ Rn. 7, 13, 23),
4. Definition klarer und lückenloser **Verantwortlichkeiten** im Hinblick auf Compliance,
5. CMS-**Strategie** der Unternehmensleitung,
6. operative **Planung der Umsetzung** des CMS,

---

5 IDW Prüfungsstandard: Grundsätze ordnungsmäßiger Prüfung von Compliance-Management-Systemen (IDW PS 980); der Text des IDW PS 980 ist zu beziehen über https://shop.idw-verlag.de/product.idw%3Bjsessionid=3 50FD59BC13F0650E25ABCCE246725AE?product=20205.

6 ISO 19600: 2014 Compliance Management Systems – Guidelines; der Text der ISO 19600 ist zu beziehen über http://www.iso.org/iso/home/store/catalogue_tc/catalogue_detail.htm?csnumber=62342.

7. wirksame **Delegation** (→ Rn. 173 ff.) und klare **Rollenverteilung**,
8. Compliance-**Aufbauorganisation** (→ Rn. 486 ff.),
9. Compliance-Prozesse bzw. **Ablauforganisation**,
10. **Risikoidentifikation, -analyse und -bewertung** (→ Rn. 291 ff.),
11. **Leadership** und **Commitment** der Unternehmensleitung (→ Rn. 505 ff.),
12. interne Compliance-**Richtlinien** (→ Rn. 573 ff.),
13. Planung und Maßnahmen zur **Steuerung** von Compliance-Risiken (→ Rn. 357 ff.),
14. Compliance-**Ziele im Rahmen der Compliance-Strategie der Unternehmensleitung** (→ Rn. 73, 271 ff.),
15. hinreichende qualitative und quantitative **Ressourcen** für wirksames Compliance Management (→ Rn. 385 ff.),
16. **Delegation** und **Outsourcing** (→ Rn. 173 ff., 227 ff.),
17. Sicherstellen hinreichender **Qualifikation** und **Kompetenzen** der mit dem Compliance Management Betrauten (→ Rn. 205 ff., 299 ff., 237 ff.),
18. Compliance-**Training** (→ Rn. 562 ff.),
19. Sicherstellen hinreichender **Compliance-Risikossensibilisierung** der Unternehmensangehörigen (→ Rn. 533 ff., 561 ff.),
20. Compliance-**Kommunikation** durch die Unternehmensleitung (→ Rn. 533 ff.),
21. **Information** für die **Mitarbeiter** im Hinblick auf regeltreues Verhalten und relevante Funktionen des CMS (→ Rn. 560 ff.),
22. systematische **Sanktionierung** von Fehlverhalten (→ Rn. 556 ff.),
23. **Dokumentation**
    - der CMS-Inhalte und Regeln für die Mitarbeiter,
    - des CMS selbst, einschließlich aller wesentlichen Prozesse,
    - aller relevanten Handlungen, Ereignisse und Abläufe mit Relevanz für die Haftungsfreizeichnung der Unternehmensleitung und die übrigen an der Umsetzung des CMS Beteiligten (→ Rn. 406 ff.).
24. **Compliance-Überwachung** und -**Kontrollen** der **Geschäftsprozesse** (→ Rn. 359 ff.),
25. **kontinuierliche Verbesserung** des CMS (→ Rn. 169 ff., 383 ff.),
26. **Überwachung, systematische Erfassung**, Analyse und Bewertung der **Wirksamkeit** des **CMS**, unter anderem durch **Audits** und Management Reviews (→ Rn. 359 ff.).

63 **ISO 37001 Anti-Bribery-Management-System**[7]

Diese Norm enthält Grundsätze zu folgenden Aspekten:

- Analyse des **Organisationskontextes** und der **Stakeholder**-Erwartungen,
- **Definition**, Qualität und Umfang des CMS,
- **Planungsziele**,
- **Ressourcen** und **Unterstützung**,
- **Kompetenzen**,
- **Risikoanalyse** und -steuerung,
- **Risikosensibilisierung** und **Training**,
- **Leadership**,
- **Organisationsrollen**,
- **Policies**,
- individuelle **Verantwortlichkeiten** und **Berechtigungen**,
- **Delegation**,
- operative und finanzielle **Kontrollen**,
- **Due Diligence**,
- **Überarbeitung** und **Anpassung** des CMS,
- **Korruptionsprävention**, Geschenke, Einladungen und Spenden,
- **Hinweisgebersysteme**,
- **interne Ermittlungen**,
- Überwachung, Messung, Analyse sowie interne und externe **Wirksamkeitsprüfung** des CMS.

V. 35 Nutzenaspekte eines wirksamen Compliance-Management-Systems

64 Die Unternehmensleitung sollte die Geltung und Übertragbarkeit der nachfolgend aufgeführten **Wirkungen** pflichtgemäßen **Compliance Managements** auf das eigene Unternehmen prüfen und teilweise in die **Compliance-Strategie** (→ Rn. 73, 271 ff.) und **Kommunikation** (→ Rn. 533 ff.) einfließen lassen.

65 Die nachfolgend genannten Aspekte sind weder abschließend noch überschneidungsfrei. Sie **beeinflussen sich** im Hinblick auf Wirksamkeit und Wirtschaftlichkeit in vielfacher Weise **gegenseitig**.

1. **Effizienz:** Risikokosten, Schadenskosten und indirekte Schadenswirkungen werden durch ein wirksames, schlankes und fokussiertes CMS erheblich verringert. Zahlreiche weitere Effizienzwirkungen ergeben sich aus den nachgenannten Nutzenfunktionen.

---

7 ISO/DIS 37001 Anti-Bribery-Management-System – Requirements with guidance for use; der Text der ISO 37001 ist zu beziehen über http://www.iso.org/iso/catalogue_detail?csnumber=65034.

2. **Effektivität:** Die Wirksamkeit des Risikomanagements sowie aller weiteren Prozesse des Compliance Office und benachbarter Funktionen wird durch ein fokussiertes, schlankes CMS ebenso verbessert wie die Unternehmenssteuerung insgesamt.

3. **Standardisierung und Harmonisierung:** Ein wirksames CMS muss unternehmensweit konzipiert sein und einheitliche Prozesse, Instrumente und Prinzipien einschließen, die für verbesserte Wirksamkeit zum Teil stellenweise angepasst und ergänzt werden. Die Grundlinien des Compliance Managements, etwa die Risikoidentifikation und -bewertung oder der *code of conduct* müssen im gesamten Unternehmen – mit allenfalls leichten Anpassungen – einheitlich angewandt werden (→ Rn. 417 ff.). Ein wirksames CMS führt daher zur Verbesserung der Steuerbarkeit durch die Unternehmensleitung und zu Kosteneinsparungen aufgrund der Vereinheitlichung der Kernelemente.

4. **Integration von Funktionen:** Eine pflichtgemäß integrierte Compliance-Abteilung als Querschnitts- und Schnittstellenfunktion, z.B. mit den Funktionsbereichen Recht, IKS, Internal Audit, Risikomanagement, Human Resources, Qualitätsmanagement, Krisenmanagement, PR und weiteren verbessert die Wirksamkeit und Wirtschaftlichkeit abteilungsübergreifender Vorgänge.

5. **Risikoreduktion:** (→ Rn. 254 ff., 267 ff.) Reduziert werden nicht nur Compliance-Risiken, sondern auch zahlreiche mit ihnen verknüpfte weitere Risiken, wie etwa finanzielle, strategische oder HR-Risiken.

6. **Schadensreduktion:** Vermeidung oder wesentliche Reduzierung von unmittelbaren und mittelbaren wirtschaftlichen, rechtlichen und reputationsbezogenen Schäden (→ Rn. 254 ff., 267 ff.),

7. **Schutzwirkung:** Vermeiden und Aufdecken von Regelverstößen sowie adäquate Reaktion auf Regelverstöße – Schutz vor **Haftung** in Bezug auf Schadensersatz, andere zivilrechtliche Haftungsansprüche sowie straf- und verwaltungsrechtlicher Sanktionen(→ Rn. 40 ff.). Dies gilt im Hinblick auf Unternehmen, Organe, andere Leitungspersonen und weitere relevante Mitarbeiter und führt zur Vermeidung wirtschaftlicher, rechtlicher und reputationsbezogener Nachteile.

8. **Legalitätsfunktion:** (→ Rn. 25 ff., 200 ff., 373) Die Unternehmensleitung trägt die genuine persönliche Verpflichtung, die Legalität aller Abläufe des Unternehmens sicherzustellen. Ein wirksames CMS wird von allen wesentlichen nationalen Rechtsordnungen gefordert. Dies schließt den extraterritorial wirkende Gesetze wie den UK Bribery Act und den US Foreign Corrupt Practices Act (FCPA) ein.

9. **Kontinuitätsfunktion:** nachhaltige Sicherung der Geschäftstätigkeit; Verhinderung unerwünschter Reaktionen von Geschäftspartnern und Kunden auf Compliance-Defizite im Unternehmen sowie von Blacklistings und Ausschlüssen von Ausschreibungsverfahren (→ Rn. 556 ff.)

sowie unter Umständen bestandsgefährdenden Bußgeldern, beispielsweise in Kartellsachen.

10. **Strategiefunktion:** Ein wirksames CMS sichert die Umsetzbarkeit der Geschäftsstrategie der Unternehmensleitung dauerhaft. So werden beispielsweise negative Reaktionen von Investoren oder Aufsichtsgremien auf bekannt gewordene mögliche Compliance-Verstöße reduziert. Die pflichtgemäße Compliance-Strategie (→ Rn. 73, 271 ff.) sollte auch aus diesem Grund in die Ziele der allgemeinen Unternehmensstrategie integriert werden.

11. **Reputationsfunktion:** Zweifelsfrei sichert und stärkt gutes Compliance Management das Image des Unternehmens sowie die Führungsrolle und berufliche Reputation der Mitglieder der Unternehmensleitung.

12. **Effizienzfunktion:** Die wirtschaftlichen Auswirkungen eines wirksamen CMS sind vielfältig und können an dieser Stelle nur ausschnittsweise skizziert werden: Ein pflichtgemäßes CMS konzentriert sich auf die wichtigsten und dringendsten Compliance-Risiken und priorisiert dabei strikt nach Schadenshöhe und Eintrittswahrscheinlichkeit. Spezifisch auf diese Risiken ausgerichtete Steuerungs- und Kontrollmaßnahmen werden mit möglichst schlanken Mitteln umgesetzt. Weniger relevante Risiken werden mit entsprechend geringer gewichteten Maßnahmen versehen oder zunächst zurückgestellt. Verwendete Steuerungsmittel konzentrieren sich auf die mit vertretbarem Aufwand identifizierten und realistisch bewerteten Risiken und können daher bestmöglich fokussiert und dimensioniert werden. Schadenshäufigkeit und -umfang sinken. Vielfache positive wirtschaftliche Effekte folgen direkt und indirekt unter anderem aus den anderen Nutzenfunktionen.

13. **Beratungs- und Informationsfunktion** für Mitarbeiter und für Leitungspersonen als eine Grundanforderung an wirksame CMS. Hierzu gehören das Reporting von Problemfällen und von Handlungsbedarf, ferner Risikosensibilisierung, unterschiedliche Schulungsformen, Einzelberatung zu rechtlichen Anforderungen und zu Compliance-Pflichten sowie generelle Information über veränderte Rahmenbedingungen, wie etwa Gesetzesänderungen oder auch Aufhebung von Export-Embargos. Risikoarme operative Handlungsspielräume und Geschäftschancen werden in der Folge besser genutzt.

14. **Qualitätssicherung:** Die Einhaltung interner und externer Regeln stellt die Qualität der Produkte und Dienstleistungen sicher, verbessert die Produkt- und Markenreputation, die Kundenzufriedenheit und hat potenziell durchaus Wirkung auf Umsätze und Margen. Zudem belegen kodifizierte Compliance-Qualitätsnormen (→ Rn. 53 ff.) eine globale Institutionalisierung der Anforderungen an CMS, deren eigenverantwortliche Wirksamkeitserhaltung von Geschäftspartnern und anderen Stakeholdern des Unternehmens vorausgesetzt wird.

15. **Monitoring:** Die Einrichtung eines wirksamen CMS ist fester Grundbestandteil des Internen Kontrollsystems (IKS). Unternehmen sind zum kontinuierlichen Monitoring des Compliance-Risikostatus, des CMS-Status und des „Gap" zwischen beiden (= Differenz zwischen Brutto- und Nettorisiken) verpflichtet. Dies bezieht sich auf alle Vorgänge in allen Tochtergesellschaften, allen Ländern usw. – unter anderem auch auf relevante Geschäftspartner sowie M&A-Szenarien.

16. **Kapitalmarktbewertungen:** Ein wirksam und wirtschaftlich umgesetztes und entsprechend dokumentiertes CMS wird von Investoren positiv bewertet und wirkt sich auch auf IPO und den Unternehmenswert aus.

17. **Geschäftspartner-Prüfungen:** Das eigene Unternehmen ist regelmäßig das Ziel von Due-Diligence-Prüfungen der Geschäftspartner. Umgekehrt ist die Unternehmensleitung verpflichtet, die CMS der eigenen Geschäftspartner hinreichend zu verifizieren (→ Rn. 94 ff.). Wird die Forderung nach einer CMS-Prüfung von neuen Geschäftspartnern an das Unternehmen herangetragen, lässt sich ein wirksames CMS nicht ad hoc aufbauen. Zudem bezieht sich die Compliance Due-Diligence-Prüfung insbesondere auch auf den CMS-Status und Compliance-Risiken der Vergangenheit, die nicht rückwirkend geändert werden können. Ein wirksames CMS trägt somit zur Ermöglichung, Anbahnung oder Erhaltung von Geschäftsbeziehungen bei.

18. **M&A:** Wirksame CMS senken die M&A-Risikokosten im Pre- und Post-M&A-Stadium. Dies bezieht sich auf die Kosten für Compliance-Altlasten in Form unentdeckter früherer Verstöße wie auch auf die vielfältigen unmittelbaren und mittelbaren Kosten der Integration nach M&A. Zudem tragen wirksame CMS in der Unternehmenspraxis als starke Teilprägung der Unternehmenskultur zum Erfolg der Post-Integration-Phase bei.

19. **Governance:** Ein wirksames CMS ist Voraussetzung und notwendiger Bestandteil pflichtgemäßer Corporate Governance (→ Rn. 13).

20. **Stakeholder**-Interessen: Den Belangen von Behörden, Investoren, Geschäftspartnern, der Öffentlichkeit und zahlreichen weiteren Stakeholdern wird durch ein wirksames CMS in vielfacher Weise besser entsprochen.

21. **Wettbewerbsfunktion:** Ein wirksames CMS erhält und sichert die Position des Unternehmens im Wettbewerb. Unternehmen erwarten als Geschäftspartner gegenseitig die eigenverantwortliche Aufrechterhaltung der Wirksamkeit des CMS. Gleiches erwarten Kunden und andere wettbewerbsrelevante Stakeholder vom Unternehmen.

22. **Image- und Public Relations-Funktion:** Ein wirksames CMS verbessert die Wahrnehmung des Unternehmens bei allen Stakeholdern, einschließlich der Wahrnehmung am Kapitalmarkt.

23. **Human-Resources-Funktion:** Ein wirksames CMS wirkt sich positiv auf die Gewinnung und die Bindung von *high potentials* und *high performers* an das Unternehmen aus. Dies belegen die Erfahrungen der Unternehmenspraxis ebenso wie Studien. HR-Marketing und interne Kommunikation sollten daher stets CMS-Aspekte einschließen.

24. **Lieferkettenfunktion:** Geschäftspartner sind aufgrund der eigenen Selbstverpflichtung durch interne und externe Regeln verpflichtet, von anderen Geschäftspartnern wirksames Compliance Management zu fordern. Entlang der Lieferkette führt dies – einschließlich der Vorlieferanten und Subunternehmer – mittelfristig dazu, dass nur Unternehmen mit wirksamen CMS die *supply chain* effektiv managen und wirtschaftlich nutzen können.

25. **Motivationsfunktion:** Ein wirksames CMS wirkt sich positiv auf die Motivation der Mitarbeiter aus (→ Rn. 525), wie Studien und Unternehmenspraxis durchgängig belegen. Einige der Voraussetzungen sind, dass das CMS fokussiert, schlank definiert, konsequent geführt, einfach strukturiert und nicht intern überreguliert ist. Weiter verstärkt wird die Compliance- und leistungsbezogene Motivationswirkung, wenn das CMS mit den Leitwerten des Unternehmens, Führungsprinzipien, Leistungszielen sowie mit dem Vergütungssystem verbunden und nach den Grunddimensionen des Compliance Managements (→ Rn. 518, 532) ausgerichtet ist.

26. **Steuerungsfunktion:** Die Unternehmensleitung kann aufgrund der Informationsflüsse des CMS Compliance-Risiken sowie entsprechende Kontroll- und Geschäftsprozesse wirksamer steuern.

27. **Sensibilisierungsfunktion:** Risikosensibilisierung und Compliance-Commitment im Sinne intrinsischer Motivation der Mitarbeiter nehmen auch in ansonsten schwer kontrollier- und steuerbaren Handlungsbereichen zu.

28. **Leadership-Funktion:** Ein konsequent wirksames und wirtschaftliches CMS unter aktiver Führung der Unternehmensspitze wirkt sich auf die Management-Kompetenzen aus, die der Unternehmensleitung zugemessen werden. Dies unterstützt oftmals wirksames Agieren im Hinblick auf diverse andere Führungs- und Steuerungsthemen. Vorbildfunktion, Authentizität, Glaubwürdigkeit, Überzeugungskraft, Motivationsfähigkeit, Resilienz gegenüber Angriffen u.v.a. sind praktische Aspekte der Compliance-Führung (→ Rn. 505 ff.). Als Kernelement der Wirksamkeit jedes CMS wird sie auch von allen internationalen Standards gefordert (→ Rn. 53 ff.).

29. **Freizeichnung und Absicherung der Unternehmensleitung** im Hinblick auf angemessene und wirksame Erfüllung der Compliance-bezogenen Leitungs-, Kontroll- und Steuerungspflichten gegenüber Behörden, Kontrollgremien und allen übrigen Stakeholdern. Ein wirksames

CMS muss Compliance-Verstöße niemals gänzlich verhindern können (→ Rn. 544), ermöglicht jedoch den Mitgliedern der Unternehmensleitung bei tatsächlichen oder potenziellen Compliance-Verstößen stets den Hinweis auf vollständig erfüllte eigene Compliance-Leitungs- und Organisationspflichten und ein CMS, das allen Wirksamkeitsanforderungen genügte.

30. **Transparenzfunktion:** Dieses CMS-Grundprinzip trägt zur Vertrauenswirkung bei internen und externen Stakeholdern bei.

31. **Reputations- und Imagefunktion:** Dieser Aspekt eines wirksamen CMS bezieht sich auf Geschäftspartner, Kunden, begehrte Arbeitskräfte im Rahmen des HR-Marketings und das Bild des Unternehmens und der Leitungspersonen in der Öffentlichkeit.

32. **Vertrauenswirkung** im Hinblick auf Aufsichtsgremien, Geschäftspartner und alle weiteren Stakeholder. Sie ist verbunden mit der genannten Reputations- und Imagefunktion.

33. **Nachhaltigkeitsfunktion:** Untersuchungen, etwa der Kartellbehörden, beziehen sich meist auf Jahre zurückliegende Sachverhalte und ziehen sich nochmals über Jahre hin. Ein wirksames, sachgerecht dokumentiertes CMS ermöglicht eine vergleichsweise gelassene Weiterverfolgung gewählter Geschäftsstrategien ohne signifikante Beeinträchtigung durch Compliance-Altlasten oder jahrelange behördliche Verfahren beispielsweise in Kartellsachen.

34. **Frühwarnfunktion:** Wirksame Frühwarnindikatoren im Rahmen der Risikoanalyse ermöglichen der Unternehmensleitung vorausschauende Risikosteuerungsmaßnahmen – im Idealfall, noch bevor Risiken gravierendes Schadenspotenzial entwickeln.

35. **Resilienzfunktion:** Durch ein wirksames und fachgerecht dokumentiertes (→ Rn. 406 ff.) CMS, das die Erfüllung der Compliance-Leitungspflichten belegt, werden das Unternehmen und seine Leitung widerstandsfähiger und weniger angreifbar im Hinblick auf mögliche künftige behördliche Ermittlungen, mittelbare Compliance-Angriffe durch Konkurrenzunternehmen, im Unfrieden ausgeschiedene ehemalige Mitarbeiter oder etwa auch in Bezug auf kartellrechtliche Bonusanträge von Wettbewerbern.

B. Freizeichnung der Unternehmensleitung im Normalfall
I. Compliance-Steuerungspflichten der Unternehmensleitung

Unter anderem folgende **organisationsbezogene Steuerungs-, -Leitungs- und -Aufsichtspflichten** der Unternehmensleitung sind wirtschaftlich sinnvoll und auch **rechtlich anerkannt**: 66

- sachgerechte Compliance-**Aufgabenverteilung** zwischen mehreren Abteilungen (→ Rn. 487 ff.),

- hinreichende personelle, sachliche und finanzielle **Ressourcen** für das Compliance Management,
- klar definierte und schriftlich wirksam abgegrenzte und integrierte **Verantwortungsbereiche** der Compliance-Fachkräfte, der Aufsichtspersonen, benachbarter Fachbereiche (→ Rn. 426 ff., 486 ff.) sowie ggf. externer Fachleute. Bei einer Matrixorganisation für Compliance (→ Rn. 486) muss auf präzise Definition der Schnittstellenfunktionen geachtet werden. Zuständigkeitslücken, -überschneidungen und Mehrfachzuständigkeiten sollten ausgeschlossen werden.
- erforderlichenfalls **Co-Sourcing** von nicht hinreichend unternehmensintern abgedeckten Compliance-Aufgaben und -Kompetenzen (→ Rn. 227 ff., 235 ff.),
- Aufbau einer personell und finanziell hinreichend ausgestatteten **Revisionsfunktion** bzw. -abteilung ab einer gewissen Komplexität der Organisation und Prozesse,
- sorgfältige **Auswahl** des Compliance-Fachpersonals sowie externer Dienstleister im Rahmen der **Delegation** (→ Rn. 205 ff., 237 ff.) bei entsprechend fachlicher Befähigung (Ausbildung, Qualifikation, Erfahrung) und persönlicher Eignung; bei Delegation an qualifizierte interne oder externe Fachkräfte müssen Auswahlgründe und übertragener Pflichtenkreis genau dokumentiert werden,
- ununterbrochene **Delegationsketten**, stärkste fachliche Aufsicht in der vorletzten Ebene der Aufsichtskette,
- dokumentierte wirksame **Berichtslinien** und Berichtspflichten,
- wirksame Abgrenzung und Integration der Compliance-Abteilung mit benachbarten **Fachfunktionen** (→ Rn. 487 ff.),
- präzise **Organisations-** und **Ablaufpläne**,
- klar definierte **Pflichtenhefte** für externe **Dienstleister** (→ Rn. 242 ff.) und präzise **Stellenbeschreibungen** für Compliance-**Personal** und **Aufsichtspersonen**,
- **interne Richtlinien** (→ Rn. 573 ff.) einschließlich *code of conduct* (→ Rn. 601 ff.) sowie bei Bedarf schriftliche **Rahmenregeln**, wie Führungs- und Leistungsprinzipien, Unternehmenswerte und ähnliche Grundregelungen,
- konkrete, nicht nur generelle und globale **Hinweise der Unternehmensleitung** gegenüber Delegationsempfängern auf bekannte wesentliche Fehlerquellen, Risikobereiche und Gefahrenquellen sowie besonders kritische Kombinationen von Risikofaktoren (etwa an bestimmten ausländischen Standorten),
- jederzeit **zugängliche risikorelevante Informationen** wie Datenbanken, Dokumentationen, Auditberichte, Ergebnisse früherer Risikoanalysen.

Vielfache **weitere** Organisationspflichten ergeben sich aus den im vorliegenden Werk benannten CMS-Bestandteilen sowie auch aus den zitierten internationalen CMS-Standards (→ Rn. 53 ff.). 67

Der Umfang der **Instruktions-, Anleitungs- und Schulungspflichten der Unternehmensleitung** im Rahmen der Delegation auf internes oder externes Fachpersonal hängt hauptsächlich von **vier Faktoren** ab: 68
1. Komplexität der delegierten Aufgaben und Zuständigkeiten,
2. Komplexität und Umfang bzw. Größe der Aufbau- und Ablauforganisation,
3. Risikoprofil des Unternehmens,
4. Qualifikation, Erfahrung, Fähigkeiten und Risikosensibilisierung der Mitarbeiter, an die delegiert wird.

Unter anderem von diesen Faktoren hängen auch der Umfang und die Qualität der **Überwachungspflichten** der Unternehmensleitung ab – mit anderen Worten: welche Eigenständigkeit und Freiräume den CMS-Fachkräften bei der Aufgabenerfüllung zuerkannt werden. 69

II. Kernaufgaben der Unternehmensleitung

Das Leitungsgremium ist grundsätzlich **gesamtzuständig** für die Compliance-Aufgaben. Im Rahmen der **horizontalen Delegation** (→ Rn. 173 ff.) kann die Arbeitszuständigkeit auf ein geeignetes Leitungsmitglied übertragen werden, das regelmäßig berichtet. Neben der fachlichen Eignung sollte der sonstige **Geschäftsbereich** dieses Leitungsmitglieds vergleichsweise geringe Compliance-Risiken beinhalten, um Interessenkonflikte zu vermeiden. 70

Eine wachsende Zahl von Unternehmen schafft eigene **Compliance-Ressorts innerhalb des Leitungsgremiums**. Zusätzlich oder stattdessen sollte ein **Compliance Committee** (→ Rn. 216 ff.) oder **Compliance Board** bestehen, in dem neben dem Chief Compliance Officer Vorstandsmitglieder vertreten sind und/oder das an den Vorstand berichtet. Zur Freizeichnung der Leitungsmitglieder sollten die Compliance-Berichtsaktivitäten und die daraufhin eingeleiteten Maßnahmen in Besprechungs-Agenden, Sitzungsprotokollen und sonstigen dauerhaft und sicher archivierten **Dokumenten** zum Nachweis der Pflichtenerfüllung detailliert genug enthalten sein. 71

Die Unternehmensleitung sollte im Sinne ihrer **Gesamtverantwortung** trotz teilweiser Delegation des Compliance-Ressorts insbesondere bei **folgenden Aufgaben als Kollegialorgan zusammenwirken**: 72

- Implementierung Compliance-politischer **Grundsätze**, wie Compliance-relevante Unternehmenswerte und Führungsgrundsätze,
- schriftliche Compliance-**Strategie** (→ Rn. 73, 271 ff.), die unter anderem die Risikopolitik, Ressourcen, Umsetzungsplanung und Meilensteine beinhaltet,
- Grundsätze und Verfahren des **Compliance-Risikomanagements**,
- grundlegende Maßnahmen im Rahmen der internen und externen **Compliance-Kommunikation** *(tone from the top)* und Compliance-Führung,
- Verbesserungs- und Ad-hoc-Maßnahmen als Reaktion auf **Compliance Audits** sowie Maßnahmen als Reaktion auf Compliance-Fehlverhalten im Unternehmen,
- Entscheidung zur **Aufbauorganisation** und **Delegation,** wie etwa Einsetzung eines Chief Compliance Officer (→ Rn. 205 ff.) sowie grundsätzliche Einbindung der Compliance-Funktion als autonome Organisation oder als Matrix-Organisation (→ Rn. 486),
- präventive Planung im Hinblick auf mögliche **Compliance-bedingte Krisenszenarien**, wie behördliche Durchsuchungen für den Fall eskalierender Medienberichterstattung über tatsächliche oder potenzielle Compliance-Probleme des Unternehmens.

III. Business Judgement Rule bei der Weiterentwicklung des Compliance-Management-Systems

73 Die **Business Judgement Rule** (→ [BJR] § 4 Rn. 13 ff.) ist in § 93 Abs. 1 Satz 2 AktG geregelt, gilt über § 116 AktG auch für Aufsichtsratsmitglieder sowie nach der herrschenden Meinung auch für Leitungsmitglieder der GmbH sowie für sonstige unternehmenstragende Personengesellschaften. Die Business Judgement Rule ist auf die **Entscheidungen** der **Unternehmensleitung** zu **Aufbau**, **Anpassung** und **Aktualisierung** des **CMS** anwendbar.

74 Die direkte **Anwendung** der rechtlichen Grundsätze der **BJR** auf Entscheidungen zur kontinuierlichen **Weiterentwicklung des CMS** als Pflicht der Unternehmensleitung klingt zunächst abstrakt. Die Grundsätze der BJR sollen aber dennoch kurz skizziert werden, sodass sie auf konkrete Entscheidungssituationen im Rahmen der **CMS-Steuerung** übertragen werden können.

75 **Zusammenfassen** lässt sich das Ergebnis in **fünf Grundschritten**, die die Unternehmensleitung bei Maßnahmen der Weiterentwicklung und Anpassung des CMS nach Möglichkeit stets sicherstellen sollte:
1. sachkundige und unabhängige Bestätigung der **Wirksamkeit** der **Risikoanalyse** und der **CMS-Statusanalyse als Entscheidungsgrundlagen**,

2. fachlich fundierte **Empfehlungen zu CMS-Aufbau- und Anpassungs-maßnahmen** durch zweifelsfrei hierfür qualifizierte interne oder externe Fachkräfte als konkrete Entscheidungshilfen,

3. eigene **Entscheidung** unter Darlegung der wesentlichen Informations-quellen (→ Rn. 202 ff.) und Entscheidungsgründe,

4. **Delegation** der Umsetzung der Maßnahmen an hierfür zweifelsfrei qualifizierte interne oder externe Fachkräfte,

5. schriftliche **Dokumentation** der ersten vier Schritte.

Als **Basis der fünf Schritte** gelten folgende **Grundprinzipien der Business Judgement Rule**:   76

- Entscheidungen zur CMS-Entwicklung müssen von **der Unternehmensleitung** in **gutem Glauben** auf der **Grundlage** angemessener, fachkundiger, objektiver und nach Möglichkeit schriftlich dokumentierter Informationen ohne Eigeninteressen oder sachfremde Einflüsse zum Wohl der Gesellschaft getroffen werden.

- **Informationsgrundlage** und Grundlage der fachlichen Einschätzung möglichen Veränderungs- und Anpassungsbedarfs des CMS sind zunächst stets die wirksame und dokumentierte unternehmensweite Risiko- und die CMS-Statusanalyse.

- Das Mitglied der Unternehmensleitung muss sich bei Entscheidungen zum CMS-Aufbau am **Unternehmenswohl** orientieren und die Entscheidungsgrundlagen **sorgfältig prüfen**. Die **Wirksamkeit** der **Risikoanalyse** sollte daher nach Möglichkeit unabhängig schriftlich **bestätigt** und **dokumentiert** werden.

- Grundsätzlich haben **Leitungspersonen** bei ihrer unternehmerischen Tätigkeit weiten **Ermessensspielraum**, solange die Entscheidung **legal** und rational **nachvollziehbar** ist und das Mitglied der Unternehmensleitung seinen Beurteilungsspielraum aus **sachgemäßen Gründen** ausgefüllt hat. Die Bereitschaft, unternehmerische **Risiken** einzugehen, darf zudem nicht in unverantwortlicher Weise **überspannt** werden. Bei der **CMS-Weiterentwicklung** bleibt es insoweit beim **Grundsatz**, dass sie stets auf den Ergebnissen der wirksamen **Risikoanalyse** beruhen und spezifisch darauf zugeschnittene wirksame Risikosteuerungsmaßnahmen beinhalten muss (→ Rn. 291 ff., 357 ff.).

- Die relevanten **Entscheidungsgrundlagen** zur **Weiterentwicklung des CMS** – hier die Risiko- und die CMS-Statusanalyse – müssen **wirksam** sein (→ Rn. 254 ff.). Zudem müssen alle erreichbaren **Informationsquellen** zumutbar und angemessen **ausgeschöpft** werden. Dies kann im Fall des **CMS-Aufbaus** oder seiner Anpassung und Verbesserung auch das Einholen unabhängigen **sachkundigen Rats** externer Fachleute einschließen.

- Nach der Informationseinholung muss das Mitglied der Unternehmensleitung eine **Abwägung** der Vor- und Nachteile, Risiken, rechtlichen und betriebswirtschaftlichen **Folgen** treffen. Eine **Fehleinschätzung** liegt erst dann vor, wenn sie aufgrund **mangelnder Informationsgrundlage** – d.h. nicht unabhängig als wirksam bestätigter **Risiko- und Statusanalyse** – oder aufgrund nicht hinreichend sorgfältiger oder sonst fehlerhafter **Sachabwägung** erfolgte. **Informationsgrundlagen** sowie unter Umständen eine **Abwägung** des Für und Wider von Maßnahmen sollten stets hinreichend **dokumentiert** sein.

IV. Absicherung bei Neueintritt in die Unternehmensleitung

77 Bei Eintritt in den Vorstand und in andere Leitungsfunktionen sollte das neue Mitglied der Unternehmensleitung die vollständige und sachgemäße **Dokumentation des wirksamen CMS** nach Möglichkeit von unabhängiger fachkundiger Seite **prüfen** und bescheinigen lassen. Dies gilt sowohl für den **Status quo** der risikospezifischen Wirksamkeit des CMS als auch für die CMS-Dokumentation der **letzten Jahre**.

78 Wichtig ist insbesondere die schnelle und unabhängige Prüfung potenziell **risikoreicher Unternehmensbereiche und Tochterunternehmen** mit **CMS-Dokumentationsmängeln** im Sinne eines initialen schnellen **Puls-Checks**. Ziel ist, den dringendsten Handlungsbedarf an wesentlichen Risikoschwerpunkten der Organisation im Rahmen der ersten Amtshandlungen zu erkennen, um Steuerungsmaßnahmen unverzüglich und wirksam fokussieren zu können.

79 Erforderliche fachlich abgesicherte **Ad-hoc-Maßnahmen** zur Compliance-Risikosteuerung sollten **schriftlich** formuliert, den **Leitungsgremien** sowie dem **Compliance Committee schriftlich unterbreitet** und **unverzüglich umgesetzt** werden.

80 Grund ist die gesamtschuldnerische **Mithaftung** des neuen Mitglieds der Unternehmensleitung **für Compliance-Defizite** und **Compliance-Altlasten** in Form nicht erkannter oder nicht hinreichend gesteuerter Compliance-Risiken mit Schadenswirkungen in der Vergangenheit, Gegenwart und Zukunft (→ § 6 Rn. 50).

81 **Sorgfältig geprüft** werden sollten insbesondere das wirksame Verfahren der **Risikoanalyse**, das daraus abgeleitete **Risikoportfolio** sowie adäquate, risikospezifisch wirksame **Steuerungsmaßnahmen** im Rahmen des unternehmensweiten wirksamen CMS.

Bei der Wirksamkeitsprüfung müssen insbesondere die Risikoursachen und die im Hinblick auf sie spezifisch konzipierten Steuerungs- und Kontrollmaßnahmen zueinander **in Bezug gesetzt** werden (→ Rn. 357 ff.). Es geht also zunächst nicht um die rechtliche Bewertung beispielsweise von Korruptionsrisiken, sondern um die Beurteilung der tatsächlich wirksamen Risikosteuerung der relevanten optativen Prozesse, innerhalb derer die handlungs- und prozessbezogenen mitwirkenden Ursachen von Korruptionsdelikten liegen.

82

V. Absicherung bei Ausscheiden aus der Unternehmensleitung

Beim Austritt aus der Unternehmensleitung sollte dem ausscheidenden Mitglied das Recht zuerkannt werden, zur dauerhaften Entlastung und Haftungsabsicherung zumindest eine Zusammenfassung des relevanten Ausschnitts der **CMS-Dokumentation** seiner Amtszeit zu erhalten.

83

Wichtig ist auch hier die **unabhängige Prüfung** und schriftliche Bestätigung der Dokumentation im Hinblick auf die Wirksamkeit des CMS sowie auf erfüllte Compliance-Leitungspflichten. Sie sollte analog zur Situation bei Eintritt in die Unternehmensleitung **nicht primär aus der rechtlichen Perspektive** erfolgen (→ Rn. 242, 340).

84

Wie beim Eintritt in die Unternehmensleitung (→ Rn. 77 ff.) sollte dabei insbesondere auf die Dokumentation der **wirksamen Risikoidentifikation, -bewertung und -steuerung** sowie möglicherweise **verbliebene und nicht hinreichend kontrollierte Nettorisiken** geachtet werden, die sich zu späteren Haftungsgründen entwickeln können.

85

VI. Puls-Check bei problematischen Tochterfirmen oder Geschäftspartnern

Vermutet die Unternehmensleitung Compliance-Risikoschwerpunkte in Tochtergesellschaften, zentralen Unternehmensbereichen des Mutterunternehmens oder bei relevanten Geschäftspartnern, besteht in aller Regel die Verpflichtung, **unverzüglich** wirksame und angemessene Formen von **Stichprobenprüfungen** und **Kurzaudits** durchführen zu lassen. Dabei sollten zumindest die Hauptelemente des CMS, allen voran die wirksame Risikoanalyse, verifiziert werden. Angewandte Mittel und Verfahren sowie **Schwerpunkte** variieren nach den Erfordernissen des Einzelfalls.

86

Die Verifizierung kann durch unabhängige fachkundige **interne Prüfer** erfolgen, die nicht am CMS beteiligt sind. Werden Mitglieder der Internen Revision beauftragt, muss auf ausreichenden Prüfungsumfang und ausreichende Prüfungsqualität geachtet werden, die sich auf die Wirksamkeit relevanter Teile des unternehmensweiten CMS erstrecken. Dies setzt ent-

87

sprechende Kompetenzen der Internen Revision voraus, die die Unternehmensleitung verifizieren muss. Alternativ oder kumulativ können fachkundige **externe Dienstleister** beauftragt werden.

88 Die **Prüfungsausrichtung** zielt wiederum regelmäßig nicht auf rechtliche Aspekte, sondern auf die tatsächliche Wirksamkeit des CMS zur Kontrolle der fachgerecht ermittelten operativen Compliance-Risiken.

VII. Vorbereitung auf mögliche künftige Durchsuchungen

89 Eine **interne Richtlinie** zum Verhalten relevanter Mitarbeiter für den Fall behördlicher **Durchsuchungen** ist in vielen Unternehmen sinnvoll. Dies gilt insbesondere im Hinblick auf unangekündigte Durchsuchungen, die oftmals in den Morgenstunden stattfinden *(dawn raids)*. Einige der **Gründe**, die für eine derartige Verhaltensrichtlinie sprechen, sind:
- Unternehmensleitung und Rechtsabteilung werden vor Beginn der Durchsuchung umgehend informiert.
- Mitarbeiter werden zu rechtskonformem, aber bedachtsamem Verhalten während der Durchsuchung veranlasst.
- Geschäftsabläufe werden möglichst wenig beeinträchtigt, etwa durch umfangreiche Beschlagnahmungen von Unternehmensunterlagen oder IT-Komponenten mit Relevanz für das operative Geschäft.
- Behördenvertreter werden während der Durchsuchung durch kompetentes Personal begleitet.

90 Relevante Mitarbeiter sollten über die interne Durchsuchungsrichtlinie eingehend **informiert** und erforderlichenfalls **geschult** werden. Dies gilt insbesondere für das **Empfangspersonal** und die für die Begleitung der Durchsuchungspersonen vorgesehenen Mitarbeiter.

91 Beispielhafte **Inhalte** einer **Durchsuchungsrichtlinie** sind:
- Verhalten, insbesondere des Empfangspersonals, bei Ankunft der Behördenvertreter im Unternehmen,
- unverzügliche Benachrichtigung von Leitungspersonen, Rechtsabteilung, externer Rechtsberater u.a.,
- Bereitstellung und Öffnung von Räumlichkeiten und Zugangsmöglichkeiten,
- Klärung der zu prüfenden Räume, Akten und Datenträger,
- Einbindung relevanter Fachabteilungen (z.B. Recht, IT, Unternehmenskommunikation),
- Mitwirkungspflichten der Mitarbeiter,
- Begleitung der Durchsuchungsbeamten,
- Verhalten bei Versiegelung von Räumen und Behältnissen,

- unternehmensinternes Team zur Mitverfolgung und Protokollierung der Durchsuchung,
- Grundsätze zu eigenen Ermittlungen des Unternehmens,
- Verzeichnis der beschlagnahmten Gegenstände,
- Nachbereitung der Durchsuchung.

Zur Prüfung des wirksamen Verhaltens der Mitarbeiter bei Durchsuchungen   92
und der Wirksamkeit der bisherigen Fassung der Durchsuchungsrichtlinie
sowie entsprechender Trainings werden mitunter sog. *mock dawn raids*
durchgeführt, bei denen beispielsweise am Empfangstresen des Unternehmens unangekündigte Behördendurchsuchungen derart realitätsnah simuliert werden, dass für die Mitarbeiter zunächst nicht erkennbar ist, dass es
sich nicht um eine reale Durchsuchung handelt.

Den betroffenen Mitarbeitern können diese Maßnahmen im Anschluss als   93
unangekündigtes Training im Sinne eines Probe-Feueralarms **kommuniziert** werden, welches aufgrund der Schadensträchtigkeit von Dawn Raids
erforderlich ist. Die mit der Übung verbundene Aufregung der Mitarbeiter
wird durch die Erklärung freilich nachträglich nicht kompensiert. Erforderlichenfalls sollten entsprechende **Nachschulungen** und/oder **Verbesserungen** der *Dawn Raid*-Richtlinie umgesetzt werden.

VIII. Geschäftspartner-Compliance-Prüfung

Ein pflichtgemäß wirksames CMS erfasst auch Compliance-**Risiken aus**   94
Geschäftsbeziehungen mit relevanten Dritten. Im Kern geht es um die
Abwendung rechtlichen, finanziellen und reputationsbezogenen Schadens
aufgrund der Zurechnung möglicher Compliance-Defizite bei Geschäftspartnern.

Die **rechtliche Verpflichtung** zur **Einbeziehung relevanter Geschäfts-**   95
partner in das eigene CMS besteht unter anderem nach § 130 OWiG, UK
Bribery Act, US Foreign Corrupt Practices Act (FCPA) und US Sentencing
Guidelines. Rechtlich gesehen muss das CMS grundsätzlich auf relevante,
nicht betriebszugehörige Dritte – wie etwa Vertriebsbeauftragte – erstreckt
werden, die betriebsbezogene Aufgaben erfüllen oder die Compliance im
eigenen Unternehmen beeinflussen können. **Beispiele** sind unter anderem Lieferanten, Vermittler, Vertreter, vertriebsbezogene Berater, sonstige
Vertriebspartner und Joint-Venture-Partner.

Primär geht es bei der Third Party Compliance um Mindestanforderungen   96
für die im Hinblick auf Compliance-Erfordernisse sorgfältige **Auswahl** und
Integritätsprüfung von Geschäftspartnern. Grundsätzlich sollte die Um-

setzung eines wirksamen CMS bei Geschäftspartnern verifiziert werden, soweit die Informationsmöglichkeiten dies zulassen.

97   Die Geschäftspartner-Prüfung besteht aus folgenden grundlegenden **Phasen**: Stammdatenerfassung, Risikoevaluierung, Compliance-Prüfung, Genehmigungsverfahren, Vertragsmanagement und Rechnungswesen.

98   **Standardmaßnahmen** sind:
- **Dokumentiertes Auswahlverfahren** vor Vertragsschluss, bei dem die Anwendung fester **Prüfkriterien** und **Selbstauskünfte** zum Compliance-relevanten Verhalten des Geschäftspartners eingeschlossen ist.
- Aufbau eines automatisierten **Scoring-Verfahrens** auf der Grundlage von Risikofaktoren und Risikoindikatoren (Excel-basiert oder spezielle Softwarelösungen). Ergebnis ist ein **Scoring-Wert,** der **vertiefte Prüfpflichten** und **erweiterte Genehmigungserfordernisse** (Bereichsleitung, CCO, Unternehmensleitung) automatisiert auslöst.
- Das Unternehmen sollte individuelle **Listen mit Risikoindikatoren** definieren, die vor der Aufnahme von Geschäftsbeziehungen abgeprüft und dokumentiert werden müssen. Einfaches Beispiel ist etwa ein Firmensitz in Hochrisikoländern oder an einem *Offshore*-Standort. Für die Anfangsphase können beispielsweise generelle grobe Beurteilungsverfahren, wie etwa Korruptionsrisiko-Indikatoren oder Korruptions-Wahrnehmungs-Indizes von Transparency International hinzugezogen werden.
- Die **Prüfung** des rechtstreuen Verhaltens eines Geschäftspartners und/oder des drohenden Reputationsschadens sollte umso intensiver erfolgen, je größer der Umfang und/oder je sensibler die Dauer der Bindung an einen Geschäftspartner sind.
- Neben rechtlichen und wirtschaftlichen Compliance-Risiken sollten auch **reputationsbezogene Risiken** in die Geschäftspartnerprüfung eingehen. Eine ebenso einfache wie sinnvolle **Testfrage** ist oftmals, ob das Bekanntwerden der konkreten Geschäftsbeziehung mit dem Partner in der Öffentlichkeit eine negative Wahrnehmung auslösen könnte.
- Ein auf dem Scoring-Wert basierendes **Ampelsystem** kann trotz der begrenzten Aussagekraft bei Bedarf zur Visualisierung dienen. Wie das Scoring-Verfahren muss es mit jeweils erweiterten Genehmigungserfordernissen etwa durch den CCO, das Compliance Committee oder die Unternehmensleitung verbunden werden.
- **Klassifizierungen** der Geschäftspartner sollten nach **Risiko-Levels** mit **gestaffelten Überprüfungstiefen erfolgen.**
- Die Verifizierung der **Rechtspflichten**, etwa nach dem Geldwäschegesetz, Außenwirtschaftsrecht, § 130 OWiG, den strafrechtlichen Garantenpflichten, gesellschaftsrechtlichen Pflichten, UK Bribery Act und FCPA, muss regelmäßig **aktualisiert** werden.

- Zumeist sind **Vertragsregelungen** sinnvoll, die relevantes rechts- und **regelwidriges Verhalten** sowie risikogeneigte Abläufe, wie etwa Bargeldzahlungen oder auch Vergütungen auf Konten in risikoreichen Drittländer, ausschließen.
- Die Verpflichtung des Geschäftspartners auf den unternehmenseigenen *code of conduct* oder die Prüfung des *code of conduct* des Partners – und vor allem dessen wirksamer Umsetzung – sind weitere vertragliche Standardmaßnahmen. Sie sollten durch eine dokumentierte Verifizierung der Umsetzung ergänzt werden.
- Es sollten **Prüf- und Einsichtsrechte** ins CMS des Geschäftspartners vereinbart werden. Sie sollten durch **Selbstauskünfte** in Form von **CMS-/Due-Diligence-Fragebögen** sowie bei vertieftem Prüfungsbedarf auch durch **Due-Diligence-Befragungen** und **Kurzaudits** umgesetzt werden.
- Für das **Compliance Office** sollte ein **Empfehlungsrecht für Maßnahmen** bei der Aufnahme von Geschäftsbeziehungen mit besonders risikoreichen Geschäftspartnern bestehen.
- Bei Geschäftspartnern sollten Amtsträgereigenschaften sowie andere individuelle **Risikofaktoren dokumentiert** werden. Hoch kritisch sind insbesondere **Intermediäre**, die Geschäftsbeziehungen zu Amtsträgern erleichtern sollen.
- Der **Abgleich mit Embargo-, Terror- und Sanktionslisten** gehört zum Standardkatalog der Außenhandels-Compliance.
- Einfache **Internetrecherchen** zu Compliance-relevantem Verhalten neuer, unbekannter Geschäftspartner sind ein naheliegender erster Schritt, der erstaunlicherweise mitunter vergessen wird – möglicherweise gerade aufgrund der Banalität dieser Prüfung.
- Recherche in **internationalen Datenbanken mit Compliance-Risikofunktionen**, wie etwa Factiva, Genios, World Check, LexisNexis oder Thomson Reuters, sollte bei neuen Geschäftspartnern im Rahmen von internationalen Geschäftsbeziehungen als Standard-Prüfschritt durchgeführt werden.
- Eine **Auffrischung** der Geschäftspartner-**Due-Diligence-Prüfung** sollte in angemessenen Abständen durchgeführt werden. Bei Geschäftspartnern mit **langjähriger Historie** vertrauensvoller Zusammenarbeit ohne feststellbare Risikoindikatoren ist dabei in der Regel keine vertiefte Due-Diligence-Prüfung erforderlich.

IX. M&A Compliance
1. Pre-M&A
Im Pre-M&A-Stadium (→ § 17 Rn. 1 ff.) müssen die aktuelle und vorausgegangene **Wirksamkeit des CMS** des Transaktionsobjekts sowie dessen **Compliance-Risikoportfolio** der relevanten vergangenen Zeitperioden unbedingt so genau wie möglich **geprüft** werden, um wirtschaftliche sowie

99

rechtliche Risiken für das übernehmende Unternehmen und seine Leitung so weit wie möglich auszuschließen.

100 Besonders geachtet werden muss auf die **Historie** der CMS-Entwicklung, -Wirksamkeit und -Dokumentation und hierbei insbesondere die Dokumentation der wirksamen Risikoanalyse.

101 Wichtigster Gegenstand der Prüfung ist zunächst die **CMS-Dokumentation** der vergangenen Jahre. Erste und wichtigste **Prüfschwerpunkte** sind dabei die hinreichend dokumentierte Wirksamkeit der Risikoidentifikation, -bewertung, -überwachung, -steuerung und –berichterstattung sowie spezifisch auf die Risiken ausgerichtete wirksame CMS-Maßnahmen.

102 Das übernehmende Unternehmen muss die kontinuierlich wirksame **Umsetzung** der CMS-Hauptbestandteile sowie deren systematische **Anpassung** an veränderte Compliance-Risiken prüfen.

103 Die Prüfung der CMS-Dokumentation muss in der M&A-Praxis in aller Regel durch strukturierte und dokumentierte **Due-Diligence-Interviews** der relevanten Mitarbeiter und Mitglieder der Unternehmensleitung ergänzt werden. Parallel müssen unter anderem spezifisch auf den konkreten M&A-Fall zugeschnittene CMS- und **Due-Diligence-Fragebögen** sowie **Stichprobenprüfungen** und **Auditelemente** eingesetzt werden.

104 Wichtig ist auch hier, die Prüfung **nicht primär unter rechtlichen Aspekten** durchzuführen, sondern mit Fokus auf die tatsächliche operative Wirksamkeit der Risikoanalyse und der spezifisch darauf basierenden Risikosteuerungsmaßnahmen im Rahmen des CMS. Hierfür bedarf es gemischter wirtschaftlicher und rechtlicher Kompetenzen.

105 Prüfverfahren, Ergebnisse, Wirksamkeitsbewertungen des CMS sowie Compliance-Risikobewertungen und Ableitungen für ggf. weitere erforderliche Pre-M&A-Maßnahmen sowie insbesondere die Post-M&A-Integration werden in einem umfassenden **Pre-M&A-Bericht** dokumentiert, der die Compliance-bezogenen wirtschaftlichen sowie haftungs- und reputationsbezogenen Compliance-Risiken für das übernehmende Unternehmen und seine Leitung umfassend spezifiziert.

2. Post-M&A

106 Nach einem Merger oder einem Unternehmenserwerb geht es primär um die zeitnahe, wirksame und wirtschaftliche **Angleichung, Standardisierung und Harmonisierung der CMS** beider Unternehmen, um Haftungs-

risiken des Mutterunternehmens und seiner Leitung so schnell und so gut wie möglich auszuschließen (→ § 17 Rn. 43 ff.).

Das erworbene oder fusionierte Unternehmen muss so zeitnah und so **107** wirksam wie möglich in das bestehende **Konzern-CMS** (→ Rn. 426 ff.) **integriert** werden. In der Praxis können dabei häufig wirksame Teile des CMS des übernommenen bzw. fusionierten Unternehmens mit relativ geringen Veränderungen angepasst und ins Konzern-CMS eingebunden werden.

Die Angleichung der CMS-Elemente, -Prozesse und der Compliance-Kul- **108** turen sollte im Rahmen eines systematischen, schriftlich dokumentierten **CMS-Integrationsplans** mit verifizierbaren Zwischenzielen erfolgen. Dieser sollte unbedingt wirksam in das umfassende gesamte M&A-Integrationskonzept **eingebettet** sein.

Die Bedeutung der Integration der **Compliance-Kulturen** sollte in der Pra- **109** xis durchaus nicht als lediglich „weicher" Faktor unterschätzt und vernachlässigt werden (→ Rn. 529 ff.). Insoweit kommt der in der Post-M&A-Periode kontinuierlich intensivierten **Compliance-Kommunikation der Unternehmensleitung** mit Betonung des eigenen Commitments (→ Rn. 505 ff., 533 ff.) große Bedeutung zu. Bei internationalen M&A muss selbstverständlich der Kontext der unternehmensinternen und -externen Kulturen beachtet werden (→ Rn. 99 ff.).

Umgesetzte Maßnahmen und erreichte Zwischenziele der Post-M&A-Inte- **110** gration sollten als Teil der gesamten **CMS-Dokumentation** (→ Rn. 406 ff.) fachgerecht **aufgezeichnet** werden.

C. Freizeichnung der Unternehmensleitung nach Compliance-Problemen
I. Vorgehen bei Zweifeln an der Wirksamkeit oder Wirtschaftlichkeit des Compliance-Management-Systems

Hat die Unternehmensleitung Grund zu Zweifeln an der Wirksamkeit und/ **111** oder der Wirtschaftlichkeit des CMS, sind folgende Schritte in der genannten Reihenfolge erforderlich:
- Schneller **Puls-Check** (→ Rn. 77 ff., 86 ff.) im Sinne der überblicksartigen Erfassung der vorhandenen CMS-Elemente durch eine unabhängige interne oder externe Fachkraft; schriftliche **Dokumentation** unter Angabe möglicherweise fehlender essenzieller **Standardelemente**, die für die Wirksamkeit des CMS aus Behörden- und Stakeholder-Sicht unentbehrlich sind.

- Prüfung der **Wirksamkeit der Schritte der Risikoanalyse** (→ Rn. 291 ff.) durch unabhängige interne oder externe Fachleute; Definition ggf. erforderlicher Verbesserungsmaßnahmen und schriftliche Dokumentation,
- erforderlichenfalls Durchführung einer **aktuellen Risikoanalyse** mit nachgebessertem Verfahren,
- Abgleich der vorhandenen CMS-Elemente mit den Ergebnissen der Risikoanalyse und schriftliche Dokumentation der **Eignung der CMS-Elemente** zur hinreichenden Risikoreduzierung sowie erforderlichenfalls zu ändernder oder **zusätzlicher Maßnahmen**,
- dokumentierte **Umsetzung** von Änderungen und zusätzlichen Maßnahmen und unabhängige sowie ebenfalls dokumentierte **Wirksamkeitskontrolle**,
- Sicherstellen der hinreichenden und wirksamen **Dokumentation des gesamten CMS** als essenzielle Voraussetzung der Freizeichnung der Unternehmensleitung (→ Rn. 406 ff.).

II. Maßnahmen bei ersten Hinweisen auf Compliance-Krisensituationen

112 Erhält die Unternehmensleitung im Rahmen der wirksamen **Compliance-Berichterstattung** (→ Rn. 298 ff., 359 ff., 399 ff.) Kenntnis über potenzielles oder tatsächliches **Compliance-Fehlverhalten** mit nicht unwesentlichem Schadenspotenzial, sollte stets sehr **genau geprüft** werden, ob aufgrund der Compliance-**Leitungspflichten** unter anderem die nachfolgend genannten **Maßnahmen** eingeleitet werden müssen. Insbesondere muss bei jeder Maßnahme verifiziert und dokumentiert werden, ob sie entsprechend der konkreten Pflichten der Unternehmensleitung angesichts der bekannten Sachverhaltsinformationen und der möglichen weiteren Risiko- und Schadensentwicklung **unverzüglich** umgesetzt werden muss.

113 Die beiden ersten relevanten **Maßnahmenfelder** im Compliance-bezogenen Krisenfall sind in der Praxis regelmäßig:
- die **Sachverhaltsklärung** (→ Rn. 120 ff.) sowie
- die interne/externe **reaktive Kommunikation** (→ Rn. 533 ff.).

114 Für das Mitglied der Unternehmensleitung ist es im Reaktionskontext meist empfehlenswert, von **Beginn** an **fachlichen Rat** im Hinblick auf gebotene **Maßnahmen** und deren wirksame **Abfolge**, **Umsetzung** und **Dokumentation** einzuholen. Dies gilt insbesondere für Maßnahmen der **Sachverhaltsklärung** (→ Rn. 120 ff.), der internen/externen Kommunikation (→ Rn. 533 ff.), der Notfall- und Krisenplanung (→ Rn. 112 ff. 533 ff.) sowie für alle relevanten rechtlichen Bewertungen.

Da die Mehrzahl gebotener Maßnahmen in Krisensituationen **unverzüg-** 115 **lich** getroffen werden muss, also **nicht verschiebbar** oder **nachholbar** ist, sollte das Mitglied der Unternehmensleitung die **Einbeziehung fachlichen Rats** in der Regel **als** erste **Maßnahme** überdenken bzw. einleiten.

Ob dabei **zunächst interne oder externe** Fachkräfte einbezogen werden, 116 hängt in der Praxis zumeist von **sechs Hauptfaktoren** ab:
1. **Komplexität** des Sachverhalts einschließlich seiner möglichen Weiterentwicklung im Sinne des denkbaren Worst Case,
2. bei internen Fachkräften vorhandene Erfahrungen und **Kompetenzen** zur wirksamen Sachverhaltsklärung und ihrer Dokumentation (→ Rn. 120 ff., 125, 237 ff.),
3. Zahl und Lokalisierung der im Unternehmen **Beteiligten** im denkbaren Worst Case: Die Unternehmenspraxis zeigt, dass gerade potenziell umfangreichere Compliance-Verstöße zumeist mehrere interne Tatbeteiligte und daneben oftmals eine ganze Gruppe von Unternehmensangehörigen einschließen, die den Sachverhalt vermutet hatten und/oder seine aktuelle und weitere Entwicklung zumindest indirekt mitverfolgen können. Die **Gefahr** der – mitunter gar in guter Absicht erfolgenden – **Informationsweitergabe** ist daher in der Praxis vor Beginn und während der Sachverhaltsklärung regelmäßig als **hoch einzuschätzen**;
4. Gefahr der **internen** und **externen Informationsverbreitung** hinsichtlich des Vorliegens der Compliance-Krisensituation bzw. der Kenntnis der Unternehmensleitung von Hinweisen darauf,
5. Gefahr der **Beweisvernichtung**, wenn, beispielsweise nach Einholen internen fachlichen Rats zu gebotenen Ermittlungsmaßnahmen, die Information der Entdeckung des Compliance-Verstoßes auf inoffiziellen Wegen direkt oder auf Umwegen an Tatbeteiligte oder in deren Umfeld gelangt,
6. intern oder extern entstehende falsche Vermutungen, Gerüchte und Assoziationen im Sinne einer möglichen direkten oder indirekten **Beteiligung der eigenen Person** als Mitglied der Unternehmensleitung am zu klärenden Sachverhalt. Eine gewisse Rolle spielt dabei häufig auch die nachträglich aufgeworfene Frage, weshalb nach Bekanntwerden erster Informationen von der Unternehmensleitung nicht unverzüglich wirksame Fachkompetenzen im Hinblick auf die erforderliche Sachverhaltsklärung einbezogen worden waren.

Bei Kenntnis eines Sachverhalts mit möglicherweise umfassendem Risi- 117 ko- und Schadenspotenzial sollte das Mitglied der Unternehmensleitung als **ersten Schritt** einen **Maßnahmen-/Reaktionsplan** erstellen, der auch die zeitliche Abfolge der Maßnahmen einschließt. Angaben zu Art, Zahl und Reihenfolge der Maßnahmen sollten dabei flexibel änderbar und erweiterbar bleiben. In der Praxis wird oftmals ein **dreispaltiges Format** als sinnvoll empfunden, das Kernmaßnahmen, stützende Begleitmaßnahmen sowie erweiterte Maßnahmen ausweist. Erfahrungsgemäß wandelt sich die erste Planung häufig zur Grundlage eines nachfolgend erforderlichen **Krisenplans. Handschriftliche Notizen** sind deshalb teilweise nicht effektiv und effizient. Dies gilt auch, weil die gebotene Informationssicherheit durch sie nicht gewährleistet ist und sich irrelevante Informationen im Fortgang schwer löschen lassen.

118 Die **Entscheidungen zum Ob, Was, Wie** und **Wann** der potenziell gebotenen und angemessenen Maßnahmen sowie die **Gründe** der Entscheidungen sollten unbedingt sorgfältig **dokumentiert** werden. Es empfiehlt sich, die Dokumentation von Beginn an durch eine einschlägig erfahrene **Fachkraft** ausführen zu lassen. **Detailgrade** der Dokumentation können sich in der Praxis bis zu einem gewissen Punkt am erwarteten **Risiko- und Schadenspotenzial** der konkreten Situation orientieren. Dieses unterliegt zu Beginn der Sachverhaltsklärung als **Prognose** allerdings regelmäßig erheblichen Unsicherheiten. Die **Dokumentation** zur Sicherung der Freizeichnung und Entlastung der Unternehmensleitung sollte im Zweifel daher zunächst **eher sorgfältiger** erfolgen. In der Praxis ist es sinnvoll, den **Grad der Dokumentation** bis zur hinreichenden Erfassung des gesamten Sachverhalts und der näherungsweisen Einschätzbarkeit des Risiko- und Schadenspotenzials an einem plausiblen **Worst-Case-Szenario** auszurichten.

119 Das Mitglied der Unternehmensleitung sollte in den verschiedenen Phasen der Sachverhaltsklärung und des Krisenmanagements folgende Aufgabenfelder im Auge behalten:
- **Pflichtenkatalog** der Unternehmensleitung im Hinblick auf das **unverzügliche Einleiten** von Maßnahmen im konkreten Fall (→ Rn. 111 ff.), Klärung möglicher Haftungsrisiken der Leitungspersonen bei Verzögern oder Unterlassen gebotener Maßnahmen; Definition eines minimalen Maßnahmenkatalogs, der gleichwohl noch Haftungssicherheit bietet; Definition der wirtschaftlichen bzw. Management-Aspekte unmittelbar wirksamer Maßnahmen auch im Hinblick auf entstehenden unmittelbaren, mittelbaren, materiellen und reputationsbezogenen Schaden sowie in Bezug auf andere, durch ausbleibende Ad-hoc-Maßnahmen potenziell berührte Chancen- und Nutzenaspekte (→ Rn. 64 ff.);
- Kontaktieren relevanter Mitglieder der Unternehmensleitung, der Kontrollgremien, eines **Case-Steering Teams** (→ Rn. 125), des **Compliance Committees** (→ Rn. 216 ff.), des **Investigation-Projektteams** (→ Rn. 125), ggf. eines Krisenteams, der Rechtsabteilung und weiterer sinnvoller Beteiligter; dabei Augenmerk auf die Gefahr interner Informationsverbreitung (→ Rn. 121) und Beweisvernichtung (→ Rn. 116, 156);

- erforderlichenfalls **unverzüglicher Beginn** der als Präventivmaßnahme bereits vorbereiteten ersten Schritte der wirksamen **Sachverhaltsaufklärung** (→ Rn. 121 ff.);
- Klärung insbesondere **straf-, arbeits- und datenschutzrechtlicher Aspekte** der Sachverhaltsklärung im Hinblick auf alle relevanten Länder;
- Kontaktieren vorgeprüfter externer **Dienstleister** (→ Rn. 227 ff.);
- **Einsetzen** eines **internen oder externen Case Managers** (→ Rn. 235 ff.), der sehr eng an das für die Untersuchung primär verantwortliche Mitglied der Unternehmensleitung berichtet, über verlässliche Erfahrung in ähnlichen Fällen der Sachverhaltsklärung verfügt, die Sachverhaltsaufklärung in qualifizierter Weise durchführt und leitet, die intern und extern Beteiligten koordiniert, gleichzeitig mögliche Schwächen des CMS feststellt, CMS-Verbesserungsmaßnahmen definiert und im Rahmen eines Verbesserungs- oder Aufbauprogramms ausgleicht sowie den Gesamtprozess behörden- und stakeholdertauglich dokumentiert;
- Analyse des bereits eingetretenen und weiteren potenziellen **Schadens**;
- dokumentierte wirksame **Analyse** ereignisspezifischer **unmittelbarer und mittelbarer Risiken** und entsprechend gestaffelter **Schadenswirkungen**;
- **dreifach gestaffelte Risikoanalyse** – zunächst **fokussiert** auf den konkreten Compliance-Fall, danach im Hinblick auf die entsprechende Unternehmenseinheit und schließlich bezogen auf die Ebene des unternehmensweiten CMS;
- Analyse der **Stakeholder-Interessen** in Bezug auf das konkrete Ereignis;
- wirksame **Maßnahmen** zur
  - schnellen und nachhaltigen **Beendigung** des regelwidrigen Zustands,
  - **Schadenseindämmung**,
  - **Ursachenermittlung**,
  - Sicherung und Sammlung verwertbarer **Beweise**;
- **CMS-Wirksamkeitsanalyse**, bezogen auf das konkrete krisenrelevante Fehlverhalten;
- Definition eines ereignisspezifischen **Compliance-Programms** mit koordinierten wirksamen Maßnahmen zur Vermeidung ähnlicher Wiederholungsfälle, einschließlich beispielsweise gezielter **Schulungen** (→ Rn. 562 ff.) der risikorelevanten Mitarbeiter;
- **interne Krisenkommunikation** (→ Rn. 533 ff.), einschließlich **Kommunikationskonzept** im Hinblick auf Mitarbeiter, Aufsichtsgremien und andere Stakeholder;
- **externe Krisenkommunikation und entsprechendes Konzept** (→ Rn. 533 ff.) für die verschiedenen relevanten Medien, Geschäftspartner, Kundengruppen, Behörden und die übrigen Stakeholder;

- Umsetzen der Maßnahmen **eines Krisen- oder Notfallplans** (→ Rn. 112 ff. 533 ff.) bzw. bei Bedarf im Nachgang zur Sachverhaltsklärung dessen Überarbeitung oder Neukonzeption;
- Erstellen oder Prüfen einer *Dawn Raid*-**Richtlinie** (→ Rn. 89 ff.) und einer Investigations-Richtlinie (→ Rn. 155 ff.) als Vorbereitung auf künftige ähnliche Fälle;
- zur Freizeichnung der Unternehmensleitung behörden- und stakeholdertaugliche **Dokumentation** sämtlicher **Ad-hoc-Maßnahmen** sowie der daran **anschließenden** mittel- und langfristige Maßnahmen;
- dokumentierte Definition von Maßnahmen zur wirksamen **Verbesserung** und **Anpassung** des **CMS** entsprechend der in der Risikoanalyse und Fallanalyse festgestellten CMS-Schwächen;
- bei umfassenderen CMS-Defiziten Erwägen eines **Übergangsprogramms** zur **systematischen CMS-Verbesserung;** die Umsetzung beansprucht in der Praxis je nach Status quo ante und relevanten Unternehmensmerkmalen oftmals drei bis zwölf Monate;
- nach umfangreicheren Veränderungen des CMS Umsetzung von Aspekten des **Compliance Change Managements** (→ Rn. 563 ff.) einschließlich des Setzens klarer Zäsuren, Kommunikation der Schadenswirkung ungenügender Compliance und Kommunikation zentraler Kernmaßnahmen zur Verbesserung; nachfolgend periodische Kommunikation zur Umsetzung, etwa des erfolgreichen Erreichens von Teilzielen; nach dem Ende der Umbauphase umfassende interne und externe Kommunikation des erfolgreich abgeschlossenen Compliance-Aufbau- und -Verbesserungsprogramms sowie des kontinuierlich wirksamen und pflichtgemäßen CMS.

III. Steuerung der Sachverhaltsaufklärung durch die Unternehmensleitung

120 **Fokus** der Maßnahmen **bei ersten Hinweisen** auf mögliche Compliance-Problemfälle (→ Rn. 112 ff.) ist in aller Regel die **unverzügliche** und **wirksame Sachverhaltsaufklärung**. Sie ist **dreifach bedeutsam** als

- **Hauptaufgabe** der Unternehmensleitung im Hinblick auf ihre Legalitäts-, Management-, Leitungs-, Überwachungs- und Organisationspflichten (→ Rn. 5 ff., 23 ff., 426 ff.),
- Mittel der **Haftungsprävention** und des **Reputationsschutzes** für die Unternehmensleitung,
- **Kernelement** jedes wirksamen **CMS** mit reaktiver schadensreduzierender sowie präventiver risikoreduzierender Wirkung.

1. Unverzügliche Reaktion der Unternehmensleitung

121 Die Unternehmensleitung muss bei Bekanntwerden von Compliance-Verstößen entsprechend ihrer rechtlichen und wirtschaftlichen Verpflichtung

ohne Zögern angemessene, **wirksame Maßnahmen** zur **Sachverhalts-aufklärung** einleiten. Sie muss daher für den künftigen Bedarfsfall des unverzüglichen Beginns einer Sachverhaltsaufklärung bereits **im Voraus** unmittelbar **wirksame Prozesse, Einzelmaßnahmen** und **Ressourcen planen** und **sicherstellen** und **dies** auch **dokumentieren**.

Durch nicht hinreichend reflektiertes **Abwarten** nach Hinweisen auf mög-   122
liche gravierende Compliance-Sachverhalte entsteht für die Unternehmens-leitung in der Praxis sehr häufig eine nachträglich **nicht mehr abänderbare nachteilige Situation**. Hierfür lassen sich drei Hauptgründe anführen:

1. **Bekanntwerden:** Gelangen der Unternehmensleitung über die Melde-mechanismen (→ Rn. 148) Hinweise auf Sachverhalte mit hohem Risiko- und Schadenspotenzial zur Kenntnis, sind sie neben dem Hinweisgeber oftmals aktuell oder kurz darauf noch weiteren Mitarbeitern und unter-nehmensexternen Dritten bekannt. Damit besteht die akute Gefahr der häufig rasch eskalierenden Verbreitung der Information in der internen und externen Öffentlichkeit.

2. **Beweisvernichtung mit rechtlichen Folgen für die Unternehmens-leitung:** Mit jeder weiteren Minute der Verzögerung der Sachverhaltsauf-klärung wächst die Gefahr der Beweisvernichtung oder Beweisverdunke-lung. Hierdurch kann bereits entstandener sowie weiter entstehender Schaden oftmals nicht kompensiert bzw. verhindert werden. Zudem kann künftigen ähnlichen Verstößen nicht gezielt entgegengewirkt wer-den. Bei verzögerter Aufklärung entstehen für die Unternehmensleitung mitunter **zivilrechtliche** und **strafrechtliche Folgen**.

3. **Reputationsfolgen:** Wird nachträglich bekannt, dass die Unterneh-mensleitung die wirksame Aufklärung der Hinweise nicht unverzüglich und/oder nicht mit wirksamen Mitteln eingeleitet hatte, entsteht für die unternehmensinterne und -externe Öffentlichkeit oftmals zwin-gend der Eindruck, die Leitung habe von den Compliance-Verstößen gewusst und nichts unternommen oder sei gar in die Verstöße involviert gewesen. Dies ist durch die Leitungspersonen in der Praxis nachträglich zumeist nicht mehr wirksam zu entkräften und hat daher oftmals dau-erhafte Folgen für die berufliche Reputation.

Zu einem pflichtgemäß wirksamen CMS gehört daher zumindest ab einer   123
gewissen Größe und/oder Komplexität des Unternehmens eine schriftlich dokumentierte **Investigation Policy**, die vor Beginn sowie für die ersten Phasen einer Sachverhaltsaufklärung sicherstellt, dass ohne Verzögerung **drei Grundvoraussetzungen** der Wirksamkeit der **Sachverhaltsaufklä-rung** greifen können:

1. **unverzügliche Kenntnis** der Unternehmensleitung von Hinweisen mit hohem Risiko bzw. Schadenspotenzial (→ Rn. 112 ff., 121 ff.),

2. unverzüglicher **Einsatz** zweifelsfrei **wirksamer** fachlicher bzw. personeller **Ressourcen** (→ Rn. 205 ff., 227 ff., 235 ff.),

3. unverzügliches Einleiten **wirksamer Maßnahmen** zur Sachverhaltsklärung ohne Zeitverzögerung durch „Versuchsphasen" (→ Rn. 121 ff.).

a) Sicherstellen der Kenntnis der Unternehmensleitung durch wirk-
same Meldemechanismen

124 Erforderlich sind Mechanismen, Prozessdefinitionen, Richtlinien und
schriftliche Weisungen, die gewährleisten, dass der Unternehmensleitung relevante Hinweise auf Verstöße oberhalb der in wirksamer Weise
bestimmten Risiko- und Schadensschwellenwerte **ohne Verzögerungen
gemeldet werden**, bisweilen auch außerhalb der üblichen Dienstzeiten
und bei Abwesenheit einzelner Leitungsmitglieder. Dies wird in der Unternehmenspraxis entsprechend der individuellen Erfordernisse außer in
Prozessregelungen und schriftlich dokumentierten **Weisungen auch in
Policies** zu den Themenbereichen Investigation, Case Management, Risiko-
Reporting (→ Rn. 298 ff., 359 ff., 399 ff.), Business Continuity oder Notfallmanagement geregelt.

b) Identifizieren und Prüfen interner und externer Fach-
kompetenzen

125 Zumeist empfiehlt sich als Vorbereitung auf eine Sachverhaltsaufklärung
das Aufstellen eines unternehmensinternen **Investigation-Projektteams**,
dem üblicherweise ein Vertreter der Unternehmensleitung, der Rechtsabteilung, der Compliance-Abteilung, der Revision, der Risikomanagementabteilung oder ähnlicher Fachbereiche angehört. Die Unternehmensleitung
muss sicherstellen, dass die Mitglieder für die Aufgabe hinreichend kompe-
tent und erfahren sind. Sie sollten auch in die Entwicklung der Investiga-
tion-Richtlinie (→ Rn. 155 ff.) involviert werden und in einer dokumentierten Arbeitssitzung über die erforderlichen Handlungen, Maßnahmen und
Prozesse unterrichtet werden.

126 Die vorherige Auswahl **externer Fachleute** zur Durchführung oder Unterstützung der internen Sachverhaltsaufklärung wird in der Praxis insbesondere als Vorbeugung für **fünf Hauptfälle** als relevant erachtet, in denen die
Unternehmensleitung deren Einbeziehung erwägen sollte:

1. bei ersten Hinweisen auf mögliche Compliance-Verstöße mit **umfassendem Risiko- und/oder Schadenspotenzial**,

2. wenn die Unternehmensleitung den Sachverhalt von Beginn an durch
unabhängige, **neutrale** externe **Fachleute** klären lassen möchte, um
sich bestmöglich im Hinblick auf ihre Pflicht zur Durchführung einer
wirksamen Untersuchung zu entlasten,

3. bei Unklarheit, ob für eine anstehende Sachverhaltsaufklärung intern **hinreichende** fachliche Ressourcen und **Kompetenzen** vorhanden sind,

4. zur **Begleitung**, **Beratung** oder **Koordination** der an der Untersuchung Beteiligten, einschließlich der externen Dienstleister, etwa für IT-Forensik,

5. wenn anfangs unklar ist, ob einzelne Mitglieder des Projektteams oder der Unternehmensleitung möglicherweise in **Interessenkonflikten** stehen, befangen oder mittelbar an dem zu klärenden Sachverhalt beteiligt sein könnten.

Wie bei internen sollte die Unternehmensleitung auch bei externen Fachkräften auf zweifelsfreie **Kompetenzen** und Erfahrung gerade im Hinblick auf Sachverhaltsklärungen achten (→ Rn. 227 ff., 235 ff.) und diese anhand von Vorabgesprächen mit relevanten Dienstleistern hinreichend sicherstellen und prüfen. Bisweilen werden in der Praxis Bereitschaftsverträge (sog. Retainer-Verträge) geschlossen, in denen sich Dienstleister zu ununterbrochener Erreichbarkeit und Einsatzbereitschaft im Bedarfsfall verpflichten. 127

Für die **unabhängige Steuerung** der Untersuchung kann sich eine übergangsweise fest ins Unternehmen **integrierte externe Fachkraft** (→ Rn. 229 ff.) eignen, die externe Dienstleister (Kanzleien, IT-Forensiker u.a.) im Hinblick auf Maßnahmen und Kosten **koordiniert**, der Leitung aggregiert Bericht erstattet und nicht im Sinne von aktiv im Unternehmen ermittelnden Rechtsanwälten Unruhe verbreitet. 128

c) Definition sofort wirksamer Maßnahmen bei Hinweisen auf Klärungsbedarf

Essenziell ist die schriftliche **Vorabdefinition** von **Maßnahmen**, die bei Bekanntwerden von Hinweisen auf mögliche Verstöße ohne Verzögerung eingeleitet werden müssen. Bei Bekanntwerden von Hinweisen darf in aller Regel keine Zeit verlorengehen durch aufwendige interne und externe **Beratungen** über ratsame erste Schritte oder durch die Suche nach internen und externen Fachleuten – oder gar durch **Versuchsphasen** mit einzelnen Projektbeteiligten, die sich im Fortgang als nicht hinreichend qualifiziert herausstellen. 129

Erforderlich ist daher regelmäßig eine schriftlich dokumentierte **Investigation Policy** oder eine entsprechende **verbindliche Prozessdefinition**, welche Beteiligte, deren Koordination und erste Schritte einer Untersuchung regelt. Sie sollte mit den Beteiligten eingehend **besprochen**, bei Bedarf **trainiert** und dies ebenfalls **dokumentiert** werden. Wie die übrigen 130

Policies sollte sie regelmäßig auf Aktualität und Wirksamkeit **geprüft** werden.

2. Untersuchungspflichten im Einzelunternehmen und im Konzern

131 Die **Unternehmensleitung** ist als Teil der ordnungsgemäßen Erfüllung ihrer Aufsichtspflicht rechtlich und wirtschaftlich verpflichtet, mögliches Fehlverhalten sachgerecht und wirksam aufzuklären (→ Rn. 120 ff.). Bei hinreichend substanziierten Hinweisen auf nicht unwesentliche Risiken und mögliche Schadenswirkungen hat die Unternehmensleitung **kein Ermessen**, ob der Sachverhalt untersucht werden soll. **Grundsätzlich** besteht innerhalb eines wirksamen CMS die Pflicht, **jedes Compliance-Fehlverhalten** – ungeachtet der möglichen Schadenswirkung – **aufzuklären**.

132 Nur die **bestmögliche Klärung** des Sachverhalts kann gewährleisten, dass möglicherweise noch andauernde sowie künftige Rechtsverletzungen und Schadenswirkungen **abgestellt** werden. Anderenfalls setzt sich die **Unternehmensleitung** dem **Risiko** aus, für das nicht aufgeklärte frühere, aktuelle und potenziell künftig fortgesetzte Fehlverhalten zu haften, da dieses nicht hinreichend wirksam geklärt und abgestellt und damit letztlich billigend in Kauf genommen wurde.

133 Eine **verzögerte Einleitung** der Untersuchung ist in den allermeisten Fällen nicht wirksam und damit pflichtwidrig, weil die Gefahr besteht, dass in der Zeit des Zuwartens **Beweise vernichtet** werden. Zudem müssen alle Beweise zeitgleich, vollständig und gerichtsfest gesichert werden, um eben dieser Gefahr vorzubeugen. Bei nicht unverzüglicher oder nicht hinreichend wirksamer Untersuchung entstehen **Haftungsrisiken** für die **Leitungspersonen** (→ Rn. 44 ff.; § 4; § 5).

134 **Nach Beginn behördlicher Ermittlungen** müssen mögliche rechtliche **Grenzen** einzelner eigener Untersuchungsmaßnahmen des Unternehmens durch die **Rechtsabteilung** stets im Auge behalten werden.

135 Als **vorbeugende Organisationsmaßnahme** sollte die Unternehmensleitung unbedingt **vorab interne** und/oder **externe Fachleute** für die **Durchführung wirksamer Sachverhaltsaufklärungen** identifizieren, **im persönlichen Gespräch prüfen** und erforderlichenfalls deren grundsätzliche unverzügliche **Verfügbarkeit** sicherstellen oder vertraglich zusichern lassen (→ Rn. 127, 237 ff.).

136 Ein dokumentierter **Notfallplan** sollte unter anderem **Eskalationskriterien, Kontaktdaten, Ersatzkontakte** sowie **Erreichbarkeiten** auch an **Wochenenden** und **Feiertagen** sicherstellen.

Im **Konzern** (→ Rn. 426 ff.) und vergleichbaren Organisationsformen sollte   137
der Zentralvorstand unbedingt die organisatorischen und technischen Voraussetzungen sicherstellen, um über ein **Incident Reporting- und Case
Handling-System weltweit** Hinweise auf relevantes Fehlverhalten in allen
Tochter- und Beteiligungsgesellschaften zentral wirksam aufklären zu können. Ein solches System beinhaltet vor allem elektronische Bestandteile,
Prozesse, Ablaufpläne, Richtlinien und Standards zur Aufklärung, interne
und externe Fachressourcen sowie nicht zuletzt verlässliche Dokumentationsgrundsätze.

Zentral **wichtig** ist das **Meldesystem**. Es deckt in Entwicklung befindliche   138
Schadensfälle auf und ist zudem eine wesentliche Grundlage der **Risikoidentifikation** (→ Rn. 293 ff.). Von dieser hängt die **Wirksamkeit** und
Wirtschaftlichkeit des **gesamten CMS** und damit auch die Haftungsfreizeichnung der Unternehmensleitung ab (→ Rn. 44 ff.; § 4; § 5). Das Meldesystem sollte mehrere Anlaufstellen und Kanäle einschließen. Eine globale
elektronische Plattform *(tell us)* sollte anonyme **Eingabemasken**, aber auch
ein **Telefon-Center** einschließen, das kurzfristig in allen relevanten **Landessprachen** reagieren kann. Die Plattform sollte ins **Intranet** eingebunden sein. Daneben sind **alternative Kanäle** erforderlich, die auch von Mitarbeitern ohne PC- und Internetzugang genutzt werden können. Beispiele
sind interne und externe **Ombudsleute**, CCOs, Vorgesetzte, die HR- oder
die Rechtsabteilung. Alle Meldemöglichkeiten müssen als pflichtgemäße
Wirksamkeitsvoraussetzung aktiv und kontinuierlich im Unternehmen
kommuniziert, erklärt und beworben werden.

Aus Sicht des Zentralvorstands sind die **Argumente** für die Einrichtung   139
eines derartigen **global wirksamen Aufklärungssystems** zwingend:
- Die Aufklärung ist zentraler Teil der **Risikoidentifikation** als essenzielle
  Wirksamkeitsgrundlage des CMS und somit Kernpflicht der Unterneh-
  mensleitung (→ Rn. 293 ff.).
- Wirksame Aufklärung erbringt Informationen über **Schwächen** des
  CMS und ist daher wichtiger Teil der pflichtgemäßen kontinuierlichen
  Anpassung und **Verbesserung** des CMS (→ Rn. 169 ff., 383 ff.), die wie-
  derum **präventiv** wirkt. Wichtig sind die unverzügliche, zielgerichtete
  Verbesserung des CMS nach entsprechenden Erkenntnissen sowie die
  Kontrolle der hinreichenden **Wirksamkeit** der eingeführten **Verbesse-
  rungsmaßnahmen**.
- Nach herrschender rechtlicher Meinung trifft den **Zentralvorstand** eine
  konzernweite Organisations- und **Schadensabwehrpflicht** im Hinblick auf die Aufklärung von Compliance-**Fehlverhalten** (→ Rn. 120 ff.).
  Insoweit bestehen **konzernweite Kontroll-, Überwachungs-, Untersu-
  chungs-** und **Sanktionspflichten**.

- **Stakeholder**, Medien sowie zum Teil auch **Behörden unterscheiden** bei Compliance-Problemen, die den Konzern betreffen, **nicht** präzise zwischen der Mutter- und den Tochtergesellschaften.
- **Fehlverhalten** in den **Tochtergesellschaften** fällt wirtschaftlich, rechtlich und reputationsbezogen ganz oder teilweise meist auch der Konzernzentrale und dem **Zentralvorstand** zur Last.
- Rechtsprobleme in Tochtergesellschaften führen oftmals zu **Durchsuchungen** und anderen behördlichen Aktivitäten in der **Konzernzentrale**.
- Vergehen in den Tochtergesellschaften schließen häufig **kollusives Zusammenwirken** der Angehörigen anderer Tochtergesellschaften oder der Muttergesellschaft ein.

140 Das genannte zentrale Aufklärungssystem im Konzern muss sicherstellen, dass die Maßnahmen zur Sachverhaltsklärung **weltweit wirksam** durchgeführt werden. Dies schließt mitunter mehrere relevante **Rechtsordnungen** ein. Ratsam ist daher in aller Regel eine **konzernweite Policy und eine Prozessregelung** zur Durchführung interner Ermittlungen.

141 **Zentral bedeutsam** für die Unternehmensleitung ist es, sicherzustellen, dass Untersuchungen stets von Beginn an durch zweifelsfrei einschlägig **erfahrene** und kompetente interne und/oder externe **Fachkräfte** durchgeführt werden (→ Rn. 223 ff., 229 ff.). **Insbesondere** zu **Beginn** der Untersuchung wird deren Erfolg durch unzureichende Sicherung von Beweismaterial oder falsche Weichenstellungen oftmals erheblich beeinträchtigt oder gar gänzlich verhindert.

142 Die Unternehmensleitung treffen entsprechende **Sorgfaltspflichten** bei der **Auswahl** der mit der **Sachverhaltsklärung** betrauten **Fachkräfte**. Es empfiehlt sich, die **Auswahl** als **Teil des präventiven CMS** im Rahmen der Organisationspflichten **vorab** zu treffen, weil nach dem Auftreten von Hinweisen entsprechend der Pflicht zur unverzüglichen Sachverhaltsklärung (→ Rn. 121 ff.) eine sorgfältige Auswahl unter Zeitdruck regelmäßig nicht zu treffen ist.

143 Zudem sollten sich interne und externe Fachkräfte mit den grundsätzlichen Gegebenheiten im Hinblick auf Aufbau- und Ablauforganisation einschließlich physischer Standorte und der IT-Systeme **vorab** gut genug **vertraut machen**, damit nicht bei Auftreten von Hinweisen zunächst eine zeitraubende Orientierungsphase durchlaufen werden muss oder ungenügende Orientierung zur Beeinträchtigung der Wirksamkeit der Untersuchung führt.

3. Präzise Dokumentation der Sachverhaltsklärung zur Absicherung der Unternehmensleitung

Die Unternehmensleitung muss sicherstellen, dass das wirksame Vorgehen bei der **Sachverhaltsklärung** nach den Anforderungen der Behörden und erforderlichenfalls anderer Stakeholder **hinreichend dokumentiert** wird (→ Rn. 406 ff.). Hierzu gehören beispielsweise:

- die genaue zeitliche **Abfolge** der **Einzelschritte**,
- **Nachweis** der **unverzüglichen Reaktion** der Unternehmensleitung, also Beleg der **Zeitpunkte** der **Kenntniserlangung** und der eingeleiteten Maßnahmen,
- **Gründe** für die **Auswahl** bzw. Nichtauswahl einzelner **Untersuchungsmaßnahmen,**
- genaue **Durchführung** der einzelnen **Teilschritte**; bei der Untersuchung von Datenträgern gehören hierzu beispielsweise angewandte technische **Verfahren** sowie die genauen **Suchwortlisten** und die damit erzielten Ergebnisse,
- jeweils erlangte **Teilergebnisse** und daran ausgerichtete bzw. darauf beruhende **weitere Klärungsmaßnahmen**.

144

Die sachgerechte und sorgfältige Dokumentation der Durchführung und Ergebnisse wirksamer Maßnahmen der unternehmensinternen Sachverhaltsklärung wird von **Behördenvertretern** in aller Regel **positiv bewertet.** Zudem bestehen behördlicherseits regelmäßig entsprechende **Erwartungen**, da die interne Sachverhaltsklärung zu den Pflichten der Unternehmensleitung gehört (→ Rn. 120 ff.). Mitunter ist beispielsweise in Kartellsachverhalten nach Durchsuchungen bei zumindest nicht zentral verdächtigen Unternehmen der Branche zu beobachten, dass Behörden vor weiteren Ermittlungsmaßnahmen **zunächst Ergebnisse** der unternehmensinternen Ermittlungen **abwarten**.

145

Wenn die präzise Dokumentation der wirksam durchgeführten unternehmensinternen Sachverhaltsklärung bei der Behörde den Schluss nahelegt, dass auch sie **selbst nicht wirksamer** vorgehen und somit nicht zu weiteren Ergebnissen gelangen könnte, kann die **unternehmenseigene** Dokumentation der **Sachverhaltserklärung** in der Praxis durchaus **beschleunigende Wirkung** auf den weiteren Gang und die letztendliche **Einstellung** der behördlichen Ermittlungen gegen das Unternehmen entfalten. Da **laufende Ermittlungen** für das Unternehmen und dessen Leitung oftmals erhebliche **behindernde Wirkungen** zur Folge haben, etwa durch vorenthaltene Zusagen zu Investitionsentscheidungen, wirkt sich eine **Beschleunigung** der behördlichen Ermittlungen und einer möglichen Einstellung regelmäßig **wirtschaftlich vorteilhaft** aus.

146

147 Die detailgetreue, behördengerechte **Dokumentation** der **Sachverhalts-klärung** dient in **dreierlei Hinsicht** der dauerhaften Absicherung, Entlastung und **Freizeichnung der Unternehmensleitung**:

- Die **Wirksamkeit** der Sachverhaltsklärung als zentraler Teil der Compliance-Pflichten der Unternehmensleitung wird gegenüber **Behörden** sowie internen und externen **Stakeholdern** dauerhaft **nachgewiesen**. Der **Entlastungs**- und **Nachweisbedarf** im Hinblick auf **einzelne Schritte** oder Details einer internen Untersuchung lässt sich zu Beginn regelmäßig noch nicht absehen. Auch aus diesem Grund empfiehlt sich in der Praxis stets die Anfertigung einer fachgerechten, detailgetreuen **Gesamtdokumentation** der **Sachverhaltsklärung**, die von den Behörden erwartet wird.
- Möglichen künftigen **rückwirkenden Vermutungen** einer **etwaigen Beteiligung der Unternehmensleitung durch** Verzögerung, unsachgemäße Beschleunigung oder auch Beeinflussung der Untersuchung im Hinblick auf „das Auslassen notwendiger Maßnahmen" oder „weiße Stellen" wird **entgegengewirkt**. **Reputation** und **rechtliche Position** der Leitung werden geschützt.
- Um beide Vorteilsaspekte zu erreichen, empfiehlt sich in der Praxis bei Sachverhalten mit einiger Bedeutsamkeit regelmäßig die **Einbindung unabhängiger Fachleute** in die Durchführung und/oder Dokumentation der Sachverhaltsklärung (→ Rn. 229 ff., 235 ff.). Wichtig ist deren Einbindung gleich zu Beginn der Sachverhaltsklärung, da sich die meisten Untersuchungsschritte nicht mehr nachträglich „unverzüglich" nachholen lassen (→ Rn. 121 ff.).

4. Hinweisgebersysteme und Incident-/Case-Management-Systeme

148 Wirksame Hinweisgebersysteme sind eine **Grundbedingung** und -voraussetzung der durch die Unternehmensleitung verantworteten **Wirksamkeit** des CMS. Sie bilden zugleich einen Kern der wirksamen **Identifikation** von Compliance-Risiken (→ Rn. 293 ff.).

149 Wirksame Hinweisgebersysteme bestehen in der Regel aus mehreren **Kanälen**, unter denen die Mitarbeiter wählen können. Beispiele sind:

- **intranetbasierte Systeme** mit der Möglichkeit anonymer elektronischer und sprachlicher Kommunikation,
- **Telefonhotlines**,
- **interne persönliche** Ansprechpartner,
- **externe** Ansprechpartner, etwa Ombudsleute.

150 Stets müssen praktikable Meldemöglichkeiten für **Mitarbeiter ohne IT-Zugang** vorgehalten werden. **Nicht elektronische lokale Meldemöglichkeiten** müssen somit als Wirksamkeitskriterium fest in das Gesamtsystem

integriert sein. Zugleich müssen wirksame Meldemöglichkeiten für Mitarbeiter **ohne Fremdsprachenkenntnisse**, d.h. in relevanten **Landessprachen**, verfügbar sein.

Im internationalen **Konzern** und entsprechend komplexen **ähnlichen** Organisationsformen muss das unternehmensweite Intranet-basierte **Incident Reporting-System** mit einem **Case-Management-System** *(case tracking tool)* **verbunden** sein. Letzteres setzt ein, sobald die Compliance-Fachkräfte gemeldete Sachverhalte zu klären beginnen. **151**

In einem **kombinierten Incident-Reporting- und Case-Tracking-System** werden somit **weltweit zentral** Informationen zu Hinweisen auf Verstöße, zu behördlichen Ermittlungen, Stand der internen Untersuchung und Aufklärung, möglichen rechtlichen und finanziellen Folgen, den an der Untersuchung Beteiligten und zu weiteren relevanten Aspekten abgebildet. Ein derartiges System beschreibt den Stand aller laufenden **Untersuchungen in Echtzeit**, bietet der **Unternehmensleitung** jederzeit entsprechenden **Überblick** und ist zudem ein wesentliches **Dokumentationsinstrument** wirksamer Untersuchungen. **152**

Die **elektronischen Lösungen** der Hauptanbieter auf dem Markt verbinden und/oder integrieren in der Regel die beiden Funktionselemente des Incident Reporting und Case Management/Tracking. Wie die **Erfahrung** zeigt, empfiehlt sich ein sorgfältiger **Anbietervergleich**, da teilweise erstaunliche Unterschiede im Hinblick auf Preis-Leistungs-Verhältnis, Adaptierbarkeit, laufende Kosten und Informationssicherheit bestehen. **153**

Wirksame **interne Richtlinien** zur Nutzung des kombinierten Systems, also zum Umgang mit Hinweisen und zum Ablauf von Sachverhaltsklärungen, sind für die pflichtgemäße Wirksamkeit des CMS in aller Regel erforderlich (→ Rn. 148 ff., 155 ff.). **154**

5. Interne Richtlinie zum Umgang mit Hinweisen und Investigation Policy

Die Unternehmensleitung sollte einen **Verfahrens- und Verhaltenskodex für interne Untersuchungen** aufstellen lassen (**Investigation Policy**), um die Wirksamkeit und den Verlauf der internen Sachverhaltsaufklärung nicht dem Zufall zu überlassen. Seine Inhalte müssen mit engem Bezug zum Hinweisgebersystem (→ Rn. 205 ff., 328 ff.) konzipiert werden. **155**

156 Es bestehen stichhaltige **Gründe** für eine **Investigation Policy:**
- Das Sicherstellen der wirksamen Sachverhaltsaufklärung ist eine zentrale **Compliance-Organisationspflicht** der Unternehmensleitung (→ Rn. 120 ff.).
- Nicht wirksam durchgeführte Untersuchungen bergen zahlreiche **Haftungsrisiken** für die Unternehmensleitung. Neben der Haftung für Compliance-Organisationsdefizite kommen zivil- und strafrechtliche Haftungsgründe in Betracht.
- Nach Entdeckung genügend verdichteter Hinweise ist die Unternehmensleitung verpflichtet, unverzüglich umfassende und wirksame Untersuchungsmaßnahmen einzuleiten, **ohne** dass **Zeit für Konzeptions- und Orientierungsphasen** bleibt. Verfahren, Abläufe, Instrumente und Beteiligte an internen Untersuchungen sollten somit unbedingt **zuvor geplant**, festgelegt und abgesprochen werden. Durch **Planungsdefizite**, Fehler und falsche **Weichenstellungen** wird die **Wirksamkeit** von Untersuchungen besonders in der Anfangsphase oftmals in nicht wiederherstellbarer Weise zunichte gemacht. Häufiges Beispiel ist nicht zeitnah und umfassend genug gesichertes Beweismaterial oder die unbewusst verursachte Möglichkeit der **Beweisvernichtung**.
- Compliance-**Untersuchungen** müssen selbstverständlich **selbst rechtmäßig** ablaufen. Dabei geht es zumeist um komplexe technische, arbeitsrechtliche und datenschutzrechtliche Fragestellungen, von denen sich einige wichtige vorab in der Investigation Policy regeln lassen.
- Die kontinuierlich wirksame unternehmensinterne Investigation Policy demonstriert gegenüber **Behörden** und **Stakeholdern**, dass die Unternehmensleitung ihre Pflicht der Sachverhaltsaufklärung ernst nimmt.
- Die Investigation Policy dient zugleich als **Handlungsanweisung** für die an der Sachverhaltsaufklärung beteiligten internen Mitarbeiter und externen Dienstleister und erhöht auch so die Wirksamkeit und Rechtssicherheit der Untersuchungshandlungen.
- Im Rahmen der internen und externen Kommunikation wird durch die Policy **Transparenz** im Hinblick auf interne Untersuchungen geschaffen. Sie werden als fester und „normaler" **Teil des CMS** identifizierbar. Die Einleitung von Untersuchungen als automatische **Standardprozedur** unmittelbar nach dem Auftreten von Hinweisen auf Fehlverhalten wird allen Unternehmensangehörigen deutlich. Die Policy hat somit auch **Präventivwirkung** im Hinblick auf künftiges Fehlverhalten und wirkt als **risikoreduzierendes CMS-Element**.

157 **Beispiele möglicher Inhalte einer Investigation Policy** sind:
- Verhaltensgrundsätze und -vorgaben,
- globales Meldesystem für Hinweise einschließlich der diversen Kanäle (→ Rn. 148 ff., 328 ff.),

- *Case Handling*-Prozess,
- Zulässigkeit neben staatlichen Ermittlungen,
- Definition von Verdachtsfällen,
- Grundsätze zur rechtlichen Prüfung,
- beteiligte Untersuchungspersonen und erforderlichenfalls externe Dienstleister,
- Untersuchungsplan,
- Durchführung von Untersuchungsmaßnahmen,
- Angemessenheitsgrundsätze,
- Mitwirkungspflichten,
- Eskalationspflichten,
- Informationspflichten,
- Anhörungspflichten und -verfahren,
- Schutz von Hinweisgebern,
- zulässige und untersagte Untersuchungstechniken,
- Grundsätze zur Prüfung von E-Mails,
- Durchführung von Mitarbeitergesprächen,
- Prozess zur Mandatierung externer Fachleute,
- Wirksamkeit von Untersuchungshandlungen,
- Objektivitätsgrundsätze,
- arbeitsrechtliche Aspekte,
- Amnestie- und Kronzeugenregelungen,
- Einbindung der Unternehmensleitung,
- Einbindung der Kontrollorgane,
- Einbindung weiterer Fachabteilungen, wie Rechtsabteilung, Interne Revision, HR und Unternehmenskommunikation,
- Rechtmäßigkeit und Ablauf typischer Untersuchungshandlungen, wie etwa Befragungen,
- umfassende Auflistung rechtswidriger Untersuchungshandlungen,
- Umgang mit Hinweisgebern im Rahmen der unterschiedlichen Kanäle (→ Rn. 202 ff., 328 ff.),
- arbeitsrechtliche und tatsächliche Maßnahmen bei bestätigten Verdachtsfällen,
- datenschutzrechtliche Aspekte der Untersuchungshandlungen und Beteiligung des Datenschutzbeauftragten,
- technische und organisatorische Maßnahmen,
- Untersuchungen bei Konzerngesellschaften im nationalen und internationalen Kontext,
- Grundsätze zur Datensicherung und -auswertung,
- Beteiligung des Betriebsrats,
- Interessenkonflikte und Ausschluss von Untersuchungspersonen,
- Informationssicherheit im Hinblick auf die Teilschritte und die Ergebnisse der Untersuchung,

- Schutz und Verwertbarkeit der Untersuchungsergebnisse,
- Kooperation mit Behörden,
- technische Beweissicherungsverfahren,
- Eskalations- und Notfallmanagement,
- haftungssichere und behördenfeste Dokumentation des Verlaufs und der Ergebnisse der Untersuchung,
- interne und externe Berichterstattung über Ergebnisse der Sachverhaltsaufklärung,
- Sachverhaltsanalyse im Hinblick auf die Compliance-Risikobewertung,
- Abschluss der internen Untersuchung,
- Grundsätze zur Ableitung und Analyse von CMS-Schwachstellen,
- Sanktionierungsprozess und -grundsätze,
- systematischer Nachbesserungsprozess des CMS einschließlich nachgelagerter Wirksamkeitskontrollen,
- Verfahrensberichte, Teilberichte, Abschlussbericht sowie dauerhafte sichere Aufbewahrung der Dokumentation.

IV. Reaktion der Unternehmensleitung auf erwiesene Verstöße
1. Disziplinarmaßnahmen

158   Den Monitoringpflichten entsprechen **Sanktionspflichten der Unternehmensleitung** bei erwiesenem Fehlverhalten von Unternehmensangehörigen. Die Unternehmensleitung muss **grundsätzlich keine Strafanzeige erstatten**, selbst wenn Mitarbeiter Straftaten oder Ordnungswidrigkeiten begangen haben. Nur bei bestimmten geplanten schwerwiegenden Straftaten (Aufzählung in § 138 StGB) muss Anzeige erstattet werden. Dennoch sollte die Unternehmensleitung auch bei anderen festgestellten Vergehen stets abwägen, ob es nicht **vorteilhafter** ist, **Strafanzeige** zu erstatten. **Beweggründe** einer Anzeigenerstattung durch die Unternehmensleitung können beispielsweise sein:

- klare **Positionierung** der Unternehmensleitung gegenüber den internen Stakeholdern, wie Vorstandskollegen, Aufsichtsrat oder Mitarbeitern hinsichtlich der **Distanzierung** von den festgestellten Straftaten,
- vorbeugendes Krisenmanagement für den Fall des **öffentlichen Bekanntwerdens** des Verstoßes – die Unternehmensleitung kann damit nachweisen, so früh wie möglich umfassende Aufklärungsmaßnahmen – einschließlich der Information der Behörden – initiiert zu haben,
- **Präventivwirkung** der Strafanzeige im Hinblick auf mögliches künftiges weiteres Fehlverhalten.

159   Als konsequente Haltung der Unternehmensleitung wird häufig das Einhalten einer *Zero Tolerance*-**Politik der Unternehmensleitung** zur konsequenten Ahndung von Verstößen gefordert. Diese erfordert jedoch durchaus nicht stets eine Strafanzeige, sondern lediglich **konsequente angemessene**

Ahndung von Fehlverhalten im Rahmen des **Ermessensspielraums** der **Unternehmensleitung**.

Neben einer Strafanzeige gibt es selbstverständlich **weitere Sanktions-möglichkeiten** für Fehlverhalten im Unternehmen (→ Rn. 556 ff.). **Beispiele** sind Sonderschulungsmaßnahmen, formlose Ermahnungen, formale Abmahnungen, Umsetzungen, Zuständigkeitsänderungen, Entzug von Vergünstigungen, Auswirkungen auf erfolgsabhängige Gehaltsanteile, ordentliche oder fristlose Kündigungen sowie Androhung verschärfter Sanktionen (einschließlich strafrechtlicher) bei wiederholten Verstößen.

160

Als vorbereitende Maßnahme und zur Gewährleistung der wichtigen Einheitlichkeit der Sanktionsanwendung kann die Unternehmensleitung einen **Sanktionskatalog** für verschiedene Arten und Grade von Fehlverhalten erstellen lassen.

161

Bei der **Zumessung** adäquater **Sanktionen** sollten der Aufgabenbereich, die Verantwortung und mögliche Vorbildfunktion von Mitarbeitern ebenso Beachtung finden wie Umstände des Einzelfalls. Die Zumessung adäquater Sanktionen sollte **nachvollziehbar**, **transparent** und hinreichend **dokumentiert** sein.

162

Bei Bekanntwerden von Fehlverhalten müssen mögliche **zivil-, arbeits- und strafrechtliche Konsequenzen** umgehend geprüft werden. Auf jede Art von Fehlverhalten sollte **angemessen** und einheitlich reagiert werden. Dabei sollte es **keine „Untergrenze"** geben. Vergleichbare Compliance-Verstöße sollten einheitlich sanktioniert werden.

163

Den **Unternehmensangehörigen** gegenüber sollte die einheitliche und unterschiedslose Folge von **Sanktionen** auf Regelverstöße **als notwendiger Pflichtbestandteil des CMS deutlich kommuniziert** werden.

164

Die konsequente homogene und transparente **Sanktionierung** von Compliance-Verstößen ist eine **Kernvoraussetzung** eines **wirksamen CMS**. Sie entwickelt damit auch **präventive Wirkung** im Hinblick auf mögliche künftige Verstöße.

165

Die **Sanktionsentscheidung** muss auf verlässlich erwiesenen Fakten beruhen. Über die **Angemessenheit** der Sanktion entscheidet idealerweise das **Compliance Committee** oder ein **Gremium** aus Vertretern der Compliance-, Rechts- und Personalabteilung sowie der Unternehmensleitung. Die Sanktionen müssen von den Unternehmensangehörigen als **ordnungsgemäß** und **verhältnismäßig wahrgenommen** werden.

166

167 Spezifische **Trainings** an konkreten Verstößen nicht beteiligter, aber künftig **risikorelevanter Mitarbeiter** zur Vermeidung ähnlicher Verstöße sind ratsam. Mindestens die Compliance-, Personal- und Rechtsabteilung müssen insoweit beteiligt werden.

168 Sämtliche Maßnahmen und Ergebnisse müssen dauerhaft **dokumentiert** werden.

2. Analyse der Ursachen und Verbesserung des Compliance-Management-Systems

169 Die **Dokumentation** der **Sachverhaltsaufklärung** von Compliance-Verstößen muss den Tathergang und die mitwirkenden, ermöglichenden Ursachen und Faktoren **genau analysieren**. Dies gilt insbesondere für die Frage, inwieweit und weshalb das bestehende CMS den jeweiligen Verstoß nicht verhindert hat bzw. welche Veränderungen des CMS den Verstoß hätten verhindern können bzw. gleich oder ähnlich gelagerte Fälle in der Zukunft verhindern würden.

170 Sofern sich aus der Analyse Schwachstellen des CMS ergeben, muss die Unternehmensleitung **unverzügliche Anpassungen** bzw. Verbesserungen sicherstellen. Diese müssen genau **dokumentiert** und nach einiger Zeit auf ihre **Wirksamkeit überprüft** werden.

171 Die aus der Sachverhaltsklärung abgeleitete **Analyse des Anpassungs- und Verbesserungsbedarfs des CMS** ist
- eine notwendige **Grundbedingung** der Wirksamkeit des **CMS,**
- eine zentrale **Kernpflicht der Unternehmensleitung** in rechtlicher und auch in wirtschaftlicher Hinsicht,
- notwendige **Bedingung** wirksamer **Risikosteuerung** durch die Unternehmensleitung sowie
- **Bedingung** der **wirtschaftlichen Gestaltung des CMS** im Sinne der besten Verteilung der Ressourcen auf wirksame Mechanismen.

172 Sie sollte entsprechend **sorgfältig** und durch zweifelsfrei hierfür kompetente **Fachkräfte** erfolgen sowie behörden- und stakeholdergerecht **dokumentiert** werden.

D. Delegation von Compliance-Aufgaben durch die Unternehmensleitung

I. Horizontale und vertikale Delegation

Compliance Management zählt nach den rechtlichen und wirtschaftlichen Erfordernissen zu den **originären Leitungsaufgaben** des Vorstands und anderer Leitungsgremien. Die Unternehmensleitung ist stets **oberste Instanz** der Compliance-Organisation.

173

Die Mitglieder der Unternehmensleitung sind **kollektiv** für die Wirksamkeit des CMS verantwortlich. Es gilt der Grundsatz der **Gesamtzuständigkeit** und **Gesamtverantwortung** der Mitglieder der geschäftsführenden Gremien. Verantwortlich ist somit **jedes einzelne Vorstandsmitglied** der AG oder jeder **Geschäftsführer** einer GmbH.

174

Das **Ressortprinzip** eröffnet zwar die Möglichkeit, im Rahmen der **horizontalen Delegation** (→ Rn. 199 ff.; § 3 Rn. 1 ff.) klar definierte Compliance-Leitungsaufgaben einzelnen Vorständen oder Geschäftsführern zuzuweisen. Damit **erlischt** jedoch **nicht** die **Gesamtverantwortung** des Gremiums und die anteilige gesamtschuldnerische **Verpflichtung der einzelnen Mitglieder** des Leitungsorgans.

175

Zwar entstehen **aus der internen Geschäftsverteilung** besondere **Handlungspflichten** für dasjenige Leitungsmitglied, dem Compliance-Aufgaben speziell zugewiesen wurden. Den übrigen Leitungspersonen bzw. Organmitgliedern verbleiben jedoch **Auswahl-, Kontroll- und Aufsichtspflichten**.

176

Ähnliches gilt im Rahmen der **vertikalen Delegation** (→ Rn. 199 ff.; § 3 Rn. 29 ff.), im Rahmen derer Compliance-Managementpflichten auf **Mitarbeiter oder externe Fachkräfte** übertragen werden. Die nachfolgenden Grundsätze gelten für die Delegation **sowohl** auf **interne als auch** auf **externe Mitarbeiter**.

177

Aufgaben, Pflichten und Zuständigkeitsbereiche sollten unbedingt präzise **schriftlich definiert** werden. Bei Delegationsempfängern entsteht häufig eine entsprechende **Garantenpflicht** aufgrund vertraglicher oder tatsächlicher Pflichtenübernahme. Die delegierenden Mitglieder der **Unternehmensleitung** sind damit jedoch nicht von ihrer Verantwortung befreit. Vielmehr wandeln sich ihre originären Handlungspflichten in **Auswahl-, Informations-, Kontroll-** und **Überwachungspflichten**.

178

Wurden die Compliance-Mitarbeiter oder externe Fachleute sorgfältig **ausgewählt**, ordnungsgemäß **instruiert** und pflichtgemäß über besondere Risiken, Handlungsbedarf und Gefahrenmomente **aufgeklärt**, darf sich

179

das Mitglied der Unternehmensleitung nach dem sog. Vertrauensgrundsatz zunächst auf die sachgerechte und gesetzeskonforme Aufgabenerfüllung **verlassen**. Spezifische **Kontrollmaßnahmen** müssen grundsätzlich nur ergriffen werden, wenn hierfür konkreter Anlass besteht.

180   Davon unberührt bleiben die Pflichten der Unternehmensleitung und des Delegationsempfängers im Rahmen des **periodischen und Ad-hoc-Reportings** zu Compliance-**Risiken** und zum **Wirksamkeitsstatus** des **CMS** (→ Rn. 298 ff., 359 ff., 399 ff.). Der **Delegationsempfänger** ist auch darüber hinaus im Rahmen seiner **Eskalationspflicht** bei relevanten Anlässen grundsätzlich zur unverzüglichen Berichterstattung an die Unternehmensleitung verpflichtet. Teil der Organisationspflichten der Unternehmensleitung ist insoweit die **Definition** klarer, schriftlich dokumentierter **Eskalationskriterien** und **Berichtswege**.

181   Eine **vollständige vertikale oder horizontale Delegation** ist aufgrund der wirtschaftlichen und rechtlichen Bedeutung des Compliance Managements **nicht möglich**. Stets **verbleiben** beim einzelnen Mitglied des Leitungsgremiums **Steuerungs- und Überwachungspflichten. Delegiert werden kann** somit die **Umsetzungsverantwortung, nicht** jedoch die letztendliche **Gesamtverantwortung** im Hinblick auf die **Steuerung** wesentlicher Maßnahmen und Entwicklungen und auf die **Wirksamkeitsüberwachung** durch die Unternehmensleitung.

182   Aus den genannten Grundsätzen folgt die **Pflicht** der Unternehmensleitung zu regelmäßiger und systematischer **Prüfung** und **Verifizierung** der **Wirksamkeit** der Compliance-**Risikoanalyse** sowie des **CMS** als Summe der Risikoerfassungs- und -steuerungsmaßnahmen insgesamt. Flächendeckende **CMS-Systemprüfungen** und **Stichprobenprüfungen** sind aufgrund der Compliance-Organisationspflichten der Unternehmensleitung rechtlich und wirtschaftlich stets erforderlich. Die **Durchführung** dieser **Kontrollen** wird durch die Unternehmensleitung **in den meisten Fällen wiederum delegiert. Überwachungspflichten** der Leitung verbleiben jedoch stets auch hier. Sie werden über mehrere grundlegende **Informationskanäle der Unternehmensleitung** (→ Rn. 202 ff.) wahrgenommen.

183   Der **Umfang** der **Aufsichts- und Überwachungspflichten** ergibt sich vornehmlich aus den Umständen des Einzelfalls, vor allem nach dem Risikokontext sowie nach der delegierten Aufgabe und Funktion des Delegierenden und des Delegationsempfängers. **Keine** hundertprozentige **Flächenkontrolle** wird nach der Rechtsprechung geschuldet, sondern lediglich zumutbare Aufsichtsmaßnahmen, die der Eigenverantwortlichkeit der Mitarbeiter noch genügend Raum lassen. Die Intensität der Kontrollpflich-

ten der Unternehmensleitung nimmt zudem mit dem Grad der **Qualifikation** der eingesetzten internen oder externen Compliance-Fachkräfte ab.

Der **Umfang** der **Überwachungspflichten** der Unternehmensleitung richtet sich somit unter anderem auch nach den jeweiligen **Merkmalen** 184
- des **Unternehmens**, etwa Größe und Komplexität der Compliance-relevanten Prozesse,
- der **Aufgabe**, etwa zahlreiche und komplexe unterschiedliche lokale Risikosphären durch zahlreiche Auslandsniederlassungen oder schwer zu überwachende Compliance-relevante Geschäftspartner,
- des **Delegationsempfängers**, etwa fehlende rechtliche Qualifikation oder wenig Erfahrung mit den konkret anstehenden CMS-Aufgaben.

Weil den Mitgliedern der Unternehmensleitung stets die Letztverantwortlichkeit verbleibt, muss **bei zentralen Compliance-Steuerungsmaßnahmen**, wie der Entscheidung über den Aufbau oder wesentliche Maßnahmen und Veränderungen im Rahmen des CMS, das **Leitungsgremium als Gesamtorgan entscheiden**. Diese Aufgabe wird in komplexeren Organisationen sinnvollerweise durch das Compliance Board (→ Rn. 510) absolviert. 185

Die **Delegation von Compliance-Aufgaben** ist für die **Unternehmensleitung** somit eine Möglichkeit zur **Entlastung** und zur **Reduktion** von **Haftungsrisiken**. Trotz einer Delegation an interne oder externe Personen werden die Leitungsmitglieder von ihrer Verantwortung jedoch **nicht vollständig frei**. Dies gilt grundsätzlich für alle Formen der Delegation, d.h. bei **Zuweisung** von Compliance-Aufgaben 186
- innerhalb von Leitungsgremien auf einzelne Gremienmitgliedern (**horizontale Delegation**,
- an nachgeordnete Mitarbeiter, Compliance Officer oder Abteilungen unterhalb des Vorstands oder an externe Fachkräfte und Dienstleister (**vertikale Delegation**).

Bei der **horizontalen Delegation** von Compliance-Aufgaben innerhalb von Leitungsgremien müssen deren Mitglieder grundsätzlich **Ressortzuständigkeiten** wahren und dürfen **nicht** in fremde Ressorts **hineinregieren**. **Dennoch** sind sie stets zur grundlegenden **Überwachung** verpflichtet. Dies kann beispielsweise durch periodische **Berichterstattung** gegenüber dem **Gesamtgremium** sowie durch Ad-hoc-Berichte bei besonderen Risikoereignissen erfolgen. 187

Compliance Officer und andere **unternehmensinterne und -externe Delegationsempfänger** müssen sorgfältig **ausgewählt**, auf ihre Aufgaben hin erforderlichenfalls **trainiert** und/oder **instruiert** sowie durch die 188

Unternehmensleitung hinreichend **kontrolliert** werden. **Voraussetzung für wirksame Delegation** ist, dass das **interne und externe Compliance-Fachpersonal** im Hinblick auf Ausbildung, Qualifikation, Erfahrung, Zuverlässigkeit und Belastbarkeit für die zu übertragenden Aufgaben ohne Anlass für ernsthafte Zweifel **geeignet** ist. Dies sollte auch dokumentiert werden. Stellt die Unternehmensleitung **Fehler** und **Versäumnisse** beim **Delegationsempfänger** fest, muss sie für dauerhafte **Beseitigung** der Unregelmäßigkeiten Sorge tragen. **Fehlt** es erkennbar an **Zuverlässigkeit** oder **Kompetenz** des Delegationsempfängers, **verbleibt** die gesamte **Verantwortung** beim Delegierenden.

189 Bei **Bekanntwerden von tatsächlichen oder möglichen Fehlern, Schwachstellen, Risiken, Verdachtsfällen** oder **Schadensereignissen** müssen **Kontrollaktivitäten intensiviert** werden. **Fehlerquellen** und risikobehaftete Prozesse müssen in den nachfolgenden Perioden mit sachgemäßen Kontrollschwerpunkten regelmäßig, systematisch, flächendeckend sowie auch stichprobenbasiert **überwacht** werden. Häufigkeit, Umfang und Intensität der Kontrollen müssen der **Risikointensität** und dem **Schadenspotenzial** entsprechen.

190 Verstärkte Kontrollen sind zudem auch erforderlich bei **neu eingestellten** oder relativ **unerfahrenen** Mitarbeitern sowie bei **Veränderung** der **Aufgabenbereiche** und **Zuständigkeiten** im Rahmen der **Compliance-Aufbau- und -Ablauforganisation.**

191 Zur Wahrung der Gesamtverantwortung des Leitungsgremiums für das Compliance Management im Unternehmen ist es häufig sinnvoll, die **Mitglieder des Leitungsgremiums** und den Chief Compliance Officer in einem periodisch tagenden **Compliance Board** zusammenzuführen. Im Gegensatz zum **Compliance Committee** (→ Rn. 216 ff.) besteht es nur aus den Mitgliedern des Leitungsgremiums und dem CCP. In beiden Gremien ist die **Dokumentation** durch Agenden, Sitzungsprotokolle und Hintergrunddokumente erforderlich.

192 Die **Delegation** sollte stets **rechtlich geprüft** und **dokumentiert** sowie ggf. an veränderte Umstände und Anforderungen **angepasst** werden. Beispielsweise kann eine etwaige **faktische Übernahme** weiterer Pflichten in die Aufgabenbeschreibung aufgenommen werden.

193 Die Unternehmensleitung kann einzelne **Überwachungs- und Kontrollpflichten** grundsätzlich an die Interne Revision oder an externe Fachkräfte **übertragen**, sofern diese wiederum im Rahmen wirksamer Berichtspflichten hinreichend überwacht werden.

Kontroll- und **Überwachungsmaßnahmen** müssen sowohl **anlassunab-**   194
hängig (periodisch sowie **ohne Ankündigung)** als auch **anlassbezogen
ad hoc** durchgeführt werden.

Ablauf und Ergebnisse der Kontroll- und **Überwachungsaktivitäten** der   195
Unternehmensleitung müssen **dokumentiert** werden, um sie erforderlichenfalls zur Freizeichnung auch nachweisen zu können.

Erkenntnisse aus der Überwachung im Hinblick auf Unzulänglichkeiten   196
der Delegationsempfänger und ihrer Tätigkeit muss die Unternehmensleitung durch Prozessveränderungen, Aufgabenverlagerungen, Umbesetzun-
gen, Qualifikationsmaßnahmen, Prozessveränderungen oder veränderte
Anweisungen implementieren.

Zusätzliche **Voraussetzung** für eine letztlich **wirksame Delegation** ist,   197
dass dem Compliance Officer **ausreichende** finanzielle, sachliche und personelle **Ressourcen** zur Verfügung gestellt werden, um die anfallenden
Aufgaben wirksam zu bewältigen. Der CCO muss über ein ausreichendes
Budget eigenverantwortlich verfügen können, mit dem beispielsweise
auch dringende oder unerwartete Aufgaben – etwa im Rahmen umfassender Sachverhaltsklärungen – bewältigt werden können.

Mangelhafte Ressourcenausstattung des Compliance Office stellt einen   198
Organisationsmangel dar, der die Wirksamkeit der Delegation, die Wirksamkeit des CMS insgesamt und damit die Freizeichnung und Entlastung
der Unternehmensleitung negativ beeinflusst. Die Zumessung ausreichender wirksamer Ressourcen ist dabei häufig eine schwierige Aufgabe der
Unternehmensleitung (→ Rn. 385 ff.).

II. Delegierbare Kernpflichten
Die **Unternehmensleitung delegiert** – in Abhängigkeit von den Unterneh-   199
mensmerkmalen und auch dem Risikoprofil des Unternehmens üblicherweise folgende grundlegenden Compliance-Kernpflichten auf den (Chief)
Compliance Officer, die Compliance-Abteilung oder auf externe Fachkräfte:
- unternehmensweite **Risikoidentifikation** und **-bewertung**, hier insbesondere kontinuierlich und unternehmensweit einheitlich angewandte
  wirksame Verfahren und Dokumentation; hierzu zählt auch das kontinuierlich wirksame Risiko-Reporting,
- unternehmensweite kontinuierliche Prüfung und **Beobachtung der
  Wirksamkeit des CMS** im Hinblick auf wirksam identifizierte Compliance-Risiken und die auch insoweit sachgemäße Dokumentation zur
  Freizeichnung der Unternehmensleitung gegenüber Behörden, Aufsichtsgremien, Investoren und anderen Stakeholdern,

- **Prävention von Compliance-Risiken** durch Verbesserung sämtlicher relevanter Bestandteile des CMS, die aus früheren Compliance-Verstößen hergeleitet werden (sog. **Remediation**) sowie Prävention durch Compliance-Programme aus Bündeln koordinierter Maßnahmen, die sich auf die Steuerung bestimmter Risiken beziehen (etwa Antikorruptions-Programm); die Prävention erfolgt aber stets vor allem auch durch fokussierte Einzelmaßnahmen (etwa kartellrechtliche Trainings an besonders gefährdeten Standorten für die jeweils risikorelevantesten Mitarbeiter),
- **Risikofrüherkennung** etwa durch gezielte Stichprobenkontrollen oder Analyse der Ergebnisse der Internen Revision oder von Controlling-Daten im Hinblick auf Risikoindikatoren, d.h. Hinweise auf punktuell vertieften Prüfbedarf, der sich aus dem gehäuften Auftreten risikospezifischer Indizien ergibt – oder sich im Rahmen frühzeitiger Analyse abzeichnende Änderungen des regulatorischen Umfelds,
- **Compliance-Beratung** der Unternehmensleitung und der Mitarbeiter,
- Umsetzung der **Kernelemente eines CMS**, etwa zielgruppenorientiertes Training relevanter Mitarbeiter oder Konzeption und Einführung wirksamer interner Regularien.

III. Nicht delegierbare Aufsichts- und Überwachungspflichten

200 Aus der **Legalitätspflicht** der Unternehmensleitung folgt die umfassende **Organisationsaufgabe**, rechts- und regelkonformes Verhalten der Unternehmensangehörigen sicherzustellen. Von dieser und ähnlichen grundlegenden Compliance-Leitungsaufgaben kann sich die Unternehmensleitung **nicht** durch **Delegation** freizeichnen. **Beispiele nicht delegationsfähiger Leitungsaufgaben** sind:

- **konstitutive Entscheidungen**, wie der **Entschluss** zur Einrichtung und erforderlichenfalls Überarbeitung, Anpassung und Aktualisierung des CMS oder der Einrichtung eines **Vorstandsressorts für Compliance**,
- **Definition grundlegender** Prozesse zur unternehmensweiten **Erfassung** und **Bewertung** von **Compliance-Risiken** (→ Rn. 291 ff., 342 ff.),
- Festlegung schriftlicher **Compliance-Zielsetzungen** (→ Rn. 519 ff.),
- Ableitung einer darauf basierenden schriftlichen **Compliance-Strategie** (→ Rn. 73, 271 ff.),
- Implementieren einer wirksamen **Aufbau- und Ablauforganisation** (→ Rn. 486 ff.), wie etwa Grundsatzentscheidungen zur vertikalen **Delegation** (→ Rn. 173 ff.) auf Mitarbeiter oder Abteilungen oder zum **Outsourcing** oder **Co-Sourcing** im Hinblick auf externe Compliance-Fachkräfte (→ Rn. 227 ff., 235 ff.),
- grundlegende **Steuerung** und **Überwachung** der **Umsetzung** der Compliance-Aufgaben des Unternehmens.

Der Unternehmensleitung verbleiben somit sowohl **genuine Aufgaben** als auch die **kontinuierlichen Überwachungs- und Steuerungspflichten** (→ Rn. 5 ff., 23 ff., 66 ff.). **Inhalt** und **Umfang** der Aufsichtspflicht sind vor allem abhängig von Pflichten und Funktion des Delegationsempfängers (→ Rn. 199 ff.). Bei **besonderen Krisen- oder Gefährdungslagen** lebt die volle Verantwortlichkeit des Delegierenden automatisch wieder voll auf (→ Rn. 173 ff.).

201

IV. 19 Informationskanäle der Leitung für das Monitoring

Die **Überwachung** der **Wirksamkeit** des Compliance Managements ist zentrale **Grundpflicht** der **Unternehmensleitung** (→ Rn. 359 ff.). Die **Delegation** von Compliance-Aufgaben ändert hieran im Grundsatz nichts (→ Rn. 199 ff.).

202

Zur **Wirksamkeitsprüfung** des Compliance-Systems im Rahmen des Monitorings werden mitunter **Kennzahlen** oder **Leistungsindikatoren/ KPI** – *Key Performance Indicators* – verwendet. Sie beziehen sich auf **drei Hauptbereiche**:

203

- **Fortschritt bei der Umsetzung** des CMS, etwa durch Statistik der Länder, in denen einzelne Policies implementiert und trainiert wurden, Teilnehmerzahlen von Trainings usw.
- **Wirksamkeit des CMS** anhand von Informationen aus Auditergebnissen oder Mitarbeiterbefragungen. Informationen hierzu sind in der Praxis meist schwer zu gewinnen und oftmals wenig verlässlich: Die Zahlen festgestellter Compliance-Verstöße, der daraufhin angeordneten Disziplinarmaßnahmen oder der Meldungen, die über ein elektronisches Meldesystem eingehen, sind als Indikatoren beispielsweise **nicht oder nur begrenzt geeignet**, weil sie zahlreichen Einflüssen unterliegen. Eher geeignet ist beispielsweise oftmals die Zahl der Anfragen an das Compliance Office oder an den Helpdesk.
- **Ressourceneinsatz** für das Compliance-System (finanzielle, personelle Ressourcen und Sachmittel).

Der **Unternehmensleitung stehen mindestens die im Folgenden skizzierten Informationskanäle** zur Einschätzung der Wirksamkeit des Compliance Managements zur Verfügung, die – zugegeben im Idealfall – **kumulativ genutzt** werden können. **Zumindest** müssen **stets mehrere** Informationskanäle parallel eingesetzt werden. Sie fließen am zweckmäßigsten auch in die Arbeit des **Compliance Board** (→ Rn. 510) oder des **Compliance Committee** (→ Rn. 216 ff.) ein.

204

1.   **Periodische Berichte und ereignisbezogene Ad-hoc-Berichte der Compliance-Abteilung bzw. des CCO**. Hierin enthalten sind:

- Ergebnisse der kontinuierlichen, unternehmensweiten Risikoidentifikation und -bewertung im Rahmen des periodischen Risiko-Reporting,
- Ergebnisse des kontinuierlichen unternehmensweiten CMS-Status-Monitorings,
- Gaps zwischen Risiken und aktueller Ausprägung des CMS oder risikobezogener Einzelmaßnahmen,
- Self Assessment und Self Audit des CMS oder einzelner Teile,
- Stichprobenkontrollen,
- risikorelevante Einzelereignisse und Fakten zu möglichen oder tatsächlichen Compliance-Verstößen.

2. **Interne Revision** (→ Rn. 490): Diese bildet neben **Prozesskontrollfunktionen** *(first line of defense)* und dem **CMS** *(second line of defense)* eine in diversen Organisationsmodellen so bezeichnete „**dritte Verteidigungslinie**". Die Verantwortung und Zuständigkeit für die Implementierung und Weiterentwicklung eines wirksamen CMS verbleibt gleichwohl stets bei der Unternehmensleitung (→ Rn. 169 ff., 383 ff.) und dem CCO (→ Rn. 205 ff.). Die Interne Revision hat jedoch eine **wesentliche unterstützende Funktion**. Sie ist als unabhängige interne Prüffunktion angelegt und muss insbesondere für die Prüfung des CMS hinreichend **qualifiziert** sein, damit CMS-Prüfungsaktivitäten, -ergebnisse und -bewertungen nicht nur oberflächlich oder im schlimmsten Fall unzutreffend ausgeprägt sind. Unter Umständen können **CMS-Prüfungen** durch **externe Fachkräfte**, die vorübergehend fest im Unternehmen integriert werden (→ Rn. 229 ff.), eine Alternative darstellen. Prüfungen sollten in jedem Fall **nicht nur auf Checklisten-Basis** erfolgen, sondern über das bloße Vorhandensein hinaus die tatsächliche **Wirksamkeit** der festgestellten Compliance-Instrumente und -Prozesse einbeziehen. Hierbei spielen in der Praxis auch **Erfahrungswerte** zu Wirkungszusammenhängen innerhalb des CMS eine wichtige Rolle. Die Interne Revision prüft die Wirksamkeit, Wirtschaftlichkeit und Zweckmäßigkeit des CMS im Rahmen **diverser Prüfungsaktivitäten:**
   - **Flächendeckende Systemprüfungen** laufen am wirksamsten nach unternehmensindividuell erstellten Prüflisten ab, die sich an den relevanten Unternehmensparametern orientieren. Allgemeine Prüfungsstandards, wie der IDW PS 980, geben stets lediglich generelle Leitlinien vor, die für Aussagen zur konkreten Wirksamkeit des unternehmensindividuellen CMS allein nicht ausreichend sind. Sie müssen daher ohnehin durch die genannten unternehmensindividuellen Parameter konkretisiert werden.
   - **Stichprobenprüfungen** zur Wirksamkeit einzelner Prozesse und Instrumente des CMS liefern Hinweise auf unwirksame Teilbereiche des CMS. Sie können sich jeweils auf das CMS selbst oder auf opera-

tive Prozesse beziehen, aus denen sich Ableitungen für die Wirksamkeit des CMS, d.h. für das Compliance-Risikomanagement, ergeben.

- Prüfungen von **Geschäftsprozessen**, etwa von Zahlungsvorgängen, liefern Indizien für mögliche Compliance-Verstöße und für entsprechende Schwachstellen der Compliance-Kontrollen des CMS.
- Bei der **Sachverhaltsaufklärung** möglicher Compliance-Verstöße des Unternehmens arbeitet die Interne Revision eng mit dem Compliance Office, der Rechtsabteilung, HR, der Unternehmenskommunikation, erforderlichenfalls weiteren internen Stellen sowie mit den bei der Untersuchung eingesetzten externen Dienstleistern zusammen.
- Erster Ansatzpunkt der CMS-Prüfungen durch die Interne Revision ist die vorhandene **CMS-Dokumentation**. CMS-Schwächen werden im Rahmen der Revisionsberichte auch im Hinblick auf ihre Auswirkungen auf Compliance-**Nettorisiken** bewertet – also die verbleibenden Restrisiken nach Abzug der Steuerungsmaßnahmen. Genaue quantitative Angaben sind hier gleichwohl aufgrund der Natur von Compliance-Risiken nicht möglich.
- Prüfungsergebnisse der Internen Revision können schließlich ferner Informationen zu **Kontrollstandards**, **Benchmarks** und Best-Practice-Verfahren enthalten. Diese Informationsaspekte sollten in der Unternehmenspraxis aufgrund ihrer oftmals stark **limitierten Aussagekraft** jedoch nur mit Vorsicht eingesetzt werden.

3. **Prüfungsergebnisse externer Dienstleister** in Form von Einzeleinschätzungen, Compliance Audits und sog., mit Vorsicht zu behandelnder Compliance-„Zertifizierungen": Insbesondere „Compliance-Zertifizierungen" vermitteln zwar eine momentbezogene, ausschnittsweise externe Einschätzung des Compliance-Systems – auf welcher Grundlage auch immer – jedoch in aller Regel keine Rechtssicherheit in Bezug auf die Wirksamkeit des CMS (→ § 9 Rn. 21 ff., 73) und damit im Hinblick auf die genaue Ausprägung der Compliance-bezogenen Organisations- und Überwachungspflichten der Unternehmensleitung (→ Rn. 5 ff., 23 ff.).

4. **Monatliches unternehmensweites bzw. konzernweites Compliance-Risiko-Reporting** der relevanten Risikoeigner (Fachbereiche und operative Einheiten) (→ Rn. 298 ff., 359 ff., 399 ff.).

5. **Ad-hoc-Reporting der Risikoeigner** bei vorab definierten Risikoentwicklungen und risikorelevanten Ereignissen (→ Rn. 298 ff., 359 ff., 399 ff.).

6. **Monatliches CMS-Status-Reporting** der Compliance Officer: Hierfür werden die Berichte der nationalen bzw. regionalen oder lokalen Compliance Officer und -Beauftragten vom zentralen Compliance Office gesammelt und aggregiert.

7. **Hinweisgebersystem** (→ Rn. 205 ff., 328 ff.): Dieses teilweise nicht ganz zutreffend auch als **Whistleblowing** bezeichnete System bildet eine

Kombination aus **verschiedenen** Meldewegen (elektronisch, telefonisch, persönlich), elektronischen Instrumenten zur Fallbearbeitung sowie Prozessen der Sachverhaltserforschung und Fallbearbeitung. Für die Unternehmensleitung bildet das Incident-Reporting-System einen wichtigen Informationskanal zum Stand der Compliance-Risiken und des CMS.

8. **Globales Case-Tracking-System** (→ Rn. 205 ff., 328 ff.) aus dem die Unternehmensleitung Fakten, Risikobewertungen, Bearbeitungsstand, Ergebnisse und weitere relevante Aspekte tatsächlicher und potenzieller aktueller sowie früherer Regelverstöße ersehen kann.

9. **Self Assessment des CMS durch das Compliance Office:** Das zentrale Compliance Office führt regelmäßige systematische Selbsteinschätzungen des CMS anhand standardisierter Verfahren durch.

10. **Compliance-Tätigkeitsbericht** des zentralen Compliance Office, der **periodisch** angefertigt wird – etwa für die Unternehmensberichterstattung.

11. **CMS-Status-Assessments im Rahmen der Auditvorbereitung:** Diese können jeweils durch interne Fachkräfte oder externe Dienstleister durchgeführt werden. In der Praxis liefert oftmals bereits die Auditvorbereitung wertvolle Erkenntnisse zum Stand des CMS.

12. **CMS-Audits** durch unabhängige externe Compliance-Fachkräfte oder Wirtschaftsprüfer (→ Rn. 229 ff.; § 9 Rn. 21 ff., 73).

13. **Sachverhaltsaufklärung** (→ Rn. 120 ff.): Wichtige Informationen zu Compliance-Risiken und zum Stand des CMS ergeben sich aus den Berichten zur Sachverhaltsaufklärung nach tatsächlichen oder vermuteten Compliance-Verstößen. Die Unternehmensleitung sollte mit dem Compliance Office die Verpflichtungen im Hinblick auf angemessene **periodische** – etwa monatliche – zusammenfassende **Berichte** zum Stand und zu Erkenntnissen laufender Sachverhaltsklärungen, periodenbezogene **Fallstatistiken** sowie ereignisbezogene **Ad-hoc-Berichte** schriftlich festlegen.

14. **Ombudsperson:** Interne und externe mit Ombudsaufgaben Beauftragte verfügen anhand der eingehenden Meldungen der Mitarbeiter oftmals über wertvolle Informationen zum Status des CMS sowie einzelner Risiken.

15. **Compliance Committee** und **Compliance Board** (→ Rn. 216 ff., 510)**:** Deren Mitglieder sind aktuell zum Stand des CMS und des Risikoportfolios informiert und beurteilen den Status aufgrund unterschiedlicher fachlicher Perspektiven und Aufgabenbereiche. Sofern Mitglieder der Unternehmensleitung nicht selbst an den Sitzungen **teilnehmen**, sollten sie unbedingt kontinuierlich die **Tagesordnungen**, **Protokolle** und sonstigen Dokumente des Compliance Committee zur Kenntnis neh-

men, bei Bedarf die Mitglieder des Compliance Committee zu einzelnen Aspekten **befragen** und dies **dokumentieren**.

16. **Compliance Due Diligence Report für Geschäftspartner:** Soweit sie von Geschäftspartnern abgefragt wurden, enthalten diese regelmäßig relevante Informationen zum Stand des CMS.

17. **Mittleres Management:** Hier kommen üblicherweise vielfache Mitarbeiterinformationen zur Wirksamkeit und Wirtschaftlichkeit des CMS an. Dies gilt insbesondere hinsichtlich der tatsächlichen **Wirkung** des CMS innerhalb der **operativen Prozesse**. Ferner liegen hier regelmäßig wertvolle Informationen zu einzelnen **Compliance-Risiken** sowie Hinweise zu möglichem **Fehlverhalten** vor. In Compliance **Risk Workshops** durch das Compliance Office oder externe Dienstleister sowie in **Einzelgesprächen** mit **Middle Managern** können Informationen zugänglich gemacht werden. Dabei sollte gleichzeitig eine **Aktivierung** des **mittleren Managements** im Sinne wirksamer Compliance-Führung erfolgen.

18. **Mitarbeitergespräche:** Selbstverständlich bietet sich im Rahmen von Einzelgesprächen regelmäßig Gelegenheit zur Adressierung einzelner, auch vertraulicher, Compliance-Themen.

19. **Benchmarks zu CMS anderer Unternehmen:** Aussagen zu Benchmarks bezüglich der CMS anderer Unternehmen, insbesondere derselben Branche und hier insbesondere der direkten Wettbewerber, sind in den meisten Unternehmen begehrte Informationen. In Bezug auf das eigene pflichtgemäße CMS können sie allerdings nur in sehr **begrenztem Umfang** zur Orientierung dienen. Dafür gibt es zwei einfache **Gründe**:

    - Das eigene CMS muss immer dem **eigenen Risikoprofil** spezifisch entsprechen (→ Rn. 357 ff., 383 ff.). Dieses unterscheidet sich von Unternehmen zu Unternehmen entsprechend zahlreicher individueller risikorelevanter Faktoren, wie etwa frühere interne, nicht bekannte Compliance-Verstöße, Risiken bei spezifischen Geschäftspartnern oder in bestimmten Ländern, Ressourcenausstattung, Aufbau- und Ablauforganisation, Kernprozesse u.v.a.
    - Das CMS **anderer Unternehmen** kann durchaus defizitär und **nicht pflichtgemäß** ausgeprägt und daher als Orientierungsmaßstab ungeeignet sein.

In der Praxis ist seit Längerem zu beobachten, dass Unternehmen verstärktes Interesse gerade auch an **Compliance-Organisationsdefiziten** und **Compliance-Fehlverhalten von Wettbewerbern** entwickeln. Dies ist durchaus sinnvoll, um das **eigene CMS** auf das Vorliegen entsprechender Defizite zu **prüfen** oder kritisch zu hinterfragen, ob entsprechendes Fehlverhalten auch im eigenen Unternehmen möglich gewesen wäre. Für Unternehmen bedeutet dieses wachsende Interesse von Wettbewerbern an Schwächen des eigenen CMS **erhöhte Risiken**. Als Orientierung im Sinne von **Kopiervorlagen** zur Nachahmung sind **Benchmarks** aus den genannten Gründen zweifellos **nicht geeignet**. Sinnvoll ist jedoch die Übertragung von **Erfahrungswissen** (→ Rn. 227 ff.) zur Umsetzung von Compliance-Prozessen und -Instrumenten im Rahmen der CMS-Implementierung und der kontinuierlichen Erhaltung der Wirksamkeit des CMS (→ Rn. 169 ff., 383 ff.).

V. Chief Compliance Officer als Delegationsempfänger

205 Der CCO bildet die **zentrale Funktion** und Ressource für den Aufbau und die wirksame Fortführung des CMS. Aus Sicht der Unternehmensleitung gelten im Hinblick auf den CCO die Prinzipien der **vertikalen Delegation** (→ Rn. 173 ff.). Somit muss sie die hinreichende **Qualifikation** des CCO gerade im Hinblick auf die anstehenden Aufgaben sicherstellen und dies dauerhaft dokumentieren.

206 Mit gewissen Einschränkungen (→ Rn. 228) kann das Compliance Office bzw. der Chief Compliance Officer durch externen Support in Form von **Co- und Outsourcing** oder vorübergehende feste Installation **externer Fachkräfte** im Unternehmen (→ Rn. 229 ff.) unterstützt bzw. ganz oder teilweise ersetzt werden.

207 Im **Konzern** müssen neben dem **zentralen CCO** regionale, nationale oder **lokale Compliance Officer** oder Compliance-Beauftragte in risikorelevanten Einheiten installiert werden, die mit dem zentralen Compliance Office im Rahmen einer wirksamen Aufbau- und Ablauforganisation zusammenarbeiten (→ Rn. 426 ff.).

208 Mitunter wird die Funktion des **CCO auf der Ebene der Unternehmensleitung** angesiedelt. Dies ist insbesondere nach Compliance-Verstößen mit umfassenderen Folgen bzw. Compliance-Krisen zu beobachten. Mit der Integration des CCO in die Unternehmensleitung werden die Bedeutung und der Stellenwert, die dem Thema Compliance vom CEO und der übrigen Leitung zugemessen werden, gegenüber internen und externen Stakeholdern verdeutlicht.

209 Der CCO ist **arbeitsrechtlich** dem Unternehmen verpflichtet. Ihn treffen eine arbeitsvertraglich basierte **Schadensabwehrpflicht** und eine strafrechtliche **Garantenstellung** im Hinblick auf das Unterlassen gebotener Maßnahmen. Da er im **Unternehmensinteresse** handelt, überwacht der CCO zumindest implizit auch das Verhalten der Mitglieder der Unternehmensleitung und ist im Zweifel dem Aufsichtsrat berichtspflichtig. **Arbeits-**

vertrag und **Stellenbeschreibung** sollten die dem CCO zugewiesenen Aufgaben möglichst präzise dokumentieren.

Die **interne Ankündigung** des neu eingesetzten CCO allen Mitarbeitern   210
gegenüber sollte durch den CEO oder eine vergleichbare Funktion erfolgen.
Funktion, strategische und operative Vorteile für das Unternehmen sowie
Vorteilhaftigkeit für die Mitarbeiter sollten ebenso betont werden wie die
Bedeutung, die die Unternehmensleitung der CCO-Funktion zumisst.

Dem CCO müssen durch die Unternehmensleitung hinreichende finan-   211
zielle und personelle **Ressourcen** zugewiesen werden (→ Rn. 385 ff.), mit
denen sich die konkret anstehenden Compliance-Aufgaben, letztlich die
Aufrechterhaltung eines wirksamen CMS, ohne ernsthafte Zweifel durchführen lassen. Die Unternehmensleitung ist auch für adäquate **Fortbil-
dungsmaßnahmen** des CCO verantwortlich, aus denen sich risikoreduzierende Wirkungen ergeben.

Entsprechend der Haftungsrisiken sollte der CCO unter genauer Benennung   212
seiner Funktion ausdrücklich in den Schutz der **D&O-Versicherung** aufgenommen und der Versicherungsvertrag entsprechend geändert werden.

Dem **CCO** sollten in gut dokumentierter Weise mindestens folgende **Rechte**   213
eingeräumt werden:
- wirksame Informations-, Auskunfts- und Zugangsrechte,
- Berichts- und Eskalationsrechte,
- Vorschlags- und Anhörungsrechte,
- Interventionsrechte unter einzelnen Aspekten, soweit im Einzelnen
  sinnvoll.

Folgende **Kernkompetenzen** des CCO sind unter anderem erforderlich: 214
- Kombination wirtschaftlicher und rechtlicher Kompetenzen (→ Rn. 104,
  242),
- Erfahrung aus der Inhouse-Perspektive als fest eingestellter Compliance
  Manager,
- Erfahrung in relevanten operativen Prozessen aus der Inhouse-Perspek-
  tive,
- umfassendes Verständnis der Geschäftsprozesse,
- Risikomanagementkompetenzen,
- Initiierungs-, Gestaltungs- und Implementierungsstärke,
- relevante Kompetenzen im Kontext der Sachverhaltsaufklärung,
- kritische Auswahl- und Führungsfähigkeiten im Hinblick auf externe
  Dienstleister (→ Rn. 237 ff.),

- Führungsfähigkeiten im Hinblick auf das Compliance-Team, Teamorientierung,
- Konfliktstärke und Beharrungsvermögen,
- Überzeugungsfähigkeit bei Sachthemen,
- Kommunikations- und Handlungsstärke sowie Integrationsgeschick auch im Change Management,
- Integrität, Vertrauenswürdigkeit und Zuverlässigkeit.

215 Die zentralen **Aufgabenfelder** des CCO umfassen letztlich sämtliche in diesem Werk angesprochenen Maßnahmen und Themen, insbesondere
- Information und Beratung der Unternehmensleitung und Mitarbeiter,
- Konzeption und Gestaltung aller Teile des CMS, also beispielsweise interner Richtlinien, Prozesse und Policies, Trainings, Informationsangebote usw.,
- Sicherstellen der wirksamen Risikoidentifikation, -bewertung, -berichterstattung und -steuerung,
- Konzeption und Wirksamkeitsüberwachung aller Maßnahmen zur Steuerung der Compliance-Risiken,
- wirksames Management auftretender Fälle tatsächlichen oder möglichen Fehlverhaltens,
- regelmäßige und anlassbezogene Berichterstattung an die Unternehmensleitung,
- Konzeption des gesamten kohärenten unternehmensweiten CMS,
- Informations- und Wissensmanagement,
- Kommunikation und Schulung.

VI. Compliance Committee zur Absicherung der Unternehmensleitung

216 Als eine der Grundlagen eines wirksamen CMS sollte die Unternehmensleitung ein Compliance Committee installieren. Im Konzern sollten in der Regel neben dem **zentralen** Compliance Committee **regionale**, **nationale** oder **lokale** Compliance Committees in den wesentlichen Teilgesellschaften und Geschäftseinheiten eingerichtet werden.

217 Grund für die Einrichtung von Compliance Committees ist die Leitungspflicht, eine kontinuierlich **wirksame Risiko- und CMS-Statusermittlung** sicherzustellen. Durch die Einrichtung von Compliance Committees können **Überwachungs- und Steuerungspflichten, Kompetenzen und Perspektiven** der Vertreter einzelner Teilgesellschaften oder Geschäftseinheiten mit jeweils unterschiedlichen Verantwortungsbereichen und Fachqualifikationen zusammengeführt und **gebündelt** werden. Die **Beurteilung** des **Risiko- bzw. CMS-Status** wird hierdurch **erheblich verbessert**.

Übliche **Mitglieder** von Compliance Committees sind leitende Vertreter folgender Bereiche: Unternehmensleitung, Compliance Office, Rechtsabteilung, Controlling, Finanz- und Rechnungswesen, Risikomanagement, Interne Revision, HR, Unternehmenskommunikation und Steuern. 218

Vom Compliance Committee kann die Institution des **Compliance Boards** (→ Rn. 510) unterschieden werden, dem nur relevante Mitglieder der Unternehmensleitung angehören. 219

Das Compliance Committee sollte über eine **Geschäftsordnung** verfügen. Die **Sitzungen** sollten periodisch in nicht zu großen Abständen erfolgen. Üblich sind Abstände von einem bis maximal drei Monaten. Die Intervalle orientieren sich am Umfang der anstehenden Compliance-Maßnahmen bzw. am Risiko- und CMS-Status. Anlassbezogen erfolgen Ad-hoc-Sitzungen. Der CCO bereitet die **Agenda** jeder Sitzung vor, in der die Bedarfspunkte der Mitglieder und eigene Inhalte aufgenommen werden und übersendet sie den Teilnehmern vor der Sitzung. Zusätzlich wird in der Regel eine schriftliche **Präsentation** zur Begleitung des Meetings gefertigt. Es erfolgt ein schriftliches **Verlaufsprotokoll**, das wesentliche pflichtrelevante Beiträge der Mitglieder verzeichnet. 220

Im **Konzern** sollten für alle wesentlichen **Tochtergesellschaften** eigene **Compliance Committees** eingerichtet werden, die vor- und nachbereitende Dokumente **an das zentrale** Compliance Office liefern. Der **Konzern-CCO** gewährleistet die wirksame Einrichtung und Geschäftspraxis. 221

Geschäftsordnung, Agenden, Präsentationen, Protokolle und sonstige Unterlagen des Compliance Committees sind fester **Bestandteil** der dauerhaften **Dokumentation** der Wirksamkeit des **CMS** zur Entlastung bzw. Freizeichnung der Unternehmensleitung. 222

VII. Ombudsfunktion als Informationskanal

Als einer der Informationskanäle des **Hinweisgebersystems** (→ Rn. 205 ff., 328 ff.) stellen interne oder externe Ombudspersonen eine Möglichkeit für die Mitarbeiter dar, sich bei Fragen zu einzelnen Compliance-Aspekten, insbesondere aber bei Compliance-Problemen oder Hinweisen auf mögliches Compliance-Fehlverhalten, vertrauensvoll an unabhängige Personen zu wenden. 223

Dementsprechend kommen für die Ombudsfunktion insbesondere Personen in Betracht, die aufgrund ihrer Stellung, Betriebszugehörigkeit oder anderer Faktoren das Vertrauen der Mitarbeiter genießen. Hierzu sollte klar 224 geregelt werden, dass sich Mitarbeiter anonym und ohne die Gefahr von Nachteilen an die Ombudsperson wenden können.

225 Eingehende Hinweise auf Compliance-Fehlverhalten muss die Ombudsperson in jedem Fall unverzüglich an den CCO, das Compliance Committee, die Unternehmensleitung oder andere benannte unternehmensinterne Stellen zur weiteren Bearbeitung **weiterleiten**. Dem Mitarbeiter sollte dabei angemessene **Transparenz** über die sich an die Meldung anschließenden weiteren Verfahrensschritte vermittelt werden.

226 Im Konzern und vergleichbaren Unternehmensstrukturen sollten für einzelne risikorelevante Unternehmensbereiche und Tochterunternehmen eigene **lokale Ombudsleute** installiert werden.

E. Externer Support der Unternehmensleitung
I. Drei Hauptgründe für die Inanspruchnahme

227 **Outsourcing**, **Co-Sourcing** (Ergänzung interner Ressourcen) und zeitweise externes **Projektmanagement** von Compliance-Aufgaben sind verbreitete Praxis. Drei hauptsächliche **Gründe** hierfür sind:

1. Die Einstellung qualifizierter Manager für den Ausbau, die Wirksamkeitsprüfung und Anpassung des CMS führt regelmäßig zu beträchtlichem **Kostenaufwand** im Rahmen der Personalsuche sowie bei den nachfolgenden Ausgaben für fest eingestelltes, qualifiziertes Fachpersonal.

2. Die Rekrutierung von Fachkräften, die gerade im Hinblick auf die anstehenden Compliance-Aufgaben qualifiziert sind, bedingt in der Praxis oftmals erheblichen **Zeitaufwand**, da geeignete Kandidaten häufig nicht schnell genug oder überhaupt nicht gefunden werden. Zugleich ist die Unternehmensleitung verpflichtet, zeitnah und mitunter unverzüglich wirksame CMS-Maßnahmen einzuleiten. Längere Suchperioden nach geeigneten Kandidaten verursachen daher aufgrund der Verzögerung neben Kosten häufig auch erhebliche **Haftungsrisiken** für die Unternehmensleitung. Hinzukommen potenzielle **Schadenswirkungen** aufgrund nicht hinreichend analysierter und gesteuerter Compliance-Risiken, die weitere Haftungsfolgen bedingen.

3. Das Qualifikationserfordernis, auf das die Unternehmensleitung im Rahmen der Delegation von Compliance-Aufgaben bzw. bei der Rekrutierung von Fachpersonal achten muss (→ Rn. 173 ff., 205 ff.), bezieht sich zunächst spezifisch auf die anstehenden **zeitlich limitierten** Compliance-Aufbau- und **Verbesserungsaufgaben**. Beispiele sind Compliance Audits, Aufbau unternehmensweiter Risikomanagement-Systeme, Harmonisierung und Standardisierung konzernweiter CMS oder Pre- und Post-M&A-Compliance-Maßnahmen. Bei derartigen Aufbau, An-

passungs- und Verbesserungsaufgaben muss die Unternehmensleitung hinreichende Erfahrung und Qualifikation der Projektmanager gerade im Hinblick auf die konkreten Aufgaben sicherstellen. Sind diese im Unternehmen nicht hinreichend vorhanden, ist die Unternehmensleitung gehalten, externes Fachwissen und Erfahrung zur Vervollständigung der im Unternehmen vorhandenen Kompetenzen hinzuzuziehen. Nach Abschluss der Projekte besteht im Rahmen des **nachfolgenden „Regelbetriebs"** des CMS oftmals wieder ein vergleichsweise abgeschwächtes Qualifikationserfordernis, das durch interne Ressourcen abgedeckt werden kann.

II. Fünf Limitationen des Outsourcings

Die Unternehmensleitung sollte fünf grundlegende **Grenzen des Outsourcings** von Compliance-Aufgaben im Auge behalten:

228

1. Wie bei der unternehmensinternen Delegation (→ Rn. 173 ff.) verbleiben auch beim Co- bzw. Outsourcing **Auswahl-, Instruktions- und Überwachungspflichten** der Unternehmensleitung (→ Rn. 5 ff., 23 ff., 426 ff.). Kern dieser Leitungspflichten sowie Voraussetzung wirksamer Delegation ist die sachgemäße **Prüfung der Qualifikation und Erfahrung** externer Fachkräfte gerade im Hinblick auf die konkret anstehenden Compliance-Aufgaben. Die Unternehmensleitung sollte daher sowohl bei einzelnen externen Fachkräften als auch bei den Teammitgliedern größerer Dienstleistungsgesellschaften auf gründlich dargelegte Qualifikations- und Erfahrungshintergründe achten und diese sachgemäß dokumentieren.

2. Ab einer gewissen **Größe und Komplexität des Unternehmens** und/oder der Compliance-relevanten Geschäfts- und Fachprozesse erfordert ein im Sinne der Compliance-Pflichten der Unternehmensleitung wirksames CMS die Installation eines **internen Compliance Managers**, der für Mitarbeiter und Leitungspersonen im Unternehmen kontinuierlich persönlich ansprechbar ist, Präsenz in allen relevanten Bereichen zeigt sowie vor Ort formalen und informellen Einblick in relevante Fach- und Geschäftsprozesse gewinnt. Dieses Internalisierungserfordernis entspricht verbreiteter Behördensicht. Auch zahlreiche weitere Wirksamkeitskriterien können in komplexen Organisationen oftmals nicht hinreichend ausschließlich durch externe Dienstleister gewährleistet werden. Sowohl im reaktiven Kontext nach Compliance-Vorfällen wie im präventiven Bereich erhalten externe Berater mangels kontinuierlicher intensiver **Einbindung in die Abläufe des Tagesgeschäfts** sowie aufgrund fehlender formaler und informeller **Arbeits- und Vertrauensbeziehungen** zu den Mitarbeitern entscheidende Informationen häufig nicht oder nicht rechtzeitig. Zudem ist oftmals zu beobachten, dass Maßnahmen externer Berater nicht genügend auf Bedürfnisse und Akzeptanz von Mitarbeitern

und auf die **Geschäftsprozesse** abgestimmt sind. Im Ergebnis führt dies neben wirtschaftlichen Beeinträchtigungen regelmäßig zu nicht hinreichend wirksamen Compliance-Maßnahmen, die den Compliance-Pflichten der Unternehmensleitung nicht genügen. Neben entsprechenden Haftungs- und Schadensrisiken für die Unternehmensleitung müssen eingeführte Maßnahmen oftmals nachträglich mit beträchtlichem Aufwand geändert oder nachgebessert werden.

3. Bei **komplexen Compliance-Projekten**, wie dem Aus- oder Umbau unternehmensweiter CMS, der Konzeption und Überarbeitung des Compliance-Risikomanagement-Systems oder der Post-Merger-Integration gelten die unter 2. genannten Gründe oftmals noch verstärkt. Wirksame Integration in die Geschäfts- und Fachprozesse, Mitarbeiter- und Geschäftsnähe der implementierten Maßnahmen und weitere Wirksamkeits- und Wirtschaftlichkeitsaspekte setzen **externen Dienstleistern** hier in der Praxis regelmäßig **Grenzen**. Nachhaltig wirksam und wirtschaftlich können komplexe Compliance-Projekte nach verbreiteter Unternehmenssicht in erster Linie durch Fachkräfte erfolgen, die zumindest übergangsweise permanent im Unternehmen anwesend und von den Mitarbeitern auf Augenhöhe vertrauensvoll als Kollegen ansprechbar sind.

4. Die **Unternehmensführung** ist bei vollständiger Auslagerung der Compliance-Fachfunktion über ihre Leitungs- und Organisationspflichten hinaus auch für die Umsetzung des CMS sowie die **Fachkontrolle** und Überwachung externer Dienstleister **verantwortlich**, da das Outsourcing dann nicht über den internen Compliance-Fachverantwortlichen organisiert wird. Dies erfordert **CMS-Fachkenntnisse** der Unternehmensleitung und bedingt zudem nicht unwesentlichen **Zeitaufwand**. Eine kompetente interne (ständige oder vorübergehend installierte) Compliance-Fachkraft ist daher auch im Vorfeld geplanten Outsourcings ratsam.

5. Vollständiges Outsourcing der Compliance-Aufgaben erscheint aus Sicht der Unternehmensleitung auch **haftungsrechtlich** oftmals nicht vorteilhaft, da die unternehmensinterne Abfederung der Haftung durch den internen Compliance-Fachverantwortlichen als „Verteidigungslinie" verlorengeht.

III. Zeitweise feste Integration externer Fachkompetenzen

229 Zur **Umgehung** der oben skizzierten **Limitationen** wählen Unternehmen bei nicht hinreichenden internen Ressourcen mitunter den Weg einer **zeitweisen Internalisierung** externer Compliance-Fachkompetenzen. In Aufbau- und Übergangsphasen sowie bei anderen komplexen Compliance-Projekten kann dies durchaus eine wirksame und zumeist auch wirtschaftliche **Alternative** zum Outsourcing darstellen.

Grundgedanke der **zeitweisen Internalisierung** von Compliance-Management-Kompetenzen ist die vorübergehende Verpflichtung einer unternehmensintern **fest eingebundenen externen Fachkraft,** die im Rahmen eines Voll- oder Teilzeitengagements im Unternehmen eingesetzt wird. Damit wird eine **Mittelstellung** zwischen externen Dienstleistern und fest angestellten Fachkräften erreicht. Für die Unternehmensleitung und die Mitarbeiter bestehen hinsichtlich Einbindung in die Organisation, das Tagesgeschäft und in Geschäftsprozesse sowie im Hinblick auf Zusammenarbeit und Kommunikation oftmals keine wahrnehmbaren Unterschiede zu fest angestellten Fachkräften. Gleiches gilt für Aspekte der Weisungsgebundenheit, Steuerbarkeit und Vertraulichkeit.

230

Um die genannten Wirkungen zu erzielen, sollten unternehmensintern vorübergehend fest installierte externe Projektmanager sämtliche Teilaufgaben in eigener Person und mit **festem Arbeitsplatz** im Unternehmen abarbeiten und nicht auf ein **Backoffice** oder eine „verlängerte Werkbank" in Form von eigenen Mitarbeitern im Hintergrund zurückgreifen können. Mitarbeitern und der Unternehmensleitung sollten sie als fester **Ansprechpartner** für Fragen, Ratschläge und die Weitergabe von Erfahrung kontinuierlich zur Verfügung stehen. Als Projektmanager auf Zeit sollten sie **Umsetzungserfahrungen** im Sinne wirtschaftlicher und wirksamer Praxislösungen aus anderen Unternehmen einbringen.

231

Im **Vergleich zu rein externen** Beratern und Dienstleistern kann der Einsatz unternehmensintern vorübergehend fest installierter externer Fachleute unter Haftungs-, Wirksamkeits- und Kostengesichtspunkten je nach den Bedingungen des Einzelfalls vorteilhaft sein. Neben den Aspekten zu **Kosten- und Zeitaufwand, Haftungsrisiken und Schadenswirkungen** werden von Unternehmen bisweilen angeführt:

232

- Die vorübergehende feste **Einbindung** der Compliance-Fachkraft in laufende Geschäfts- und Fachprozesse **„vor Ort"** ist mitunter eine notwendige **Voraussetzung** für die **wirksame** und wirtschaftliche Definition und Umsetzung von **Compliance-Maßnahmen** (→ Rn. 228 ff.). Ein Beispiel hierfür ist die Integration des CMS im Hinblick auf Analyse und Steuerung von Compliance-Risiken sowie auf die „Geschäftsnähe" von Compliance-Maßnahmen. Die geschäftlichen Aktivitäten sollten unter der Bedingung hinreichend wirksamer Risikosteuerung gefördert und möglichst wenig behindert werden. Ohne einen zumindest zeitweise fest intern installierten Compliance Manager ist diese grundlegende Zielsetzung häufig nicht wirksam und wirtschaftlich zu erreichen.
- Die Wirtschaftlichkeit der durch intern fest installierte externe Fachkräfte implementierten Maßnahmen wird neben unterstützten operativen Prozessen zumeist auch durch erheblich geringeren **Nachsteuerungs-**

und Anpassungsbedarf sowie verminderte **Risiko- und Schadens-kosten** verbessert.

- Die im Unternehmen fest installierte externe Fachkraft wird durch die Unternehmensangehörigen in aller Regel als Kollege wahrgenommen. Oftmals ist den Mitarbeitern der formal externe Status des Managers nicht einmal bekannt. Bestehende Probleme und Schwächen des CMS werden in diesem Kontext meist **offener kommuniziert** als gegenüber externen Mitarbeitern größerer Dienstleistungsunternehmen. Dies führt zu verbesserter Wirksamkeit des CMS gerade im Hinblick auf **unentdeckte Schwachstellen** mit zuvor unbekanntem – und oftmals durchaus erheblichem – Risiko- und Schadenspotenzial.

233 Unternehmen können die Wirkungen rein externer Berater und zumindest zeitweise unternehmensintern fest installierter externer Fachkräfte anhand der jeweiligen konkreten Anforderungen auch unter folgenden Aspekten ins Verhältnis setzen:

- verbesserte **Mitarbeiterakzeptanz** der implementierten Maßnahmen als Grundvoraussetzung für deren Wirksamkeit und Wirtschaftlichkeit,
- ununterbrochene Ansprechbarkeit und Einsetzbarkeit vor Ort im Unternehmen für Mitarbeiter und Unternehmensleitung zur Verbesserung der **Informationsfunktion** des CMS,
- Schutz **sensibler und haftungsrelevanter Informationen**, die unternehmensintern gehalten werden und nicht an externe Dienstleister kommuniziert werden sollen,
- konzentrierte und zeitlich **stringente Abarbeitung** der CMS-Aufgaben sowie **verbesserte Kostenkontrolle**, Steuerbarkeit und Kalkulierbarkeit des Aufwands für CMS-Maßnahmen.

234 **Aufgabenbeispiele** für den Einsatz vorübergehend fest installierter externer Fachkräfte sind:

- **Überarbeitung, Weiterentwicklung**, Anpassung und Verbesserung des CMS,
- **Integration** des CMS in bestehende Prozesse zur Steigerung der Wirksamkeit und Wirtschaftlichkeit,
- **Wirksamkeitsanalyse** einzelner Teile des CMS,
- **Überarbeitung** des CMS zur **Wirksamkeitsverbesserung** und/oder **Verschlankung**,
- Definition und Umsetzung wirksamer unternehmensindividueller Verfahren der **Risikoidentifikation** und -bewertung,
- Aufbau eines unternehmensweiten **Risikomanagement-Systems**,
- **Standardisierung** und **Harmonisierung** der CMS unterschiedlicher **Konzerngesellschaften**,
- **Sachverhaltsaufklärung** und Definition wirksamer **Folgemaßnahmen**,

- **CMS-Audits** und deren **Vorbereitung** durch Wirtschaftsprüfer,
- Dokumentation der Compliance-**Strategie** der Unternehmensleitung,
- **Dokumentation des CMS** für Behörden und Stakeholder,
- Beantwortung von **Mitarbeiterfragen** im Tagesgeschäft,
- Konzeption und Durchführung fokussierter **Compliance-Programme**,
- **Benchmarks** zu Compliance-Lösungen anderer Unternehmen,
- Konzeption von **Trainingsprogrammen**,
- Aufbau unternehmensinternen **CMS-Know-hows** und **Fachkräfteent-wicklung**,
- **Pre-M&A** Compliance Due Diligence und **Post-M&A**-Compliance-Integration,
- interne **Sachverhaltsaufklärungen** (→ Rn. 120 ff.) und andere **Untersuchungen**, die aus Vertraulichkeits- und Wirksamkeitsgründen nicht durch externe Rechtsanwälte oder Ermittlerteams durchgeführt werden sollen.

IV. Co- und Outsourcing auf externe Compliance-Beauftragte

Soweit die grundlegenden Beschränkungen (→ Rn. 228 ff.) beachtet werden, kann die Unternehmensleitung die Beauftragung eines externen Compliance Officer im Rahmen des Co- oder Outsourcings erwägen. 235

In der Praxis werden meist **Verträge** über eine **feste Anzahl von Tagen pro Woche** geschlossen, die bei Ad-hoc-Bedarf, etwa bei erforderlichen Sachverhaltsklärungen oder bei anstehenden pflichtgemäßen Sonderaufgaben, nach Möglichkeit flexibel **ergänzbar** sein sollten, um die wirksame Aufgabenerfüllung sicherzustellen. Auf **personelle Kontinuität** sollte auch im Rahmen des Co- oder Outsourcings geachtet werden. Darüber hinaus gelten die skizzierten **Integrationserfordernisse** (→ Rn. 229) auch für Compliance Officer qua Co- oder Outsourcing in gleicher Weise. 236

V. Kritische Prüfung externer Dienstleistungs- und Beratungs-angebote

Die Bedeutung von Compliance hat in kurzer Zeit zum Entstehen einer umfangreichen **Beratungs- und Prüfungsindustrie** geführt. Es ist regelmäßig erstaunlich, wie viele vermeintliche „Compliance-Experten" umfassende, hinsichtlich der Wirksamkeit bisweilen unklare, jedoch nicht selten lukrative – bzw. aus Unternehmenssicht kostspielige – Dienstleistungen anbieten. 237

Für die Unternehmensleitung ergeben sich hinsichtlich Qualifikation, Kompetenzen der Anbieter und Wirksamkeit der Maßnahmen wichtige **Prüf- und Auswahlpflichten** sowie im Rahmen der vertikalen Delegation auch entsprechende **Haftungsrisiken** (→ Rn. 173 ff.). Wird das CMS nach 238 mangelhafter Auswahl und fehlerhafter Delegation durch externe Fachkräfte nicht wirksam konzipiert, ergeben sich in der Folge bisweilen multiple **weitere Haftungsthemen** für die Unternehmensleitung (→ § 4; § 5).

239   Durch **unsachgemäße Compliance-Beratung** entsteht zudem regelmäßig umfangreicher wirtschaftlicher **Schaden** durch nicht oder nicht hinreichend wirksame CMS-Maßnahmen, zu komplexe CMS-Konzeptionen sowie vielfache direkte und indirekte **Folgeschäden**.

240   Die **Prüfung externer Dienstleistungsangebote** sollte in die **CMS-Dokumentation** aufgenommen werden.

241   Den Unternehmen treten zweifellos **regelmäßig** sehr **kompetente und qualifizierte** Rechtsanwälte, Wirtschaftsprüfer und andere Berater gegenüber. Eine verbreitete Unternehmenserfahrung ist jedoch auch, dass wünschenswerte Eigenschaften zweifellos nicht allen Anbietern und Angeboten für Compliance-Leistungen zugebilligt werden können. Folgende beispielhafte **Defizite externer Compliance-Beratungsangebote** können in der Unternehmenspraxis verzeichnet werden:
1. **Leistungsbeschreibungen** sind bisweilen übermäßig abstrakt gehalten und gehen nicht auf konkrete Vorgehensweisen bei der Umsetzung von Maßnahmen ein.
2. **Kompetenzbeschreibungen** von vermeintlichen Compliance-Experten erschöpfen sich bisweilen in allgemein gehaltenen Kurzbiografien.
3. Compliance-**Projekte** werden zu **komplex** angesetzt, um **Beratungsvolumen** zu erzielen.
4. Ganze **Projektteams** externer Dienstleister mit entsprechenden **Abstimmungs- und Kommunikationserfordernissen** betreuen Compliance-Aufgaben, die erheblich wirksamer durch eine einzige Fachkraft mit Übersicht über die Themenstellung bzw. als Ansprechpartner für Mitarbeiter ausgeführt werden könnten.
5. Beratungsleistungen werden auf der Grundlage **rechtlicher Expertise** und aus der **Rechtsperspektive** angeboten, obwohl Rechtsfragen für die Konzeption und Umsetzung des CSM – insbesondere die Integration in die Unternehmensprozesse – erkennbar nur die Bedeutung von Vorfragen zukommt.
6. CMS-Aufbau- und -Verbesserungsaufgaben werden ohne hinreichenden **Einblick in die operative Geschäftstätigkeit** des Unternehmens, in interne Abläufe und in das unternehmensindividuelle Risikoportfolio angeboten, von denen die Compliance-Risiken einen Ausschnitt bilden.
7. Behinderung von Geschäftsprozessen durch Compliance-Maßnahmen aufgrund mangelnder **externer Einsicht** in operative Abläufe und Schnittstellen.

8. Geringe **Mitarbeiterakzeptanz** gegenüber eingeführten Maßnahmen durch zu komplexe und geschäftsferne Konzeption.

9. Übermäßig **legalistische Prägung von Trainings**, internen **Richtlinien** und anderen **CMS-Bestandteilen**, die zu teilweiser Unwirksamkeit, Behinderung von Geschäftsprozessen, geringer Mitarbeiterakzeptanz sowie kostspieligem Nachbesserungs- und Anpassungsbedarf führen.

10. **Formalistische**, zu **komplexe** und **bürokratische CMS-Prozesse und -Kontrollen**, die aufgrund der **Komplexität** nicht wirksam sind.

11. Nachteilige Auswirkungen auf die **Compliance-Motivation** der Mitarbeiter und die **Akzeptanz des CMS** insgesamt durch inhaltlich und/ oder quantitativ unwirksame und unwirtschaftliche CMS-Maßnahmen.

12. „**Sollbruchstellen**" eingeführter CMS oder einzelner Compliance-Maßnahmen, die absehbaren stellenweisen oder flächendeckenden **Nachbetreuungs-, Nachregelungs-, Anpassungs- oder Wartungsbedarf** bedingen.

13. Rein rechtliche Kompetenzen für die Beratung zur Konzeption und Umsetzung des CMS. Dieses gerät in der Folge bisweilen unwillkürlich in die Rolle eines **Akquiseinstruments** für Mandate, etwa im Gesellschafts- und Strafrecht.

14. **Rein externe Beraterperspektive** und **mangelnde Umsetzungserfahrung aus der Innenperspektive des Unternehmens**, beispielsweise als Inhouse Chief Compliance Officer. Dies hat mitunter umfangreiche Auswirkungen auf die Wirksamkeit und Wirtschaftlichkeit der implementierten CMS-Maßnahmen.

15. Fehlen **kombinierter wirtschaftlicher und rechtlicher Qualifikation** bei CMS-Umsetzungs-Beratungsleistungen.

16. Aus zahlreichen angenommenen, konstruierten oder tatsächlichen **Rechtsfragen** werden Compliance-**Umsetzungsthemen** und entsprechende mögliche **Haftungsrisiken abgeleitet**, die als Grundlage für Beratungsangebote verwendet werden. In einzelnen Perioden lassen sich gar „**Beratungstrends**" ausmachen, bei denen einzelne Compliance-Themen von der Beratungsindustrie unverhältnismäßig in ihrer Bedeutung **überhöht** und in den Vordergrund der Aufmerksamkeit getrieben werden. Das CMS wird hierdurch mitunter zu **komplex** sowie unnötig **legalistisch** und **formalistisch** geprägt, verliert an Wirksamkeit, Mitarbeiterakzeptanz und Wirtschaftlichkeit und führt bisweilen zu unnötiger **Geschäftsbehinderung**. In der **Folge** ergibt sich **Vereinfachungs-, Arrondierungs-** und **Nachbesserungsbedarf** des CMS, der zu **weiteren Beratungskosten**, internen Kosten und aufgrund häufiger CMS-Änderungen zu schwer umkehrbarer Akzeptanzverringerung unter den Mitarbeitern führt.

17. Erfahrene **Senior-Partner** externer Dienstleistungsunternehmen sind in einzelnen Fällen **nicht hinreichend** in die Projektarbeit **vor Ort ein-**

gebunden, da sie bisweilen parallel in mehreren Projekten gleichzeitig engagiert sind. Erfahrene Mitglieder des Projektteams sind aufgrund ihrer lediglich teilweisen Einbindung bzw. Verpflichtungen in anderweitigen Projekten nicht in der Lage, kontinuierlich vor Ort im Unternehmen die zahlreichen – und oftmals entscheidenden – relevanten Einzelaspekte aufzunehmen und im Hinblick auf die Konzeption wirksamer CMS-Maßnahmen zu bewerten. Damit gehen von Projektbeginn an wesentliche und oftmals für die Wirksamkeit und Wirtschaftlichkeit des CMS entscheidende Informationen verloren, die den Senior-Projektmitgliedern nicht zur Kenntnis gelangen und daher nicht in Konzeption und Umsetzung der Maßnahmen eingehen.

18. Überwiegendes Vorgehen anhand schematischer, abstrakter **Checklisten**, die von externen Projektteams im Hintergrund abgearbeitet werden, für eine Vielzahl von Branchen und Unternehmen konzipiert sind, teilweise mangelnde Erfahrung von Projektmitgliedern kompensieren sollen und dem Erfordernis der unternehmensindividuellen, risikobasierten Konzeption des CMS nicht gerecht werden.

19. Suggerierte **Patentlösungen**, **Standardverfahren**, „**Tools**" „**Benchmarks**" (→ Rn. 204, 398) und „**Zertifizierungen**" täuschen darüber hinweg, dass ein wirksames CMS entsprechend der Erfordernisse aller Gesetze, Standards sowie Unternehmens- und Behördenmeinungen stets unternehmensindividuell konzipiert und umgesetzt werden.

VI. Grundregeln bei der Vergabe an externe Dienstleister

242 Bei der **Vergabe von Aufgaben** im Rahmen des Compliance Managements bzw. des CMS an externe Rechtsanwälte, Berater und Prüfer haben sich in der **Praxis** folgende **Grundsätze** bewährt:

- Externe Dienstleister sollten **Umsetzungserfahrung aus der Inhouse-Perspektive** sowie rechtlich-wirtschaftliche **Mischqualifikationen** nachweisen können, soweit keine rein rechtlichen Fragen zu beurteilen sind. Umsetzungsratschläge aus rein externer Beratungssicht oder nur aus der Rechtsperspektive sind zumeist nicht hinreichend wirksam und erzielen häufig nicht optimierte oder gar negative wirtschaftliche Wirkungen. Soweit es sich daher nicht um rein rechtliche Aufgaben, wie etwa die Vertretung gegenüber staatlichen Stellen, rechtliche Gutachterfunktionen oder arbeitsrechtliche Aspekte interner Untersuchungen handelt, sollte das Unternehmen deshalb auf Mischqualifikationen externer Compliance-Dienstleister sowie auf individuelle Umsetzungserfahrung aus der Perspektive angestellter Compliance-Fachkräfte achten.

- In einer **Outsourcing-Vereinbarung** sollten klare Regelungen zu Weisungs-, Informations- und Kontrollrechten der Unternehmensleitung gegenüber externen Dienstleistern getroffen werden. Die Weiterdelegation auf weitere Sub-Dienstleister, eine mögliche Delegation an das

Backoffice oder an andere Mitarbeiter des Mutterunternehmens des Dienstleisters und alle sonstigen Ansätze einer „verlängerten Werkbank" sollten offenlegungspflichtig gemacht, nach Möglichkeit ausdrücklich ausgeschlossen oder zumindest von der schriftlichen Genehmigung der Unternehmensleitung abhängig gemacht werden. Zudem ist es ratsam, die ordnungsgemäße Übergabe und Rückabwicklung des Outsourcings bereits zu Beginn klar zu regeln, um die Wirksamkeit und Wirtschaftlichkeit der implementierten Maßnahmen und Prozesse dauerhaft für das Unternehmen zu erhalten.

- Das beauftragende Unternehmen sollte zur Wirksamkeit der Delegation (→ Rn. 173 ff.) eine umfassende schriftliche **Aufstellung der genauen Qualifikation und Erfahrung** der externen Compliance-Fachkraft einfordern und diese zur Freizeichnung der Unternehmensleitung im Hinblick auf wirksame Delegation dauerhaft in die CMS-Dokumentation aufnehmen.

- Der externe Dienstleister sollte zu Beginn genaue schriftliche Angaben zum **geplanten Vorgehen** vorlegen. Sie müssen im Hinblick auf ihre Wirksamkeit geprüft und ebenfalls dauerhaft dokumentiert werden.

- Umfassende **Projektpläne** bereits zu Beginn einer Aufgabenstellung sind zumeist realitätsfern, weil die einzelnen Schritte von Compliance-Projekten von dann noch nicht absehbaren Risiken und Gegebenheiten im Unternehmen abhängen und somit zu Beginn häufig noch nicht abschließend definiert werden können. Daher sollte meist eine **schrittweise Entwicklung** des Projekts mit periodischen Orientierungs- und Abstimmungspunkten favorisiert werden.

- Vorgeschlagene Maßnahmen und geplantes Vorgehen sollten sich zunächst auf die **vordringlichsten und wirksamsten Einzelmaßnahmen** konzentrieren. Der Dienstleister sollte die Maßnahmen und die Gründe der Priorisierung vor Vertragsschluss präzise dokumentieren. Wie die übrigen Berichte des Dienstleisters sollte dies in die Dokumentation der CMS-Verbesserungsmaßnahmen des Unternehmens eingehen.

- Compliance-Aufgaben zeichnen sich regelmäßig durch **Personal- und Zeitintensität** aus. Die Kosten für externe Dienstleister umfassen daher häufig den größten Kostenblock innerhalb des CMS. Der **Kontrolle und Steuerung** externer Compliance-Dienstleister durch die Unternehmensleitung kommt daher auch unter **Kostengesichtspunkten** einige Bedeutung zu. Statt **fester Projektbudgets**, die sich häufig als nicht ausreichend erweisen, empfiehlt es sich mitunter, die **Vergütung** der Projektarbeit **aufwandsbasiert** nach Stundenhonoraren zu vereinbaren. Der Dienstleister sollte zu **präzisen Zwischenberichten** mit genauer Spezifikation der für einzelne Teilschritte und -maßnahmen aufgewandten Zeitkontingente verpflichtet werden, die ebenfalls Teil der dauerhaften **CMS-Dokumentation** sind.

- Da Compliance-Dienstleister in aller Regel mit sensiblen Unternehmensinformationen in Kontakt kommen, die neben Schadenspotenzial mitunter beträchtliche Reputations- und Haftungsrisiken der Unternehmensleitung bedingen, sollte auf umfassende **Geheimhaltungs- und Informationsschutzvereinbarungen** geachtet werden.

F. Compliance-Risikomanagement als Kernaufgabe der Unternehmensleitung

243 Das Compliance-Risikomanagement ist essenzielle und notwendige Grundvoraussetzung der pflichtgemäßen Wirksamkeit des CMS. Beinahe sämtliche Schwächen und Defizite des CMS und damit Haftungsrisiken der Unternehmensleitung sind ursächlich in Defiziten des Compliance-Risikomanagements begründet. Es verdient daher vorrangige Aufmerksamkeit.

244 Das Compliance-Risikomanagement muss als System **unternehmensweit** konzipiert (→ Rn. 426 ff.) und mit **Kontinuität** (→ Rn. 383 ff.) umgesetzt werden. Von zentraler Bedeutung ist die sachgemäße, stakeholder- und behördentaugliche **Dokumentation** der Wirksamkeit aller Teile, Schritte und Phasen des Compliance-Risikomanagements, um Entlastung und Haftungsfreizeichnung der Unternehmensleitung zu erreichen. (→ Rn. 406 ff.).

245 Compliance-**Risikomanagement** besteht – vereinfacht dargestellt – im Wesentlichen aus folgenden **Kernelementen** und **Hauptschritten**, deren Wirksamkeit die Unternehmensleitung zur Haftungsfreizeichnung jeweils präzise dokumentieren muss:
1. **Risikoidentifikation** mit verschiedenen Informationskanälen, Instrumenten und Verfahren (→ Rn. 293 ff.),
2. **Risikobewertung** mit wirksamen Vorgehensweisen und Teilprozessen (→ Rn. 342 ff.),
3. **Risikosteuerung** durch risikospezifische CMS-Maßnahmen (→ Rn. 357 ff.),
4. unternehmensweite periodische und anlassbezogene **Risikoberichterstattung** (→ Rn. 298 ff., 399 ff.),
5. kontinuierliche **Risikoüberwachung** (→ Rn. 359 ff.),
6. **fortwährende Anpassung des CMS** an veränderte Risiken (→ Rn. 169 ff., 383 ff.).

I. Compliance Management ist 100% Risikomanagement

246 Compliance Management besteht aus **präventivem** und **reaktivem** Risikomanagement. Compliance-Risiken sind **operative, qualitativ** bestimmte Steuerungsrisiken, die sich primär auf **Verhalten** und **Prozesse** beziehen

(→ Rn. 253, 340). Sie sind durch eine Vielzahl unternehmensindividueller, teils subjektiver **Parameter** bestimmt.

Auch aus Sicht der **Unternehmensleitung** ist Compliance Management zu 100% Risikomanagement. Dies gilt sowohl im Hinblick auf die **Steuerung** als auch in Bezug auf die wirtschaftlichen, rechtlichen und reputationsbezogenen **Auswirkungen** auf das Unternehmen. 247

Compliance-Risiken sind **nicht lediglich Rechtsrisiken** (→ Rn. 253, 340). Zudem muss wirksames Compliance Management, wie von Behörden und Stakeholdern rund um den Globus gefordert, im Unternehmen vielfach **integriert** sein (→ Rn. 417 ff.). Aus Sicht der Unternehmensleitung geht es dabei vor allem um **Geschäftsprozesse**, **Leistungssteuerung**, **Führung** (→ Rn. 505 ff.), **Motivation** (→ Rn. 525), **Change Management** (→ Rn. 563 ff.), **IKS** (→ Rn. 375, 378, 417) und weitere steuerbare Aspekte. 248

Auch hinsichtlich der **Ablauforganisation** ist Compliance Management Teil des **operativen Risikomanagements**, bei dem es um verhaltens- und prozessbasierte Risiken geht. Compliance-Risiken bedingen und beeinflussen **weitere Risikoarten** – etwa strategische und finanzielle sowie Performance-, Reputations- oder HR-bezogene Risiken. 249

Bei der **Umsetzung des Compliance-Risikomanagements** durch die Unternehmensleitung geht es um die **Hauptschritte der Risikoidentifikation** (→ Rn. 293 ff.), -**bewertung** (→ Rn. 342 ff.), -**überwachung** (→ Rn. 359 ff.) und -**steuerung** (→ Rn. 357 ff.). 250

CMS sind letztlich nichts anderes als flexible Bündel systematisch aufeinander bezogener **Steuerungsmaßnahmen.** Ein wichtiges **Erfolgskriterium** bei der Steuerung durch die Unternehmensleitung ist, **Compliance-Ziele mit Performance-Zielen** des Unternehmens sowie mit persönlichen Zielen der Mitarbeiter zu **verknüpfen**. 251

Grundsätzlich definiert die **Risikoanalyse einer Periode** die Beschaffenheit des CMS der **Folgeperiode**. Hinreichende Steuerungsmaßnahmen zu einzelnen Risiken müssen jedoch selbstverständlich grundsätzlich **unverzüglich**, also nicht erst in der jeweils nächsten Periode umgesetzt werden. 252

Rein rechtlich orientierte und umgesetzte Compliance-Systeme sind in der Regel mindestens teilweise nicht wirksam und bedingen entsprechende Haftungsrisiken (→ Rn. 44 ff.; § 4; § 5). So erfahren etwa einseitig legalistisch konzipierte Compliance-Trainings unzulängliche Akzeptanz bei den Mitarbeitern. Eines der wesentlichen Ziele wirksamen Compliance 253

Managements aus Sicht der Unternehmensleitung ist, **intrinsische** Compliance-Motivation der Mitarbeiter zu erzeugen, dauerhaft aufrechtzuerhalten und auf Leitungsziele zu beziehen. Hierbei sind insbesondere Maßnahmen im Rahmen der Compliance-Führung durch die Unternehmensleitung bedeutsam (→ Rn. 505 ff.).

II. Wirksame Risikoanalyse als essenzielle Basis des Compliance-Management-Systems

254 Die Compliance-**Risikoanalyse** besteht aus **sämtlichen Teilschritten** des Risikomanagements (→ Rn. 291 ff.), von der Risikoidentifikation bis zur Wirkungskontrolle der Steuerungsmaßnahmen und der anschließenden Anpassung des CMS. Die Compliance-Risikoanalyse ist rechtlich, wirtschaftlich und funktionslogisch essenzielle **Grundlage** und notwendige **Bedingung wirksamen Compliance Managements**. Ohne wirksame Risikoidentifikation und -bewertung können keine Gegenmaßnahmen definiert werden, welche die vorhandenen Risiken wirklich reduzieren. **Behörden** und andere **Stakeholder** legen auf die **Prüfung** der **Wirksamkeit des Risikomanagements** daher höchste Priorität.

255 Ein wesentliches **Teilziel** der Risikoanalyse ist, Risikoursachen und mögliche Schadenswirkungen **frühzeitig** zu **identifizieren** und einzelne Steuerungsmaßnahmen des CMS vor dem Eintritt von Schadensfolgen gezielt zu definieren bzw. zu modifizieren. Wirksame Methoden und Prozesse innerhalb der Teilschritte des Compliance-Risikomanagements (→ Rn. 291 ff.) müssen in der Regel **unternehmensweit einheitlich** definiert und umgesetzt werden. Anderenfalls ist das CMS bereits funktionslogisch nicht wirksam. Werden beispielsweise nicht in allen Unternehmensteilen einheitliche Methoden der Risikoerfassung und -bewertung angewandt, sind die ermittelten Risiken nicht genügend vergleichbar. Folglich können dann auch Risikosteuerungsmaßnahmen nicht wirksam und wirtschaftlich unternehmensweit priorisiert werden.

256 Die Risikoanalyse und die darauf bezogene CMS-Statusanalyse sind **unwirksam**, **wenn** unternehmerische Aktivitäten, Prozesse oder Teile des Unternehmens **lückenhaft** erfasst werden. Derartige „**weiße Stellen**" auf der Risikolandkarte führen zur Unwirksamkeit des CMS, weil Risiken in den nicht betrachteten Bereichen nicht eingeschätzt werden können. Das CMS wird durch lückenhafte Betrachtung der verschiedenen Unternehmensbereiche und -aktivitäten sowohl **ineffektiv** als auch **ineffizient**: Wirtschaftliche, rechtliche und reputationsbezogene Schadensfolgen treten dann zum Teil unkontrolliert ein. Zudem sind die Steuerungsmaßnahmen des mitunter kostspielig eingerichteten CMS dann mindestens teilweise unwirksam und die Ausgaben dafür insoweit sinnlos.

III. Compliance-Risikomanagement als Rechtspflicht der Unternehmensleitung

Die **Mitglieder der Unternehmensleitung** sind nach allen wesentlichen Rechtsordnungen und Standards (→ Rn. 53 ff.) **verantwortlich** für die Risikoermittlung, -bewertung, -beobachtung und das Implementieren wirksamer Risikokontroll- und -steuerungsmaßnahmen. Deren Summe bildet das **CMS**.

257

Die **Risikoanalyse** ist selbstverständlich unter dem wirtschaftlichen Blickwinkel, aber auch **rechtlich** gesehen, **Teil der allgemeinen Leitungsaufgaben**, vgl. §§ 76, 93 AktG (→ Rn. 5 ff., 23 ff., 426 ff.; § 2 Rn. 1 ff.). Auch bei der **Risikoanalyse** hat der Vorstand bzw. die Geschäftsführung die **Sorgfalt** eines ordentlichen und gewissenhaften Leitungsgremiums anzuwenden, den **Unternehmenserfolg** zu fördern und **Schaden** vom Unternehmen **abzuwenden**. Als Teil ihrer **allgemeinen Sorgfaltspflicht** sind die Mitglieder der Unternehmensleitung verpflichtet, das Unternehmen auf der Grundlage **gesicherter** risikobezogener **Erkenntnisse** zu führen und sich nach § 90 Abs. 1 AktG (auf die GmbH entsprechend anwendbar) ein **genaues Bild** von der **Risikolage** zu machen.

258

Die Unternehmensleitung der AG, GmbH und anderer Rechtsformen trifft entsprechend §§ 76 Abs. 1, 93 Abs. 1 Satz 1 AktG die **grundsätzliche Pflicht zur Risikoidentifizierung, -bewertung und -bewältigung**. Diese beinhaltet auch die **Früherkennung** von Risiken nach § 91 Abs. 2 AktG (→ Rn. 259, 263 f.). Bei der Wahl unter mehreren wirksamen Maßnahmen und Verfahren des Risikomanagements besteht **unternehmerisches Ermessen**. In der Praxis ist jedoch bei Unternehmen mit bereits moderater Größe, Komplexität, Internationalität usw. ein wirksames, durchdachtes, formalisiertes und kontinuierlich praktiziertes Risikomanagement-System **rechtlich geboten und wirtschaftlich erforderlich** (→ Rn. 34 ff., 39 ff.).

259

Insbesondere auch **Behörden** gehen von der zentralen Bedeutung wirksamen Risikomanagements als Grundlage der Corporate Compliance aus. So hat das **LG München I** in dem richtungsweisenden, wenngleich einzelfallbezogenen Urteil vom 10.12.2013 eine umfassende **Schadensersatzpflicht** eines **Vorstandsmitglieds** nach auch nur **fahrlässiger Verletzung** der **Compliance-Organisationspflichten** bejaht. Dabei **betonte** das **Gericht ausdrücklich** den Aspekt der **Risikoanalyse** bei der Einrichtung eines wirksamen Compliance Systems und stellte **zentral** auf die **Pflicht des Vorstands** zu einer nach der wirksam erfassten **Gefährdungslage** des Unternehmens **angemessenen Risikokontrolle** ab.[8]

260

---

8 Fundstelle unter http://www.gesetze-bayern.de/Content/Document/Y-300-Z-BECKRS-B-2014-N-01998?hl=true&AspxAutoDetectCookieSupport=1.

261 Auch alle wesentlichen **in- und ausländischen Gesetze betonen** die Bedeutung des **Compliance-Risikomanagements**. Weithin bekannte **Beispiele** sind die in alle Länder ausstrahlenden Gesetze wie der US-amerikanische **FCPA** und der **UK Bribery Act** (→ Rn. 53 ff.).

262 Die Unternehmensleitung ist zu **besonders gründlicher Risikoanalyse** verpflichtet, wenn in einem Bereich **bereits früher** tatsächliches oder vermutetes Compliance-**Fehlverhalten** innerhalb des Unternehmens oder bei relevanten Dritten **vorgelegen** hatte. Dies gilt ebenso, wenn geschäftliche Aktivitäten in **besonders risikoreichen Kontexten** – z.B. korruptionsgefährdeten Ländern – verfolgt werden sollen. Das **Ermessen der Unternehmensleitung** hinsichtlich Einrichtung und Konzeption des CMS ist bei diesen und ähnlichen Risikofaktoren **erheblich reduziert**. Stets ist die **wirksame** und behörden- bzw. stakeholdergerecht **dokumentierte Risikoanalyse Grundpflicht**.

263 Als Teil des Risikomanagements sind Vorstände der AG und Geschäftsführer der GmbH zudem nach § 91 Abs. 2 AktG verpflichtet, ein wirksames Überwachungssystem und zielgerichtete Maßnahmen zur sog. **Früherkennung bestandsgefährdender Risikoentwicklungen** zu treffen. Die konkrete wirksame Ausgestaltung unterliegt wiederum dem unternehmerischen Ermessen. Zur Erfüllung ihrer rechtlichen Verpflichtung muss die Unternehmensleitung für die Beurteilung der Wirksamkeit zahlreiche **Risikoparameter** einbeziehen. **Beispiele** sind Unternehmensgröße, Branche, Aufbauorganisation, Komplexität und andere Eigenschaften der Prozesse, Geschäftsmodelle, Vertriebsstruktur, daneben früheres tatsächliches und vermutetes Fehlverhalten im Unternehmen sowie zahlreiche weitere Faktoren.

264 **Wichtig** ist die sachgemäße, behördengerechte **Dokumentation** (→ Rn. 406 ff.) der **Risikoanalyse** einschließlich des Risikofrüherkennungsverfahrens. Ein **Mindestmaß** wirksamer Dokumentation ist unumgänglich. Die **Rechtsprechung** sieht das **Fehlen** jeglicher **Dokumentation** als einen Verstoß gegen § 91 Abs. 2 AktG an (auf die GmbH entsprechend anwendbar). **Entlastungsbeschlüsse** für den Vorstand werden **bei unzureichender Dokumentation** vielfach für **anfechtbar** gehalten.

265 Auch **kodifizierte internationale Standards** zum Compliance-Risikomanagement wie ISO 31000 (→ Rn. 290) in Verbindung mit ISO 19600 (→ Rn. 62) schreiben allgemeine Grundsätze zum wirksamen **Compliance-Risikomanagement** fest. Sie werden von **Behörden** und anderen **Stakeholdern** als **Referenzen** für die Beurteilung der Wirksamkeit des Compliance Managements und die Pflichterfüllung der Unternehmensleitung zum Risikomana-

gement herangezogen. Da die Standards für sämtliche Länder, Branchen, Unternehmensarten und Risikoparameter generisch gefasst sind, können sie nur als allgemeine **Leitlinien** und generelle Prinzipien für wirksames Compliance-Risikomanagement verstanden werden (→ Rn. 53 ff.).

Wirksames Risikomanagement ist somit nicht nur aus wirtschaftlichen, sondern **auch aus** zwingenden **rechtlichen Gründen** eine zentrale **Führungsaufgabe**, die von der **Unternehmensleitung** nicht vernachlässigt werden darf. **Anderenfalls** sieht sich diese beim Eintritt von Schadenswirkungen umfassendem **Rechtfertigungszwang** und potenzieller **persönlicher Haftung** ausgesetzt. **266**

IV. Einflussfaktoren auf die Compliance-Risiken des Unternehmens
Compliance-Risiken unterscheiden sich von den meisten anderen Unternehmensrisiken, weil mögliche Ursachen in so gut wie sämtlichen operativen und fachlichen Bereichen des eigenen Unternehmens und deren relevanter Geschäftspartner lokalisiert sein können. **267**

Das unternehmensindividuelle Compliance-**Risikoportfolio bzw. Risikoprofil** ist das Ergebnis der sachgemäßen periodischen Risikoanalyse (→ Rn. 254 ff.). **Risikoprofile** müssen für sämtliche Einheiten, Funktionsbereiche, Abteilungen, Tochtergesellschaften, Regionen usw. **individuell** erstellt und **zentral aggregiert** werden. **268**

Qualität und **Quantität** der individuellen **Compliance-Risiken** werden **durch** eine **Vielzahl von Merkmalen der Aufbau- und Ablauforganisation und der geschäftlichen Aktivitäten beeinflusst. Beispiele** sind etwa Unternehmensgröße, Compliance-Historie (Verdachts- und Schadensfälle), Mitarbeiterzahl, Branche(n), Komplexität des Gesamtunternehmens, Anzahl der Tochtergesellschaften und beherrschten Gesellschaften, Kooperationsaktivitäten (Joint Ventures, strategische Partnerschaften und andere Kooperationsformen), Vertriebssysteme, Einsatz von Intermediären, Kundenstruktur, Art und Anteil öffentlicher Kunden, Marktstruktur (z.B. Oligopol), geografischer Aktionsradius, aktueller Stand und bestehende Ressourcen des CMS, des IKS, des Risikomanagement-Systems oder weiterer Steuerungs- und Kontrollsysteme. **269**

Die wirksame Risikoanalyse darf sich nicht auf die Innensicht beschränken, sondern muss das **Umfeld des Unternehmens** mit einbeziehen. **Externe** risikorelevante Umstände und **Parameter** sind beispielsweise Länder-Korruptionsindizes, soziale und wirtschaftliche Indizes, nationale Branchenverhältnisse, Konkurrenzanalysen, SWOT-Analysen mit Umfeldbezug, nationale Gesetzgebung und Rechtsprechung, Besonderheiten im behördlichen **270**

Vorgehen hinsichtlich der Compliance-Erfordernisse, politische Risiken und ähnliche Faktoren.

V. Schriftliche Compliance-Risikostrategie der Unternehmensleitung

271 Die **Compliance-Risikostrategie** ist Teil der gesamten Risikostrategie der Unternehmensleitung. Sie **definiert** die Grundlinien der Risikoidentifizierung, -bewertung und -überwachung sowie der Ausrichtung und Hauptmaßnahmen des CMS. Als Kernelement der Compliance-Pflichten der Unternehmensleitung (→ Rn. 5 ff., 23 ff., 426 ff.; § 2 Rn. 1 ff.) ist die Compliance-Risikostrategie **nicht delegierbar** (→ Rn. 200 ff.). Zur Freizeichnung und -entlastung der Mitglieder der Unternehmensleitung muss sie fachgerecht schriftlich **dokumentiert** sein.

272 Die Compliance-Strategie der Unternehmensleitung ist **Grundbestandteil** eines wirksamen CMS. Sie sollte unbedingt **schriftlich** erfolgen und von allen Mitgliedern der Unternehmensleitung **unterzeichnet** werden. Die langfristige sichere elektronische und physische **Aufbewahrung** sollte selbstverständlich sichergestellt werden.

273 Die Compliance-Strategie sollte **periodisch** – mindestens einmal jährlich – verfasst werden. Sie **belegt**, dass die Unternehmensleitung die Compliance-Aufgaben ernsthaft und systematisch angeht. Sie dient der **Freizeichnung** und **Entlastung** der Unternehmensleitung gegenüber Behörden und anderen internen und externen Stakeholdern.

274 Die Compliance-Risikostrategie **beruht auf** den allgemeinen **Unternehmenszielen** und den definierten Erfolgsfaktoren für die Realisierung der grundsätzlichen **Unternehmensstrategie(n)**. Davon ausgehend werden die Ziele des Compliance-Risikomanagements bestimmt. Dabei sollten die Grundsätze und Vorgaben der Unternehmensleitung in einer kurzen Zusammenfassung der unternehmensindividuellen **Risikopolitik** dokumentiert und intern kommuniziert werden. In der Praxis kann dies in einem einleitenden Absatz der Compliance-Risikostrategien geschehen. Dabei sollte über allgemeine strategisch-politische Aussagen hinaus eine konkrete **Begründung** für die Wahl der konkret gewählten Compliance-Risikostrategie abgegeben werden. Grundlage hierfür ist die Beurteilung der **Risikotragfähigkeit** des Unternehmens durch die Unternehmensleitung, die sich an operativen und strategischen Zielen sowie letztlich am Eigenkapital orientiert. Zudem ist die **Risikotoleranz** des Unternehmens und seiner Leitung bei der Beurteilung der Risikotragfähigkeit relevant.

275 Der Unternehmensleitung stehen die nachfolgend genannten allgemeinen – und für sich genommen zunächst **abstrakten** – **Grundstrategien** zur

Risikobewältigung zur Verfügung. Meist werden bei jedem Einzelrisiko zwei oder mehr Strategien **kombiniert** angewandt. Innerhalb der Grundstrategien variiert die Gewichtung einzelner Maßnahmen entsprechend der kontinuierlichen Veränderung des Risikoprofils sowie der operativen und strategischen Ziele des Unternehmens:

- **Risikovermeidung** kommt insbesondere bei sehr **schwerwiegenden** Risiken in Betracht, die nach der Compliance-Strategie, Risikopolitik und den sonstigen Unternehmenszielen die Risikotoleranz der Organisation und der Beteiligten übersteigen. Hier wird auf zu risikoreiche geschäftliche Aktivitäten bewusst **verzichtet**. Dies gilt insbesondere, wenn der wirtschaftliche **Nutzen** nicht im **Verhältnis** zum Risikogehalt der Aktivität steht. Voraussetzung einer zuverlässigen **Einschätzung** ist wiederum die wirksame Compliance-Risikoanalyse. **Beispiele** sind die Vermeidung des Zusammentreffens mit Wettbewerbern in Kontexten, die wettbewerbswidrige Absprachen **nahelegen**, Zahlungen an öffentlich Bedienstete oder der komplette Rückzug aus Geschäften mit bestimmten stark korruptionsgefährdeten Geschäftspartnern.
- **Risikoverminderung** wird durch die **CMS-Maßnahmen** erreicht. Alle Kontroll-, Monitoring- und Steuerungsmaßnahmen des CMS wirken risikomindernd, sofern sie auf einer zutreffenden Risikoanalyse beruhen. **Beispiele** sind wirksame interne Regularien oder zielgruppenspezifische Compliance-Trainings.
- **Risikoüberwälzung** geschieht beispielsweise durch eine **Vertrauensschadensversicherung** oder durch entsprechende Vereinbarungen mit Geschäftspartnern. Diese Strategie wirkt nur hinsichtlich eines **Teils** der materiellen Schadensfolgen und deckt beispielsweise **Reputationsrisiken** nicht ab. Der Unternehmensleitung **verbleiben** zudem die regulären Compliance-Organisations-, -Überwachungs- und -Steuerungspflichten.
- **Risikoakzeptanz** wird gewählt, wenn die drei anderen Grundstrategien den Zielen der Unternehmensleitung nicht entsprechen und die rechtlichen und wirtschaftlichen Folgen der risikobehafteten Aktivitäten nach der **Risikotoleranz** des Unternehmens und seiner Leitung bewusst in Kauf genommen werden sollen.

Compliance-**Risikostrategie** und **Unternehmens- und Geschäftsstrategie** sind **eng verzahnt**. Die Risikostrategie dient der Sicherung und Verstärkung der Ziele der Gesamtstrategie. Beide sollten daher als **Einheit** betrachtet und periodisch sowie anlassbezogen angepasst und **aufeinander abgestimmt** werden. **Anpassungsbedarf** kann sich **etwa durch** eine **geänderte** Geschäftsstrategie, neue Geschäftsfelder, Produkte oder geografische Aktionsradien ergeben, die das Compliance-Risikoprofil verändern. 276

277　Die durch die Compliance-Strategie bezeichneten **Grundmaßnahmen** beruhen auf Compliance-**Risikoanalysen** und CMS-**Statusanalysen** der aktuellen und mindestens der unmittelbar vorausgehenden Periode. Zudem können **SWOT-Analysen**, **Stakeholder-Analysen** und **Umfeldanalysen** (rechtlich, Wettbewerb, Marktbesonderheiten u.a.), **Szenario-Analysen, Fehlerbaum-Analysen** und weitere Arbeitsmittel des allgemeinen Risikomanagements als Grundlagen verwendet werden.

278　Bei den **Inhalten** der **Compliance-Risikostrategie** der Unternehmensleitung geht es primär um das aktuelle, wirksam bestimmte **Risikoportfolio** sowie die Definition und Umsetzung der spezifisch darauf bezogenen **Steuerungsmaßnahmen** im Rahmen des CMS. **Beispielinhalte einer Compliance-Strategie der Unternehmensleitung**, aus denen unternehmens- und situationsspezifisch ausgewählt werden kann, sind:
- Compliance-Verständnis im Rahmen der individuellen Unternehmenskultur und des Unternehmensleitbilds sowie des Führungsleitbilds,
- grundlegende Vorgaben und Ziele zur Sicherstellung wirksamen Compliance-Risikomanagements,
- Risikotoleranz bzw. Risikoakzeptanz des Unternehmens und seiner Teilbereiche,
- erreichte sowie ganz oder teilweise nicht erreichte Ziele der letzten Compliance-Strategie,
- Erkenntnisse, Lerneffekte und Fortentwicklungen aus vorangegangenen Perioden der Compliance-Risikoanalyse,
- Compliance-Kernziele, Meilensteine und Aufbauschritte der aktuellen Periode, Umsetzungsschritte und Teilziele von CMS-Maßnahmen,
- Schritte, Maßnahmen und Schwerpunkte des Aufbaus bzw. der Anpassung und Verbesserung des CMS und entsprechend hinreichende Ressourcen,
- Grundsätze des Compliance-Risikomanagements, insbesondere unternehmensweit einheitlicher Verfahren der Risikoidentifikation, Risikobewertung und des periodischen sowie des ereignisbezogenen Ad-hoc-Risiko-Reportings und des Case Managements,
- grundsätzliche Vorgaben zur Erfüllung der Monitoring- und Steuerungspflichten der Unternehmensleitung, insbesondere Anforderungen an das periodische Reporting der Fachverantwortlichen sowie an ad-hoc ereignisbezogene Berichte,
- Aufbau- und grobe Ablauforganisation des Compliance-Risikomanagements,
- Anforderungen an hinreichendes Compliance-bezogenes Krisen-, Kontinuitäts- oder Notfallmanagement,
- Eckdaten eines Compliance-Programms als Maßnahmenbündel, das auf die in der letzten Periode festgestellten Hauptrisiken spezifisch abge-

stellt ist (beispielsweise maßgeschneiderte Schulungen der Risikoträger, spezifische Prozess- und Verhaltensrichtlinien, fokussierte Maßnahmen zur Risikoidentifikation und –bewertung sowie des Risiko-Monitorings),

- verpflichtende Quellen der regelmäßigen Wirksamkeitsprüfung des CMS, insbesondere Self Assessments und Stichproben durch die Compliance-Abteilung selbst, Prüfung durch die Interne Revision sowie externe Dienstleister; Sicherstellen des Reportings der Ergebnisse an die Unternehmensleitung,
- finanzielle und personelle Ressourcen, die für die Einrichtung, Anpassung und Verbesserung aller Elemente eines wirksamen CMS erforderlich sind, insbesondere interne und externe Fachleute sowie Sicherung und erforderlichenfalls Aufbau hinreichender Qualifikation,
- Zuteilung und Abgrenzung von Verantwortlichkeiten des Compliance-Personals und benachbarter Abteilungen, etwa Recht, Interne Revision und Risikomanagement; die genaue Definition erfolgt in schriftlichen Aufgabenprofilen,
- Anforderungen an die Dokumentation der präventiven und reaktiven Elemente des CMS sowie der kontinuierlichen Umsetzung des wirksamen Compliance-Risikomanagements, Incident Reportings und Case Managements,
- Compliance-Verantwortlichkeiten der Geschäftseinheiten und anderer Risikoeigner; Aufgaben und Zusammenwirken risikorelevanter Fach- und Geschäftsbereiche,
- Grundsätze der Integration des Compliance-Risikomanagements und des CMS in Geschäftsprozesse,
- Grundlinien einer periodischen Verifizierung der Wirksamkeit des Compliance-Risikomanagement-Prozesses,
- Grundsätze zur Risikovermeidung, -tragung und -überwälzung,
- Verhältnis und Abgrenzung des CMS zum IKS und Qualitätsmanagement,
- präventive und reaktive Hauptelemente des bestehenden und/oder des angestrebten weiterentwickelten CMS,
- personelle und finanzielle Ressourcen für das Compliance-Risikomanagement.

VI. Geschäftseinheiten als hauptverantwortliche Risikoeigner

Die **Unternehmensleitung** ist **verantwortlich** für die Initiierung, Steuerung und Überwachung des wirksamen **CMS** (→ Rn. 5 ff., 23 ff., 426 ff.; § 2 Rn. 1 ff.). **Grundvoraussetzung** und Teil des wirksamen CMS ist das Verfahren der kontinuierlichen unternehmensweiten **Risikoanalyse** (→ Rn. 254 ff.). 279

Primär verantwortlich für die Risikoidentifikation und -bewertung sowie für geeignete Kontrollmaßnahmen in ihren jeweiligen Bereichen sind 280 die **Geschäfts- und Fachbereiche** als operative **Risikoeigner**. Sie sind **verpflichtet**, an der wirksamen Risikoidentifikation und -bewertung des Gesamtunternehmens mitzuwirken, die Bedingung für den Aufbau eines wirksamen CMS sind (→ Rn. 293 ff., 342 ff.). Die **Mitglieder der Unternehmensleitung** sind als CMS-Gesamt- und Letztverantwortliche (→ Rn. 30, 185) selbstverständlich ihrerseits operative und strategische Compliance-**Risikoeigner**.

281 Das unternehmensweite **CMS** muss die Geschäftseinheiten als **Risikoeigner** bei der Risikoanalyse und der Umsetzung entsprechender Kontrollmaßnahmen **wirksam einbinden**. Dies geschieht etwa durch zentral vorgegebene Leitlinien, Toolkits, Trainings und Workshops für die Risikoanalyse sowie unternehmensweite Risiko-Reporting- und Erfassungs-Systeme.

282 Das **Compliance Office unterstützt** und berät sowohl die Unternehmensleitung als auch die Risikoeigner im Rahmen der Umsetzung des wirksamen CMS. Es stellt im Auftrag der Unternehmensleitung Fachwissen, Instrumente, Standards, Methoden und Verfahren zur Verfügung, überwacht die Wirksamkeit des CMS und führt Risiken der einzelnen Geschäftseinheiten zu einem **aggregierten Gesamt-Risikoprofil** zusammen.

283 Das **Compliance Office** stellt durch **Anleitung und Beratung** der **Risikoeigner** bei der Risikoidentifikation und -bewertung sicher, dass wirksame **Verfahren der Risikoanalyse unternehmensweit einheitlich** angewandt werden, um aussagekräftige, vergleichbare und damit wirksame Ergebnisse der einzelnen Unternehmensteile zu erhalten. Dies geschieht beispielsweise **durch**
- schriftliche **Leitlinien**, **Verfahrensregeln**, **Checklisten** oder **Toolkits**,
- **Trainings** und **Workshops** zur Durchführung wirksamer Risikoerfassung und -bewertung,
- **Anwesenheit** in lokalen Risk Workshops zur Erfassung von Schwachstellen und für Verbesserungshinweise,
- **Briefing von Leitern von Geschäftsbereichen**, in denen die Anwendung wirksamer Verfahren der Risikoanalyse sichergestellt wird,
- Compliance-**Risikoaudits** und **Stichprobenprüfungen**, um zu beurteilen, ob die von der jeweiligen Einheit festgestellten Risiken tatsächlich zutreffend erfasst und zeitnah an das zentrale Compliance Office berichtet wurden.

284 Regelmäßige **Wirksamkeitskontrollen** der **Risikoanalyse** der lokalen Einheiten oder sonstigen Risikoeigner sind zentraler Teil der Compliance-

Organisations- und -Überwachungspflichten der Unternehmensleitung und des Compliance Office.

Einzelne **Aufgaben** bei der Compliance-Risikoanalyse können stärker durch das zentrale Compliance Office oder durch die Risikoeigner übernommen werden. Die Geschäftseinheiten und die sonstigen **Risikoeigner** sollten aufgrund ihrer Risikonähe und -sensibilisierung stets in die wirksame Risikoidentifikation und -bewertung **aktiv eingebunden** werden. 285

Die Unternehmensleitung muss sicherstellen, dass **unternehmensweit einheitliche** Verfahren, Instrumente, Standards und Bewertungskriterien bei der Risikoidentifikation und -bewertung angewandt werden. **Anderenfalls** sind die unternehmensweit generierten und zentral zusammengeführten Ergebnisse **nicht vergleichbar**, die Risikoanalyse im Ergebnis zumindest teilweise **unwirksam**. „Blindstellen" auf der Risikolandkarte **infolge inhomogener Verfahren** bei der Risikoanalyse können sich in der Folge zu kostspieligen **Schadensszenarien** für das Gesamtunternehmen entwickeln. **Beispiele** sind an einzelnen ausländischen Standorten nicht zutreffend erfasste Top-Risiken, wie etwa Kartellverstöße oder Korruptionsvorfälle. 286

Das zentrale **Compliance Office** stellt daher **unternehmenseinheitliche** wirksame Methoden der Risikoidentifikation und -bewertung zur Verfügung. Es **sammelt** und **aggregiert** die Risikodaten und gibt sie in alternativen Detailgraden der Unternehmensleitung zur Kenntnis. 287

Von **zentraler Bedeutung** ist wiederum die behörden- und stakeholderfeste **Dokumentation** (→ Rn. 406 ff.) der in jeder Periode **identifizierten Risiken**, ihrer Bewertung und der jeweils spezifisch getroffenen Maßnahmen zur Risikoreduktion. 288

VII. Internationale Standards zum Risikomanagement

Internationale **kodifizierte Standards** formulieren allgemeine Grundprinzipien auch für das Risikomanagement. Sie sind lediglich als **allgemeine Leitlinien** für den Auf- und Umbau des pflichtgemäßen unternehmensindividuellen Compliance-Risikomanagements geeignet. Für **Behörden** und andere **Stakeholder** dienen sie dennoch regelmäßig als Orientierung bei der Beurteilung der Frage, ob die Unternehmensleitung die pflichtgemäßen Grundelemente des Risikomanagements implementiert hat. 289

290 Ein Beispiel eines kodifizierten Standards zum Risikomanagement ist **ISO 31000 – Risk Management – Principles and Guidelines**[9]. Diese Norm enthält Grundsätze zu Umfang, Prinzipien, Begriffen, Definitionen, Systembedingungen, Rahmenwerk, Kompetenzen, Verantwortungs- und Aufgabenbereichen, Commitment der Unternehmensleitung, Risikoidentifikation und -bewertung, Behandlung und Steuerung, von Compliance-Risiken, Einbettung in die Aufbau- und Ablauforganisation, internen Verfahrensrichtlinien, Integration in Geschäftsprozesse, Ressourcen, Kommunikation, Monitoring, Implementierung sowie zu kontinuierlicher Wirksamkeitsprüfung und Verbesserung des unternehmensweiten Risikomanagement-Systems. **ONR 49001**[10] enthält weitere Hinweise zur Umsetzung der ISO 31000.

VIII. Hauptschritte des Compliance-Risikomanagements

291 Compliance-Risikomanagement besteht aus mehreren **Phasen** und **Schritten**. Sie laufen **nicht schematisch** sukzessive ab, sondern sind eng miteinander **verzahnt** und werden teilweise **parallel** durchgeführt. Schematismus verbietet sich, weil die Ausgestaltung der rechtlich und wirtschaftlich geforderten wirksamen Verfahren des Risikomanagements von den **individuellen** Verhältnissen und **Erfordernissen** des einzelnen Unternehmens abhängig ist.

292 Im Kern geht es um **sieben Hauptschritte:**
1. **Risikostrategie** und -politik der Unternehmensleitung und entsprechende Umsetzungskonzepte,
2. **Risikoidentifikation**, unter anderem durch Indikatoren und Frühwarnsysteme,
3. **Risikoanalyse** in Bezug auf Ursache, Wirkung und Eintrittswahrscheinlichkeit,
4. **Risikobewertung**, beispielsweise mithilfe von Risiko-Matrizes oder Scoring-Verfahren,
5. **Risikosteuerung** durch Konzeption und Umsetzung fokussierter **risikoreduzierender Maßnahmen** als Teil des CMS,
6. **Risikoüberwachung** durch geeignete Kontrollverfahren zum Risikoportfolio und CMS-Status auf der Grundlage einer Vielzahl von Informationskanälen (→ Rn. 202 ff.), insbesondere der **Risikoberichterstattung** (→ Rn. 298 ff., 359 ff. 399 ff.),
7. systematischer **Vergleich** der festgestellten Risikosituation mit der Risikostrategie und -politik; **Anpassung** der Strategie und/oder Veränderung spezifischer Rahmenbedingungen und Veranlassung angepasster **Maßnahmen** der Risikoüberwachung und -steuerung.

---

9 Fundstelle unter http://www.iso.org/iso/home/standards/iso31000.htm.
10 Fundstelle unter http://www.austrian-standards.at.

1. Identifikation von Compliance-Risiken

Die Unternehmensleitung muss wirksame Verfahren der Risikoanalyse   293
sicherstellen (→ Rn. 257 ff.). Hierzu gehört unter anderem, dass

- tatsächliche oder mögliche Compliance-Risiken oder -Indikatoren, die auf sie hinweisen, möglichst **frühzeitig** (→ Rn. 259, 263 f.)**, umfassend und zutreffend** zur Wahrnehmung der mit Compliance-Aufgaben Beauftragten gelangen,
- **unternehmensweit** – in allen Ländern, Tochterfirmen und Standorten – **einheitliche** wirksame Mechanismen, Verfahren und Instrumente zur Identifikation und zutreffenden Bewertung von Compliance-Risiken zum Einsatz kommen (→ Rn. 426 ff.),
- periodisches und ereignisbezogenes **Risiko-Reporting** aus allen Ländern, Gesellschaften und Standorten wirksam **zusammengefasst** wird sowie
- Identifikation, Bewertung und Reporting jeweils für sich genommen wirksam sind und **ineinandergreifen**.

a) Top-down und Bottom-up in Kombination

Die **Unternehmensleitung** muss **Compliance-Risiken** selbstverständlich   294
stets auch **aus ihrer eigenen Perspektive Top-down** analysieren. Dies
geschieht aus der **Gesamtperspektive** über das aggregierte Risikoprofil
und der Kontrollmaßnahmen im Rahmen des CMS des Gesamtunternehmens, einschließlich aller in- und ausländischen Standorte sowie ergänzt
durch externe Informationen, etwa über externe Fachkräfte, risikorelevante
Datenbanken oder Gutachten zu nationalen Besonderheiten.

Nur aus **Sicht der Unternehmensleitung** lassen sich **Nettorisiken** (d.h.   295
tatsächliche Risiken abzüglich der Wirksamkeit bereits bestehender Kontrollmaßnahmen) sowie **Top-Risiken** des Gesamtunternehmens zutreffend einschätzen. Neben diesem Überblick über das **Risikoportfolio** des
Gesamtunternehmens beinhaltet der Top-down-Ansatz die regelmäßige
Überprüfung der **Wirksamkeit** der Risikoanalyse in den einzelnen Geschäftseinheiten oder Tochterunternehmen.

Gleichzeitig müssen in eine wirksame Risikoanalyse **auch** Bottom-up   296
die tatsächlichen **Risikoeigner eingebunden** werden, d.h., Mitarbeiter,
Abteilungen und Standorte, in deren Prozessen die Risiken auftreten. Sie
weisen die größte Nähe zu den tatsächlichen Risiken auf und können bei
der Risikoidentifikation und -bewertung, aber auch bei der Beurteilung der
Wirksamkeit möglicher Kontrollmaßnahmen die wirksamsten Einschätzungen und Beurteilungen liefern. Der lokale Compliance Officer koordiniert jeweils die Risikoanalyse und sorgt für die Umsetzung einheitlicher
Verfahren und gemeinsamer Bewertungsmaßstäbe.

297 **Top-down- und Bottom-up-Daten** müssen in eine Gesamtschau und **Gesamtbewertung** zusammengeführt werden, die vom Compliance Committee und der **Unternehmensleitung** periodisch und gut **dokumentiert** besprochen werden. Neben den festgestellten Top-Risiken werden dabei geeignete **neue oder angepasste Steuerungs- und Kontrollmaßnahmen** im Rahmen eines neu justierten CMS diskutiert.

b) Risiko-Reporting

298 Jedes CMS ist nur so wirksam wie die Berichterstattung (→ Rn. 359 ff.) **zu neuen und veränderten Compliance-Risiken**. Änderungen ergeben sich aus zahlreichen unternehmensindividuellen internen und externen risikorelevanten Einflussgrößen (→ Rn. 267 ff.).

299 **Berichterstatter** sind die Risikoeigner in den Geschäftseinheiten oder Teilunternehmen. Der CCO führt die Informationen zusammen und aggregiert sie.

300 Die Risikoberichterstattung besteht im **periodischen** (z.B. monatlichen) und **anlassbezogenen** Reporting bei besonderen Ereignissen.

301 **Wichtig** ist die **dauerhafte Dokumentation** der identifizierten Risiken und der Gründe für ihre Bewertung sowie der zuordenbaren wirksamen CMS-Steuerungsmaßnahmen. Ab einem gewissen Grad der Komplexität sind Excel-Tabellen nicht mehr hinreichend wirksam. Verschiedene **Softwarelösungen** zum Compliance-Risikomanagement verknüpfen die kontinuierliche Risikoermittlung und -bewertung mit der Dokumentation, dem IKS, dem übrigen Risikomanagement und dem CMS des Unternehmens. Ein **Anbietervergleich** ist ratsam, da erhebliche Unterschiede im Hinblick auf Preis-Leistungs-Verhältnis, Adaptierbarkeit, Anwenderfreundlichkeit und bisweilen unnötige Komplexität bestehen.

302 Wirksames **Risiko-Reporting** beruht vor allem auf folgenden **Grundvoraussetzungen**;
- klar festgelegte einheitliche **Ziele**, **Aufgaben**, **Reporting-Intervalle**, **Bewertungs-** und **Eskalationskriterien** für alle am Risikomanagement **Beteiligten**;
- rechtlich verantwortliche Mitglieder der Unternehmensleitung bzw. Unternehmensteile, Geschäftsbereiche, Fachbereiche usw. werden nach klar definierten **Eskalationskriterien** und **Schwellenwerten** unverzüglich von überschrittenen **Risikotoleranzen unterrichtet**;
- die für das Reporting **Verantwortlichen** sind eindeutig festgelegt;
- unternehmensweit einheitliche **Reporting-Formate** werden verwendet;
- einheitliche und klar definierte **Mess-** und **Bewertungskriterien** für Risiken finden unternehmensweit Verwendung;

- der **Detailgrad** der Risikodokumentation ist mit der Risikoidentität verknüpft;
- wirksames **Training** und **Einweisung** der am Risikomanagement Beteiligten; sie sollten auch im Hinblick auf ihre Risikosensibilisierung, -wahrnehmung und -bewertung geschult werden, sodass möglichst einheitliche Standards angewandt werden;
- **Beteiligte, Kommunikationskanäle, Intervalle und Arbeitsinstrumente** der **periodischen** Berichterstattung sind klar definiert;
- Kriterien, Verfahren, Kanäle, Sender und Empfänger (jeweils einschließlich Stellvertretern) der **Ad-hoc-**Berichterstattung sind präzise festgelegt;
- ein sorgsam definiertes Ad-hoc-Verfahren (→ Rn. 204) besteht für unerwartet auftretende **kritische Ereignisse** und Entwicklungen;
- der CCO oder eine vergleichbare Funktion **steuert Zweifelsfälle**, beispielsweise im Hinblick darauf, welche risikorelevanten Informationen zu welchen Zeitpunkten an welche Leitungspersonen oder an andere Unternehmensangehörige kommuniziert werden dürfen;
- es bestehen wirksame und dokumentierte **Vorgehensweisen** für die **Erstellung spezieller Risikoberichte** für Anteilseigner, mögliche künftige Investoren, Aufsichtsgremien und andere Stakeholder, aber auch für Quartalsberichte, Jahresberichte und ähnliche Dokumente, ferner für Verhandlungen, z.B. mit Versicherungen oder Banken.

c) Risikosammlung

Erster Teil der Risikoidentifikation ist die Sammlung relevanter Compliance-Risiken für jeden relevanten Unternehmensbereich bzw. Standort und die relevanten Prozesse und geschäftlichen Aktivitäten. In diesem Schritt geht es zunächst um das **Erfassen aller** nicht gänzlich unwahrscheinlichen Compliance-Risiken, **ungeachtet** ihrer zunächst vermuteten konkreten Relevanz, Eintrittswahrscheinlichkeit oder Schadenswirkung. **Grund** ist, dass sich zunächst schwache Risiken im Zusammenspiel mit weiteren eher unbedeutenden Risiken im Ergebnis als Top-Risiken auswirken können. Bei der Risikosammlung müssen auch diejenigen Risiken einbezogen werden, die **durch Dritte**, etwa relevante Geschäftspartner sowie durch das **Umfeld** des Unternehmens, bedingt sind. 303

Als **Informationsquellen** zur Risikosammlung sollten zahlreiche **Kanäle** (→ Rn. 202 ff.) parallel genutzt werden. Am zweckmäßigsten erfolgt die Risikosammlung innerhalb der Geschäftseinheiten in einem **Risiko-Workshop** (→ Rn. 311 ff.), in semistrukturierten **Interviews** oder in **Self-Assessment**-Fragebögen. Auch Ergebnisse aus Compliance-**Risikoaudits**, **CMS-Audits** und ähnlichen Maßnahmen müssen in die Risikosammlung eingehen. 304

305   Die Risikosammlung sollte ebenso wie die Risikobewertung **Top-down** und gleichzeitig **Bottom-up** erfolgen (→ Rn. 294 ff.).

306   Die bei der Risikosammlung identifizierten Risiken sollten am zweckmäßigsten zunächst **nur relativ grob strukturiert** werden. Dies kann beispielsweise nach geografischen Aspekten, Geschäftsbereichen, Organisationsteilen, Standorten, Deliktsarten, Risikoeignern oder (zunächst vermutetem) Top-Risikocharakter erfolgen.

307   Bei der Risikosammlung sollten unterschiedliche **Perspektiven** eingenommen werden, wie etwa:
- **intern**: Geschäftsfelder und -modelle, geschäftliche Aktivitäten, Vertriebswege, Unternehmenssparten, Funktionsbereiche, Abteilungen, Standorte, Länderorganisationen, regionale Organisationsbereiche, Hauptprozesse, Strategien, Unternehmensziele, Risikotoleranzen, Führung, Unternehmenskultur, Post-M&A-Status u.v.a.,
- **extern:** Rechtsrisiken durch veränderte Gesetze und Regularien sowie Rechtsprechungsergebnisse, Reputationsrisiken, Geschäftspartner, Kunden, Branchenentwicklungen, Awareness der Öffentlichkeit, Interessen externer Stakeholder, Compliance-Strategien von Konkurrenzunternehmen, länderspezifische soziale, wirtschaftliche oder politische Parameter u.v.a.,
- **analytisch:** Ergebnisse der Internen Revision (→ Rn. 490), Controlling-Daten, externe Prüfberichte (→ Rn. 9, 21, 73 ff.; § 9 Rn. 1 ff.), Self Assessments der Compliance-Organisation (→ Rn. 204, 304), Erkenntnisse aus früheren Compliance-Verstößen im eigenen und in relevanten anderen Unternehmen, Compliance-Risikoaudits, CMS-Statusaudits, Ergebnisse aus der Beratungs- und Informationsfunktion des Compliance Office sowie aus CMS-Verbesserungsvorschlägen der Mitarbeiter, Informationen aus dem Cornern-Reporting-System und der Compliance-Ombudsfunktion, aus der Sachverhaltserforschung, Rückmeldungen im Rahmen von Compliance-Schulungen, dem formalen und informellen Risikodialog mit den Fachabteilungen sowie die weiteren Informationskanäle der Unternehmensleitung zur Wirksamkeit des CMS (→ Rn. 202 ff.).

d) Risikoindikatoren

308   Bei der Risikosammlung muss neben den grundsätzlichen Risikofaktoren durch die geschäftlichen Aktivitäten, Komplexität des Unternehmens und der Prozesse sowie das relevante Umfeld auch auf Risikoindikatoren geachtet werden, die bei gehäuftem Auftreten auf mögliche Compliance-Risiken oder auf Fehlverhalten hinweisen.

Das Unternehmen sollte im Lauf der Zeit wirksame spezifische eigene **Indikatorenlisten** entwickeln. Sie können in Tabellenform geführt werden, die beispielsweise nach Deliktsarten, Tatbeständen, Risikofeldern, Geschäftsarten, Ländern, Geschäftseinheiten, Fachbereichen, Schadensarten, ggf. erstem Datum des Auftretens usw. sortierbar ist. Die Indikatorenlisten dürfen jedoch nicht als starres Korsett im Sinne einer Checkliste verstanden und gebraucht werden. Die Risikosammlung muss vielmehr stets nach allen Seiten für neue Signale und veränderte Bedingungen offen gehalten werden. Die Indikatorenlisten sollten jeweils erst in der letzten Phase der Risikosammlung zum Einsatz kommen, um zu verifizieren, ob einzelne Risiken nicht hinreichend erkannt wurden – vor allem aber, um nicht durch Checklisten-Verfahren die Wirksamkeit der Risikosammlung negativ zu beeinträchtigen. Den **Top-Risiken** sollten jeweils **spezielle Indikatorenlisten** zugeordnet werden, um ihr Auftreten möglichst frühzeitig und zutreffend zu erkennen.

309

Beispiele für **Risikoindikatoren** sind etwa: häufig fehlende Dokumentation vertraglicher Abmachungen oder häufig handschriftlich ergänzte Vertragsunterlagen, die auf Korruptionsrisiken hinweisen können, auffällige Gutschriften, Einsatz sachlich nicht zuständiger Mitarbeiter, häufiger Nichtgebrauch von Delegationsbefugnissen, offensichtlich unvorteilhafte Verträge mit langfristiger Bindung, unsachgemäße Kompromisse in der Verhandlungsführung, fehlende Datierung oder sonst fehlerhafte Ausfertigung von Dokumenten, Einkauf zu nicht marktgerechten Preisen, unnötiges Splitten von Rechnungen, nicht ausgeräumte Interessenkonflikte u.v.a.

310

e) Durchführung von Compliance Risk Workshops

Risk Workshops sind ein wirksames und **bewährtes Instrument** im Rahmen der **Risikoidentifikation und -bewertung**. Sie können daneben **in allen anderen Phasen** des Compliance-Risikomanagements eingesetzt werden. Sie führen neben den primären **Einsatzzwecken** stets zu verbessertem **Risikoverständnis** der Beteiligten und zu wichtigen **Erkenntnissen** über den Zusammenhang verschiedener Risikoindikatoren, Einzelrisiken und Risikoparameter.

311

Relevante **Kompetenzen** der Teilnehmer können sachgemäß **kombiniert** werden. Dies ermöglicht bisweilen die Identifikation auch schwacher **Veränderungen** des **Risikoportfolios**, die sich in Kombination dennoch in umfangreichen Schadensereignissen auswirken können.

312

Durch sachgemäße **Dokumentation** dienen Compliance **Risk Workshops** zudem der **Freizeichnung** und Entlastung der Unternehmensleitung im

313

Hinblick auf die Erfüllung ihrer Compliance-Organisations- und -Leitungspflichten.

314 Risk Workshops sind in allen Unternehmensbereichen einsetzbar. Sie sollten sowohl auf der Ebene der Unternehmensleitung im Rahmen der **Top-down**-Beurteilung durchgeführt werden als auch **bottom-up** auf allen Ebenen darunter.

315 **Anlässe** für Compliance **Risk Workshops** sind unter anderem:
- periodische oder anlassbezogene **Risiko-Selbsteinschätzung** der betreffenden Unternehmenseinheit, beispielsweise auf Veranlassung der Unternehmensleitung oder des lokalen Compliance Office,
- periodische Compliance-**Risikoaudits** des zentralen oder lokalen Compliance Office,
- **Informationssammlung** zur Verbesserung der Verfahrensweisen des Compliance-Risikomangements insgesamt.

316 Die **sorgfältige Vorbereitung** des Workshops ist eine Grundvoraussetzung für dessen **Wirksamkeit**: Nach umfassender Praxiserfahrung sollten für die **wirksame Vorbereitung und Gestaltung von Compliance Risk Workshops** unter anderem die folgenden **Grundsätze und Leitlinien** beachtet werden:
- **Fokussierung** und **Komplexitätsreduktion:** Klare **Zielsetzungen** und Ausrichtung auf **konkrete** angestrebte Ergebnisse,
- **Teilnehmerzahl:** Eine Limitierung auf minimal drei bis maximal acht Teilnehmer hat sich vielfach als praktikabel und wirksam herausgestellt. Bei zu vielen Teilnehmern können die einzelnen ihre Perspektiven und Einschätzungen nicht hinreichend einbringen. Anstatt eines überbesetzten und folglich nicht wirksamen Workshops oder der Ausklammerung relevanter Bereiche bietet sich, sofern organisatorisch und zeitlich machbar, die Aufspaltung in zwei getrennte Risk Workshops oder zumindest die nachfolgende halbstrukturierte und dokumentierte Befragung relevanter Fachvertreter an, die nicht teilnehmen konnten.
- **Auswahl der Teilnehmer:** Nach Möglichkeit sollte je ein Vertreter der relevantesten Prozess- und Risikoeigner einbezogen werden. Eine Zusammensetzung aus mehreren Management-Ebenen muss wohlüberlegt sein. Die Unternehmensleitung oder Vertreter leitender Management-Ebenen sollten die übrigen Teilnehmer zum kritischen freien Austausch ermutigen. An wichtigen Workshops sollte zumindest ein Mitglied der Bereichs- und/oder Unternehmensleitung teilnehmen. Weitere relevante Teilnehmer sind bei Bedarf insbesondere Mitglieder der Fachbereiche Recht, Interne Revision, Risikomanagement, Finanzen und HR. Grundsätzlich relevante operative Mitarbeiter sind neben den Team-,

Abteilungs- und Bereichsleitern meist Mitarbeiter aus dem Vertrieb, dem *Supply Chain* Management, Sales, Marketing oder dem Business Development. Die Teilnahme von Führungspersonen sollte in der Regel mit der Standort-, Bereichs- oder Unternehmensleitung abgestimmt werden.

- **Moderator und Schriftführer:** Moderator des Workshops ist häufig der Compliance Officer. Nimmt ein Führungsmitglied am Workshop teil, sollten die individuellen Rollen abgesprochen werden. Weder die Führungsperson noch der Moderator sollten zu stark in den Vordergrund treten, um freien Diskurs und qualitative Arbeitsergebnisse zu ermöglichen. Da der Moderator den Verlauf der Diskussion kontinuierlich aufmerksam verfolgen und stellenweise lenkend eingreifen sollte, ist es ratsam, einen separaten Schriftführer für das Verlaufsprotokoll einzusetzen. Der Workshop wird zweckmäßigerweise vom Compliance Officer geführt und moderiert. Die Einbindung eines externen Compliance-Fachmanns kann sinnvoll sein, um die externe Perspektive und den Vergleich zum Risikoportfolio vergleichbarer Unternehmen zu ermöglichen und „Betriebsblindheit" zu verhindern. Nimmt ein Mitglied der Unternehmensleitung am Workshop teil, sollte es in angemessener Weise Compliance Leadership demonstrieren, also die sonstigen Mitglieder zum eigenständigen Erkennen und Bewerten von Risiken ermutigen, ohne den Workshop mit der eigenen Beurteilung und Perspektive zu dominieren.
- **Arbeitsmittel:** Je nach Zweck des Workshops werden häufig die Arbeitsmittel der Risikoidentifikation (→ Rn. 293 ff.) und -bewertung (→ Rn. 342 ff.) sowie weitere risiko- oder CMS-relevante Dateien und Dokumente herangezogen. Die Sammlung der im Rahmen des Diskurses gesammelten Einzelrisiken und ihre Einordnung in die Risikomatrix/*heat map* erfolgt am besten über Textboxen in PowerPoint oder Word und einen Projektor. Auf diese Weise ist die Einordnung der Hauptrisiken nach dem aktuellen Diskussions- und Erkenntnisstand für die Teilnehmer stets sichtbar. Die Datei mit dem Ergebnis der Risikoidentifikation und -bewertung wird am Ende des Workshops in die Dokumentation eingegliedert.
- **Letzter bzw. aktueller Risikostatus:** Teil der Vorbereitung ist die Aufbereitung der Ergebnisse früherer oder sonst relevanter Risk Workshops sowie der Ergebnisse anderer Schritte und Instrumente der Compliance-Risikoanalyse, wie etwa Ergebnisse von Audits, Self Assessments oder der Internen Revision. Als Arbeitsgrundlage sollten vor dem Workshop die zuletzt erkannten und bewerteten Nettorisiken (also einschließlich der Wirkung der spezifisch zugeordneten Kontrollmaßnahmen) übersichtlich dargestellt werden. Die Top-Risiken werden am besten anhand von Risiko-Matrizes *(risk heat maps)* visualisiert. Zusätzlich sollten unbedingt Risikolisten zum Einsatz kommen, um auch die als schwächer

bewerteten Risiken zu erfassen, deren Relevanz und Intensität sich inzwischen geändert haben können.

- **Vorgespräche:** Zur Vorbereitung des Risk Workshops gehören stets auch Vorgespräche mit den relevanten Risikoeignern, Fachverantwortlichen und Leitungspersonen, deren Teilnahme am Workshop nicht geplant ist, um ergänzende relevante Informationen zu erhalten.
- **Teilnehmer-Briefing:** Die Teilnehmer sollten frühzeitig genug schriftlich und/oder mündlich über konkrete Ziele, Abläufe, Teilschritte, eingesetzte Instrumente und Verfahren informiert werden. Zudem sollten sie vorbereitende Materialien wie die Ergebnisse der letzten Risk Workshops und die Risikoentwicklung der letzten Perioden erhalten.
- **Datengrundlage:** Neben den Ergebnissen der letzten Risk Workshops derselben Einheit müssen weitere relevante Daten gesichtet und für den Workshop aufbereitet werden. Hierzu gehören erforderlichenfalls auch aktuelle Daten aus unternehmensinternen und -externen Quellen, etwa Auditberichte, Branchenreports, Legal Reports oder Reports zum landesspezifischen Risikoumfeld, etwa durch Korruptionsindizes. Besonders kritische Daten sollten ausgewählt und im Workshop explizit besprochen werden. Ziel ist, möglichst zahlreiche neue oder veränderte Parameter potenzieller Compliance-Risiken zusammenzutragen.
- **Moderationsliste:** Als Ergebnis der eben skizzierten Datensammlung sollte der Workshop-Moderator für sich eine strukturierte Liste risikorelevanter Faktoren erstellen, die im Workshop abgearbeitet werden sollten und die ihm bei der wirksamen Durchführung Anhaltspunkte liefern kann. Sie sollte flexibel, nicht starr abgearbeitet werden.
- **PowerPoint-**Folien oder sonstige Dateien mit ausgewählten, fokussierten Informationen zu möglichen Top-Risiken der aktuellen und der vorausgehenden Periode sowie mit besonders relevanten Informationen aus den anderen oben genannten Informationsquellen können hilfreich sein, um kritische Punkte während des Workshops bei Bedarf zu visualisieren. Sie sollten jedoch **lediglich** als **Hilfsmittel und Backup**-Folien konzipiert sein, die an geeigneten Punkten des Workshops spontan zum Einsatz kommen. Zudem können sie teilweise auch zum Ende des Workshops zur Kontrolle dienen, ob die wesentlichen Punkte bearbeitet wurden. Weil Risk Workshops häufig am besten nicht völlig durchstrukturiert ablaufen, sollten die Folien keinesfalls im Sinne einer Präsentation abgearbeitet werden.
- **Agenda:** Erfahrungsgemäß empfiehlt es sich meist nicht, vorab eine offizielle Agenda des Workshops zu erstellen, anhand derer die vorab identifizierten Kerninformationen systematisch abgearbeitet werden. Der Workshop sollte vielmehr nur grob thematisch strukturiert werden, sodass den Teilnehmern ausreichend Raum für freie Diskussionen und

sich daraus ergebende Schwerpunkte und Richtungsänderungen des Workshops verbleibt.

- **Zeitrahmen:** Die geplante Dauer eines Risk Workshops sollte zweckmäßigerweise nicht unter zwei Stunden liegen. Eine wirksame Diskussion relevanter Risiken ist in einer kürzeren Zeitspanne in aller Regel nicht möglich. Je nach Komplexität der Organisation und des Risikoportfolios ist für die fachgerechte Risikoanalyse meist erheblich mehr Zeit erforderlich. Die Teilnehmer sollten daher ausdrücklich gebeten werden, unmittelbar nach dem geplanten Ende des Workshops keine zwingenden Fixtermine zu legen, sodass der Workshop bei Bedarf verlängert werden kann. Eine Verlängerung drängt sich oft auf, weil gegen Ende des Workshops die erarbeiteten Ergebnisse gesammelt und aggregiert werden, sodass bei rigidem Abbruch zur geplanten Endzeit des Workshops wertvolle Ergebnisse verlorengehen können.

Eine **allzu detaillierte Vorabdefinition** der **Themen** und des **Ablaufs** empfiehlt sich nicht, um dem freien Diskurs der Teilnehmer Raum zu lassen, aus dem sich neue Erkenntnisse zu den Compliance-Risiken ergeben. Vorgeplante Zeiträume für einzelne **Phasen** des Workshops sollten daher flexibel definiert werden. Je nach Thematik sind **induktive** und/oder **deduktive** Vorgehensweisen wirksam. 317

Zu **Beginn** wird regelmäßig der Anlass des Workshops durch anwesende Führungspersonen und den Moderator näher erörtert, etwa das periodische Risikoaudit oder Ereignisse und Entwicklungen der jüngeren Vergangenheit, die den Workshop erforderlich machen. Führungspersonen verdeutlichen Nutzenaspekte (→ Rn. 64 ff.) der wirksamen Einschätzung der Compliance-Risiken. 318

Üblicherweise **folgt** ein **Überblick** über die Risikoentwicklung der letzten Periode anhand der Ergebnisse vorausgehender Audits, Risk Workshops oder anderer Informationsquellen. Dabei werden auch Änderungen der internen und externen Grundparameter und Anforderungen im Hinblick auf relevante Compliance-Risiken erörtert, beispielsweise Änderung interner Regularien oder externer Gesetze. Auch risikoerhöhende Einzelereignisse, wie etwa kartellrechtliche Probleme in benachbarten Branchen oder auf einer anderen Wertschöpfungsstufe derselben Branche, sollten an dieser Stelle erörtert werden. 319

Die vorgenannten Phasen gehen in den **freien Diskurs** über, in den die individuellen Kompetenzen und Perspektiven der Workshop-Teilnehmer eingehen. Die **Dauer** der einzelnen Phasen sollte nicht vorab durch eine feststehende Agenda limitiert sein. Jede Phase sollte vielmehr nach Möglichkeit 320 so lange andauern, wie es fortschreitende Ergebnisse und wachsende Erkenntnisse zu veränderten oder neuen Compliance-Risiken nahelegen.

321 Das **Ordnen**, die **Vorauswahl** und **Priorisierung** (→ Rn. 303, 331 ff.) der identifizierten Compliance-Risiken bilden üblicherweise die **nächste Hauptphase** des Compliance Risk Workshops. Ergebnis ist der **reflektierte und begründete Konsens** der Teilnehmer zur Priorisierung der Risiken, verdeutlicht durch deren Einordnung auf der Risikomatrix (→ Rn. 204, 323).

322 Der Moderator verfolgt und steuert den Verlauf der Diskussion, der **Schriftführer** fertigt Notizen für das Verlaufsprotokoll und befüllt und platziert die **Textboxen** in der Risikomatrix *(heat map)*, deren Felder je nach Dringlichkeit des Risikos häufig grün, gelb und rot gefärbt werden.

323 Entsprechend Risikoprofil, Komplexität der Ablauf- und Aufbauorganisation und weiterer unternehmensspezifischer Faktoren können verschiedene Hilfsmittel und **Methoden** der **Risikoidentifikation und -bewertung** zum Einsatz kommen:
- **Risikomatrix**/*heat map*: In den meisten Unternehmen eingesetzt; Schadensintensität auf der Hochachse mit unternehmensweit einheitlicher Einteilung (z.B. sehr gering, gering, mittel, hoch, sehr hoch – mit Zuteilung numerischer Schadenserwartungswerte und Klarstellung, wie immaterieller Schaden zu berücksichtigen ist); Eintrittswahrscheinlichkeit bzw. -häufigkeit auf der Querachse (Einteilung z.B. sehr unwahrscheinlich, unwahrscheinlich, möglich, wahrscheinlich, sehr wahrscheinlich).
- **Risiko-Indikatorenlisten** (→ Rn. 308 ff.),
- **SWOT**-Analysen,
- **Self-Assessment**-Fragenkataloge,
- **Fehlerbaum**-Analysen,
- **Root-Cause**-Analysen,
- **Szenario**-Analysen.

324 Als Dokumentation wird ein **Ergebnisprotokoll** des Workshops erstellt, das die Teilergebnisse der einzelnen Phasen festhält. In erhöhten Risikosituationen – beispielsweise nach umfassenden Schadensfällen – sowie bei der Definition von Top-Risiken sollten zu Dokumentations- und Freizeichnungszwecken unbedingt neben den Ergebnissen auch die Gründe für die Gewichtung von Risiken sowie Dauer und Verlauf der Diskussion festgehalten werden. In besonders haftungsrelevanten Kontexten empfiehlt sich ganz oder streckenweise die Dokumentation als Verlaufsprotokoll, um die sorgfältige Diskussion und Bewertung von Top-Risiken durch die Leitungspersonen und die übrigen Teilnehmer zu belegen.

Sachgemäß verfasste **Protokolle** zum Risikodiskurs haben in der Praxis **325**
große Bedeutung im Hinblick auf die Entlastung und **Freizeichnung** der
Unternehmensleitung. Relevanz erhalten sie zumeist Jahre später, wenn
mögliche Compliance-Verstöße der entsprechenden Periode zutage treten.
Langfristige Speicherung bzw. Aufbewahrung der durch die Teilnehmer
gezeichneten Protokolle ist daher eine Selbstverständlichkeit. Zuverlässig
erfolgt diese, wie die Praxis zeigt, häufig nur im Safe der Unternehmensleitung oder einem anderen Aufbewahrungsort, zu dem ausschließlich der
CEO und/oder andere Leitungsmitglieder Zugang haben.

Die **Ergebnisse** des Workshops können **weiterer Klärung** bedürfen, etwa **326**
durch Rücksprachen mit internen Fachabteilungen.

Konsolidierte Ergebnisse des Risk Workshops werden in die unterneh- **327**
mensweite **Risikodatenbank** und **CMS-Statusdatenbank** aufgenommen
und dabei aggregiert, gewichtet und priorisiert. Damit stehen sie der Unternehmensleitung zur Erfüllung der Compliance-Leitungspflichten als
fokussierbare und skalierbare Information kontinuierlich zur Verfügung.

f) Hinweisgebersysteme als Teil der Risikoidentifikation

Das Hinweisgebersystem ist notwendiger zentraler Bestandteil der wirk- **328**
samen und mithin pflichtgemäßen Risikoidentifikation, -bewertung und
-überwachung (→ Rn. 293 ff., 342 ff., 359 ff.). Zudem erzeugt das Vorhandensein eines wirksamen Hinweisgebersystems Präventivwirkung im Hinblick auf mögliches Fehlverhalten. In den USA besteht über SOX, Federal
Sentencing Guidelines und Security Exchange Act eine gesetzlich kodifizierte Verpflichtung zur Einrichtung wirksamer Hinweisgebersysteme. In
Deutschland ist die rechtliche Verpflichtung im Rahmen des Erfordernisses
der Wirksamkeit des CMS gegeben.

Aus Wirksamkeitsgründen müssen mehrere **alternative Informations-** **329**
kanäle (→ Rn. 202 ff.) vorgehalten werden, die Informationsgebern individuelle Vor- und Nachteile im Hinblick auf Unternehmenszugehörigkeit,
fachliche Kompetenz, Anonymität, Vertrauenswürdigkeit und Vertraulichkeit bieten und somit die Weitergabe von Informationen zu möglichen
Compliance-Defiziten grundsätzlich ermutigen. Hintergrund ist, dass in
der Praxis zahlreiche Regelverstöße und damit Compliance-Risiken des
Unternehmens und seiner Leitung unentdeckt bleiben, weil Informationen
zu Fehlverhalten aufgrund von Bedenken zur Vertraulichkeit der Informationen und der Identität des Berichterstatters sowie aus Furcht vor Repres-
salien häufig unterbleiben.

330 Sinnvoll ist oftmals die Einführung einer unternehmensinternen **Hinweis-geberrichtlinie** (→ Rn. 155 ff.), die die Wirksamkeit als Teil der Risikoiden-tifikation sicherstellt. Relevante Aspekte sind beispielsweise Inhalte von Meldungen, relevante Handlungen und Rechtsbereiche von Fehlverhalten, Möglichkeiten der Kontaktaufnahme und Ansprechpartner, Informations-wege, einzubindende Stellen und Leitungspersonen, Eskalationskriterien, Vertraulichkeitsschutz oder Sanktionsfreiheit für Hinweisgeber. Die Richt-linie sollte für alle Mitarbeiter leicht zugänglich sein.

2. Ordnen und Priorisieren von Compliance-Risiken

331 Die zahlreichen potenziellen Compliance-Risiken, die im Rahmen von Compliance Risk Workshops und anderen Verfahren der Risikoidentifika-tion gesammelt werden, müssen in aller Regel strukturiert werden, um ein wirksames Bewertungsverfahren zu ermöglichen. Sinnvolle **Kriterien** für diese **Vorstrukturierung** können beispielsweise sein:
- Risikoursachen und -auswirkungen, gegliedert nach Aspekten der Auf-bau- und Ablauforganisation, etwa bestimmten Kernprozessen, Ländern, Standorten, Geschäftsbereichen, Abteilungen, Kernfunktionen usw.,
- Zuordnung von Risiken und Schadenswirkungen zu einzelnen geschäft-lichen Aktivitäten,
- materielle und immaterielle Auswirkungen,
- straf- und zivilrechtliche Folgen,
- unternehmensinterne und -externe Ursachen,
- beeinflussbare und unabhängige Rahmenbedingungen.

332 Aus der nun zwar strukturierten, aber in der Regel immer noch sehr um-fangreichen Menge gesammelter potenzieller **Risiken** erfolgt üblicher-weise eine **Vorauswahl** derjenigen, die nach verständiger Würdigung aller erreichbaren Informationen die höchsten Risikowerte (Produkt aus Ein-trittswahrscheinlichkeit und Schadensausmaß) aufweisen.

333 Die Vorauswahl der zumindest bei erster verständiger Beurteilung tenden-ziell größten Risiken ist zur **Komplexitätsreduktion** und **Konzentration** auf die Risiken mit dem **dringendsten Handlungsbedarf** erforderlich.

334 Auf Grundlage der Risikovorauswahl sollte die **Unternehmensleitung** klare **Vorgaben** zur **Risikoakzeptanz** bereitstellen. Dies geschieht üblicher-weise in der **Risikostrategie** (→ Rn. 271 ff., 278), **Risikopolitik** (→ Rn. 274) oder in **Einzelweisungen** zum Prozess der Risikovorauswahl. Die große Zahl der in den ersten Schritten der Identifikation gesammelten Risiken erschwert meist die klare Definition der **Kerngruppe** von **Risiken** mit dem dringendsten Handlungsbedarf.

Zudem werden in den **folgenden Schritten** der Risikoanalyse **zunehmend** 335
Zusammenhänge und **Abhängigkeiten** zwischen den **Einzelrisiken** erkennbar, sodass die Komplexität bei Einbeziehung einer zu großen Menge
an Risiken nur noch mit Schwierigkeiten überschaubar ist. Ergibt sich bei
der weiteren Analyse, dass einzelne der zunächst ausgeschiedenen bzw. zurückgestellten Risiken als Neben- und Teilbedingungen im Zusammenspiel
mit Hauptrisiken stärkere Relevanz entfalten, können sie als mitwirkende
Teilursachen auf der Liste der Hauptrisiken vermerkt werden.

Die ausgeschiedenen bzw. **zurückgestellten Risiken** mit geringeren Wahr- 336
scheinlichkeits- und Schadenswerten dürfen nicht verlorengehen, sondern
müssen zum Zweck der Dokumentation der sorgfältigen Risikoidentifikation zur Freizeichnung der Unternehmensleitung erhalten bleiben und
dauerhaft dokumentiert werden. Zudem sind sie als wichtige Datengrundlage für die folgenden Perioden der Risikoidentifikation und -bewertung
erforderlich, denn aktuell zurückgestellte Risiken können dann signifikante Änderungen hinsichtlich Eintrittswahrscheinlichkeit und/oder
potenziellem Schadensausmaß aufweisen. In der Gegenwart zurückgestellte Risiken müssen daher in künftigen Perioden im Hinblick auf mögliche
Veränderungen mitgeprüft werden, sofern sie nicht als vollständig irrelevant ausscheiden.

Zurückgestellte Risiken sollten daher in der Risikoliste oder -datenbank 337
als solche vermerkt und mit Datum sowie kurzer Begründung der Zurückstellung versehen werden. Gravierende abweichende Teilmeinungen oder
Teilaspekte, die einer Zurückstellung entgegenstehen, sollten nach Möglichkeit vermerkt werden. In den Folgeperioden sollten dann die erneute
Prüfung des Risikostatus und mögliche Änderungen der Bewertung dokumentiert werden.

Die Gesamtheit der Compliance-Risiken wird als **Risikoportfolio** abgebil- 338
det. Es muss kontinuierlich aktualisiert werden. Zwischenstände sollten
als Momentaufnahmen zur Entlastung der Unternehmensleitung in engen
Intervallen dokumentiert und dauerhaft archiviert werden. Excel-basierte
Umsetzungslösungen gelangen hier spätestens nach mehreren Perioden
an ihre Grenzen. Risikomanagement-Software zahlreicher Anbieter impliziert nach verbreiteter Praxiserfahrung hingegen häufig für die meisten
Unternehmensbelange zu viel Komplexität, Kosten und Administrations-
aufwand. Beste Lösung ist in der Praxis zumeist ein Produktvergleich auf
der Grundlage eines präzise definierten Anforderungsprofils des Unternehmens, das auch den künftigen Bedarf der unternehmensweiten Risikoidentifikation, -bewertung, -berichterstattung, -steuerung und -überwachung
integriert.

339   Nach der Priorisierung sollten Compliance-Risiken im Risikoportfolio mit sinnvollen **Ordnungsparametern** versehen werden, die alternativ angewandt werden können. Beispiele sind Zuordnungsmöglichkeiten zu Ländern, Teilgesellschaften, Geschäftseinheiten, Prozessen, Produkten, Märkten, Kundengruppen usw.

340   Ein weiteres sinnvolles **Ordnungskriterium** bildet die Zuordnung zu **Rechtsgebieten**, wenngleich diese den Merkmalen von Compliance-Risiken aus der Umsetzungsperspektive nur teilweise gerecht wird. Denn Compliance-Risiken sind in erster Linie **operative** bzw. **operationale Risiken**, die aus Prozessen und individuellen Handlungen in Verbindung mit unzureichenden Risikosteuerungsmaßnahmen resultieren. Einer aus Perspektive der Rechtsberatung teilweise vertretenen Ansicht, die Compliance-Risiken primär als **Rechtsrisiken** qualifiziert, kann im Hinblick auf die unternehmensinterne Umsetzung des CMS nicht gefolgt werden. Einer der **Gründe** ist, dass Gesetze und Rechtsprechung lediglich Parameter bilden, welche – neben anderen – zwar Qualität und Quantität des Compliance-Risikos mitbestimmen, im Gegensatz zu unternehmensinternen Abläufen und Handlungen aber keine Parameter darstellen, die durch Steuerungsmaßnahmen beeinflusst werden können. Insofern kommt der rechtlichen Qualifikation von Compliance-Risiken zwar wichtige Qualifizierungsfunktion, nicht aber Management- und Steuerungsrelevanz zu.

341   Es ist selbstverständlich dennoch sinnvoll, Compliance-Risiken im unternehmensindividuellen **Risikoportfolio** auch mit dem **Ordnungskriterium** der Zugehörigkeit zu Rechtsgebieten zu versehen. Compliance-Fehlverhalten kann sich zwar in jedem möglichen Rechtsgebiet ereignen, woraus sich zugleich eine limitierte Bedeutung als Ordnungskriterium ergibt. Wichtig ist jedoch in jedem Fall die gründliche rechtliche Analyse als grundlegender Teil der Risikobewertung (→ Rn. 342 ff.).

3. Bewertung von Compliance-Risiken

342   Nach der Risikoidentifikation ist die wirksame Risikobewertung der **zweite Grundschritt** in Richtung des wirksamen CMS. Bei der Risikoidentifikation und -bewertung müssen **unternehmensweit standardisierte Instrumente, Verfahren und Beurteilungskategorien** angewandt werden, da die Risikoanalyse als Grundpflicht der Unternehmensleitung anderenfalls nicht kohärent wirksam umgesetzt werden kann (→ Rn. 257 ff.).

343   Bei der Risikobewertung können den **qualitativen Aussagen** zu den Auswirkungen von Risiken (*minor, moderate, medium, significant* usw. mit jeweils beschreibenden Erläuterungen) auch **Schadenssummen als Orientierungswerte** zugeordnet werden (→ Rn. 204, 323). Sie sollten jedoch

lediglich als ergänzendes Kriterium Einbindung finden, weil die Abschätzung möglicher Auswirkungen potenzieller Risiken mit erheblichen Unsicherheiten verbunden ist und Reputationsschäden und andere immaterielle Wirkungen nicht erfasst.

Aus dem gleichen Grund ist bei **quantitativen Berechnungsansätzen** zu Compliance-Risiken Vorsicht geboten. Compliance-Risiken sind verhaltens- und prozessbezogene Risiken (→ Rn. 340), die bisweilen mit Hunderten, teilweise höchst subjektiven Einflussfaktoren verbunden sind, welche in Abläufen, der Person des einzelnen Mitarbeiters sowie innerhalb und außerhalb des Unternehmens lokalisiert sind. Beispiele sind persönliche Sozialisierung und Motivlage, Führungskultur, Branche, Geschäftsmodell, Länderrisiken und Geschäftspartner. Diese und weitere Faktoren lassen sich im Zusammenspiel nicht oder nur unter erheblichen Unsicherheiten in Rechenmodelle mit realitätsnahen Ergebnissen zusammenführen. 344

Die Risikobewertung hat drei **Hauptziele:** 345
- Bilden einer **Rangordnung** nach Risikointensität, also Eintrittswahrscheinlichkeit und Schadenspotenzial,
- Eingrenzung der **Konzentration** ausschließlich auf die Top-Risiken,
- Verbesserung des **Verständnisses** hinsichtlich der Ursachen, Zusammenhänge und Folgen der Risiken.

Dies ermöglicht zwei wichtige **Ergebnisse:** 346
- effektive und effiziente **Definition** und **Allokation** von **Maßnahmen** der Risikosteuerung,
- Erfüllung der rechtlichen und wirtschaftlichen **Risikosteuerungspflichten** der Unternehmensleitung.

Die Unternehmensleitung muss sicherstellen, dass – wie bei der Risikoidentifikation – auch an der Risikobewertung die Risikoeigner, Prozesseigner und relevanten Fachabteilungen als **Beteiligte** vertreten sind. 347

Für die Risikobewertung einsetzbare **Arbeitstechniken** sind beispielsweise: 348
- **Flow-Chart-Analysen** zum Aufzeigen von Wirkungsketten mit jeweils mehreren verknüpften Ursachen und Folgen,
- **Fehlerbaum-Analysen**, vornehmlich für Entwicklungen mit wenigen Hauptursachen und zahlreichen Folgen,
- **Fehlermöglichkeits- und -einflussanalyse** als komplexe Variante der Flow-Chart-Analyse unter Einbeziehung einer größeren Zahl von Ursachen und Wirkungen mit geringeren Eintrittswahrscheinlichkeiten,
- **Szenariotechnik** als exploratives Prognoseverfahren zur Analyse unterschiedlicher Ausgangs- und Folgesituationen.

349 Das im Rahmen der Risikobewertung am häufigsten eingesetzte Instrument ist die **Risikomatrix** *(risk map, heat map)*. Auf der vertikalen **Ordinatenachse** wird eine unternehmensindividuelle Einteilung in vier bis sechs Kategorien zum Schadensausmaß vorgenommen, (z.B. unbedeutend, gering, moderat, umfangreich, kritisch, bestandsgefährdend). Die qualitativen Aussagen können durch potenzielle Schadenssummen ergänzt werden. Auf der horizontalen **Abszissenachse** werden Eintrittswahrscheinlichkeiten notiert (z.B. sehr unwahrscheinlich, unwahrscheinlich, bedingt wahrscheinlich, wahrscheinlich, sehr wahrscheinlich und sicher).

350 Die qualitativen Aussagen auf beiden Achsen können mit Zahlenwerten, etwa von 1 bis 6, ergänzt werden. Das Multiplikationsprodukt führt zu den **Risikokennzahlen** als quantitativen Werten für jedes Risiko. Diesen quantitativen Werten kommt nach wie vor teilweise subjektiver Charakter zu, weil die Einschätzung der Risiken teilweise auf Annahmen beruht. Dennoch dienen sie einer sinnvollen Ordnung und Priorisierung der festgestellten Risiken.

351 Als **Ergebnis** der Risikomatrix und der Risikokennzahlen kann die **Unternehmensleitung** pflichtgemäße **Prioritäten** und **Schwerpunkte** bei der Anordnung von **Risikosteuerungsmaßnahmen** treffen.

352 Die Unternehmensleitung sollte sicherstellen, dass eine kontinuierlich wirksame **Risiko- und Ereignisdatenbank** geführt wird. Sie erfüllt folgende **Zwecke**:
- Erfassen der Risikoentwicklung über längere Zeiträume,
- wirksame Risikoidentifikation und -bewertung,
- Voraussetzung risikospezifischer Präventionsmaßnahmen,
- Dokumentation der wirksamen Risikoerfassung und zugeordneten Präventionsmaßnahmen in den einzelnen Perioden,
- Informationsgrundlage für Revisionsprüfungen,
- systematische Ordnung und Auswertbarkeit von Risiken,
- Freizeichnung der Unternehmensleitung,
- Wissensdatenbank zur Risikohistorie des Unternehmens, beispielsweise für neues Fachpersonal,
- Vergleiche der aktuellen zur vorhergehenden Perioden, um Risiken realistisch bewerten zu können,
- Vergleichslisten zu in der aktuellen Risikoidentifikationsphase möglicherweise übersehenen Risiken.

353 Die **Risiko- und Ereignisdatenbank** kann unter anderem folgende **Informationskategorien** enthalten: Risikoliste, Risikoart, Risikokennzahlen, CMS-Statusdaten, Daten zu risikospezifischen Kontrollmaßnahmen, Wer-

te zu Nettorisiken (Risiko minus Kontrollmaßnahmen), Gaps zwischen Risiken und Kontrollmaßnahmen, risikospezifische Ereignisse – wie etwa identifizierte Verstöße mit hohem Schadenspotenzial, Lokalisierung, betroffene Prozesse, Proess- und Risikoeigner, Identifikationsdatum, Eintrittswahrscheinlichkeit, Bewertungsgründe, Bewertung mit und ohne risikospezifische Kontrollen (netto/brutto), spezifische Kontrollmaßnahmen und Verantwortlichkeit dafür, spätestes nächsten Datum der Risikoprüfung. Bei Bedarf können den einzelnen Informationsarten wiederum **Zahlenwerte** zugeordnet werden.

Zu viele Informationskategorien und Verknüpfungen erzeugen allerdings schnell große Komplexität. Für die Unternehmensleitung geht es darum, die **Top-Risiken** mit dem dringendsten Handlungsbedarf klar **herauszuarbeiten**. Das Ziel der Risikoaggregation und -konzentration auf eine zutreffende Priorisierung der Top-Risiken als Pflicht der Unternehmensleitung sollte nicht aus dem Auge verloren werden. Zu viele Informationen erzeugen zudem mitunter den falschen Eindruck der vollständigen Berechenbarkeit von Compliance-Risiken. 354

Gängige Formate sind spezielle **Softwarelösungen** oder Excel-basierte Formate. Während Excel-Tabellen bei zunehmender Komplexität und Dauer der Risikoerfassung an Grenzen stoßen, leiden manche Softwarelösungen an zu großer Komplexität sowie mangelnder Anpassbarkeit an individuelle Unternehmensbedürfnisse und auch an mangelnder Nutzerfreundlichkeit bzw. zu hohem Einarbeitungsbedarf. Hierdurch entsteht mitunter ein neues, systembedingtes Risiko. Das Hauptziel der Risiko- und Ereignisdatenbank, eine klare Priorisierung der Top-Risiken und die übersichtliche Darstellung für das Top Management zu ermöglichen, darf durch die Wahl von Softwarelösungen selbstverständlich nicht gefährdet werden. 355

Die **Ergebnisse** der Risikoidentifikation und -bewertung werden im **Risikokatalog** dokumentiert. Er umfasst alle Unternehmensteile in allen Ländern sowie die Risikostände in den einzelnen Perioden. Der wirksam geführte Risikokatalog ist erste und essenzielle Grundlage der Dokumentation des wirksamen Compliance-Systems zur Freizeichnung der Unternehmensleitung. 356

4. Risikosteuerung durch die Unternehmensleitung

Maßnahmen der Risikosteuerung müssen sich in die **Unternehmensstrategie** einfügen, an den **Risikoursachen** ansetzen und in vertretbarem **Kosten-Nutzen-Verhältnis** stehen. Ihre Umsetzung muss **dokumentiert** werden und nach Zuweisung klarer **Verantwortlichkeiten** überwacht werden. Im Rahmen der Risikosteuerung sollten **Eskalationsrisiken**, d.h., 357

Gefahren der Risikoausweitung in einen Not- oder Krisenfall, definiert und kontrollierbar gemacht werden. Hierfür sollten das Risikomanagement-System, Frühwarnmechanismen sowie Notfall- und Krisenmanagement-Maßnahmen **aufeinander abgestimmt** werden. Wirksamkeit der Maßnahmen, Umsetzungsstand und Kosten-Nutzen-Relation müssen regelmäßig **überwacht** und **dokumentiert** werden.

358   Für die **Risikosteuerung** müssen **Informationen** aus unterschiedlichen **Quellen** (→ Rn. 202 ff.) zusammengeführt werden, etwa:
- Internes Kontrollsystem (IKS),
- Interne Revision,
- externe Informationsquellen,
- Compliance- und Risikoaudits durch interne und externe Verantwortliche,
- periodische und ad hoc gefertigte Risikoberichte der Fachbereiche sowie des Compliance Office, der Rechtsabteilung, des Controllings, des HR-Bereichs, des Qualitätsmanagements und anderer relevanter Fachabteilungen.

a) Monitoring von Risiken und Steuerungsmaßnahmen als Kernaufgabe

359   Das Monitoring der sich ständig verändernden Risikowerte und des darauf angepassten CMS-Status durch die Unternehmensleitung bildet die kontinuierliche **Grundlage** des **Risikomanagement-Prozesses**. Es schließt die **erneute Risikobewertung** und -identifikation ein, an die sich (Nach-) Steuerungsmaßnahmen anschließen. Insoweit kann von einem **Risikomanagement-Kreislauf** gesprochen werden. Veränderte Risiko- und CMS-Statusinformationen und bisweilen entsprechende Kennzahlen (→ Rn. 203, 350, 362) stehen im Fokus des Risiko-Monitorings.

360   **Grundlagen** des **Monitorings** der Compliance-Risiken und des wirksam darauf zugeschnittenen CMS-Status durch die Unternehmensleitung sind
- **die Compliance-relevanten Informationskanäle der Unternehmensleitung** (→ Rn. 350 f.),
- die kontinuierlich aktualisierte **CMS-Dokumentation** (→ Rn. 406 ff.),
- das Compliance-**Risiko- und CMS-Status-Reporting** (→ Rn. 204, 298 ff., 359 ff., 399 ff.),
- **Risiko- und Ereignisdatenbanken** (→ Rn. 352 ff.),
- die **CMS-Statusdatenbank** (→ Rn. 327).

361   Die **Risikoeigner** und die lokalen Compliance-Beauftragten sollten in nicht zu großen Intervallen **Selbstbeurteilungen** der Risiko- und CMS-Status-situation abgeben, die von der zentralen Konzerngesellschaft zusammen-

getragen und **aggregiert** werden. Hierfür können Leitlinien, **Toolkits** und strukturierte Fragebögen eingesetzt werden. Der Einsatz einer konzernweiten **intranet- oder cloudbasierten** Systemlösung ist möglich, sofern Informationsschutz und Datensicherheit hinreichend gewährleistet sind.

Bei der Beobachtung des CMS-Wirksamkeitsstatus ist der Einsatz von Kennzahlen zu **Key Performance Indicators** möglich, beispielsweise auf Grundlage einer **Balanced Scorecard**. Veränderte Risikokennzahlen und CMS-Statuswerte führen zur Ableitung veränderter **Nettorisiken** und entsprechenden **Nachsteuerungsbedarf** durch die Unternehmensleitung. **362**

Als Voraussetzung der durch die Unternehmensleitung rechtlich geschuldeten Wirksamkeit des CMS müssen kontinuierliche Risiko- und **CMS-Statuskontrollen** zentraler Bestandteil der CMS-Prozesse sein, die wiederum in die Fach- und Geschäftsprozesse integriert sein müssen. **363**

Schadensereignisse und Fehlverhalten fließen als Ad-hoc-Informationen zu Risiken und der Wirksamkeit von Kontrollen unmittelbar ins **Monitoring** ein. Die Unternehmensleitung muss sicherstellen, dass ab definierten Risikointensitäten unverzüglich Notfall- und in der Folge **Nachsteuerungsmaßnahmen** ausgelöst werden. Dafür muss durch schriftlich definierte **Eskalationsprozesse** des Risiko-Reportings sichergestellt sein, dass Ereignisse der Unternehmensleitung oder den von ihr bestimmten Vertretern unverzüglich zur Kenntnis gelangen. **364**

b) Analyse der zentralen Ursachen

An die vorgenannten Schritte der wirksamen Identifikation und Priorisierung der Compliance-Risiken schließt sich die Identifikation und Analyse der **Risikoursachen** an. Die **Ursachenanalyse** ist der **erste Schritt der Risikosteuerung**. Erst auf ihrer Grundlage kann die Unternehmensleitung pflichtgemäß wirksame Steuerungsmaßnahmen veranlassen. Nach der Risikoidentifikation und -bewertung mit dem Ziel zutreffender Risikopriorisierung ist die wirksame Risikosteuerung die zweite **Hauptpflicht** der Unternehmensleitung. **365**

Jedes **Compliance-Risiko** hat in der Regel mehrere **Haupt- und Teilursachen**, die ihrerseits wiederum auf eigenen Umständen beruhen. Unter ihnen müssen die wirksamsten und wirtschaftlichsten **Ansatzpunkte** für **risikoreduzierende Maßnahmen** identifiziert werden. Meist sollte dabei jenseits der Symptome und Behebung von Wirkungen an **Wurzelursachen** und deren Zusammenwirken angesetzt werden. **366**

367 Um eine wirksame **Risikosteuerung** zu erreichen, sind fast immer mehrere **parallele Maßnahmen** in unterschiedlichen Bereichen relevant. Nur so können Wurzel- und Teilursachen, Verbindungen und Ketten von Ursachen beeinflusst werden. **Beispiele** sind etwa parallel veranlasste spezifische Trainings von Risikoeignern, Prozessdefinitionen, Richtlinienänderungen, spezifische Kontrollmaßnahmen und geänderte Prozessverbindungen zum IKS und zur Internen Revision.

368 An der wirksamen Ursachenanalyse sollten Vertreter aller relevanten Fach- und Geschäftsbereiche und insbesondere die Risiko- und Prozesseigner beteiligt sein. **Hauptziel** ist die Destillierung von **Kernursachen**, an denen – möglichst wenige und wenig umfangreiche – Präventionsmaßnahmen wirksam und effizient ansetzen können. Die **Dokumentation** der **Ursachenanalyse** ist aus den gleichen Gründen wie bei der Risikobewertung zur Haftungsentlastung und Freizeichnung, aber auch zur dauerhaften Wirksamkeit und Effizienz der Risikoanalyse erforderlich (→ Rn. 406 ff.).

c) Umsetzen von Risikosteuerungsmaßnahmen

369 Wirksame und wirtschaftliche Präventionsmaßnahmen beruhen auf der zutreffenden **Ursachenanalyse**, aus der die wirksamsten und wirtschaftlichsten Maßnahmen abgeleitet werden (→ Rn. 365 ff.). Die **Priorisierung** ergibt sich anhand der Risikokennzahlen (Produkt aus Eintrittswahrscheinlichkeit und Schadenswirkung → Rn. 204, 323). Für jedes Risiko müssen zunächst die grundlegenden **Bewältigungsstrategien** gewählt und kombiniert werden (Risikovermeidung, -verminderung, -überwälzung, -tragung → Rn. 275). Risikosteuerungsmaßnahmen wirken auf Eintrittswahrscheinlichkeit und/oder Schadensausmaß. Die **Quantität, Qualität und Kostenintensität** der Steuerungsmaßnahmen hängt davon ab, inwieweit das jeweilige Risiko bei verständiger Würdigung auf hinreichender Informationsgrundlage (→ Rn. 73 ff., 202 ff.) soweit reduziert wird, wie es den Compliance-Pflichten der Unternehmensleitung und der Risikotoleranz des Unternehmens noch entspricht (→ Rn. 23 ff., 426 ff.). **Ziel** ist möglichst geringer wirtschaftlicher Aufwand bei hinreichender Wirksamkeit der Präventionsmaßnahmen und zugleich möglichst geringen Beeinträchtigungen der Geschäftsprozesse.

370 Die **Wirksamkeit** der Risikosteuerungsmaßnahmen und damit deren Qualität und Umfang müssen nach dem **Adäquanzprinzip** so bemessen sein, dass das spezifische Risiko mit hinreichender Sicherheit und in hinreichendem Umfang reduziert wird. Die **Entscheidung** muss die Unternehmensleitung auf hinreichend **gesicherter Informationsgrundlage** treffen (→ Rn. 73 ff., 202 ff.). Die besteht in der wirksam durchgeführten **Risikoidentifikation und -analyse**. Bei der Einschätzung spielt auch die

Risikotoleranz im Rahmen der Risikostrategie (→ Rn. 271 ff.) der Unternehmensleitung eine Rolle.

Hinsichtlich des ratsamen **Umfangs von Steuerungsmaßnahmen** liegt ein angemessenes Verhältnis zwischen Präventions- und Risiko- bzw. Schadenskosten in der Nähe des Schnittpunkts der beiden Kostenkurven. Dieser ist mangels genauer Berechenbarkeit meist nicht präzise zu bestimmen (→ Rn. 385 ff.). Insoweit können mitunter nur fundierte und als sachgemäß dokumentierte Schätzungen angestellt werden. **Behörden und Rechtsprechung** orientieren sich hinsichtlich der Wirksamkeit von Steuerungsmaßnahmen am Sorgfaltsmaßstab des fachbereichsüblichen Vorgehens. Insoweit sind auf Unternehmensseite entsprechende Kompetenzen erforderlich.

371

Zum pflichtgemäßen Umfang von Steuerungsmaßnahmen lassen sich kaum allgemeine Prinzipien herausarbeiten. **Gelegentliche Kontrollen** reichen mindestens ab einer mittleren Risikointensität nicht mehr aus. **Stichprobenkontrollen** müssen nach der Rechtsprechung so häufig erfolgen, dass Mitarbeiter mit der Entdeckung von Fehlverhalten ernsthaft rechnen. Sie müssen eine gewisse Häufigkeit aufweisen. Bei **vorangegangenem Fehlverhalten** sind nach der Rechtsprechung für eine ausreichende Zeitdauer verstärkte, darauf bezogene Kontrollen erforderlich.

372

Bei unsicherer Einschätzung des Risikos muss die Unternehmensleitung möglichen Beratungsbedarf erkennen. Erforderlichenfalls muss sie qualifizierte externe Fachkompetenz zu Hilfe ziehen (→ Rn. 227 ff.). Ist die Risikointensität danach noch immer nicht hinreichend klar zu beurteilen, kann die Unternehmensleitung nach pflichtgemäßem Ermessen eine fundierte, für das Unternehmen günstige Entscheidung und Rechtsposition vertreten. Die **Gründe der Entscheidung der Leitung**, die im Rahmen der Risikoanalyse eruierten zugrunde liegenden Informationen sowie das Verfahren der wirksamen Risikenanalyse sollten selbstverständlich sachgerecht und hinreichend „behördenfest" **dokumentiert** werden. **Toleriert die Unternehmensleitung Rechtsverletzungen** im Unternehmen, verstößt dies gegen dies Legalitätsprinzip und ist selbstverständlich nicht von der Business Judgement Rule gedeckt (→ Rn. 73 ff.).

373

Die Unternehmensleitung muss die hinreichende **Wirksamkeit** der von ihr angeordneten **Präventionsmaßnahmen** nach diesen Grundsätzen somit im Zweifelsfall belegen können. Sie muss ebenso **nachweisen**, dass die Entscheidung auf wirksam ermittelter **Informationsgrundlage** beruhte. Die **Dokumentation** der angewandten Verfahren der Risikoanalyse ist daher essenziell. Gleiches gilt hinsichtlich der kontinuierlichen

374

Überwachung der Wirksamkeit der angeordneten **Risikosteuerungsmaßnahmen**, nach denen sich ja das jeweilige Nettorisiko und damit der Grad des Handlungsbedarfs durch die Unternehmensleitung ergeben. Neben dem wirksamen – und dokumentierten – Verfahren des Risiko- und des CMS-Status-Monitorings ist hier das globale unternehmensweite **Status- und Risiko-Reporting** an die Unternehmensleitung bedeutsam.

375 Die angedachten **Steuerungsmaßnahmen** können **prozessimmanent oder -übergreifend** zur besseren Koordination verschiedener Hauptprozesse wirken, beispielsweise zwischen dem CMS, IKS und QMS des Unternehmens. Ansetzen können sie ferner auf Systemebene, bei Risikofeldern, Risikoeignern, Prozessen, einzelnen Ursachen oder Fallkonstellationen. Zu den Präventionsmaßnahmen zählen daneben vor allem auch wirksamere Maßnahmen zur künftigen Risikoüberwachung und -kontrolle.

376 In das Management wirksamer **Steuerungsmaßnahmen** müssen selbstverständlich die **Risikoeigener** und relevanten Fachabteilungen eingebunden werden. Die **Unternehmensleitung** hat die Pflicht, die Effektivität und Effizienz der Steuerungsmaßnahmen in Bezug auf jedes spezifische Risiko kontinuierlich – in Zyklen, die der jeweiligen Risikointensität angepasst sind – zu überwachen und hierzu berichten zu lassen. Erforderlichenfalls müssen die implementierten Steuerungsmaßnahmen angepasst werden.

377 **Risikosteuerungsmaßnahmen** sind mindestens so **zahlreich** und vielfältig wie die Ursachen und Auswirkungen der Compliance-Risiken. Einige Beispiele für Risikosteuerungsmaßnahmen aus verschiedenen Bereichen werden im Folgenden aufgeführt. Wichtig für die Wirksamkeit und Wirtschaftlichkeit der Maßnahmen ist, nicht lediglich sporadisch vorzugehen, sondern die Steuerungsmaßnahmen so aufeinander abzustimmen, dass sie sich ergänzen und verstärken.

d) Verbesserte Integration des Compliance-Management-Systems

378 **Integration** ist ein wesentliches Wirksamkeits- und Wirtschaftlichkeitskriterium des CMS, welches folglich auch im Fokus von Behörden und Stakeholdern steht. Auf die Risikosteuerung wirken sich beispielsweise folgende Maßnahmen aus:
- Prozessverbindungen zwischen CMS, IKS, QMS, dem Legal Management, Internal Audit, HR, Controlling usw.,
- Integration in die operativen Prozesse,
- weltweite Integration in Tochtergesellschaften und ähnliche Einheiten.

Organisationsmaßnahmen

Im Bereich der Aufbau- und Ablauforganisation wirken sich beispielsweise folgende Maßnahmen auf die Risikosteuerung aus: 379
- konkrete Transparenz- und Dokumentationsgrundsätze in allen Prozessen,
- klare schriftliche Definition und Abgrenzung von Verantwortungs-, Zuständigkeits-, Aufgaben- und Kompetenzbereichen,
- Aufgaben- und Stellenbeschreibungen,
- Prozessdefinitionen,
- schriftliche Stellvertretungsregeln,
- System schriftlich definierter Handlungs- und Entscheidungsspielräume Angehöriger verschiedener Managementebenen innerhalb der globalen Organisation (*DoA – delegation of authority*),
- globales Monitoring-System,
- wirksames globales Risiko- und Status-Reporting-System,
- schriftliches Aufgabenprofil für die Compliance Officer,
- hinreichende behörden- und stakeholderfeste Dokumentation relevanter Compliance-Steuerungs- und -Kontrollprozesse,
- hinreichende Compliance-Ressourcen,
- interne und externe Compliance-Kommunikation durch die Unternehmensleitung,
- risikospezifische Trainings, Workshops und Informationsangebote,
- wirksames Management der internen Richtlinien,
- mehrere Kanäle der Compliance-Informationsvermittlunge, z.B. E-Learnings, persönliche Trainings, Intranet, das Compliance Office, Ombudsleute oder Informationsbroschüren,
- mehrere Kanäle für die Kommunikation von „Compliance Concerns" der Mitarbeiter,
- Compliance-bezogenes Management von Geschäftspartnern, unter anderem wirksame und dokumentierte Auswahl- und Due-Diligence-Verfahren,
- wirksame und dokumentierte Sachverhaltsaufklärungen (→ Rn. 120 ff., 131 ff.).

Führungsmaßnahmen

Neben vielen anderen (→ Rn. 505 ff.) wirken sich folgende Führungsmaßnahmen auf die Compliance-Risikosteuerung aus: 380
- klare, kontinuierliche und einheitliche Position und interne Kommunikation des oberen und mittleren Managements im Hinblick auf das Compliance Management (→ Rn. 533 ff.),
- schriftliche, Compliance-bezogene Führungsprinzipien (→ Rn. 518),
- Grund- und Leitwerte der Organisation, die Performance- und Compliance-Ziele integrieren (→ Rn. 518, 529 ff.).

Personalmaßnahmen

381 Im HR-Bereich sind unter anderem folgende Maßnahmen zur Steuerung der Compliance-Risiken geeignet:
- Personalmarketing-Maßnahmen mit Ausrichtung auf die Compliance-Ziele des Unternehmens,
- Due Diligence von Führungskräften vor und nach ihrer Einstellung bzw. Beförderung,
- Vergütungssystem für Angehörige des Managements mit Integration von Compliance-Zielen und -Aufgaben.

Reaktive Maßnahmen

382 Im reaktiven Bereich entfalten beispielsweise folgende Instrumente und Maßnahmen risikosteuernde Wirkung:
- Hinweisgebersystem (→ Rn. 205 ff., 238 ff.),
- Investigation Policy (→ Rn. 155 ff.),
- Disziplinarmaßnahmen wie Ermahnung, Abmahnung, Entziehung Compliance-bezogener flexibler Gehaltsbestandteile, Versetzung sowie ordentliche und außerordentliche Kündigung (→ Rn. 556 ff.),
- auf einzelne Personen oder kleine Gruppen ausgerichtete Coaching- oder Trainingsmaßnahmen.

e) Kontinuierliche Anpassung, Aktualisierung und Verbesserung des Compliance-Management-Systems

383 Die kontinuierliche Anpassung des CMS ist neben der Risikoidentifikation und -bewertung sowie der Definition wirksamer Kontrollmaßnahmen ein **Kernprinzip** jedes wirksamen CMS und eine zentrale rechtliche **Kernpflicht** der Unternehmensleitung (→ Rn. 169 ff.). **Anpassungen** müssen sich **beispielsweise** beziehen auf:
- veränderte Risikowerte (→ Rn. 303, 350, 362),
- neu auftretende Risiken,
- veränderte unternehmensinterne und -externe Risikoparameter,
- veränderte geschäftliche Aktivitäten,
- Veränderungen der Aufbau- und Ablauforganisationen,
- M&A, Joint Ventures oder strategische Partnerschaften,
- veränderte Rechtsprechung oder gesetzliche Erfordernisse,
- veränderte Umfeldparameter der Compliance-Risiken,
- ausgewertete Fälle von Compliance-Verstößen,
- Lerneffekte aus Compliance-Fällen anderer Unternehmen.

384 Für die Unternehmensleitung hat die kontinuierliche Anpassung des Compliance-Systems neben der Erfüllung ihrer Kernpflichten auch den Nutzen einer Demonstrations- und Signalwirkung im Sinne **klarer Positionierung** den internen und externen Stakeholdern gegenüber.

f) Dilemma der optimalen Ressourcenzuteilung

Die Unternehmensleitung hat **Gestaltungsspielräume** bei der Dimensionierung des CMS. Stets muss es wirksam im Hinblick auf das festgestellte Risikoportfolio sein. Es gilt das „**Adäquanzprinzip**": Danach muss das CMS „hinreichend wirksam" im Hinblick auf die sachgemäß festgestellten und sachgerecht dokumentierten Risiken sein. **Einfluss** auf die Komplexität des CMS geht neben zahlreichen weiteren Aspekten unter anderem von zahlreichen Risikoparametern (→ Rn. 267 ff.), wie Größe und Komplexität der Organisation, Branche, Produkte, Leistungen, Internationalisierung, Rechtsform, Stakeholdern und ihren Erwartungen, u.v.a., aus.

385

Welche Maßnahmen hinreichend wirksam sind und welche nicht, wird durch diese **Parameter** des individuellen Unternehmens bestimmt (→ Rn. 267 ff.). Dabei lässt sich die Wirksamkeit nicht mathematisch nachweisen, sondern beruht auf **verständiger Würdigung der Unternehmensleitung** auf **nachweislich wirksamer Informationsgrundlage** (→ Rn. 73 ff., 202 ff.). Die rechtlich und wirtschaftlich zwingend erforderliche **Informationsgrundlage** besteht primär in der kontinuierlichen, sachgerecht dokumentierten, wirksamen Risikoidentifikation, -bewertung, -steuerung und -überwachung. Sie ist Voraussetzung der Freizeichnung der Leitungspersonen.

386

Welche spezifischen Steuerungsmaßnahmen die Unternehmensleitung für identifizierte und bewertete Compliance-Risiken anordnen muss, bestimmt sich neben der wirksamen Informationsgrundlage und der verständigen Würdigung der Wirksamkeit von Maßnahmen auch nach dem **Grundsatz der Verhältnismäßigkeit**. Danach müssen nur Aufsichts- und Steuerungsmaßnahmen ergriffen werden, die auf Basis einer gewissenhaft durchgeführten Ex-ante-Prognose geeignet erscheinen, Compliance-Fehlverhalten zu verhindern (**Eignungsgrundsatz**). **Unter mehreren gleich geeigneten** Maßnahmen dürfen die wirtschaftlichsten sowie diejenigen mit den geringsten unerwünschten Nebenwirkungen ergriffen werden (**Grundsatz der Erforderlichkeit**). Zudem müssen nach dem **Adäquanzprinzip** grundsätzlich nur die wirtschaftlich, zeitlich, finanziell und organisationsbezogen objektiv zumutbaren Steuerungs- und Monitoring-Maßnahmen getroffen werden.

387

Die zu treffenden **wirksamen Maßnahmen** muss die Unternehmensleitung im Rahmen einer **Gesamtabwägung** bestimmen. In der Praxis ist diese so gut wie immer mit erheblichen **Unsicherheiten** behaftet. Ob Behörden und andere Stakeholder die Abwägung in gleicher Weise vornehmen würden und so zum Schluss der Pflichtgemäßheit der Compliance-Risikosteuerung gelangen, ist für die **Unternehmensleitung** oftmals nicht

388

oder nur **schwer vorhersehbar**. Welche Maßnahmen im konkreten Einzelfall als wirksam und ausreichend gelten können, sollte sich die Unternehmensleitung nach Möglichkeit durch interne oder externe Fachleute auf Grundlage umfassender praktischer Implementierungserfahrung **bestätigen** lassen.

g) Mittelweg im Hinblick auf Komplexität des Compliance-Management-Systems

389   Bei der Risikosteuerung wie bei den übrigen Schritten des Compliance-Risikomanagements ist zunächst vor allem die **Größe und Komplexität der Aufbau- und Ablauforganisation** ein wichtiges Kriterium, das die Qualität und Quantität der eingesetzten Mittel bestimmt. In der Praxis müssen Unternehmen hier regelmäßig einen **Mittelweg** zwischen zwei grundsätzlichen Erfordernissen finden:

1. Das CMS muss aus rechtlichen und wirtschaftlichen Gründen „**unternehmensweit**" ausgeprägt sein und dabei alle relevanten Bereiche mit hinreichender **Dichte** abdecken.

2. Zu viel **Komplexität erzeugt** wiederum **Unwirksamkeit** und auch Ineffizienz des Compliance-Systems – etwa durch mangelnde Geschäftsnähe oder durch Widerstände und mangelnde Akzeptanz aufseiten der Unternehmensangehörigen.

390   Das entstehende Spannungsverhältnis wird in vielen Unternehmen zumindest in den ersten Phasen des Aufbaus eines CMS zu Recht als **Dilemma** empfunden, das auf **zwei Grundursachen** beruht:

1. **Rechtlich:** Für die Unternehmensleitung – wie auch für das Compliance Office und die Rechtsabteilung – ist meist schwer einzuschätzen, ab welcher Quantität- und Qualitätsuntergrenze Compliance-Management-Prozesse, -Instrumente und -Ressourcen von Behörden und Stakeholdern im Sinne der Haftungsfreizeichnung der Leitung im Zweifel **als hinreichend wirksam beurteilt** würden. Gesetzliche Bestimmungen oder Ableitungen aus der Rechtsprechung hierzu bestehen nicht ansatzweise. Der Grund hierfür ist einfach: Compliance-Risikoprofile von Unternehmen sind stets höchst individuell ausgeprägt und unterscheiden sich selbst zwischen Unternehmen derselben Branche und ähnlicher Größe meist ganz erheblich, da sie von hunderten unternehmensindividuellen Parametern beeinflusst werden. Ebenso individuell und einzelfallbezogen müssen daher notgedrungen auch die erforderliche Qualität und Quantität der Mittel definiert und beurteilt werden, anhand derer aus Sicht der Behörden und Stakeholder „hinreichende" Wirksamkeit des Compliance Managements erreicht wird.

2. **Wirtschaftlich:** Auch die **tatsächliche Wirksamkeit** der Compliance-Maßnahmen im Sinne der Verhinderung von Fehlverhalten und

daraus entstehenden direkten Schadens sowie Folgeschadens ist in der Unternehmenspraxis meist nicht präzise einzuschätzen. Wo der genaue **Schnittpunkt** zwischen **Kosten- und Schadenskurve** zur Bestimmung des optimalen Mitteleinsatzes liegt, kann in der Regel nur annäherungsweise **geschätzt** werden. Hierfür gibt es zwei hauptsächliche **Gründe**:

- Direkter **Schaden**, mittelbare Folgeschäden und Kosten von Compliance-Regelverstößen sind teilweise **nicht** oder nur sehr langfristig – und auch dann nur schätzungsweise – **bestimmbar**, von immateriellen Schadenswirkungen gar nicht erst zu sprechen. Einige wenige aus vielen Dutzenden Beispielen sind Reputations- und Imageeffekte, Kundenverhalten, Opportunitätskosten, entgangene Chancen und Anreizwirkung von Fehlverhalten auf weitere Regelverstöße. Daneben werden durch Compliance-Defizite zahlreiche weitere nachteilige operative und strategische Effekte verursacht (→ Rn. 64 ff.).
- Die **Wirkung** einzelner Compliance-Maßnahmen, etwa fokussierter Trainings zur Korruptionsprävention, lässt sich in der Praxis **kaum präzise abschätzen**. Kein Kriterium hierfür sind etwa unternehmensintern festgestellte abnehmende Deliktszahlen. Einfacher Grund sind die Dunkelziffer und zahlreiche weitere Parameter, welche auf die tatsächliche Anzahl der aufgedeckten Fälle wirken. Ebenso wenig eignen sich beispielsweise Mitarbeiterumfragen oder Key Performance Indicators für CMS zur eindeutigen Einschätzung der Wirksamkeit einzelner Compliance-Maßnahmen.

Als **Reaktion** auf das Dilemma ist in so gut wie allen Unternehmen **notgedrungen** eher eine **passive Entwicklung** als ein zielgerichteter Entscheidungsprozess zu beobachten. Zumeist entsteht über längere Zeiträume eine Art **Pendelbewegung** beim Einsatz von Compliance-Ressourcen sowie bei der Komplexität der Compliance-Management-Prozesse.   391

Ab gewissen erreichten Komplexitätsgraden führen geringes Deliktsaufkommen, geringer festgestellter Schaden und zugleich hoher Kostenaufwand für das CMS in der Unternehmenspraxis fast immer zu **Verschlankungsprojekten** der Compliance-Aufbau- und -Ablauforganisation.   392

Dabei liegt es zwar oft grundsätzlich im Bereich des Möglichen, dass gerade der erreichte CMS-Entwicklungsstand zur Vermeidung schadensträchtiger Delikte geführt hatte. Aufgrund der skizzierten mangelnden Messbarkeit der Wirkung von Compliance-Maßnahmen lässt sich dies aber regelmäßig nicht nachweisen.   393

Treten **nach einer Verschlankung** Compliance-Fälle mit umfassender Schadenswirkung auf, führt dies fast immer wieder zu einer Aufstockung   394 der Compliance-Ressourcen und zur Zunahme der Komplexität der Compliance-Aufbau- und -Ablauforganisation.

395 **Langfristig** pendelt sich das **optimale Verhältnis** zwischen **Ressourcen**, **Komplexität**, **Wirtschaftlichkeit** und **Wirksamkeit** in der Regel auf ein mittleres Maß ein. Dennoch erhöhen größere Schadensfälle stets wieder den Aufwand und die eingesetzten Mittel – nicht zuletzt auch, weil die Unternehmensleitung dann rechtlich und wirtschaftlich dazu verpflichtet ist.

396 Aus Sicht der Unternehmensleitung liegt die **bestmögliche Lösung des Dilemmas** im Hinblick auf **optimale Ressourcen** und Komplexität des CMS bzw. bester Kombination aus Wirksamkeit und Wirtschaftlichkeit in einem **tendenziell schlanken**, aber **erfahrungsbasierten Ansatz**.

397 Dabei sollten **Erfahrungen aus anderen Unternehmen** verwertet werden. Grundsätzlich sind **Benchmarks** im Compliance Management zwar mit Vorsicht zu behandeln (→ Rn. 204). Auch wenn sich Risikoprofile und damit die Umsetzung des CMS in Unternehmen teilweise stark unterscheiden, lassen sich **Grunderfahrungen** zur wirksamen Umsetzung einzelner Maßnahmen aber dennoch auf andere Unternehmen übertragen.

398 Damit können **Pendelbewegungen** bei der Ressourcenabteilung und Definition des optimalen Komplexitätsgrads des CMS zumindest abgeschwächt und beschleunigt werden. CMS-**Kosten**, Beratungskoten, direkte und indirekte Schadenskosten sowie Haftungsrisiken aufgrund defizitärer CMS können hierdurch in der Unternehmenspraxis erheblich **reduziert** werden.

h) Unternehmensweites Risiko-Reporting als Kern der CMS-Wirksamkeit

399 Das **Risiko-Reporting** ist von **eminenter Bedeutung**. Die Wirksamkeit und Steuerbarkeit des CMS steht und fällt mit dessen Wirksamkeit. Gleiches gilt für die **Wirtschaftlichkeit** im Sinne der Schadensverhinderung. Risiken, die der Unternehmensleitung nicht bekannt werden, kann sie nicht steuern. **Schadensauswirkungen** können dann nicht oder nicht rechtzeitig verhindert werden. Dies hat zahlreiche wirtschaftliche – und mitunter bestandsgefährdende – Folgen einschließlich operativer und strategischer Nachteile. Die Bedeutung des Compliance-Risiko-Reportings nimmt mit Größe und Komplexität des Unternehmens sogar noch zu.

400 Auch aus **rechtlicher Sicht** ist die **Risikoberichterstattung** aufgrund ihrer offensichtlichen Bedeutung zentrale **Wirksamkeitsvoraussetzung** des **CMS** und damit **Teil** der **Compliance-Management-Pflichten** der **Unternehmensleitung**.

Folgende **Kernpunkte** zum **Compliance-Risiko-Reporting** sollte die   401
Unternehmensleitung beachten:

- Die Delegation der **Konzeption** des Risiko-Reporting-Systems und dessen kontinuierliche **Betreuung** erfolgt am zweckmäßigsten an das Compliance Office bzw. den **CCO**, soweit hier entsprechende erfahrungsbasierte Kompetenzen verortet sind.
- Das Compliance-Risiko-Reporting sollte zentral eingebettet und **wirksam vernetzt** sein mit allen übrigen CMS-Bestandteilen, z.B. der schriftlichen Compliance-Strategie der Unternehmensleitung.
- Sämtliche **Risikoeigner**, Geschäftsbereiche, Fachbereiche, Standorte, Tochterunternehmen usw. müssen **Risikoberichte** erstellen.
- Risikoberichte ergehen **periodisch** (z.B. monatlich) und **ad hoc** anlassbezogen. Anlässe werden zuvor klar definiert.
- **Risikokategorien** bzw. **Risikoarten** sowie **Risikobewertungskriterien** im Sinne von Eintrittswahrscheinlichkeit und zu erwartendem Schadensausmaß werden vorab unter Mitwirkung der Beteiligten klar **definiert**.
- Für periodische und anlassbezogene Ad-hoc-Risikoberichte werden funktionale **Standardformate** erstellt.
- Der **CCO sammelt** die individuellen Risikoberichte der Risikoeigner, fordert bei Bedarf **Präzisierungen** und weitere Informationen an und **aggregiert** und **verdichtet** die gemeldeten Risiken für die Unternehmensleitung **entscheidungsbezogen** im periodischen (monatlichen) **Gesamtrisikobericht** für das Unternehmen. Die Unternehmensleitung muss wesentliche Sachverhaltsdetails und mögliche Schadenswirkungen schnell erfassen können. Dabei werden insbesondere **Veränderungen** von Risikowerten und neue Risiken im Vergleich zur vorausgehenden Periode ebenso herausgearbeitet wie die Wirkung der in der Vergangenheit implementierten **Risikosteuerungsmaßnahmen**. Grafische Teildarstellungen wie *heat maps* oder sog. Ampelsysteme sollten mit sachgemäßer Vorsicht eingesetzt werden, weil sie die Gefahr von Vorwegnahmen der Risikobewertung durch die Risikoeigner oder das Compliance Office bergen und zum Übergehen ausschlaggebender Sachverhaltsdetails führen können.
- **Inhalte** des **periodischen aggregierten Berichts des CCO** an die Unternehmensleitung sind beispielsweise gemeldetes potenzielles Fehlverhalten, laufende Sachverhaltsaufklärungen bzw. Fallbearbeitungen, Statusübersicht über Steuerungsmaßnahmen sowie Kennzahlen zu Aktivitäten, Abläufen, bearbeiteten Vorfällen und ähnlichen Aspekten, die aufgrund begrenzter Aussagekraft aber häufig mit Vorsicht zu verwenden sind.
- Eine kurze fokussierte **Prozessrichtlinie** für das **Risiko-Reporting** ist für die Wirksamkeit der Risikoberichterstattung in den meisten Unternehmen unentbehrlich. Sie deckt sowohl das periodische Reporting als

auch das Ad-hoc-Reporting ab. Letzteres geht in die aufgrund der Organisationspflichten und wirtschaftlichen Wirkungen ebenfalls häufig anzuratende(n) **Notfall-/Krisen-/Business-Continuity-Richtlinie(n)** über.

- Die Prozesse des **Risiko-Reportings** müssen wirksam – und zur Haftungsfreizeichnung präzise und dauerhaft dokumentiert – mit den folgenden Verfahren verknüpft werden:
  - **Case Management/Case Tracking** (→ Rn. 205 ff., 328 ff.),
  - fortwährende **Wirksamkeitsüberwachung** von CMS-Maßnahmen,
  - **kontinuierliche Wirksamkeitsanpassung** des CMS,
  - **Krisen-/Notfall-/Business-Continuity** Management (s.o.).
- Der **CCO informiert** und **trainiert** die beteiligten **Risikoeigner** im Hinblick auf wirksame Verfahren der **Risikoidentifikation, -bewertung** und **-berichterstattung**, einschließlich der definierten Prozessrichtlinie. Trainingserfolge sollten schriftlich **verifiziert** und durchgeführte Trainings in die dauerhafte CMS-**Dokumentation** eingehen. Trainings müssen **periodisch aktualisiert** werden.
- **Softwarelösungen** für die Risikoberichterstattung sind sinnvoll, sofern sie mit dem *Case Tracking*-System integrierbar, flexibel auf sonstige Bedürfnisse anpassbar, einfach zu bedienen und für die dauerhafte CMS-Dokumentation tauglich sind. Dies ist nach den Erfahrungen der Unternehmenspraxis durchaus nicht bei allen am Markt angebotenen Produkten der Fall. Merkmale einzelner Softwarelösungen, Nutzen und Aufwand sollten vor Entscheidung für einen Anbieter und ein Produkt sorgfältig geprüft und abgewogen werden. *Trial and Error*-Verfahren sind bei der stets vielfältig vernetzten und zentral eingebetteten Risikomanagement-Software enorm aufwendig und in der Praxis kaum durchführbar. Erfahrungen anderer Unternehmen haben hier bisweilen zeit- und kostensparende Wirkung. Sinnvoll auf die Unternehmensbedürfnisse zugeschnittene Lösungen erhöhen die Wirksamkeit und Effizienz des Risiko-Reportings jedoch ab einer gewissen Größe und Komplexität des Unternehmens erheblich: Redundante und inkonsistente Daten werden vermieden, Kommunikationsprozesse gesichert, beschleunigt und dokumentiert etc.
- Zur Haftungsfreizeichnung der Unternehmensleitung müssen die **Risikoberichte** und darauf basierende **Steuerungsentscheidungen sorgfältig und langfristig dokumentiert** werden.
- Die **Wirksamkeit** des Risiko-Reportings und der übrigen Schritte des Risikomanagements sollte **regelmäßig** durch eine unabhängige Stelle, z.B. die Interne Revision oder unabhängige Fachleute, überprüft und dokumentiert werden.

i) Unternehmensinterne Risikomanagement-Policy

Je nach Umfang und Komplexität der Geschäfts- und Fachprozesse und der Zahl der am Risikomanagement beteiligten Personen ist eine **Risikomanagement-Policy** sinnvoll. Mögliche **Kerninhalte** sind beispielsweise: 402

- Grundprinzipien, z.B. dezentralisierte Führung, Eigenverantwortung, Aktivitätenkatalog des Risikomanagements,
- rechtliche Anforderungen – etwa nach KonTraG, BilMoG, DCGK,
- Kerndefinitionen – etwa von internen und externen Risiken, Prozessrisiken, Entscheidungsrisiken und anderen relevanten Risikokategorien,
- individuelle Risikolandschaft des Unternehmens mit Risikokategorien, etwa operationalen Risiken, Management-Risiken, IT-Risiken, Compliance-Risiken, finanziellen Risiken,
- Grundstrategien der Unternehmensleitung zur Risikominderung,
- Grundfunktionen des unternehmensindividuellen Risikomanagement-Systems,
- Funktionsbeschreibung der am Risikomanagement beteiligten Hauptpersonen, Verantwortlichen und Gremien – etwa Board, Reporting Units, Risk Owner, Corporate Funktionen, Interne Revision, Risikomanager,
- Hauptbeziehungen der Beteiligten, jeweilige Aufgaben, Verantwortlichkeiten und Handlungs- und Entscheidungskompetenzen – beispielsweise in Form kurzer, übersichtlicher Tabellen oder Grafiken,
- Grafik der Hauptschritte des Risikomanagement-Kreislaufs, z.B.
    - Festlegen von Zielen, Inhalten und Infrastruktur,
    - Risikoanalyse (Identifikation, Bewertung, Reporting),
    - Definition von Strategien der Risikosteuerung,
    - Grundmaßnahmen und -prozesse der Risikosteuerung,
    - Überwachung der Wirksamkeit der Risikosteuerung,
    - Anpassung und kontinuierliche Verbesserung des Risikomanagement-Prozesses, der wiederum in die Risikoanalyse einfließt,
- Berechnungsweise von Brutto- und Nettorisiken,
- Indexwerte für die Risikobewertung nach finanzieller Schadensauswirkung auf den Cashflow und nach der Eintrittswahrscheinlichkeit,
- Arbeitsbeispiel einer Risikobewertung,
- Eskalationsstufen der Risikosteuerung je nach Höhe der Indexwerte (Schadenswirkung/Wahrscheinlichkeit) jedes Risikos,
- Ad-hoc-Reporting von Risiken einschließlich Schwellenkriterien und Eskalationsstufen,
- Verantwortlichkeiten der Teilunternehmen von Konzernen, Geschäftseinheiten und anderen Risikoeignern,
- Risiken, die von den Eignern regelmäßig selbst gesteuert werden sowie solche, die zentral mitüberwacht und -gesteuert werden,
- Risiken, die besonders intensiver Überwachung und Ad-hoc-Reportings bezüglich Veränderungen bedürfen,

- Dokumentation der Risiken und des Risikomanagements,
- Fachkontakte für Fragen zum Risikomanagement.

j) Überwachung und Prüfung der Wirksamkeit der Risikoanalyse

403 Die Unternehmensleitung sollte insbesondere bei der **Risikoanalyse** auf deren **regelmäßige Überprüfung** durch das Compliance Office, die Interne Revision sowie nach Möglichkeit zusätzlich durch externe Fachkräfte achten, da die Risikoanalyse essenzielle Wirksamkeitsvoraussetzung des CMS bildet (→ Rn. 254).

404 Die Überprüfung sollte durch **eigene Risikoeinschätzungen** der prüfenden Stelle fundiert werden. Sie sollte sich auf Methoden, Vollständigkeit, Rechtmäßigkeit, Wirksamkeit und Wirtschaftlichkeit erstrecken, durch Stichprobenkontrollen gestützt werden sowie Verbesserungsvorschläge benennen.

405 Zur Haftungsfreizeichnung sollten Prüfungen des Verfahrens der Risikoanalyse unbedingt behörden- und stakeholdergerecht **dokumentiert** werden.

G. Wirksames und wirtschaftliches Compliance-Management-System

I. Dokumentation des Compliance Managements als essenzielle Freizeichnungsvoraussetzung

406 „Was die Unternehmensleitung nicht nachweisen kann, gilt als nicht erfolgt bzw. nicht existent." Diese ebenso lapidare wie aphoristische Bemerkung eines Staatsanwalts im Rahmen einer Durchsuchung führt auf Ebene der **Unternehmensleitung** in der Praxis regelmäßig zu erheblicher – und zudem berechtigter – **Besorgnis**.

407 Kommt es beispielsweise zu **Durchsuchungen** im kartellrechtlichen Bereich, erfolgen diese branchenintern bei den möglichen Hauptakteuren. Auch wenn das Unternehmen im Hinblick auf das Wettbewerbsrecht keinerlei Verfehlungen zu vertreten hat, weist der **Durchsuchungsbeschluss** regelmäßig die **Vermutung** aus, dass aufgrund der möglichen materiellrechtlichen Verfehlungen auch das CMS des Unternehmens fehlerhaft gewesen sei und der **Unternehmensleitung** daher entsprechendes **Verschulden** anzulasten sei.

408 In der Unternehmenspraxis muss die Unternehmensleitung Behörden, Aufsichtsgremien, Investoren und anderen Stakeholdern inzwischen relativ häufig die Erfüllung ihrer Compliance-Leitungs-, -Steuerungs-, -Über-

wachungs- und -Organisationspflichten belegen. Zumeist bezieht sich diese Belegpflicht auf **Zeiträume der Vergangenheit** – typischerweise Jahre zurückliegend, falls es zu vermuteten Verfehlungen gekommen ist. Die Defizite und Unterlassungen der Vergangenheit führen dann mitunter zu nachträglich nicht mehr zu kompensierenden Dokumentationslücken.

Für die **Freizeichnung und Entlastung der Unternehmensleitung** ist die Dokumentation im Hinblick auf die teils sehr spezifischen Anforderungen der unterschiedlichen Behörden, Investoren und der anderen Stakeholder **von eminenter Bedeutung**. Hierzu gehören alle relevanten Bestandteile des CMS und ihre jeweils risiko- und unternehmensspezifische Entwicklung. Umfasst sind somit auch alle tatsächlichen oder angeblichen Compliance-Vorfälle, die in der Regel in Datenbanken gespeichert werden, aus denen periodisch aggregierte Reports für die Unternehmensleitung erstellt werden (→ Rn. 205 ff., 328 ff.). 409

Wie die langjährige Praxisbeobachtung belegt, bestehen hinsichtlich der **CMS-Dokumentation für die Unternehmensleitung** durchaus nicht selten **gefährliche Defizite**. **Beispiele** sind: 410
* **inhaltliche Dokumentationslücken** in Bezug auf Einzelmaßnahmen sowie das kohärente CMS insgesamt,
* **zeitliche** Dokumentationslücken zur unternehmensindividuellen Entwicklung von Maßnahmen und CMS,
* Dokumentationslücken insbesondere der wirksamen **Risikoanalyse** als essenzielle CMS-Grundlage (→ Rn. 254 ff.),
* Lücken bei der Dokumentation der wirksamen **Korrelation** spezifischer Risiken und spezifischer Steuerungsmechanismen (→ Rn. 357 ff.).

Für **Dokumentationslücken** sind in der **Unternehmenspraxis fünf** hauptsächliche **Gründe** auszumachen: 411
1. Im anforderungsreichen Tagesgeschäft wird die CMS-Dokumentation sachlich notwendig in der Regel **zeitlich am Ende** von Maßnahmen durchgeführt.
2. In der Unternehmenspraxis geht die systematische, kontinuierliche Aktualisierung der CMS-Dokumentation im Tagesgeschäft teilweise unter und wird dauerhaft vernachlässigt. Dringende Aufgaben des tagesaktuellen Compliance Managements fordern die eingesetzten Ressourcen im Bereich des Risikomanagements, der Anpassung und Nachbesserung des CMS sowie bei der Sachverhaltsaufklärung möglicher Compliance-Verstöße zeitlich unmittelbar sowie in vollem Umfang, sodass die systematische Dokumentation tendenziell aus dem Blick gerät. Aufgrund des Drucks anschließender neuer Pflichten und Maßnahmen oder ungeplanter Ereignisse wird die Dokumentation von CMS- und

risikorelevanten Maßnahmen **häufig vertagt** und aufgrund Zeitablaufs schließlich oftmals ganz unterlassen. Später stehen dann einzelne Dokumente sowie frische Erinnerungen nicht mehr zur Verfügung, was das Nachholen weiter erschwert und die Tendenz, die Dokumentation dauerhaft zu vernachlässigen, weiter erhöht. Die Macht des Verdrängten tut oftmals ein Übriges, um Dokumentationslücken gänzlich dem – für die Unternehmensleitung bisweilen höchst gefährlichen (→ Rn. 144 ff., 406 ff.) – Vergessen anheimfallen zu lassen. Dies ist zumeist ein unbemerkter, schleichender Prozess, der bei aufgelaufenen Defiziten und entsprechendem Nachbesserungsbedarf zudem mancher psychologischen Verdrängungswirkung der Beteiligten unterliegt.

3. Für eine periodische, systematische Prüfung der Dokumentation des CMS **fehlen** den unternehmensinternen Mitarbeitern oftmals zeitliche **Ressourcen, Übersicht und Erfahrung** im Hinblick auf die spezifischen Anforderungen verschiedener Behörden, Investoren und anderer Stakeholder.

4. Die Dokumentation gehört als zeitaufwendiges, **komplexes** und zudem nicht besonders interessantes **Verfahren** zumeist nicht zu den Lieblingsthemen der am CMS Beteiligten.

5. Dokumentationslücken **gehen nicht in Leistungsbewertungen ein** und fallen zumeist nicht unmittelbar auf, sondern **erst Jahre später** bei Nachweisbedarf zur Entlastung und Freizeichnung der Unternehmensleitung. Zudem ist Jahre später die ursprüngliche Verantwortung zur Dokumentation der lückenhaften Stellen mangels nachweisbarer Zuweisung oder Personalwechsels mitunter nicht mehr lokalisierbar.

412 **Für die Unternehmensleitung** ist deshalb im Hinblick auf Freizeichnung und Entlastung eine **regelmäßige** unabhängige und **schriftliche Beurteilung der** Wirksamkeit und Hinlänglichkeit der bestehenden **CMS-Dokumentation** sinnvoll (→ Rn. 406 ff.).

II. Kernelemente des Compliance-Management-Systems

413 **Welche Bestandteile** ein CMS im eigenen Unternehmen umfassen muss, um in Bezug auf die (wirksam und sachgemäß festgestellten und dokumentierten) Compliance-Risiken wirksam zu sein, ist von den zahlreichen **unternehmensindividuellen Merkmalen** des Unternehmens und seiner Aktivitäten abhängig, die diese Risiken beeinflussen (→ Rn. 267 ff.). Neben der Unternehmensgröße, Komplexität der Abläufe, Branche, den Auslandsaktivitäten und Vertriebswegen werden hier Dutzende, oftmals Hunderte weitere Parameter relevant. Sie müssen im Rahmen der sachgemäßen Compliance-Risikoanalyse hinreichend Beachtung finden.

Ein **CMS** weist, je nach Unternehmensgröße und -komplexität, regelmäßig 414
folgende **Kernelemente** auf, die jeweils eigenen Wirksamkeitserfordernissen unterliegen: Die wesentlichen Kernelemente finden sich auch in
internationalen kodifizierten Standards (→ Rn. 53 ff.), die unter anderem zu
folgenden Aspekten Leitlinien zur Verfügung stellen:
- wirksame Risikoidentifikation, -bewertung, -überwachung, -berichterstattung und -steuerung,
- Risiko- und CMS-Status-Monitoring,
- periodische Wirksamkeitsbeurteilung und Angleichung des CMS an veränderte Risiken,
- wirksame Sachverhaltsklärung,
- wirksame Information, Anleitung und Führung der Mitarbeiter, einschließlich Trainings, interner Richtlinien und Top Level Commitment.

Die **Unternehmensleitung** sollte im Hinblick auf die **Anpassung** der **Kern-** 415
elemente des CMS auf die unternehmensindividuellen Merkmale insbesondere folgende Aspekte **sicherstellen**:
- interne und/oder externe **Kompetenz** im Hinblick auf Aufbau und kontinuierlicher Erhaltung der Wirksamkeit des CMS,
- klare definierte Zuweisung der Compliance-Verantwortlichkeit innerhalb der Unternehmensleitung im Rahmen der **horizontalen Delegation** (→ Rn. 173 ff.),
- wirksame **vertikale Delegation** (→ Rn. 173 ff.) der Compliance-Pflichten an einen haupt- oder nebenamtlichen Compliance-Beauftragten, Compliance Officer o.Ä.,
- im Konzern Einsetzung **zentraler und lokaler** Compliance-Beauftragter,
- Gründung eines **Compliance Committee**, Compliance Board oder eines ähnlichen Compliance-Steuerungsgremiums.

III. Zwölf Erfolgskriterien für die Unternehmensleitung

Die **Summe** der **Erfolgskriterien** des Compliance Managements ist in 416
jedem **Unternehmen individuell** zusammengesetzt. Einige Aspekte sind
objektive **Pflichtanforderungen**, die die Unternehmensleitung aus wirtschaftlichen und rechtlichen Gründen stets umsetzen muss, andere rangieren an individuell unterschiedlichen Stellen der **Erfolgsbilanz** der Unternehmensführung. **Beispiele** sind:
1. **strategische und operative Nutzenaspekte** eines wirksamen CMS (→ Rn. 64 ff.),
2. **Haftungsfreizeichnung** der Unternehmensleitung,
3. Verhinderung direkter, indirekter, materieller und immaterieller **Schadenswirkungen**,
4. **Stakeholder-Erwartungen:** Wirksames und zuverlässiges Compliance Management des Unternehmens ist im Interesse zahlreicher Stakehol-

der, wie etwa Kunden und andere Geschäftspartner, Anteilseigner, Behörden, strategisch wichtige Lieferanten, Kreditinstitute, Joint-Venture-Partner u.v.a.; je nach Einflussgrad sollten Stakeholder im Hinblick auf die Compliance-Strategie sowie die CMS-Konzeption und -Umsetzung nach Prioritäten geordnet werden,

5. Einbettung in die **allgemeinen Unternehmensziele**,
6. enge Integration in die Führungsleitlinien und das übrige **Führungssystem**,
7. Verbindung von Compliance-Management- und **Performance-Management-System** zur Motivations- und Leistungssteigerung,
8. kontinuierlich positive **Rückmeldungen** der Mitarbeiter zum CMS, etwa zu Verständlichkeit, Geschäftsnähe und Praktikabilität und zur Compliance-Kommunikation und -Motivationswirkung, die von der Unternehmensleitung ausgeht, Glaubwürdigkeit und Compliance-Autorität der Unternehmensleitung, intrinsische Compliance-Motivation der Mitarbeiter,
9. positive – und valide definierte – **Kennzahlen** zur Wirksamkeit und Wirtschaftlichkeit des CMS,
10. wirksame **Delegation** auf erfahrene, zweifelsfrei kompetente interne und/oder externe Fachkräfte (→ Rn. 223 ff., 229 ff.),
11. **Bestätigung der Wirksamkeit** des CMS durch unabhängige interne oder externe Fachleute **bei zugleich schlanken** auf das CMS verwendeten **Ressourcen**,
12. wirksame **Dokumentation des CMS** zur Entlastung und Freizeichnung der Unternehmensleitung (→ Rn. 406 ff.).

IV. Integration des Compliance-Management-Systems als Grunderfordernis

417 Ein wirksames CMS muss integriert sein. Dies erfordert die enge Verzahnung und **Vernetzung** der **Aufbau- und Ablauforganisation**, beispielsweise der Funktionsbereiche Compliance Management, Recht, Risikomanagement, IKS, Interne Revision, Qualitätsmanagement, Controlling, IT, HR und Corporate Communications. Daneben muss selbstverständlich eine Integration in alle **Geschäftsprozesse**, **Standorte**, **operativen Einheiten usw.** erfolgen.

V. Internationale Compliance-Management-Systeme

418 Compliance-Defizite in **ausländischen Tochter- und Beteiligungsgesellschaften** werden in der Öffentlichkeit und mitunter auch in rechtlicher Hinsicht auf den Konzern bzw. die Unternehmensgruppe und insbesondere die **Muttergesellschaft zurückbezogen**. Für **mittelständische** Unternehmen mit internationalen Aktivitäten gilt dies in gleicher Weise.

Im **internationalen Konzern** muss die Unternehmensleitung beim Aufbau und der Steuerung eine Reihe rechtlicher und praktischer Aspekte bedenken (→ Rn. 426 ff.). Grundsätze sind auf mittelständische Unternehmen mit Tochter- und Beteiligungsgesellschaften im Ausland übertragbar.

419

Zu **internationalen Aspekten** des CMS sollte die Unternehmensleitung unter anderem folgende **Kernpunkte** beachten:

420

- Die **Risikoanalyse** bedarf der intensiven dokumentierten **Einbindung** der ausländischen **lokalen Risikoeigner**, um **Besonderheiten** bei der Identifikation und Bewertung von Compliance-Risiken, die sich häufig aus der Perspektive der Muttergesellschaft nicht abschätzen lassen, angemessen zu berücksichtigen.
- Als eine der wichtigsten Grundlagen muss in allen in- und ausländischen Tochter- und Beteiligungsgesellschaften unternehmensweit ein **einheitliches Verständnis** der von Corporate Compliance umfassten materiell-rechtlichen Anwendungsbereiche sichergestellt werden. Dieses unterscheidet sich beispielsweise in asiatischen Ländern oftmals erheblich von dem in der EU und den USA einheitlich vorherrschenden, da es häufig durch gesellschaftliche Rahmenbedingungen, aber auch durch anders gewichtete rechtliche Bewertungen und Folgen von Delikten geprägt ist. Für die **Compliance-Kommunikation** durch die Unternehmensleitung und den CCO, aber auch im Rahmen von Trainings und internen Richtlinien stellen sich hier anspruchsvolle Aufgaben, die als Wirksamkeitsvoraussetzung des CMS gelöst werden müssen. Regelmäßiger persönlicher **Austausch** von Compliance-Fachkräften und koordinierte Umsetzung von CMS-Themen durch Führungskräfte haben sich in der Unternehmenspraxis als wirksam erwiesen. Akzeptanzbarrieren und Verständnisunterschiede vor dem Hintergrund unterschiedlicher Landesrechte und -kulturen lassen sich hierüber in der Regel am wirksamsten abbauen.
- **Compliance-Risikoaudits** und **CMS-Statusaudits** bei Auslandsgesellschaften staffeln eingesetzte Verfahren, Instrumente und aufgewandte Intensität nach initialer Einschätzung des Risikopotenzials der jeweiligen Gesellschaft. Die **Bandbreite** reicht vom schnellen Puls-Check zum umfassenden CMS-Audit. Ergeben sich während der Prüfung Änderungen an der initialen Risikoeinschätzung, müssen Prüfungsumfang und -mittel entsprechend **angepasst** werden. Die Durchführung der Compliance-Prüfungen der Auslandsgesellschaften sollte alternativ oder kumulativ durch das Compliance Office, die Rechtsabteilung, Interne Revision und/oder unabhängige externe Fachleute erfolgen.
- **Zentrale interne Regularien**, an erster Stelle der *code of conduct*, aber beispielsweise auch Policies zur Korruptionsprävention, zur Kartellrechts-Compliance oder zur Export-/Trade Compliance bedürfen der

Abstimmung mit **lokalem Recht** und zuweilen auch mit **kulturellen Besonderheiten**. Eine wichtige und nicht selten heikle Aufgabe ist die Übersetzung in Landessprachen, die neben den Landeskulturen auch den lokalen Unternehmenskulturen gerecht wird und bestmögliche Akzeptanz der Richtlinien bei Mitarbeitern gewährleistet.

- Die **Compliance-Kommunikation der Muttergesellschaft** muss lokalen ausländischen Gegebenheiten in rechtlicher und kultureller Hinsicht gerecht werden.
- Das vorhandene CMS muss systematisch im Hinblick auf seine Kompatibilität mit **extraterritorial wirkenden Gesetzen**, wie dem UK Bribery Act oder dem US Foreign Corrupt Practice Act und den US Sentencing Guidelines, geprüft werden.
- **Besonderheiten ausländischer Landesgesetze** können mitunter unerwartete rechtliche Folgen an unternehmensweit geltende Verhaltensregeln knüpfen. Beispiele sind etwa die Todesstrafe für korrupte Manager in China oder die dortige Mithaftung von Mitarbeitern bis zur Hälfte verhängter Kartellbußen. Die rechtlichen Folgen der unternehmensweit relevanten Deliktarten müssen daher sorgfältig geprüft und im Rahmen der Risikoanalyse und der Risikosteuerung genau beachtet werden.
- Auch bei der **Sanktionierung von Verfehlungen** können **kulturelle Unterschiede** erhebliche Bedeutung erlangen. In einigen asiatischen Ländern ist beispielsweise das offene Adressieren von Regelverstößen oder Fehlverhalten von Individuen ein Tabu im Hinblick auf erforderliche Gesichtswahrung. In anderen Ländern ist die Vorwerfbarkeit und Sanktionierung von Verhalten durch starke Autoritäts- und Hierarchieprägungen erschwert.
- Je nach kultureller, rechtlicher und geografischer Distanz sowie dem bisherigem Risikoprofil ausländischer Tochter- und Beteiligungsgesellschaften muss die Unternehmensleitung das **Risiko-Monitoring** (→ Rn. 293 ff.) und in dessen Rahmen die Risiko- und **CMS-Status-Berichterstattung** sowie die übrige **Wirksamkeitsüberwachung** des CMS (→ Rn. 359 ff.) intensivieren und dies systematisch und in hinreichendem Umfang dauerhaft in die **Dokumentation** des gesamten CMS (→ Rn. 406 ff.) integrieren.
- Mit lokaler Expertise aufgesetzte **Mitarbeiterbefragungen** an einzelnen ausländischen Standorten können bisweilen Hinweise auf noch nicht genügend überbrückte Wirksamkeitsbarrieren des CMS liefern.
- Bei zahlreichen internationalen Standorten oder lokalen Prozessen empfiehlt sich die **Einsetzung lokaler Compliance-Beauftragter**, die Compliance-Aufgaben sozusagen **im „Nebenamt"**, zusätzlich zu ihrem bisherigen Aufgabenprofil, erledigen. Naheliegend sind insoweit Angehörige der Rechts-, Risikomanagement-, Qualitätsmanagement-Abteilung oder der Internen Revision.

- Intensive **kontinuierliche Einbindung** lokaler Compliance Officer und Compliance-Beauftragter **in zentrale Aufgaben** und verantwortliche Zuweisung im Rahmen konzerninterner Outsourcings- bzw. Co-Sourcings, etwa bei der Konzeption und Überarbeitung unternehmensweiter interner Richtlinien, hat sich in der Unternehmenspraxis als wirksames Integrationsmittel erwiesen.
- Regelmäßige **persönliche Kontakte** von Compliance-Mitarbeitern der Zentrale und lokalen Gesellschaften – über Telefon- und Videokonferenzen hinaus – sind in der Unternehmenspraxis im Hinblick auf die internationale Integration des CMS nach wie vor von zentraler Bedeutung. Es ist eine Binsenweisheit, dass ein CMS auf der Grundlage persönlich geprägter Arbeitsbeziehungen der Fachverantwortlichen, Leitungspersonen und der übrigen Unternehmensangehörigen erheblich an Wirksamkeit gewinnt. Im Kontext des internationalen CMS ist die Wichtigkeit dieses Prinzips noch gesteigert. Neu eingestellte ausländische Fachkräfte können etwa Einführungen in der Muttergesellschaft erhalten. Periodische Treffen des gesamten internationalen Compliance-Teams können jeweils an unterschiedlichen Standorten abgehalten werden. Der CCO und die Mitarbeiter der Zentrale sollten regelmäßige Besuchsrunden in den wichtigsten Auslandsgesellschaften absolvieren.
- In vielen Ländern, insbesondere an ausländischen Produktionsstandorten, verfügt ein erheblicher Anteil der **Mitarbeiter** über keinen **Internetzugang**. Compliance-Kommunikations- und Trainingsmaßnahmen müssen entsprechend lokal angepasst werden. Hierbei liegt der Schwerpunkt meist auf persönlichen Trainings vor Ort.
- Die zentrale **Compliance-Intranetseite** des Unternehmens muss in allen relevanten Landessprachen verfügbar sein und mit entsprechenden Unterseiten auf lokale Verhältnisse und Bedürfnisse angepasst werden.
- Zentral und lokal stationierte Compliance-Fachkräfte sollten die **gemeinsame Unternehmenssprache** – in der Regel Englisch – gut genug für wirksames Management der CMS-Themen beherrschen.
- Die **fachliche Führung** der **lokalen Compliance-Mitarbeiter** sollte zwischen der lokalen Einheit und dem zentralen Office sinnvoll aufgeteilt werden. Ein starker Bezug zum zentralen CCO ist für die Integrationswirkung im Hinblick auf das CMS einschließlich aller in- und ausländischen Unternehmensteile von erheblicher Bedeutung.
- Die **Personalauswahl** der an **ausländischen Standorte** vorgesehenen Compliance-Mitarbeiter, insbesondere der Chief Compliance Officer, muss mit großer Sorgfalt durchgeführt werden. Systematische Interview- und Auswahlrunden zahlen sich in rechtlicher und wirtschaftlicher Hinsicht hier stets aus. Beteiligt werden können die zentrale und die lokale Compliance-, Rechts- und HR-Abteilung sowie lokale Personaldienstleister. Neben der fachlichen sollte auch die persönliche Eignung der

Kandidaten begutachtet werden. Qualifikation und Auswahlgründe der in die enge Wahl gezogenen Kandidaten sollten aufgrund der Sorgfaltspflichten bei der vertikalen Delegation (→ Rn. 173 ff.) in die CMS-Dokumentation eingehen.

VI. Compliance-Programme für die Kernrisiken

421 Der **Begriff Compliance-Programm** wird in der Praxis und in der Compliance-Literatur uneinheitlich verwendet – teilweise synonym zum Begriff des CMS. Praxisgerecht erscheint das Verständnis von Compliance-Programmen als Bündel von Maßnahmen und Prozessen, die sich als Teilbereiche des CMS jeweils einem oder mehreren der in der Risikoanalyse ermittelten Hauptrisikofelder widmen.

422 **Beispiele** sind etwa Compliance-Programme zur Korruptions-, Fraud- oder Kartellprävention bzw. für den Einkauf, die Supply Chain oder für Sales und Marketing.

423 **Bestandteile** von Compliance-Programmen sind somit insbesondere die auf den jeweiligen Bereich spezialisierten internen Richtlinien, Policies (→ Rn. 573 ff.) und Prozessbeschreibungen, risiko- und zielgruppenspezifische Trainings (→ Rn. 562 ff.) sowie spezifische Kontrollmaßnahmen.

424 Compliance-Programme spielen regelmäßig auch im Rahmen der internen und externen **Compliance-Kommunikation** (→ Rn. 533 ff.) gegenüber den Mitarbeitern und anderen Stakeholdern eine wichtige Rolle.

425 Ebenso wenig wie das CMS selbst **muss kein** Compliance-Programm **jegliche Compliance-Verstöße** ausschließen können (→ Rn. 31, 544). Die **Unternehmensleitung** muss jedoch den **Nachweis** führen können, dass das Compliance-Programm qualitativ und quantitativ **geeignet** ist, die **Risiken** des betreffenden Bereichs **hinreichend zu reduzieren** (→ Rn. 385 ff.).

VII. CMS-Leitungspflichten entsprechend der Unternehmensform
1. Compliance Management im Konzern

426 Wirksames und wirtschaftliches Compliance Management kann in Konzernen nur durch ein CMS erreicht werden, **das homogene, standardisierte und harmonisierte Kernelemente** aufweist. Der deutsche Gesetzgeber geht davon aus, dass zumindest die **Organisations- und Überwachungspflichten** des § 91 Abs. 2 AktG **konzernweit** zu verstehen sind.[11]

---

[11] BT-Drs. 13/9712, S. 15.

Auch im **Kartellrecht** werden Mutter-, Tochter- und Enkelgesellschaften häufig als wirtschaftliche Einheit gewertet. Die **Öffentlichkeit** differenziert im Fall von Compliance-Verstößen ohnehin zumeist nicht zwischen einzelnen Konzernunternehmen. 427

Trotz der rechtlichen und praktischen Notwendigkeit ergeben sich bei der **Implementierung konzernweiter CMS** die nachfolgend skizzierten **praktischen und rechtlichen Probleme**. 428

a) Vorstandspflichten

Konzernstrukturen sind in den meisten internationalen Unternehmen ab einer gewissen Größe die Regel. **CMS** sind meist nur in konzernweiter Perspektive wirtschaftlich und rechtlich wirksam zu konzipieren. Dem entsprechend sind **konzernweite CMS übliche Praxis**. In ihnen bezieht das **CMS der Obergesellschaften** die Tochter- und Enkelgesellschaften ein. Gerade in den **Tochter- und Enkelgesellschaften** sind in der Praxis nicht selten **wesentliche Risiken und Schadensursachen** begründet, die sich rechtlich, wirtschaftlich und reputationsbezogen auf die **Muttergesellschaft auswirken**. 429

Konzernweite CMS weisen folgende **Kernprinzipien** auf: 430
- Ein **einheitliches, standardisiertes, harmonisiertes** CMS erstreckt sich über die gesamte Konzernorganisation.
- Zentrale CMS-Elemente, -Instrumente und -Prozesse werden **konzernweit definiert** und, soweit erforderlich, lokalen Verhältnissen **angepasst**.
- Insbesondere das Compliance-**Risikomanagement** wird in allen Konzerngesellschaften zwingend **einheitlich** durchgeführt und kontinuierlich zentral im Hinblick auf Status und Wirksamkeit überwacht (→ Rn. 359 ff.).

Grundsätzlich sollte die Konzernmutter daher auf **einheitliche Kernelemente und -prozesse** des CMS in Tochter- und Enkelgesellschaften hinwirken. Wichtige **Argumente** sind: 431
- vielfältige **Wirksamkeitsgründe** zentral definierter, konzernweit homogen implementierter CMS-Bestandteile,
- **Haftungssicherheit** für den Zentralvorstand,
- **geringerer Kostenaufwand** für zentral definierte Elemente anstatt Einzelkonzeptionen und nachfolgende Anpassung in den Teilgesellschaften,
- **Mitarbeiterakzeptanz** einheitlicher Instrumente,

- **Vorbeugen** gegen ein **Zurückfallen** von Compliance-Rechts-, Schadens- und Reputationsschäden auf die Konzernmutter und den Zentralvorstand.

432 Compliance-Leitungs- und -Organisationspflichten der Unternehmensleitung hängen im Konzern von den rechtlichen und den tatsächlichen **Einflussmöglichkeiten** ab. In der Praxis schließt die Compliance-**Verantwortung des Zentralvorstands** die meisten Tochtergesellschaften in finanzieller, organisations- und reputationsbezogener Hinsicht sowie oft auch unter rechtlichen Aspekten ein.

433 **Organisationslösungen** für konzernweite CMS hängen primär von den **rechtlichen Einwirkungsmöglichkeiten** ab. Jedoch werden in der Praxis sowohl die Leitungen der Konzernmutter als auch die der Tochtergesellschaften aus finanziellen, haftungsrechtlichen und reputationsbezogenen Gründen meist **genuines Interesse** an einem konzernweit **einheitlich wirksamen** CMS haben. Dies eröffnet oftmals weite **tatsächliche Einflussmöglichkeiten** zur Umsetzung wirksamer konzernweiter CMS.

434 Die Compliance-**Leitungsverantwortung** der **Konzernmutter** erstreckt sich nach überwiegender rechtlicher Auffassung auch auf in- und ausländische Tochter- und Enkelgesellschaften. Dem entspricht das **wirtschaftliche Interesse** der Muttergesellschaft an der Reduktion von Compliance-Schadensfällen, die in den Tochtergesellschaften ausgelöst werden. Daher hat die Leitung der Muttergesellschaft zumindest die Pflicht, die **Entwicklung** der Compliance-Risikoprofile der Tochtergesellschaften **zu beobachten** und im Rahmen der **rechtlichen und faktischen Einwirkungsmöglichkeiten präventive Kontroll- und Steuerungsmaßnahmen** zu treffen.

435 In der im Fluss befindlichen **Rechtsprechung** werden zum Teil **gesellschaftsrechtliche** Kriterien in den Vordergrund gestellt, teilweise die Compliance-Organisationspflichten aber auch am abstrakten Begriff der „wirtschaftlichen Einheit" festgemacht, und zwar unabhängig von Aspekten der Rechtsform und Finanzierung. Teilweise geschieht dies in Abhängigkeit von zivilrechtlicher und öffentlich-rechtlicher Haftung der Leitungsorgane. Im Bereich des **Straf- und Ordnungswidrigkeitenrechts** wird von Gerichten und Behörden bislang faktisch auf tatsächliche Informations- und Einflussmöglichkeiten der Konzernmutter abgestellt. Für die **zivilrechtliche Haftung** werden hingegen bisher die rechtlichen Einfluss- und Informationsmöglichkeiten der Leitung der Muttergesellschaft als maßgeblich erachtet.

Wie das konzernweite CMS konzipiert ist, liegt grundsätzlich im **unter-** 436
nehmerischen Ermessen (→ Rn. 34 ff., 39 ff.) der Leitung der Muttergesellschaft. Nach der **Business Judgement Rule** des § 93 Abs. 1. Satz 2 AktG
muss die Entscheidung auf einer **angemessenen Informationsgrundlage**
beruhen (→ Rn. 73 ff.). Diese besteht beispielsweise aus folgenden **Instru-**
menten, deren **konzernweite Wirksamkeit** jeweils fachgerecht **geprüft**
und **dokumentiert** sein muss:

- Risikoidentifikation und -bewertung (→ Rn. 293 ff., 342 ff.),
- Risiko-Reporting (→ Rn. 204 ff., 298 ff.),
- CMS-Status-Reporting (→ Rn. 359 ff., 399 ff.),
- Gap-Analyse zwischen Risikoprofil und CMS-Status (→ Rn. 342 ff.),
- Incident Reporting (→ Rn. 204 ff., 328 ff.).

Die Leitungsorgane der Tochter- und Enkelgesellschaften sind als **Risiko-** 437
eigner wirtschaftlich und rechtlich verpflichtet, die Compliance im eigenen
Unternehmen sicherzustellen. Gleichzeitig bestehen für die Leitung der
Muttergesellschaft die konzernweiten Compliance-**Organisationspflich-**
ten. Da die **Interessen** der Leitungen der Mutter- und Tochtergesellschaften
an einem wirksamen CMS zumeist **identisch** sind, eröffnen sich in der
Praxis oftmals breite **Spielräume** zum Ausbau des konzernweiten CMS im
Rahmen der faktischen Einwirkungsmöglichkeiten der Muttergesellschaft.
Die **faktische Einwirkung** der Muttergesellschaft zum Aufbau des konzernweiten CMS sollte durch rechtliche Vereinbarungen und organisatorische Lösungen **abgesichert** und hinreichend **dokumentiert** werden.

Der **Zentralvorstand** ist zwar zunächst unmittelbar nur verpflichtet, auf 438
Ebene der Konzernmutter für ein angemessenes System wirksamer Risikoanalyse und Risikosteuerungsmaßnahmen in Form des wirksamen CMS
zu sorgen. Aufgrund seiner allgemeinen **Sorgfaltspflicht** und der Pflicht
zur gewissenhaften Verfolgung der Unternehmensinteressen muss er jedoch den **Beteiligungsbesitz** mit hinreichender Sorgfalt verwalten und
kontrollieren. Zudem muss der Zentralvorstand ausreichend sicher ausschließen können, dass die herrschende Gesellschaft durch Compliance-
Verstöße einzelner Konzerngesellschaften finanziell oder reputationsbezogen **geschädigt** wird.

Im **Konzern** müssen sich deshalb die Compliance-**Risikoanalyse** und 439
die spezifischen **Risikokontrollmaßnahmen** in Form des CMS auf alle
Tochtergesellschaften erstrecken. Da der Zentralvorstand hierdurch seine
zwingenden Compliance-Organisations- und -Leitungspflichten erfüllt,
ist die **formale rechtliche Selbstständigkeit** der Tochterunternehmen
insoweit **unerheblich**. Diese rechtliche Beurteilung wird durch Ziff. 4.1.3
des Deutschen Corporate Governance Kodex bestätigt, wonach der Vorstand

auf die Beachtung der Gesetze durch die Konzernunternehmen hinwirken muss.

440 Der Zentralvorstand muss Maßnahmen zur Compliance-Risikoanalyse und -steuerung treffen, die hinreichend wirksam sind, um Schaden der Muttergesellschaft infolge der Compliance-Nettorisiken der Tochtergesellschaften angemessen zu reduzieren. Zwingende Voraussetzung für die Erfüllung dieser Pflicht ist, dass der **Zentralvorstand** eine wirksame **Risikoanalyse** innerhalb der **Tochtergesellschaften** durchführt. Die Umsetzung einzelner Steuerungsmaßnahmen und Weisungen ist von den konzernrechtlichen Bestimmungen abhängig.

441 Im Grundsatz hat der Zentralvorstand bei CMS-Maßnahmen **Organisationsermessen** (→ Rn. 34 ff., 39 ff., 78 ff.). Es wird jedoch durch die **rechtliche Selbstständigkeit** von **Tochterunternehmen** eingeschränkt. Die entsprechend **reduzierten** rechtlichen **Einflussmöglichkeiten** können die **Pflichten** des **Zentralvorstands beschränken**. Dies ist insbesondere dann der Fall, wenn auf die Konzerngesellschaften **kein dominierender Einfluss** ausgeübt werden kann, beispielsweise im Rahmen von **Minderheitsbeteiligungen**.

442 Der **Zentralvorstand** muss seine **Einflussmöglichkeiten** jedenfalls im Rahmen der konzernrechtlichen Ausgestaltung in rechtlicher und tatsächlicher Hinsicht **ausschöpfen**. Dies betrifft **insbesondere** die **Kontrolle** der kontinuierlichen konzernweiten Risikoidentifikation, -bewertung und -steuerung.

443 Der **Vorstand des Tochterunternehmens** unterliegt auch bei Compliance im Konzern den **gleichen Pflichten** wie Leitungspersonen eines Einzelunternehmens, soweit er nicht an Weisungen der herrschenden Gesellschaft gebunden ist. Bei Weisungen muss er stets prüfen, ob diese auch zur Erfüllung seiner Pflichten der Tochtergesellschaft gegenüber geeignet und ausreichend sind.

444 Im **Vertragskonzern** muss der Zentralvorstand die Tochtergesellschaft im Rahmen des Beherrschungsvertrags zur Einrichtung und Fortführung eines wirksamen CMS **verpflichten**, vgl. § 308 Abs. 1 Satz 1 AktG. Dies erfordert zunächst ein auf das System des Gesamtkonzerns **abgestimmtes System** der Risikoidentifizierung, -bewertung und -berichterstattung. Das **Weisungsrecht** der Muttergesellschaft schließt einen **Auskunftsanspruch** ein. Dieser bedingt insbesondere **wirksame Berichtslinien** von der Tochter- zur Muttergesellschaft. **Weisungen** können sich **auf** die gesamte Compliance-Aufbau- und -Ablauforganisation erstrecken, einschließlich wirksamer

Überwachungs- und Kontrollmaßnahmen durch die Muttergesellschaft. Der **Vorstand des Tochterunternehmens** muss die rechtmäßigen Compliance-**Umsetzungsweisungen** der herrschenden Gesellschaft **dulden** und **befolgen**. Auch etwaige für die Tochtergesellschaft „**nachteilige**" Teilmaßnahmen nach § 308 Abs. 1 Satz 1 AktG sind regelmäßig verhältnismäßig. Sofern Beherrschungsverträge **Enkel- und Urenkelgesellschaften** einschließen, gelten die Ausführungen auch für diese.

Im faktischen Aktienkonzern ist **kein rechtlich abgesichertes Weisungsrecht** der Muttergesellschaft vorhanden. Jedoch ist der **Zentralvorstand verpflichtet**, zumindest **ernsthafte**, wirksame und dokumentierte **Versuche** zu unternehmen und darauf **hinzuwirken**, bei den Tochter- und Enkelgesellschaften **wirksame** und auf den Gesamtkonzern **abgestimmte Verfahren** der Risikoidentifikation, -bewertung und -berichterstattung einzuführen. Hierzu gehört, alle **rechtlichen und faktischen Einflussmöglichkeiten** wahrzunehmen. Einwirkungsmöglichkeiten können sich daher zu Einwirkungspflichten **verdichten**. · 445

Im faktischen Konzern bestehen im Rahmen der rechtlichen Möglichkeiten somit **Steuerungs- und Überwachungspflichten** des Vorstands der Konzernmutter hinsichtlich der nachgeordneten Gesellschaften. **Informationsmöglichkeiten** des Zentralvorstands sind durch **Verschwiegenheitspflichten** in den Tochter- und Enkelgesellschaften gleichwohl mitunter limitiert. Der **Vorstand der Tochtergesellschaft** ist im Rahmen seines pflichtgemäßen Interesses stets **berechtigt**, der Konzernmutter Compliance-relevante **Auskünfte** zu erteilen, soweit dies zum **Vorteil** der Tochtergesellschaft ist bzw. mögliche **Nachteile** ausgeglichen werden. Zudem ist der **Vorstand des Tochterunternehmens** seinerseits verpflichtet, in der **eigenen Gesellschaft** ein **effektives CMS** umzusetzen. Diese **originäre Pflicht** bleibt auch im Rahmen der Eingliederung ins Konzern-CMS bestehen. Sie ist **umso intensiver** ausgeprägt, je lückenhafter oder dezentraler das Konzern-CMS ausgeprägt ist. Den Vorstand der Tochtergesellschaften treffen somit entsprechende **Prüf- und Überwachungspflichten**. Erachtet er das Konzern-CMS als nicht hinreichend wirksam, muss er **selbst** durch **geeignete Maßnahmen** nachbessern. **Soweit** sich der Vorstand des Tochterunternehmens allerdings ins Konzern-CMS **eingliedert**, muss er durch **wirksame** Organisationsmaßnahmen, Kommunikation und Führung die Umsetzung im Tochterunternehmen ermöglichen und fördern. Zudem muss der Vorstand des Tochterunternehmens die wirksame **Umsetzung** des Konzern-CMS **überwachen**. Dennoch sollte der Vorstand des Tochterunternehmens stets grundlegende **CMS-Ressourcen vorhalten,** um wirksame Risikoanalysen und ad hoc erforderliche Maßnahmen zur Risikosteuerung gewährleisten zu können. · 446

447 Darüber hinaus muss der Vorstand der Tochtergesellschaft im faktischen Konzern die rechtmäßigen **Weisungen** der herrschenden Gesellschaft befolgen, die diese als Mehrheitsgesellschaft erreichen kann. Soweit sich die Leitungsgremien von Tochtergesellschaften im faktischen Konzern ins konzernweite CMS **integrieren**, sind sie verpflichtet, die eigene Aufbau- und Ablauforganisation mit diesem zu **vernetzen** und Umsetzungsvorgaben zum Konzern-CMS zu **beachten. Auskunftsansprüche** sind im faktischen Konzern nicht grundsätzlich, aber für **abschlussrelevante Informationen** gegeben, § 294 Abs. 3 Satz 2 HGB. Dieser Anspruch wird bei potenziellen Compliance-**Schadenswirkungen** weit ausgelegt. Bei **entgegenstehendem ausländischen Recht** wird das Rechnungslegungsinteresse im Wege der Interessenabwägung meist als vorrangig erachtet.

448 In der Praxis haben die Führungs- und Kontrollgremien der **Tochtergesellschaften** daher an der **Eingliederung** in das Konzern-CMS aus folgenden Gründen regelmäßig ein zumindest faktisches **Interesse**:
- Durch die konzernweit einheitlichen Verfahren der Risikoanalyse und -steuerung sowie entsprechender CMS-Maßnahmen werden Ressourcen des Tochterunternehmens **eingespart**.
- Die wirksam konzipierten Konzerninstrumente und -verfahren zur Risikoidentifikation, -bewertung und -steuerung **reduzieren** das **Haftungsrisiko** der Vorstände der Tochterunternehmen im Hinblick auf deren eigene Compliance-Organisationspflichten.
- **Beste Wirksamkeit** des CMS der Tochtergesellschaft wird regelmäßig nur im Kontext des Konzern-CMS erzielt.
- Durch die Eingliederung ins Konzern-CMS werden die Compliance-Organisations- und -**Überwachungspflichten** des Tochtervorstands zumindest **teilweise reduziert**.

449 **Bei Tochter-GmbH** kann der Vorstand der **Konzernmutter** den Tochtergesellschaften auch ohne Beherrschungsvertrag **Weisungen** zur Definition, Umsetzung und Überwachung eines wirksamen CMS erteilen. Dies schließt insbesondere auch die **Übernahme** der konzernweiten Verfahren zur Risikoidentifikation, -bewertung, -steuerung und -berichterstattung ein (§ 51a GmbHG). Die **Umsetzung** erfolgt durch **Weisung** der Muttergesellschaft an die **Gesellschafterversammlung** der Tochtergesellschaft nach § 37 Abs. 1 GmbHG, sofern Minderheitsgesellschafter nicht vorhanden sind.

450 Bei **Minderheitsbeteiligungen** sowie bei **Joint Ventures** sind die **Einflussmöglichkeiten** im Hinblick auf gewünschte Verfahren der Compliance-Risikoanalyse und -steuerung **beschränkt**. Im **Vorfeld** entsprechender **Verträge** kann auf die Einführung eines wirksamen Risikosteuerungssystems **hingewirkt** werden. Bei bereits bestehendem Joint Venture- bzw. Beteili-

gungsvertrag kann der Vorstand die Einführung bestimmter Risikokontroll- und -steuerungsmaßnahmen allerdings **nicht erzwingen**. Es **müssen** jedoch wirksame **Vorschläge** gemacht und **verhandelt** werden. Dabei sollte zur Freizeichnung unbedingt auf gute **Dokumentation** geachtet werden. Sofern die Vorschläge nicht angenommen oder nicht hinreichend umgesetzt werden, muss der Vorstand seine **Informationsrechte** als Gesellschafter voll **ausnutzen**, um sich ein möglichst **detailliertes Bild** über die Compliance-Risikosituation des anderen Unternehmens zu machen. Auf der gewonnenen **Grundlage** muss in Ausfüllung der allgemeinen Sorgfaltspflicht des Vorstands im Zweifel die **Entscheidung** zur Aufgabe der Beteiligung bzw. des Joint Ventures erfolgen. Auch hier ist gute **Dokumentation** selbstverständlich essenziell.

Zusätzlich zu Maßnahmen, die auf dem **gleichlautenden Interesse** von **Mutter- und Tochtergesellschaften** an der Wirksamkeit des CMS beruhen, bestehen in der Praxis vielfache **praktische** Möglichkeiten der grundsätzlichen **Einflussnahme**, z.B. über Hauptversammlungen und/oder die Besetzung von Aufsichtsräten. Als Grundlage der Implementierung wirksamer konzernweiter CMS erweisen sich häufig **personelle Maßnahmen** am wirksamsten. Bei Mehrheitsbeteiligungen bilden Mehrheiten in der Hauptversammlung beispielsweise die Grundlage für identische Besetzungen von Leitungs- oder Kontrollgremien der Ober- und Untergesellschaften. 451

Im **Ergebnis** sind **konzernrechtliche Durchsetzungsschranken** im Hinblick auf die **konzernweite Konzeption des CMS** in den **meisten Fällen kein praktisches Hindernis**. Für den **Vertragskonzern** ergibt sich dies bereits aus der Verlustausgleichspflicht des herrschenden Unternehmens für Bußgelder und Sanktionen. 452

Die konzernweite Implementierung wird auch im **faktischen Konzern** über die **Gesellschafterweisungsrechte** gegenüber **abhängigen GmbH** möglich. Zwar bestehen ihnen gegenüber keine direkten Weisungsrechte, jedoch kann die Durchsetzung konzernweiter CMS-Anforderungen und Bestandteile kaum als schadensersatzpflichtige Maßnahmen im Sinne des § 317 AktG gelten. Relativ unwahrscheinliche **Ausnahmefälle** wären lediglich vorstellbar, wenn beispielsweise ein bestehendes wirksames CMS der Tochtergesellschaft mit zusätzlichem Kostenaufwand durch ein Konzern-CMS belastet wird, welches die konkreten Risiken der Tochtergesellschaft nicht hinreichend wirksam reduziert. 453

Der **Vorstand der Muttergesellschaft muss** Kernrisiken mit gravierenden Schadens- und Reputationsfolgen für den Gesamtkonzern **durch zentrale**, konzernweit wirkende **Kernbestandteile und -verfahren** des CMS 454 begegnen. Den Zentralvorstand treffen insoweit **Sorgfalts- und Überwachungspflichten**, weil die Beteiligungen an den Konzerngesellschaften in der Regel wertvolle Vermögensgegenstände darstellen, auf die sich Schadenswirkungen möglicher Compliance-Verstöße in den Tochtergesellschaften auswirken.

455   Zudem entstehen gerade **durch** die **Konzernzugehörigkeit** von Unternehmen beispielsweise im deutschen und europäischen **Kartellrecht erhöhte Schadenswirkungen**, weil hier Bußgelder auch nach der konzernbezogenen Leistungsfähigkeit bemessen werden. Obendrein haftet die Muttergesellschaft im europäischen Kartellrecht gesamtschuldnerisch. Auch nach Ansicht des Bundeskartellamts besteht in Bezug auf Kartellabsprachen eine Verhinderungspflicht der Konzernmutter. Das Organisationsermessen des Zentralvorstands ist bei derartigen Gemengelagen auf null reduziert. **Ähnlich** ist dies bei konzernweitem Reputationsschaden durch **Korruptionsverstöße** in Tochtergesellschaften.

456   Der **Umfang** der **Compliance-Aufsichts-, -Organisations- und -Leitungspflichten im Konzern** richtet sich somit **grundsätzlich** danach, in welchem Maß der rechtliche **Durchgriff** auf die Tochterunternehmen möglich ist. Die Konzernmutter sollte aufgrund ihrer finanziellen und rechtlichen Interessen auf **möglichst** weitgehenden **Durchgriff hinwirken**. Unter anderem nach dem **FCPA, UK Bribery Act,** dem deutschen und europäischen **Kartellrecht** drohen der **Konzernmutter bei mangelnder Compliance-Beherrschung** der Tochterunternehmen **Sanktionen**. So gut wie immer wird an Compliance-Steuerung der Tochterunternehmen **auch** ein **finanzielles** und **reputationsbezogenes Interesse** der **Konzernmutter** bestehen. **Beherrschungsverträge** können eine **Garantenstellung** begründen.

457   **Leitungspersonen von Tochter- und Enkelgesellschaften** trifft unabhängig von den Compliance-Aktivitäten der Muttergesellschaft stets die **Pflicht**, für die eigene Gesellschaft ein wirksames CMS aufzubauen. Sie sind **verpflichtet, zu prüfen**, ob Compliance-Maßnahmen der Muttergesellschaft in der eigenen Gesellschaft wirksam und mit nationalem Recht vereinbar und erforderlichenfalls nachzubessern sind.

b) Umsetzung des Compliance-Management-Systems im Konzern

458   Die Konzeption und Umsetzung des konzernweiten Compliance-Systems liegt im **Organisationsermessen** der Leitung der **Konzernmutter** (→ Rn. 34 ff., 39 ff.). Es wird jedoch insbesondere **begrenzt** durch
- die Ergebnisse der **Risikoanalyse** in den **Teilgesellschaften**,

- Grundprozesse und **Organisationsstrukturen** in den **Teilgesellschaf-ten**, die eine **Anpassung** des CMS unter Wirksamkeits- und Wirtschaft-lichkeitsgesichtspunkten erfordern.

Die primäre **Eigenverantwortlichkeit** der **Tochtergesellschaften**, ihrer **Leitungen** und unmittelbaren Prozessbeteiligten als **Risk Owner** bildet die Grundlage der Wirksamkeit der Compliance-Maßnahmen im Konzern. Sie sollte im Rahmen der oben skizzierten **rechtlichen Rahmenbedingungen** (→ Rn. 426 ff.) bei der Umsetzung konzernweiter Maßnahmen kontinuier-lich im Auge behalten und kommuniziert werden. Auch bei der Einrichtung stark zentralisierter **Konzern-CMS** sollte die hierdurch bedingte **originäre** Compliance-**Verantwortlichkeit** der Organe der **Tochtergesellschaften** somit kontinuierlich klargestellt sein. 459

Zur Umsetzung der Konzern-Compliance sollte ein **Group Compliance Officer** eingesetzt werden, der die konzernweiten Compliance-Maßnah-men initiiert und koordiniert. Compliance Officer und Compliance-Beauf-tragte (→ Rn. 205 ff.) in den Teilgesellschaften unterstützen ihn hierbei. 460

Die **Konzernmutter** muss auf **einheitliche Verfahren** und verpflichtende **harmonisierte Standards** zu den **Kernbestandteilen** des CMS hinwir-ken. Aus Wirksamkeitsgründen sollte häufig darauf geachtet werden, dass zentralisierte Standards und Maßnahmen **nur solche** Risiken, Prozesse, Zuständigkeiten usw. in den Tochtergesellschaften erfassen, die für den Gesamtkonzern bedeutsam sind. Ausschließlich lokale Themen werden entsprechend geregelt. 461

Standardisierte **Einheitslösungen** für Konzern-CMS sind in der Praxis weder vorzufinden noch zu empfehlen. **Maßgeblich** sind vielmehr stets die Risikoprofile, Strukturen und Prozesse des Konzerns sowie die zahlrei-chen weiteren Parameter für Compliance-Risiken und die Wirksamkeit des CMS. Zahlreiche relevante **Einzelparameter** für die Ausgestaltung des CMS ergeben sich beispielsweise im Hinblick auf dessen wirksame Integration in alle relevanten Prozesse auf Ebene des Konzerns sowie der Einzelun-ternehmen. Auch zentral oder dezentral ausgeprägte Führungsstrukturen bilden wichtige Faktoren. 462

Bei **zentraler Organisationsstruktur** sind selbstverständlich auch zentra-lisierte Überwachungs-, Steuerungs- und Sanktionsmaßnahmen erforder-lich. Sie werden unter anderem durch (Chief-)Compliance Officer auf regi-onaler, nationaler und lokaler Ebene umgesetzt, die über den Konzern-CCO an den Zentralvorstand berichten. 463

464 **Inwieweit** das **konzernweite** CMS auf Tochtergesellschaften **erstreckt** werden muss, hängt vor allem von der **Risikoanalyse** der Muttergesellschaft, des Gesamtkonzerns und von den **Risikoprofilen** der Tochtergesellschaften ab. Regionalen und nationalen **Unterschieden** sowie Rahmenverhältnissen der Tochtergesellschaften muss dabei Rechnung getragen werden. Sorgfältiger **Abstimmung** auf landestypische Verhältnisse bedarf beispielsweise die Einführung zentraler Regularien, die im Spannungsverhältnis des Bedarfs einheitlicher, zentraler Kernelemente und ihrer Anpassung an nationale rechtliche und tatsächliche Gegebenheiten steht. Ähnliche Anpassungs- und Akzeptanzfragen ergeben sich bei der Einführung globaler Hinweisgebersysteme.

465 **Konzernweit** ausgeprägte **CMS-Elemente** bedingen – nicht abschließend – beispielsweise:
- Begründung der zentralen konzernweiten Compliance-Leitungszuständigkeit bei der Konzernmutter – üblicherweise der globale Konzern-CCO mit direktem Berichtsweg an den Zentralvorstand,
- systematische Berichterstattung über die Compliance-Risiken des Konzerns und die aus den Tochterunternehmen resultierenden Compliance-Risiken für den Konzernvorstand,
- Dienstleistungsvereinbarung zur Umsetzung eines wirksamen Konzern-CMS zwischen Mutter- und Tochtergesellschaften; sie regelt Rechte und Pflichten bei der Einrichtung und kontinuierlichen Wirksamkeitserhaltung und ist Teil der Dokumentation des wirksamen Konzern-CMS,
- Compliance Audits, Stichprobenprüfungen, strukturiertes periodisches Status-Reporting, Incident Reporting sowie andere Prüfmechanismen im Hinblick darauf, ob konzernweite Compliance-Vorgaben in den Tochtergesellschaften wirksam umgesetzt werden,
- konzernweite, einheitliche und wirksame Risikoidentifikation und -bewertung mit einheitlichen Verfahren auf regionaler, nationaler und Divisionsebene – beispielsweise Verfahren, Instrumente und Leitlinien für Compliance Risk Workshops (→ Rn. 311 ff.),
- konzernweites, einheitliches Risiko-Monitoring mit zentral gesammelten, kontrollierten und aggregierten Informationen,
- konzernweites, zentralisiertes Reporting zu Compliance-Risiken und zu CMS-Schwachstellen,
- einheitlicher wirksamer und regelmäßig geprüfter Bottom-up-Prozess (→ Rn. 294 ff.) zur Risikoidentifikation für alle Tochterunternehmen,
- konzernweites, zentralisiertes CMS-Status- und Umsetzungs-Reporting,
- zentrale Top-down-Analyse der Risikoinformationen und CMS-Statusinformationen,
- konzernweites, zentralisiertes Incident Reporting,

- konzernweites, zentralisiertes Case Management unter Mitwirkung der Tochterunternehmen entsprechend ihrer rechtlichen und faktischen Verantwortung als Risk Owner,
- Zuweisung der konzernweiten Zuständigkeit für Compliance durch entsprechende Ressortverteilung im Zentralvorstand (horizontale Delegation, → Rn. 173 ff.) sowie durch Zuweisung an einen Konzern-Chief Compliance Officer/Group CCO,
- Dokumentation klarer und wirksam abgegrenzter konzernweiter Compliance-Aufgabenmandate,
- Definition und Dokumentation wirksamer Berichtslinien von lokalen Einheiten bis zur Konzernspitze mit wirksamen Filter- und Aggregationsmechanismen im Hinblick auf leitungsrelevante Compliance-Informationen,
- wirksame, an den individuellen Konzernstrukturen ausgerichtete Aufbauorganisation (Matrixorganisation oder autonome Compliance-Organisation → Rn. 486 ff.) beispielsweise neben dem Konzern-CCO divisionale und regionale Chief Compliance Officer sowie nationale lokale Compliance Officer; sie sollten neben den fortlaufenden Aufgaben auch in Konzeptions- und Aufbauthemen für das konzernweite CMS eingebunden und wirksam geführt werden; auch periodische Konferenzen der Mitarbeiter der Compliance-Organisation verbessern die Wirksamkeit der Umsetzung des Konzern-CMS,
- hinreichende Ressourcenausstattung auf Basis der Ergebnisse der konzernweiten Risikoanalyse,
- Compliance Committees auf Ebene der Muttergesellschaft sowie – je nach Zweckmäßigkeit – nach Kontinenten, Regionen, Ländergruppen, einzelnen Ländern oder Standorten; sie können jeweils mit einem oder mehreren Mitgliedern der übergeordneten Gesellschaft besetzt werden, um die wirksame Umsetzung des Konzern-CMS zu gewährleisten,
- homogen integriertes CMS, beispielsweise in Bezug auf die Internen Kontrollsysteme der Tochterunternehmen, Integration und Austausch relevanter Revisionsberichte, intensiver Austausch relevanter operativer Bereiche und relevanter Fachbereiche zu Compliance-Risiken, Schnittstellen zum Informations- und Erfahrungsaustausch, Quartalskonferenzen zu Compliance-Themen und andere zu den individuellen Verhältnissen im Konzern passenden Maßnahmen,
- konzernweiter *code of conduct* mit Übersetzungen in die Landessprachen der Tochtergesellschaften und den erforderlichen, jedoch im Sinne der konzernweiten Einheitlichkeit möglichst geringfügigen Anpassungen entsprechend nationaler rechtlicher und kultureller Besonderheiten; der Konzern-CoC sollte von den Leitungsgremien der Tochtergesellschaften als verbindlich erklärt werden,

- konzernweite Policies und andere Regularien für Kernrisiken, wie etwa Korruption oder Wettbewerbsverstöße,
- konzernweit einheitliche Standards, Formate und Inhalte für Schulungen zu Compliance-Grundrisiken, wie etwa Korruption,
- Compliance-Aktivitätenkatalog mit einheitlichem Konzernanteil und risikospezifischen nationalen bzw. lokalen Umsetzungsmaßnahmen,
- zentrale Planung und Allokation personeller, finanzieller und sachbezogener Compliance-Ressourcen,
- konzernweit einheitliche Dokumentation der Risikoanalyse und der darauf bezogenen CMS-Maßnahmen,
- Zugangsmöglichkeit des Chief Compliance Officer zum Aufsichtsrat oder zumindest zum Aufsichtsratsvorsitzenden und, soweit nach den Verhältnissen im Einzelfall sinnvoll, schriftliche Regelung eines regelmäßigen Informationsaustauschs zwischen CCO und Aufsichtsrat,
- konzernweite Revision des CMS,
- Besetzung des Aufsichtsrats von Tochtergesellschaften mit Vorstandsmitgliedern der Muttergesellschaft, um Maßnahmen im Rahmen des Konzern-CMS durchzusetzen.

466 Insbesondere sollte unbedingt ein kontinuierliches **konzernweites Compliance-Management- und Risiko-Reporting-System** eingerichtet und dessen Wirksamkeit ebenso kontinuierlich dokumentiert werden. Es enthält im Rahmen der Auskunftsrechte beispielsweise folgende Informationenkategorien:
- Status, Verfahren und Ergebnisse der kontinuierlichen Risikenanalyse in den Tochtergesellschaften (→ Rn. 294 ff.),
- risikospezifische Wirksamkeit einzelner Kontrollmaßnahmen,
- Umsetzung und Wirksamkeit einzelner spezifischer Compliance-Programme (z.B. zur Korruptionsprävention oder zum Wettbewerbsrecht),
- CMS-Gesamtstatus (Umsetzungsstatus, KPI) in den Tochtergesellschaften als Summe der risikobezogenen Kontrollmaßnahmen,
- unverzügliches Reporting von Compliance-relevanten Ereignissen und Verdachtsfällen,
- Ad-hoc-Ereignisse und weitere Compliance-relevante Ereignisse mit Auswirkung auf aktuelle oder künftige Compliance-Risiken, wie etwa Durchsuchungen und rechtliche Verfahren bei anderen Unternehmen der Branche oder in benachbarten Branchen,
- Statusinformation zur Untersuchung von Compliance-Verstößen.

467 Das **konzernweite Risiko- und Status-Monitoring-System** wird zentral geführt. Informationen müssen nach einzelnen Informationsbedürfnissen, z.B. des Vorstands, aggregierbar sein.

Die Muttergesellschaft sollte **anstreben**, die genannten Kernbestandteile 468
in den Tochtergesellschaften **rechtlich verbindlich** einzuführen. Sie sollte
nach Möglichkeit Verfahren etablieren, nach denen die Leitungen der Tochtergesellschaften verpflichtet sind, zentrale Compliance-Maßnahmen und
-Instrumente der Mutter im Rahmen der lokalen rechtlichen Möglichkeiten umzusetzen. Die Tochtergesellschaften und ihre Führung werden aus
rechtlichen und wirtschaftlichen Gründen **regelmäßig Interesse an der
Einbindung** ins konzernweite wirksame CMS haben. Die Konzernmutter
sollte entsprechende **Vorteile aufzeigen**.

Die Einbindung muss nach Möglichkeit **rechtlich verbindlich verankert** 469
und in jedem Fall gut **dokumentiert** werden. Die **tatsächlich wirksame**
Einbindung ins CMS sollte über mehrere Perioden genau **geprüft** werden,
um rein **politischen Zusagen** der Tochtergesellschaften Vorschub zu leisten. Die **Wirksamkeit** der Einbindung muss auch zum Schutz des Zentralvorstands unbedingt gründlich **dokumentiert** werden. Wichtig sind
insbesondere klare Regelungen zur objektiven Entscheidungsgewalt und
-verantwortung sowie zu Informations- und Eskalationsmechanismen.
Von zentraler Bedeutung sind dabei klar und wirksam definierte und dokumentierte **Berichtslinien** zwischen Funktionen und Leitungsebenen
sowie zwischen Mutter- und Tochtergesellschaften und einzelnen operativen Bereichen.

2. Mittelständische Unternehmen

Auch bei der Mehrheit der größeren mittelständischen Unternehmen sind 470
Compliance-Systeme inzwischen **gängige Praxis**. Dabei ist der Begriff des
Mittelstands nicht einheitlich definiert. Auch Unternehmen mit mehr als
10.000 Mitarbeitern zählen nach verbreiteter Ansicht zu dieser Kategorie.

Oftmals weichen „mittelständische" CMS zumindest hinsichtlich ihrer 471
Hauptbestandteile und -prozesse nur wenig von den CMS der Großkon-
zerne ab. Dies ist die schlichte Folge funktionaler Notwendigkeiten zur Erzielung der Wirksamkeit des CMS der „Mittelständler", deren Aktionsradien
und Prozesskomplexitäten sich von Großkonzernen qualitativ häufig nur
noch unwesentlich unterscheiden.

Teilweise ist im Mittelstand möglicherweise eine stärker reaktive und ein- 472
zelfallbezogene Herangehensweise und tendenziell eine **geringere Integration** des CMS vorhanden. Beides sind jedoch Merkmale, die sich mit
zunehmender Zeitdauer der Implementierung von CMS im Unternehmens-
vergleich meist angleichen.

473 Die Verpflichtung zu bestimmten Ausprägungen von Maßnahmen zur Compliance-Risikokontrolle hängen neben der Unternehmensgröße von zahlreichen anderen **Parametern** ab (→ Rn. 267 ff.). Standardisierte Aussagen zum pflichtgemäßen CMS im Mittelstand sind daher nicht zu treffen. Eine grundsätzliche qualitative und quantitative **Differenzierung** wirksamer CMS nach Unternehmensgröße ist daher nicht zielführend.

474 Ganz und gar unmöglich sind hingegen Standardaussagen zum CMS in der noch unklarer definierten Gruppe der **KMU** (kleine und mittelständische Unternehmen). Unternehmensleitungen müssen das CMS jedenfalls stets entsprechend der risikorelevanten Parameter (→ Rn. 267 ff.), dem Risikokatalog und den Risikowerten als Ergebnis der wirksamen Risikoidentifikation und -bewertung (→ Rn. 293 ff., 342 ff.) sowie im Rahmen des wirtschaftlich Zumutbaren (→ Rn. 9 ff., 34 ff., 78 ff., 385 ff.) konzipieren lassen.

3. Familienunternehmen

475 In Familienunternehmen bestehen im Vergleich zu Industrieunternehmen oder Großkonzernen mitunter **geringere Ressourcen** für den Aufbau und die kontinuierliche Wirksamkeitserhaltung von CMS. **Zugleich** sind die **Compliance-Organisationspflichten** (→ Rn. 5 ff., 23 ff., 426 ff.; § 2 Rn. 1 ff.) und die rechtlichen sowie die nicht selten gravierenden wirtschaftlichen **Auswirkungen** von Compliance-Risiken **dieselben** wie für andere Unternehmensformen. Die Unterstützung durch **externe Ressourcen** (→ Rn. 227 ff.) ist hier häufig sinnvoll.

476 Weitere **Besonderheiten** vieler Familienunternehmen ergeben sich aus der **inhabergeführten Struktur** und dem oftmals persönlich geprägten Vertrauensverhältnis zu **Führungskräften** und den übrigen **Mitarbeitern**. Durch ein unternehmensweites CMS **formalisierte** Dokumentations-, Überwachungs- und Kontrollpflichten werden hier häufig als unpassend empfunden. Gleichwohl belegen sämtliche Untersuchungen und auch die offiziellen Kriminalitätsstatistiken der Behörden, dass Familienunternehmen gerade bei den gravierendsten Compliance-Risiken, etwa im Bereich der Korruptions-, Untreue- und Wettbewerbsdelikte, insbesondere Kartellvergehen, **den gleichen** und teilweise erhöhten **Risiken ausgesetzt** sind, wie nicht inhabergeführte Unternehmen. Gleiches gilt für Delikte gegen geistiges Eigentum, Schutz- und Urheberrechte sowie Geschäfts- und Betriebsgeheimnisse.

477 Im Hinblick auf inländisches und ausländisches Recht sowie die spezifischen Länderrisiken agieren Familienunternehmen unter **denselben Bedingungen** wie alle übrigen Unternehmen.

Die **Third Party-Compliance-Programme** (→ Rn. 86, 94 ff.) **in- und ausländischer Geschäftspartner** fordern von Familienunternehmen häufig wirksame Compliance-Programme. Insoweit ist es für diese rechtlich und wirtschaftlich erheblich sinnvoller, **eigene** Compliance-Programme aufzubauen, als sich unter fremde zu **unterwerfen**. Wirksam, wirtschaftlich sowie den Pflichten angemessen sind hier besonders **schlanke, fokussierte CMS**, die den persönlichen und sachlichen Strukturen des Unternehmens Rechnung tragen. 478

4. Börsennotierte Unternehmen

Für börsennotierte Unternehmen gelten die **kapitalmarktrechtlichen Vorschriften**. Aufgrund der zivil, straf- und bußgeldrechtlichen Folgen (vgl. z.B. §§ 38 ff., 28, 37b, 37c WpHG) sowie der Reputationsfolgen sollten die kapitalmarktrechtlichen Anforderungen selbstverständlich **genau befolgt** werden. Die Sicherstellung der Kapitalmarkt-Compliance muss selbstverständlich stets auf umfassender **rechtlicher Beratung** beruhen. Zudem existiert breite spezifische **Fachliteratur**. Nachfolgend werden lediglich einige der wichtigen Themen **stichpunktartig** genannt. 479

Die seit dem 3. Juli 2016 unmittelbar wirksame **EU-Marktmissbrauchsverordnung** (MMVO, VO Nr. 596/2014 des EU-Parlaments und des Rats) **ersetzt** zahlreiche nationale kapitalmarktrechtliche Regelungen und führt teils erhebliche **Änderungen** und **Verschärfungen** ein. Dies gilt insbesondere in den Bereichen 480

- Ad-hoc-Publizität,
- Insiderlisten,
- Verbot von Insidergeschäften,
- Directors' Dealings,
- Verbot der Marktmanipulation sowie
- Sanktionen.

Die bisherigen deutschen **kapitalmarktrechtlichen Vorschriften** umfassen insbesondere folgende Kernpflichten: 481

- Abgabe einer Entsprechungserklärung zum deutschen Corporate Governance Kodex mit der Folge von Anfechtungs-, Schadensersatz- und Strafbarkeitsrisiken bei unrichtigen Angaben, § 161 AktG,
- Verbot von Insidergeschäften, § 14 WpHG,
- Ad-hoc-Publizität, § 15 WpHG,
- Offenlegung von Directors' Dealings, § 15a WpHG,
- Pflicht zum Führen von Insiderverzeichnissen, § 15b WpHG, § 14 WpAIV,
- Verbot der Marktmanipulation, § 20a WpHG,
- Stimmrechtsmeldepflichten, § 21 WpHG,
- regelmäßige Finanzberichterstattung, §§ 37 ff. WpHG.

482 Neben den hier nicht abschließend genannten kapitalmarktrechtlichen Kernpflichten ergeben sich aus dem **europäischen Recht** erhebliche **Verschärfungen**, die für Unternehmen mitunter bestandsbedrohende Wirkungen entfalten können. Beispiele sind neben der MMVO (→ Rn. 480) die Änderungen der Transparenzrichtlinie sowie die strafrechtliche Marktmissbrauchsrichtlinie, CRIM-MAD.

483 Die Sicherstellung der **kapitalmarktrechtlichen Compliance** erfordert **spezifische Ausprägungen des CMS**. Zwar implementiert auch das Kapitalmarktrecht bei Gesellschaften, die keine Finanzdienstleistungsunternehmen sind, keine ausdrückliche Pflicht zur Implementierung eines CMS für Kapitalmarkt-Compliance. Allerdings muss der **Vorstand** im Rahmen seiner Organisations-, Leitungs- und Sorgfaltspflichten ein CMS aufbauen, das negative Folgen von Kapitalmarktrechtsverstößen hinreichend reduziert. Angesichts der empfindlichen **Sanktionen** beispielsweise durch die Marktmissbrauchsverordnung (MMVO/MAR) dürfte das **Organisationsermessen** des Vorstands hinsichtlich des Aufbaus eines entsprechend wirksamen CMS in der Unternehmenspraxis in den meisten Fällen auf null **reduziert** sein.

484 Eine **erste Orientierung** im Vorfeld des CMS-Aufbaus bietet **der Emittentenleitfaden der BaFin**. Danach gilt es, die unternehmensspezifischen kapitalmarktrechtsbezogenen Eigenschaften, Prozesse und anderen Risikoparameter **systematisch** zusammenzustellen. Hierzu gehört auch, einen Katalog der Insiderinformationen aufzustellen. Die Meldesysteme und -prozesse sowie das unternehmensweite Risikomanagement-Informationssystem müssen hierauf kontinuierlich präzise eingestellt werden. Die Unternehmensleitung muss jeweils sofort entscheiden können, ob ad hoc mitteilungspflichtige Insiderinformationen vorliegen, für die ein Veröffentlichungsaufschub relevant wird. Insider-Compliance-Ausschüsse bzw. Disclosure Committees innerhalb des CMS tragen hierzu bei. Externe Dienstleister unterstützen zumeist bei der zeitgleichen Veröffentlichung an alle Marktteilnehmer.

485 In der Unternehmenspraxis müssen **sämtliche Teile des CMS kapitalmarktrechtliche Erfordernisse** mit erfassen. Grundmaßnahmen sind insoweit kapitalmarktrechtlich bedingte Ausprägungen der Risikoanalyse, der Inhalte der Compliance-Kommunikation und des *code of conduct*, spezifische interne Policies und Verfahrensregelungen sowie Trainings.

VIII. Organisation der Compliance-Funktion

1. Autonome oder Matrix-Compliance-Organisation

Nach der Rechtsprechung muss die Unternehmensleitung eine **Organisationsform** wählen, welche die Umsetzung eines wirksamen CMS sicherstellt. Die **Unternehmensleitung** kann die Aufbauorganisation der Compliance-Funktion grundsätzlich nach **zwei Grundmodellen** gestalten, deren Vor- und Nachteile das Unternehmen abwägen sollte:

486

- **Autonome Compliance-Organisation:** Hier ist das **zentrale Compliance Office** mit dem unternehmensweiten **Netzwerk regionaler** und **lokaler Compliance Officers** für alle drei Grundaufgaben der Prävention, Aufdeckung und Reaktion zuständig. Diese Organisationsform kann auf den ersten Blick kostenintensiver sein, **bedarf** aber **nicht so komplexer Abstimmungsprozesse** wie die Matrix-Organisation. Aufgrund ihrer Spezialisierung ist die autonome Compliance-Organisation häufig **besser** in der Lage, ein **kohärentes und wirksames unternehmensweites CMS** zu organisieren. Unternehmen **ab einer gewissen Komplexität und Größe** wählen daher **meist** die **autonome** Compliance-Organisation.

- **Matrix-Organisation**: Das **zentrale Compliance Office** konzentriert sich hier auf der Grundlage klarer konzernweiter Verantwortung und Berichtslinien zumeist primär auf **Präventionsaufgaben**. Die Aufgaben im Rahmen der **Aufdeckung** und **Reaktion** werden hingegen **von anderen Fachbereichen durchgeführt** – etwa Recht, Interne Revision, Finanzabteilung, Controlling oder HR. Die Umsetzung erfolgt zudem regelmäßig durch Compliance-**Beauftragte** in **Tochtergesellschaften**, die in **Teilfunktion** neben ihren sonstigen Funktionsprofilen Compliance-Aufgaben übernehmen. **Argument** für die Matrix-Organisation ist oftmals der **auf den ersten Blick geringere Ressourcenbedarf**. Dieser **scheinbare Vorteil** wird jedoch meist durch den **erhöhten Abstimmungsbedarf** der beteiligten Fachbereiche zunichte gemacht. Zudem liegt in den vielfältigen Abstimmungsprozessen die Gefahr von **Wirksamkeitsverlusten**. Dennoch hat sich die Compliance-Matrix-Organisation mitunter insbesondere **bei dezentralen Konzernstrukturen** bewährt. Ihre Einrichtung sollte schriftlich mit den Leitungsgremien der Tochter- und Enkelgesellschaften vereinbart werden.

2. Benachbarte Fachabteilungen

Die **Compliance-Funktion** sollte – mindestens ab einer bestimmten Unternehmensgröße, -komplexität oder Risikoexposition – **unabhängig** und **eigenständig** organisiert sein, um die von der Unternehmensleitung geschuldete Wirksamkeit des CMS zu erreichen. Gleichwohl muss die Compliance-Fachfunktion mit relevanten **Abteilungen** wirksam zusammenarbeiten. Dies betrifft sämtliche operativen Funktionen und Fachabteilungen

487

wie Recht, Unternehmenskommunikation, Vertrieb, Einkauf, Controlling, Interne Revision, Risikomanagement, IKS und HR.

a) Einbindung der Compliance-Funktion in die Rechtsabteilung?

488 Gegen die vollständige **organisatorische Integration der Compliance-Funktion in die Rechtsabteilung** sprechen nachfolgende grundsätzliche Erwägungen. Dies bedeutet gleichwohl nicht, dass die Integration per se rechtlich unzulässig oder grundsätzlich unvorteilhaft ist.

1. Die Compliance-Funktion arbeitet im Vergleich zur Rechtsabteilung in der Regel **stärker umsetzungsbezogen** und **prozessorientiert**.

2. **Compliance-Risiken** weisen im Vergleich zu Rechtsrisiken zahlreiche weitere Aspekte auf. Sie **sind** aus der Umsetzungsperspektive in erster Linie operative Management- und Steuerungsrisiken, **nicht Rechtsrisiken** (→ Rn. 253, 340).

3. **Compliance** hat nach den rechtlichen und den wirtschaftlichen Erfordernissen eine **Integrationsfunktion**, die **nicht nur Rechtsaspekte, sondern sämtliche operativen und funktionalen Bereiche des Unternehmens einbindet**. Hierzu gehören neben Rechtsaspekten beispielsweise auch Aspekte wie Interne Revision, Risikomanagement, Internes Kontrollsystem, Führungsgrundsätze, HR-Funktionen, Controlling-Aspekte, Leadership sowie alle Aspekte der Aufbau- und Ablauforganisation und der operativen Prozesse des Unternehmens. Als rechtliches, wirtschaftliches und funktionslogisches Wirksamkeitserfordernis muss Compliance diese Aspekte einschließen. Einfache Belegbeispiele sind rechtlich gestaltete Compliance-Trainings oder allzu stark rechtlich geprägte Richtlinien, die unter Mitarbeitern regelmäßig schlechte Akzeptanz erfahren. Compliance ist somit eine fachlich übergreifende Querschnittsfunktion mit unternehmensweiter Integration, die in vielen Aspekten über die Orientierung der Rechtsabteilung hinausgeht.

4. Bisweilen ergibt sich die Gefahr eines **Interessenkonflikts**, etwa wenn die Rechtsabteilung in einem Projekt beraten hatte, das sich später als rechtlich zweifelhaft herausstellt.

5. Im **Finanzdienstleistungssektor**, der sich im Hinblick auf wirksame CMS-Gestaltungen häufig als richtungsweisend erwiesen hat, ist eine **Trennung** der **Rechts- und Compliance-Funktion** rechtlich zwingend erforderlich.

489 **Gleichwohl** ist **bei kleineren Unternehmen** die Compliance-Funktion mitunter **in die Rechtsabteilung eingegliedert**. In diesen Fällen **sollten** Rechts- und Compliance-Aufgaben im Rahmen einer zumindest **funktionalen Trennung** unterschiedlichen Mitarbeitern zugewiesen und die **Ablauforganisation** so weit wie möglich separiert werden. Zudem sollten für die Compliance-Mitarbeiter innerhalb der Rechtsabteilung **Eskala-**

tionsrechte an die Unternehmensleitung oder den Aufsichtsrat schriftlich fixiert werden.

b) Einbindung in die Revisionsabteilung?

Die Einbettung der Compliance-Funktion in die **Revisionsabteilung** emp- 490
fiehlt sich aus den folgenden Gründen ebenfalls nicht.

1. Die Prüfung des Compliance-Systems durch die Interne Revision ist ein wichtiger Informationskanal der Unternehmensleitung im Hinblick auf die Wirksamkeit des CMS. Daher ergäbe sich für die Revisionsabteilung ein **Interessenkonflikt**.
2. Ferner müssen Compliance-Aufgaben vielfältig in **Geschäftsprozesse integriert** werden (→ Rn. 417 ff.), während die Interne Revision vorwiegend prozessunabhängig arbeitet.
3. Zudem gelten auch bei der Revision im Wesentlichen die zur **Rechtsabteilung** genannten **Gründe** (→ Rn. 488).
4. Für den Banken- und **Finanzdienstleistungssektor** hat sich die BaFin dezidiert gegen die Anbindung der Compliance-Funktion an die Interne Revision ausgesprochen.

Gleichwohl müssen die Interne **Revision** und die **Compliance-Abteilung** 491
etwa bei der Prüfung des CMS, der Aufklärung von Compliance-Verstößen oder bei der Verbesserung der Prüfpläne wirksam und eng **zusammenarbeiten**.

c) Einbindung in die Risikomanagementabteilung?

Die Einbindung der Compliance-Funktion in eine mitunter bestehende 492
Risikomanagementabteilung kommt gleichermaßen nicht in Betracht.

1. Prozesse des Risikomanagements stellen selbst ein **System- und Steuerungsrisiko** dar, das die Compliance-Organisation im Rahmen der Risikoanalyse beurteilen und eindämmen sollte. Es entstünde insoweit ein **Interessenkonflikt**, weil die Compliance-Funktion die Risikomanagementabteilung im Rahmen der Compliance-Risikoanalyse mit beurteilt und überwacht.
2. In der Risikomanagementabteilung fehlen des Weiteren häufig die zur Erfüllung der Compliance-Funktion notwendige **rechtliche Expertise** und viele der für den CCO erforderlichen **Kompetenzen** (→ Rn. 104, 205 ff., 242).
3. Zudem gelten auch insoweit die wesentlichen der oben zur **Rechtsabteilung** genannten **Gründe**, die gegen eine Integration sprechen (→ Rn. 488).

Gleichwohl kann die Compliance-Abteilung vom **Methodenwissen** der 493
Risikomanagementabteilung profitieren. Zugleich fließen Informationen

zu Compliance-Risiken in den **Informationspool** der Risikomanagementabteilung ein und umgekehrt, sodass eine enge Zusammenarbeit beider Funktionen unerlässlich ist.

d) Trennung der Aufbau- und Ablauforganisation bei enger Kooperation

494 Ähnliche und gleiche Gründe wie die oben genannten sprechen gegen eine Integration in die **Finanz-, Controlling-** oder **HR**-Abteilung. Dennoch muss die **Compliance-Funktion eng** mit den eben genannten und weiteren Fachbereichen **zusammenarbeiten**. Wirksame und dokumentierte Grundsätze zur Aufgabenteilung und zum Zusammenwirken der genannten Bereiche sind ein Pflichtbestandteil eines sachgemäß integrierten Compliance-Systems.

IX. Mitbestimmung des Betriebsrats bei Compliance-Maßnahmen

495 Beim Aufbau und der Anpassung des CMS sollte der Betriebsrat **frühzeitig** angemessen **eingebunden** werden. Trägt er das Compliance-System mit, ergibt sich den Mitarbeitern gegenüber ein bedeutender **Kommunikations- und Informationskanal**, der in der Unternehmenspraxis maßgeblich zum Erfolg des CMS beitragen kann.

496 Ist das **Mitbestimmungsrecht** des Betriebsrats tangiert, ist eine Beteiligung ohnehin unumgänglich. Dies ist **beispielsweise** der Fall bei der Konzeption und Einführung von Compliance-Richtlinien, Trainings, Hinweisgebersystemen oder beim Einsatz technischer Mittel zur Aufklärung von Compliance-Verstößen, ferner bei Compliance-relevanten Zielvereinbarungen mit Entgeltwirkung.

497 Zentrale **Beispiele** der **Beteiligung des Betriebsrats** sind:
- Einführung interner **Verhaltensrichtlinien** wie dem *code of conduct*, Anti Corruption Policies usw., § 87 Abs. 1 Nr. 1 BetrVerfG,
- Einführung und Anwendung technischer Einrichtungen zur **Überwachung** des Verhaltens und der Leistung von Arbeitnehmern, § 87 Abs. 1 Nr. 6 BetrVG; technische Einrichtungen sind insoweit weit definierbar, Beispiele sind alle Teile der IT-Anlage, mit denen leistungs- und verhaltensrelevante Daten erfasst werden und die im Rahmen interner Untersuchungen genutzt werden können,
- zahlreiche Beteiligungspflichten an internen **Untersuchungsmaßnahmen**, beispielsweise nach § 87 Abs. 1 Nr. 1 und 6, § 94 Abs. 1, § 80 Abs. 2, § 82 Abs. 2 Satz 2 BetrVG.

Das Bundesarbeitsgericht stellte zur **Beteiligung des Betriebsrats** am CMS **zwei zentrale Grundsätze** fest:[12]

- Das Mitbestimmungsrecht nach § 87 Abs. 1 Nr. 1 BetrVG gilt nur für diejenigen Teile des CMS, die das „**Ordnungsverhalten**" der Mitarbeiter betreffen.
- Vorgaben und **Regelungen, die nur gesetzliche Vorschriften wiedergeben**, unterliegen nicht der Beteiligung des Betriebsrats.

498

Bei **internen Policies** ist **beispielsweise** hinsichtlich jeder Einzelbestimmung zu **differenzieren**, ob sie lediglich die Gesetzeslage wiedergibt. Sind einzelne Bestimmungen einer Richtlinie mitbestimmungspflichtig, und wurde der Betriebsrat dennoch nicht beteiligt, ist damit gleichwohl nicht automatisch die gesamte Richtlinie ungültig. Die Unternehmensleitung sollte in Fragen der Beteiligung des Betriebsrats stets auf **juristischen Rat** zurückgreifen.

499

X. Informationsschutz und IT-Sicherheit als Leitungspflicht

Die Unternehmensleitung ist für den umfassenden Schutz des Know-hows und anderer sensibler Informationen verantwortlich und haftbar.

500

Informationen zum Compliance Management des Unternehmens sind aufgrund der rechtlichen sowie der materiellen und immateriellen Schadenswirkungen zweifelsfrei als **sensible Informationen** einzuordnen. **Beispiele** sind Informationen zu

501

- Compliance-Verstößen im Unternehmen,
- Verdachtsfällen,
- Stand des Aufbaus des CMS,
- Lücken und Verbesserungsbedarf des CMS,
- Compliance-Risikoportfolio,
- einzelnen Compliance-Risiken,
- Schadensumfang und -qualitäten von Compliance-Verstößen,
- Risikostrategie und Compliance-Strategie der Unternehmensleitung,
- Hinweisgebersystemen,
- Case-Tracking- und Bearbeitungssystemen,
- internen Untersuchungen,
- Vorbereitung, Durchführung und Ergebnissen von Compliance Audits.

Über die **rechtlichen, materiellen und reputationsbezogenen Schadenswirkungen** hinaus machen sich das **Unternehmen** und die **Leitung** intern und extern dauerhaft **angreifbar**, wenn die **Informationssicherheit** nicht hinreichend gewährleistet ist.

502

---

12   BAG v. 11.06.2002 – 1 AZR 390/01; BAG v. 22.07.2008 – 1 ABR 40/07

503 Die Unternehmensleitung sollte daher **IT-Sicherheits-Fachbereiche** der **Wirtschaftsprüfungsgesellschaften** oder spezialisierte **IT-Sicherheits-dienstleister** mit einer **Risikoanalyse**, **einem IT-Sicherheitskonzept** sowie mit der **periodischen Prüfung** dessen dauerhafter **Umsetzung** beauftragen.

504 Im Hinblick auf **IT-Sicherheit** und **Informationsschutz** sollte die **Unternehmensleitung** unter anderem auf folgende **Maßnahmen, Prozesse und Instrumente** achten:

- IT-Richtlinie zur Nutzung und Konzeption der Hard- und Software,
- periodisch wirksame und schriftliche Analyse der Qualität und Quantität der sensiblen Informationen und ihrer Lokalisierung in Hard- und Software,
- kontinuierlich aktualisiertes Verzeichnis der den einzelnen Mitarbeitern zugeordneten Zugriffsberechtigungen,
- regelmäßige Datensicherungen anhand eines dokumentierten Datensicherungsverfahrens einschließlich regelmäßiger Überprüfung der Datenträger und versuchsweisen Restore-Prozessen,
- sichere Lagerung und erforderlichenfalls Entsorgung von Datensicherungsträgern,
- Informationsschutz-/IT-Sicherheitskonzept,
- IT-Notfall- und Desaster-Recovery-Konzept einschließlich Verhaltensrichtlinien, Meldewegen, Evakuierungen, Schulungen u.a.,
- systematische Planung und Kontrolle der Audit- und Wartungsperioden,
- regelmäßige wirksame und dokumentierte Analyse der IT-Ausfallrisiken,
- regelmäßig aktualisierter IT-Continuity-Plan mit wirksamen Vorgehensweisen bei den als relevant erachteten Ausfallszenarien,
- Bestellung eines IT-Sicherheitsbeauftragten,
- Leistungsfähigkeit und Sicherheit der Netz-Infrastruktur,
- physische Sicherheit von Räumen und Gebäuden im Hinblick auf Einbrüche, Wasser, Brand, Blitzschäden usw.,
- Prozesse und Technik für hinreichende Zutrittsregelungen,
- regelmäßig erneuerte Hard- und Software bzw. Updates,
- Angriffsschutz des Unternehmensnetzes (z.B. Firewall, Virenscanner, Intrusion-Detection- und Intrusion-Prevention-Systeme, Anti-Spyware Scanner u.a.),
- unternehmensweites wirksames Verschlüsselungskonzept für E-Mails und Cloud-Lösungen sowie Trainings aller Mitarbeiter im Hinblick auf Verschlüsselungstechniken,
- kritische Prüfung der Nutzung von Cloud-Lösungen im Hinblick auf hoch sensible Compliance-Informationen,
- sichere Authentifizierungs- und Zugriffsmethoden auf das Netz von außen,

- regelmäßige IT-Sicherheitsaudits durch unabhängige interne oder externe Stellen,
- dokumentiertes Verfahren zum Dokumentenmanagement und zur elektronischen Archivierung,
- Datenschutzkonzept und -richtlinie im Hinblick auf Erhebung, Verarbeitung und Nutzung personenbezogener Daten,
- Information und Schulung der Mitarbeiter zur risikoarmen Nutzung und zu Nutzungsrechten der Soft- und Hardware sowie zu Gefahren durch Viren, Trojaner und ähnliche Schadenssoftware über E-Mails und Internetseiten,
- Deaktivierung unnötiger Programme und Funktionen auf Rechnern und Laptops/Notebooks,
- Blockieren der Installation nicht autorisierter Software auf den Rechnern und Laptops/Notebooks der Mitarbeiter,
- IT-Sicherheits- und Wartungsvertrag mit kompetenten Dienstleistungsunternehmen, durchsetzbare Ansprüche und Einflussmöglichkeiten des Unternehmens.

H. Compliance-Führung durch die Unternehmensleitung

Compliance-Führung durch die Mitglieder der **Unternehmensleitung** 505
ist ein **zentrales Wirksamkeitskriterium und Pflichtelement des
CMS**. Sie hat zahlreiche und umfassende wirtschaftliche Auswirkungen
(→ Rn. 64 ff.) und wird durch Gesetze (→ Rn. 5 ff., 23 ff., 426 ff.; § 2; § 4; § 5)
und kodifizierte Standards (→ Rn. 53 ff.) als Grundelement jedes wirksamen
CMS postuliert. **Führungstheorien der Betriebswirtschaftslehre** sind bei
der **Umsetzung** der Compliance-Führung durch die Unternehmensleitung
kaum hilfreich, vielmehr geht es in der Unternehmenspraxis um die nachfolgend genannten Aspekte.

I. Leadership und Commitment als rechtliche und wirtschaftliche Kernaufgaben
1. Pflichtaufgabe der Unternehmensleitung
Wirksame Compliance-Führung wird 506
1. von sämtlichen **kodifizierten Compliance-Management-Standards**
   ausdrücklich als grundlegendes Pflichtelement jedes wirksamen CMS
   gefordert (→ Rn. 53 ff.). Die Standards dienen auch deutschen **Behörden** und Stakeholdern als Leitlinien bei der Beurteilung, ob die Unternehmensleitung ihre Compliance-Management-Pflichten erfüllt hat.
2. durch extraterritorial wirkende **Gesetze** (→ Rn. 58 ff.) als **Pflichtelement** jedes wirksamen CMS definiert. Nach dem **UK Bribery Act** und
   dem **US FCPA** in Verbindung mit den **US Sentencing Guidelines** löst
   mangelnde Compliance-Führung konkrete Haftungsgefahren aus.

3. nach **deutschem Recht** den **Pflichten der Unternehmensleitung** zugerechnet, insbesondere im Hinblick auf die **nachfolgend als Führungsthemen angeführten Elemente**, wie etwa **Policies** (→ Rn. 573 ff.), **Beratungsangebot** für Mitarbeiter (→ Rn. 560 ff.), **Sanktionierung** (→ Rn. 556 ff.) und Compliance-**Kommunikation** (→ Rn. 533 ff.). Sie sind **Pflichtbestandteile des CMS,** die die **Unternehmensleitung** aus einer Reihe rechtlicher und wirtschaftlicher Gründe wirksam umsetzen muss.

2. Stakeholder-Erwartungen

507   **Anforderungen** und **Erwartungen** der Investoren, Aufsichtsgremien, Geschäftspartner, Mitarbeiter und anderer **Stakeholder** an die Unternehmensleitung beziehen sich zentral auf **Compliance-Führungsthemen**.

508   **Kenntnisse** der Mitglieder der Unternehmensleitung zur Compliance-Führung sind Teil der **Leitungskompetenzen**, um das CMS und das Unternehmen wirksam steuern und überwachen und dies den Stakeholdern gegenüber auch wirkungsvoll kommunizieren zu können.

3. Klare Positionierung und authentisches Commitment

509   Bei der unternehmensinternen Kommunikation und dem wahrnehmbaren Verhalten der Mitglieder der Unternehmensleitung als zentralen Bestandteilen der Compliance-Führung geht es um klares und durchaus auch persönliches Commitment der Leitungsperson. Bei den Unternehmensangehörigen besteht in aller Regel eine konkrete Erwartungshaltung hinsichtlich der klaren Positionierung der Unternehmensleitung zu Compliance-Themen. Diese hat zudem regelmäßig positiven Einfluss auf die Wirksamkeit der übrigen Führungsaktivitäten.

4. Compliance-Leitungsressort und Compliance Board

510   Die Wirksamkeit der Compliance-Führung der Unternehmensleitung wird durch grundlegende, intern und extern **wahrnehmbare aufbau- und ablauforganisatorische Maßnahmen** mit Bezug zur Unternehmensspitze kontinuierlich verstärkt.

511   **Beispiele** sind
- die Zuweisung eines **Compliance-Ressorts im Vorstand** (→ Rn. 510) oder
- die Einrichtung eines **Compliance Board** (→ Rn. 510).

5. Compliance-Leadership-Trainings und Verpflichtung der Führungsebenen

512   Die **Unternehmensleitung** muss die **Führungskräfte** zu ihren Compliance-Aufgaben aus zahlreichen wirtschaftlichen und rechtlichen Gründen

wirksam **informieren** und **schulen**. Dies betrifft sowohl die Compliance im **operativen Geschäft** als auch die Mitwirkung an **CMS-Umsetzungsaufgaben**.

Übliche Mittel sind **Briefings, Trainings** und **Workshops der Führungs-** 513
ebenen. Mögliche **Inhalte** sind unter anderem:
1. Compliance-**Leadership-Grundsätze** und **-Wirkungsprinzipien**,
2. Integration ins übrige **Leadership-Programm** des Unternehmens,
3. Verschränkung von **Compliance- und Performance-Zielen**,
4. Compliance-Management-**Strategie** der Unternehmensleitung (→ Rn. 73, 271 ff.),
5. **CMS-Prozesse, -Elemente,** -Instrumente und -Funktionen – ausgerichtet auf den spezifischen Informationsbedarf der jeweils trainierten Management-Ebene oder -Gruppe. Wichtige **Aspekte** sind **beispielsweise** der Umgang mit dem Hinweisgebersystem (→ Rn. 205 ff., 328 ff.), Incident Management (→ Rn. 205 ff., 328 ff.), Umgang mit potenziellem Fehlverhalten (→ Rn. 112 ff.), Risikoanalyse (→ Rn. 254 ff.), eigene Compliance-Kommunikation der Führungskräfte gegenüber den Mitarbeitern und weitere für die Wirksamkeit des CMS essenziellen Themen,
6. materiell-rechtliche **Kerninformationen** zu den **Hauptrisikofeldern** des Unternehmens, etwa zur Korruptionsprävention oder im Kartell- und sonstigen Wettbewerbsrecht,
7. **konkrete** unternehmensspezifische **CMS-Umsetzungsaufgaben** für Führungskräfte.

Die Durchführung wirksamer **Compliance-Leadership-Trainings** für ver- 514
schiedene Führungsebenen muss zur Freizeichnung und Entlastung der Unternehmensleitung in die allgemeine **CMS-Dokumentation** aufgenommen werden.

In Trainings, Briefings oder Workshops zum Compliance Leadership für die 515
Führungskräfte des Unternehmen müssen klare **Ziele** und **Weisungen** der **Unternehmensleitung** im Hinblick auf deren Beiträge zur Umsetzung des CMS enthalten sein. Diese können zusätzlich über Arbeitsanweisungen, Rundschreiben an Führungskräfte oder Briefings durch die Unternehmensleitung kommuniziert werden.

Mitunter werden CMS-Umsetzungsziele bestimmter Führungsebenen oder 516
-funktionen – beispielsweise zum wirksamen Compliance-Führungsverhalten oder zum Incident Management – als Teil der **variablen Gehaltsbestandteile** vereinbart. Zudem können Führungskräfte aller Ebenen mit einmaligen oder periodisch erneuerten **schriftlichen Erklärungen** auf

den *code of conduct* des Unternehmens und die Umsetzungsaktivitäten im Rahmen des CMS **verpflichtet** werden.

6. Compliance-Kommunikationskonzept der Unternehmensleitung

517 Ein Compliance-Kommunikationskonzept sollte mindestens folgende **Bestandteile** beinhalten:

- Überblick über **Stakeholdergruppen** und einzelne wichtige Stakeholder sowie deren jeweilige konkreten Compliance-bezogenen Erwartungen,
- „**negative Stakeholdergruppen**" und deren Interessen, etwa das tendenzielle Interesse von Konkurrenzunternehmen an eher eingeschränktem Erfolg des Compliance Managements des Unternehmens,
- **interne und externe Zielgruppen** der Kommunikation, insbesondere das mittlere Management als Multiplikator, beispielsweise aber auch Mitarbeiter ohne Intranetzugang,
- ein **präventives Kommunikationskonzept** (→ Rn. 533 ff.) einschließlich relevanter Medien, Häufigkeit und Anlässe ihrer Nutzung, interne und externe Kommunikationskanäle wie Rundmails, Newsletter, Townhall Meetings, Videobotschaften, Positionierung auf Großveranstaltungen usw.,
- **Ad-hoc-Kommunikation** einschließlich reaktiver Compliance-Krisenkommunikation (→ Rn. 533 ff.),
- **Information und Training** des Top Managements und des mittleren Managements zu Compliance-Kommunikationsthemen und -kompetenzen,
- periodische Verifizierung des **Erfolgs** der Compliance-Kommunikation, beispielsweise durch interne Befragung einzelner Zielgruppen,
- Verschränkung mit den Prozessen und Inhalten der **übrigen Unternehmenskommunikation**,
- Einbindung der relevanten externen Geschäftspartner (→ Rn. 86, 94 ff., 533 ff.) in die Compliance-**Kommunikation** der Unternehmensleitung, da durch diese wesentliche Compliance-Risiken des Unternehmens zentral beeinflusst werden.

II. Sieben Grunddimensionen der Compliance-Führung

518 In der Unternehmenspraxis hat es sich bewährt, die Führungsmaßnahmen der Unternehmensleitung an folgenden **sieben Compliance-Grunddimensionen** auszurichten. Sie sollten darüber hinaus, eng aufeinander bezogen, als Grundaspekte in die **Gestaltung** aller **CMS-Bestandteile** einfließen:

1. **Risikomanagement**,
2. **Recht**,
3. **Performance**-Bezüge der Compliance im unternehmensinternen und -externen Wettbewerb,

4. **Ziele:** Integration von Compliance in strategische und operative **Unternehmensziele** sowie in **individuelle Ziele**,
5. **Effektivität und Effizienz** des CMS durch **Geschäftsnähe, Komplexitätsreduktion und** geringen **Ressourcenbedarf**,
6. **Motivationsrahmen:** eng verknüpfte Leistungs- und Compliance-Motivation der Mitarbeiter im Kontext spezifischer Unternehmenskultur und -werte – etwa mit Bezügen zu unternehmenseigenen *visions*, *visions*, *principles* usw. sowie zu Grundaspekten wie Verantwortung, Leistung, Vorbildfunktion, Integrität, Vorreiterschaft, Erfolg, Erreichen ehrgeiziger Ziele, Fortschrittlichkeit, Sicherheit, Stabilität, Nachhaltigkeit, Chancennutzung und ähnlichen zum Unternehmen und den Führungsprinzipien passenden Werten und Prinzipien,
7. **Motivation:** Leistungs- und Compliance-bezogene **Führung** (→ Rn. 505 ff.) und **Kommunikation** (→ Rn. 533 ff.) der Unternehmensleitung und des mittleren Managemens.

III. Compliance-Ziele und ihre Positionierung

Compliance-Ziele der Unternehmensleitung sind vor allem unter folgenden **Aspekten** relevant: 519

* zur qualitativen und quantitativen **Ausrichtung** und **Fokussierung** des **CMS** bei Aufbau, Anpassung und Überarbeitung,
* als **Verdeutlichung** für **Aufsichtsgremien**, **Investoren** und andere **Stakeholder**, dass die Unternehmensleitung ein wirksames CMS tatsächlich initiiert und dessen Umsetzung verifizierbar vorantreibt und somit ihren Compliance-Organisations-, -Leitungs- und -Steuerungspflichten nachkommt,
* als **Freizeichnung** und **Entlastung** für die Leitungspersonen, falls in der **Zukunft** durch zutage tretende Delikte vergangener Zeitperioden Zweifel an der Erfüllung der Compliance-Leitungspflichten aufkommen,
* als **Kernbestandteil** der schriftlichen, periodisch erneuerten Compliance-**Strategie** der Unternehmensleitung (→ Rn. 73, 271 ff.),
* als **Handlungsziele** der mit der Umsetzung des CMS beauftragten internen und externen **Delegationsempfänger** (→ Rn. 173 ff.) mit den grundlegenden Endzielen der Wirksamkeit und Wirtschaftlichkeit des CMS,
* als Compliance-bezogene **Führungsziele** der Unternehmensleitung im Hinblick auf das mittlere Management,
* als Kernbestandteil der internen und externen Compliance-**Kommunikation** (→ Rn. 533 ff.),
* als **Handlungsziele** und **Werte** für alle **Mitarbeiter** des Unternehmens im Rahmen der Compliance-**Führung** durch die Unternehmensleitung,
* als **Mindestanforderung** für relevante **Dritte**, meist Geschäftspartner, im Sinne der *Third Party Compliance* (→ Rn. 86, 94 ff.).

520 Als Teil des wirksamen CMS werden wirksame Compliance-Ziele von zahlreichen **kodifizierten Standards** (→ Rn. 53 ff.) als **Pflichtelement** gefordert, etwa dem IDW PS 980 (→ Rn. 61) der Wirtschaftsprüfer oder in der ISO-Norm 19600 (→ Rn. 62).

521 **Compliance-Ziele beruhen** auf der wirksamen **Risikoanalyse** (→ Rn. 291 ff.), dem aktuellen **Wirksamkeitsstatus** des CMS und den internen **Richtlinien** als ein Teilaspekt dessen.

522 Compliance-Ziele **sollten**
1. unmittelbar aus der wirksamen **Risikoanalyse** (→ Rn. 254 ff.) und der **Statusanalyse** des CMS (→ Rn. 357 ff.) abgeleitet werden,
2. vor dem Hintergrund der **Compliance-Strategie** der Unternehmensleitung (→ Rn. 73, 271 ff.) definiert werden,
3. mit den **allgemeinen Unternehmenszielen verknüpft** sein,
4. entsprechend ihrer rechtlichen und wirtschaftlichen Auswirkungen **gleichrangig** neben **wirtschaftlichen** und **finanziellen** Zielen stehen,
5. möglichst **konkret als Umsetzungsziele** von CMS-Maßnahmen gefasst sein und hinsichtlich erreichter **Umsetzungsgrade** so gut wie möglich **verifizierbar** gemacht werden, obwohl z.B. Compliance-Führungsziele in hohem Maße durch qualitative Merkmale bestimmt werden,
6. mit anderen **Leistungszielen** verknüpft werden,
7. nach funktionalen, materiell-rechtlichen, personalen oder geografischen Aspekten **differenziert** werden,
8. **klar** und **unmissverständlich formuliert** und **kommuniziert** werden,
9. unbedingt periodisch **aktualisiert** sowie veränderten Compliance-Risikoprofilen und dem CMS-Entwicklungsstatus **angepasst** sowie jeweils durch die Unternehmensleitung neu **kommuniziert** werden. Veraltete, **überholte** und in der Verbindlichkeit nicht regelmäßig **erneuerte** Compliance-Ziele der Unternehmensleitung verleiten die Mitarbeiter regelmäßig zum bewussten oder unbewussten Schluss, Compliance-Ziele und das Compliance Management stünden aus Sicht der Unternehmensleitung und damit für das eigene Handeln insgesamt als Ziel nicht mehr im Vordergrund.

523 Die **Mitglieder der Unternehmensleitung beeinflussen** über die Wirksamkeit der kommunizierten **Compliance-Ziele** ihre unternehmensintern und -extern wahrgenommene persönliche Positionierung mit. Compliance-Ziele wirken sich nach den einheitlichen Erfahrungen der Unternehmenspraxis in hohem Maße auch auf die **übrigen Bereiche der Mitarbeiterführung** und damit auf das Erreichen von **Leistungszielen** aus.

IV. Wirtschaftlicher Wert von Compliance Leadership

Compliance-Kommunikation als Kernbestandteil der **Compliance-Führung** beeinflusst die **Wirksamkeit** – und damit die **Wirtschaftlichkeit** des **CMS** maßgeblich. Sie wird daher von allen internationalen **Standards** (→ Rn. 53 ff.) und den exterritorial wirkenden US- und UK-**Gesetzen** (→ Rn. 64 ff.) übereinstimmend als CMS-Pflichtelement gefordert. 524

Die Beobachtungen in der Unternehmenspraxis bestätigen durchgehend den starken **Einfluss** wirksamer Compliance-Führung auf die **intrinsische Compliance-Motivation** der Mitarbeiter. Sie bezieht sich beispielsweise auf deren Bereitschaft zur 525

- Mitarbeit am CMS durch eigenes Engagement im persönlichen Arbeitsbereich, Mitarbeit an CMS-Verbesserungsvorschlägen u.v.a.,
- eigenen Compliance auch in nicht kontrollierten bzw. kontrollierbaren Bereichen,
- Meldung von Compliance-Fehlverhalten im Unternehmen.

Qualität und Quantität von **Fehlverhalten** von Unternehmensangehörigen sowie der **Schadensumfang** werden durch wirksame Compliance-Führung in aller Regel nachhaltig positiv beeinflusst. 526

Zudem weisen Studien und auch die durchgängige Praxiserfahrung darauf hin, dass wirksame Compliance-Führung auch die **Leistungsbereitschaft** von Mitarbeitern positiv beeinflusst. Sie wird erwiesenermaßen beispielsweise von *high potentials* und *high performers* als positiver Aspekt des Unternehmens geschätzt. 527

Daneben dürfte wirksame Compliance-Führung nach den Beobachtungen der Praxis positive **Ausstrahlungswirkungen** auf die **übrigen Führungsthemen** der Mitglieder der Unternehmensleitung entfalten. Leitungspersonen werden von den Mitarbeitern bei gelungener Führung zu Compliance-Themen regelmäßig als grundsätzlich authentischer, glaubwürdiger sowie leistungs- und werteorientierter wahrgenommen. 528

V. Compliance- und leistungsbezogene Unternehmenskultur als Rechtspflicht

Trotz des Begriffs und möglicher luftiger Interpretationen hat eine **Compliance-wirksame Unternehmenskultur** in der Praxis im Rahmen des CMS deutliche **Effektivitäts- und Effizienzwirkungen** (→ Rn. 77 ff., 524 ff.). Sie wird daher von CMS-**Standards** (→ Rn. 53 ff.), UK Bribery Act, US FCPA und US Sentencing Guidelines als **essenzieller CMS-Pflichtbestandteil** ausdrücklich gefordert. 529

530 Umfang und Dichte von **Kontrollen** können bei wirksam geprägter Compliance-Kultur zumindest teilweise **reduziert** werden. Dies hat neben positiven **Kosteneffekten** bis zu einem gewissen Grad im Sinne einer positiven **Rückkopplung** oftmals wiederum positive Auswirkungen auf die Compliance-Kultur und -Motivation.

1. Einflussfaktoren

531 **Auswirkungen** auf die **Compliance-Kultur** haben beispielsweise
- Verhalten und Kommunikation des **Top Managements** sowie des **mittleren Managements** im Sinne der Vorbild- und Multiplikatorfunktion,
- anwenderfreundliche, die Geschäftsprozesse unterstützende **Konzeption** der **Bestandteile** des **CMS**, etwa von Policies und Trainings,
- Kombination von Compliance- und **Leistungszielen** (individuellen, bereichsbezogenen sowie Zielen des Gesamtunternehmens),
- Verbindung der **Grunddimensionen** des Compliance Managements (→ Rn. 518, 532),
- Verknüpfung mit **allgemeinen Unternehmenswerten, Führungsprinzipien**, der **Unternehmensstrategie** u.a.,
- der Umgang mit aktuellen und früheren Compliance-**Verstößen** und ggf. Compliance-Krisen.

2. Sieben Grundausrichtungen sämtlicher Compliance-Maßnahmen

532 Die sieben in der Unternehmenspraxis identifizierbaren Grunddimensionen der Compliance-Führung (→ Rn. 505 ff.) sollten bei der Prägung der Compliance-Kultur durch die Unternehmensleitung nach Möglichkeit eng verknüpft werden. Es empfiehlt sich ein entsprechendes kohärentes **Kommunikationskonzept** (→ Rn. 541 ff.), welches die Compliance-Kommunikation zentral in die übrige Unternehmenskommunikation und in geltende Führungsgrundsätze einbindet. In der Compliance-Managementpraxis hat es sich im Hinblick auf Wirksamkeit und Wirtschaftlichkeit des CMS bewährt, die sieben Aspekte in einer unternehmensindividuell sinnvollen **Gewichtung** und **Zusammensetzung** in die Gestaltung aller wesentlichen CMS-Maßnahmen einfließen zu lassen.

VI. Leitungskommunikation im präventiven und reaktiven Kontext
1. Zwei Grundsituationen der Compliance-Kommunikation

533 Wirksame Compliance-Kommunikation ist **Grundvoraussetzung** und **Hauptparameter** für die **Wirksamkeit und Wirtschaftlichkeit** des CMS. Sie ist **Kernbestandteil des CMS** und der **Compliance-Führung** (→ Rn. 505 ff.) sowie eng verknüpft mit der **Compliance-Kultur** (→ Rn. 529 ff.).

534 Die **Unternehmensleitung** hat aufgrund der operativen und strategischen Vorteile (→ Rn. 64 ff.) in aller Regel grundsätzliches **Interesse** daran, Inves-

toren, Geschäftspartner, Mitarbeiter, andere Stakeholder sowie die übrige externe Öffentlichkeit über die Wirksamkeit des unternehmensweiten CMS und die dafür eingesetzten Strategien und CMS-Elemente in jeweils angebrachter Qualität und Umfang **zu informieren**.

Zwei Grundsituationen der **Compliance-Kommunikation** können un-   535
terschieden werden:
1. im „CMS-**Regelbetrieb**", d.h. ohne aktuell in der internen oder externen Öffentlichkeit diskutierte Compliance-Probleme,
2. **nach** potenziellen oder tatsächlichen Compliance-Verstößen oder anderen akuten CMS-bezogenen **Problemen**, die bereits in der Öffentlichkeit diskutiert werden.

Compliance-Kommunikation ist ein **kontinuierlicher** und **kohärenter**   536
Prozess. Einmalige Ankündigungen oder „historische" Grundbotschaften der Unternehmensleitung sind daher nicht ausreichend. Der Kommunikationsprozess muss eine nachhaltige **Grunddynamik** entfalten. Gleichzeitig führen zu häufige Botschaften jedoch schnell zu einer Erlahmung der Aufmerksamkeit und Akzeptanz der Mitarbeiter. Bisweilen ist in Unternehmen gerade in der Folge größerer Compliance-Krisen eine Art **„Dauerbeschallung"** mit Compliance-Botschaften zu beobachten, die von beinahe wöchentlichen Compliance-Rundschreiben bis hin zu Compliance-Tischreitern in der Kantine und Compliance-Plakaten auf dem Weg dahin reichen. Der gesunde **Mittelweg** wird durch die konkrete Unternehmenssituation mit ihren zahlreichen Parametern und gesundes Gespür für die Wahrnehmung der Mitarbeiter bestimmt.

Kontinuität der Kommunikation wird beispielsweise durch **Updates** er-   537
reicht, etwa zu Entwicklungen und Neuerungen innerhalb des CMS, zu Änderungen bei internen und externen Compliance-Regeln und -Anforderungen oder zu relevanten neuen Aspekten von Chancen und Vorteilen wirksamen Compliance Managements (→ Rn. 64 ff.).

Primär geht es um die Verdeutlichung der für die Mitarbeiter konkret inte-   538
ressanten Aspekte. Hierzu gehört regelmäßig, welche tatsächlichen **Vorteile, Chancen und/oder „sportlichen" Herausforderungen** für das **Unternehmen** sowie mittelbar oder unmittelbar die **Mitarbeiter** aus den kommunizierten Neuerungen oder Veränderungen resultieren. Es geht um die **Betonung** der **positiven Vorteils- und Chancenaspekte**, **nicht** primär um **mahnende Botschaften** im Sinne noch extensiverer Regeln oder ausgeweiteter rechtlicher und wirtschaftlicher Folgen. Die klare, wirtschaftlich und rechtlich begründete Haltung der Leitung zur Inakzeptanz mangelnder Compliance ist dabei eine Grundlinie der Kommunikation.

539 Kernelement ist das **Compliance Commitment der Unternehmensleitung** (→ Rn. 505 ff.). Es umfasst unterstützende Kernaussagen zu den sieben Elementen der Compliance-Kultur (→ Rn. 529 ff.) und, je nach Unternehmenssituation, mittelbar mitunter durchaus auch **persönliche Überzeugungen** und **Wertvorstellungen** der Leitungspersonen.

540 Aus folgenden Aspekten der präventiven und reaktiven Compliance-Kommunikation (→ Rn. 533 ff.) können Anregungen für konkrete Einzelsituationen sowie zur Entwicklung eines längerfristigen Kommunikationsplans ausgewählt werden:
- prägnante, klare, unmissverständliche, entschiedene **Sprache** und **Wortwahl**,
- Betonung des **Einklangs** von Compliance-Zielen mit **strategischen Zielen** und **operativen Geschäftszielen**,
- **Gleichstellung** von Compliance-Zielen mit **operativen Geschäftszielen** und **finanziellen Zielen** (→ Rn. 519 ff.),
- Betonung der essenziellen Notwendigkeit der **Integration von CMS-Prozessen** (→ Rn. 417 ff.) in die übrigen Fach- und Geschäftsprozesse,
- als Option beispielsweise in Compliance-Veränderungs- und Turnaround-Situationen – etwa nach öffentlichkeitsrelevanten Vorfällen – mitunter auch sparsamer Einsatz einzelner **Videobotschaften** des CEO oder vergleichbarer Leitungspersonen,
- als Grundprinzip die **Betonung der klaren Vorteile** wirksamer Compliance für das Unternehmen und jeden einzelnen Mitarbeiter,
- wiederholte, klare und für jeden Adressaten leicht verständliche Kommunikation der **Kernbotschaft**, dass sich das Unternehmen und die Beteiligten an die relevanten Regeln halten müssen – unter Nennung der rechtlichen und wirtschaftlichen Hauptgründe,
- **sorgfältige Übersetzung** der Kernbotschaften in alle relevanten Landessprachen innerhalb der Tochter- und Beteiligungsgesellschaften (→ Rn. 426 ff., 458 ff.),
- transparente Kommunikation von **Compliance-Risiken, Compliance-Zielen** und entsprechenden **Chancen** einschließlich ihrer wirtschaftlichen Bedeutung für das Unternehmen und für die Mitarbeiter,
- kontinuierliche **Verknüpfung** mit den **sieben Grundausrichtungen** des Compliance Managements (→ Rn. 518, 532),
- Verdeutlichung der **Verknüpfung** von Compliance und **Performance** – auf Mitarbeiterebene sowie auf der Ebene des Gesamtunternehmens,
- Erklärung der **Hauptelemente des CMS** sowie klarer **Teilziele** im Kontext von Ausbau, Umbau, Verschlankung oder wesentlichen Anpassungen des CMS an veränderte Risiken – auch im Hinblick auf Erfordernisse des Change Managements (→ Rn. 563 ff.),

- wirksame **Einsetzung des CCO**, beispielsweise mit Rundschreiben der Unternehmensleitung zu Notwendigkeit, Befugnissen und Nutzen der CCO-Funktion sowie zu konkreten Vorteilen für die Geschäftsprozesse und das Unternehmen,
- Vorbereitung von Kommunikationsverfahren, -grundsätzen und -inhalten für **öffentlichkeitsrelevante Vorfälle** und **eskalierende Compliance-Krisenszenarien**; ggf. Einbindung in Business Continuity- und -Notfallpläne,
- kurze Erläuterung der Gründe und Vorteile neu eingeführter **fokussierter Compliance-Programme**, etwa zur Korruptionsprävention,
- Betonung der **Eigenverantwortlichkeit** aller Mitarbeiter,
- Betonung der Notwendigkeit und Verpflichtung der **gemeinsamen Mitarbeit** am CMS, das ausschließlich als Gemeinschaftsprojekt aller Unternehmensangehörigen funktionieren kann – einschließlich aller Leitungsebenen.
- klare Ermutigung zur **Benennung** möglicher **Compliance-Verstöße** als Teil des Transparenz- und Performance-Gedankens im Sinne der Honorierung ehrlicher Leistung – in der Praxis mitunter durch Parallelvergleiche mit Prinzipien sportlicher Leistungen,
- enger Bezug der gesamten Compliance-Kommunikation zum *code of conduct*, Erklärung der Sinnhaftigkeit des code als grundlegende Orientierung und Leitlinien für die Mitarbeiter; Verdeutlichung der Sinnhaftigkeit in Form konkreter Beispiele für Vorteile für das Unternehmen, das operative Geschäft und die Mitarbeiter,
- Erklärung des bedarfsgerechten **Compliance-Informations-, -Schulungs- und -Beratungsangebots** für Mitarbeiter, einschließlich der möglichst einfach aufgebauten **Compliance-Intranetseite**,
- **Compliance-Untersektion** der öffentlich zugänglichen **Unternehmens-Website** als Teil der externen Kommunikation gegenüber Geschäftspartnern, anderen Stakeholdern und der Öffentlichkeit – die gleichzeitig intern wirkt; Einbindung in das Compliance-bezogene Kommunikationskonzept.

2. Kommunikationspläne

Zwei dauerhafte Kommunikationspläne für den CMS-**Regelbetrieb** sowie für unternehmensintern und -extern diskutierte **krisenhafte Compliance-Vorfälle** (→ Rn. 111 ff., 121 ff.) sollten gemeinsam mit dem CCO, der Rechtsabteilung und den für Public Relations und Kommunikation verantwortlichen Mitarbeitern ausgearbeitet werden. Sie sollten danach periodisch aktualisiert werden. 541

Zur Vorbereitung der beiden Kommunikationspläne eignet sich ein Workshop, in dem aus dem sachgemäß ermittelten **Compliance-Risikoportfo-** 542 lio (→ Rn. 291 ff.) relevante Themen und Situationen möglicher **Kommunikationskrisen** abgeleitet, im Hinblick auf ihr **Risiko-, Schadens- und Eskalationspotenzial** analysiert und systematisch priorisiert werden. Dabei können alternative Ereignisverläufe, Zuspitzungen und Skandalisierungspotenziale, beispielsweise durch **Fehlerbaum- und Szenario-Analysetechniken** (einschließlich Best-/Worst-Case und alternative plausible kausale Ereignisentwicklungen im Sinne von „wenn-dann") näher erörtert werden.

543 Teil der Vorbereitung reaktiver Compliance-Kommunikation ist auch eine eingehende **Analyse der Stakeholder-Interessen** und deren Projektion auf die erarbeiteten vorhersehbaren Krisenszenarien. Dies schließt **voraussehbare Reaktionen und Entscheidungen** der Stakeholder bei alternativen Krisenverläufen ein. **Kunden, Zulieferer und andere Geschäftspartner** verdienen insoweit zentrales Interesse: In der Unternehmenspraxis war bei manch öffentlich diskutierter Compliance-Krise beispielsweise zu beobachten, dass einzelne Kunden oder **Zulieferer** aufgrund eigener interner Compliance Policies gehalten waren, bestehende Verträge bzw. anstehende Abnahme- und Zulieferverpflichtungen zu verzögern. Je nach Aufstellung der *supply chain* – beispielsweise bei Just-in-Time-Konzepten oder kurzfristig nicht erschließbaren ersatzweisen Ressourcen – kann dies durchaus zu empfindlichen Störungen der Geschäftstätigkeit führen.

544 Grundvoraussetzung glaubhafter und wirksamer Compliance-Kommunikation sowie bestmöglicher Schadensabwehr im Regel- wie im Krisenfall ist stets der **Verweis** der Unternehmensleitung **auf die** von unabhängiger Seite bestätigte **Wirksamkeit** des systematisch aufgebauten unternehmensweiten **CMS**. Kein Gesetz, keine Behörde und kein kodifizierter CMS-Standard fordern, dass ein wirksames CMS alle Verstöße und Schadensfälle verhindern können sollte. Essenzielle rechtliche und wirtschaftliche Kernpflicht ist hingegen der **Nachweis des wirksamen CMS** durch die Unternehmensleitung. Für belastbare Aussagen und Nachweise zur Freizeichnung der Unternehmensleitung sowie zur Beibehaltung einer steuerungsfähigen Kommunikationsposition ist die fachgerechte unternehmensweite **CMS-Dokumentation** (→ Rn. 406 ff.) zweifelsfrei erste und grundlegend notwendige Bedingung.

545 Kernelement beider Kommunikationspläne ist die **synchrone Abstimmung** der Kommunikation gegenüber der **unternehmensinternen** und der **-externen Öffentlichkeit.** Grundlage der Kommunikationspläne ist die **Analyse der internen und der externen Öffentlichkeit** einschließlich vorhandener und potenzieller Akteure sowie ihrer Verbindungen, Öffentlichkeitswirkung und Meinungsmacht.

Wichtig ist im Rahmen der reaktiven Krisenkommunikation wie auch bei der Kommunikation im CMS-Regelbetrieb die sorgfältige Bestimmung der **Zielgruppen** der internen und externen Kommunikation und ihrer spezifischen **Interessen**. Für reaktive wie für präventive Kommunikationspläne (→ Rn. 541 ff.) sollte eine **klare Unternehmenspositionierung** erfolgen. Hierzu gehört eine Auswahl kumulativ oder alternativ anwendbarer **Kernbotschaften**, die in ihrer Wirkung sorgfältig abgewogen werden müssen. Im Rahmen des reaktiven Kommunikationsplans sollten alternative **Interventionsstrategien** der diversen internen und externen Akteure umfassend erörtert werden. Hilfreich ist, die **Haupt- und Teilziele** der Kommunikation wiederholt zu reflektieren sowie Haupt- und Teilschritte des Vorgehens zu definieren.

546

Zentral bedeutsam ist die Einbeziehung der Kommunikation in den zahlreichen **Online-Medien**, die vor allem bei Verdacht auf Compliance-Defizite im Unternehmen zu rasant eskalierenden Entwicklungen führen können, durch die das Unternehmen binnen kürzester Zeiträume die Kommunikationshoheit zu verlieren droht.

547

Die **externe Regelkommunikation** in der breiten Öffentlichkeit sollte eher **schlank konzipiert** sein, denn außer im Nachgang zu öffentlich diskutierten Compliance-Krisen muss das Unternehmen hier zumeist keine umfassenden Kommunikationsstrategien zur Wahrung der Stakeholder-Interessen umsetzen. Einige Großunternehmen beschränken sich insoweit aus diversen Gründen auf ein absolutes Minimum. Präventive wie reaktive Kommunikationspläne sollten sich selbstverständlich lückenlos in die Unternehmens- und **Compliance-Strategie** (→ Rn. 73 ff., 271 ff.) einfügen. **Themen der externen Regelkommunikation** zum CMS beschränken sich grundsätzlich auf Erfolge, Neuerungen, Initiativen, Besonderheiten, Meilensteine, wie CMS-Aspekte einer erfolgreichen M&A-Integration, mögliche Alleinstellungsmerkmale, interessante Entwicklungen, Awards und Bestätigungen usw. Hauptzweck ist die Meinungs- und Vertrauensbildung bei Stakeholdern. Eingeschlossen ist die Kommunikation zum CMS im Kontext des Jahresberichts.

548

Die Unternehmensleitung sollte auch das deutliche Potenzial der **Compliance-Kommunikation** im **HR-Marketing** beachten. Bei *high potentials* und *high performers* weisen diverse Studien sowie die durchgängige Praxiserfahrung eine deutliche Favorisierung von Unternehmen mit intakten CMS und Compliance-Kulturen aus. Entsprechende Wirkung lässt sich bei wirksamer Gestaltung der internen Compliance-Kommunikation und -Kultur im Hinblick auf die dauerhafte **Bindung von** *high performers* im Unternehmen beobachten.

549

550 Mitunter bietet sich die Zusammenstellung eines **Compliance-Kommunikationsteams** der beteiligten Fachbereiche an, das die Aktivitäten der Regel- und Notfallkommunikation ausführt und steuert und die Kommunikationspläne periodisch überarbeitet sowie im Bedarfsfall anlassbezogen aktualisiert.

551 **Weitere Grundaspekte** von **Compliance-Kommunikationsplänen** sind themenspezifisches Monitoring, Medienbeobachtung, Web-Screening, Themenbestimmung der Branche und Stakeholder, Identifikation von Meinungsbildnern und Multiplikatoren, Bestimmung relevanter Events, Beobachtung relevanter Branchenentwicklungen, Fragen-Antwort-Kataloge, Vorentwürfe für Argumentationslinien und Sprachregelungen zu einzelnen Situationen und Teilschritten, Verteilerlisten sowie klare Definition der verschiedenen Medien und Kommunikationskanäle und der jeweiligen Foren bzw. Unterkanäle, persönliche Kontakte und Dienstleister.

552 Der reaktive wie der Regel-Kommunikationsplan sollten als Teilbeleg der Erfüllung der Compliance-Organisations- und Schadensminderungspflicht der Unternehmensleitung in die **CMS-Dokumentation** eingehen.

VII. Compliance-orientierte Vergütungsstrategie für das mittlere Management

553 Als Teil der Compliance-Führung kann das **Erreichen von CMS-Implementierungszielen** bei Bedarf im Hinblick auf verbesserte Wirksamkeit des CMS als Parameter **flexibler Vergütungsanteile** herangezogen werden. In der Praxis wird dies ausschließlich in **mittleren und oberen Management-Ebenen** praktiziert.

554 Dabei geht es um **Compliance-Umsetzungs- und Management-Ziele**, nicht um die Compliance-Verpflichtung im Sinne eigenen regeltreuen Verhaltens, das ja bereits Bestandteil der gesetzlichen und vertraglichen Verpflichtung ist und keinerlei weiterer Anreize bedarf.

555 Die durch die Manager erzielten **Grade** der **Zielerreichung** bei der CMS-Umsetzung müssen anhand **nachprüfbarer Erfolgskriterien** und/oder **KPI** objektivierbar gemacht werden. **Beispiele** geeigneter **Ziele** sind:
- fachgerechte Durchführung und Dokumentation der Schritte der Compliance-**Risikoanalyse** (→ Rn. 293 ff.),
- auf präzisen Verfahren beruhende, aussagekräftige und pünktliche Beiträge zum unternehmensweiten Compliance-**Risiko-Reporting** und zum CMS-**Status-Reporting** (→ Rn. 204, 298, 359 ff., 399 ff.),
- wirksame und unverzügliche **Ad-hoc-Berichterstattung** zu Compliance **Incidents**,

- wirksame Compliance-**Kommunikation** im eigenen Funktions- und Verantwortungsbereich gegenüber zugeordneten Mitarbeitern sowie relevanten Dritten, insbesondere Geschäftspartnern und Kunden (→ Rn. 533 ff.),
- Implementierung wirksamer und effizienter **Umsetzungsmaßnahmen** im Zuge der kontinuierlichen **CMS-Anpassung**.

VIII. Sanktionierung und unverzügliche Beseitigung festgestellter CMS-Schwächen

Die Unternehmensleitung muss festgestellte Compliance-Verstöße als Pflichtbestandteil des wirksamen CMS **sanktionieren** (→ Rn. 5 ff., 23 ff., 426 ff.). Dabei gelten folgende Grundsätze: 556

- Sanktionen müssen **homogen, transparent, unverzüglich** und **hinreichend dokumentiert** erfolgen.
- Hinsichtlich der Sanktionierung müssen **dieselben Grundsätze für alle Mitarbeitergruppen und Führungsebenen** gleichermaßen gelten.
- **Sanktionsmittel** reichen von formloser Ermahnung bis zur außerordentlichen Kündigung.
- Sanktionierungsentscheidungen sollten möglichst **unmittelbar nach dem Nachweis** von Fehlverhalten erfolgen.
- **Einschneidende Sanktionen** sollten von **mehreren Entscheidungsträgern** gemeinsam getroffen oder zumindest bestätigt werden. Bei entsprechender Besetzung bietet sich das **Compliance Committee** an.
- Neben den Sanktionsentscheidungen muss stets die Verpflichtung zur Geltendmachung von **Schadensersatzansprüchen** im Auge behalten werden.

Vier der **Gründe** für die Sanktions- und CMS-Verbesserungspflicht sind: 557

- Erfüllung der **Compliance-Leitungs-,** Organisations- und Aufsichtspflichten der **Unternehmensleitung** (→ Rn. 5 ff., 23 ff., 66 ff., 426 ff.),
- Erwartungen der **Behörden**, Gerichte, Mitarbeiter, Aufsichtsgremien, Öffentlichkeit und anderer **Stakeholder**,
- klare **Positionierung** der Unternehmensleitung,
- **Wirksamkeit des CMS**.

Ergeben sich aus der Risikoanalyse (→ Rn. 291 ff.) und/oder der Analyse von Compliance-Verstößen **Schwächen des CMS**, müssen diese umgehend und hinreichend wirksam beseitigt werden. Die **Wirksamkeit** der Verbesserungs- und **Anpassungsmaßnahmen** muss kontinuierlich **kontrolliert** werden. 558

Gründliche **Dokumentation** ist bei der Sanktionierung und insbesondere bei der Beschreibung der Wirksamkeit der Beseitigung von Schwächen des CMS unbedingt erforderlich (→ Rn. 144 ff., 406 ff.). 559

IX. Notwendiges Beratungsangebot für Mitarbeiter

560 Leicht **zugängliche, verständliche** und **hinreichende Information** der **Mitarbeiter** zum CMS und zu Compliance-Pflichten sicherzustellen, ist eine **Grundpflicht** der Unternehmensleitung, Teil der Compliance-**Führung** und Grundbedingung des **wirksamen CMS**.

561 Wirksame **Information und Anleitung** der Mitarbeiter werden von allen relevanten Gesetzen, Standards, Behörden und anderen Stakeholdern als essenzielles Pflichtelement jedes CMS definiert. **Hauptelemente** sind:
- **umfassendes Beratungs- und Informationsangebot** mit mehreren für die Mitarbeiter wählbaren Kanälen – beispielsweise über das Compliance Office, Ombudsleute, Vorgesetzte, Fachbeauftragte, etwa zum Datenschutz, Beratungs-Hotlines, Hinweisgebersysteme, Compliance Helpdesk, Wissensdatenbanken im Intranet und ähnliche Instrumente,
- **Präsenzschulungen** und **E-Learning**, orientiert an den Ergebnissen der Risikoanalyse, zielgruppenspezifisch konzipiert, insbesondere für Risikoeigner, eng ausgerichtet an den konkreten Geschäftsprozessen mit lebensnahen Beispielen, einfach strukturiert, klare Kernbotschaften, Verknüpfung zu den Ausrichtungen der Compliance-Kultur (→ Rn. 529 ff.) und Compliance-Führung (→ Rn. 505 ff.); je nach Materie und Zielgruppe treten prozessbezogene, technische oder rechtliche Inhalte mehr oder weniger in den Hintergrund,
- einfach strukturierte, klar verständliche Inhalte des **Compliance-Intranet**, die sich am Bedarf konkreter Geschäftsprozesse orientieren,
- **Foren** und **Kanäle** für **Verbesserungsvorschläge** der Mitarbeiter zum CMS,
- beratende **Grundbotschaften** der **Unternehmensleitung** und des **Compliance Office** im Rahmen der kontinuierlichen Compliance-Kommunikation (→ Rn. 533 ff.).

X. Erforderliche Trainings für risikorelevante Mitarbeiter

562 Schulungen in verschiedenen **Formaten** für verschiedene interne **Zielgruppen** sind Teil der **Instruktions- und Informationspflicht** der Unternehmensleitung und notwendiger **Kernbestandteil** des wirksamen **CMS, der das individuelle Beratungsangebot für Mitarbeiter** (→ Rn. 560 ff.) **ergänzt.** Folgende **Grundaspekte** sollten beachtet werden:
- Jeder Mitarbeiter muss klar und **unmissverständlich** erkennen können, welche Regeln gelten.
- Insbesondere müssen eindeutige *Red Flags* im Sinne nicht zu tolerierender Handlungen bzw. Risiken für alle Unternehmensangehörigen klar definiert sein.
- Bei Trainings sollte stets die **Eigenverantwortlichkeit** der Mitarbeiter als **Risikoeigner** sowie die Verpflichtung und Notwendigkeit der all-

seitigen Mitarbeit an der kontinuierlichen Wirksamkeit des CMS betont werden.

- Wirksame Trainings müssen **zielgruppen- und risikospezifisch** erfolgen.
- Je nach Risikograd und Schulungsmaterie können **Präsenztrainings** oder **E-Learning-Formate** gewählt werden.
- Bei Präsenztrainings sollten **Gruppen homogen** zusammengesetzt und nicht **zu groß** bemessen werden.
- Präsenztrainings müssen **dialogisch konzipiert** sein, d.h., neben Informationsblöcken hinreichend Möglichkeit bieten, Fragen zu stellen und Probleme zu erörtern.
- Für Angehörige der **Management-Ebenen** sind Formate wie stringent gestaltete **Briefings** und **Workshops** und zusätzlichen **Inhalte** zum Compliance Management sowie zu strategischen und operativen Compliance-Themen und Compliance-Führungsaspekten erforderlich.
- Die Kombination **interner und externer Trainer**, die Erfahrungen und Benchmarks aus anderen Unternehmen einbringen oder die unternehmensinternen Trainer schulen, kann je nach Thema und Zielgruppe vorteilhaft sein.
- Schulungen zu Kernthemen müssen **regelmäßig aufgefrischt** werden. Die erforderlichen Wiederholungsabstände variieren nach dem Grad des Risikos bezogen auf die jeweiligen Mitarbeiter. Je nach Risikofeld und Zielgruppe können Auffrischungen unter Umständen als E-Learning abgewickelt werden.
- **Neu eingestellte Mitarbeiter** müssen innerhalb der ersten Wochen und Monate Starter-Schulungen zum CMS und zu den wichtigsten Compliance-Risiken erhalten.
- Sorgfältige und **dauerhafte Dokumentation** aller **Schulungsmaßnahmen** ist Kernbestandteil der behördlicherseits erwarteten CMS-Dokumentation und damit zur Freizeichnung der Unternehmensleitung erforderlich. Die Dokumentation sollte unter anderem einbeziehen: Trainingsmaterialien, Trainerkompetenz, Dauer, unterzeichnete Teilnehmerlisten, Durchführungs- und Teilnehmerstatistik, verifizierbare Prüfung der Auffrischungen der Trainings jedes Mitarbeiters und weitere im Hinblick auf den Nachweis der erfüllten Schulungspflichten relevante Aspekte.

XI. Change Management bei Aufbau und Veränderung des Compliance-Management-Systems

Change-Theorien der Betriebswirtschaftslehre befassen sich mit zielgerichtet herbeigeführten **Entwicklungsphasen** im Kontext umfassender, meist bereichsübergreifender Veränderungen von Organisationsstrukturen, Prozessen, Verhaltensweisen und der Unternehmenskultur. Sie sind 563 im Compliance-Kontext gleichwohl nur **begrenzt hilfreich**. Ziel ist, die Veränderungen des Compliance Managements ins operative Tagesgeschäft zu integrieren.

564 Das **Compliance-Veränderungsmanagement** sollte unter anderem **enge Bezüge** aufweisen
- zu den **risikorelevanten Merkmalen** des Unternehmen (Aktivitäten, Produkte, Leistungen, Geografie, Konzernstruktur, Geschäftspartnern, Vertriebsstrukturen u.v.a.),
- zum unternehmensindividuellen Compliance-**Risikoportfolio**,
- zur **Compliance-Historie** und **Compliance-Kultur** des Unternehmens,
- zur konkreten CMS-**Ausgangssituation** vor den Veränderungsmaßnahmen,
- zu wichtigen **Teilschritten** und **Zielen** der CMS-Anpassungs- und Verbesserungsaktivitäten.

565 **Typische Veränderungssituationen** im Kontext des Compliance Managements sind:
- Aufbau oder Veränderung Compliance-relevanter **Fach- und Geschäftsprozesse**,
- **Integration** des CMS in Fach- und Geschäftsprozesse, Funktionsbereiche, Standorte usw.,
- Veränderungen der **Elemente** bestehender CMS,
- Integration, Standardisierung und Harmonisierung der Elemente von **Konzern-CMS** (→ Rn. 426 ff.),
- Verbesserung der **Risikosensibilisierung** und **intrinsischen Compliance-Motivation** der Mitarbeiter,
- **Post-M&A**-Integration von CMS (→ Rn. 99 ff.),
- Grundsituation **nach** umfassenden, in der internen und/oder externen Öffentlichkeit diskutierten Compliance-**Schadensfällen**.

566 **Systematische, konsequente, transparente** und für die Mitarbeiter nachvollziehbare **Definition** und Implementierung der **Verbesserungsmaßnahmen** bilden die Grundlage von Veränderungen im Compliance-Kontext.

567 In der Kommunikation sollte an die **bestehenden Elemente** des CMS **angeknüpft** und die **Kontinuität** der Gesamtentwicklung verdeutlicht werden. **Teilschritte**, **Teilerfolge** und teilweise auch auftretende **Probleme** und **Hinderungsfaktoren** sollten unternehmensintern und, soweit sinnvoll, auch extern kommuniziert werden.

568 **Wirksam konzipierte, geschäftsnahe** Compliance-Maßnahmen mit geringstmöglichen Anlaufschwierigkeiten und die **Vermeidung** von **Trial-**

and Error-Phasen sind Grundbedingungen wirksamer und zeitlich stringenter Veränderungsschritte im Compliance-Kontext.

Zielgerichtete Kommunikation zu den **Veränderungen** des Compliance Managements ist wesentlich. Zu Inhalten und dem zeitlichen Ablauf von Veränderungen sollte ein wirksames **Kommunikationskonzept** (→ Rn. 541 ff.) erstellt werden, das sich bis in die Abschlussphasen erfolgreich implementierter Compliance-Maßnahmen erstreckt. Das risikospezifische **Trainingsprogramm** für die Mitarbeiter und das Kommunikationskonzept sollten gerade im Veränderungskontext eng aufeinander bezogen werden.

569

Im **Veränderungsprozess** ist es wichtig, die **Compliance-Kommunikation** der **Unternehmensleitung** und die des **mittleren Managements** als deren **Multiplikator** eng zu **integrieren** und aufeinander **abzustimmen**. Das **mittlere Management** sollte daher gerade in **CMS-Veränderungssituationen** spezifische **Compliance-Führungstrainings** erhalten (→ Rn. 533 ff.).

570

Wesentliche **Kommunikationsinhalte im Veränderungskontext** sind:
- eigene Überzeugung der Leitung von der Vorteilhaftigkeit der Maßnahmen und den zugrunde liegenden Prinzipien und Werten,
- klar begründete, entschiedene Haltung der Unternehmensleitung im Hinblick auf die Inakzeptanz von Compliance-Verstößen sowie deren wirksame Aufdeckung und einheitliche Sanktionierung,
- klare Aufbau- bzw. Veränderungsziele, Meilensteine und Teilprojekte,
- Übersicht über die wesentlichen Veränderungsmaßnahmen und die damit verfolgten Vorteile,
- einfache Übersicht über die Hauptelemente des veränderten bzw. neu konzipierten CMS,
- Gesamtkonzept, Wirksamkeit, Abfolge und Systematik der eingeführten oder anstehenden Compliance-Veränderungsmaßnahmen,
- klare Aufgabenstellung und konkreter Zeitplan,
- für die Veränderungen erforderliche fachliche, personelle und organisationale Ressourcen,
- konkrete wirtschaftliche Vorteile des verbesserten Compliance Managements für das Unternehmen, einzelne Geschäftsbereiche sowie – mindestens implizit – für jeden Mitarbeiter persönlich.

571

Grundlegende **Kommunikationsaspekte bei Veränderungssituationen** des Compliance Managements sind:
- starke Führungsrolle und Vorbildfunktion der Unternehmensleitung im Kontext des Compliance Managements,

572

- positiver, konstruktiver Umgang mit Fehlern,
- offener Informationsaustausch und positives Lernklima, Anpassungslernen und Veränderungslernen,
- Notwendigkeit der schrittweisen Verbesserung und kontinuierlichen Anpassung des CMS,
- übersichtliche, aber fortwährende Veränderungsschritte,
- Einbeziehung der Mitarbeiter in die Veränderungsprozesse und bidirektionale Kommunikation, um mögliche Widerstände besser einschätzen zu können.

XII. Interne Policies und Richtlinien als Führungsinstrument
1. Policy-Kernwissen für die Unternehmensleitung

573 Die unternehmensinternen Richtlinien für die Mitarbeiter sind wie Trainings, Teil der Informationspflichten der Unternehmensleitung und ein **Kernelement** des pflichtgemäß wirksamen CMS. Interne Policies sind in manchen Unternehmen nicht ganz zu Unrecht mit **Konnotationen** von Formalismus, Unübersichtlichkeit und geschäftsbezogener Bremswirkung verbunden. Dies liegt meist an den zahlreichen **Fehlerquellen** der Materie (→ Rn. 608). Im Rahmen einer **gründlichen Überarbeitung** des Richtliniensystems können die Policies des Unternehmens durch Einfachheit, Klarheit sowie geschäftsnahe Ausrichtung bei den Mitarbeitern neue Aufmerksamkeit und durchaus sogar einhellige Akzeptanz als Anleitungs- und Kommunikations- und Führungsinstrument entfalten.

574 Die **vier Grundregeln** – und gleichzeitig **grundlegenden Fehlerquellen** – interner **Policies** lauten (→ Rn. 609 ff.):
1. nicht zu **viele**,
2. nicht zu **komplex**,
3. nicht **unübersichtlich**
4. nicht zu **juristisch**.

575 **Welche Policies** eingeführt werden müssen, hängt von den Ergebnissen der wirksamen **Risikoanalyse** (→ Rn. 293 ff.) ab. Die Unternehmensleitung muss **dokumentieren** können, dass die Risiken, die im Unternehmen wiederholt oder gar regelmäßig auftreten und komplexer Anleitung bedürfen, auch anhand angemessener Handlungs- und Verhaltensregeln kontrolliert werden. Die einzelnen Geschäftsbereiche sollten zur Feststellung und **Meldung** von Materien mit formalem **Regelungsbedarf** an den **CCO** bzw. das **Compliance Committee** verpflichtet werden, welches auch über die Konzeption von Policies berät. Grundsätzlich sollten formale **Policies nur dann** implementiert werden, wenn ansonsten gravierende finanzielle, rechtliche oder reputationsbezogene Risiken entstehen.

Standard-Policies, die sich **in Unternehmen** häufig finden, sind entsprechend der verbreitetsten Compliance-Risiken: *code of conduct* (→ Rn. 601 ff.), Korruptions- und Fraud-Prävention, Geschenke, Einladungen und Bewirtungen, Spenden, Sponsoring, Events und Veranstaltungen, Provisionen und Bonuszahlungen, Wettbewerbs- und insbesondere Kartellrecht, Geldwäsche, Steuerrecht, Außenhandel und Embargos, Einkauf, Vertrieb, Geschäftspartner, Vertretungs- und Zeichnungsbefugnis, Risikomanagement, Arbeitssicherheit und Gesundheitsschutz, Informationssicherheit, Datenschutz, Umweltschutz, Diskriminierung, M&A, Notwendigkeit der Einschaltung der Rechts- und/oder Compliance-Abteilung, Einkauf, Marketing, Reisekosten und Spesen, allgemeines Risikomanagement, Umweltmanagement, Vertragsmanagement, Dokumentenmanagement und -archivierung, IT-Nutzung, Social Media, Business Continuity- und Notfallmanagement.

576

Selbstverständlich **muss kein Unternehmen all diese Policies** umsetzen. **Ob und welche Policies** das Unternehmen haben – oder nicht haben – muss, bestimmt sich, wie eingangs skizziert, nach der wirksam dokumentierten **Risikoanalyse** (→ Rn. 291 ff.).

577

Im **Konzern** sind **drei grundsätzliche Regelungsarten** sinnvoll:
- Konzernrichtlinien, die grundsätzliche, konzernweit relevante Sachverhalte mit unmittelbarer Wirkung für alle Mitarbeiter einheitlich regeln,
- Konzernstandards, die konzernweit die Ausgestaltung von Prozessen und Funktionen grundsätzlich regeln; innerhalb dieses Rahmens ist die Ausgestaltung entsprechend nationaler Gesetzgebung und lokaler Bedürfnisse möglich; es sollte ein klares Begründungs- und Definitionsverfahren für erforderliche Abweichungen vom Konzernstandard definiert werden,
- Konzerngrundsätze als Orientierungsleitlinien, die von einzelnen Konzerngesellschaften oder Fachbereichen durch eigene Regeln ausgestaltet werden können.

578

Grundfunktionen interner Richtlinien sind etwa Wissensvermittlung, Sensibilisierung/Awareness, Anleitung, Orientierung, Standardisierung und Harmonisierung von Prozessen und Verhaltensweisen. Aus Sicht der **Unternehmensleitung** sind die **internen Richtlinien** – ebenso wie die Definition von Kernprozessen – ein **zentrales Steuerungsinstrument**. Auf ein wirksames unternehmensweites Richtlinienmanagement (→ Rn. 607) sollte bereits aus diesem Grund erheblicher Wert gelegt werden.

579

Das Sicherstellen der **Wirksamkeit** des unternehmensweiten Systems der **internen Regularien** ist Kernbestandteil der **gesetzlichen Compliance-Organisationspflichten** der Unternehmensleitung. Policies sollten vom

580

Compliance Office oder externen Fachkräften **gemeinsam** mit der Rechtsabteilung und den weiteren jeweils relevanten Fach- und Geschäftsbereichen als Risikoeigner **konzipiert** werden. Wesentliche Zwischenergebnisse und die Endfassung der Policy sollten mit dem **Compliance Committee** abgestimmt werden.

581 Wirksame und wirtschaftliche Policies müssen eng an den **Geschäftsprozessen** und den aus Mitarbeitersicht tatsächlich auftretenden **Entscheidungs- und Verhaltensproblemen** orientiert sein. Insoweit empfiehlt sich der **mehrfache Abgleich** der **Policy-Entwürfe** mit den Risikoeignern und Mitarbeitern der relevanten Fachbereiche als spätere Nutzer der jeweiligen Richtlinie.

582 Der auf dem unternehmensindividuellen Risikoprofil beruhende **stufenweise Entwicklungsprozess** jeder internen Richtlinie sollte als Nachweis pflichtgemäß wirksamer Maßnahmen in die **CMS-Dokumentation** eingehen. Vom ganzen oder teilweisen **Kopieren** von Policies anderer Unternehmen anhand eines scheinbar schnellen *Copy&Paste*-Verfahrens wird aufgrund der Verpflichtung unternehmensindividuell risikobasierter Entwicklung von CMS-Maßnahmen dringend abgeraten. Die **Anpassung fremder Policies** mit dem Ziel der Wirksamkeit und Wirtschaftlichkeit nimmt zudem so gut wie immer mehr Zeit und sonstige **Ressourcen** in Anspruch als die erfahrungsbasierte **frische Konzeption** einer unternehmenseigenen Policy von Beginn an. Ebenso wird der **Kauf einer „Policy von der Stange"** von externen Dienstleistern dem Erfordernis der **Anpassung** an die **individuellen Risiken** sowie an die **Fach-** und **Geschäftsprozesse** häufig nicht gerecht. Auch mehrere Abstimmungs- und **Koordinationsrunden** mit Dienstleistern bei der Policy-Konzeption verhindern in der Praxis häufig nicht, dass die Entwürfe von den Mitarbeitern als **geschäftsfern**, zu **wenig praxisorientiert** und/oder als **legalistisch** geprägt empfunden werden.

583 Die **unreflektierte Einführung** derartiger bei Mitarbeitern **nicht akzeptierter Policies** richtet häufig „**eskalierenden Schaden**" bei der Akzeptanz und damit der Wirksamkeit des **CMS insgesamt** an. Nach Einführung geschäfts- und praxisferner oder einseitig rechtlich geprägter Policies wird dem Compliance Office und der Unternehmensleitung durch die Mitarbeiter bisweilen offen oder implizit die **Kompetenz** im Hinblick auf wirksames und geschäftsnahes Compliance Management **abgesprochen**. Mitunter entsteht ein stiller oder offener Konsens, dass man Compliance-Regeln letztlich zum Wohle des Geschäfts und des Unternehmens besser nicht beachten solle bzw. müsse. In der Folge werden auch die übrigen Teile des CMS und entsprechende Aktivitäten des Compliance Office – etwa die in-

terne Compliance-Kommunikation – nicht ernst genommen. Derartige Entwicklungen laufen oft **implizit** und für die Unternehmensleitung unbemerkt ab, sind kurzfristig nicht wirksam umzukehren, konterkarieren den **Ressourcenaufwand** für das CMS und verursachen häufig ernste und langfristige **Folgen** im Hinblick auf nicht entdeckte oder unrichtig bewertete Compliance-**Risiken** sowie auf extensiven direkten und indirekten **Schaden**. Dass fachliche Akzeptanz, Wertschätzung und Glaubwürdigkeit des **CCO** sowie der **Unternehmensleitung** aus Sicht der Mitarbeiter durch eingeführte unwirksame Policies nachhaltig leiden, ist in Unternehmen mitunter durchaus feststellbar.

Bei der **Einführung** von Policies gibt es daher aus Sicht der Unternehmensleitung **keinen „zweiten Versuch".** Policies sollten daher vorab einen sorgfältigen und dokumentierten internen **Clearing-Prozess** durchlaufen. Dieser sollte zugleich wiederum nicht dazu führen, dass viele „Köche" gleichzeitig am Entwurf der Policy beteiligt sind. Ein solches Vorgehen führt erfahrungsgemäß zu erheblichen Entwicklungszeiten, unsachgemäßer Komplexität und im Ergebnis zu durchaus nicht gesteigerter Mitarbeiterakzeptanz. Stattdessen sollte ein **Entwicklungsverantwortlicher** – in der Regel ein Mitarbeiter des Compliance Office – den Entwurf der Policy in Händen halten und ausgewähltes Feedback aller Beteiligten, Stakeholder und Nutzer integrieren. 584

Das Compliance Office sollte dokumentierte **Rückmeldungen** bei den Risikoeignern und sonstigen Nutzern einzelner Regelwerke zu deren Wirksamkeit, Praktikabilität und Geschäftsnähe einholen. 585

Im Rahmen der Konzeption von Policies ist stets eine **rechtliche Prüfung** des Entwurfs der Policy erforderlich, beispielsweise im Hinblick auf das **Datenschutzrecht** oder **Arbeitsrecht**. Geprüft werden muss zumindest die Anwendbarkeit des **nationalen Rechts** aller Länder, in denen die Policy zur Geltung kommen soll. Zudem muss geprüft werden, ob die Policy aufgrund des **Direktions- und Weisungsrechts** des Arbeitgebers einseitig eingeführt werden kann oder ob es eventuell einer Änderung der **Arbeitsverträge** oder einer **Betriebsvereinbarung** bedarf, ob der **Betriebsrat** beteiligt werden muss (was meist ohnehin zu empfehlen ist), ob die **Sanktionen** zulässig sind, ob und inwieweit Policies einer **ausländischen Muttergesellschaft** übernommen werden können oder auf eigene **ausländische Tochtergesellschaften** übertragen werden können sowie ob Regelungen – unter anderem nach § 130 OWiG, UK Bribery Act oder dem US FCPA und den US Sentencing Guidelines – auf **relevante nicht betriebszugehörige Dritte**, wie etwa Vertriebsbeauftragte, zu erstrecken sind, die betriebsbezogene 586

Pflichten erfüllen und damit entsprechender Aufsicht unterstellt werden müssen.

587 Weiterer Standard-Prüfungsschritt ist stets, ob die neue Policy ohne **Widersprüche, Lücken** und **Überschneidungen** mit den bereits bestehenden internen Richtlinien und Prozessen zusammenpasst.

588 **Grafische Gestaltungen** von Policies sind sicher nicht das wichtigste Kriterium, führen nach den Beobachtungen der Praxis aber sowohl offen als auch teilweise unbewusst zu verbesserter Akzeptanz unter den Mitarbeitern. Mit Kleinschrift und eng bedruckten Seiten erwecken Policies mitunter die Assoziation von Gesetzestexten, was bei Mitarbeitern häufig den Eindruck von **legalistisch geprägter Kontrollkultur** und geschäftsferner Bürokratie auslöst. Geringer Aufwand für einen **Grafik- oder Kommunikationsdesigner** führt in der Praxis meist zu Varianten, die dem übrigen **Corporate Design angeglichen** oder insoweit kompatibel sind und relativ positive erste Eindrücke auslösen. Einzelne **Gegenbeispiele** aus der Unternehmenspraxis schießen mit **überbordender Bebilderung** oder kunterbunter Blumengrafik vermutlich über dieses Ziel hinaus.

589 Wirksame Policies des Unternehmens müssen aus rechtlich zwingenden Gründen stets **unternehmensindividuell** auf der Grundlage der Risikoanalyse entwickelt werden. Zudem müssen sie aus Wirksamkeitsgründen, aber auch, um nicht wirtschaftlich negative Auswirkungen zu haben, eng mit den **Geschäftsprozessen** des Unternehmens **verzahnt** werden.

590 Der **schrittweise Entwicklungsprozess** der Policies sollte zum Pflichtennachweis unbedingt sachgerecht **dokumentiert** werden. Vom **Kopieren** der **Policies anderer Unternehmen** ist aus den genannten wirtschaftlichen und rechtlichen Gründen strikt abzuraten.

591 Es empfiehlt sich ein **einheitlicher Grundaufbau** aller Richtlinien des Unternehmens:
1. Zielsetzung,
2. Geltungsbereich,
3. Begriffsdefinitionen,
4. individueller Regelungsgehalt,
5. Inkrafttreten.

592 **Formal einheitliche Gestaltung** sowie einheitliches Erscheinungsbild und Grafik sollten durch zentrale format- und aufbaubezogene **Mustervorlagen** sichergestellt werden. **Anwendungsbeispiele** sind formal einheitliche **Deckblätter** oder **Anhänge** mit Angaben zu Titel und Art der Policy,

gesellschaftsbezogenem Geltungsbereich, Version, Zusammenfassung, In-krafttreten, letzter Aktualisierung, nächster erforderlicher Aktualisierung, Policy-Eigner, beschließende Geschäftsleitung und Beschlussdatum und Änderungshistorie.

Leicht zugängliche, übersichtliche, klar strukturierte und barrierefreie **Be-reitstellung der Policies im Intranet** des Unternehmens ist aufgrund der Compliance-Informationspflichten der Unternehmensleitung erforderlich. Dies schließt Angaben ein, bei welchen alternativen Anlaufstellen Informa-tionen zur Nutzung und Umsetzung der Policies erfragt werden können. **593**

Interne Richtlinien müssen einschließlich Anwendungsbeispielen einzel-ner Regelungen **eng in Mitarbeitertrainings** der entsprechenden Risi-kobereiche **integriert** werden. Zugleich sollten in Mitarbeitertrainings systematisch **Rückmeldungen** zur Praxisnähe, Geschäftsnähe und Mitar-beiterakzeptanz der vorhandenen Policies **abgefragt** und **aufgezeichnet** werden und danach in die **periodische** Überarbeitung **jeder Richtlinie** eingehen. **594**

Wirksame Policies zeichnen sich vor allem durch **Nähe zum Alltags-geschäft** der Nutzer der Policy und durch realistisches Eingehen auf die **konkreten** täglichen **Compliance-Themen** bei der Umsetzung der indivi-duellen Geschäftsprozesse im Detail aus. Daher sollten sie sich unbedingt **pragmatisch** an **Geschäftsprozessen** und **konkreten Abläufen** orientie-ren. **595**

Sprache, Struktur und Inhalte der Policies sollten so **einfach** wie mög-lich und die Policy insgesamt so **kurz** wie möglich gehalten werden, ohne hierdurch die Wirksamkeit zur Reduktion der konkreten unternehmens-individuellen Risiken zu schmälern. Es sollte im Auge behalten werden, dass die **Wirksamkeit** jeder Policy in Abhängigkeit von den Themen und Nutzergruppen **bei steigendem Umfang und Komplexität** nicht zu-, son-dern **abnimmt**. Allzu komplexe Informationen sollten ggf. in **Anhänge** und **Beiblätter** verlagert werden. Mitunter sind **einseitige Zusammenfas-sungen** von Policies oder **Q&A-Blätter** zum Gegenstand interner Richtli-nien sinnvoll. **596**

Bei neuer **Einführung** einer Policy oder einer wesentlichen **Änderung** muss die **Schulung** aller Anwender parallel oder möglichst **zeitnah** nach der internen Bekanntmachung erfolgen. **597**

Internationale Policies, die in mehreren Ländern gelten sollen, müssen in rechtlicher, prozessbezogener, kultureller und sprachlicher Hinsicht auf die **598**

Bedürfnisse des internationalen Compliance Managements (→ Rn. 418 ff.) abgestimmt und teilweise gemeinsam mit relevanten Auslandseinheiten entwickelt werden.

599 Die **Einführung von Policies** sollte durch **Ankündigung der Unternehmensleitung** im Rahmen der internen Compliance-Kommunikation (→ Rn. 533 ff.) erfolgen. Dabei können **Informationen** zu Kerninhalten, rechtlicher Notwendigkeit sowie zu konkretem Nutzen für das Unternehmen und die Mitarbeiter vermittelt werden. Zudem können Vorteile der neuen Richtlinie, wie etwa ausgeprägte Nutzerfreundlichkeit, adressiert werden. Sinnvoll ist es oft, auf die Zusammenarbeit der beteiligten Geschäfts- und Fachbereiche bei der sorgfältigen Entwicklung der Policy unter Beteiligung der Endnutzer hinzuweisen. Schließlich sollte die neue Policy als Teil der Compliance-Kommunikation in den Zusammenhang der kontinuierlichen Anpassung, Überarbeitung und Verbesserung des CMS gestellt werden. Der Hinweis der Unternehmensleitung, dass die Beachtung der Policy einheitlich eingefordert wird und gegenteiliges Verhalten mit Sanktionen belegt ist, erübrigt sich in aller Regel.

600 Ein **Außerkraftsetzen** von Policies sollte bei entfallenem Regelungsbedarf nur durch das zentrale Compliance Committee mit Genehmigung des Zentralvorstands erfolgen können. Außer Kraft gesetzte Policies müssen als Teil der CMS-Dokumentation archiviert werden.

2. *Code of Conduct* (CoC) als Basis des Compliance-Management-Systems

601 Der *code of conduct* ist als Zusammenfassung der wesentlichen Compliance-**Risikofelder** (→ Rn. 291 ff.) und Ausdruck der **sieben Compliance-Management-Grunddimensionen** (→ Rn. 518, 532) **Grundlage und Kern des gesamten CMS**. Zudem ist der CoC zentraler Ausdruck und Basis der **Compliance-Kultur**, die für die Wirksamkeit und Wirtschaftlichkeit des CMS durchaus nicht nur als „weicher" Faktor relevant ist (→ Rn. 529 ff.). Jeder der **Hinweise zu Policies** (→ Rn. 573 ff.) gilt für den *code of conduct* daher **in noch gesteigertem Maße**.

602 Mitunter werden in Unternehmen neben der **Betitelung** als *code of conduct* bzw. Verhaltenskodex **alternative Bezeichnungen** gewählt. Insbesondere **Bezeichnungen wie „Ethik-Kodex" oder „Ethikrichtlinien" treffen** Inhalt und Bedeutung jedoch meist **nicht vollständig**, weil es **neben Ethik und Werten zentral auch** um konkrete unternehmensindividuelle Risikofelder sowie die **sieben** weiteren **Grundorientierungen** des Compliance Managements geht (→ Rn. 518, 532). Letzten Endes ist der *code of conduct* Grundlage der **wirtschaftlichen Leistungsfähigkeit** des Unternehmens.

Bei der **Einführung** oder wesentlichen **Überarbeitungen** des CoC – die **nur in größeren Abständen** erfolgen können – sollte die **Unternehmensleitung** neben den bei Policies üblichen Inhalten (→ Rn. 573 ff.) **Vorteile** des CoC als Summe der **Grundlagen** und verfassungsmäßige **Leitlinien** nicht nur des CMS, sondern des **gesamten Unternehmenshandelns** und der **Geschäftsabläufe möglichst gut** zu **konkretisieren** versuchen.

603

Noch mehr als bei den übrigen Richtlinien verbietet sich beim CoC strikt die ganze oder teilweise Übernahme von anderen Unternehmen oder der „**Kauf von der Stange**" (→ Rn. 582, 589). Der CoC muss von den wesentlichen Beteiligten und Stakeholdern **unternehmensintern** gemeinsam **entwickelt** werden. Dabei sollte ein **Hauptverantwortlicher** die Entwicklung mit den übrigen Beteiligten in geeigneter Form, Häufigkeit und Intensität abstimmen. **Zeitziele** sollten nicht allzu eng gesetzt werden, sodass ein gewisser **Reifungsprozess** der Inhalte sowie der sprachlichen und grafischen Umsetzung ermöglicht wird.

604

Der **Grundaufbau** des CoC ist in den meisten Unternehmen ähnlich, bedarf jedoch stets der individuellen Ergänzung und Anreicherung und ist natürlich keinesfalls zwingend. Vor allem folgende Gestaltungsprinzipien haben sich in der Praxis als sinnvoll erwiesen:

605

- Nicht zu langes persönliches **Vorwort** der Unternehmensleitung zur **Bedeutung** und zum konkreten **Nutzen** des CoC (→ Rn. 64 ff.) entlang der **sieben Grunddimensionen** des Compliance Managements (→ Rn. 518, 532) sowie der **Grundsätze** der internen **Compliance-Kommunikation** (→ Rn. 533 ff.).
- Kurze **Erläuterung** des – neuen oder überarbeiteten – CoC im Kontext der **Entwicklungsgeschichte** und des aktuellen **Status** des CMS.
- Hinweis auf die konsequent sanktionsbewehrte **Verbindlichkeit** des **CoC** sowie des **CMS** und der weiteren Richtlinien, die auf dem CoC basieren.
- Den Hauptteil des CoC machen **leitspruchartige** Prinzipien und Mitarbeiter-**Verhaltensrichtlinien** der **wichtigsten Risikofelder** des Unternehmens aus – beispielsweise zur Korruptionsprävention (Geschenke, Einladungen, Spenden, Sponsoring, sonstige Zuwendungen an Dritte), Fraud-Prävention, dem Wettbewerbs- und insbesondere Kartellrecht zu Interessenkonflikten, Insiderkonflikten, Datenschutzprinzipien, Eigentum des Unternehmens, Arbeitsschutz, Gleichberechtigung usw.

Der **Umfang** des CoC sollte nicht zu sehr anwachsen. **Besser** sollte von einzelnen Grundregeln des CoC auf ausführende **konkretisierende Policies** mit konkreten Handlungsrichtlinien verwiesen werden.

606

3. Wirksames Richtlinienmanagement ist essenziell

607 **Wirksames Richtlinienmanagement** ist eine **Grundvoraussetzung** für die **Wirksamkeit** der einzelnen **Policies** selbst sowie für die pflichtgemäße Wirksamkeit des **gesamten CMS**. **Kernaspekte** des **Richtlinienmanagements** sind:

- Die internen Richtlinien müssen **periodisch** auf ihre **Wirksamkeit** im Hinblick auf geänderte Geschäftsprozesse und wirksam ermittelte Änderungen der Compliance-Risiken **geprüft** werden.
- Policies sollten im Dokument mit einer eindeutig an Fachbereiche zugewiesenen **Revisionsverantwortung** sowie mit kalendarischen **Verfallsdaten** gekennzeichnet werden, ab denen jeweils eine Prüfung der Aktualität unabdingbar ist.
- Verfahren und Ergebnisse der periodischen Prüfung müssen in die CMS-**Dokumentation** aufgenommen werden.
- Die **Revision** muss sich an **veränderten Risikokriterien** sowie an allen **Wirksamkeitskriterien**, wie etwa **veränderten Geschäftsprozessen** orientieren. Auch Veränderungen der **Ablauf- und Aufbauorganisation**, etwa durch Verlagerung von Verantwortlichkeiten oder nach M&A, müssen selbstverständlich berücksichtigt werden.
- Der **Policy-Eigner** sollte formal **verantwortlich** gemacht werden, bei umfassenden Änderungen relevanter Faktoren **Ad-hoc-Änderungen** der Policies **vorzuschlagen**.
- Nicht zuletzt gehört zum Revisionsprozess die kontinuierliche kritische Prüfung, ob einzelne Regelungen oder ganze Policies insgesamt noch **erforderlich, angemessen und sachgemäß** sind.

4. Fehlerquellen in der Unternehmenspraxis

608 Zu komplexe, zu unübersichtliche und zu wenig nutzerfreundliche interne Normen schaffen **neue „Systemrisiken"** durch ein unsachgemäß konzipiertes CMS.

609 **Häufige Fehlerquellen interner Richtlinien** finden sich unter anderem unter folgenden Aspekten: Umfang, Komplexität, Verständlichkeit, Strukturierung, Anwenderfreundlichkeit, zu viele Detailregelungen, juristische Sprache, „Verbots- und Anweisungssprache", nicht erklärte Fachbegriffe, Widersprüche zu bestehenden Regeln, Inkompatibilität mit bestehenden Prozessen oder deren Behinderung, Unvereinbarkeit mit bestehenden internen Regeln, fehlende Hierarchisierung der Regelungen, Unklarheit der Anweisungen bzw. Handlungsaufträge, unklare subjektive, organisatorische oder geografische Geltungsbereiche, mangelnde Verfügbarkeit und Zugänglichkeit der Regelungen, unregelmäßige Aktualisierung, Anpassung und Verifizierung, Überschneidungen oder ungeplante regelungsfreie Bereiche, unklare oder ungenannte Sanktionen und Ähnliches mehr.

Auch nur **stellenweise unwirksames** Richtlinienmanagement **untermi-** 610
niert die Wirksamkeit der unternehmensweiten Compliance-Risikosteuerung und damit **des CMS** in der Praxis oftmals **rasch** und mit bemerkenswerter **Breitenwirkung**. Zu komplexe, unverständliche, nicht hinreichend
geschäftsnahe, bürokratische oder nicht hinreichend zugängliche interne Richtlinien erzeugen mitunter einen **stillschweigenden Konsens** der
Unternehmensangehörigen, dass die Regularien mindestens im Zweifel
nicht zu beachten seien. Die **Befolgung** der Richtlinien erfolgt dann bisweilen **nur vordergründig** im Sinne einer *Tick the Box*-Mentalität. Im
Ergebnis **sinkt** die **intrinsische Compliance-Motivation** der Mitarbeiter.
Die interne Compliance-**Kommunikation** der Unternehmensleitung wird
bei – aus Mitarbeitersicht – **untauglichen** internen **Regularien** bisweilen
teilweise **nicht mehr ernst genommen**. Unter den **Mitarbeitern** entsteht
der **Eindruck**, die **Unternehmensleitung** befürworte entweder ineffektive und ineffiziente interne Regularien oder sei über deren Bestehen nicht
informiert. Die Wahrnehmung der Compliance-bezogenen Kompetenz der
Unternehmensleitung aus Sicht der Mitarbeiter und damit das Kommunikations- und Steuerungs-Leverage der Leitung können hierdurch unter
Umständen beeinträchtigt werden.

Abhilfe schaffen systematische **periodische Wirksamkeitsbeurteilun-** 611
gen und erforderlichenfalls grundlegende Überarbeitungsprogramme zur
Ausdünnung, **Fokussierung** und **Auffrischung** des unternehmensweiten **Richtlinienmanagements** sowie des Bestands der **Richtlinien**. Ziele
sind die Steigerung der Wirksamkeit und auch der Effizienz der Policies im
Hinblick auf die Verbesserung, nicht Behinderung der Geschäftsprozesse.

Teil 2:
Compliance-Steuerungspflichten und -risiken der Unternehmensleitung

Bicker

§ 2 Erfüllung der Führungspflichten und Haftungsvermeidung

Übersicht

Executive Summary

Leitungs- und Entscheidungspflichten

- Vorstände, Geschäftsführer und vergleichbare Leitungspersonen sind aufgrund ihrer Compliance-bezogenen Organisations-, Leitungs-, Überwachungs- und Steuerungspflichten gehalten, wirksame Maßnahmen zu veranlassen und zu dokumentieren, die Fehlverhalten Unternehmensangehöriger sowie zurechenbarer Dritter hinreichend wirksam verhindern (→ § 1 Rn. 23 ff.).

- Essenzielle Pflicht der Leitung ist es, eine kontinuierliche, systematische Compliance-Risikoanalyse durchzuführen (→ § 1 Rn. 257 ff.), darauf basierende angemessene und effektive Maßnahmen zur Risikokontrolle anzuordnen und deren Einhaltung zu überwachen (→ § 1 Rn. 279, 291, 375).

Erste Maßnahmen, Umsetzungsschritte und Delegation

- Die angemessene **Informationsgrundlage** im Sinne der Business Judgement Rule besteht bei Compliance-Aufgaben primär in der systematischen **Compliance-Risikoanalyse** (→ § 1 Rn. 246 ff.). Sie sollte daher sorgfältig konzipiert, durchgeführt und dokumentiert werden.

- Das **Risikoprofil** des Unternehmens wird durch zahlreiche individuelle Parameter bestimmt, beispielsweise (→ § 1 Rn. 269 f.):
  - Größe, Struktur und Geschäftsfelder des Unternehmens,
  - Märkte und geografischer Aktionsradius,
  - regulatorische Vorgaben,
  - Geschäftspartner,
  - Konzernstruktur,
  - frühere Compliance-Verstöße,
  - Börsennotierung.

- Prozesse, Instrumente, Aufbau und **Maßnahmen** des Compliance Managements (→ § 1 Rn. 406 ff.) müssen präzise darauf ausgerichtet sein, die festgestellten und zutreffend bewerteten Compliance-Risiken (→ § 1 Rn. 246 ff.) angemessen zu reduzieren. Das umfasst beispielsweise (→ § 1 Rn. 406 ff., 505 ff.):
  - Erarbeitung von Compliance-Richtlinien,
  - organisatorische Maßnahmen, insbesondere klare Verantwortungszuweisungen innerhalb des Vorstands und auf nachgeordneten Ebenen samt angemessener Ressourcenausstattung der verantwortlichen Stellen,

- Informationsmanagement einschließlich der Einrichtung von unternehmens- bzw. konzernweiten Berichtslinien zum Vorstand.

Steuerungsziele
- Die eingerichteten Compliance-Management-Prozesse müssen dauerhaft **überwacht**, kritisch reflektiert und – wo Defizite offenbar werden – nachjustiert und weiterentwickelt werden (→ § 1 Rn. 73, 383).
- Bei hinreichenden Anzeichen von **Fehlverhalten** muss die Unternehmensleitung unverzüglich reagieren. Dies erfordert von der Geschäftsleitung (→ § 1 Rn. 120 ff.; § 7):
  - wirksame Untersuchung möglicher Verstöße,
  - unverzügliches Abstellen aufgedeckter Verstöße und Fehlentwicklungen,
  - angemessene Sanktionen, insbesondere mit den Mitteln des Arbeits- und Schadensersatzrechts,
  - Weiterentwicklung des CMS, die das Risiko gleicher oder ähnlicher künftiger Verstöße angemessen reduziert.

Ergebnis, Vorteile und Nutzen
- Haftungsfreizeichnung für die Unternehmensleitung,
- Reduktion der Risiko- und Risikofolgekosten,
- zahlreiche weitere vorteilhafte Wirkungen (→ § 1 Rn. 64 ff.).

A. Compliance als Aufgabe der Unternehmensleitung

Corporate Compliance ist Bestandteil der Unternehmensführung und Unternehmenskontrolle. Die Compliance-Leitungs- und -Organisationspflichten bestehen **rechtsform- und branchenunabhängig**. 1

Der Begriff Compliance umfasst zunächst die Pflicht der Unternehmensleitung zu gesetzestreuem Verhalten (**Legalitätspflicht**).[1] Sie gilt sowohl für inländisches als auch für ausländisches Recht.[2] 2

Über die beschriebene Legalitätspflicht hinaus wird unter Compliance die Gesamtheit aller Maßnahmen gefasst, die erforderlich sind, um regelkonformes Verhalten innerhalb des Unternehmens zu gewährleisten (sog. **Legalitätskontrollpflicht**). Dabei ist zwischen **präventiven** und **repressiven Compliance-Pflichten** zu unterscheiden: 3

---

1 BGH, Urt. v. 10.07.2012 – VI ZR 341/10, Rn. 22: GmbH und AG = DB 2012, S. 1799.
2 *Balke*, in: MünchHdb GesR VII, § 111 Rn. 3.

4　Aus Sicht der Gesellschaft, der Organmitglieder und der Mitarbeiter ist ein wesentliches Ziel von Compliance die Haftungsvermeidung. Daher muss die Unternehmensleitung **präventiv** eine **Risikoanalyse** durchführen (→ § 1 Rn. 243 ff.) und auf deren Grundlage **maßgeschneiderte organisatorische Vorkehrungen** treffen, um ein rechtmäßiges Verhalten aller Unternehmensangehörigen sicherzustellen.

5　Eine für alle Unternehmen passende Compliance-Schablone gibt es nicht, da das CMS stets genau auf das unternehmensindividuelle Risikoprofil zugeschnitten sein muss. Eine generelle Pflicht zu einer standardisierten Compliance-Organisation besteht nicht.[3] Das CMS muss jedoch nachweisbar geeignet sein, die Compliance-Risiken des Unternehmens hinreichend zu reduzieren.

6　Erlangt die Unternehmensleitung Verdacht oder gar Kenntnis von einem Regelverstoß, so muss sie **repressiv** tätig werden. Sie trifft die Pflicht,
- den **Sachverhalt aufzuklären** (→ § 1 Rn. 120 ff.),
- den Gesetzesverstoß abzustellen,
- angemessene Sanktionen zu verhängen sowie
- gleichem oder ähnlichem Verhalten in der Zukunft vorzubeugen.

B. Compliance-Zuständigkeit innerhalb des Unternehmens
I. Zuständigkeit in der AG
1. Leitungsaufgabe des Vorstands

7　Corporate Compliance gehört zur Leitungsaufgabe des Vorstands im Sinne von § 76 Abs. 1 AktG (**„Compliance ist Chefsache!"**).[4] Das **LG München I** hat in seiner *Neubürger*-Entscheidung über „Schwarze Kassen" im Siemens-Konzern zu Recht betont, dass Compliance in der **„Gesamtverantwortung des Vorstands"** liegt.[5] Dementsprechend muss der Vorstand das Unternehmen so organisieren, überwachen und auf mögliche Rechtsverletzungen reagieren, dass systematische Gesetzesverletzungen vermieden werden.

8　Das besagt auch der **Deutsche Corporate Governance Kodex (DCGK)**.[6] Nach dessen **Ziff. 4.1.3** hat der Vorstand für die Einhaltung einerseits der gesetzlichen Bestimmungen, andererseits der unternehmensinternen Richtlinien (→ § 1 Rn. 7 ff.) zu sorgen.

3　So zu Recht Hüffer/*Koch*, § 76 Rn. 14; MAH Personengesellschaftsrecht/*Karrer*, § 14 Rn. 149.
4　Spindler/Stilz/*Fleischer*, § 91 Rn. 63.
5　LG München I, Urt. v. 10.12.2013 – 5 HK O 1387/10 = DB 2014, S. 766.
6　Vgl. zum DCGK allgemein: *Hoffmann/Becking*, in: MünchHdb GesR IV, § 34.

Mit Einhaltung der **gesetzlichen Bestimmungen** in Ziff. 4.1.3 DCGK ist 9
zunächst gemeint, dass der Vorstand unmittelbar ihn selbst betreffende
Rechtspflichten einzuhalten hat. Hierzu gehören nicht nur die sich aus
den unterschiedlichsten Normen des Wirtschaftsrechts ergebenden externen Rechtspflichten, sondern auch die sich aus dem Aktiengesetz ergebenden internen Pflichten, etwa die Berichtspflicht gegenüber dem Aufsichtsrat
(§ 90 AktG).

Darüber hinaus hat der Vorstand durch eine entsprechende **Compliance-** 10
Organisation (→ § 1 Rn. 486 ff., 510) für die Erfüllung der Gesetzesbestimmungen (etwa des Steuer-, Kartell- oder Arbeitsrechts) Sorge zu tragen, die
an die Gesellschaft als solche gerichtet sind.

Ziffer 4.1.3 DCKG fordert darüber hinaus die Einhaltung der **unterneh-** 11
mensinternen Richtlinien. Der Vorstand ist jedoch nicht in gleicher Weise
gehalten, interne Richtlinien durchzusetzen wie er für Gesetzeskonformität
zu sorgen hat.[7] Eine Durchsetzungspflicht besteht nur, wenn die Richtlinie
eine gesetzliche Pflicht wiedergibt oder wenn das Gesetz zur Aufstellung
und Einhaltung unternehmensinterner Standards verpflichtet.[8]

Zwar kann – und sollte – die Ausführung konkreter Aufgaben vom Vorstand 12
delegiert werden (zu den Möglichkeiten und Grenzen der **Delegation** → § 1
Rn. 173 ff., 227 ff.; § 3 Rn. 1 ff.). Der **Letztverantwortung** für die ordnungsgemäße Überwachung der Compliance-Maßnahmen kann sich der Vorstand
aber nicht entledigen.[9]

2. Überwachungsaufgabe des Aufsichtsrats

Der Aufsichtsrat hat die Pflicht, die Leitungsmaßnahmen des Vorstands 13
zu überwachen (§ 111 Abs. 1 AktG). Das umfasst auch die Überwachung der
Einrichtung und Kontrolle einer angemessenen **Compliance-Organisa-**
tion.[10] Damit fällt Compliance auch in das Pflichtenprogramm des Aufsichtsrats. Ihn trifft im Unterschied zum Vorstand eine **„nachgelagerte"**
Überwachungspflicht. Zu diesem Zweck steht dem Aufsichtsrat ein **um-**
fassendes Einsichtnahme- und Prüfungsrecht zu (§ 111 Abs. 2 Satz 1 AktG).

Ziffer 5.3.2 DCGK empfiehlt die Einrichtung eines **Prüfungsausschusses**, der 14
sich mit Compliance befasst. Zudem sieht Ziff. 3.4 DCGK ausdrückliche **Infor-**
mationspflichten des Vorstands gegenüber dem Aufsichtsrat hinsichtlich
aller für das Unternehmen relevanten Fragen der Compliance vor.

---

7 Ringleb/Kremer/Lutter/Werder/*Bachmann*, Rn. 846.
8 Ringleb/Kremer/Lutter/Werder/*Bachmann*, Rn. 846.
9 LG München I, Urt. v. 10.12.2013 (Fn. 5); *Bürkle*, CCZ 2015, S. 52 (53).
10 *Habersack*, AG 2014, S. 1 ff.; Hüffer/*Koch*, § 111 Rn. 4.

15   Bei Anhaltspunkten für eine Pflichtverletzung und Überschreitung des Handlungsspielraums des Vorstands muss der Aufsichtsrat eigenverantwortlich **Schadensersatzansprüche** gegen die Vorstandsmitglieder prüfen und – abhängig von einer sorgfältigen Prozessrisikoanalyse und sofern keine gewichtigen Gründe des Gesellschaftswohls dagegenstehen – in der Regel auch gerichtlich verfolgen.[11] Auch wenn dieses „strenge Prinzip" in der letzten Zeit zunehmend von namhaften Wissenschaftlern und Praktikern angezweifelt wird, entspricht es der Rechtsprechung des BGH.[12]

II. Zuständigkeit in der GmbH

16   Der **GmbH-Geschäftsführer** hat grundsätzlich eine **dem Vorstand entsprechende Verantwortung** zur Wahrnehmung von Compliance-Maßnahmen. Umfang und Intensität der Compliance-Pflichten des GmbH-Geschäftsführers hängen von der Art und der Größe des Unternehmens ab.[13] Auch bei der GmbH ist das individuelle **Risikoprofil** des Unternehmens für die Ausgestaltung des CMS zentral ausschlaggebend.[14]

III. Zuständigkeit im Konzern

17   Die **Leitungsorgane von Muttergesellschaften** haben die grundsätzliche und abhängig von der strukturellen Ausgestaltung des Konzerns (mehr oder weniger) weitreichende Pflicht, für wirksame **Compliance-Maßnahmen auch in den in- und ausländischen Tochter- und Enkelgesellschaften** zu sorgen[15] (→ § 1 Rn. 426 ff.).

18   Daher hebt auch Ziff. 4.1.3 DCGK als Verpflichtung des Vorstands hervor, „für die Einhaltung der gesetzlichen Bestimmungen und der unternehmensinternen Richtlinien zu sorgen und [...] auf deren Beachtung durch die Konzernunternehmen" hinzuwirken. Grenze dieser Sorgfalts- und Überwachungspflicht bilden die jeweiligen gesellschaftsrechtlichen Einwirkungsmöglichkeiten (→ § 1 Rn. 432 ff.).

C. Unternehmerisches Ermessen bei Erfüllung der Compliance-Pflichten

19   Der Unternehmensleitung steht bei der Frage, wie die Compliance-Organisation zu gestalten ist, ein haftungsfreier Ermessensspielraum im Sinne der Business Judgement Rule zu.[16] Hat die Leitungsperson bei der konkreten Or-

---

11   BGH, Urt. v. 21.04.1997 – II ZR 175/95, DB 1997, S. 1068; MünchKommAktG/*Habersack*, § 111 Rn. 31 ff.
12   Ausführlich zur Diskussion, *Koch*, NZG 2014, S. 934 ff.
13   KG, NZG 1999, S. 400 unter III. 1.
14   MünchKommGmbHG/*Stephan/Tieves*, § 37 Rn. 28.
15   Arbeitshdb. Vorstandsmitglieder *Tödtmann/Winstel*, § 13 Rn. 28; *Bicker*, AG 2012, S. 542 ff.
16   Hüffer/*Koch*, § 76 Rn. 14; MünchKommAktG/*Spindler*, § 91 Rn. 66; *Balke*, in: MünchHdb GesR VII, § 112 Rn. 3.

ganisationsentscheidung die Anforderungen der **Business Judgement Rule** eingehalten, kann sie sich im Falle einer Inanspruchnahme auf diesen unternehmerischen **Haftungsfreiraum** berufen (zu den Anforderungen der Business Judgement Rule → § 1 Rn. 73 ff.; § 4 Rn. 13 ff.).

D. Kernmaßnahmen zur Erfüllung der Compliance-Organisationspflichten

Ausführlich zur Umsetzung der Compliance-bezogenen Leitungs-, Organisations-, Kontroll- und Steuerungsaufgaben der Unternehmensleitung → § 1.   20

I. Risikoanalyse als Informationsgrundlage

Die kontinuierliche wirksame Risikoanalyse ist Kernpflicht der Unternehmensleitung und essenzielle Wirksamkeitsvoraussetzung des CMS (im Einzelnen → § 1 Rn. 243 ff.).   21

1. Kriterien der Risikoanalyse

Für das hinsichtlich der Gestaltungsentscheidung grundlegende Risikoprofil sind neben zahlreichen weiteren Kriterien die **Größe und der Tätigkeitsbereich** des Unternehmens von Bedeutung.[17]   22

Bei **internationalen Aktivitäten** können sich Risiken aus nationaler oder extraterritorial wirkender Gesetzgebung (**UK Bribery Act** → § 1 Rn. 58 oder **US Foreign Corrupt Practices Act, FCPA** → § 1 Rn. 59, 506) oder aus soziologischen und kulturellen Besonderheiten der jeweiligen Länder ergeben.   23

Auch eine **Börsennotierung** kann besondere Risikorelevanz bedingen.[18] Bei Notierung an einer amerikanischen Börse resultieren weitgehende Eingriffsmöglichkeiten der **United States Securities and Exchange Commission (SEC).** Natürlich sind auch die an deutschen Börsen geltenden Vorschriften (WpHG, WpÜG usw.) für die Ermittlung des Risikoprofils zu berücksichtigen.   24

Wichtig sind auch die unmittelbar aus der Tätigkeit des Unternehmens entstehenden Risiken, etwa Korruptionsrisiken aufgrund bestimmter **Vertriebsstrukturen** (z.B. indirekter Vertrieb über Vertriebsmittler).   25

---

17 LG München I, Urt. v. 10.12.2013 (Fn. 5); Hölters/*Hölters,* § 93 Rn 99.
18 Spindler/Stilz/*Fleischer,* § 91 Rn. 54; Großkomm-AktG/*Kort,* § 91 Rn. 143.

26   Auch angesichts der **Geschäftspartner des Unternehmens** können sich besondere Risiken ergeben (z.B. erhöhte Korruptionsrisiken bei öffentlichen Auftraggebern gegenüber privaten Auftraggebern[19]).

27   Bei **Konzernstrukturen** resultieren Risiken beispielsweise aus der Komplexität der Aufbau- und Ablauforganisation, die wiederum Ausstrahlungswirkung auf zahlreiche materiell-rechtliche Risiken entfaltet, etwa im Hinblick auf horizontale Kartellrisiken.

28   Auch **frühere** im Unternehmen aufgetretene (gleiche oder ähnliche) **Verdachtsfälle** müssen zentralen Eingang in die Risikoanalyse finden.[20]

2. Methodik

29   Hinsichtlich der Methodik der Risikoanalyse (hierzu eingehend → § 1 Rn. 291) kommt es zentral auf die systematische Durchführung der Analyse und die sorgfältige Dokumentation des Verfahrens und der Ergebnisse an.

3. Risikoanalyse als Routinemaßnahme

30   Die Unternehmensleitung muss einen kontinuierlichen Überblick über die Compliance-Risiken des Unternehmens nachweisen.[21]

31   Neben aktuellen Verdachtsfällen ist in den nachfolgend genannten beispielhaften **Schlüsselsituationen** eine erneute Risikoanalyse unabdingbar, um eine haftungsbefreiende Informationsgrundlage für die unternehmerische Entscheidung über die Compliance-Gestaltung zu erarbeiten.[22] Für solche typischen Situationen empfiehlt es sich, so weit als möglich **standardisierte Prozeduren** vorzubereiten, auf die dann im Anwendungsfall unter Zeitdruck zurückgegriffen werden kann.

a) Compliance Due Diligence bei M&A-Transaktionen

32   Bei Erwerb eines Unternehmens, das in die eigene Unternehmensstruktur eingeordnet werden soll, muss der Vorstand bzw. die Geschäftsführung das zu erwerbende Unternehmen einer wirksamen Compliance Due Diligence unterziehen (ausführlich hierzu → § 1 Rn. 99 f.).[23]

b) Erschließung neuer Märkte

33   Die Erschließung neuer Märkte ist ein komplexes Vorhaben, bei dem besonderes Augenmerk auf die mit den neuen Märkten einhergehenden kulturel-

---

19 *Moosmayer*, Kap. C. Rn. 73.
20 LG München I, Urt. v. 10.12.2013 (Fn. 5); Schmidt/Lutter/*Seibt*, § 76 Rn. 12.
21 Arbeitshdb. Vorstandsmitglieder/*Tödtmann/Winstel*, § 13 Rn. 37 ff.
22 Bürkle/Hauschka/*Bicker*, § 11 Rn. 13.
23 *v. Busekist/Timmerbeil*, CCZ 2013, S. 225 (227 f.).

len und politischen Risiken zu legen ist. Das betrifft vor allem Faktoren wie die nach allgemeinen Erkenntnissen (z.B. entsprechenden Indizes[24]) bestehende Korruptionsanfälligkeit oder besonders weitreichende bzw. strenge Gesetze,[25] die in der zur Erschließung anvisierten Region gelten.

c) Eröffnung neuer Geschäftsfelder

Bei der Erschließung neuer Geschäftsfelder ist sorgfältig zu analysieren, inwiefern dies das bestehende Risikoprofil des Unternehmens verändert. Das betrifft vor allem Geschäftsfelder, die einer besonderen Regulierung unterliegen – etwa das Bank-, Versicherungs- oder Telekommunikationswesen, aber auch die Herstellung oder den Vertrieb von sensiblen Materialien und Gegenständen (z.B. Pharmazeutika, Chemikalien oder sicherheitsrelevante Produkte wie Rüstungsgüter).[26]

34

II. Entwicklung einer geeigneten Compliance-Organisation

Basierend auf dem analysierten Risikoprofil muss die Unternehmensleitung eine hinreichend risikoreduzierende Aufbau- und Ablauforganisation implementieren.

35

Einige Organisationsprinzipien können als Standards einer wirksamen Compliance-Organisation betrachtet werden (im Einzelnen → § 1 Rn. 53 ff.).

36

1. Glaubwürdiger und nachhaltiger *tone from the top*

Eine der wesentlichen Grundlagen des CMS ist die Selbstverpflichtung (*commitment*) der Unternehmensleitung zur Compliance (*tone from the top*).[27] Das gilt auch im Konzern für die Konzernobergesellschaft, zumindest im Rahmen ihrer Einflussmöglichkeiten.[28] Der glaubwürdige und nachhaltig kommunizierte *tone from the top* ist eines der Kriterien, an dem Stakeholder und Behörden die Effektivität von Compliance beurteilen.

37

Dabei ist es nicht damit getan, bei Versendung des *code of conduct* ein „Grußwort" an die Mitarbeiter zu richten. Vielmehr sollten Vorstände das Thema Compliance „vorleben" und bei Abteilungsbesprechungen, Mitarbeiterrunden und ähnlichen Gelegenheiten zur Sprache bringen. Wichtig für die Glaubwürdigkeit ist in diesem Zusammenhang auch die Vermittlung einer offenen Fehlerkultur, bei der sich Mitarbeiter auch trauen (können), Dilemmasituationen – und die gibt es im Bereich der Compliance häufig – zu benennen und zu diskutieren.

38

---

24 Z.B. mittels dem von Transparency International jährlich erstellten Korruptionswahrnehmungsindex, für 2014 verfügbar unter http://www.transparency.org/cpi2014/results (abgerufen am 02.12.2015).
25 Z.B. den Foreign Corrupt Practices Act in den USA oder den UK Bribery Act in Großbritannien.
26 Vgl. *Schaefer/Baumann*, NJW 2011, S. 3601 (3602 f.).
27 *Moosmayer*, Kap. D. Rn. 144; Hüffer/*Koch*, § 76 Rn. 18.
28 Bürkle/Hauschka/*Bicker*, § 11 Rn. 24 und 30 ff.

2. Erarbeitung von Compliance-Richtlinien

39   Eine weitere Kernmaßnahme ist die Erarbeitung wirksamer Compliance-Richtlinien (im Einzelnen → § 1 Rn. 573 ff.), deren Anwendung hinreichend geschult werden muss. Im Konzern sollten sie in allen relevanten Sprachen erstellt werden.[29]

3. Organisatorische Maßnahmen

40   Folgende allgemeine Compliance-relevante Organisationsprinzipien können als Standards jedes wirksamen CMS gelten:

a) Klare Verantwortungszuweisung

41   Eine effektive Compliance-Organisation verlangt klare Verantwortungszuweisung. Das betrifft zum einen die Perspektive innerhalb des Vorstands, zum anderen die Perspektive nachgeordneter Unternehmensebenen. Die Compliance-Verantwortung kann zwar nicht vollständig von der Ebene des Gesamtvorstands „wegdelegiert" werden. Wohl aber können und müssen die im Einzelfall anfallenden operativen Umsetzungsmaßnahmen, die regelmäßig die Kapazitäten der Leitungsorgane überschreiten, einzelnen Vorstandsmitgliedern oder nachgeordneten Unternehmensebenen zugewiesen werden, sog. horizontale und vertikale Delegation (im Einzelnen → § 1 Rn. 173 ff.; § 3 Rn. 1 ff.).

42   Der Übernehmende muss in jedem Fall im Hinblick auf seine Kompetenz zur Wahrnehmung der übertragenen Aufgabe sorgfältig ausgewählt, gründlich eingewiesen und aufgeklärt, mit den zur Aufgabenerfüllung notwendigen Mitteln ausgestattet und schließlich bei seiner Tätigkeit kontrolliert werden (im Einzelnen → § 1 Rn. 202 ff.).[30]

43   Wichtig ist abermals die sorgfältige Dokumentation des Delegationsprozesses und der daraus resultierenden Kompetenzen. Dies ist von besonderer Bedeutung, da **Unklarheiten in der Delegation** zulasten des Delegierenden (also des Vorstands) gehen und damit wieder Haftungsrisiken erzeugen können.[31]

aa) Innerhalb des Vorstands

44   Innerhalb des Vorstands sollte eindeutig geregelt werden, welches der Vorstandsmitglieder die Hauptverantwortung für das Compliance Management innehat.[32] Hierzu kann auch ein eigenes Vorstandsressort gebildet werden.[33]

---

29 *Bicker*, AG 2012, S. 542 (550).
30 *Schulze*, NJW 2014, S. 3484 (3487 f.).
31 *Schulze*, NJW 2014, S. 3484 (3485).
32 LG München, Urt. v. 10.12.2013 (Fn. 5); Großkomm-AktG/*Kort*, § 76 Rn. 128.
33 Hölters/*Hölters*, § 93 Rn. 97; Arbeitshdb. Vorstandsmitglieder/*Tödtmann/Winstel*, § 13 Rn. 53.

Die Ausführung konkreter Aufgaben kann „horizontal" auf einzelne Vorstandsmitglieder delegiert werden.[34]

bb) Auf nachgeordneten Ebenen

Zudem kann – und sollte – die Ausführung konkreter Aufgaben bei entsprechend sorgfältiger Auswahl der Mitarbeiter auch „vertikal" auf geeignete nachgeordnete Unternehmensebenen delegiert werden.[35] Als solche kommen etwa eine Compliance-Abteilung, zentrale und nachgeordnete Compliance-Beauftragte, die interne Revisionsabteilung oder externe Fachleute in Betracht.[36]   45

cc) Im Konzern

Schließlich muss, sofern auf Konzernebene eine Compliance-Organisation notwendig ist, auch die Verantwortung für die konzernweite Umsetzung der Compliance-Vorgaben zugeordnet werden (→ § 1 Rn. 426 ff.).   46

b) Angemessene Ressourcenausstattung

Ohne die erforderlichen Ressourcen bleibt jeder noch so gute Organisationsentschluss undurchführbar und damit wertlos. Die Zuteilung der zur Risikokontrolle konkret erforderlichen **personellen und finanziellen Mittel** ist daher entscheidender Teil der Compliance-Pflichten der Unternehmensleitung.[37]   47

Dies kann bedeuten, dass unter Umständen neue Positionen im Unternehmen geschaffen oder eine neue Abteilung eingerichtet oder aufgestockt werden muss. Vorübergehender Ressourcenbedarf kann durch externe Fachleute gedeckt werden (→ § 1 Rn. 227 ff.).   48

Was an dieser Stelle notwendig ist, kann nur im Hinblick auf die Umstände des Einzelfalls im Unternehmen beantwortet werden. In einem der wenigen Fälle aus der Rechtsprechung entschied z.B. das *KG Berlin*, dass eine vier Mitarbeiter starke Revisionsabteilung nicht den personellen Ressourcenanforderungen an ein Unternehmen mit über 5.000 Beschäftigten entsprach.[38] Bei DAX-Unternehmen wird zuweilen die Faustformel bemüht, 1% des gesamten Mitarbeiterstamms sollte mit Compliance-Maßnahmen betraut sein.[39] Diese Größen sind im Einzelfall natürlich nicht „der Weisheit   49

---

34 Spindler/Stilz/*Fleischer*, § 91 Rn. 65.
35 *Reichert/Ott*, NZG 2014, S. 241 (243); Schmidt/Lutter/*Seibt*, § 76 Rn. 18 ff.
36 Hölters/*Hölters*, § 93 Rn. 98; Großkomm-AktG/*Kort*, § 76 Rn. 130.
37 *Bicker*, AG 2012, S. 542 (546).
38 KG v. 25.07.1980 – Kart 26/79, WuW/E OLG 2330 (2332) (*Revisionsabteilung*).
39 *Bicker*, AG 2012, S. 542 (546, Fn. 52).

letzter Schluss", vermitteln aber zumindest einen Eindruck von der erforderlichen Personalausstattung.

50   Die finanzielle Ausstattung muss es dem Personal erlauben, seine Tätigkeiten zu bedienen und die an sie delegierten Compliance-Aufgaben wahrzunehmen.

c) Informationsmanagement
aa) Wissenszurechnung im Unternehmen

51   Der Vorstand kann dem Vorwurf der Pflichtverletzung in seinem Verantwortungsbereich in der Regel nicht entgegenhalten, von den Vorgängen nichts gewusst zu haben. Im Gerichtsprozess ist ein Bestreiten von Sachverhalten im eigenen Verantwortungs- bzw. Geschäftsbereich mit Nichtwissen unzulässig (§ 138 Abs. 4 ZPO).[40] Vielmehr besteht die Pflicht, dafür zu sorgen, dass die Geschäftsleitung über Vorgänge innerhalb des Unternehmens präzise auf dem Laufenden bleibt. Dazu müssen Erkundigungen eingeholt und von Personen, die im eigenen Verantwortungsbereich tätig werden, notwendige Informationen beschafft werden.[41]

52   Der Informationsfluss im Unternehmen muss aufrechterhalten werden. Dazu ist ein gründliches Informationsmanagement erforderlich: Informationen müssen planmäßig gesammelt und aufbereitet werden, eigene unternehmerische Entscheidungen sowie die Entscheidungen und Maßnahmen nachgeordneter Hierarchieebenen gründlich dokumentiert werden.

bb) Pflichten zur Informationsorganisation

53   Notwendig ist regelmäßig die Einrichtung von **Berichtslinien** mit korrespondierenden Sanktionsmöglichkeiten.[42] Dafür ist auch zu klären, welche Vorfälle auf höhere Ebenen eskaliert werden müssen (im Einzelnen → § 1 Rn. 112 ff., 135, 179).

54   Empfehlenswert ist es auch – nach den mitbestimmungs und datenschutzrechtlichen Voraussetzungen – **Whistleblowing-** bzw. **Ombudsmann-Strukturen einzurichten**, mit deren Hilfe die Belegschaft des Unternehmens anonym Fehlverhalten im Unternehmen aufzeigen und damit Reaktionsmöglichkeiten schaffen kann (→ § 1 Rn. 137, 148 ff.).[43]

---

40 LG München, Urt. v. 10.12.2013 (Fn. 5).
41 LG München, Urt. v. 10.12.2013 (Fn. 5).
42 LG München, Urt. v. 10.12.2013 (Fn. 5); *Moosmayer*, Kap. D. Rn. 113 ff.
43 Arbeitshdb. Vorstandsmitglieder/*Tödtmann/Winstel*, § 13 Rn. 124 f.; Hölters/*Hölters*, § 93 Rn. 104 f.

cc) Informationsmanagement im Konzern

Die Angemessenheit der Informationsinstrumente und -prozesse richtet sich nach den Organisationsstrukturen des jeweiligen Konzerns.[44] Grundsätzlich bleiben die Leitungsorgane von Tochtergesellschaften für Compliance-Maßnahmen innerhalb ihrer Unternehmen selbst verantwortlich[45] (→ § 1 Rn. 440 ff.). Jedoch variiert die Intensität ihrer Verantwortung abhängig davon, wie stringent der Konzern organisiert ist: Bei zentraler Organisation rückt die Geschäftsleitung der Konzernspitze in das Zentrum der Verantwortung. Bei dezentraler Organisation tritt dagegen die Verantwortung der Geschäftsleitung der Tochtergesellschaften in den Vordergrund.[46]

In jedem Fall muss das Verhalten auf der Ebene der Tochtergesellschaften von der Ebene der Muttergesellschaft aus beobachtet und Defiziten notfalls gegengesteuert werden. Das geht natürlich nur, wenn der Vorstand der Konzernmutter auch die Möglichkeiten dazu besitzt. Daher müssen konzernweite Berichtslinien eingerichtet werden, mittels derer sich der Vorstand der Konzernmutter über die Compliance-relevante Situation und entsprechende Entwicklungen in den Tochtergesellschaften informieren kann.[47]

III. Regelmäßige Überwachung und Fortentwicklung

Der Vorstand muss die eingerichteten Maßnahmen auch auf ihre Effizienz hin überwachen und evaluieren.[48] Diese Überwachung bietet wiederum die Informationsgrundlage dazu, die von ihm getroffene Organisation kritisch zu reflektieren und – falls notwendig – auch nachzujustieren (→ § 1 Rn. 55 ff., 139).

Verstöße belegen grundsätzlich Handlungsbedarf. Ebenso kann es sein, dass eingerichtete Strukturen nicht mehr zu den Entwicklungen des Marktes, den Strukturen der Geschäftstätigkeit oder des Unternehmens passen. Konsequenz für den Vorstand ist in jedem Fall, dass er die bisherigen Strukturen anhand der gewonnenen Erfahrungen stetig nachbessern, an neue Entwicklungen anpassen und weiterentwickeln muss.

Im Konzern muss die Muttergesellschaft nach Möglichkeit Wirksamkeitsprüfungen der CMS-Umsetzung in den Tochtergesellschaften durchführen (→ § 1 Rn. 426 ff.). Die Intensität der Überwachung richtet sich auch danach, wie zentral oder dezentral der Konzern ausgestaltet ist.[49]

---

44 *Bicker*, AG 2012, S. 542 (550 f.).
45 Bürkle/Hauschka/*Bicker*, § 11 Rn. 51 ff.
46 *Bicker*, AG 2012, S. 542 (551); Arbeitshdb. Vorstandsmitglieder/*Tödtmann/Winstel*, § 13 Rn. 28.
47 *Fleischer*, CCZ 2008, S. 1 (6); *Bicker*, AG 2012, S. 542 (550).
48 LG München, Urt. v. 10.12.2013 (Fn. 5).
49 Spindler/Stilz/*Fleischer*, § 91 Rn. 71 ff.

60 Die Unternehmensleitungen der Tochtergesellschaften müssen als Risiko-
    eigner überwachen, ob die Maßnahmen zur Kontrolle der individuellen
    Compliance-Risiken den Anforderungen entsprechend ausgestaltet sind.

E. Repressive Maßnahmen bei Verdacht eines Compliance-Verstoßes

61 Im Einzelnen → § 1 Rn. 120 ff.; § 7 Rn. 1 ff.

I. Aufklärung und interne Untersuchungen

62 Bei hinreichenden Anzeichen auf Compliance-Verstöße muss die Unter-
    nehmensleitung unverzüglich unternehmensinterne Untersuchungen
    (*internal investigations*) einleiten (eingehend zu internen Untersuchungen
    → § 1 Rn. 112 ff.; § 7 Rn. 1 ff.).

63 Die Informationspflicht der Unternehmensleitung betrifft gerade auch die
    Information über Ermittlungsergebnisse und die Information über Folge-
    maßnahmen und Konsequenzen (z.B. arbeitsrechtlicher Art), die von nach-
    geordneten Ebenen ergriffen werden.[50]

64 In den Grenzen der datenschutzrechtlichen Bestimmungen (vgl. → § 8
    Rn. 1 ff.) muss die Unternehmensleitung möglicherweise einschlägige Do-
    kumente und Datenträger sichten, Kommunikationsinhalte – insbesondere
    E-Mail-Verkehr – überprüfen und Interviews mit Mitarbeitern führen (→ § 1
    Rn. 120 ff.; § 7 Rn. 1 ff.; § 8 Rn. 15 ff.).

II. Abstellen von Verstößen

65 Identifizierte Verstöße im Unternehmen müssen unverzüglich abgestellt
    werden. Das gilt selbst dann, wenn mögliche Rechtsverstöße für das Unter-
    nehmen lukrativ erscheinen: Auch „nützliche" Gesetzesverletzungen blei-
    ben Gesetzesverletzungen und gelten nicht als unternehmerische Entschei-
    dungen.[51] Die Business Judgement Rule (ausführlich dazu → § 1 Rn. 73 ff.;
    § 4 Rn. 13 ff.) hilft hier nicht weiter. Wenn der Vorstand Pflichtverstöße im
    Unternehmen nicht abstellt, verletzt er selbst seine Sorgfaltspflicht und
    haftet dementsprechend.

III. Angemessene Sanktionierung

66 Der Vorstand darf Mitarbeiter bei Rechts- und Regelverstößen selbstverständ-
    lich nicht einfach gewähren lassen und muss Fehlverhalten im Unterneh-
    men sanktionieren. Sanktionsmöglichkeiten bieten z.B. das Arbeitsrecht

---

50 LG München, Urt. v. 10.12.2013 (Fn. 5).
51 *Wiesner*, in: MünchHdb GesR IV, § 25 Rn. 32.

(Abmahnung, Kündigung) oder zivilrechtliche Schadensersatzansprüche. Da es – nach gründlicher Aufarbeitung der Situation – allerdings auch für solche Situationen keine allgemeingültigen Lösungen gibt, ist die Leitlinie für die jeweiligen Sanktionen das vom Vorstand im Rahmen seines Ermessens zu bewertende Unternehmenswohl bzw. Unternehmensinteresse.[52] Danach kann der Vorstand im Einzelfall auch von einer Sanktion absehen, wenn sie dem Unternehmenswohl maßgeblich und schwerwiegend zuwiderlaufen würde, etwa durch das öffentliche Bekanntwerden von Umständen, die zu Reputationsschäden oder hohen Schadensersatzansprüchen führen würden.[53]

Nichts anderes gilt im Konzern. Hier muss sich, sofern kein direkter Zugriff   67
besteht – wie er vor allem im Wege von Weisungen im Vertragskonzern möglich ist –, der Vorstand zumindest über die entsprechenden Sanktionen innerhalb der konzernangehörigen Unternehmen informieren.[54]

IV. Kooperation und Anzeige bei staatlichen Stellen

Der Vorstand muss festgestellte Compliance-Verstöße nur in bestimm-   68
ten Fällen bei externen Stellen anzeigen (→ § 1 Rn. 158 ff.): Das betrifft z.B. geplante Straftaten, die gemäß § 138 StGB grundsätzlich anzuzeigen sind, unrichtige oder unvollständige Steuererklärungen (§ 153 AO) sowie Verstöße, die als Insiderinformationen (§ 15 Abs. 1 WpHG) und Marktmanipulationen (§ 10 Abs. 1 Satz 1 WpHG) einzuordnen sind.[55]

Leitlinie für einen diskreten oder öffentlichen Umgang mit (möglichen)   69
Compliance-Verstößen ist stets das vom Vorstand sorgfältig zu prüfende und zu bewertende Unternehmenswohl.[56]

Es kann in diesem Zusammenhang zweckmäßig sein, mit Strafverfolgungs-   70
behörden zusammenzuarbeiten. So lassen sich z.B. Zwangsmaßnahmen vermeiden, die einen Compliance-Vorfall auf eine besonders negative Art und Weise publik machen können (z.B. Durchsuchungen oder Festnahmen mit Aufmerksamkeit der Presse bzw. mit Medienberichten). Eine Zusammenarbeit kann auch bei drohenden Bußgeldern zugunsten des Unternehmens berücksichtigt werden.

V. Verhalten bei Konflikten innerhalb des Vorstands

Für ein Vorstandsmitglied kann sich die Frage stellen, wie es sich pflichtge-   71
mäß verhalten soll, wenn die übrigen Vorstandsmitglieder seiner Ansicht

---

52 Hüffer/*Koch*, § 76 Rn. 16.
53 *Schockenhoff*, NZG 2015, S. 409 (411).
54 *Bicker*, AG 2012, S. 542 (551); Hüffer/*Koch*, § 76 Rn. 24.
55 *Schockenhoff*, NZG 2015, S. 409 (411 f.). Hier ist allerdings auch die Möglichkeiten einer Selbstbefreiung von der Informationspflicht gemäß § 15 Abs. 3 Satz 1 WpHG in Betracht zu ziehen.
56 *Schockenhoff*, NZG 2015, S. 409 ff.

nach gesetzeswidrige Beschlüsse fassen oder notwendige Maßnahmen unterlassen und das einzelne Vorstandsmitglied seine Bedenken und Argumente übergangen sieht. In diesem Fall gilt die allgemeine Pflicht des überstimmten Vorstandsmitglieds, die Mehrheitsentscheidung des Vorstands mitzutragen und selbst zurückzustecken, nicht mehr.[57]

72 Zur Haftungsvermeidung empfiehlt sich hier ein abgestuftes Vorgehen: Das Vorstandsmitglied sollte seine Kollegen erneut auf seine Einwände hinweisen, Gegenvorstellungen unterbreiten und zur Absicherung auch für eine Dokumentation der eigenen Auffassung sorgen.[58] Wenn alle diese Maßnahmen nicht weiterführen, sollte sich das Vorstandsmitglied an den Aufsichtsrat wenden und diesen auf seine Sicht der Dinge und die jeweilige Problemlage hinweisen.[59] Hält der Vorstand trotz allem an der rechtswidrigen Maßnahme fest, ist das einzelne Vorstandsmitglied als letzte Konsequenz selbstverständlich auch zur Niederlegung seines Amts berechtigt.[60]

Literatur

Bicker, Compliance – Organisatorische Umsetzung im Konzern, AG 2012, S. 542 ff.

Bürkle, Compliance als Aufgabe des Vorstands der AG – Die Sicht des LG München I, CCZ 2015, S. 52.

Fleischer, Corporate Compliance im aktienrechtlichen Unternehmensverbund, CCZ 2008, S. 1 ff.

Habersack, Grund und Grenzen der Compliance-Verantwortung des Aufsichtsrats der AG, AG 2014, S. 1 ff.

Koch, Die schleichende Erosion der Verfolgungspflicht nach ARAG/Garmenbeck, NZG 2014, S. 934 ff.

Reichert/Ott, Die Zuständigkeit von Vorstand und Aufsichtsrat zur Aufklärung von Non Compliance in der AG, NZG 2014, S. 241 ff.

Schaefer/Baumann, Compliance-Organisation und Sanktionen bei Verstößen, NJW 2011, S. 3601 ff.

Schockenhoff, Geheimhaltung von Compliance-Verstößen, NZG 2015, S. 409.

Schulze, Vermeidung von Haftung und Straftaten auf Führungsebene durch Delegation, NJW 2014, S. 3484 ff.

v. Busekist/Timmerbeil, Die Compliance Due Diligence in M&A-Prozessen, CCZ 2013, S. 225 ff.

---

57 Schmidt/Lutter/*Seibt*, § 77 Rn. 11; Spindler/Stilz/*Fleischer*, § 77 Rn. 29.
58 LG München, Urt. v. 10.12.2013 (Fn. 5).
59 LG München, Urt. v. 10.12.2013 (Fn. 5); Großkomm-AktG/*Kort*, § 77 Rn. 22.
60 Spindler/Stilz/*Fleischer*, § 77 Rn. 32; Schmidt/Lutter/*Seibt*, § 77 Rn. 11.

von Busekist / Schmitz

§ 3 Delegation der Compliance-Pflichten

Übersicht

Executive Summary

Leitungs- und Entscheidungspflichten

- Klare und eindeutige Aufgabenzuweisung (→ Rn. 1),
- Festlegung präziser Aufgaben (→ Rn. 2),
- überschneidungsfreie Zuordnung (→ Rn. 42),
- sorgfältige Auswahl der Verantwortlichen (→ Rn. 21, 26, 53),
- schriftliche Regelung (→ Rn. 19, 42),
- konstantes Monitoring (→ Rn. 22),
- Interventionspflicht (→ Rn. 23),
- Rückholpflicht (→ Rn. 23).

Steuerungsziele

- Professionellere Aufgabenwahrnehmung,
- Verringerung von Haftungsrisiken für die Gremienmitglieder (→ Rn. 37).

Erste Maßnahmen

- Festlegung einer sinnvollen Aufgabenverteilung (→ Rn. 9),
- sorgfältige Auswahl der Verantwortlichen (→ Rn. 21, 26, 53).

Umsetzungsschritte und Delegation

Siehe die Ausführungen zu den Leitungs- und Entscheidungspflichten (→ § 1 Rn. 173 ff.; § 2 Rn. 1 ff.).

Wirksamkeit

Siehe die Ausführungen zu den Leitungs- und Entscheidungspflichten und ersten Maßnahmen (→ § 2 Rn. 1 ff.).

Ergebnis, Vorteile und Nutzen

- Professionellere Aufgabenwahrnehmung,
- Verringerung von Haftungsrisiken für die Gremienmitglieder (→ § 4 Rn. 1 ff.; § 5 Rn. 1 ff.),
- relativ geringer Aufwand bei der Umsetzung.

A. Horizontale Delegation/Innerorganschaftliche Delegation
[von Busekist]*

I. Sinn und Zweck der horizontalen Delegation

1 Delegation als Organisationskonzept bedeutet die Übertragung von Zuständigkeiten und Entscheidungskompetenzen entweder innerhalb eines Gremiums an einzelne seiner Mitglieder (sog. **horizontale Delegation**) oder von der Unternehmensleitung an nachgeordnete Abteilungen bzw. Stellen (sog. **vertikale Delegation**).[1]

2 Die **Gesamtgeschäftsführung** durch sämtliche Mitglieder eines Geschäftsleitungsgremiums ist der gesetzliche Regelfall (vgl. § 77 Abs. 1 Satz 1 AktG).[2] In der Praxis wird die Führung der Geschäfte mit dem Ergebnis verbesserter Effektivität und Effizienz meist **aufgeteilt**, da die gesetzliche Regelung – vor allem bei größeren Gremien – tendenziell unpraktisch ist.[3] Auch der Deutsche Corporate Governance Kodex regt die Festlegung von Ressortzuständigkeiten innerhalb eines Vorstands ausdrücklich an.[4]

1. Grundsatz der Gesamtverantwortung

3 Bei horizontaler und vertikaler Delegation werden zwar einzelne Zuständigkeiten und Entscheidungskompetenzen abgegeben, die **Letztverantwortung** für die ordnungsgemäße Erfüllung der Aufgaben **verbleibt** aber

---

* Herrn *Nils Keuten* danken wir für die wertvolle Mitarbeit bei der Erstellung des Manuskripts.
1 Rotsch/*Dannecker*, § 5 Rn. 3.
2 Dieser Grundsatz gilt auch in der GmbH, vgl. *Leuering/Dornhegge*, NZG 2010, S. 13 (13).
3 MünchKommAktG/*Fleischer*, § 77 Rn. 9.
4 Dort Ziff. 4.2.1.

immer **beim Delegierenden**.[5] Juristischer Hintergrund ist der Grundsatz der **Gesamtverantwortung**.

Der Gesetzgeber hat in § 77 Abs. 1 Satz 1 AktG, wie dargelegt, für den Vorstand einer AG den Grundsatz der **Gesamtgeschäftsführung** geregelt, in § 78 Abs. 2 AktG den der **Gesamtvertretung**. 4

Der Grundsatz der **Gesamtverantwortung der Geschäftsleitung** dagegen hat keine gesetzliche Regelung erfahren,[6] weder im Aktien- noch im GmbH-Gesetz. Seine Anerkennung steht jedoch außer Zweifel.[7] Allgemein gesprochen, besagt der Grundsatz der Gesamtverantwortung, dass sich jedes Vorstandsmitglied[8] für das ordnungsgemäße und rechtmäßige Funktionieren des Vorstands insgesamt einsetzen muss.[9] 5

Der Grundsatz der Gesamtverantwortung steht einer **vorstandsinternen (horizontalen) Geschäftsverteilung** nicht entgegen (zu den Grenzen einer Delegation → Rn. 11 ff.; § 1 Rn 199 ff.).[10] Im Kontext der horizontalen Geschäftsverteilung beinhaltet die Gesamtverantwortung des Vorstands konkret, dass **jedes Vorstandsmitglied – neben der Zuständigkeit für seinen individuellen Geschäftsbereich – zur Überwachung und Kontrolle auch der ihm nicht zugewiesenen Ressorts** verpflichtet ist: Jedes Vorstandsmitglied ist verpflichtet, den **Geschäftsbetrieb im Ganzen zu beobachten**[11] und muss **intervenieren**, wenn etwa das intern zuständige Vorstandsmitglied seine Pflichten erkennbar verletzt.[12] 6

Ähnliches gilt im Ergebnis für den **Aufsichtsrat** einer AG (oder den einer GmbH, soweit der Aufsichtsrat aufgrund Gesellschaftsvertrag [vgl. § 52 Abs. 1 GmbHG] oder qua Gesetz [§ 1 Abs. 1 Nr. 3 DrittelbG; § 25 Abs. 1 MitbestG] mit dem Aufsichtsrat einer AG vergleichbar ist): Das Gesetz weist Befugnisse grundsätzlich nicht den einzelnen Aufsichtsratsmitgliedern oder einem Aufsichtsratsausschuss zu, sondern dem Organ Aufsichtsrat in seiner Gesamtheit.[13] Dies gilt namentlich für dessen Kernaufgabe, die **Geschäftsführung** des Vorstands zu **überwachen** (§ 111 Abs. 1 AktG).[14] Al- 7

---

5   Vgl. Rotsch/*Dannecker*, § 5 Rn. 3.
6   Vgl. Hirte/Mülbert/Roth/*Kort*, § 77 Rn. 35; Arbeitshdb. Vorstandsmitglieder/*Richter*, § 5 Rn. 15; *Fleischer*, NZG 2003, S. 449 (449).
7   MünchKommAktG/*Fleischer*, § 77 Rn. 44.
8   Die nachfolgenden Ausführungen gelten entsprechend für ein mehrköpfiges Geschäftsleitungsgremium einer GmbH (instruktiv dazu *Leuering/Dornhegge*, NZG 2010, S. 13 [15 f.]).
9   Hirte/Mülbert/Roth/*Kort*, § 77 Rn. 35; KK-AktG/*Mertens/Cahn*, § 77 Rn. 26.
10 MünchKommAktG/*Fleischer*, § 77 Rn. 46.
11 KK-AktG/*Mertens/Cahn*, § 77 Rn. 26.
12 *Wiesner*, in: MünchHdb GesR IV, § 22 Rn. 24.
13 Semler/v. Schenck/*Schütz*, § 111 Rn. 109; KK-AktG/*Mertens/Cahn*, § 111 Rn. 13.
14 MünchKommAktG/*Habersack*, § 111 Rn. 49.

lerdings obliegt jedem einzelnen Aufsichtsratsmitglied die Sorge dafür, dass der Aufsichtsrat als Gremium seine Aufgaben erfüllt und sich dementsprechend organisiert.[15] Soweit einzelne Überwachungsaufgaben zulässigerweise auf einen Ausschuss delegiert werden (→ Rn. 1 ff.; § 1 Rn. 173 ff.), trifft den Gesamtaufsichtsrat bzw. die übrigen Aufsichtsratsmitglieder daher die Pflicht, die Tätigkeit eines solchen Ausschusses zu kontrollieren.[16]

8   Die **Gesamtverantwortung** des Geschäftsleitungsgremiums bzw. des Aufsichtsrats ist als solche **nicht delegierbar**.[17] Lediglich die Erledigung **einzelner Aufgaben** kann an Gremiumsmitglieder oder Ausschüsse delegiert werden.

9   Eine solche **Aufgabenverteilung verändert** dann den **Pflichtenkanon** der einzelnen Gremiumsmitglieder.[18] Die mit einer konkreten Aufgabe betrauten Mitglieder haben eine **gesteigerte** Verantwortung für die Umsetzung der jeweiligen Aufgabe (**Ressortverantwortung**).[19] Bei den übrigen Mitgliedern **verbleibt** allerdings – als eine aus der Gesamtverantwortung fließende **Residual- oder Rückfallverantwortung**[20] – eine Verpflichtung zur ordnungsgemäßen **Organisation** und **Kontrolle**: Insbesondere sind sie verpflichtet, die mit einer Ressortverantwortung betrauten Mitglieder sorgfältig **auszuwählen** und zu **überwachen**.[21]

10   Der zwingende Charakter der Gesamtverantwortung bedeutet jedoch **nicht**, dass einem Organmitglied **pflichtwidriges Verhalten** der mit der Umsetzung einer bestimmten Aufgabe betrauten Mitglieder (etwa über § 278 BGB) **zuzurechnen** wäre. Im Gegenteil: Eine Zurechnung fremden Verschuldens findet nicht statt.[22] Ein Organmitglied haftet deshalb auch im Fall der Delegation **nur** dann, **wenn** ihm ein **eigenes pflichtwidriges Verhalten** (etwa eine Verletzung der ressortübergreifenden Überwachungspflicht) vorzuwerfen ist.[23]

2. Grenzen der Delegation

11   Bei einer horizontalen Delegation von Aufgaben innerhalb des Vorstands sind allerdings Grenzen zu beachten.

---

15 Semler/v. Schenck/*Mutter*, § 107 Rn. 405.
16 *Hoffmann-Becking*, in: MünchHdB GesR IV, § 32 Rn. 41 ff.
17 Vgl. Hüffer/*Koch*, § 77 Rn. 18.
18 Spindler/Stilz/*Fleischer*, § 77 Rn. 47.
19 Spindler/Stilz/*Fleischer*, § 77 Rn. 48; Semler/v. Schenck/*Mutter*, § 107 Rn. 408.
20 Hauschka/Moosmayer/Lösler/*Schmidt-Husson*, § 6 Rn. 12.
21 Spindler/Stilz/*Fleischer*, § 77 Rn. 49; Semler/v. Schenck/*Mutter*, § 107 Rn. 407.
22 Vgl. Spindler/Stilz/*Fleischer*, § 93 Rn. 207; Scholz/*Scholz*, § 43 Rn. 39.
23 Vgl. Semler/v. Schenck/*Mutter*, § 107 Rn. 408.

Zum einen gibt es Aufgaben, die **kraft zwingender gesetzlicher Anord-** 12
nung dem Vorstand als solchem zugewiesen sind und die daher **nicht**
delegiert werden dürfen. **Dazu zählen:**
- Vorbereitung und Ausführung von Hauptversammlungsbeschlüssen
  (§ 83 AktG),
- Berichterstattung an den Aufsichtsrat (§ 90 AktG),
- Buchführung und Bestandssicherung (§ 91 AktG),
- Verlustanzeige (§ 92 Abs. 1 AktG),
- Stellung eines Insolvenzantrags (§ 15a Abs. 1 InsO),
- Einberufung der Hauptversammlung (§ 121 Abs. 2 AktG),
- Vorlage von Geschäftsführungsfragen an die Hauptversammlung (§ 119
  Abs. 2 AktG),
- Aufstellung von Jahresabschluss und Lagebericht sowie deren Vorlage an
  den Aufsichtsrat (§ 170 AktG),
- Anfechtung von Hauptversammlungsbeschlüssen (§ 245 Nr. 4 AktG).[24]

Zum anderen gibt es **ungeschriebene Delegationsverbote**. Nicht delegier- 13
bar sollen insbesondere Aufgaben sein, die zum **Kernbereich der Leitung**
der Gesellschaft gehören, insbesondere die Festlegung der unternehmerischen Ziele und der Unternehmenspolitik sowie die Grundzüge der Pro-
dukt-, Finanz-, Investitions- und Personalpolitik und die Überwachung der
Geschäfts- und Ergebnisentwicklung.[25]

Zum nicht delegierbaren Kernbereich der Leitung zählt ferner auch die 14
Compliance-Verantwortung des Vorstands: Der Vorstand ist nicht nur
verpflichtet, sich selbst an Recht und Gesetz zu halten. Ihn treffen darüber
hinaus auch Organisations- und Überwachungspflichten, um die Regelkonformität auch auf nachgeordneten Unternehmensebenen zu gewährleisten
(sog. Legalitätskontrollpflicht).[26]

Ferner soll einzelnen Vorstandsmitgliedern nicht das Recht zustehen, ohne 15
Billigung durch den Gesamtvorstand **grundlegende geschäftspolitische**
Entscheidungen oder **Maßnahmen von besonderer Bedeutung** für
die Gesellschaft zu treffen. Wie solche Entscheidungen, die ihrer grundsätzlichen oder übergreifenden Bedeutung wegen der Zuständigkeit des
Gesamtvorstands unterliegen, von denen abzugrenzen sind, die ein Vorstandsmitglied im Rahmen seines Ressorts alleine verantworten darf, lässt
sich nicht abstrakt festlegen und hängt nicht zuletzt von Größe und Art des
Unternehmens ab. Im Zweifel ist anzunehmen, dass jedenfalls Geschäfte,

---

24 Spindler/Stilz/*Fleischer*, § 76 Rn. 19.
25 KK-AktG/*Mertens/Cahn*, § 77 Rn. 23.
26 LG München I, Urt. v. 10.12.2013 – 5 HK O 1387/10 (*Neubürger*) = DB 2014, S. 766; Hirte/Mülbert/Roth/*Kort*, § 76
   Rn. 47.

die nach § 90 AktG dem Aufsichtsrat berichtet werden müssen oder die der Zustimmung des Aufsichtsrats bedürfen, vom Gesamtvorstand zu verantworten sind.[27]

16 Auch auf der Ebene des **Aufsichtsrats** ist zwischen **gesetzlich normierten** und ungeschriebenen **Delegationsverboten** zu unterscheiden: So benennt etwa § 107 Abs. 3 Satz 3 AktG eine Reihe von Aufgaben, die einem zwingenden Plenarvorbehalt unterliegen (etwa die Entscheidung über eine Geschäftsordnung des Vorstands [§ 77 Abs. 2 Satz 1 AktG] oder die Bestellung [§ 84 AktG] und Vergütung der Vorstandsmitglieder [§ 87 AktG]).[28] Im aktienrechtlichen Schrifttum ist anerkannt, dass es über die gesetzlich normierten Delegationsverbote hinaus das „ungeschriebene" **Verbot** gibt, die **Überwachungsaufgabe** des § 111 Abs. 1 AktG als solche auf einen Ausschuss **zu übertragen**.[29] In Betracht kommt allein die Übertragung konkreter und genau definierter „Einzelüberwachungsaufgaben", die aus der allgemeinen Überwachungsaufgabe abgeleitet sind und sich gegenüber dieser hinreichend klar abgrenzen lassen.[30]

17 **Praxisbeispiel I zur Einrichtung eines Compliance-Ausschusses[31]**
Der Aufsichtsrat beabsichtigt, einen Compliance-Ausschuss einzurichten. Dessen Aufgaben werden nicht näher definiert. Vielmehr soll der Ausschuss als beschließender Ausschuss für **„alle dem Aufsichtsrat obliegenden Compliance-Angelegenheiten"** zuständig sein. Diese Delegation dürfte unwirksam sein, weil ein wesentlicher Teilbereich der allgemeinen Überwachungsaufgabe pauschal übertragen werden soll und keine genau definierten Aufgaben benannt werden. Unsere Empfehlung lautet daher: Benennung von möglichst konkreten, an bestimmten Geschäftsführungsmaßnahmen des Vorstands gekoppelten Überwachungsaufgaben (etwa „Überprüfung der Relevanzanalyse zur Ermittlung der für das Unternehmen relevanten Rechtsgebiete gemäß Vorstandsbeschluss vom [Datum]").
(Aufsichtsratsvorsitzender, internationales Handelsunternehmen, weltweit tätig, weit über 100.000 Mitarbeiter)

II. Delegation innerhalb eines Organs
1. Vorstand

18 Das geltende Recht eröffnet der Gesellschaft vergleichsweise große Spielräume zur Ausgestaltung der Vorstandsorganisation.[32] In der Praxis haben

---

27 KK-AktG/*Mertens/Cahn*, § 77 Rn. 23; Hirte/Mülbert/Roth/*Kort*, § 77 Rn. 31.
28 Semler/v. Schenck/*Mutter*, § 107 Rn. 326 ff.
29 *Hoffmann-Becking*, in: MünchHdb GesR IV, § 32 Rn. 4.
30 MünchKommAktG/*Habersack*, § 107 Rn. 143.
31 Ausführlich zur Einrichtung eines Compliance-Ausschusses v. *Busekist/Keuten*, CCZ 2016, S. 119.
32 Spindler/Stilz/*Fleischer*, § 77 Rn. 36.

von Busekist / Schmitz

sich verschiedene Organisationsformen herausgebildet – etwa eine **funktionale Organisation** jeweils für Einkauf, Forschung, Technik, Produktion, Absatz und Finanzen oder eine **Spartenorganisation** nach bestimmten Produkt- oder Dienstleistungsbereichen.[33] Diese Organisationsformen begegnen keinen prinzipiellen Bedenken, sofern der Gleichbehandlungsgrundsatz gewahrt und einzelne Vorstandsmitglieder nicht zu „Mitgliedern zweiter Klasse" herabgestuft werden (diese Gefahr besteht etwa beim sog. **CEO-Modell** nach US-amerikanischem Vorbild).[34]

Eine solche **Geschäftsverteilung** erfolgt in der Regel durch eine (vom Aufsichtsrat oder vom Vorstand erlassene) **Geschäftsordnung** (vgl. § 77 Abs. 1 Satz 2 AktG). Eine Regelung in der Satzung selbst ist zwar möglich, erscheint aber nicht empfehlenswert, da eine nachträgliche Änderung eine aufwendige Satzungsänderung nach sich ziehen würde.[35] Darüber hinaus ist mit der herrschenden Meinung im Schrifttum in formaler Hinsicht die **Schriftform** einer etwaigen **Geschäftsverteilung** zu verlangen, um ihr rechtliche Wirkung beimessen zu können.[36] Eine **rein faktische** Verteilung der Geschäfte, ohne wenigstens einen schriftlichen Beschluss des Geschäftsleitungsgremiums, reicht zur Annahme einer wirksamen Geschäftsverteilung daher **nicht** aus.[37]   19

Inhaltlich gesehen, ist für eine wirksame Delegation unerlässlich, dass die **Zuständigkeiten klar und eindeutig** zugeordnet werden. Die jeweiligen Aufgaben müssen zweifelsfrei bei bestimmten Personen lokalisierbar sein.[38] Dabei sind die wahrzunehmenden Aufgaben **möglichst präzise** festzulegen. Ihre Zuweisung hat ferner **überschneidungsfrei** zu erfolgen,[39] damit sich nicht einer (fälschlicherweise) auf den anderen verlässt und eine Aufgabe damit im Ergebnis unerledigt bleibt. Jeder Delegationsempfänger muss wissen, welche Pflichten er hat. **Unklarheiten** und **Lücken** führen dazu, dass die Delegation im Zweifel unwirksam ist und die Pflicht damit bei der Geschäftsleitung insgesamt verbleibt.[40]   20

Aufgaben dürfen des Weiteren innerhalb des Leitungsorgans **nur** dann auf einen bestimmten Geschäftsleiter **übertragen** werden, **wenn** dieser die erfor-   21

---

33   Arbeitshdb. Vorstandsmitglieder/*Richter*, § 5 Rn. 20 ff.
34   Spindler/Stilz/*Fleischer*, § 77 Rn. 42 f.
35   Arbeitshdb. Vorstandsmitglieder/*Richter*, § 5 Rn. 21.
36   Spindler/Stilz/*Fleischer*, § 77 Rn. 57 ff.
37   Vgl. OLG Koblenz, Urt. v. 09.06.1998 – 3 U 1662/89.
38   Hauschka/Moosmayer/Lösler/*Schmidt-Husson*, § 6 Rn. 26.
39   OLG Düsseldorf, Beschl. v. 12.11.1998 – 2 Ss (Owi) 385/98 - (Owi) 112/98 III = RS1029391.
40   Hauschka/Moosmayer/Lösler/*Schmidt-Husson*, § 6 Rn. 26.

derliche persönliche und fachliche **Qualifikation** besitzt, um die ihm zugewiesenen Aufgaben sachgerecht erfüllen zu können (**Auswahlsorgfalt**).[41]

22 Wie bereits erörtert, ist es für eine wirksame Delegation mit der einmaligen Überantwortung einer Aufgabe an einen Delegationsempfänger nicht getan. Soll die Delegation für die übrigen Mitglieder des Gremiums tatsächlich haftungsbegrenzend wirken, ist von ihnen vielmehr ein **regelmäßiges Monitoring** zu verlangen, ob der für eine bestimmte Ressortaufgabe zuständige Geschäftsleiter seiner Aufgabe tatsächlich nachkommt.

23 Regelmäßig reicht es für das Monitoring aus, wenn sich die **Vorstandsmitglieder** in den Vorstandssitzungen **gegenseitig** über ihre Tätigkeiten **informieren**.[42] Entstehen allerdings Zweifel an der Zuverlässigkeit oder bestehen Verdachtsmomente für Pflichtverletzungen, so sind die anderen Gremiumsmitglieder verpflichtet, dem nachzugehen (**Interventionspflicht**).[43] Im Zweifel sind eine Einzelentscheidung und bei schweren Zweifeln der gesamte Aufgabenbereich in das Gesamtgremium zurückzuholen (**Rückholpflicht**).[44] In der Krise der Gesellschaft verschärfen sich die Pflichten.[45]

2. Aufsichtsrat

24 Der Aufsichtsrat hat das Recht, zugleich aber auch die Pflicht, seine innere Ordnung und seine Arbeit selbst zu organisieren, und zwar in einer Art und Weise, die im Hinblick auf die ihm obliegenden Aufgaben optimale Resultate verspricht.[46] Der Aufsichtsrat besitzt weitgehende **Organisationsautonomie**,[47] kann aber auch haftbar gemacht werden, wenn er die ihm zukommende Gestaltungsmacht ungenutzt lässt, um seine Arbeitsfähigkeit herzustellen und durch koordiniertes (arbeitsteiliges) Zusammenwirken seiner Mitglieder effizientes Handeln zu ermöglichen.

25 Die **Selbstorganisation** ist ein **Pflichtrecht** des Aufsichtsrats, von dem er zuerst dadurch Gebrauch machen kann und sollte, dass er sich eine **Geschäftsordnung** gibt.[48] Auf ihrer Grundlage können (vorbereitende oder beschließende) **Ausschüsse** eingerichtet werden, denen dann Aufgaben des Aufsichtsrats übertragen werden. Alternativ kann die Einrichtung eines Ausschusses auch durch **Beschluss** des Aufsichtsrats erfolgen.

---

41 Scholz/*Scholz*, § 43 Rn. 37.
42 Arbeitshdb. Vorstandsmitglieder/*Richter*, § 5 Rn. 50.
43 Hauschka/Moosmayer/Lösler/*Schmidt-Husson*, § 6 Rn. 32.
44 Scholz/*Scholz*, § 43 Rn. 39.
45 Scholz/*Scholz*, § 43 Rn. 40.
46 Hauschka/Moosmayer/Lösler/*Schmidt-Husson*, § 6 Rn. 44.
47 Vgl. *Diekmann/Wurst*, NZG 2014, S. 121 (122).
48 Hauschka/Moosmayer/Lösler/*Schmidt-Husson*, § 6 Rn. 44.

von Busekist / Schmitz

Die einem Ausschuss angehörenden **Mitglieder** sind sorgfältig auszu- 26
wählen.[49] Bei der Wahl ungeeigneter Kandidaten haften die Aufsichtsratsmitglieder ggf. unter dem Gesichtspunkt des **Auswahlverschuldens**.
Umgekehrt begründet es ein **Übernahmeverschulden**, wenn sich ein für
die Ausschussarbeit ungeeignetes Aufsichtsratsmitglied wählen lässt und
die Wahl annimmt. Es kann sich dann nicht unter Hinweis darauf exkul-
pieren, dass es den erhöhten Qualifikationsanforderungen nicht gewachsen war.[50] Die nicht einem Ausschuss angehörenden Mitglieder sind zur
Überwachung und Kontrolle gegenüber dem Ausschuss verpflichtet,[51]
insbesondere in der Form der Entgegennahme von Berichten.[52]

Im Übrigen kann bei der Verteilung von Verantwortlichkeiten im Aufsichts- 27
rat auf die Ausführungen bei der Ressortverantwortung in Leitungsorganen
zurückgegriffen werden.[53] Insbesondere sollte die Aufgabenzuweisung an
einen Aufsichtsratsausschuss **klar und präzise** sein sowie **Zuständig-
keitsüberschneidungen** nach Möglichkeit **vermeiden**. Zentrale Bedeutung kommt in diesem Zusammenhang der **Koordination** der Ausschussarbeit **durch den Aufsichtsratsvorsitzenden** zu.[54]

> **Praxisbeispiel II zur Einrichtung eines Compliance-Ausschusses** 28
> Der Beschluss zur Einrichtung eines Compliance-Ausschusses enthält folgen-
> de Regelung: **„Sämtliche Aufgaben im Zuständigkeitsbereich des Compli-
> ance-Ausschusses, auch soweit sie derzeit den sonstigen Ausschüssen
> des Aufsichtsrats zugewiesen sind, werden hiermit dem Compliance-Aus-
> schuss übertragen."**
> Die Delegation dürfte unseres Erachtens nach unwirksam sein, weil ein un-
> klarer Zuständigkeitszuschnitt vorliegt. Unsere Empfehlung lautet daher: Es
> sollte eine Reihe von „ergänzenden" Maßnahmen getroffen werden, die das
> Verhältnis der Ausschüsse untereinander neu ordnen und die Kompetenzen
> klar klären inklusive entsprechender Beschlüsse zur Entziehung von Aufgaben
> und Überarbeitung der Geschäftsordnung(en).

---

49 Rotsch/*Dannecker*, § 5 Rn. 99.
50 MünchKommAktG/*Habersack*, § 107 Rn. 143.
51 KK-AktG/*Mertens/Cahn*, § 107 Rn. 179.
52 Rotsch/*Dannecker*, § 5 Rn. 100.
53 Vgl. auch Rotsch/*Dannecker*, § 5 Rn. 100.
54 *Plagemann*, NZG 2014, S. 1404 (1408).

B. Vertikale Delegation/Außerorganschaftliche Delegation
[Schmitz]

I. Sinn und Zweck der vertikalen Delegation

29   Bei der **vertikalen Delegation** geht es nicht um die Übertragung von Zuständigkeiten und Entscheidungskompetenzen innerhalb eines Gremiums, sondern von einer höheren Instanz aus an **untergeordnete** Abteilungen bzw. Stellen innerhalb des Unternehmens.

30   Eine **Kernpflicht der Unternehmensleitung** stellt die Sicherstellung rechtmäßigen Verhaltens des Unternehmens und seiner Mitarbeiter dar.[55] Hierbei sind die Unternehmensleiter, der Vorstand oder die Geschäftsführung verpflichtet, **organisatorische Vorkehrungen** zu treffen, um **rechtskonformes Verhalten** zu ermöglichen und Rechtsverletzungen nach besten Kräften zu vermeiden.[56]

31   Der Gesetzgeber hat insoweit vorgesehen, dass die Geschäftsführung einer GmbH oder der Vorstand einer AG als Gesamtorgan grundsätzlich für die ordnungsgemäße Erfüllung sämtlicher Geschäfte sowie die Umsetzung sämtlicher Verpflichtungen der Gesellschaft zuständig ist, die der Betrieb des Unternehmens mit sich bringt. Dies gilt auch im Bereich der **Corporate Compliance** als Leitungsaufgabe.

32   Die Geschäftsleitung eines Unternehmens ist als Gesamtorgan im Rahmen seiner Gesamtverantwortung grundsätzlich verpflichtet, sich mit der Frage auseinanderzusetzen, **ob** Compliance-Maßnahmen in dem Unternehmen zu treffen und **wie** diese im Einzelnen auszugestalten sind.

33   Über die Frage nach dem Ob hat im ersten Schritt das **Gesamtorgan zu entscheiden**. Letztere Frage nach dem Wie mag das Gesamtorgan dann in einem zweiten Schritt auf eines seiner Mitglieder zur Entscheidung übertragen. Dies gilt nicht nur für große, sondern auch für mittelständische und sogar für kleinere Unternehmen.

34   Die Frage nach der **Notwendigkeit von Compliance-Maßnahmen**, also die Einrichtung eines CMS, wird insbesondere mit Blick auf die wachsende Bedeutung von Compliance-Risiken im nationalen und internationalen Umfeld in der Regel zu bejahen sein.

35   Bei der Frage nach dem **Umfang** und der **Ausgestaltung** der **Compliance-Maßnahmen** verfügt die Geschäftsleitung jedoch über einen weitreichen-

---

55   *Schmitz*, S. 71 ff., für die AG; Scholz/*Schneider*, § 43 Rn. 96a; *Kort*, GmbHR 2013, S. 566 ff.
56   Lutter/Hommelhoff/*Kleindiek*, § 43 Rn. 30; *Kort*, GmbHR 2013, S. 566 ff.

von Busekist / Schmitz

den **Gestaltungsspielraum**. Sie muss unter Berücksichtigung der jeweiligen unternehmensspezifischen Faktoren und Besonderheiten die einzuführenden Prozesse und einzusetzenden Ressourcen festlegen. Beispiele der relevanten Faktoren sind unter zahlreichen weiteren das unternehmerische Geschäftsmodell, die Anzahl der Mitarbeiter, die Eigenarten der Branche, aber auch die Bedeutung etwaiger Compliance-Verstöße, welche dem Unternehmen selbst oder auch anderen Unternehmen der Branche in der Vergangenheit vorgeworfen wurden.

Am Ende wird dabei abhängig von der Komplexität der Geschäftsvorgänge und den damit einhergehenden Anforderungen an das CMS immer auch darüber zu entscheiden sein, ob die Geschäftsleitung die Compliance-Aufgaben **selbst** wahrnimmt **oder** diese auf untergeordnete Ebenen **delegiert**.[57]   36

Abweichend von gesetzlichen Regelungen zur horizontalen Delegation finden sich weder im Aktien- noch im GmbH-Recht Bestimmungen, welche ausdrücklich eine vertikale Delegation zum Gegenstand haben. Gleichwohl ist allgemein anerkannt, dass eine **vertikale** Delegation **grundsätzlich statthaft** ist.[58] Der für Compliance verantwortliche Geschäftsleiter muss unter dem Gesichtspunkt der persönlichen Verantwortung und mit Blick auf das persönliche Haftungsrisiko das Recht haben**, ausgewählte Mitarbeiter** bei der Erfüllung bestimmter Compliance-Aufgaben einzusetzen. Denn ist der für Compliance verantwortliche Geschäftsleiter zeitlich oder fachlich nicht in der Lage, bestimmte Aufgaben in diesem Bereich persönlich zu erledigen, entsteht für ihn selbst ein beachtliches Haftungsrisiko, sofern er diese Aufgaben nicht auf Mitarbeiter überträgt, die dazu in der Lage sind.   37

Die Geschäftsleitung als Gesamtorgan und erst recht ihr einzelnes Mitglied wird die Fülle der Aufgaben eines CMS fachlich und zeitlich kaum bewältigen können. Es ist daher nicht nur eine Frage der Zulässigkeit, sondern geradezu ein **Gebot**, **komplexe Aufgaben** auf bestimmte Personen außerhalb des Geschäftsleitungsorgans **zu übertragen**.[59] Dies ist im geschäftlichen Alltag in anderen Bereichen ohnehin bereits geübte Praxis, wenn zur Bewältigung bestimmter Fachfragen im Einzelfall Spezialisten herangezogen werden, so etwa im Falle von Rechtsfragen in Form des hausinternen Justiziars oder eines externen Rechtsanwalts.   38

---

57 Scholz/*Schneider*, § 43 Rn. 96c; *Bicker*, ZWH 2013, S. 474.
58 Hüffer/*Koch* § 76 Rn. 8; Scholz/*Schneider*, § 43 Rn. 36, 41.
59 Michalski/*Haas/Ziemons*, § 43 Rn. 165.

39   Da Compliance Management als solches sowie einzelne Compliance-Maßnahmen zu den Leitungsaufgaben der Unternehmensleitung gehören, ist jedoch zu beachten, dass unter dem Gesichtspunkt der Verantwortung der Geschäftsleitung eine **vollständige Delegation** von Compliance-Aufgaben an untergeordnete Abteilungen **ausgeschlossen** ist.[60] Die **Letztverantwortlichkeit** für Compliance kann nicht völlig „wegdelegiert" werden, **verbleibt** somit am Ende stets bei der Geschäftsleitung.

II. Risiken und Grenzen der vertikalen Delegation

40   Bei der Gestaltung und Ausführung der vertikalen Delegation sind verschiedene Aspekte zu berücksichtigen, um nicht Gefahr zu laufen, dass die **Delegation** nach **Form und Inhalt** als nicht ausreichend und dies als eine schuldhafte **Verletzung von Organisationspflichten** angesehen wird.

41   Zunächst ist festzuhalten, dass der Gesetzgeber einige Organpflichten festgelegt hat, die als **nicht delegierbare** Pflichten persönlich von den Organmitgliedern zu erfüllen sind. In diesem Zusammenhang ist insbesondere die Pflicht des Vorstands zu nennen, ein **Risikomanagement-System** einzuführen. Nach § 91 Abs. 2 AktG hat der Vorstand im Rahmen seiner allgemeinen Leitungsaufgabe Maßnahmen zu treffen, damit Entwicklungen, die den Fortbestand der Gesellschaft bedrohen können, frühzeitig erkannt werden. Um diese Risiken weitestgehend in den Griff zu bekommen, sind folgende Anforderungen zu beachten:

1. Formale Anforderungen

42   Die Delegation von Organpflichten setzt grundsätzlich voraus, dass die Zuweisung von Zuständigkeiten **klar und eindeutig** erfolgt. Diese Anforderung ist erfüllt, wenn die Adressaten eindeutig bestimmt und die zugewiesenen Aufgaben klar definiert sind.[61] Hierbei ist insbesondere darauf zu achten, dass es nicht zu **Überschneidungen** mit sonstigen Aufgabenbereichen kommt, wodurch der jeweils zugewiesene Verantwortungsbereich nicht (mehr) eindeutig abgrenzbar ist.

43   Neben den inhaltlichen Anforderungen der Delegation ist **dringend** zu empfehlen, diese **schriftlich** zu fixieren.[62] Die **Dokumentation** der Delegation dient nicht nur der Rechtssicherheit und -klarheit aufseiten des Delegationsempfängers, sondern auch der Absicherung des Unternehmens und des Geschäftsleiters, der die ordnungsgemäße Ausgestaltung der vertikalen Delegation nachweisen muss.

---

60 *Schmidt*, S. 151 ff.
61 KK-AktG/*Mertens*, § 93 Rn. 84.
62 *Hauschka*, NJW 2004, S. 257 (259); *Hoffmann/Liebs*, Rn. 7092.

Die **Entscheidung** über die **Delegation** sowie deren Ausgestaltung sollte unbedingt in **Form** eines **Organbeschlusses** erfolgen, um hierdurch zugleich die gesamtheitliche Entscheidung des Organs und den Stellenwert der Thematik für das Unternehmen zu dokumentieren. 44

2. Eignung des Delegationsempfängers

Im **ersten Schritt** der vertikalen Delegation ist **die fachliche und persön-** 45 **liche Eignung** des Delegationsempfängers sicherzustellen. Hierbei kommt es entscheidend darauf an, dass dieser in Bezug auf Ausbildung und Erfahrung hinreichend qualifiziert ist. Aber auch in persönlicher Hinsicht ist darauf zu achten, dass er als Person über ein hohes Maß an nachgewiesener **Zuverlässigkeit und Integrität** verfügt. Grundsätzlich ist davon auszugehen, dass die **Anforderungen** an die Eignung des Delegationsempfängers mit der Komplexität der Aufgaben **wachsen**. In einem global agierenden Unternehmen wird man bereits allein an die **fremdsprachlichen** Fähigkeiten des Delegationsempfängers hohe Anforderungen stellen müssen, um eine verantwortungsvolle Delegation zu begründen.

> **Praxisbeispiel** 46
> **Bestellung des Leiters Internal Audit zum Chief Compliance Officer in Personalunion:** Die Geschäftsleitung eines mittelständischen Unternehmens delegiert die Verantwortung für den Bereich Compliance an den Leiter „Internal Audit". Dieser übernimmt fortan die Rolle des CCO des Unternehmens, bleibt jedoch daneben auch als Leiter „Internal Audit" verantwortlich. Diese Doppelrolle ist im Falle des erstmaligen Aufbaus eines Compliance-Bereichs nicht selten anzutreffen, da die Bereiche „Internal Audit" und „Compliance" oftmals fachlich für „artverwandt" gehalten werden.
> Vom Ausbildungshintergrund und der fachlichen Tätigkeit ausgehend, kann es durchaus angemessen sein, den Bereichsleiter „Internal Audit" mit Aufgaben der Compliance zu betrauen. Allerdings bestehen insoweit **ernste Interessen-konflikte**, da die Interne Revision das CMS prüft und das Compliance Office Self Assessments durchführt.
> Jede Form der **Aufgabenkombination** ist zudem nur dann als zulässig zu erachten, wenn dem Delegationsempfänger hinreichende **Ressourcen** zur Verfügung stehen und wenn der Delegationsempfänger selbst oder die eingesetzten Ressourcen über **fundierte Kenntnisse** – beispielsweise im Bereich der einschlägigen Rechtsgebiete – verfügt.[63]
> **(Mittelständisches Unternehmen, Maschinenbau, 10.000 Mitarbeiter weltweit, zahlreiche Landesgesellschaften)**

---

63 *Schulz/Renz*, BB 2012, S. 2511 (2515).

47 Ein mittelständisches Unternehmen mit zahlreichen Repräsentanzen oder gar Tochterunternehmen im Ausland kann sich nicht darauf beschränken, einen erfahrenen Mitarbeiter der Finanzabteilung als Verantwortlichen für den unternehmensweiten Bereich der Compliance zu bestimmen, wenn dieser daneben noch Führungsaufgaben in der Finanzabteilung wahrnimmt. Eine verantwortungsvolle und glaubwürdige Delegation von Aufgaben der Corporate Compliance ist nur dann gegeben, wenn der Delegationsempfänger zeitlich in der Lage ist, die Aufgaben sorgfältig zu bewältigen. Der Aufwand für die Durchführung von Schulungsmaßnahmen oder gar Untersuchungen von möglichen Compliance-Verstößen jeweils im In- und Ausland führt zu einem hohen **Zeitaufwand**, der in der Regel die verantwortliche Bewältigung von weiteren Aufgaben nicht zulässt. Neben den zeitlichen Kapazitäten muss ein ausreichendes **finanzielles Budget** zur Verfügung gestellt werden, um die Aufgaben sinnvoll erfüllen zu können.

48 Ein wichtiger Gesichtspunkt bei der Bestimmung der fachlichen Anforderungen ist die Frage nach der fachlichen **Schwerpunktsetzung**. Mit Blick auf die stetig steigende Komplexität im rechtlichen Bereich, vor allem auf internationaler Ebene, wird einer breit angelegten **juristischen Qualifikation** des Delegationsempfängers für Compliance-Aufgaben gegenüber einem reinen Finanzhintergrund im Zweifel der Vorzug zu geben sein.

49 **Praxistipp**
Externer CCO: In der Praxis stellt sich häufig die Frage, ob nicht anstelle der Bestellung eines unternehmensinternen CCO der Einsatz eines **externen CCO in Betracht kommen kann. Nicht selten bieten sich zu diesem Zwecke externe Juristen an, oftmals Partner einer Kanzlei, die sich fachlich auf die Aufgaben eines Compliance Officer spezialisiert haben.**
Mit einer solchen Gestaltung des Compliance Managements über den Weg eines externen CCO ist regelmäßig ein hohes Maß an fachlicher Kompetenz verbunden, da hinter dem externen Anwalt oftmals auch eine Fachabteilung der Kanzlei mit mehreren spezialisierten Juristen steht, die gemeinsam mit dem externen CCO des Unternehmens das breite Spektrum der anfallenden Aufgaben abdeckt. Insoweit wird die externe Delegation grundsätzlich als zulässig zu erachten sein.[64]
Diese Gestaltung bereitet allerdings auch Probleme, da diese – für einen freiberuflich praktizierenden Rechtsanwalt – eher untypische Rolle in der Regel nicht unter den üblichen Versicherungsschutz des Anwalts fällt. Darüber hinaus werden bei der Bestellung eines **externen CCO** hohe Anforderungen an dessen intensive **organisatorische Einbindung** in das Unternehmen zu stellen sein. Je größer und komplexer das Unternehmen ist, desto intensiver

---

64 MünchKommAktG/*Spindler*, § 76 Rn. 18 ff., 25; Scholz/*Schneider*, § 43 Rn. 45; *Ihrig/Schäfer*, § 16 Rn. 431.

von Busekist / Schmitz

sollte der externe CCO in das Unternehmen integriert sein. Ab einem gewissen Grad stößt die Erledigung der CCO-Aufgabe durch externe Dienstleister sicherlich an **Wirksamkeitsgrenzen**, soweit diese nicht, wie angestellte CCO, dem Unternehmen in Vollzeit zur Verfügung stehen.

3. Einweisung und Ankündigung des Delegationsempfängers

Die Einweisung des CCO umfasst insbesondere die internen **Unternehmensabläufe und Berichtslinien**. Grundsätzlich ist davon auszugehen, dass die Delegation von Pflichten auf einen CCO, der mangels hinreichender Einweisung nicht in der Lage ist, die ihm übertragenen Aufgaben zu erfüllen, nicht wirksam ist. 50

Daneben wird man aber auch eine angemessene Ausstattung mit Sachmitteln durch Zurverfügungstellung eines ausreichenden **Budgets** verlangen müssen, um dem CCO etwa erforderliche Dienstreisen, Weiterbildungsmaßnahmen oder die Einschaltung externer Spezialisten zu ermöglichen. Ebenso sind dem CCO weitreichende **Befugnisse** einzuräumen, die es ihm insbesondere ermöglichen, etwaige Untersuchungen und Ermittlungsmaßnahmen innerhalb des Unternehmens durchzuführen. 51

Die Mitarbeiter und Geschäftsbereiche des Unternehmens müssen durch eine klare **interne Ankündigung** über die Rolle des CCO in Kenntnis gesetzt werden, um diesem wirksames Handeln zu ermöglichen und über dessen Kompetenzen, Befugnisse und Unterstützungsmöglichkeiten informiert zu sein. 52

4. Überwachung der Delegation

Die vertikale Delegation setzt zunächst voraus, dass **Klarheit** über den **Inhalt und Umfang** der geltenden **Pflichten** des Delegationsempfängers besteht. Sie ist aber nicht mit der Auswahl des Delegationsempfängers und dessen sorgfältiger Einweisung beendet. Vielmehr bedarf es der systematischen **Überwachung** der Pflichterfüllung durch den Delegierenden in Form eines wirksamen **Berichtssystems**. Diese Überwachungspflicht erstreckt sich über alle Ebenen der Delegation bis auf die unterste Ebene. 53

Auf die Einhaltung dieser Pflichten kann der **Delegierende** nicht vertrauen, sondern muss sich durch **systematische Kontrollmaßnahmen** davon überzeugen, dass die Verhaltensregeln eingehalten werden. Dies geschieht in der Regel durch Self Assessments der Compliance-Organisation sowie Prüfungen der Internen und externen Revision. 54

Literatur

Bicker, Corporate Compliance – Pflicht und Ermessen, ZWH 2013, S. 474.

Diekmann/Wurst, Die Organisation der Aufsichtsratsarbeit, NZG 2014, S. 121 ff.

Fleischer, Zum Grundsatz der Gesamtverantwortung im Aktienrecht, NZG 2003, S. 449 ff.

Hauschka, Compliance, Compliance-Manager, Compliance-Programme: Eine geeignete Reaktion auf gestiegene Haftungsrisiken für Unternehmen und Management?, NJW 2004, S. 257 ff.

Kort, Compliance-Pflichten und Haftung von GmbH-Geschäftsführern, GmbHR 2013, S. 566 ff.

Leuering/Dornhegge, Geschäftsverteilung zwischen GmbH-Geschäftsführern, NZG 2010, S. 13 ff.

Plagemann, Koordinierung der Aufsichtsratsarbeit bei überschneidenden Aufgabenzuweisungen, NZG 2014, S. 1404 ff.

Schulz/Renz, Der erfolgreiche Compliance-Beauftragte – Leitlinien eines branchenübergreifenden Berufsbildes, BB 2012, S. 2511 ff.

v. Busekist/Keuten, Zur Einrichtung eines Compliance-Ausschusses im Aufsichtsrat, CCZ 2016, S. 119.

Ghassemi-Tabar / Wilsing

§ 4 Zivilrechtliche Haftung der Leitungspersonen

Übersicht

Executive Summary

Leitungs- und Entscheidungspflichten

- Bei nicht genügender Erfüllung ihrer Compliance-Pflichten können Vorstand und Geschäftsführer haftbar und schadensersatzpflichtig sein (→ Rn. 4).
- Die Voraussetzungen, unter denen Vorstandsmitglieder, GmbH-Geschäftsführer und geschäftsführende OHG- und KG-Gesellschafter gegenüber dem Unternehmen haften, sind im Wesentlichen gleich (→ Rn. 5).
- Ein haftungsrelevanter Compliance-Verstoß liegt vor bei:
  - Begehung einer rechtswidrigen Handlung durch die Leitungsperson selbst (→ Rn. 10),

- mangelndem Einschreiten trotz Kenntnis oder Verdacht eines Rechtsverstoßes durch Mitarbeiter (→ Rn. 11) und
- Ermöglichung oder Erleichterung von Rechtsverstößen durch unzureichende Organisation und Überwachung (→ Rn. 12).

Erste Maßnahmen, Umsetzungsschritte und Delegation

- Leitungspersonen sollten daher zur Haftungsvermeidung bei allen Compliance-Management- und Organisationsentscheidungen die Erfordernisse der Business Judgement Rule strikt einhalten. Das bedeutet insbesondere, dass sie ihre Entscheidungen auf der Grundlage angemessener Informationen treffen (→ Rn. 17) und die am Wohle des Unternehmens ausrichten (→ Rn. 18 f.).
- Bei mangelnder persönlicher Sachkunde oder bei unklarer Rechtslage muss sich die Leitungsperson von einem fachlich qualifizierten Berufsträger beraten lassen (→ Rn. 27).
- Um ihrer Darlegungs- und Beweislast in einem möglichen Haftungsprozess (→ Rn. 53 ff.) nachkommen zu können, sollten Organmitglieder eigene Entscheidungsprozesse minutiös und nachvollziehbar dokumentieren (→ Rn. 56).
- Managerhaftungsprozesse können auch vor Schiedsgerichten ausgetragen werden, wenn eine wirksame Schiedsvereinbarung vorliegt (→ Rn. 61).
- Unter bestimmten Voraussetzungen können Schadensersatzstreitigkeiten zwischen der Gesellschaft und ihren Organen auch vergleichsweise beigelegt werden (→ Rn. 67 f.).

Ergebnis, Vorteile und Nutzen

Die Business Judgement Rule gewährleistet für die Unternehmensleitung einen „sicheren Hafen" im Sinne eines unternehmerischen Haftungsfreiraums.

A. Compliance und Managerhaftung

1 Schadensersatzklagen der Unternehmen gegen (ehemalige) Vorstände und Geschäftsführer – häufig im Zusammenhang mit der streitigen Beendigung des Dienstverhältnisses – haben in den letzten Jahren deutlich zugenommen. Nicht zuletzt aufgrund einiger spektakulärer Fälle (z.B. *Arcandor/Middelhoff*[1] und *Breuer/Kirch*[2]) stehen Vorstandsmitglieder großer Aktiengesellschaften unter (medialer) Dauerbeobachtung.

---

[1] LG Essen, Urt. v. 09.09.2013 – 44 O 164/10, vgl. dazu *Fleischer/Bauer*, ZIP 2015, S. 1901 ff.
[2] http://www.handelsblatt.com am 31.03.2016: „Der ehemalige Deutsche-Bank-Chef Rolf-E. Breuer muss 3,2 Millionen Euro an seinen früheren Arbeitgeber für sein Kirch-Interview zahlen. Seine Managerhaftpflicht überweist dem Geldhaus noch einmal deutlich mehr."

Von zentraler Bedeutung für den sprunghaften Anstieg der Haftungskla- 2
gen gegen Vorstände war das *ARAG/Garmenbeck*-**Urteil**[3] des BGH. Danach
hat der Aufsichtsrat die Pflicht, das Bestehen und die Durchsetzbarkeit von
Ansprüchen der AG gegenüber Vorstandsmitgliedern eigenverantwortlich zu prüfen und diese Ansprüche grundsätzlich zu verfolgen. Sieht der
Aufsichtsrat von einer Anspruchsverfolgung ab, kann er sich seinerseits
schadensersatzpflichtig machen. Von der Verfolgungspflicht darf der Aufsichtsrat nur absehen, wenn gewichtige Gründe des Gesellschaftswohls
dagegensprechen.[4]

Zusätzliche Anreizwirkung auf die Verfolgung von Schadensersatzansprü- 3
chen der Gesellschaft übt die **D&O-Versicherung** aus (zur D&O-Versiche-
rung ausführlich → § 6). Denn der Versicherungsanspruch greift nur über
die Inanspruchnahme des Managers.

Compliance-Defizite im Unternehmen bergen inzwischen enorme Haf- 4
tungsrisiken für Vorstandsmitglieder und Geschäftsführer. Denn die Anforderungen an eine ordnungsgemäße Compliance-Organisation in Unternehmen
sind von der Fachliteratur in den letzten Jahren stetig fortentwickelt und in
der Tendenz ausgeweitet worden.[5] In dem viel beachteten *Neubürger*-Urteil[6]
zur Siemens-Korruptionsaffäre hat sich erstmals ein Gerichtsurteil mit der
Reichweite der Compliance-Organisationspflichten des Vorstands auseinan-
dergesetzt. Darin wurden die von der juristischen Fachliteratur ausgearbeite-
ten Grundsätze (→ Rn. 12) bestätigt. Daher ist zu erwarten, dass dieses Urteil
den Instanzgerichten künftig als Vorbild dienen wird, wenn es um Fragen der
Haftung der Unternehmensleitung für Compliance-Verstöße geht.

B. Haftungsvoraussetzungen
I. Im Überblick
Mit der Entdeckung von Compliance-Verstößen stellt sich zugleich die 5
Frage nach der Haftung der verantwortlichen Leitungspersonen für dadurch
verursachte Schäden des Unternehmens. Man spricht von der Innenhaftung. Es geht namentlich um die Schadensersatzhaftung

- der **Vorstandsmitglieder** gegenüber der **AG**[7],
- der **Geschäftsführer** gegenüber der **GmbH**[8] sowie
- der **geschäftsführenden Gesellschafter** gegenüber der **OHG** bzw. **KG**[9].

---

3   BGH, Urt. v. 21.04.1997 – II ZR 175/95 = DB 1997, S. 1068 ff.
4   Vgl. zu den Einzelheiten: *Habersack*, NZG 2016, S. 321 ff.; *Reichert*, ZIP 2016, S. 1189 ff.
5   Vgl. *Harbarth/Brechtel*, ZIP 2016, S. 241 ff.
6   LG München I, Urt. v. 10.12.2013 – 5 HK O 1387/10 = DB 2014, S. 766 ff.
7   Anspruchsgrundlage ist § 93 Abs. 2 AktG.
8   Anspruchsgrundlage ist § 43 Abs. 2 GmbHG.
9   Anspruchsgrundlage ist § 280 Abs. 1 BGB.

6   Die Haftungsvoraussetzungen sind – trotz unterschiedlicher gesetzlicher Anspruchsgrundlagen bei den verschiedenen Gesellschaftsformen[10] – im Wesentlichen gleich:
1. Vorliegen einer (Compliance-)Pflichtverletzung (→ Rn. 9 ff.),
2. schuldhaftes Handeln des Vorstandsmitglieds bzw. Geschäftsführers (→ Rn. 20 ff.) und
3. adäquater Schaden der Gesellschaft (→ Rn. 28 ff.).

7   Trotz Vorliegens der vorgenannten Voraussetzungen scheidet eine Haftung aus, wenn sich das in Anspruch genommene Vorstandsmitglied bzw. der Geschäftsführer mit Erfolg auf die Einrede der Verjährung (→ Rn. 37 ff.) oder auf einen Haftungsausschluss (→ Rn. 46 ff.) berufen kann.

8   Schließlich sollten die potenziell der Haftung unterliegenden Personen der Unternehmensleitung stets im Blick haben, für welche Tatsachen sie in einem möglichen Haftungsprozess die Darlegungs- und Beweislast tragen (→ Rn. 53 ff.). Denn nur bei Kenntnis dieser Beweislast können sie die haftungsrelevanten Tatsachen dokumentieren und sich so für den Ernstfall wappnen.

II. Im Einzelnen
1. Verstoß gegen Compliance-Pflichten
9   Ein Schadensersatzanspruch der Gesellschaft setzt zunächst das Vorliegen einer (Compliance-)Pflichtverletzung der Leitungsperson voraus. Eine Pflichtverletzung kommt unter den folgenden drei Anknüpfungspunkten in Betracht:

10 **a)** Die Leitungsperson **begeht selbst eine rechtswidrige Handlung** oder regt andere Leitungspersonen oder einen Mitarbeiter der nachgeordneten Management-Ebene zu einer rechtswidrigen Handlung an,[11] z.B.
- zu einer Geldwäsche (→ § 19),
- einer Bestechungszahlung (→ § 13 Rn. 10 ff., 33 ff.) oder
- zu kartellrechtswidrigen Absprachen (→ § 14 Rn. 38 ff.).

Die Leitungsperson kann sich nicht darauf berufen, der Gesetzesverstoß sei im Interesse oder zum Nutzen der Gesellschaft erfolgt – z.B. Schmiergeldzahlung zum Erhalt eines lukrativen Auftrags (**kein *efficient breach of public law***).[12]

Ist die Rechtslage nicht eindeutig und daher unklar, ob das konkrete Vorhaben gesetzestreu ist, muss sich die Geschäftsleitung qualifi-

---

10 Vgl. näher zu den unterschiedlichen Anspruchsgrundlagen: *Balke*, in: MünchHdb GesR VII, § 113 Rn. 2 ff.
11 BGH, Urt. v. 15.01.2013 – II ZR 90/11, Rn. 22 = DB 2013, S. 507 ff.
12 Spindler/Stilz/*Fleischer*, § 93 Rn. 36 ff. m.w.N.

Ghassemi-Tabar / Wilsing

zierten Rechtsrat einholen, um eine Haftung auszuschließen (zu den Voraussetzungen eines Haftungsausschlusses bei unklarer Rechtslage → Rn. 27).

b) Die Leitungsperson erlangt **Kenntnis von einem Rechtsverstoß, aber** **unterlässt ein Einschreiten.** Erhält die Unternehmensleitung erste Anhaltspunkte für Gesetzesverstöße im Unternehmen, muss sie sofort und umfassend tätig werden und ausreichende Maßnahmen zur Aufklärung und Untersuchung der Verstöße, deren Abstellen und der Ahndung der betroffenen Mitarbeiter ergreifen.[13] Die Pflicht zur Sachverhaltsaufklärung sowie zum Abstellen und zur Sanktionierung der Verstöße (das **Ob** → § 7 Rn. 3 ff.) ist zwingend. Bei der Wahl der konkreten Aufklärungsmethoden und der Art der Sanktionierung (das **Wie** → § 7 Rn. 34 ff.) besteht grundsätzlich ein Ermessensspielraum.   11

c) Eine Pflichtverletzung der Unternehmensleitung liegt schließlich dann vor, wenn durch **unzureichende Organisation, Anleitung und Kontrolle** Mitarbeitern der Gesellschaft Straftaten oder sonstige Verletzungen deutschen und ausländischen Rechts ermöglicht oder auch nur erleichtert werden.[14] Die Pflichtverletzung kann hierbei   12
   - in der mangelnden Errichtung und Überwachung eines CMS,
   - in der mangelnden Überprüfung der Effizienz eines bestehenden CMS und/oder
   - in der mangelnden Schaffung einer klaren organisatorischen Regelung bezüglich der Zuordnung der Compliance-Verantwortung auf Vorstands- bzw. Geschäftsführerebene liegen.[15]

Ob ein Pflichtverstoß in Form mangelnder Organisationsanforderungen vorliegt, wird im Einzelfall anhand einer Gesamtwürdigung aller Umstände beurteilt. Eine pauschale Pflicht zur Errichtung eines umfassenden CMS kann mit Blick auf das Organisationsermessen nicht angenommen werden.[16]

2. Kein unternehmerischer Haftungsfreiraum (Business Judgement Rule)

Der BGH hat in seiner *ARAG/Garmenbeck*-Entscheidung[17] den Grundsatz aufgestellt, dass dem Vorstand der AG bei unternehmerischen Entscheidungen ein Handlungsspielraum zugebilligt werden müsse, innerhalb dessen er nicht hafte. Diesen Grundsatz hat der Gesetzgeber aufgegriffen und in § 93   13

---

13 LG München I, Urt. v. 10.12.2013 (Fn. 6).
14 KG, Urt. v. 09.10.1998 – 14 U 4823/96: GmbH.
15 LG München I, Urt. vom 10.12.2013 (Fn. 6): AG.
16 Hüffer/*Koch*, § 76 Rn. 40 a.E.
17 BGH, Urt. v. 21.04.1997 (Fn. 3).

Abs. 1 Satz 2 AktG kodifiziert: Danach liegt eine Pflichtverletzung nicht vor, wenn das Vorstandsmitglied bei einer unternehmerischen Entscheidung vernünftigerweise annehmen durfte, auf der Grundlage angemessener Informationen zum Wohle der Gesellschaft zu handeln. Diese Regelung wird in Anlehnung an die aus dem anglo-amerikanischen Rechtskreis bekannte Begrifflichkeit als sog. **Business Judgement Rule** bezeichnet.

14 Die Business Judgement Rule schafft – im Sinne eines unternehmerischen Haftungsfreiraums – einen **„sicheren Hafen"**.[18] Mittlerweile ist anerkannt, dass die aktienrechtliche Rechtsfigur der Business Judgement Rule als **rechtsformübergreifendes Prinzip** in gleicher Weise für die GmbH[19] wie für sonstige unternehmenstragende Personengesellschaften[20] Geltung beansprucht.

15 Damit sich auf Schadensersatz in Anspruch genommene Vorstandsmitglieder oder Geschäftsführer mit Erfolg auf den Haftungsfreiraum der Business Judgement Rule berufen können, müssen folgende **Voraussetzungen**[21] erfüllt sein:
a) Vorliegen einer unternehmerischen Entscheidung (→ Rn. 16), die
b) auf der Grundlage angemessener Informationen basiert (→ Rn. 17),
c) dem Wohle der Gesellschaft dient (→ Rn. 18) und
d) frei von Interessenkonflikten der handelnden Leitungsperson erfolgt (→ Rn. 19).

a) Vorliegen einer unternehmerischen Entscheidung

16 Bei der Frage, ob und inwieweit die Erfüllung und Umsetzung von Compliance-Pflichten eine unternehmerische Entscheidung im Sinne der Business Judgement Rule darstellt, ist wie folgt **zu differenzieren**:
• Jede Unternehmensleitung ist gesetzlich verpflichtet, für eine Organisation und Überwachung zu sorgen, die Pflichtverletzungen im Unternehmen verhindert. Bei Verdacht von Gesetzesverstößen ist sie verpflichtet, den Sachverhalt aufzuklären, das pflichtwidrige Verhalten abzustellen und die verantwortlichen Mitarbeiter zu sanktionieren. Das **Ob** der Einrichtung einer Compliance-Organisation bzw. der Einleitung repressiver Maßnahmen bei Compliance-Verstößen entspricht daher lediglich der Einhaltung gesetzlicher Vorgaben. Ein für die Annahme einer unternehmerischen Entscheidung im Sinne der Business Judgement Rule erforderlicher Entscheidungsspielraum besteht nicht.

---

18 BT-Drucks. 15/5092, S. 11.
19 BGH, Urt. v. 04.11.2002 – II ZR 224/00 = DB 2002, S. 2706 ff.
20 MAH Personengesellschaftsrecht/*Karrer*, § 14 Rn. 153; *Mock/Schmidt*, in: MünchHdb GesR VII, § 69 Rn. 26.
21 Vgl. dazu: Hölters/*Hölters*, § 93 Rn. 26 ff.; Hüffer/*Koch*, § 93 Rn. 15 ff.; Michalski/*Haas/Ziemons*, § 43 Rn. 68 ff.; *Wiesner*, in: MünchHdb GesR IV, § 25 Rn. 59 ff.; *Koch*, in: MünchHdb GesR VII, § 30 Rn. 210 ff.; MünchKomm-AktG/*Spindler*, § 93 Rn. 36 ff.; Spindler/Stilz/*Fleischer*, § 93 Rn. 66 ff.

- Dagegen ist der Unternehmensleitung hinsichtlich des **Wie** der konkreten Ausgestaltung der Compliance-Organisation bzw. der Wahl der Aufklärungsmethoden ein Entscheidungsspielraum zuzubilligen, also von einer unternehmerischen Entscheidung im Sinne der Business Judgement Rule auszugehen.

b) Handeln auf der Grundlage angemessener Informationen

Die Leitungsperson muss bei ihrer unternehmerischen Entscheidung vernünftigerweise annehmen dürfen, auf der Grundlage angemessener Informationen zu handeln. Im Prozess wird es darauf ankommen, ob die beklagte Leitungsperson Unterlagen vorlegen kann, aus denen sich ergibt, dass sie die Entscheidungsgrundlagen sorgfältig ermittelt und das Für und Wider verschiedener Vorgehensweisen mit der gebotenen Sorgfalt abgewogen hat.[22] Maßgeblich ist, ob aus der seinerzeitigen Perspektive der Leitungsperson in der konkreten Entscheidungssituation von einer angemessenen Entscheidungsvorbereitung auszugehen ist. Der **BGH** stellt an die Angemessenheit der Informationsgewinnung **hohe Anforderungen**: Danach hat die Leitungsperson „in der konkreten Entscheidungssituation alle verfügbaren Informationsquellen tatsächlicher und rechtlicher Art auszuschöpfen und auf dieser Grundlage die Vor- und Nachteile der bestehenden Handlungsoptionen sorgfältig abzuschätzen und den erkennbaren Risiken Rechnung zu tragen."[23]

17

c) Handeln zum Wohle der Gesellschaft

Die Leitungsperson musste aus ihrer damaligen Perspektive vernünftigerweise annehmen dürfen, dass ihre Entscheidung der langfristigen Ertragsstärkung und Wettbewerbsfähigkeit des Unternehmens dient.[24] Im Interesse langfristiger Perspektiven und Geschäftschancen ist die Unternehmensleitung daher berechtigt, kurzfristig Kosten und Aufwendungen zu übernehmen. Erst wenn das mit der unternehmerischen Entscheidung verbundene Risiko in völlig unverantwortlicher Weise falsch beurteilt worden ist, ist der Maßstab des „vernünftigerweise" noch zulässigen Handelns überschritten.[25]

18

d) Handeln ohne Interessenkonflikte

Die Leitungsperson darf bei ihrem Handeln nicht von einem Interessenkonflikt betroffen sein bzw. muss ohne unmittelbaren Eigennutz handeln. Bei **Kollegialentscheidungen** muss das konfliktbefangene Mitglied seinen

19

---

22 BGH, Beschl. v. 03.11.2008 – II ZR 236/07 = DB 2009, S. 509.
23 BGH, Urt. v. 18.06.2013 – II ZR 86/11, Rn. 30 = DB 2013, S. 1959 ff.; BGH, Beschl. v. 14.07.2008 – II ZR 202/07, Rn. 11 = RS0723231.
24 BT-Drucks. 15/5092, S. 11.
25 Hüffer/*Koch*, § 93 Rn. 23.

Interessenkonflikt offenlegen und sich aus der Beratung und Abstimmung heraushalten. Die übrigen Vorstandsmitglieder bzw. Geschäftsführer dürfen sich jedoch auch bei Nichtoffenlegung des Interessenkonflikts eines Mitglieds auf ihr Haftungsprivileg berufen.[26]

3. Verschulden

20 Eine Schadensersatzpflicht setzt über die soeben (→ Rn. 9 ff.) beschriebene Pflichtverletzung hinaus ein schuldhaftes Handeln voraus. Das bedeutet, das **Vorstandsmitglied** bzw. den **Geschäftsführer** muss der Vorwurf des Vorsatzes oder der (einfachen) Fahrlässigkeit treffen.

21 **Vorsatz** ist gesetzlich nicht definiert. Er setzt das Bewusstsein des Handelnden von der Rechts-/Pflichtwidrigkeit seines Handelns voraus. Der Eintritt eines Schadens der Gesellschaft muss nicht das Handlungsmotiv sein. Es genügt, wenn das Vorstandsmitglied bzw. der Geschäftsführer den Schadenseintritt für möglich gehalten und billigend in Kauf genommen hat.[27]

22 **Fahrlässigkeit** setzt Voraussehbarkeit und Vermeidbarkeit des Schadenseintritts voraus (vgl. § 276 Abs. 2 BGB).

23 Es ist ein sog. **typisierter Verschuldensmaßstab** zugrunde zu legen. Das bedeutet für Vorstandsmitglieder bzw. GmbH-Geschäftsführer[28], dass sie für die Fähigkeiten und Kenntnisse einstehen müssen, welche die ihnen anvertraute Aufgabe typischerweise abverlangt. Auf persönliche Unfähigkeit, Unerfahrenheit oder **Arbeitsüberlastung** können sie sich nicht berufen.

24 Eine **Erleichterung** oder **Verschärfung** des Verschuldensmaßstabs – etwa in der Satzung oder im Anstellungsvertrag – ist **unzulässig**.[29]

25 Das Vorstandsmitglied bzw. der GmbH-Geschäftsführer haftet nur für eigenes Verschulden, nicht auch für Verschulden der untergeordneten Management-Ebenen. Eine **unzulässige Aufgabendelegation**, die Auswahl ungeeigneter Mitarbeiter sowie eine unzureichende Instruktion oder Überwachung sind aber als eigene Pflichtverletzung zu würdigen[30] (zur Delegation von Compliance-Pflichten → § 3). Das in Anspruch genommene Organ kann der Gesellschaft gegenüber nicht einwenden, seine Ersatzpflicht sei gemindert, weil ein **anderes Geschäftsorgan** (Vorstandsmitglied, Ge-

---

26 *Löbbe/Fischbach*, AG 2014, S. 717 ff. m.w.N.
27 Vgl. BGH, Urt. v. 15.10.2013 – VI ZR 124/12, Rn. 12 = DB 2013, S. 2737 ff.
28 Vgl. *Wiesner*, in: MünchHdb GesR IV, § 26 Rn. 6; MünchKommGmbHG/*Fleischer*, § 43 Rn. 255 f.
29 Henssler/Strohn/*Dauner-Lieb*, § 93 Rn. 32.
30 Hüffer/*Koch*, § 93 Rn. 46.

schäftsführer oder Mitglieder eines Aufsichtsorgans) für den Schaden **mitverantwortlich** sei.[31]

Auch die **geschäftsführenden Gesellschafter** der (unternehmenstragenden) Personengesellschaften (**OHG/KG**[32]) haften nur für schuldhaftes, also vorsätzliches oder fahrlässiges Handeln. Das Gesetz[33] sieht für sie jedoch eine Haftungsprivilegierung vor. Sie haften daher nur bei Vorsatz (→ Rn. 21) oder grober Fahrlässigkeit (§ 277 BGB). Grobe Fahrlässigkeit ist eine Steigerung der einfachen Fahrlässigkeit (→ Rn. 22). Sie wird bei besonders schweren Sorgfaltspflichtverletzungen bejaht, die dann vorliegen, wenn schon einfachste, ganz naheliegende Überlegungen nicht angestellt werden und nicht beachtet wird, was sich im gegebenen Fall jedem aufgedrängt hätte.[34]

Steht eine Pflichtverletzung fest, ist grundsätzlich von einem Verschulden auszugehen. Daher kommt dem Verschuldenserfordernis in der Regel keine große Bedeutung zu. Eine praxisrelevante Ausnahme bilden die Fälle eines Rechtsirrtums. Bei **mangelnder persönlicher Sachkunde** bzw. bei **unklarer Rechtslage** können sich Vorstandsmitglieder und Geschäftsführer nur ausnahmsweise wegen eines Rechtsirrtums entlasten, wenn sie sich unter umfassender Darstellung der Verhältnisse der Gesellschaft und Offenlegung der erforderlichen Unterlagen von einem unabhängigen, für die zu klärende Frage fachlich qualifizierten Berufsträger beraten lassen. Darüber hinaus müssen sie den erteilten Rechtsrat im Rahmen ihrer Möglichkeiten einer sorgfältigen Plausibilitätskontrolle unterziehen.[35]

4. Adäquat verursachter Schaden des Unternehmens

Die Gesellschaft kann grundsätzlich alle Schäden ersetzt verlangen, die ihr infolge der begangenen Pflichtverletzung entstanden sind. Die zum Schadensersatz verpflichtete Leitungsperson hat dabei den Zustand herzustellen, der bestehen würde, wenn der zum Ersatz verpflichtende Umstand nicht eingetreten wäre.[36] Es ist die Vermögenseinbuße zu ersetzen, die sich im **Vergleich zur hypothetischen Vermögensentwicklung der Gesellschaft** bei ordnungsgemäßem Verhalten des Vorstandsmitglieds bzw. Geschäftsführers ergebe.[37]

---

31 BGH, Urt. v. 20.11.2014 – III ZR 509/13, Rn. 22 = RS0803981: Stiftung; BGH, Beschl. v. 26.11.2007 – II ZR 161/06, Rn. 3 = DB 2008, S. 50 ff.: GmbH; OLG Düsseldorf, Urt. v. 28.11.1996 – 6 U 11/95: AG.
32 Nicht hingegen die GmbH & Co. KG, da diese nicht personalistisch strukturiert ist.
33 § 708 BGB i.V.m. §§ 105 Abs. 3, 161 Abs. 2 HGB: Danach haben sie nur für diejenige Sorgfalt einzustehen, welche sie in eigenen Angelegenheiten anzuwenden pflegen.
34 BGH, Urt. v. 29.09.1992 – XI ZR 265/91 = DB 1992, S. 2543.
35 BGH, Urt. v. 28.04.2015 – II ZR 63/14 = DB 2015, S. 1459 ff.; BGH, Urt. v. 20.09.2011 – II ZR 234/09 = DB 2011, S. 2484 ff.: ISION.
36 Dies folgt aus § 249 Abs. 1 BGB.
37 Sog. Differenzhypothese (OLG Düsseldorf, Urt. v. 28.11.1996 – 6 U 11/95).

29 Zu den **ersatzfähigen Schadenspositionen**[38] der Gesellschaft gehören
- **entgangene Gewinne** (vgl. § 252 BGB),
- die Belastung des Gesellschaftsvermögens mit einer **Forderung ohne** adäquate **Gegenleistung**,
- **Steuerbelastungen** bei verdeckter Gewinnausschüttung,
- die **Inanspruchnahme** der Gesellschaft **durch geschädigte Dritte**, sofern die Handlung des Vorstands bzw. Geschäftsführers für den Regressschaden adäquat ursächlich war,
- Kosten für **interne Untersuchungen** bzw. vom Unternehmen an externe Berater gezahlte Honorare zur Aufklärung von Gesetzesverstößen, wenn die Mandatierung zweckmäßig und erforderlich war,
- die Zahlung von **Bestechungsgeldern** oder sonstige Zahlungen an Dritte, die unzulässige Leistungen erbracht haben,
- **Bußgelder** und andere Strafzahlungen, die der Gesellschaft etwa wegen einer Aufsichtspflichtverletzung im Unternehmen (§ 130 OWiG) oder wegen eines Kartellrechtsverstoßes auferlegt werden.

30 **Nicht ersatzfähig** sind **Vermögensverluste der Aktionäre, ideelle Nachteile**, soweit sie sich nicht im Vermögen der Gesellschaft niederschlagen, sowie bloße Vermögensgefährdungen.

31 Zwischen der Pflichtverletzung und dem eingetretenen Schaden muss ein **adäquater Kausalzusammenhang** bestehen. Die Pflichtverletzung ist adäquat kausal für den Schaden, wenn sie im Allgemeinen und nicht nur unter besonders eigenartigen, unwahrscheinlichen oder nach dem gewöhnlichen Verlauf der Dinge außer Betracht bleibenden Umständen geeignet ist, einen Schaden der eingetretenen Art herbeizuführen.[39] Schäden, die außerhalb der allgemeinen Wahrscheinlichkeit liegen, sind nicht ersatzfähig.

32 Bei **Kollegialentscheidungen** liegt die Pflichtverletzung im Unterlassen eines Verhinderungsversuchs. Bei einem einstimmigen Beschluss liegt eine **Mittäterschaft** der beschließenden Gesellschafter vor.[40] Im Übrigen ist jede den Beschluss unterstützende Stimme ursächlich für den Schaden.[41]

33 Dem in Anspruch genommenen Organ steht der sog. **Einwand des rechtmäßigen Alternativverhaltens** zu. Erbringt das Vorstandsmitglied bzw. der Geschäftsführer den sicheren Nachweis, dass der Schaden auch bei rechtmäßigem Verhalten eingetreten wäre, scheidet eine Haftung aus.[42]

---

38 Vgl. dazu Hüffer/*Koch*, § 93 Rn. 48; MünchKommGmbHG/*Fleischer*, § 43 Rn. 263 f.
39 BGH, Urt. v. 16.04.2002 – VI ZR 227/01, unter II.2 = RS071335B.
40 BGH, Urt. v. 06.07.1990 – 2 StR 549/89 (*Lederspray*) = DB 1990, S. 1859 ff.
41 Hölters/*Hölters*, § 93 Rn. 263; Baumbach/Hueck/*Zöllner/Noack*, § 43 Rn. 16.
42 BGH, Urt. v. 18.06.2013 – II ZR 86/11, Rn. 33 = DB 2013, S. 1959 ff.; Henssler/Strohn/*Dauner-Lieb*, § 93 AktG Rn. 35.

Ghassemi-Tabar / Wilsing

Ist der Gesellschaft aufgrund der Pflichtverletzung des Vorstandsmitglieds 34
bzw. des Geschäftsführers nicht nur ein Schaden entstanden, sondern sind
ihr in unmittelbarem Zusammenhang mit dem Fehlverhalten zugleich auch
Vermögensvorteile zugeflossen, können die Vorteile auf den Schadensersatzanspruch anzurechnen sein (**Vorteilsausgleichung**[43]).

> **Praxisbeispiel**[44] 35
> Wenn aus einer Reihe gleichartiger unzulässiger Spekulationsgeschäfte durch
> ein Organ sowohl Gewinne als auch Verluste entstehen, muss sich die Gesell-
> schaft auf einen Schadensersatzanspruch wegen der entstandenen Verluste
> grundsätzlich die Gewinne anrechnen lassen.

Die genauen Einzelheiten, wann ein Vorteil anzurechnen ist und wann 36
nicht, sind in Rechtsprechung und Literatur noch nicht ausgelotet.[45] Die
Vorteilsausgleichung darf jedenfalls nicht zu einer unbilligen Entlastung
des Schädigers führen. Umgekehrt darf der Gesellschaft infolge des Neben-
einanders von Vor- und Nachteilen aus der pflichtwidrigen Handlung und
den Ersatzansprüchen gegen das Organ *kein windfall profit* erwachsen. Dies
bedarf letztlich einer wertenden Betrachtung im Einzelfall.

III. Verjährung der Schadensersatzansprüche

Ist der Anspruch der Gesellschaft verjährt, so ist das in Anspruch genom- 37
mene Organ ab dem Verjährungseintritt berechtigt, dauerhaft die Leistung
zu verweigern (§ 214 Abs. 1 BGB). Ob das Organ hiervon Gebrauch macht und
die **Einrede der Verjährung** erhebt, steht in seinem freien Belieben.[46] Das
in Anspruch genommene Vorstandsmitglied bzw. der Geschäftsführer kann
sogar auf die Einrede der Verjährung verzichten, und zwar auch schon vor
Eintritt der Verjährung.[47] Der **Verjährungsverzicht** kann formlos abgegeben
werden.[48]

Ansprüche der AG gegen ihre **Vorstandsmitglieder** verjähren in zehn Jah- 38
ren, wenn die AG im Zeitpunkt der Pflichtverletzung börsennotiert war. Bei
allen anderen AG beträgt die Verjährungsfrist fünf Jahre (§ 93 Abs. 6 AktG).

Für den **Beginn der Verjährungsfrist** ist nicht der Zeitpunkt der pflichtwid- 39
rigen Handlung, sondern erst der Zeitpunkt der Entstehung des Schadens

---

43 Vgl. BGH, Versäumnisurt. v. 12.03.2007 – II ZR 315/05, Rn. 20 = DB 2007, S. 1184.
44 BGH, Urt. v. 15.01.2013 (Fn. 11).
45 Vgl. zur Vorteilsausgleichung: BeckOK GmbHG/*Ziemons/Jaeger*, § 43 Rn. 310 f.; Großkomm-AktG/*Hopt/Roth*,
   § 93 Rn. 410; Henssler/Strohn/*Oetker*, § 43 GmbHG Rn. 35; Hüffer/*Koch*, § 93 Rn. 49; Scholz/*Schneider/Crezeli-
   us*, § 43 Rn. 230; Spindler/Stilz/*Fleischer*, § 93 Rn. 38 f.
46 BGH, Urt. v. 27.01.2010 – VIII ZR 58/09, Rn. 28 = RS1004539.
47 BGH, Urt. v. 18.09.2007 – XI ZR 447/06, Rn. 15 = DB 2007, S. 2649.
48 Palandt/*Ellenberger*, § 202 Rn. 7 m.w.N.

maßgeblich (§ 200 Satz 1 BGB). Ein Vermögensschaden ist der Gesellschaft in dem Zeitpunkt entstanden, in dem sich ihre Vermögenslage durch die schädigende Handlung im Vergleich zur vorherigen Situation objektiv verschlechtert hat.

40 **Praxisbeispiel**

Im Fall eines Korruptionsvorwurfs ist der die Verjährung auslösende Schaden bereits mit der Zahlung des Bestechungsgelds aus dem Gesellschaftsvermögen entstanden. Hingegen entsteht im Falle von kartellrechtswidrigen Absprachen der Gesellschaft nicht sofort ein Schaden. Ein solcher ist vielmehr erst gegeben, wenn der Gesellschaft Kosten für eine interne Untersuchung entstehen oder ein Bußgeld verhängt wird.

41 Der Verjährungsbeginn setzt nicht voraus, dass die Schadensentwicklung abgeschlossen ist, d.h., die Vermögenseinbuße schon endgültig bezifferbar ist. Vielmehr beginnt die Verjährung einheitlich mit dem ersten Teilschaden, auch wenn mit weiteren Schäden gerechnet werden muss.[49] Etwas anderes gilt, wenn ein **pflichtwidriges Dauerverhalten** oder **Unterlassen** vorliegt. Vergrößert sich der Schaden durch das Dauerverhalten bzw. durch das fortgesetzte Nichthandeln, so ist für den Beginn der Verjährung auf das Ende des pflichtwidrigen Handelns bzw. Unterlassens abzustellen.[50]

42 Eine **Verkürzung/Verlängerung der Verjährungsfrist** durch die Satzung ist wegen § 23 Abs. 5 AktG nicht möglich. Durch individualvertragliche Regelung kann die Verjährungsfrist gegenüber dem Vorstandsmitglied nicht verkürzt, wohl aber verlängert werden.[51] Sie darf jedoch nicht über eine Dauer von 30 Jahren hinausgehen (§ 202 Abs. 2 BGB).

43 **Ansprüche der GmbH gegen ihre Geschäftsführer** aus § 43 Abs. 2 GmbHG verjähren in fünf Jahren (§ 43 Abs. 4 GmbHG). Die Frist beginnt mit Entstehung des Anspruchs (→ Rn. 39). Auf die Kenntnis der Gesellschafter oder der Gesellschaft von den anspruchsbegründenden Tatsachen kommt es – selbst bei deren Verheimlichung durch den Geschäftsführer – nicht an.[52] Eine Verlängerung ist sowohl durch Satzung als auch durch Anstellungsvertrag zulässig, wobei die 30-jährige Verjährungsfrist nicht überschritten werden darf (§ 202 Abs. 2 BGB). Auch eine Verkürzung der Verjährungsfrist für Ansprüche der GmbH aus § 43 Abs. 2 GmbHG ist zulässig.[53] Erforderlich

---

49 Sog. Grundsatz der Schadenseinheit, vgl. dazu Palandt/*Ellenberger*, § 199 Rn. 14.
50 MünchKommAktG/*Spindler*, § 93 Rn. 292 f.
51 Hüffer/*Koch*, § 93 Rn. 88; MünchKommAktG/*Spindler*, § 93 Rn. 290; Spindler/Stilz/*Fleischer*, § 93 Rn. 303g; a.A. Hölters/*Hölters*, § 93 Rn. 336.
52 BGH, Urt. v. 29.09.2008 – II ZR 234/07, Rn. 16 = DB 2008, S. 2584 ff.
53 BGH, Urt. v. 16.09.2002 – II ZR 107/01 = DB 2002, S. 2480 ff.

　　　　　　　　　　　Ghassemi-Tabar / Wilsing

ist ein entsprechender Gesellschafterbeschluss. Ferner darf die Verkürzung nicht die Haftung wegen Vorsatzes erfassen (§ 202 Abs. 1 BGB).

> **Praxisbeispiel[54]**
> Im **Geschäftsführeranstellungsvertrag** kann vereinbart werden, dass die Gesellschaft Haftungsansprüche binnen sechs Monaten nach Kenntniserlangung von den die Haftung begründenden Tatsachen schriftlich geltend machen muss.

44

Ansprüche der OHG/KG gegen ihre geschäftsführenden Gesellschafter 45
unterliegen der regelmäßigen Verjährungsfrist von drei Jahren (§ 195 BGB).[55] Die Verjährung beginnt erst mit dem Schluss des Jahres, in dem der Anspruch entstanden ist und die Gesellschaft von den anspruchsbegründenden Umständen Kenntnis erlangt hat (§ 199 Abs. 1 BGB). Die bloße Entstehung des Anspruchs genügt also – anders als bei der AG und der GmbH – nicht für den Verjährungsbeginn. Vielmehr muss die Gesellschaft Kenntnis von den Umständen erlangt haben, die notwendig sind, um eine Klage erfolgversprechend erheben zu können.

IV. Haftungsausschluss und Verzicht

Eine **AG** kann (erst) nach Ablauf von drei Jahren nach Entstehung des 46
Schadensersatzanspruchs auf den Anspruch gegen ein Vorstandsmitglied verzichten. Voraussetzung für den Verzicht ist, dass
- die Hauptversammlung mit einfacher Mehrheit[56] zustimmt und
- nicht eine Aktionärsminderheit, die mindestens 10% des Grundkapitals hält, Widerspruch erhebt (vgl. § 93 Abs. 4 Satz 3 AktG).

Eine Verkürzung oder Verlängerung der Dreijahresfrist ist unzulässig.[57] Die 47
Frist ist lediglich dann entbehrlich, wenn das Vorstandsmitglied zahlungsunfähig ist und mit der Gesellschaft einen Vergleich abschließt oder die Ersatzpflicht in einem Insolvenzplan geregelt wird (§ 93 Abs. 4 Satz 4 AktG). Auch in diesen Fällen sind jedoch ein zustimmender Hauptversammlungsbeschluss und das Nichtvorliegen eines Widerspruchs Voraussetzung.[58]

Die Rechtsfolge eines wirksamen Verzichts ist das Erlöschen der Ansprüche 48
der Gesellschaft gegen das Vorstandsmitglied. Möglich ist auch ein Teilverzicht oder eine Stundung des Anspruchs. Der Entlastungsbeschluss der Hauptversammlung bewirkt – anders als in der GmbH (→ Rn. 50) und bei

---

54 Vgl. BGH, Beschl. v. 18.02.2008 – II ZR 62/07, Rn. 12 = DB 2008, S. 2354.
55 *v. Ditfurth*, in: MünchHdb GesR I, § 53 Rn. 31; Roth/Altmeppen/*Altmeppen*, § 43 Rn. 147 f. m.w.N.
56 Sofern die Satzung nichts anderes bestimmt (Henssler/Strohn/*Dauner-Lieb*, § 93 Rn. 46).
57 Hölters/*Hölters*, § 93 Rn. 311.
58 Hüffer/*Koch*, § 93 Rn. 78; Schmidt/Lutter/*Krieger/Sailer-Coceani*, § 93 Rn. 66.

Personengesellschaften (→ Rn. 52) – keinen Verzicht auf Ersatzansprüche gegen Vorstandsmitglieder (§ 120 Abs. 2 Satz 2 AktG).

49 Eine **GmbH** kann auf Ersatzansprüche gegen den Geschäftsführer aus § 43 Abs. 2 GmbHG verzichten oder sich durch Vergleich einigen.[59] Erforderlich ist ein Beschluss der Gesellschafterversammlung. Die Gesellschafter verstoßen mit dem Beschluss gegen die Treuepflicht, wenn der Beschluss zu einem Zeitpunkt erzwungen wird, zu dem die Gesellschafter noch nicht beurteilen können, ob der Gesellschaft durch die Pflichtverletzung ein Schaden zugefügt wurde, sondern diese lediglich durch den beschlossenen Verzicht weitere Untersuchungen verhindern wollen.[60]

50 Ein **Entlastungsbeschluss** der GmbH-Gesellschafter (§ 46 Nr. 5 Fall 3 GmbHG) hat zur Folge, dass solche Ersatzansprüche der GmbH ausgeschlossen sind, die der Gesellschafterversammlung bei sorgfältiger Prüfung aller Vorlagen und Berichte erkennbar sind oder von denen alle Gesellschafter privat Kenntnis haben.[61]

51 Auch ein Handeln des GmbH-Geschäftsführers im (stillschweigenden) **Einverständnis mit sämtlichen Gesellschaftern** stellt grundsätzlich keine (haftungsbegründende) Pflichtverletzung dar und kann daher keinen ersatzfähigen Schaden begründen.[62] Dies gilt erst recht, wenn der Geschäftsführer auf **Weisung der übrigen Gesellschafter** gehandelt hat. Auf eine Enthaftung nach den Grundsätzen der Business Judgement Rule (→ Rn. 13 ff.) kommt es dann nicht an.

52 Ähnliches gilt bei den (unternehmenstragenden) Personengesellschaften (**OHG/KG**). Auch hier entfällt die Haftung trotz eines Pflichtverstoßes, wenn die übrigen Gesellschafter das fragliche Verhalten in Kenntnis der Umstände **gebilligt** oder dem Geschäftsführer **Entlastung** erteilt haben.[63]

V. Beweislastverteilung im Prozess

53 Die **Beweislast** ist maßgeblich für die Frage, welche Prozesspartei, also die klagende Gesellschaft oder der beklagte Vorstand/Geschäftsführer, die Folgen der Ungewissheit einer für die Entscheidung erheblichen Tatsache zu tragen hat.

---

59 Das Verbot des § 43 Abs. 3 Satz 2 GmbHG i.V.m § 9b Abs. 1 Satz 1 GmbHG bezieht sich nur auf Ersatzansprüche aus § 43 Abs. 3 GmbHG und ist nicht analog auf Ansprüche aus § 43 Abs. 2 GmbHG anwendbar (Baumbach/Hueck/*Zöllner/Noack*, § 43 Rn. 47; Henssler/Strohn/*Oetker*, § 43 Rn. 53).
60 MünchKommGmbHG/*Fleischer*, § 43 Rn. 282; Krieger/Schneider/*Haas/Wigand*, § 16 Rn. 22.
61 BGH, Urt. v. 20.05.1985 – II ZR 165/84 = RS0999197; vgl. zur Entlastung der GmbH-Geschäftsführer *Wolff*, in: MünchHdb GesR III, § 37 Rn. 32 f. m.w.N.
62 BGH, Urt. v. 18.06.2013 – II ZR 86/11, Rn. 33 = DB 2013, S. 1959 ff.
63 MAH Personengesellschaftsrecht/*Karrer*, § 14 Rn. 164 f.

Im Prozess muss die **Gesellschaft** darlegen und beweisen, dass und inwieweit ihr durch ein möglicherweise pflichtwidriges Verhalten des Organs ein adäquat kausaler Schaden erwachsen ist.[64] Hinsichtlich der Schadenshöhe kommt der Gesellschaft die Beweiserleichterung in Form der Schadensschätzung gemäß § 287 ZPO zugute. Es genügt danach, wenn die Gesellschaft Tatsachen vorträgt und unter Beweis stellt, die ausreichende greifbare Anhaltspunkte für eine Schätzung durch das Gericht – ggf. unter Heranziehung eines Sachverständigen – bieten. 54

Das **Vorstandsmitglied** bzw. der **Geschäftsführer** muss darlegen und beweisen, dass er seine Sorgfaltspflichten nicht verletzt oder jedenfalls schuldlos gehandelt hat oder dass der Schaden auch bei einem rechtmäßigen Alternativverhalten (→ Rn. 33) eingetreten wäre.[65] Ebenso trägt das Vorstandsmitglied bzw. der Geschäftsführer die Beweislast dafür, dass die Voraussetzungen der Vorteilsausgleichung (→ Rn. 34) vorliegen. Erhebt die in Anspruch genommene Leitungsperson die Einrede der Verjährung (→ Rn. 37) oder beruft sie sich auf einen sonstigen Haftungsausschluss (→ Rn. 46), hat sie die zugrunde liegenden Tatsachen darzulegen und zu beweisen. 55

> **Praxistipp** 56
> Um in einem möglichen Haftungsprozess insbesondere den Nachweis eines Handelns auf Grundlage angemessener Informationen (→ Rn. 17) erbringen zu können, ist eine minutiöse und nachvollziehbare Dokumentation eigener Entscheidungsprozesse und deren Informationsgrundlagen geboten.

Problematisch ist, dass Vorstände und Geschäftsführer in der Regel erst nach ihrem Ausscheiden aus dem Amt verklagt werden. Nach Beendigung ihrer Amtszeit sind sie jedoch verpflichtet, über die in ihren Besitz gelangten Unterlagen der Gesellschaft Auskunft zu erteilen und sie herauszugeben.[66] 57

> **Praxistipp** 58
> Das ausscheidende Organmitglied sollte von der Gesellschaft Kopien der relevanten Unterlagen zum Zwecke der sachgerechten Verteidigung gegen drohende Schadensersatzansprüche fordern. Es kann ggf. in Zusammenarbeit mit der D&O-Versicherung darauf hingewirkt werden, dass dies auf Grundlage des § 31 VVG vorgeht und man Kopien von denjenigen Unterlagen anfordert, die zur Feststellung des Versicherungsfalls oder des Umfangs der Leistungspflicht des Versicherers erforderlich sind.[67]

---

64 BGH, Urt. v. 18.06.2013 – II ZR 86/11, Rn. 22 = DB 2013, S. 1959 ff.: GmbH; BGH, Urt. v. 22.02.2011 – II ZR 146/09, Rn. 17 = DB 2011, S. 925 ff.: AG; *v. Ditfurth*, in: MünchHdb GesR I, § 53 Rn. 32: OHG/KG.
65 BGH, Urt. v. 18.06.2013 – II ZR 86/11, Rn. 32 = DB 2013, 1959 ff.: GmbH; BGH, Urt. v. 22.02.2011 (Fn. 64); *Ditfurth*, in: MünchHdb GesR I, § 53 Rn. 32: OHG/KG.
66 BGH, Beschl. vom 07.07.2008 – II ZR 71/07, Rn. 3 = DB 2008, S. 2074 ff.
67 *Freund*, NZG 2015, S. 1419 (1421).

59 Dem (ehemaligen) Vorstand oder Geschäftsführer steht bei Inanspruchnahme durch die Gesellschaft zudem ein **Einsichtsrecht** in die Unterlagen des Unternehmens zu. Dies ist insbesondere dann von Bedeutung, wenn sich erst im laufenden Prozess die Relevanz bestimmter Dokumente zeigt. Schließlich kann das Gericht die Vorlage der sich im Besitz des Unternehmens befindlichen Unterlagen anordnen, wenn sich das beklagte Organmitglied darauf bezogen und die Beweiseignung der vorzulegenden Unterlagen dargelegt hat.[68]

60 Das in Anspruch genommene Mitglied der Unternehmensführung kann sich im Rahmen seiner Darlegungs- und Beweislast nicht mit dem bloßen Hinweis auf die Prüfung und Zertifizierung des CMS auf der Grundlage bestimmter **betriebswirtschaftlicher Management- oder Organisationsmodelle** (etwa **IDW PS 980**) entlasten.[69] Es hat vielmehr darzulegen und unter Beweis zu stellen, dass die Wahl des CMS den besonderen Bedingungen des Unternehmens gerecht wird.[70]

VI. Managerhaftung als Gegenstand von Schiedsverfahren

61 Die repressiven Pflichten der Unternehmensleitung zur Aufklärung und Sanktionierung von Compliance-Verstößen (→ § 7) gehen mit einer Verringerung der Möglichkeiten einher, Fehlverhalten im Unternehmen aus Reputations- und persönlichen Gründen zu verschweigen und ungeahndet zu lassen.[71] Hier haben Schiedsverfahren gegenüber Verfahren vor staatlichen Gerichten den Vorteil, dass sie unter Ausschluss der Öffentlichkeit stattfinden.

62 Auch Organhaftungsstreitigkeiten können vor Schiedsgerichten ausgetragen werden.[72] Hierzu bedarf es einer Schiedsvereinbarung (§ 1029 Abs. 1 ZPO). Eine solche kann in Form einer selbstständigen Vereinbarung (Schiedsabrede) geschlossen werden (§ 1029 Abs. 2 1. Alt. ZPO). Eine **Schiedsabrede** ist ein Vertrag, in dem die Vertragsparteien für einen konkret bestehenden Streit oder für zukünftig entstehende Streitigkeiten die Zuständigkeit eines Schiedsgerichts begründen. Die Schiedsabrede bedarf der Einigung darüber,
*   dass ein Schiedsgericht tätig sein soll,
*   wer als Schiedsgericht berufen sein soll und
*   über welche Streitigkeiten das Schiedsgericht entscheiden soll.[73]

---

68 Vgl. § 142 Abs. 1 ZPO.
69 MünchKommAktG/*Spindler*, § 93 Rn. 30.
70 Ebd.
71 Siehe zur Geheimhaltung von Compliance-Verstößen: *Schockenhoff*, NZG 2015, S. 409.
72 *Scholz/Schneider/Crezelius*, § 43 Rn. 293; Musielak/Voit/*Voit*, § 1030 ZPO Rn. 2; *Schumacher*, NZG 2016, S. 969 ff.; *Leuering*, NJW 2014, S. 657 ff.; *Umbeck*, SchiedsVZ 2009, S. 143 ff.
73 Eingehend zu Schiedsverfahren bei gesellschaftsrechtlichen Streitigkeiten: *Benedict/Gehle/Schmidt*, in: MünchHdb GesR VII, § 144 Rn. 1 ff.

Wenn die Schiedsvereinbarung nicht als eigenständiger Vertrag geschlossen wird, sondern lediglich Bestandteil eines weitergehenden Vertrags ist, spricht das Gesetz von einer **Schiedsklausel** (§ 1029 Abs. 2 2. Alt. ZPO). 63

Nach einhelliger Meinung **zulässig** ist die Vereinbarung einer **individuellen Schiedsvereinbarung**, etwa im Anstellungsvertrag oder in einer Aufhebungsvereinbarung. Die Organmitglieder sind hierbei Verbraucher im Sinne des § 13 BGB. Daher muss die Schiedsvereinbarung gemäß § 1031 Abs. 5 ZPO in einer von den Parteien **eigenhändig unterzeichneten Urkunde** enthalten sein. Zudem darf die Schiedsvereinbarung – außer bei notarieller Beurkundung – nicht mit anderen Vereinbarungen auf derselben Urkunde oder demselben Dokument verbunden werden. Das bedeutet nicht, dass die Ausfertigung der Schiedsvereinbarung auf einem gesonderten Blatt erfolgen muss. Es genügt vielmehr, wenn die Schiedsvereinbarung **räumlich sichtbar getrennt** von den anderen Vereinbarungen in eine Urkunde aufgenommen und von den Parteien gesondert unterzeichnet wird.[74] 64

Umstritten ist hingegen die Zulässigkeit sog. **statuarischer Schiedsvereinbarungen**, d.h. solcher in den Gesellschaftsverträgen der Personengesellschaften oder den Satzungen der Kapitalgesellschaften geregelter Schiedsvereinbarungen.[75] 65

Praxistipp 66
Soll die Zuständigkeit eines Schiedsgerichts begründet werden, so ist der sicherste Weg aus Sicht von Vorstandsmitgliedern und Geschäftsführen die Vereinbarung einer individuellen Schiedsabrede (→ Rn. 62) in einer separaten Urkunde, die eigenhändig unterzeichnet ist.

VII. Vergleichsweise Regelung von Managerhaftungsfällen
In der Praxis von großer Bedeutung ist die vergleichsweise Beilegung von Streitigkeiten zwischen der Gesellschaft und ihren zum Schadensersatz verpflichteten Managern, in der Regel unter Einbindung der D&O-Versicherung. Ein prominentes Beispiel aus jüngster Vergangenheit ist die Einigung der Deutschen Bank mit ihrem früheren Vorstand Rolf-E. Breuer auf einen Vergleich, wonach Breuer an seinen früheren Arbeitgeber 3,2 Mio. € für die Folgen von Interviewäußerungen über die Mediengruppe Kirch zahlte. Weitere 90 Mio. € zahlte dessen D&O-Versicherung an die Bank. 67

---

74 Musielak/Voit/*Voit*, § 1031 Rn. 11; MünchKommZPO/*Münch*, § 1031 Rn. 59.
75 Vgl. zum Meinungsstand: *Benedict/Gehle/Schmidt*, in: MünchHdb GesR VII, § 144 Rn. 40–56.

68　Die **Voraussetzungen**, unter denen sich eine **AG** mit ihren **Vorstandsmitgliedern** über Ersatzansprüche vergleichen kann, sind gesetzlich geregelt: Ein Vergleich ist gemäß § 93 Abs. 4 Satz 3 AktG zulässig,[76] wenn

1. drei Jahre seit der Entstehung des Anspruchs vergangen sind,
2. die Hauptversammlung zustimmt und
3. nicht eine Minderheit, deren Anteile zusammen den zehnten Teil des Grundkapitals erreichen, zur Niederschrift Widerspruch erhebt.

69　Die Hauptversammlung unterliegt bei ihrer Entscheidung über den Vergleichsvorschlag keinen inhaltlichen Beschränkungen. Der Aufsichtsrat muss im Zusammenhang mit dem Vergleichsschluss die Sorgfalt eines ordentlichen und gewissenhaften Überwachers anwenden (§§ 116 Satz 1, 93 Abs. 1 Satz 1 AktG). Die Entscheidung für einen Vergleichsschluss muss daher mit dem Unternehmensinteresse vereinbar sein, wobei dem Aufsichtsrat nach §§ 116 Satz 1, 93 Abs. 1 Satz 2 AktG ein Ermessensspielraum im Sinne der Business Judgement Rule (→ Rn. 13 ff.) zukommt.[77]

70　Mangels gesetzlicher Regelung ist ein Vergleich mit dem **GmbH-Geschäftsführer** über Ansprüche nach § 43 GmbHG zulässig. Voraussetzung eines wirksamen Vergleichs ist ein Gesellschafterbeschluss mit einfacher Mehrheit.[78] Hat der Geschäftsführer bei einem Beschluss über einen Vergleich über Ansprüche gegen ihn mitgestimmt, ist der Beschluss anfechtbar, aber nicht nichtig.

71　Auch die unternehmenstragende Personengesellschaft (**OHG/KG**) kann mit dem zum Schadensersatz verpflichteten geschäftsführenden Gesellschafter einen Vergleich abschließen,[79] wenn die Gesellschafterversammlung zustimmt.

76　Vgl. zum Ganzen ausführlich: *Wilsing*, in: FS Wilhelm Haarmann, S. 261 (268 ff.).
77　*Wilsing*, in: FS Wilhelm Haarmann, S. 261 (281 f.) m.w.N.; Hüffer/*Koch*, § 93 Rn. 76; MünchKommAktG/*Habersack*, § 116 Rn. 16.
78　MünchKommGmbHG/*Fleischer*, § 43 Rn. 281; Baumbach/Hueck/*Zöllner/Noack*, § 43 Rn. 47.
79　E/B/J/S/*Drescher*, § 114 Rn. 43; MünchKommHGB/*Rawert*, § 114 Rn. 68.

Literatur

Fleischer/Bauer, Von Vorstandsbezügen, Flugreisen, Festschriften, Firmensponsoring und Festessen: Vorstandshaftung für übermäßige Vergütung und „fringe benefits", ZIP 2015, S. 1901 ff.

Freund, Brennpunkte der Organhaftung – Anmerkungen aus der Praxis zur organrechtlichen Innenhaftung, NZG 2015, S. 1419 ff.

Harbarth/Brechtel, Rechtliche Anforderungen an eine pflichtgemäße Compliance-Organisation im Wandel der Zeit, ZIP 2016, S. 241 ff.

Habersack, 19 Jahre „ARAG/Garmenbeck" – und viele offene Fragen, NZG 2016, S. 321 ff.

Leuering, Organhaftung und Schiedsverfahren, NJW 2014, S. 657 ff.

Löbbe/Fischbach, Die Business Judgement Rule bei Kollegialentscheidungen des Vorstands, AG 2014, S. 717 ff.

Reichert, „ARAG/Garmenbeck" im Praxistest, ZIP 2016, S. 1189 ff.

Schockenhoff, Geheimhaltung von Compliance-Verstößen, NZG 2015, S. 409.

Schumacher, Organhaftung und D&O-Versicherung im Schiedsverfahren, NZG 2016, S. 969 ff.

Umbeck, Managerhaftung als Gegenstand schiedsgerichtlicher Verfahren, SchiedsVZ 2009, S. 143 ff.

Mosbacher

§ 5 Strafrechtliche Haftung und bußgeldrechtliche Tatbestände

Übersicht

Executive Summary
Leitungs- und Entscheidungspflichten
- Vermeidung eigener Straftaten und Ordnungswidrigkeiten bei unternehmerischem Handeln (→ Rn. 2 ff., 16 ff.),
- Verhinderung von betriebsbezogenen Straftaten und Ordnungswidrigkeiten anderer (→ Rn. 22 ff.),
- Wahrnehmung der gesetzlichen Aufsichtspflicht (→ Rn. 30 ff.),
- Verhinderung möglicher Regressansprüche (→ Rn. 41).

Steuerungsziele
- Jeder Verdacht der Begehung einer Straftat oder Ordnungswidrigkeit durch Angehörige des Unternehmens muss – soweit möglich – vermieden werden (→ Rn. 1, 51).

Erste Maßnahmen
- Analyse der rechtlichen Risiken für sich selbst (→ Rn. 2 ff.),
- Analyse der rechtlichen Risiken für das Unternehmen (→ Rn. 22 ff.),
- Einführung/Optimierung eines CMS oder eines Compliance-Programms (→ Rn. 32 ff.).

Umsetzungsschritte und Delegation
- Schulung der Mitarbeiter über rechtliche Risiken und ihre Vermeidung (→ Rn. 32),

- regelmäßige Überprüfung/Anpassung der Compliance-Maßnahmen (→ Rn. 34),
- Das Compliance-Programm muss „gelebt" werden und darf nicht nur auf dem Papier stehen (→ Rn. 32).
- Sofortmaßnahmen beim Verdacht von Straftaten oder Ordnungswidrigkeiten (→ Rn. 33),
- bei strafprozessualen Zwangsmaßnahmen sofortige Einholung von Sachverstand (→ Rn. 55),
- soweit angebracht Kooperation mit den Ermittlungsbehörden im Interesse des Unternehmens (→ Rn. 55, 60).

Wirksamkeit
- Ausrichtung der Compliance-Maßnahmen an der Größe und der Risikostruktur des Unternehmens,
- Lehren aus der Vergangenheit ziehen und Missstände schnell abstellen (→ Rn. 33).

Ergebnis, Vorteile und Nutzen
- Entlastung von Straf- und Bußgeldern für sich selbst und Mitarbeiter (→ Rn. 50),
- Entlastung vom Risiko einer Unternehmensgeldbuße in Millionenhöhe (→ Rn. 49),
- Verhinderung von Reputationsschäden durch strafprozessuale Zwangsmaßnahmen (→ Rn. 51).

A. Einleitung

Compliance, verstanden als das Bemühen um die Einhaltung geltenden Rechts, erweist seine Relevanz besonders dann, wenn es um die Einhaltung straf- oder bußgeldbewehrter Normen geht. Bei Rechtsverstößen drohen nicht nur einschneidende **Sanktionen** für verantwortliche Personen, schlimmstenfalls langjährige Freiheitsstrafen, sondern auch erhebliche finanzielle Belastungen für betroffene Unternehmen. Besonders gravierend sind auch **strafprozessuale Zwangsmaßnahmen,** wie etwa die Durchsuchung der Geschäftsräume oder die Pfändung der Geschäftskonten im Rahmen des dinglichen Arrests beim Verdacht einer Straftat. Verantwortliche eines Unternehmens müssen sich deshalb stets darüber klar sein, bei welchen Entscheidungen das Risiko besteht, sich selbst strafbar oder ordnungswidrig zu verhalten und wann aufgrund von Straftaten oder Ordnungswidrigkeiten eine finanzielle Zwangsmaßnahme gegen das Unternehmen droht. Bereits der Verdacht der Begehung einer Straftat oder Ordnungswidrigkeit reicht regelmäßig aus, um strafprozessuale Zwangsmaßnahmen, wie eine Durchsuchung oder eine Kontenpfändung, zu rechtfertigen.

1

B. Strafbarkeit des Geschäftsführers, des Vorstands und des Aufsichtsrats

I. Pflichtverletzungen gegenüber dem Unternehmen: Untreue

1. Inhalt der Vermögensbetreuungspflicht

2 Wer ein Unternehmen verantwortlich leitet, hat ein typisches Problem: Er arbeitet in aller Regel mit fremdem Vermögen. Die Vermögenswerte der juristischen Person gehören deren handelnden Organen regelmäßig nicht. Die juristische Person und die dahinter stehenden Eigentümer (Aktionäre, Gesellschafter) haben ein besonderes Interesse am Erhalt ihrer Vermögenswerte. Dieses Interesse ist auch strafrechtlich geschützt, und zwar durch den Straftatbestand der Untreue (§ 266 StGB). Der Unternehmensführung sind die Vermögenswerte des Unternehmens zum sorgsamen Umgang anvertraut. Die Mitglieder von Vorstand und Aufsichtsrat der AG sowie die Geschäftsführer der GmbH trifft deshalb eine **Vermögensbetreuungspflicht**, also die Pflicht, die Interessen des Vermögensinhabers bei unternehmerischen Entscheidungen zu wahren. Wird diese Pflicht mit zumindest bedingtem Vorsatz verletzt und dem Unternehmen dadurch ein Nachteil zugefügt, macht sich der Verantwortliche nach § 266 StGB regelmäßig strafbar, auch wenn er nur zum vermeintlich Besten des Unternehmens handeln und sich nicht selbst bereichern wollte.

3 Bei vielen unternehmerischen Entscheidungen ist klar, dass man beim Umgang mit dem anvertrauten Vermögen im Interesse möglicher Vermögensmehrung (oder zur Vermeidung von Vermögensverlusten) ein gewisses **Risiko** eingeht, das auch zu Vermögensnachteilen führen kann. Natürlich darf solches Verhalten nicht generell strafbar sein: Niemand würde mehr unternehmerische Entscheidungen treffen wollen, wenn er sich dadurch stets dem Risiko der Strafbarkeit aussetzt. Zudem muss man sich davor hüten, Entscheidungen erst von ihrem negativen Ausgang her zu beurteilen – ein typisches Problem der Strafjustiz, die das Geschehen erst Jahre später aufarbeitet. Es gilt daher, den strafrechtlich unbedenklichen von dem strafrechtlich relevanten Umgang mit fremdem Geld im Rahmen unternehmerischen Handelns trennscharf zu unterscheiden.

2. Einverständnis des Vermögensinhabers schließt Strafbarkeit regelmäßig aus

4 Erster Ansatz ist die Frage, ob die Eigentümer (Aktionär, Gesellschafter) ausdrücklich mit dem entsprechenden Handeln einverstanden sind. In diesem Fall kann die Strafbarkeit aufgrund eines strafausschließenden **Einverständnisses** entfallen. Gibt es etwa einen Gesellschafterbeschluss, wonach nahezu das gesamte Gesellschaftsvermögen in hochriskante Anleihen investiert werden soll, ist der Geschäftsführer wegen eines fehlgeschla-

genen Investments in solche Anleihen nicht strafbar. Denn die Eigentümer können mit ihren Vermögenswerten umgehen, wie sie wollen. Bei Personengesellschaften gilt dies uneingeschränkt.

Juristische Personen hingegen genießen nach der Rechtsprechung einen 5 gewissen **Bestandsschutz** auch gegen ihre Eigner, namentlich aus Gründen des Gläubigerschutzes.[1] Unwirksam ist demnach das Einverständnis mit solchen Entscheidungen, mit denen die wirtschaftliche Existenz der Gesellschaft oder entgegen § 30 GmbHG das Stammkapital gefährdet wird. Insoweit kann die Entscheidung, sämtliche Vermögenswerte einer GmbH in hochriskante Geschäfte zu investieren, den Umständen nach doch strafbar sein. Besondere Probleme können dabei im **Konzern** entstehen, etwa wenn durch zentrales **Cashmanagement** die Existenzgefährdung einer Tochter-GmbH durch Beeinträchtigung des Stammkapitals droht.[2]

Inwieweit **Aktionären** eine **Einwilligungskompetenz** zukommt, ist in 6 der höchstrichterlichen Rechtsprechung bislang ungeklärt und im Einzelnen umstritten.[3] Nach hiesiger Auffassung müssen die Anteilseigner der AG wie die Gesellschafter der GmbH beurteilt werden. Das Einverständnis der Eigner schützt vor Strafbarkeit nicht, wenn es – etwa durch bewusst unvollständige Informationen – erschlichen wurde oder sonst auf schwerwiegenden Willensmängeln beruht oder wenn die Zustimmung ihrerseits pflichtwidrig ist,[4] etwa weil auf einen gesetzwidrigen Zweck gerichtet.

3. Keine Pflichtwidrigkeit bei Einhaltung der Business Judgement Rule

Zweiter Ansatz zur Abgrenzung des strafbaren Handelns vom straffreien ist 7 die Frage, ob die **unternehmerische Entscheidung pflichtwidrig** war oder nicht. Für den Vorstand regelt § 93 Abs. 1 Satz 2 AktG, dass eine Pflichtverletzung bei einer unternehmerischen Entscheidung nicht vorliegt, wenn das Vorstandsmitglied vernünftigerweise annehmen durfte, auf der Grundlage angemessener Information zum Wohle der Gesellschaft zu handeln. Dieser zunächst zivilrechtlich formulierte Haftungsausschluss (Business Judgement Rule → § 4 Rn. 13 ff.) muss auch strafrechtliche Relevanz entfalten. Erst bei einer Überschreitung des dem Vorstand durch § 76 Abs. 1, § 93 Abs. 1 AktG eingeräumten unternehmerischen Ermessens kommt eine Strafbarkeit wegen Untreue in Betracht.[5] Dies muss auch für das unternehmerische Han-

---

1   Vgl. BGH, Beschl. v. 31.07.2009 – 2 StR 95/09 = DB 2009, S. 2089 ff.
2   Überschuldung im konzernierten Liquiditätsverband, vgl. BGH, Urt. v. 13.05.2004 – 5 StR 73/03 (*Bremer Vulkanwerft*) = DB 2004, S. 1487.
3   Vgl. BGH, Urt. v. 27.08.2010 – 2 StR 111/09 (*Kriegskasse im Ausland, Trienekens*) = RS0799687.
4   Vgl. BGH, Urt. v. 21.12.2005 – 3 StR 470/04 (*Mannesmann/Vodafone*) = DB 2006, S. 323.
5   Vgl. OLG Düsseldorf, Beschl. v. 29.04.2015 – III-1 Ws 429/14.

deln in anderen Gesellschaften (etwa in der GmbH) gelten. Der BGH formuliert dazu: „Eine Pflichtverletzung [ist] nicht gegeben, solange die Grenzen, in denen sich ein von Verantwortungsbewusstsein getragenes, ausschließlich am Unternehmenswohl orientiertes, auf sorgfältiger Ermittlung der Entscheidungsgrundlagen beruhendes unternehmerisches Handeln bewegen muss, nicht überschritten werden".[6]

4. Vorsicht bei folgenden Konstellationen

a) Vermögenswerte des Unternehmens werden ohne Gegenleistung „verschenkt"

8   Zulässig ist in weitem Umfang das **Sponsoring** in Bereichen von Sport, Kunst, Wissenschaft oder Sozialwesen. Nach der Rechtsprechung des BGH hat der Vorstand einen weiten Handlungsspielraum, wenn er Zuwendungen in diesem Bereich ohne unmittelbare Gegenleistung vergibt. Die Voraussetzungen hierfür sind regelmäßig, dass die Zuwendung innerbetrieblich offengelegt wird, vom Unternehmensgegenstand gedeckt ist und ihr Umfang der Wirtschafts- und Ertragslage des Unternehmens entspricht.[7] Nicht zulässig ist hingegen, einem ausscheidenden Vorstandsmitglied ohne vertragliche Grundlage als Belohnung eine „Anerkennungsprämie" zuzuwenden[8] oder sonst ohne hinreichenden Grund Geld zu verschenken.[9]

b) Das Eingehen erheblicher Risiken durch unternehmerische Entscheidungen

9   Insoweit gilt schon nach der Rechtsprechung des Reichsgerichts, dass eine Untreue begehen kann, wer Geschäfte betreibt, die von dem Gebot kaufmännischer Sorgfalt weit abweichen, indem einer aufs Äußerste gesteigerten Verlustgefahr nur eine höchst zweifelhafte Aussicht auf einen günstigen Verlauf gegenübersteht. Bildlich umschrieben wird dies von der Rechtsprechung dahingehend, dass der Vermögensbetreuungspflichtige „wie beim Glücksspiel alles auf eine Karte setzt" oder **„nach Art eines Spielers"** mit dem ihm anvertrauten Vermögen umgeht.[10] Ist bei wirtschaftlich vernünftiger, alle bekannten äußeren Umstände berücksichtigender Gesamtbetrachtung die Gefahr eines Verlustgeschäfts wahrscheinlicher als die Aussicht auf Gewinnzuwachs, kann dieses Verhalten eine Verletzung der Vermögensbetreuungspflicht darstellen.[11] Eine Sonderform der Pflichtverletzung kann die **Investition in Finanzprodukte** sein, deren finanzielle

---

6   BGH, Urt. v. 21.12.2005 (Fn. 4).
7   Vgl. BGH, Urt. v. 06.12.2001 – 1 StR 215/01 = DB 2002, S. 626; OLG Düsseldorf, Beschl. v. 29.04.2015 – III-1 Ws 429/14.
8   BGH, Urt. v. 21.12.2005 (Fn. 4).
9   Zur Zahlung einer gesetzlich nicht vorgesehenen Vergütung an Betriebsratsmitglieder vgl. LG Braunschweig, Urt. v. 25.01.2007 – 6 KLs 48/06.
10   Vgl. RG, Urt. v. 22.02.1927 – I 22/27; RG, Urt. v. 02.06.1932 – II 336/32; BGH, Urt. v. 27.02.1975 – 4 StR 571/74 (*Bundesligaskandal*).
11   BGH, Urt. v. 27.02.1975 (Fn. 10).

Risiken aufgrund ihrer komplizierten Konstruktion nicht auszurechnen sind. Wer mit fremdem Geld in ihm nicht verständliche Finanzprodukte investiert und deshalb nicht kalkulierbare finanzielle Verpflichtungen eingeht, handelt pflichtwidrig und muss damit rechnen, bei Eintritt von Vermögensnachteilen wegen des Verdachts der Untreue verfolgt zu werden. Besondere Prüfungspflichten können sich auch aus dem Gesetz ergeben, etwa bei der Vergabe von Großkrediten durch Banken.[12]

c) Einrichtung oder Fortführung „Schwarzer Kassen"

Nicht selten werden für bestimmte „besondere Aufgaben", wie insbesondere die Zahlung von Schmiergeldern, sog. „Schwarze Kassen" in Unternehmen gebildet oder aus früherer Zeit stammende vorgefunden. Das Anlegen solcher verdeckter Kassen oder das Fortführen vorgefundener „Schwarzer Kassen" ist regelmäßig als Untreue strafbar, auch wenn dies vorgeblich im Unternehmensinteresse erfolgt. Wer entgegen der Sorgfalt eines ordentlichen Geschäftsmanns (§ 43 Abs. 1 GmbHG) bzw. eines ordentlichen und gewissenhaften Geschäftsleiters (§ 93 Abs. 1 Satz 1 AktG) sowie unter Verstoß gegen das handelsrechtliche Gebot der Vollständigkeit und Richtigkeit der Buchführung (§ 239 Abs. 2 HGB) Vermögensgegenstände durch inhaltlich falsche Buchungsvorgänge aus der Buchung aussondert, um darüber unter gezielter Umgehung gesellschaftsinterner Kontrollen und seiner Rechenschaftspflicht nach Maßgabe eigener Zwecksetzung verfügen zu können, begeht eine Treuepflichtverletzung, die unmittelbar zu einem Vermögensnachteil führt.[13] Wer „Schwarze Kassen" vorfindet, muss diese aufgrund seiner Vermögensbetreuungspflicht gegenüber dem Treugeber offenbaren und die Gelder in die Buchhaltung einstellen.[14]

d) Abrechnung privater Kosten über das Unternehmen

Strafbar als Untreue ist auch, wenn ein Vorstandsmitglied ohne ausdrückliche Vereinbarung privat veranlasste Fahrten auf Unternehmenskosten durchführt oder sonstige Privatveranstaltungen über das Unternehmen abrechnet. In derartigen Fällen führt zudem das „**Umschreiben**" der an den Privatmann gerichteten Rechnungen auf das Unternehmen regelmäßig zu einer **Steuerhinterziehung**, wenn im Rahmen von Umsatzsteuererklärungen Vorsteuer aus den Privatrechnungen gezogen wird.[15] Wird die private Ausgabe zu Unrecht als Aufwand der juristischen Person gebucht, sind auch die Körperschaftsteuererklärung und die Gewerbesteuererklärung falsch. In all diesen

10

11

---

12   Vgl. § 18 KWG, hierzu BGH, Urt. v. 06.04.2000 – 1 StR 280/99 = RS0712102.
13   BGH, Urt. v. 27.08.2010 – 2 StR 111/09 (Fn. 3).
14   BGH, Urt. v. 29.08.2008 – 2 StR 587/07 (*Siemens/KWU*) = DB 2008, S. 2698.
15   Vgl. den Fall *Middelhoff*, LG Essen, Urt. v. 14.11.2014 – 35 KLs 14/13, die Revision des Angeklagten gegen dieses Urteil wurde durch den BGH als offensichtlich unbegründet ohne nähere Ausführungen verworfen, BGH, Beschl. v. 17.02.2016 – 1 StR 209/15.

Fällen muss bei Aufdeckung der Tat die falsche Steuererklärung berichtigt werden, ansonsten droht eine Strafbarkeit wegen Steuerhinterziehung.

12 **Praxistipp**

Stehen Sie vor schwierigen, zweifelhaften oder risikoreichen Entscheidungen, die zu finanziellen Belastungen für das Unternehmen führen können? Fragen Sie sich, wie Sie es fänden, wenn andere so mit Ihrem Geld umgehen und ob Sie Ihr eigenes Geld dafür ausgeben würden.

II. Sonstige Straftatbestände

13 Sonstige Straftatbestände, die Unternehmensverantwortliche typischerweise verwirklichen können, sind **Korruptionsdelikte** (→ § 13), **Steuerstraftaten** (→ § 15 Rn. 13 ff.) und **Geldwäsche** (→ § 19). Zu denken ist aber auch an **Betrug**, etwa durch überhöhte Abrechnungen in Form von Gebührenbescheiden im öffentlichen Sektor.[16] Auch der **Umweltschutz** ist inzwischen von erheblicher strafrechtlicher Bedeutung (§§ 324 ff. StGB). Da regelmäßig schon fahrlässiges Verhalten strafbar ist (vgl. § 324 Abs. 3, § 324a Abs. 3, § 325 Abs. 4, § 325a Abs. 3, § 326 Abs. 4, § 327 Abs. 3, § 328 Abs. 5, § 329 Abs. 5 StGB), sind besondere Schutzmaßnahmen zum Schutz der Umwelt vor den vom Betrieb des Unternehmens ggf. ausgehenden Gefahren geboten (→ § 20).

14 Gerade **Personalverantwortung** kann ein eigenes Strafbarkeitsrisiko darstellen. Straf- und Ordnungswidrigkeitstatbestände finden sich insbesondere im Bereich der Arbeitnehmerüberlassung[17] (→ § 16 Rn. 3 ff.), der Beschäftigung von Ausländern[18] oder der Arbeitnehmerentsendung.[19] Bei Unternehmen in der Krise, aber auch bei Schwarzarbeit, spielt die Strafbarkeit des Vorenthaltens von Sozialversicherungsbeiträgen (§ 266a StGB) eine große Rolle. Schnell werden hier hohe Schadenssummen erreicht, die zu vollstreckbaren Freiheitsstrafen führen. Die Entrichtung fälliger **Sozialversicherungsbeiträge** genießt nach der sehr strengen Rechtsprechung der Strafsenate des BGH absoluten Vorrang vor der Begleichung aller anderen Verbindlichkeiten, hierauf muss in der Krise unbedingt geachtet werden.[20]

15 **Praxistipp**

Analysieren Sie straf- und bußgeldrechtliche Risiken, die gerade Ihr Unternehmen betreffen können und machen Sie sich mit der rechtlichen Materie vertraut.

---

16 Vgl. BGH, Urt. v. 17.07.2009 – 5 StR 394/08 (*Betrug durch Gebührenüberhöhung/BSR*) = RS0799114.
17 §§ 15 ff. AÜG; hierzu näher Ignor/Mosbacher/*Paetzold*, § 3 Rn. 1 ff.
18 §§ 10 ff. SchwarzArbG, §§ 95 ff. AufenthG, § 85 AsylVfG; hierzu näher Ignor/Mosbacher/*Mosbacher*, § 4 Rn. 1 ff.
19 § 23 AEntG, hierzu näher Ignor/Mosbacher/*Andorfer/Rothenhöfer*, § 7 Rn. 1 ff.
20 Vgl. näher dazu Ignor/Mosbacher/*Pananis*, § 6 Rn. 29; vgl. auch *Köllner/Cyrus*, NZI 2016, S. 17.

Mosbacher

III. Wer haftet wofür und warum?

1. Haftung für eigenes Verhalten

Verletzt der Geschäftsführer, ein Vorstands- oder Aufsichtsratsmitglied eine ihn treffende strafrechtliche oder bußgeldrechtliche Pflicht, kann gegen ihn persönlich eine Geld- oder Freiheitsstrafe oder eine Geldbuße verhängt werden. Bei finanziellen Sanktionen stellt sich die Frage, ob diese von dem Unternehmen übernommen werden dürfen. Nach einer Grundsatzentscheidung des BGH muss die Hauptversammlung der **Übernahme** einer **Geldstrafe**, **Geldbuße** oder **Geldauflage** zustimmen, wenn ein Vorstandsmitglied durch die inkriminierte Handlung zugleich seine Pflichten gegenüber der Gesellschaft verletzt hat.[21] Es gelten die Regelungen zum Verzicht in § 93 Abs. 4 AktG entsprechend. Liegt keine Pflichtverletzung gegenüber der Gesellschaft vor, entscheidet der Aufsichtsrat. Bei der Entscheidung über die Frage, ob eine Pflichtverletzung gegenüber der Gesellschaft vorliegt, steht ihm kein Ermessensspielraum zu. 16

Sind bei der GmbH mehrere Geschäftsführer bestellt, trägt im Ausgangspunkt jeder dieselbe straf- und bußgeldrechtliche Verantwortung für die Umsetzung der genannten Pflichten. Die **Aufgabenverteilung** in einem Gremium wie dem Vorstand entlastet in gewissem Umfang die Mitglieder des Gremiums untereinander, eine Delegation gegenüber untergeordneten Stellen nur dann, wenn die Kontrollpflicht des Leitungsorgans nicht substanziell entwertet wird.[22] 17

Pflichten, welche etwa die rechtzeitige Abführung von Sozialversicherungsbeiträgen für beschäftigte Arbeitnehmer das Unternehmen als juristische Person oder als rechtsfähige Personengesellschaft treffen, werden im Straf- und Ordnungswidrigkeitenrecht zunächst auf die vertretungsberechtigten **Organe** bzw. vertretungsberechtigten Gesellschafter abgeleitet (§ 14 Abs. 1 StGB; § 9 Abs. 1 OWiG). Gleiches gilt für den sog. „**faktischen**" **Geschäftsführer**.[23] Die Pflicht zum Abführen von Sozialversicherungsbeiträgen (§ 266a Abs. 1 StGB) trifft im strafrechtlichen Sinne also zunächst den Vorstand der AG oder den Geschäftsführer der GmbH: Beide können sich strafbar machen, wenn sie mit zumindest bedingtem Vorsatz solche Pflichten vernachlässigen. Weitere insoweit relevante Delikte sind Untreue (§ 266 StGB) und Bankrott (§ 283 StGB); ein Handeln im Interesse des Unternehmens ist nach neuerer Rechtsprechung des BGH für die Zurechnung nicht notwendig.[24] 18

---

21 BGH, Urt. v. 08.07.2014 – II ZR 174/13 = DB 2014, S. 2099.
22 *Fischer*, § 266 Rn. 73d.
23 Vgl. BGH, Beschl. v. 15.11.2012 – 3 StR 199/12 = DB 2013, S. 1047.
24 BGH, Beschl. v. 15.05.2012 – 3 StR 118/11 = RS0801692.

19　Durch einen besonderen **Delegationsakt** kann der Kreis der straf- und buß-geldrechtlich Verantwortlichen erweitert werden (sog. **Substitutenhaftung**): Wer beauftragt ist, einen Betrieb ganz oder teilweise zu leiten und in Ausführung dieses Auftrags handelt, haftet wie ein Vorstand oder Geschäftsführer.[25] Gleiches gilt, wenn jemand ausdrücklich damit beauftragt wird, in eigener Verantwortung Aufgaben wahrzunehmen, die dem Verantwortlichen des Betriebs obliegen.[26] Diese Regelung führt zu einer partiellen Verlagerung strafbewehrter Pflichten vom primär zuständigen Organ auf nachgeordnete Mitarbeiter.[27] Insofern kommt auch eine Pflichtenzurechnung für Prokuristen oder Organisationsverantwortliche in Betracht.[28] Durch die Beauftragung müssen zweifelsfrei und konkret die gesetzlichen Pflichten (wie etwa die Arbeitgeberpflichten) in die eigenverantwortliche Entscheidungsgewalt des Beauftragten übergehen, nur dann haftet der Beauftragte selbst wie ein Unternehmensverantwortlicher.[29] Im Ausnahmefall ist auch die straf- oder bußgeldrechtliche Haftung eines Compliance-Verantwortlichen denkbar, wenn ihm ausdrücklich die Erledigung gesetzlicher Pflichten in eigener Entscheidungsfreiheit übertragen wird.

2. Gremienentscheidungen entlasten nur unter bestimmten Voraussetzungen

20　Bei **Gremienentscheidungen**, die als strafbarer oder ordnungswidriger Pflichtverstoß gewertet werden, stellt sich die Frage, inwieweit jeder Einzelne hierfür straf- oder bußgeldrechtlich verantwortlich gemacht werden kann. Die **Rechtsprechung** ist hierbei eher **streng**. In einem Fall der Produkthaftung (*Lederspray*-Fall) hat der BGH eine Strafbarkeit aller Geschäftsführer einer GmbH wegen gefährlicher Körperverletzung durch Unterlassen angenommen, die sich bei einer Sondersitzung der Geschäftsführung einstimmig gegen den Rückruf eines gesundheitsgefährdenden Produkts ausgesprochen hatten.[30] Bei der Zuerkennung einer kompensationslosen Anerkennungsprämie (Fall *Mannesmann/Vodafone*) kann nach Ansicht des BGH auch bei Stimmenthaltung eine Strafbarkeit wegen Untreue angenommen werden, wenn die Enthaltung letztlich wie eine „Ja-Stimme" wirkt.[31] Wer mitstimmt, kann sich dann nicht darauf berufen, dass auch ohne seine Stimme der Beschluss zustande gekommen wäre.[32]

25　§ 14 Abs. 2 Satz 1 Nr. 1 StGB, § 9 Abs. 2 Satz 1 Nr. 1 OWiG; Leitungsverantwortung, näher KK-OWiG/*Rogall*, § 9 Rn. 82 ff.
26　§ 14 Abs. 2 Satz 1 Nr. 2 StGB, § 9 Abs. 2 Satz 1 Nr. 2 OWiG; Einzelverantwortung, näher KK-OWiG/*Rogall*, § 9 Rn. 86 ff.
27　Vgl. BGH, Beschl. v. 12.09.2010 – 5 StR 363/12 (*Reinigung nach Hausfrauenart*) zu § 266a StGB = RS0801998.
28　Vgl. KK-OWiG/*Rogall*, § 9 Rn. 80.
29　Vgl. BGH, Beschl. v. 12.09.2010 – 5 StR 363/12 (Fn. 27).
30　BGH, Urt. v. 06.07.1990 – 2 StR 549/89 = DB 1990, S. 1859.
31　BGH, Urt. v. 21.12.2005 – 3 StR 470/04 (Fn. 4).
32　BGH, Urt. v. 21.12.2005 – 3 StR 470/04 (Fn. 4).

Bei Gremienentscheidungen, die wie etwa eine Kreditvergabe mit einem   21
wirtschaftlichen Risiko verbunden sind, ist auch bei einstimmiger Entscheidung eine **unterschiedliche strafrechtliche Haftung** der Beteiligten je nach Pflichtprogramm möglich: Der Vorstandsvorsitzende wird
sich außer bei außergewöhnlichen Fällen oder besonders hohen Risiken
auf den Bericht des als zuverlässig bekannten Kreditsachbearbeiters und
des Kreditvorstands verlassen dürfen. Nur wenn sich daraus Zweifel oder
Unstimmigkeiten ergeben, ist Rückfrage oder eigene Nachprüfung geboten.
Das Gleiche gilt für weitere Beteiligte, wie die Mitglieder eines Kreditaus-
schusses.[33] Den Kreditvorstand können demgegenüber aufgrund der Aufgabenverteilung erhöhte Prüfpflichten treffen.[34] Soweit der Einzelne über
Sonderwissen verfügt, kann ihn dies verpflichten, die übrigen Entschei-
dungsträger auf bestimmte Umstände hinzuweisen. Eine eigene Nachprüfung ist auch dann erforderlich, wenn die Kreditvergabe ein besonders
hohes Risiko – insbesondere für die Existenz der Bank – beinhaltet oder
wenn bekannt ist, dass die Bonität des Kunden eines hohen Kredits unge-
wöhnlich problematisch ist.[35]

3. Unterlassen der gebotenen Handlung kann strafbar sein

Strafbar kann auch das Unterlassen rechtlich gebotener Handlungen sein,   22
wenn hinsichtlich der betroffenen Rechtsgüter eine **Garantenstellung**
besteht. Dies ist hinsichtlich des Vermögens des Unternehmens bei Geschäftsführern, Vorständen oder Aufsichtsräten regelmäßig anzunehmen. Erfährt
ein Verantwortlicher also, dass im Unternehmen rechtswidrige Handlungen
geschehen, etwa „Schwarze Kassen" existieren oder Bestechungsgelder gezahlt
werden, kann er sich wegen Untreue strafbar machen, wenn er untätig bleibt.

Erlangt der **Aufsichtsrat** im Rahmen seiner Überwachungspflicht Kennt-   23
nis von rechtswidrigen Handlungen des Vorstands, besteht eine Garantenpflicht, zumindest faktisch auf den Vorstand einzuwirken, um den Pflichtverstoß zu verhindern.[36] Der Aufsichtsratsvorsitzende ist in solchen Fällen
gehalten, den Aufsichtsrat einzuberufen, um einen Aufsichtsratsbeschluss
zu erwirken,[37] der den Vorstand zur Änderung seiner rechtswidrigen Vorgehensweise anhält. Erlangt ein einfaches Mitglied des Aufsichtsrats entsprechende Kenntnis, muss es bei Weigerung des Aufsichtsratsvorsitzenden
den Aufsichtsrat selbst gemäß § 110 Abs. 2 AktG einberufen.[38]

---

33 BGH, Urt. v. 06.04.2000 – 1 StR 280/99 (Fn. 12).
34 Vgl. auch BGH, Urt. v. 13.08.2009 – 3 StR 576/08 (*WestLB*) = RS1004263.
35 BGH, Urt. v. 15.11.2001 – 1 StR 185/01 (*Sparkasse*) = DB 2002, S. 785; vgl. hierzu auch umfassend *Knauer*,
     NStZ 2002, S. 399; *Seibt/Cziupka*, AG 2015, S. 93.
36 OLG Braunschweig, Beschl. v. 14.06.2012 – WS 44 und 45/12 = DB 2012, S. 2447; vgl. auch BGH, Urt. v.
     06.12.2001 – 1 StR 215/01 (Fn. 7).
37 Vgl. § 108 Abs. 1, § 110 Abs. 1 AktG.
38 OLG Braunschweig, Beschl. v. 14.06.2012 – WS 44 und 45/12 (Fn. 36).

24 **Praxistipp**

Machen Sie sich regelmäßig klar, in welchen Fällen Sie handeln müssen, um sich nicht selbst strafbar oder ordnungswidrig zu verhalten.

4. Haftung für Verhalten Dritter: Geschäftsherrenhaftung

25 Die handelnden Organe eines Unternehmens können nach wohl herrschender Auffassung Garantenpflichten nicht nur gegenüber ihrem Unternehmen, sondern auch gegenüber Rechtsgütern Außenstehender im Hinblick auf das Verhalten ihrer Mitarbeiter treffen, insbesondere die Pflicht, betriebsbezogene Straftaten Betriebsangehöriger zu unterbinden.[39] Diese sog. **Geschäftsherrenhaftung** beruht auf dem Gedanken, dass denjenigen eine Garantenstellung trifft, der **verantwortlich** für eine **Gefahrenquelle** ist. Von einem Betrieb oder seinen Produkten können Gefahren für die Umwelt, für Leib und Leben anderer oder deren Vermögen ausgehen, die sorgsam zu beherrschen Aufgabe des Unternehmensorgans ist.[40] Gefahrenquellen können dabei nicht nur der räumliche Zusammenhang des Betriebs, einzelne Anlagen, Abläufe oder Einrichtungen, sondern auch Betriebsangehörige, wie übereifriges Sicherheitspersonal oder überehrgeizige Verkäufer, sein.

26 Entscheidend für die Annahme einer Garantenstellung ist die Organisationsmacht des Geschäftsherren in Verbindung mit seiner Herrschaft über die Gefahrenquelle. Stellt sich ein Betrieb durch seine Mitarbeiter als „Gefahrenherd" für die Rechtsgüter Dritter dar, muss der Geschäftsleiter diesen „Gefahrenherd" unter Kontrolle halten. Bei betriebsbezogenen Straftaten, wie **Bestechungsdelikten** oder **Betrugstaten** zum Nachteil Dritter, die im Zusammenhang mit dem Betrieb stehen, wird deshalb eine Garantenstellung des Geschäftsherren im Einzelnen unabhängig von der eigenen Täterschaft des Betriebsangehörigen infrage kommen. Wer also als Verantwortlicher mitbekommt, dass in seinem Betrieb bestochen wird oder „Schwarze Kassen" unterhalten werden, muss aktiv tätig werden, um eine eigene Strafbarkeit zu vermeiden. Keine Garantenpflicht besteht hingegen hinsichtlich allgemeiner Kriminalität von Betriebsangehörigen ohne Betriebsbezug, wie etwa sexuellen Übergriffen, Beleidigungen oder Mobbing.[41]

5. Die Stellung des Compliance Officer

27 Inhalt der **Handlungspflicht** des **Compliance Officer** ist aufgrund seiner Stellung im Unternehmen vornehmlich die **Information** der zuständigen Organe, weil diese für das Unternehmen handlungsmächtig sind. Der BGH stellt insoweit darauf ab, dass der Betreffende bei Kenntnis von Miss-

---

39 Vgl. hierzu und zum Folgenden insb. BGH, Urt. v. 20.10 2011 – 4 StR 71/11 = RS0729387; *Mosbacher/Dierlamm*, NStZ 2010, 268; *Fischer*, § 13 Rn. 67 ff.
40 Vgl. hierzu auch *Lindemann/Sommer*, JuS 2015, S. 1057.
41 Vgl. BGH, Urt. v. 20.10.2011 – 4 StR 71/11 (Fn. 39).

Mosbacher

ständen den Vorstands- bzw. Aufsichtsratsvorsitzenden hätte informieren müssen.[42] Ist der Vorstand betroffen, wird eine Information des Kontrollorgans Aufsichtsrat notwendig sein. Eine Handlungspflicht nach außen (Anzeige bei der Polizei o.Ä.) hat der Compliance Officer hingegen nicht.

Garantenpflichten, die nach den oben genannten Kriterien die Organe   28
eines Unternehmens als Geschäftsherren treffen, können diese in gewissem Umfang mit enthaftender Wirkung **delegieren**; auch nach Delegation sind sie aber weiterhin zur Überwachung verpflichtet. Eine solche Delegation (bzw. spiegelbildlich die Übernahme) von Garantenpflichten bedarf eines besonderen Delegations- bzw. Übernahmeakts. Dieser kann ausdrücklicher oder konkludenter Natur sein, Garant wird der Betreffende, wie etwa ein Compliance Officer, insoweit nur, soweit ihn die Unternehmensleitung wirksam mit entsprechenden Aufgaben betraut.[43] Besondere Bedeutung kommt deshalb der vertraglichen Ausgestaltung und der konkreten Beschreibung des übertragenen Dienstpostens zu.

Entscheidend ist dabei, ob der Compliance Officer für die Einhaltung von   29
Regeln nach außen sorgen soll oder ob sich seine Stellung in der unternehmensinternen Kontrolle und Beratung erschöpft. Nur wenn die Sorge für aus dem Betrieb hervorgehende Gefahren auch ausdrücklich im Hinblick auf den Schutz außerbetrieblicher Rechtsgüter erfolgt, kann den Compliance Officer eine abgeleitete, **sekundäre Garantenpflicht** dafür treffen, betriebsbezogene Straftaten von Unternehmensmitarbeitern zu verhindern. Die bloße Übernahme von Aufgaben ohne Delegation durch den primär Garantenpflichtigen dürfte für sich gesehen hingegen nicht zur Begründung einer abgeleiteten Garantenpflicht gegenüber Rechtsgütern Außenstehender ausreichen.[44] Werden durch Anstellungsvertrag strafrechtlich bewehrte Garantenpflichten, die primär den Vorstand treffen, auf den Compliance Officer abgewälzt, sollte dieses Risiko auch zusätzlich angemessen vergütet werden.

C. Bußgeldrechtliche Haftung des Geschäftsführers und des Vorstands

I. Verletzung der Aufsichtspflicht nach § 130 OWiG

Die vorsätzliche oder fahrlässige **Verletzung** der **Aufsichtspflicht** durch   30
den Inhaber eines Betriebs oder Unternehmens kann nach § 130 OWiG als Ordnungswidrigkeit mit Geldbuße bis zu **1 Mio. €** geahndet werden. Inha-

---

42 BGH, Urt. v. 17.07.2009 – 5 StR 394/08 (Fn. 16).
43 Hierzu und zum Folgenden *Mosbacher/Dierlamm*, NStZ 2010, S. 268 f. m.w.N.
44 Abweichend, aber nicht tragend entschieden: BGH, Urt. v. 17.07.2009 – 5 StR 394/08 (Fn. 16).

ber in diesem Sinne sind nicht die wirtschaftlichen Eigentümer, sondern die in der Pflicht stehenden verantwortlich Handelnden, also bei juristischen Personen wie der AG und der GmbH insbesondere der **Vorstand** und die **Geschäftsführer**.[45]

31 Die Bußgeldhaftung tritt ein, sobald eine strafbare oder **ordnungswidrige betriebsbezogene Zuwiderhandlung** begangen wurde und diese bei Anwendung der gehörigen Aufsicht verhindert oder wesentlich erschwert worden wäre. Derartige betriebsbezogene Zuwiderhandlungen sind insbesondere anzunehmen bei Bestechung oder Wettbewerbsverstößen durch Unternehmensangehörige, bei der Schädigung von Kunden mittels Betrugs oder Diebstahls durch Betriebsmitarbeiter oder bei Umweltdelikten, aber auch bei Zoll- und Steuervergehen.[46] Schon der ahndbare Versuch reicht aus.

32 In allen Fällen, in denen derartige betriebsbezogene Straftaten oder Ordnungswidrigkeiten vorliegen, steht eine bußgeldrechtliche Haftung der Verantwortlichen in Rede. **Entlasten** können diese sich regelmäßig durch Einrichtung eines **CMS**, sofern dieses nicht nur „auf dem Papier" steht, sondern auch in der Unternehmenspraxis gelebt wird. Der Dokumentation Compliance-bezogener Maßnahmen, die eine gelebte Compliance-Struktur belegen (etwa regelmäßige Mitarbeiterschulung, Aufdecken und Sanktionieren von Verstößen auch in höheren Management-Ebenen), kann in der Kommunikation mit den Ermittlungsbehörden große Bedeutung zukommen. Hierdurch kann plausibel gemacht werden, dass man als Verantwortlicher alles Notwendige zur Verhinderung von Straftaten und Ordnungswidrigkeiten getan hat.[47]

33 Besondere Anforderungen bestehen, wenn es **Hinweise** auf die **Begehung** von **betriebsbezogenen Straftaten** oder Ordnungswidrigkeiten gibt und deren Fortsetzung droht.[48] In derartigen Fällen ist es geboten, unverzüglich die gehörigen **Aufsichtsmaßnahmen** zu ergreifen, also insbesondere den Sachverhalt zu ermitteln, betroffenen Arbeitnehmern ggf. andere Aufgaben zuzuweisen und risikobehaftete Arbeitsabläufe umzustrukturieren.

34 Vorstand oder Geschäftsführung sind nach Einrichtung eines CMS nicht von ihrer Aufsichtspflicht befreit. Sie müssen dessen Wirksamkeit **regelmäßig kontrollieren** und **überwachen** (ggf. auch durch unangekündigte Stichproben) sowie es kontinuierlich an veränderte Rahmenbedingungen

---

45 Vgl. auch § 9 OWiG, hierzu näher KK-OWiG/*Rogall*, § 130 Rn. 22 ff.
46 Vgl. näher KK-OWiG/*Rogall*, § 130 Rn. 103 ff. m.w.N.
47 Vgl. auch *Withus*, CCZ 2015, S. 139.
48 Vgl. aus zivilrechtlicher Sicht LG München I, Urt. v. 10.12.2013 – 5 HK O 1387/10 (*Neubürger*) = DB 2014, S. 766.

anpassen.[49] Die **Überprüfung** eines CMS durch **Außenstehende** nach einheitlichen Standards kann die Erfüllung der Überwachungspflicht gegenüber den Ermittlungsbehörden plausibel machen.[50]

Die **Delegation** der Überwachungspflicht auf eine Aufsichtsperson – etwa auf den Compliance Officer – **entlastet** den Verantwortlichen **nur eingeschränkt**, denn nach § 130 Abs. 1 Satz 2 OWiG muss der Verantwortliche die Aufsichtsperson nicht nur bestellen und sorgfältig auswählen, sondern auch überwachen. Es müssen deshalb Kontrollmechanismen eingerichtet werden, die diese Überwachung kontinuierlich ermöglichen. Im Unterlassen jeglicher Überwachung liegt ein Verstoß gegen die betriebliche Aufsichtspflicht nach § 130 Abs. 1 OWiG.[51] Die Überwachungspflicht entfällt auch nicht dadurch, dass der Unternehmensverantwortliche von bestimmten Materien (etwa Steuerrecht, Zollbestimmungen, Geldwäsche) keine Ahnung hat: Er muss sich in diesem Fall entweder die notwendigen Kenntnisse selbst verschaffen oder ein innerbetriebliches Kontrollsystem schaffen, das er extern, etwa durch Steuerberater oder Wirtschaftsprüfer, überwachen lässt.[52]

35

Besonderheiten gelten für die **Aufsichtspflicht** nach § 130 OWiG im **Konzern**. Die Anwendbarkeit von § 130 OWiG auf Konzernsachverhalte ist von den konkreten Umständen des Einzelfalls abhängig. Für den Umfang der Aufsichtspflicht sind die tatsächlichen Verhältnisse im Konzern maßgeblich. Es ist auf die tatsächliche Einflussnahme der Konzernmutter auf die Tochtergesellschaft abzustellen. Nur wenn der Tochtergesellschaft von der Konzernmutter Weisungen erteilt werden, die das Handeln der Tochtergesellschaft beeinflussen und dadurch die Gefahr der Verletzung betriebsbezogener Pflichten begründet wird, besteht im Umfang dieser konkreten Einflussnahme eine gesellschaftsrechtliche Aufsichtspflicht der Konzernmutter. Ansonsten verbleibt die Aufsichtspflicht trotz Einbettung in einen Konzern bei den verantwortlichen Leitungspersonen der Tochtergesellschaft.[53] Das Bundeskartellamt hat hingegen ein Bußgeld in Millionenhöhe nach § 130 OWiG verhängt, weil ein verantwortlicher Manager der Konzernmutter **konkrete Anhaltspunkte für Kartellabsprachen** bei Tochterunternehmen hatte und nichts unternahm, um die Umsetzung dieser rechtswidrigen Absprachen zu verhindern.[54]

36

---

49 Vgl. *Fleischer*, NZG 2014, S. 321, 326 m.w.N.; *Spehl/Reichert*, NZG 2014, S. 241.
50 Zum Streit um den ISO 19600 vgl. *Sünner*, CCZ 2015, S. 2; *Ehnert*, CCZ 2015, S. 6; *Scherer/Fruth*, CCZ 2015, S. 9; *Wermelt/Eibelshäuser/Schmidt*, CCZ 2015, S. 18; Stellungnahme der Verbände zu ISO-Normen im Bereich Compliance, CCZ 2015, S. 21.
51 Vgl. BayObLG, Beschl. v. 10.08.2001 – 3 ObOWi 51/01 = RS0894889.
52 Vgl. BayObLG, Beschl. v. 10.08.2001 – 3 ObOWi 51/01 (Fn. 51).
53 OLG München, Beschl. v. 23.09.2014 – 3 Ws 599 u. 600/14 = RS1164503.
54 Bundeskartellamt, Entsch. v. 09.02.2009 – B1-200/06 (*Tondachziegel*).

II. Kartell- und sonstige Ordnungswidrigkeiten

37 Die verantwortlich Handelnden eines Unternehmens können neben der Verletzung der Aufsichtspflicht nach § 130 OWiG selbst **Ordnungswidrigkeiten** begehen, wenn diese von jedermann begangen werden können oder wenn sie gegen Sondertatbestände verstoßen, die das Unternehmen als solches treffen und für deren Erfüllung die Leitungspersonen nach § 9 OWiG einzustehen haben. Eine Vielzahl solcher Ordnungswidrigkeiten enthält etwa das Arbeitsrecht.[55] Für Sondergebiete gelten Sondervorschriften, deren Kenntnis für eine wirksame Compliance unabdingbar ist.[56] Im wirtschaftlichen Wettbewerb spielen **Kartellordnungswidrigkeiten** eine große Rolle: Hier drohen existenzvernichtende Geldbußen auf nationaler und europäischer Ebene (→ § 14 Rn. 1 ff.).

D. Bußgeldrechtliche Haftung des Unternehmens
I. Verbandsgeldbuße nach § 30 OWiG

38 Aus Sicht des Unternehmens besonders relevant ist die Möglichkeit, gegen das Unternehmen selbst Geldbußen in Millionenhöhe zu verhängen, wenn **Leitungspersonen** bestimmte **Straftaten** oder **Ordnungswidrigkeiten** mit Bezug auf das Unternehmen begangen haben. Die Einzelheiten dieser sog. Verbandsgeldbuße regelt § 30 OWiG. Voraussetzung ist zunächst die Straftat oder Ordnungswidrigkeit eines **Repräsentanten** des Unternehmens, wie insbesondere eines Vorstandsmitglieds oder eines Geschäftsführers bzw. seines Stellvertreters. Als erfasste Personen kommen aber auch Prokuristen, Handlungsbevollmächtigte oder sonstige Personen mit Leitungs- oder Überwachungs- und Kontrollbefugnissen infrage.[57] Die Straftaten oder Ordnungswidrigkeiten müssen Pflichten verletzen, die das Unternehmen treffen oder das Unternehmen muss hierdurch bereichert worden sein bzw. die Bereicherung muss wenigstens Ziel der Tat gewesen sein. Typische Beispiele sind die Bestechung von Amtsträgern (§§ 331 ff. StGB) oder im wirtschaftlichen Verkehr (§ 299 StGB), um für das Unternehmen vorteilhafte Aufträge zu generieren. Keinen Anlass für die Unternehmensgeldbuße stellt hingegen eine Straftat gegen das Unternehmen selbst dar, wie etwa Untreue durch Unterhalten einer „Schwarzen Kasse".[58]

39 Die **Unternehmensgeldbuße** kann bei vorsätzlichen Straftaten bis zu **10 Mio. €** betragen, bei fahrlässigen bis zu 5 Mio. € (§ 30 Abs. 2 Satz 1 OWiG). Im Falle von Ordnungswidrigkeiten richtet sich die Geldbuße nach der Höhe der für die Ordnungswidrigkeit angedrohten Sanktion, kann sich aber

---

55 Hierzu insg. *Ignor/Mosbacher*, Handbuch Arbeitsstrafrecht.
56 Vgl. zum Güterkraftverkehr etwa *Fromm*, SVR 2015, S. 406.
57 Näher KK-OWiG/*Rogall*, § 30 Rn. 61 ff.
58 Näher *Peukert/Altenburg*, BB 2015, S. 2822.

bei besonderer Verweisung verzehnfachen. Dies gilt gerade auch bei Aufsichtspflichtverletzungen der Unternehmensleitung, wenn es hierdurch zu betriebsbezogenen Straftaten gekommen ist (§ 130 Abs. 3 Satz 2 OWiG). Wird etwa die Gestellungspflicht für Zollgut durch den Fahrer eines in Form einer GmbH organisierten Speditionsunternehmens in strafbarer Weise verletzt und beruht dies auf einer Aufsichtspflichtverletzung des Geschäftsführers,[59] kann gegen diesen persönlich bei zumindest bedingtem Vorsatz ein Bußgeld bis zu 1 Mio. € verhängt werden und gegen die GmbH zugleich eine Unternehmensgeldbuße bis zu 10 Mio. €.

Neben diesen „**Ahndungsteil**" der Geldbuße tritt regelmäßig zusätzlich ein „**Abschöpfungsteil**", der dem Handelnden und dem durch das Handeln begünstigten Unternehmen den wirtschaftlichen Vorteil nehmen soll, der aus einer Straftat oder Ordnungswidrigkeit erwachsen ist (§ 30 Abs. 3, § 17 Abs. 4 OWiG → Rn. 45). Kartellverstöße werden sowohl auf nationaler als auch auf europäischer Ebene verfolgt und mit hohen Bußgeldern belegt; insoweit sind die Besonderheiten des Kartellrechts zu beachten (näher hierzu → § 14). 40

Umstritten ist, ob sich ein Unternehmen, gegen das **Unternehmensgeldbußen** verhängt wurden, an den hierfür verantwortlichen **Mitarbeitern** schadlos halten, von diesen also **Schadensersatz** verlangen kann. Das LAG Düsseldorf vertritt die Auffassung, dass eine GmbH von ihrem Geschäftsführer, der sich an einem verbotenen Kartell beteiligt hat, nicht den Ersatz der gegen das Unternehmen verhängten Kartellgeldbußen in Höhe von ca. 200 Mio. € verlangen kann.[60] Ob das BAG dieser Auffassung folgen wird, erscheint zweifelhaft – schließlich hat der Geschäftsführer durch sein verbotenes Tun dem Unternehmen einen erheblichen Schaden zugefügt. 41

II. Erstreckung der Haftung auf den Rechtsnachfolger

Besondere Probleme stellen sich, wenn gegen eine juristische Person hohe Bußgelder verhängt werden, die juristische Person aber anschließend aufgelöst, verschmolzen oder in sonstiger Weise neu strukturiert wird. Um der Zahlungsverpflichtung aus dem Bußgeldbescheid zu entgehen, der sich nur gegen die konkrete juristische Person richtet, wird nicht selten aus nachvollziehbaren wirtschaftlichen Gründen die „**Flucht in die Rechtsnachfolge**" betrieben.[61] 42

---

59 Vgl. den Fall OLG Düsseldorf, Beschl. v. 24.04.1991 – 5 Ss (OWi) 322/90.
60 LAG Düsseldorf, Teilurt. v. 20.01.2015 – 16 Sa 459/14 (n. rkr.) = RS1046349.
61 Vgl. näher *Haus*, WuW 2015, S. 982; *Könen*, ZIP 2015, S. 2106.

43 Nach der Rechtsprechung des Kartellsenats des BGH ist in Fällen, die bis zum Inkrafttreten des neuen § 30 Abs. 2a OWiG am 30.06.2013 beendet wurden, eine Haftung des Rechtsnachfolgers einer juristischen Person nur anzunehmen, wenn bei wirtschaftlicher Betrachtung zwischen der früheren und der jetzigen Vermögensbindung **Nahezu-Identität** besteht.[62] Eine solche Nahezu-Identität liegt vor, wenn das übernommene Vermögen eine wirtschaftlich selbstständige, die neue juristische Person prägende Stellung behalten hat, demgegenüber der neue Rechtsträger lediglich einen neuen rechtlichen und wirtschaftlichen Mantel bildet.[63]

44 Bei **Neufällen**, die **ab dem 30.06.2013** beendet wurden, gilt nach dem neu eingefügten § 30 Abs. 2a OWiG, dass im Falle einer Gesamtrechtsnachfolge oder einer partiellen Gesamtrechtsnachfolge durch Aufspaltung (§ 123 Abs. 1 UmwG) die Geldbuße auch gegen den Rechtsnachfolger festgesetzt werden kann, allerdings begrenzt durch den Wert des übernommenen Vermögens. Diese einschränkende deutsche Regelung kann wegen Art. 103 Abs. 2 GG nicht durch europäische Vorgaben zulasten betroffener Unternehmen ausgeweitet werden.[64] Wesentlich strenger ist dagegen die Rechtsnachfolgehaftung, wenn Kartellgeldbußen von der Europäischen Kommission verhängt werden, da insoweit nicht wie hier formal an die juristische Person, sondern an die wirtschaftliche Unternehmensnachfolge angeknüpft wird.[65]

E. Vermögensabschöpfung bei Straftaten und Ordnungswidrigkeiten

I. Verfall nach §§ 73 ff. StGB und Auffangrechtserwerb nach § 111i Abs. 2 StPO

45 Verbrechen soll sich nicht lohnen – dieser Grundsatz liegt den strafrechtlichen Regeln über den Verfall nach §§ 73 ff. StGB und den Auffangrechtserwerb nach § 111i Abs. 2 StPO zugrunde. **Abgeschöpft** werden sollen nach den gesetzlichen Regelungen grundsätzlich sämtliche **Vermögenswerte**, die durch eine Straftat erlangt worden sind. Die Abschöpfung findet zunächst bei dem Täter der Straftat oder Ordnungswidrigkeit selbst statt, es werden also etwa der erhaltene Bestechungslohn bzw. die für die Auftragsvergabe rechtswidrig erhaltene goldene Uhr eingezogen. Ist der Gegenstand nicht mehr im Vermögen vorhanden, wie etwa der Wert einer zu Bestechungszwecken zugewandten Urlaubsreise, oder ist der Bestechungslohn

---

62 BGH, Beschl. v. 16.12.2014 – KRB 47/13 (*Silostellgebühr II*) = RS1045910.
63 Vgl. BGH, Beschl. v. 27.01.2015 – KRB 39/14 (*Kaffeeröster/Melitta*) = RS1169068; bestätigt durch BVerfG, Beschl. v. 20.08.2015 – 1 BvR 980/15 = RS1161490; vgl. auch *Mäger/von Schreitter*, DB 2015, S. 1581.
64 BGH, Beschl. v. 16.12.2014 – KRB 47/13 (Fn. 62); vgl. zu den Auswirkungen der Verschmelzungsrichtlinie auf das nationale Recht EuGH, Urt. v. 05.03.2015 – Rs. C-343/13; umfassend hierzu *Langheld*, NZG 2015, S. 1066.
65 Vgl. auch EuGH, Urt. v. 11.12.2007 – Rs. C 280/06 = RS0848216.

bereits ausgegeben, kann der entsprechende Betrag als Wertersatz dem Verfall unterliegen (§ 73a StGB).

Die **Vermögensmaßnahme** kann sich auch **gegen** das **Unternehmen** richten, wenn der Täter für dieses gehandelt und das Unternehmen hierdurch etwas erlangt hat (§ 73 Abs. 3 StGB). Der Betrag, um den es geht, kann erheblich sein. Bei einer strafbaren Marktmanipulation durch den Verkauf von Aktien zu einem zuvor abgesprochenen Preis ist etwa der gesamte für die Aktien erlangte Kaufpreis bemakelt und kann für verfallen erklärt werden.[66] Aufwendungen, die insoweit angefallen sind, dürfen grundsätzlich nicht in Abzug gebracht werden (**Bruttoprinzip**). Abgeschöpft wird bei dem Unternehmen etwa auch der wirtschaftliche Wert eines durch Bestechung erlangten Auftrags.[67] In Strafverfahren gegen die unmittelbar Handelnden kann das Unternehmen als „Verfallsbeteiligter" involviert werden. Wird ein Unternehmensmitarbeiter z.B. wegen Bestechung im geschäftlichen Verkehr schuldig gesprochen, kann zugleich gegen das begünstigte Unternehmen eine Verfallsentscheidung in Millionenhöhe ergehen, wenn dies dem Wert des durch Bestechung erlangten Auftrags entspricht.

46

Besonderheiten gelten, wenn Dritten aufgrund der Straftat Regressansprüche zustehen. Dies ist etwa der Fall, wenn sich ein Unternehmensverantwortlicher bestechen lässt, um einen Großauftrag an einen (durch Einpreisung des Bestechungslohns meist) teureren Anbieter zu vergeben. In derartigen Fällen sollen Vermögenswerte grundsätzlich den Geschädigten und nur ersatzweise dem Staat zufallen (vgl. § 73 Abs. 1 Satz 2 StGB). Allerdings ermöglicht § 111i Abs. 2 StPO, derartige Vermögenswerte zunächst dem Staat zuzuweisen, der sie erst dann erwirbt, wenn sich nicht innerhalb von einigen Jahren der Geschädigte mit Regressansprüchen gemeldet hat (**Auffangrechtserwerb des Staates**). Ergänzt werden diese Abschöpfungsmöglichkeiten durch ein Instrumentarium strafprozessualer Zwangsmaßnahmen, die beim Verdacht solcher Straftaten den einstweiligen Zugriff auf mutmaßlich bemakelte Vermögenswerte erlauben, damit diese nicht dem Zugriff des Staates oder der Gläubiger entzogen werden (→ Rn. 59). Zu beachten ist, dass das Recht der Vermögensabschöpfung derzeit auf dem Prüfstand steht. Das Bundesministerium der Justiz und für Verbraucherschutz hat unter dem 08.03.2016 den Referentenentwurf eines „Gesetzes zur Reform der strafrechtlichen Vermögensabschöpfung" vorgelegt, der eine umfassende Neuregelung und Vereinfachung der Vermögensabschöpfung anstrebt. Ob und ggf. in welcher Form es in dieser Legislaturperiode zu der angestrebten Gesetzesänderung kommt, ist derzeit nicht absehbar.

47

---

66   BGH, Urt. v. 27.11.2013 – 3 StR 5/13 = RS0803133.
67   Vgl. BGH, Urt. v. 02.12.2005 – 5 StR 119/05 (*Kölner Restmüllverbrennungsanlage*) = RS0795293.

II. Vermögensabschöpfung nach § 17 Abs. 4 OWiG

48   Die **Vermögensabschöpfung** bei **Ordnungswidrigkeiten** ist anders geregelt. Der wirtschaftliche Vorteil, den der Täter aus der Tat gezogen hat, soll im Rahmen der verhängten Geldbuße mit abgeschöpft werden.[68] Es gilt also – anders als im Strafrecht – nicht das Bruttoprinzip, sondern das **Nettoprinzip**, weil nicht auf das Erlangte, sondern auf den zugeflossenen wirtschaftlichen Vorteil abgestellt wird. Besonders relevant wird die Kombination von Abschöpfung wirtschaftlicher Vorteile und Bebußung bei der Verbandsgeldbuße gegen Unternehmen nach § 30 Abs. 4 OWiG, wenn deren Repräsentanten Straftaten oder Ordnungswidrigkeiten begangen haben, etwa bei Aufsichtspflichtsverletzung nach § 130 OWiG. Auf dieser Grundlage wurden in den letzten Jahren gegen große Unternehmen Bußgeldbescheide in zwei- und dreistelliger Millionenhöhe erlassen:[69]

49   Gegen die **Siemens AG** wurden Bußgeldbescheide über 395 und 201 Mio. € wegen Verletzung der Aufsichtspflicht des früheren Gesamtvorstands in Zusammenhang mit der Bestechung von Amtsträgern verhängt. Bei **MAN** gab es einen Bußgeldbescheid über 75,3 Mio. €, weil die vielfache Zahlung von Bestechungsgeldern durch eine mangelhafte Compliance-Struktur der AG, also eine Aufsichtspflichtverletzung des Vorstands nach § 130 OWiG, ermöglicht wurde. Die **Ferrostahl AG** erhielt wegen Korruptionsvorwürfen einen Bußgeldbescheid über 149 Mio. €. Gegen die **Schweizer Bank UBS** wurde eine Geldbuße in Höhe von 300 Mio. € festgesetzt, weil Mitarbeiter der Bank Kunden Beihilfe zur Steuerhinterziehung geleistet hatten.

50   Durch verschiedene **Bußgeldleitlinien** wird die Verhängung von Bußgeldern in bestimmten Bereichen vorstrukturiert.[70] Hierdurch werden die Ermessensentscheidungen der zuständigen Bußgeldbehörden gelenkt. Wer in dem betreffenden Bereich tätig ist, sollte diese Richtlinien tunlichst kennen. Bei der Bemessung der Geldbuße kann nach Auffassung des Gesetzgebers das Vorhandensein eines effektiven CMS als unternehmensbezogener Umstand berücksichtigt werden; die Frage, unter welchen Umständen und in welchem Umfang ein Compliance-System bußgeldmindernd wirkt, ist durch die Behörde oder das Gericht im Einzelfall zu beurteilen.[71] Besonderheiten gelten wiederum im Kartellrecht (→ § 14 Rn. 1).

---

68   Vgl. *Krumm*, wistra 2014, S. 424.
69   Vgl. näher *Moosmayer*, Rn. 39 m.w.N.
70   Vgl. hierzu auch *Eggers*, BB 2015, S. 651; *Fromm*, SVR 2012, S. 290.
71   Vgl. Gesetzesbegründung zur 8. GWB-Novelle, BT-Drucks. 17/11053, S. 21.

F. Strafprozessuale Zwangsmaßnahmen

I. Durchsuchung und Beschlagnahme, auch bezüglich der Ergebnisse interner Untersuchungen

Die öffentlich sichtbare **Durchsuchung** der **Geschäftsräume** stellt häufig die erste Untersuchungsmaßnahme beim Verdacht von Straftaten oder schwerwiegenden Ordnungswidrigkeiten mit Bezug auf ein Unternehmen dar. Der allein dadurch eintretende Image- und Vertrauensverlust ist nur schwer wieder gutzumachen. Deshalb gilt es, schon den Verdacht der Begehung von Straftaten oder Ordnungswidrigkeiten durch geeignete Compliance-Maßnahmen zu verhindern. 51

Bei Durchsuchungen in einem Betrieb gilt es, zu unterscheiden: **Räume und Sachen**, die einem **Verdächtigen** zuzuordnen sind (wie das Büro eines wegen Bestechung im geschäftlichen Verkehr verdächtigen Vertriebsleiters), können nach § 102 StPO durchsucht werden, wenn gegen den Vertriebsleiter der Anfangsverdacht der Begehung einer Straftat vorliegt und zu vermuten ist, dass die Durchsuchung dem Auffinden von Beweismitteln dient. Die Eingriffsvoraussetzungen sind also relativ gering, auch wenn stets die Verhältnismäßigkeit des Vorgehens zu beachten ist. 52

Bei Räumen und Sachen des Betriebs, an denen ein solcher Verdächtiger keinen Mitgewahrsam hat, richtet sich die Durchsuchung nach § 103 StPO (**Durchsuchung beim unverdächtigen Dritten**) und ist nur zulässig, wenn dies der Verfolgung von Spuren einer Straftat oder zur Beschlagnahme bestimmter Gegenstände dient und wenn Tatsachen vorliegen, aus denen zu schließen ist, dass die gesuchte Spur oder Sache sich in den zu durchsuchenden Räumen befindet. Weitergehende Durchsuchungsmöglichkeiten bestehen in Räumen Dritter zwecks Ergreifung eines Verdächtigen oder wenn dieser in Räumen Dritter ergriffen oder verfolgt wurde. 53

Durchsucht werden können insbesondere auch **Computer** und EDV-Anlagen, Datenträger und Mobiltelefone. Diese dürfen vor Ort eingeschaltet und aktiviert werden, wenn der Durchsuchungszweck es erfordert.[72] **Zufallsfunde**, die bei einer eigentlich wegen eines anderen Vorwurfs durchgeführten Durchsuchung von den Ermittlungsbehörden entdeckt werden, können in der Regel auch beschlagnahmt und für weitere Ermittlungszwecke verwendet werden (§ 108 StPO). Werden etwa wegen des Verdachts der Bestechung Firmenräume untersucht, können auch Buchhaltungsunterlagen beschlagnahmt werden, die auf Steuerhinterziehung hindeuten. 54

---

72 Vgl. MünchKommStPO/*Hauschild*, § 102 Rn. 26.

55 Die Vollstreckung eines Durchsuchungsbeschlusses ist regelmäßig nicht erforderlich, wenn der Betroffene bereit ist, die im Durchsuchungsbeschluss konkret benannten Gegenstände **freiwillig herauszugeben**. Teilweise wird eine solche Abwendungsbefugnis bereits in den Durchsuchungsbeschluss aufgenommen. Gegebenenfalls ist gemäß § 95 StPO ein Herausgabeverlangen als mildere Maßnahme zu prüfen.[73] Eine solche **Kooperation** mit den Ermittlungsbehörden ermöglicht es unter Umständen, den Eingriff in das Unternehmen so gering wie möglich zu halten. Eine laufende Durchsuchung lässt sich in der Regel kaum verhindern. Strafverteidiger und andere Berater haben **Checklisten für Unternehmen** entwickelt, in denen genau dargelegt wird, was bei einer Durchsuchung in einem Unternehmen konkret zu tun ist.[74] Für den Notfall, eine solche Checkliste zur Hand und zuvor wenigstens einmal durchgelesen zu haben, kann für den Fall der Fälle sehr hilfreich sein.

56 Sofern eine Herausgabe von potenziell relevanten Gegenständen als Beweismittel nicht freiwillig erfolgt, werden diese durch **Beschlagnahme** (§§ 94 ff. StPO) gesichert. Dies betrifft insbesondere auch **Daten**, **Datenträger** und **EDV-Anlagen** sowie körperliche Geschäftsunterlagen wie **Rechnungen**, die für die laufende Buchhaltung benötigt werden. Dies kann zu erheblichen Beeinträchtigungen des Geschäftsbetriebs führen. In all diesen Fällen ist es aus Gründen der Verhältnismäßigkeit geboten, dass die Ermittlungsbehörden Kopien der Daten oder Schriftstücke fertigen und die Originale möglichst bald wieder dem Unternehmen für die Fortführung des Betriebs zur Verfügung stellen. Dem Unternehmen ist zudem zu gestatten, von beschlagnahmten Schriftstücken, Datenträgern o.Ä. auf eigene Kosten Kopien anzufertigen, wenn dies der Aufrechterhaltung des Geschäftsbetriebs dient.[75]

57 Ob die **Ergebnisse einer internen Untersuchung** (*internal investigation*), die von einem Unternehmen gesammelte Informationen über einen Straftatverdacht beinhalten, **beschlagnahmt** werden dürfen oder nicht, ist im Einzelnen umstritten.[76] Die Rechtsprechung der Instanzgerichte zu der Rechtsfrage ist uneinheitlich, höchstrichterlich ist die Frage bislang ungeklärt. Nach Auffassung des LG Braunschweig sind solche Unterlagen regelmäßig beschlagnahmefrei, wenn sie von externen Rechtsanwälten oder Mitarbeitern/Syndikusanwälten des Unternehmens in dessen Auftrag zum Zweck der Verteidigung gegen die mögliche Verhängung einer Unternehmensgeldbuße in Auftrag gegeben wurden, unabhängig davon, ob schon ein Verfah-

---

73 Vgl. LG Saarbrücken, Beschl. v. 12.03.2013 – 2 Qs 15/13 m.w.N.
74 Vgl. auch *Kusnik*, CCZ 2015, S. 22.
75 Vgl. MünchKommStPO/*Hauschild*, § 94 Rn. 29 f. m.w.N.
76 Vgl. zuletzt LG Braunschweig, Beschl. v. 21.07.2015 – 6 Qs 116/15 für Beschlagnahmefreiheit, anders aber der führende StPO-Kommentar Meyer-Goßner/Schmitt/*Schmitt*, § 97 Rn. 10a ff. m.w.N.; zum Thema auch *Haefke*, CCZ 2014, S. 39; *Ballo*, NZWiSt 2013, S. 46; LG Hamburg, Beschl. v. 15.10.2010 – 608 Qs 18/10 (*HSH Nordbank*); LG Mannheim, Beschl. v. 03.07.2012 – 24 Qs 1/12; LG Bonn, Beschl. v. 21.06.2012 – 27 Qs 2/12 = RS0872990.

ren gegen die juristische Person eingeleitet wurde oder nicht. Wichtig ist hierbei, dass sich diese Zwecksetzung aus den Unterlagen ergeben muss, weshalb etwa ein interner Bericht der Revision, der diese Zwecksetzung nicht auswies, auch vom LG Braunschweig für beschlagnahmefähig gehalten wurde. Insgesamt spricht viel dafür, dass die Auffassung des LG Braunschweig richtig ist; man kann sich allerdings nicht darauf verlassen, dass andere Gerichte dies auch so sehen.

Praxistipp 58

Soll Ihr Unternehmen durchsucht werden, wenden Sie sich unverzüglich an einen mit dieser Materie erfahrenen Rechtsanwalt/Strafverteidiger, um Ihre Rechte während der Maßnahme zu wahren. Besorgen Sie sich eine Checkliste, auf der konkret steht, was bei einer Durchsuchung zu tun ist. Prüfen Sie, ob es für Ihr Unternehmen sinnvoll ist, die Durchsuchung durch Herausgabe gesuchter Gegenstände abzuwenden.

II. Dinglicher Arrest

Den **einstweiligen Zugriff** auf Vermögenswerte beim Verdacht einer Straf- 59 tat ermöglichen die Vorschriften über die Sicherstellung und den dinglichen Arrest (§§ 111b ff. StPO). Auf dieser Grundlage können schon in einem frühen Zeitpunkt des Ermittlungsverfahrens Vermögensgegenstände vorläufig in Beschlag genommen werden, wenn der Verdacht einer Straftat besteht und anzunehmen ist, dass aus dieser Straftat – wie meist bei Wirtschaftsstraftaten – dem Täter nicht zustehende Vermögensvorteile zugeflossen sind. Schon der einfache Verdacht einer Straftat, durch die das Unternehmen durch einen Mitarbeiter bereichert wurde (etwa Bestechung im geschäftlichen Verkehr zwecks Auftragserlangung), reicht als Voraussetzung regelmäßig aus. Es handelt sich um eine Maßnahme, die für ein Unternehmen außerordentlich belastend ist und bis zur Insolvenz führen kann.

Vollstreckt wird der dingliche Arrest regelmäßig durch **Pfändung von** 60 **Geschäftskonten** oder von Forderungen gegenüber Geschäftspartnern. Der hierdurch eintretende Schaden ist häufig nicht wieder gutzumachen, auch wenn diese Pfändungsmaßnahmen später wieder aufgehoben werden. Deshalb ist eine fachkundige Beratung durch spezialisierte, erfahrene Strafverteidiger in einer solchen Situation unabdingbar. Wichtig ist dabei auch, die Ermittlungsbehörden auf die konkreten Auswirkungen der Pfändungsmaßnahmen für das Unternehmen hinzuweisen, denn eine solche Maßnahme kann unverhältnismäßig sein, wenn sie dem Unternehmen die Mittel für die Fortführung des laufenden Betriebes entzieht oder gar in die Insolvenz führt.[77]

---

77 Vgl. MünchKommStPO/*Bittmann*, Vor §§ 111b–111p Rn. 4 m.w.N.

61

Praxisbeispiel (Kölner Müllskandal)

Der Auftrag zum Bau einer Restmüllverbrennungsanlage wurde durch Bestechung im geschäftlichen Verkehr (§ 299 StGB) erlangt. Gegen das den Auftrag ausführende Unternehmen wurde der dingliche Arrest über ca. 400 Mio. € verhängt, die Geschäftskonten wurden gepfändet. Das Unternehmen war anschließend insolvent.[78]

III. Untersuchungshaft

62 Besteht der dringende Tatverdacht einer Straftat, kann gegen den Beschuldigten Untersuchungshaft richterlich angeordnet werden, wenn ein **Haftgrund** vorliegt (insbesondere Flucht- oder Verdunkelungsgefahr) und die Haft nicht unverhältnismäßig ist (vgl. § 112 StPO). Derart einschneidende Maßnahmen kommen etwa bei Steuerhinterziehung in Millionenhöhe, bei Untreue in erheblichem Umfang oder bei Korruptionsdelikten (§§ 331 ff. StGB) in Betracht.

63 Auf **Fluchtgefahr** kann geschlossen werden, wenn gute Kontakte ins Ausland bestehen, erhebliches Vermögen im Ausland (insbesondere Immobilien) vorhanden ist oder ohne hinreichende Inlandsbindungen konkret eine mehrjährige Freiheitsstrafe droht, die Fluchtanreiz bietet. In derartigen Fällen kann die Stellung einer Kaution unter Umständen zur Aussetzung des Haftbefehls und zur Freilassung führen (vgl. § 116 StPO). **Verdunkelungsgefahr** wird bei Korruption aufgrund ihres heimlichen Charakters nicht selten angenommen. Der Beschuldigte kann der Befürchtung der Strafjustiz, er würde unlauter auf Zeugen, Mitbeschuldigte oder Beweismittel einwirken, häufig durch weitgehende Zusammenarbeit mit den Ermittlungsbehörden und ein umfassendes Geständnis begegnen; die Strafverfolgungsbehörden haben insoweit ein besonders gravierendes Druckmittel in der Hand.

G. Bedeutung von Compliance für die abschließende Beurteilung von Straftaten und Ordnungswidrigkeiten aus Sicht eines Richters

64 Wenn sich ein Richter mit Compliance in einem Unternehmen beschäftigt, ist es aus Sicht des Unternehmens eigentlich immer schon zu spät: **Ziel** von **Compliance** soll ja die Verhinderung einer Befassung der Strafjustiz mit dem Unternehmen sein. Es gibt drei Ebenen, bei denen sich Compliance gleichwohl im späteren Straf- und Bußgeldverfahren auswirken kann: der objektive Tatbestand, der subjektive Tatbestand, die Schuld/Vorwerfbarkeit.[79]

---

78 Vgl. BGH, Urt. v. 02.12.2005 – 5 StR 119/05 (Fn. 67).
79 Vgl. hierzu und zum Folgenden *Mosbacher*, S. 129 ff.

I. Der objektive Tatbestand: Pflichterfüllung durch Compliance

Die Chancen und Vorteile eines CMS auf der Ebene des objektiven Tatbestands liegen darin begründet, dass bestimmte straf- und bußgeldbewehrte
unternehmensbezogene Pflichten durch Einrichtung eines wirksamen CMS
erfüllt werden können. Eine solche **Pflichterfüllung durch Compliance**
kann zum Ausschluss des objektiven Tatbestands führen. Hauptbeispiel
hierfür ist § 130 OWiG, der eine Verletzung der Aufsichtspflicht sanktioniert. Auch einige gesetzliche Regelungen nehmen hinsichtlich der Erfüllung von Aufsichtspflichten ausdrücklich auf Compliance im Unternehmen Bezug (vgl. § 33 Abs. 1 WpHG). Aus den gesetzlichen Anforderungen an
die Compliance-Organisation kann man schließen, dass dann, wenn den
gesetzlichen Anforderungen nicht nachgekommen wird, eine Aufsichtspflichtverletzung regelmäßig naheliegen wird. Damit zeigen sich erste
Risiken eines gesetzlich verankerten CMS.

65

Im **Konzern** werden CMS nicht selten von der Konzernmutter auf die Kon-
zerntöchter heruntergebrochen. Häufig werden dabei auch bestimmte Aufsichtspflichten ausdrücklich angesprochen. Derartige unternehmensinterne
Regelsysteme können Anhaltspunkte für die Bestimmung des Inhalts von
Aufsichtspflichten im Sinne von § 130 OWiG geben. Schreibt etwa die Konzernmutter den Konzerntöchtern verbindlich bestimmte Regel- und Kontrollsysteme zur Verhinderung von Straftaten (wie etwa Embargoverstößen)
vor, liegt es nicht fern, die Verantwortlichen der Konzerntochter auch daran
im Sinne von § 130 OWiG zu messen, ob sie diese Regeln eingehalten haben. Regeln und Kontrollsysteme können also durchaus janusköpfig sein:
Entlasten sie regelmäßig den Regelsetzer und denjenigen, der sich an die
Regeln hält, können selbstgesetzte Regeln aber auch den Inhalt bestimmter
Pflichtenkreise vorstrukturieren und konkretisieren. Dies lässt im Falle des
Regelverstoßes den Schluss auf ordnungswidriges oder strafbares Verhalten
wie eine Aufsichtspflichtverletzung oder – bei ausreichend vermögensbezo-
genen Regeln – auf eine Pflichtverletzung im Sinne von § 266 StGB zu.

66

II. Der subjektive Tatbestand: Kein Vorsatz bei ernsthafter Compliance

Strafrichter stehen in der Praxis häufig vor der Aufgabe, auf den **inneren
Willen aus äußeren Umständen schließen** zu müssen. Kaum ein Ange-
klagter gibt bereitwillig in der Hauptverhandlung zu, dass er absichtlich
oder wissentlich das Strafgesetz verletzt hat. Der Schluss vom äußeren
Geschehen auf den für die Strafbarkeit notwendigen inneren subjektiven
Tatbestand ist ein umfassender Wertungsakt, in den alle Aspekte des Falls
einfließen. Hier kommt Compliance-Regeln und -Systemen wiederum eine
zweischneidige Funktion zu: Wer sich an alle vorgegebenen Regeln hält,
die ein Unternehmen zur Strafbarkeitsvermeidung aufgestellt hat, bei dem

67

wird kaum der Schluss naheliegen, dass er in diesem Bereich vorsätzlich Straftaten begehen wollte. Bei der Frage der Erfüllung von vermögensbezogenen Treue-, Garanten- oder anderen Pflichten können Regelsysteme also indiziell entlastend wirken, wenn der Betroffene die vorgegebenen Regeln eingehalten hat. Dies gilt selbst dann, wenn Compliance objektiv nicht funktioniert hat und die Kontrollmöglichkeiten objektiv unzureichend waren, sofern glaubhaft gemacht werden kann, dass der Geschäftsherr auf das System von Regeln und Kontrolle vertraut hat (und auch vertrauen durfte).

68 Allerdings gilt dies auch umgekehrt: Wenn es Regelsysteme zur Verhinderung von Straftaten und eines Straftatenverdachts im Unternehmen gibt, kann aus der **bewussten Regelverletzung ein Indiz für den Vorsatz** folgen. Wie das LG Berlin in einem Fall entschieden hat,[80] kann es etwa ein Indiz für eine Unrechtsvereinbarung im Sinne von §§ 331 ff. StGB darstellen, dass ein Vorstandsmitglied bewusst unternehmensinterne Regeln für den Umgang mit Lobbyisten in einer Vergabesituation missachtet. Heimlichkeit statt Transparenz, Regelverstoß statt Regeleinhaltung, Kontrollausschaltung statt Kontrolle – all dies kann indiziell für den „bösen Willen" im Sinne des subjektiven Tatbestands sein. Und all dies kann vor allem vor dem Hintergrund eines eingerichteten CMS weit besser beurteilt werden als bei einem Unternehmen, in dem es weder Regeln noch Kontrollinstanzen gibt.

III. Schuld/Vorwerfbarkeit: Mildere Ahndung bei Compliance

69 Die **Doppelköpfigkeit** von **Compliance** – entlastend bei Regeleinhaltung einerseits, bei Regelverletzung aber durchaus auch möglicherweise belastend – ist auch auf der Ebene der Schuld/Vorwerfbarkeit von Belang. Massive und ständige Verstöße gegen unternehmensinterne Regeln können den Schuldumfang erhöhen, wenn sie das Bild der Straftat oder Ordnungswidrigkeit prägen. Umgekehrt fällt der Vorwurf geringer aus bei jemanden, der sich im Wesentlichen an vorgegebene Regeln hält und sich dem Regime von Transparenz und Kontrolle unterwirft. Im Einzelfall kann die Regelkonformität eines Verhaltens auch den Schluss auf die Unvermeidbarkeit eines Verbotsirrtums nahelegen (mit der Folge der Straflosigkeit), gerade wenn es um Pflichten im Bereich des Nebenstrafrechts oder des Bußgeldrechts geht.

70 Kommen Straftaten oder Ordnungswidrigkeiten der Unternehmensleitung in den Blick (oder gar über die Verbandsgeldbuße das Unternehmen selbst), steht die entlastende Wirkung von Compliance ganz im Vordergrund.

---

80 LG Berlin, Beschl. v. 28.07.2010, 536 – 3/10; hierzu näher *Eisenberg*, JZ 2011, S. 672.

Wer ein System von Regeln, Transparenz und Kontrolle implimentiert, ent- 71
lastet sich selbst für den Fall, dass gleichwohl Straftaten oder Ordnungswidrigkeiten begangen werden. Gerade bei der Verbandsgeldbuße ist es häufig
ein wesentlicher **Bemessungsfaktor**, inwieweit das Unternehmen selbst
durch eine Compliance-Organisation oder regelmäßige Schulungen der
Mitarbeiter der Begehung von Straftaten und Ordnungswidrigkeiten vorgebeugt hat (auch wenn die Bemühungen im Einzelfall ohne Erfolg waren).

Skeptisch macht nur, wenn Compliance als „**Feigenblatt**" zur Überwäl- 72
zung von Strafbarkeitsrisiken auf Mitarbeiter oder Tochterunternehmen
benutzt wird, stillschweigend aber etwa die offiziell verbotenen „Schwarzen
Kassen" zur Bestechung geduldet oder gar gefördert werden. Hier bieten
sich für Verantwortliche leider auch Schlupflöcher an, bei denen die Fülle
formaler Regelsysteme in umgekehrt proportionalem Verhältnis zum Willen
der Regelkonformität steht. Ein formales CMS alleine reicht also zur Strafbarkeitsvermeidung nicht, es muss auch inhaltlich gelebt werden.

IV. Fazit: Wer sich Regeln gibt, muss sich auch daran messen lassen

Insgesamt zeigt sich, dass Compliance-Regeln, -Systeme und -Organisati- 73
onen im Unternehmen durchaus zweischneidig sein können, wenn Compliance letztlich nicht funktioniert und der Strafrichter Verhalten in der
Vergangenheit zu bewerten hat. Wer sich Regeln gibt, muss sich auch selbst
daran messen lassen – damit lässt sich das Risiko von Compliance für alle
Ebenen straf- und bußgeldrechtlicher Bewertung am ehesten auf den Punkt
bringen. Allerdings überwiegen die **Chancen von Compliance** im Ergebnis
ganz sicher die Risiken. Die Chancen bestehen gerade darin, dass sich niemals ein Strafrichter mit dem Unternehmen befassen wird.

Literatur

Ballo, Beschlagnahmeschutz im Rahmen von Internal Investigations – Zur Reichweite und Grenze des § 160a StPO, NZWiSt 2013, S. 46.

Eggers, Die Bußgeldleitlinien der BaFin – großer Wurf oder Stolperstein?, BB 2015, S. 651.

Ehnert, Standardisierung mit Variablen, CCZ 2015, S. 6.

Eisenberg, Kriterien der Eröffnung des strafprozessualen Hauptverfahrens, JZ 2011, S. 672.

Faßbender, 18 Jahre ARAG Garmenbeck – und alle Fragen offen?, NZG 2015, S. 501.

Fleischer, Aktienrechtliche Compliance-Pflichten im Praxistest: Das Siemens/Neubürger-Urteil des LG München I, NZG 2014, S. 321.

Fromm, Bußgeldzumessung bei Fahrpersonalsachen, SVR 2012, S. 290.

Fromm, Verstöße des Unternehmers gegen Lenk- und Ruhezeitvorschriften, SVR 2015, S. 406.

Haefke, Beschlagnahmefähigkeit der Interviewprotokolle einer Internal Investigation, CCZ 2014, S. 39.

Haus, Flucht in die Rechtsnachfolge, WuW 2015, S. 982.

Knauer, Die Strafbarkeit der Bankvorstände für missbräuchliche Kreditgewährung, NStZ 2002, S. 399.

Köllner/Cyrus, Aktuelle strafrechtliche Fragen in Krise und Insolvenz, NZI 2016, S. 17.

Könen, (Einzel-)Rechtsnachfolge in Kartellbußgeldpflichten?!, ZIP 2015, S. 2106.

Krumm, Die Abschöpfung der Tatvorteile im Bußgeldverfahren durch die Geldbuße, wistra 2014, S. 424.

Kusnik, Wenn die Staatsanwaltschaft im Unternehmen ermittelt: Abläufe und Verhaltensleitlinien bei einer Durchsuchung der Geschäftsräume, CCZ 2015, S. 22.

Langheld, Strafrechtlicher Haftungsübergang nach dem Unionsrecht bei Umwandlungen, NZG 2015, S. 1066.

Lindemann/Sommer, Die strafrechtliche Geschäftsherrenhaftung und ihre Bedeutung für den Bereich der Criminal Compliance, JuS 2015, S. 1057.

Mäger/v. Schreitter, Kartellgeldbuße und Gesamtrechtsnachfolge – Das Neueste zur „wirtschaftlichen Identität", DB 2015, S. 1581.

Mosbacher, Compliance aus Sicht des Gerichts – Chancen und Risiken, in: Rotsch (Hrsg.), Wissenschaftliche und praktische Aspekte der nationalen und internationalen Compliance-Diskussion, 2012, S. 129 ff.

Mosbacher/Dierlamm, Anmerkung zu BGH, Urteil vom 17.07.2009 – 5 StR 394/08, NStZ 2010, S. 268.

Peukert/Altenburg, Bestimmung tauglicher Anknüpfungsnormen für Unternehmensgeldbußen, BB 2015, S. 2822.

Scherer/Fruth, Der Einfluss von Standards, Technikklauseln und des „Anerkannten Standes von Wissenschaft und Praxis" auf Organhaftung und Corporate Governance – am Beispiel der ISO 19600 (2015) Compliance-Managementsystem, CCZ 2015, S. 9.

Schmitt, Untreue von Bank- und Sparkassenverantwortlichen bei der Kreditvergabe, BKR 2006, S. 125.

Seibt/Cziupka, Rechtspflichten und Best Practices für Vorstands- und Aufsichtsratshandeln bei der Kapitalmarktrecht-Compliance, AG 2015, S. 93.

Spehl/Reichert, Die Zuständigkeit von Vorstand und Aufsichtsrat zur Aufklärung von Non Compliance in der AG, NZG 2014, S. 241.

Sünner, Von der Sorge um gesetzeskonformes Verhalten – Zugleich eine Besprechung des ISO-Entwurfs 19600, CCZ 2015, S. 2.

Wagner/Spemann, Organhaftungs- und Strafbarkeitsrisiken für Aufsichtsräte, NZG 2015, S. 945 ff.

Wermelt/Eibelshäuser/Schmidt, ISO 19600 aus der Sicht der Wirtschaftsprüfung, CCZ 2015, S. 18.

Withus, Die Angemessenheit eines CMS – eine rein juristische Bewertung oder anerkannter Stand von betriebswirtschaftlichen Grundsätzen, CCZ 2015, S. 139.

Reichert / Suchy

§ 6 D&O-Versicherung

Übersicht

Executive Summary

Leitungs- und Entscheidungspflichten

- Abschluss einer dem Unternehmensrisiko entsprechenden D&O-Versicherung (→ Rn. 9, 21),
- regelmäßige Überprüfung der Angemessenheit des Versicherungsschutzes (→ Rn. 21, 35 ff.).

Erste Maßnahmen

- Prüfung des Bestehens eines Versicherungsverschaffungsanspruchs (→ Rn. 12/Fn. 14),
- Abfrage von Versicherungsschein und -bedingungen (→ Rn. 35 ff.),
- Sicherstellung eines angemessenen Versicherungsschutzes (insbesondere in Bezug auf die Höhe der Deckungssumme) basierend auf den konkreten Unternehmensrisiken (→ Rn. 21).

Umsetzungsschritte und Delegation
- Prüfung neu vorgelegter Versicherungsbedingungen auf nachteilige Änderungen (→ Rn. 35 ff.),
- frühzeitige Einschaltung eines auf Fragen der D&O-Versicherung spezialisierten Beraters bei Entdeckung einer potenziellen Pflichtverletzung (→ Rn. 13/Fn. 16),
- Sicherung des Deckungsschutzes durch Erfüllung der Obliegenheiten (→ Rn. 45 ff.).

Ergebnis, Vorteile und Nutzen
- Absicherung der Gesellschaft gegen wirtschaftliche Schäden (→ Rn. 1 f.),
- Absicherung der Manager gegen potenziell existenzbedrohende Haftung (→ Rn. 1).

A. Einleitung

1 Die Zurückhaltung bei der Durchsetzung von Schadensersatzansprüchen der Gesellschaft gegenüber (ehemaligen) Vorständen, Geschäftsführern und Aufsichtsräten hat, bedingt durch die grundlegende Entscheidung des BGH im Jahr 1997,[1] stark nachgelassen. Gleichzeitig haben Gesetzgebung und Rechtsprechung die Haftung von Managern beständig verschärft (→ § 4 Rn. 1 ff.). Mit dieser Entwicklung geht die wachsende Bedeutung der D&O-Versicherung einher, da – gerade im Zusammenhang mit Compliance-Verstößen – einzelne Manager regelmäßig für Schäden in Millionenhöhe verantwortlich gemacht werden, die für den Einzelnen existenzbedrohend sein können, da die Schadenshöhe die verfügbaren Mittel um ein Vielfaches übersteigt. Als prominente Fälle der Managerhaftung infolge von Compliance-Verstößen sind hier exemplarisch die Korruptionsfälle bei Siemens[2] und MAN[3] sowie das sog. Schienen-Kartell bei ThyssenKrupp[4] zu nennen.

2 Da Haftungsansprüche gegen (ehemalige) Manager wertlos sind, wenn diese mangels ausreichender Liquidität nicht realisiert werden können,

---

1 BGH, Urt. v. 21.04.1997 – II ZR 175/95 (*ARAG/Garmenbeck*) = DB 1997, S. 1068.
2 Den Schaden im Zusammenhang mit dem Korruptionsskandal beziffert die Siemens AG selbst auf über 2 Mrd. €. Im Jahr 2009 schloss der Konzern mit einem Konsortium von D&O-Versicherern einen Deckungsvergleich über 100 Mio. € ab (www.siemens.com/investor/pool/de/investor_relations/events/hauptversammlung/2010/einladung_hv2010_d.pdf).
3 Im Zusammenhang mit diversen Korruptionsfällen soll dem Unternehmen ein Schaden von etwa 237 Mio. € entstanden sein. Im Jahr 2013 schloss die MAN SE mit seinen Versicherern einen Vergleich über 42,5 Mio. € (www.corporate.man.eu/man/media/de/content_medien/doc/global_corporate_website_1/investor_relations_1/hv/2014_8/man_hv_2014_d_o_vergleich_d.pdf).
4 Das Bundeskartellamt verhängte gegen das Unternehmen ein Bußgeld in Höhe von insgesamt 191 Mio. € (vgl. Handelsblatt vom 16.01.2015, „Thyssen-Krupp geht gegen Ex-Manager in Berufung"). Hinzukommen potenzielle Schadensersatzansprüche geschädigter Unternehmen. Allein die Deutsche Bahn AG hat einen Betrag in Höhe von 550 Mio. € (zzgl. Zinsen) eingeklagt (vgl. Handelsblatt vom 20.11.2013, „ROUNDUP: ThyssenKrupp zahlt Bahn Schadensersatz wegen Schienenkartell").

Reichert / Suchy

spielt die Musik in Fällen der Managerhaftung letztendlich im Deckungsverhältnis der D&O-Versicherung. Damit die Gesellschaft nicht auf dem
Schaden sitzen bleibt, ist es von entscheidender Bedeutung, dass ein ausreichender D&O-Versicherungsschutz besteht. Darüber hinaus sollten Fehler
vermieden werden, die im Schadensfall zu einem Wegfall oder einer Reduzierung der Deckung führen können.

Trotz dieser überragenden praktischen Bedeutung der D&O-Versicherung   3
in Fällen der Managerhaftung ist das diesbezügliche Wissen sowohl aufseiten der Manager als auch der Unternehmen meist gering. Bei mittelständischen Unternehmen bis 150 Mio. € Umsatz pro Jahr sollen lediglich 30% der
Organmitglieder versichert sein.[5] Ziel des nachfolgenden Abschnitts ist es,
dem Leser ein Grundverständnis der Funktionsweise und Begrifflichkeiten
sowie der Möglichkeiten und Risiken im Zusammenhang mit dem Institut
der D&O-Versicherung zu vermitteln.

B. Wesen und wichtigste Begriffe der D&O-Versicherung

Hinter dem Begriff der **D&O-Versicherung**[6] verbirgt sich eine Vermögens-   4
schaden-Haftpflichtversicherung für Manager, die diesen im Zusammenhang mit seiner Organtätigkeit (→ Rn. 37) schützt, sofern er von einem
Dritten, d.h. einer außenstehenden Person (sog. Außenhaftung) oder – was
bei Compliance-Verstößen die Regel ist – von der Gesellschaft (sog. **Innenhaftung**) auf Schadensersatz in Anspruch genommen wird (→ § 4 Rn. 5 ff.).
Das Leistungsversprechen der D&O-Versicherung ist dabei, unbegründete
Ansprüche (gemeinsam mit dem Manager) abzuwehren und begründete
Ansprüche zu befriedigen, um den Manager von dessen Haftung gegen-
über dem Geschädigten freizustellen. Als typische Schadenspositionen im
Zusammenhang mit Compliance-Verstößen, für die die Gesellschaft Mana-
ger in Regress nimmt, kommen vor allem Beratungskosten im Zusammen-
hang mit der Aufklärung und Abwicklung des Verstoßes und zivilrechtliche
Ansprüche Dritter (wie z.B. die Rückabwicklung von Akquisitionen oder
Kartellschadensersatzansprüche) in Betracht. Darüber hinaus deckt die
D&O-Versicherung in der Regel auch Geldbußen (einschließlich einer etwaigen Vermögensabschöpfung), die gegen die Gesellschaft verhängt werden.
Etwas anderes gilt hingegen für **Geldbußen** oder -strafen, die unmittelbar
gegen den Manager verhängt werden. Diese sind von der Deckung der D&O-
Versicherung nicht umfasst, da es sich insofern nicht um einen Vermögens-
schaden des Managers handelt.[7]

---

5   Vgl. Handelsblatt vom 04.09.2014 „Kalte Dusche für die Chefs".
6   Die Abkürzung D&O steht für Directors & Officers.
7   Klarstellend ist darauf hinzuweisen, dass Geldbußen und -strafen auch von einer etwaigen Strafrechtsschutz-
    versicherung (→ Rn. 19) nicht gedeckt sind.

5   Anders als bei „normalen" Versicherungsverträgen gibt es bei der D&O-Versicherung nicht nur Versicherungsnehmer und Versicherer, sondern zusätzlich eine versicherte Person. Die D&O-Versicherung ist eine sog. **Fremdversicherung** bzw. Versicherung für fremde Rechnung (vgl. §§ 43 ff. VVG): Die Gesellschaft (als Versicherungsnehmerin) schließt die Versicherung nicht zu ihren Gunsten, sondern zugunsten des Managers (als versicherte Person) ab. Da D&O-Haftungsfälle in der Regel Innenhaftungsfälle sind (→ Rn. 4) und das Privatvermögen des einzelnen Managers in den wenigsten Fällen ausreichen würde, um die mitunter gigantischen Schadenssummen im Zusammenhang mit Compliance-Verstößen zu decken (→ Rn. 1), hat das Unternehmen allerdings auch ein erhebliches Eigeninteresse am Bestehen eines umfänglichen D&O-Versicherungsschutzes. Denn trotz der rechtlichen Konstruktion als Fremdversicherung sichert die D&O-Versicherung (im Fall der Freistellung) zumindest reflexhaft auch die wirtschaftlichen Interessen der Gesellschaft.

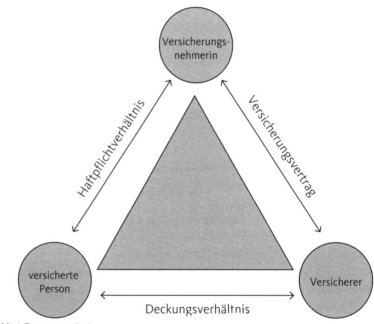

Abb. 1: Trennungsprinzip

6   Die Pflichten aus dem Versicherungsvertrag, insbesondere die Pflicht zur Bezahlung der Versicherungsprämie[8], treffen die Gesellschaft als Versicherungsnehmerin. Der Manager ist im Verhältnis zum Versicherer jedoch gehalten, gewissen Obliegenheiten zu entsprechen, da er ansonsten den Versicherungsschutz riskiert (→ Rn. 45 ff.).

---

8   Für den Manager als versicherte Person stellen die Prämienzahlungen der Gesellschaft keinen geldwerten Vorteil dar, der bei der **Steuer** zu berücksichtigen wäre (vgl. FG München, Urt. v. 05.08.2002 – 7 K 5726/00).

Zudem sieht der Gesetzgeber in § 93 Abs. 2 Satz 3 AktG[9] verpflichtend vor, dass die Gesellschaft für Vorstände einen **Selbstbehalt** in Höhe von 10% des Schadens (bis mindestens in Höhe des 1,5-Fachen der festen jährlichen Vergütung) vereinbart.[10] Der Manager kann für den Selbstbehalt seinerseits eine Selbstbehaltsversicherung abschließen, deren Prämie er selbst bezahlen muss.

7

Versicherte Person ist, wer zu der im Versicherungsvertrag näher beschriebenen Personengruppe gehört. In der Regel sind vom Versicherungsschutz unter anderem ehemalige und aktuelle Unternehmensleiter (Vorstände bzw. Geschäftsführer), Mitglieder der Kontrollorgane (Aufsichtsräte bzw. Verwaltungsräte), deren Stellvertreter und regelmäßig auch leitende Angestellte, wie z.B. CCO, erfasst. Beim Deckungsumfang im Hinblick auf leitende Angestellte stellt sich die Frage, welche Arbeitnehmer als leitende Angestellte zu qualifizieren sind. In diesem Zusammenhang wird häufig auf die Regelungen der § 5 Abs. 3 Satz 2 BetrVG oder § 49 Abs. 1 HGB verwiesen. Soweit die Police auch leitende Angestellte in den Versicherungsschutz mit einbezieht, ist die Deckung regelmäßig ausdrücklich auf die Haftung des leitenden Angestellten gegenüber der Gesellschaft in den Grenzen der eingeschränkten Arbeitnehmerhaftung beschränkt.

8

Zuständig für die Entscheidung über den Abschluss der D&O-Versicherung und deren inhaltliche Ausgestaltung ist nach herrschender Meinung der Vorstand bzw. die Geschäftsführung im Rahmen der allgemeinen Geschäftsführungsbefugnis. Die Aufsichtsorgane können gemäß § 111 Abs. 4 Satz 2 AktG bzw. § 37 Abs. 1 GmbHG ein Mitspracherecht in Form eines entsprechenden Zustimmungsvorbehalts einfordern,[11] ein Zustimmungsvorbehalt des Aufsichtsrats bzw. der Gesellschafterversammlung existiert aber grundsätzlich nicht. Gleichwohl ist es mit Blick auf das Fehlen einschlägiger Rechtsprechung ratsam, die Aufsichtsorgane in die Entscheidung bezüglich der D&O-Versicherung mit einzubinden. Gleiches gilt für den Abschluss der D&O-Versicherung für Aufsichtsräte: Zur Vermeidung von Risiken sollte eine entsprechende Vergütungsregelung in die Satzung aufgenommen bzw. ein entsprechender Beschluss der Hauptversammlung herbeigeführt werden.[12] Die Umsetzung der so getroffenen Entscheidung, sprich die Vertretung der Gesellschaft beim Abschluss des Versicherungs-

9

---

9 Altverträge (Vertragsschluss vor dem 05.08.2009) ohne entsprechende Selbstbehaltsklausel müssen grundsätzlich angepasst werden, § 23 Abs. 1 Satz 1 EGAktG.

10 Für Aufsichtsräte, Geschäftsführer und andere Manager ist der Selbstbehalt zum Teil in verschiedenen Kodizes betreffend der Grundsätze der Unternehmensführung vorgesehen (vgl. Ziff. 3.8 DCGK bzw. Ziff. 3.3.2 PCGK).

11 Vgl. Spindler/Stilz/*Fleischer*, § 93 Rn. 232 ff.

12 Vgl. Hüffer/*Koch*, § 113 Rn. 2a m.w.N.

vertrags, fällt wiederum in den originären Aufgabenbereich des Vorstands (§ 78 Abs. 1 AktG) bzw. der Geschäftsführung (§ 35 Abs. 1 GmbHG).

10 Der **Versicherungsfall** tritt bei der D&O-Versicherung nicht bereits dann ein, wenn ein Manager eine Pflicht verletzt. Auch dann, wenn infolge einer Pflichtverletzung ein Schaden entstanden ist, liegt noch kein Versicherungsfall vor. Voraussetzung ist vielmehr, dass der Geschädigte (in Fällen der Innenhaftung also die Gesellschaft als Versicherungsnehmerin) Ansprüche gegen den Manager geltend macht (**Anspruchserhebungsprinzip** oder *Claims-made*-**Prinzip**). Dies kann etwa in Form eines Anspruchsschreibens oder auch durch Klageerhebung erfolgen. Mit dem Anspruchserhebungsprinzip korrespondiert grundsätzlich die sog. **Rückwärtsdeckung**: Danach sind Pflichtverletzungen, die in der Vergangenheit liegen, auch dann vom Versicherungsschutz erfasst, wenn die Pflichtverletzung außerhalb des versicherten Zeitraums (und damit vor Abschluss der Versicherung) stattgefunden hat. Die meisten Versicherer beschränken die Rückwärtsdeckung dabei auf Pflichtverletzungen, die weder der Versicherungsnehmerin noch den versicherten Personen bei Abschluss der Versicherung bekannt waren.

11 Für den Deckungsschutz ist dementsprechend nur erheblich, ob die Anspruchserhebung innerhalb des versicherten Zeitraums stattfindet. Eine Ausnahme von diesem Grundsatz (zugunsten der versicherten Person) ist die sog. **Nachmeldefrist**. Wird der Manager aufgrund einer vor Beendigung der D&O-Versicherung (gemeint ist nicht die Beendigung der jeweiligen Versicherungsperiode, sondern die Beendigung des Vertragsverhältnisses, z.B. bei einem Wechsel des Versicherers) begangenen Pflichtverletzung in Anspruch genommen, so kann er trotz Beendigung Deckung beanspruchen, wenn eine Inanspruchnahme innerhalb der vereinbarten Nachmeldefrist erfolgt und gegenüber dem Versicherer innerhalb dieser Nachmeldefrist angezeigt wird.[13] Die Nachmeldefrist sollte entsprechend der einschlägigen Verjährungsfristen mindestens fünf bzw. zehn Jahre betragen, um ein Auseinanderfallen zwischen Haftung und Deckung zu vermeiden (zur Verjährung der Haftungsansprüche → § 4 Rn. 37 ff.). Da die Verjährungsfrist des Haftpflichtanspruchs erst mit Eintritt des Schadens beginnt, kann es allerdings trotz einer Nachmeldefrist von fünf bzw. zehn Jahren zu einem Auseinanderfallen von Haftung und Deckung kommen.

12 Eine weitere Folge des Anspruchserhebungsprinzips ist, dass deckungseinschränkende Veränderungen des Versicherungsvertrags (z.B. durch Annahme neuer Versicherungsbedingungen) insofern zulasten der versi-

---

13 Zur Unwirksamkeit eines generellen Ausschlusses der Nachmeldefrist wegen unangemessener Benachteiligung, OLG Hamburg, Beschl. v. 08.07.2015 – 11 U 313/13 = RS1159054.

cherten Personen wirken. Das bedeutet, für jeden Versicherungsfall finden diejenigen Versicherungsbedingungen Anwendung, die im Zeitpunkt der Inanspruchnahme gelten. Dementsprechend kann die versicherte Person nicht darauf vertrauen, dass zu ihren Gunsten formulierte Versicherungsbedingungen auch dann noch gelten, wenn sie – ggf. nach Ausscheiden aus dem Unternehmen – auf Schadensersatz in Anspruch genommen wird. Dieses Risiko kann durch eine sog. **Kontinuitätsgarantie** aufgefangen werden, wonach der Versicherer für Pflichtverletzungen, die vor einer entsprechenden Deckungseinschränkung liegen, die Geltung der Versicherungsbedingungen fingiert, die vor Eintritt der Deckungseinschränkung Anwendung fanden.[14]

13 Vor Eintritt des Versicherungsfalls haben sowohl die versicherte Person als auch die Versicherungsnehmerin auf Grundlage der Versicherungsbedingungen das Recht, Umstände gegenüber dem Versicherer anzuzeigen, die in Zukunft (hinreichend wahrscheinlich) zu einer Inanspruchnahme der versicherten Person führen könnten. Tritt ein Versicherungsfall nach einer solchen **Umstandsmeldung (*notice of circumstances*)** in einer späteren Versicherungsperiode ein, wird fingiert, dass die versicherte Person bereits in der Versicherungsperiode in Anspruch genommen wurde, in der die Umstandsmeldung abgegeben wurde.[15] Der Versicherungsfall fällt dann in die Versicherungsperiode der Umstandsmeldung. Während die versicherte Person bzw. die Versicherungsnehmerin zur Anzeige des Eintritts eines Versicherungsfalls verpflichtet ist (→ Rn. 46 f.), stellt die *notice of circumstances* (lediglich) ein Recht der versicherten Person bzw. der Versicherungsnehmerin dar, mit dem die D&O-Versicherung in Bezug auf die aktuellen Bedingungen und die (noch vorhandene) Deckungssumme „eingefroren" werden kann.[16]

14 Regelmäßig verlängert sich die D&O-Versicherung, wenn keine der Vertragsparteien bis drei Monate vor Ablauf der jeweiligen **Versicherungsperiode** kündigt. Eine (erneute) Abfrage zwischenzeitlich bekannt gewordener Pflichtverletzungen ist unüblich. Die Versicherungsperiode entspricht in der Regel einem Kalenderjahr, wobei die im Versicherungsschein genannte Deckungssumme zu Beginn jeder Versicherungsperiode (wieder) in voller

---

14 Denkbar ist insofern auch eine Regelung im Rahmen des **Versicherungsverschaffungsanspruchs**. Zu entsprechenden Gestaltungsmöglichkeiten vgl. *v. Schenck*, NZG 2015, S. 494 (500) und die von *Fassbach/Fleck* entworfene Musterklausel, abrufbar unter www.blog.wiwo.de/management/2013/12/18/das-neue-zauberwort-fur-top-manager-verschaffungsklausel-fur-eine-managerhaftpflicht-versicherung-do/.

15 Die Fiktionswirkung der *notice of circumstances* kann dabei von der Einhaltung einer Frist, sog. *sunset clause*, abhängig gemacht werden.

16 Die *notice of circumstances* eröffnet taktische Möglichkeiten (Mitteilung kurz vor Ende einer Versicherungsperiode bei bis dato unverbrauchter Deckungssumme), aber auch erhebliche Risiken (Herbeischreiben eines Serienschadens → Rn. 41 f.), sodass deren Abgabe nur in Abstimmung mit einem in D&O-Fragen versierten Rechtsberater erfolgen sollte.

Höhe zur Verfügung steht. Nachfolgende Abbildung veranschaulicht einen typischen Versicherungsfall:

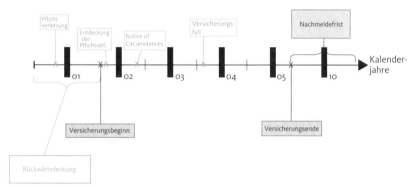

Abb. 2: Typischer Versicherungsfall

C. Abgrenzung der D&O-Versicherung zu anderen Versicherungen

15 Insbesondere Finanzdienstleistungsinstitute schließen häufig zusätzlich zu einer D&O-Versicherung eine sog. **E&O-Versicherung** ab.[17] Bei der E&O-Versicherung handelt es sich um eine Vermögensschaden-Haftpflichtversicherung für Vermögensschäden der Gesellschaft im Zusammenhang mit bestimmten Dienstleistungen (z.B. Anlageberatung).[18] Im Unterschied zur D&O-Versicherung versichert sich die Gesellschaft bei der E&O-Versicherung selbst gegen Vermögensschäden und ist somit, wie bei einer „normalen" Haftpflichtversicherung, Versicherungsnehmerin und versicherte Person in Personalunion.

16 Hiervon zu unterscheiden sind Regelungen innerhalb der D&O-Versicherung, wonach ausnahmsweise auch Schäden der Gesellschaft als Versicherungsnehmerin gedeckt sind, wenn sie Ansprüche, die ein Dritter gegen die versicherte Person geltend macht, abwehrt oder die versicherte Person von diesen Ansprüchen freistellt (sog. Eigenschaden oder *Company-reimbursement*-Klauseln). Insoweit wird auch von der sog. **Side-B-Deckung** gesprochen, während die Side-A-Deckung die D&O-Versicherung im engeren Sinn, also die reine Vermögensschaden-Haftpflichtversicherung des Managers, bezeichnet. Die Side-B-Deckung ist eine Ausnahme von dem Grundsatz, wonach eine D&O-Versicherung keine Vermögensschäden der Gesellschaft selbst versichert.

---

17 Die Abkürzung E&O steht für Errors & Omissions. Alternativ wird die Bezeichnung Professional Indemnity („PI")-Versicherung verwendet.
18 Einführend zur E&O-Versicherung: *Dißars*, VersR 2009, S. 1340.

Neben der D&O-Versicherung kann es auch empfehlenswert sein, eine 17
zusätzliche **Strafrechtsschutzversicherung** abzuschließen, deren
Deckungssumme primär für die (bei komplexen Strafverfahren nicht
unerheblichen) Kosten der Verteidigung zur Verfügung steht. Zur Klarstellung ist darauf hinzuweisen, dass auch eine Strafrechtsschutzversicherung
keine Geldbußen oder -strafen versichert, die gegen einzelne Personen
verhängt werden (→ Rn. 4). Neben einer Strafrechtsschutzversicherung
kann unter Umständen auch eine zusätzliche Vermögensschaden-Rechts-
schutzversicherung sinnvoll sein, deren Deckungssumme allein für
Abwehrkosten im Rahmen einer Inanspruchnahme zur Verfügung steht.
Durch eine solche zusätzliche Versicherung kann sichergestellt werden,
dass zumindest eine ausreichende Deckungssumme für die Kosten der
Abwehr besteht, wenn die Deckungssumme der D&O-Versicherung bereits
durch andere Versicherungsfälle aufgebraucht worden sein sollte.[19] Alternativ kann ein Recht zur Wiederauffüllung der Deckungssumme gegen
entsprechende Prämienzahlung vereinbart werden, wobei regelmäßig nur
eine Auffüllung pro Versicherungsperiode möglich ist. Teilweise ist die
Wiederauffüllung ausdrücklich auf Abwehrkosten beschränkt.

D. Vor Abschluss der Versicherung

Sowohl die versicherte Person als auch die Versicherungsnehmerin sollten 18
die Versicherungsunterlagen intensiv prüfen und die im Vorfeld übersand-
ten Fragebögen (→ Rn. 31) gewissenhaft beantworten. Denn damit sichern
sie nicht nur die finanziellen Ressourcen des Unternehmens, sondern
reduzieren auch maßgeblich das Risiko potenzieller Deckungsausschlüsse.

I. Versicherungsmakler

Nicht zu unterschätzen ist dabei die praktische Relevanz eines erfahrenen 19
und unabhängigen **Versicherungsmaklers**. Entsprechende Spezialmakler
(*special/financial lines*)[20] haben in der Regel nicht nur umfassende Kenntnis bezüglich der verschiedenen Anbieter und Kennzahlen (wie z.B. erforderliche **Deckungssumme** und angemessene **Jahresprämie**) des D&O-
Versicherungsmarkts, sondern sind auch in der Lage, Einzelheiten des
Versicherungsvertrags mit dem jeweiligen Versicherer auf Augenhöhe zu
verhandeln. Größere Maklerhäuser legen dabei sogar eigene **Maklerwor-
dings**, sprich Versicherungsbedingungen, auf, die zum Teil individuell auf
die Bedürfnisse der jeweiligen Versicherungsnehmerin zugeschnitten sind.

---

19 Dabei entfallen 50% bis 70% der ausgeschütteten Versicherungssummen nicht auf die Freistellung, sondern
auf die Kosten der Abwehr, vgl. *Fassbach/Rahlmeyer*, VersicherungsPraxis 2015, S. 15.
20 Exemplarisch wird hier auf die Hendricks & Co GmbH (Howden), die Dr. Ihlas GmbH, Hiscox und die Marsh
GmbH als bekannte Makler im Bereich der D&O-Versicherung verwiesen.

20 Infolge des in den letzten Jahren stark gewachsenen Wettbewerbs haben sich, jedenfalls außerhalb des Segments der **Großrisiken**[21] und der Finanzinstitute, die Versicherungsbedingungen stetig zugunsten der versicherten Personen verbessert, während die Prämien (auf geringem Niveau) stabil geblieben oder sogar gesunken sind.[22] Die Höhe der Prämie hängt dabei entscheidend von der vereinbarten Deckungssumme sowie weiterer Faktoren, wie z.B. der Schadenshistorie des Unternehmens oder der Unternehmensbranche, ab.

21 Im Zusammenhang mit der Frage, welche Deckungssumme für das eigene Unternehmen die „richtige" ist, gibt es keine allgemeinverbindliche Antwort. Zwar gibt es bestimmte Richtwerte, die sich an einzelnen Unternehmenskennzahlen orientieren (bei KMU soll die Obergrenze bei 10% der Bilanzsumme bzw. 50% des Eigenkapitals liegen und den Betrag von 25 Mio. € nicht überschreiten),[23] doch sind bei der Bestimmung der **Deckungssumme** immer auch die unternehmensspezifischen Risiken zu berücksichtigen. So sollte beispielsweise ein Unternehmen, welches erst vor Kurzem ein CMS implementiert hat, eine höhere Deckungssumme vereinbaren als ein Unternehmen, welches aufgrund eines adäquaten Risk Assessments und eingespielter Prozesse seine Compliance-Risiken sehr genau einschätzen kann. Ebenso kann der Deckungsbedarf mit Blick auf das Geschäftsfeld (z.B. *Dual-use*-Güter) oder das Vertriebsgebiet[24] eines Unternehmens signifikant ansteigen.

22 Bei hohen Deckungssummen sind sog. **Exzedentenversicherungen** (Zusatzversicherungen) üblich, da in der Regel kein Versicherer bereit ist, das versicherte Risiko alleine zu tragen. Die gesamte Deckungssumme verteilt sich in diesen Fällen auf einen Primärversicherer und einen oder mehrere Exzedentenversicherer. Dabei leistet der Primärversicherer vorrangig bis zur vereinbarten Deckungssumme. Übersteigt der konkrete Schaden die Deckungssumme der Primärversicherung, greift im Anschluss die Exzedentenversicherung. Dabei ist eine Staffelung verschiedener Exzedentenversicherer (sog. *layer*) möglich.

23 Reicht die vereinbarte Deckungssumme (trotz einer ggf. abgeschlossenen Exzedentenversicherung) nicht aus, um den entstandenen Schaden zu

---

21 Ein Vertrag über Großrisiken liegt gemäß § 210 Abs. 2 Satz 1 Nr. 3 VVG vor, wenn mindestens zwei der drei dort genannten Merkmale (Bilanzsumme von 6,2 Mio. €; Nettoumsatzerlöse von 12,8 Mio. €; durchschnittlich 250 Arbeitnehmer pro Wirtschaftsjahr) überschritten sind.

22 Vgl. Marsh EMEA Insurance Market Report 2015.

23 *Lange*, § 1 Rn. 68 m.w.N.

24 Vgl. Transparency International Corruption Perceptions Index (www.transparency.org/research/cpi).

decken, ist umstritten, wie die vorhandene Deckungssumme auf die einzelnen versicherten Personen und/oder Versicherungsfälle zu verteilen ist.[25]

Über die Verhandlung der Versicherungs- und Vertragsbedingungen hinaus kommt dem Versicherungsmakler häufig auch im Zusammenhang mit der Abgabe einer *notice of circumstances* bzw. einer Schadensanzeige oder im Verlauf des Versicherungsfalls eine entscheidende Rolle bei der Kommunikation mit dem Versicherer zu, wobei der (unabhängige) Makler, im Gegensatz zu anderen Versicherungszweigen, eher dem Lager der Versicherungsnehmerin bzw. der versicherten Person zuzurechnen ist.   24

Nichtsdestotrotz sollten die vonseiten der Makler getroffenen Aussagen bzw. vorgelegten Bedingungswerke stets durch einen in Fragen der D&O-Versicherung versierten Rechtsberater im Wege einer Art *second opinion* geprüft werden. Denn zum einen hat auch ein unabhängiger Makler ein wirtschaftliches Eigeninteresse, z.B. am Abschluss mehrerer Individualpolicen (→ Rn. 26 ff.), welches nicht zwingend mit den Interessen der Versicherungsnehmerin übereinstimmt. Und zum anderen fehlt den weniger spezialisierten Maklern nicht selten das rechtliche Know-how und die entsprechende Erfahrung aus Haftungs- und Deckungsprozessen, die erforderlich sind, um Risiken innerhalb der Versicherungsbedingungen zu antizipieren und dadurch die für die versicherte Person bzw. die Versicherungsnehmerin optimale Regelung zu identifizieren. Dementsprechend garantiert erst ein Zusammenspiel von Makler und rechtlichem Berater, dass den Interessen der versicherten Personen und der Versicherungsnehmerin in der D&O-Versicherung bestmöglich Rechnung getragen wird.   25

II. Firmen- oder Individualpolice

Neben der klassischen D&O-Firmenpolice kommt auch der Abschluss einer **D&O-Individualpolice** in Betracht. Dabei ist der einzelne Manager, wie bei einer „normalen" Versicherung, zugleich Versicherungsnehmer und versicherte Person. Es handelt sich dementsprechend um eine Versicherung für eigene Rechnung.[26] Außerdem gilt bei der Individualpolice, abweichend von der D&O-Firmenpolice, grundsätzlich das **Verstoßprinzip**.[27] Das heißt, versichert sind nur Pflichtverletzungen, die innerhalb des versicherten Zeitraums begangen wurden. Eine Rückwärtsversicherung (→ Rn. 10) besteht in diesem Fall nicht.   26

---

25 Vgl. hierzu *Armbrüster*, VersR 2014, S. 1.
26 Bei der sog. unechten Individualpolice erstattet die Gesellschaft dem Manager die Prämie. Diese Ausprägung ist in der Praxis deutlich häufiger als die sog. echte Individualpolice, bei der der Manager die Prämie selbst trägt.
27 Vgl. *Lange*, § 3 Rn. 66.

27 Makler führen als Argument für den Abschluss einer Individualpolice teilweise an, dass der Manager mit dieser auf der sicheren Seite sei, weil sein Versicherungsschutz nicht von dem Verhalten Dritter abhänge. Dabei ist richtig, dass der einzelne Manager den Deckungsschutz bei einer Firmenpolice nicht in der Hand hat. Insbesondere kann die Deckungssumme durch andere versicherte Personen erschöpft sein, die Versicherung gekündigt oder sogar – wegen fehlerhafter Angaben bei Abschluss der Versicherung (→ Rn. 31 ff.) – angefochten werden. Dieses Risiko lässt sich allerdings auch dadurch reduzieren, dass der Manager vor seiner Bestellung darauf hinwirkt, dass der Dienstvertrag bzw. die Satzung ihm einen angemessenen Versicherungsschutz für seine Organtätigkeit zusichert (sog. **Versicherungsverschaffungsanspruch**).[28] Besteht dann in einem Haftungsfall trotz Versicherungsverschaffungsanspruchs keine ausreichende Versicherungsdeckung, so wird der Manager in der Regel mit einem entsprechenden Schadensersatzanspruch gegen die Gesellschaft aufrechnen können, da es sich bei den D&O-Versicherungsfällen in der Praxis zumeist um Innenhaftungsfälle (→ Rn. 4) handelt.

28 Größter Nachteil der Individualpolice ist regelmäßig, dass die Deckungssummen gegenüber Firmenpolicen sehr niedrig sind und für den einzelnen Manager, der regelmäßig als Gesamtschuldner für den gesamten Schaden haftet, keinen ausreichenden Schutz bieten. Obwohl Individualpolicen auf eine Person begrenzt sind, sind sie im Vergleich zu Firmenpolicen nur unwesentlich günstiger und damit, relativ gesehen, deutlich teurer als Firmenpolicen. Darüber hinaus hat die Firmenpolice im Vergleich zur Individualpolice den Vorteil, dass ein Regress des Versicherers gegen andere Manager der Versicherungsnehmerin in der Regel ausgeschlossen ist, da diese ebenfalls unter der Firmenpolice mitversichert sind. Ob die Versicherung in der Praxis bei der Firmenpolice tatsächlich die Rolle eines Mediators zwischen Gesellschaft und versicherter Person einnimmt,[29] darf bezweifelt werden. Vielmehr stellen sich die Versicherer regelmäßig hinter die versicherte Person und gegen die Gesellschaft. Diese Dynamik ist nachvollziehbar: Die Interessen des Versicherers und der versicherten Person laufen regelmäßig gleich. Beide wollen die Haftungsansprüche gegen die versicherte Person abwehren oder jedenfalls möglichst gering halten.

29 Aus alledem folgt, dass Individualpolicen in der Regel keine echte Alternative zur Firmenpolice sind. Sofern der Manager eine Individualpolice als eine Art private Zusatzversicherung zur Firmenpolice abschließen will, sollte er

---

28 Vgl. *Lange*, § 22 Rn. 5 ff. Wie eine entsprechende Musterklausel ausgestaltet sein könnte, zeigen *Fassbach/Fleck*, a.a.O., wobei ein solcher Versicherungsverschaffungsanspruch grundsätzlich auch nachträglich verhandelt werden kann.

29 So *Lange*, § 3 Rn. 54 ff.

Reichert / Suchy

sich zum einen ausgiebig beraten lassen, damit die Individualpolice auf die existierende Firmenpolice abgestimmt ist. Zum anderen sollte er die Existenz einer zusätzlichen Individualpolice tunlichst für sich behalten. Anderenfalls würde er, durch die gegenüber anderen Organmitgliedern ohne Individualpolice relativ größere Haftungsmasse, gesamtschuldnerische Haftpflichtansprüche der Gesellschaft „wie Speck die Mäuse" anziehen.[30]

Im Versicherungsmarkt wird derzeit diskutiert, ob wegen potenzieller Interessenkonflikte zwischen Vorstand und Aufsichtsrat die D&O-Versicherungen für die Mitglieder dieser beiden Organe voneinander unabhängig sein sollten, sog. *Twin-Tower-* und *Two-Tier-Trigger*-Konzepte. Das Thema wird vor allem dann relevant, wenn die Mitglieder des Aufsichtsrats neben den in Anspruch genommenen Vorständen – etwa durch Streitverkündung – Beteiligte oder Partei eines Organhaftungsprozesses werden.[31]

III. Kenntnisabfrage und Wissenszurechnung

Vor Vertragsschluss fragt der Versicherer, vor allem mit Blick auf die Rückwärtsversicherung (→ Rn. 10), bei der Versicherungsnehmerin ausdrücklich die Kenntnis von Umständen ab, die zu einer Inanspruchnahme der D&O-Versicherung führen könnten. Diese Abfrage erfolgt in der Regel in Form von Fragebögen. Macht die Versicherungsnehmerin in diesem Zusammenhang unwahre Angaben oder Angaben ins Blaue hinein, kann der Versicherer vom Versicherungsvertrag nach den §§ 19 bis 21 VVG zurücktreten oder sogar wegen arglistiger Täuschung anfechten, § 22 VVG i.V.m. § 123 BGB. Ficht der Versicherer den Versicherungsvertrag wegen arglistiger Täuschung an, entfällt die Deckung rückwirkend. Dies hat gravierende Folgen: Weiß die Versicherungsnehmerin etwa von einem Korruptionsvorfall und macht hierzu vor Versicherungsbeginn trotz entsprechender Nachfrage keine Angaben, kann der Versicherer den Versicherungsvertrag auch dann wegen unwahrer Angaben in Bezug auf den Korruptionsvorfall anfechten, wenn die Versicherungsnehmerin einen Versicherungsfall im Zusammenhang mit der Verletzung von umweltrechtlichen Bestimmungen meldet und der Korruptionsvorfall überhaupt keinen Versicherungsfall ausgelöst hat. Trotzdem führt die Anfechtung zum rückwirkenden Fortfall des gesamten Versicherungsschutzes.

Da die Versicherungsnehmerin keine natürliche Person ist, stellt sich die Frage, was die Versicherungsnehmerin wissen muss bzw. welches Wissen

30

31

32

---

30 *Lange*, § 3 Rn. 61.
31 Zur Diskussion vgl. ausführlich *Armbrüster*, NJW 2016, S. 897, 899 f. Denkbar sind in diesem Zusammenhang auch Lösungen innerhalb einer D&O-Firmenpolice durch entsprechende Regelungen in den Versicherungsbedingungen und *chinese walls* bei den Versicherern.

ihr zugerechnet wird. Diese Frage beantwortet § 47 VVG.[32] Danach ist nicht allein auf das Wissen der Person abzustellen, die den Versicherungsvertrag unterzeichnet. Vielmehr muss sich die Versicherungsnehmerin das Handeln und das Wissen aller versicherten Personen zurechnen lassen. Weiß also nur eine versicherte Person von Umständen, die zur Inanspruchnahme der D&O-Versicherung führen könnten und werden diese Umstände im Zuge der Abfrage vor Abschluss der Versicherung – aus welchen Gründen auch immer – nicht mitgeteilt, steht der Deckungsschutz auf tönernen Füßen.

33　Das diesbezügliche Risiko einer allzu weiten Wissenszurechnung im Rahmen der Firmenpolice lässt sich dadurch begrenzen, dass die Versicherungsnehmerin einen engeren Kreis von Personen[33] bestimmt, deren Wissen sie sich zurechnen lassen muss (sog. **Repräsentantenklausel**).[34]

34　Eine Regelung, wonach sich eine versicherte Person das Wissen einer anderen versicherten Person nicht zurechnen lassen muss, geht hingegen ins Leere:[35] Denn eine Zurechnung zwischen versicherten Personen existiert bereits dem Grunde nach nicht. Vielmehr verliert die gutgläubige versicherte Person ihre Deckung, weil sich die Versicherungsnehmerin das Wissen einer bösgläubigen versicherten Person zurechnen lassen muss und der Versicherer deshalb den Versicherungsvertrag als Ganzen anfechten kann.[36] Vor diesem Hintergrund haben Versicherer in den Versicherungsbedingungen teilweise vollumfänglich auf das Recht zur Anfechtung wegen arglistiger Täuschung verzichtet. Ein solcher genereller, im Voraus erklärter Verzicht auf das Recht zur Anfechtung wegen arglistiger Täuschung ist jedoch selbst bei Individualvereinbarungen unzulässig.[37] Eine Lösung können sog. *severability clauses* sein. Diese begrenzen das Anfechtungsrecht des Versicherers auf diejenigen versicherten Personen, die arglistig getäuscht haben bzw. von der Täuschung Kenntnis hatten (*black hats*), wohingegen die übrigen versicherten Personen (*white hats*) weiterhin Versicherungsschutz genießen.[38]

32　Zum Verhältnis von § 166 BGB zu § 47 VVG sowie zu den Grundsätzen der Wissenszurechnung im Unternehmen vgl. *Gruber/Mitterlechner/Wax*, § 9 Rn. 107 ff.

33　Dieser Kreis umfasst regelmäßig den Vorstandsvorsitzenden bzw. Geschäftsführer, den Aufsichtsratsvorsitzenden, den Finanzvorstand sowie die Leiter der Rechts- und Versicherungsabteilung.

34　*Gruber/Mitterlechner/Wax*, § 9 Rn. 129 ff.

35　Vgl. OLG Düsseldorf, Urt. v. 23.08.2005 – I-4 U 140/04 (*ComRoad*) = RS0912940.

36　*Gruber/Mitterlechner/Wax*, § 9 Rn. 125.

37　Vgl. BGH, Beschl. v. 21.09.2011 – IV ZR 38/09 (*HEROS II*) = RS0729209, wonach der arglistig Täuschende nicht den Schutz der Rechtsordnung verdient. Der BGH hat zudem auch eine einschränkende Erhaltung eines solchen Verzichts gegenüber den versicherten Personen abgelehnt.

38　Durch eine derartige Vertragsgestaltung wird die Regelung des § 139 BGB, wonach bei teilnichtigen Geschäften in der Regel von der Gesamtnichtigkeit auszugehen ist, abbedungen, vgl. *Gruber/Mitterlechner/Wax*, § 9 Rn. 139.

IV. Prüfung der Versicherungsbedingungen

Da standardisierte Versicherungsbedingungen im Bereich der D&O-Versicherung nur selten verwendet werden und die Bestimmungen des Versicherungsvertragsgesetzes (VVG) lediglich subsidiär Anwendung finden, ist eine detaillierte Prüfung der Versicherungsbedingungen und des Versicherungsscheins (Letzterer enthält oftmals individuelle Abweichungen von den Versicherungsbedingungen) vor Abschluss der Versicherung entscheidend. 35

Nachfolgend weisen wir auf einzelne Klauseln in den Versicherungsbedingungen hin, die für die versicherten Personen bzw. die Versicherungsnehmerin von besonderer Bedeutung sind. Die Auswahl der im Einzelnen besprochenen Klauseln basiert dabei auf der Erfahrung der Verfasser aus diversen Deckungsfällen. Im konkreten Einzelfall bzw. bei besonderen Spezifika des Unternehmens können selbstverständlich auch weitere Bestimmungen von erheblicher Relevanz sein. 36

1. Einbeziehung operativer Tätigkeit

Versichert sind in der Regel Fälle, in denen die versicherte Person „wegen einer bei Ausübung dieser Tätigkeit [gemeint ist die organschaftliche Tätigkeit als Manager – *Anm. d. Verfasser*] begangenen Pflichtverletzung aufgrund gesetzlicher Haftpflichtbestimmungen für einen Vermögensschaden auf Schadenersatz in Anspruch genommen wird".[39] 37

Dementsprechend stellt sich insbesondere aus Sicht der Manager von KMU die Frage, inwieweit auch deren rein **operative Tätigkeit** vom Versicherungsschutz umfasst ist. Da diese Frage bis dato noch nicht höchstrichterlich entschieden ist, empfiehlt es sich, darauf hinzuwirken, dass entweder eine entsprechende Dienstleistungsklausel in die Versicherungsbedingungen aufgenommen oder die Definition des Versicherungsfalls entsprechend weit gefasst wird. 38

2. Ausschluss des Einwands mangelnder Ernstlichkeit

Der BGH hat mittlerweile entschieden, dass ein Versicherungsfall auch dann eintritt, wenn die Versicherungsnehmerin einen Manager „freundlich" in Anspruch nimmt.[40] Von freundlicher Inanspruchnahme spricht man, wenn die Versicherungsnehmerin den Manager in Anspruch nimmt, um auf die Versicherungssumme zuzugreifen. Die Versicherungsnehmerin gibt sich regelmäßig mit dem Betrag zufrieden, den die Versicherung leistet 39

---

39 Ziff. 1.1 der Musterbedingungen des Gesamtverbands der Deutschen Versicherungswirtschaft e.V. (sog. AVB-AVG); abrufbar unter http://www.gdv.de/downloads/versicherungsbedingungen/allgemeine-versicherungsbedingungen-fur-die-vermogensschaden-haftpflichtversicherung-von-aufsichtsraten-vorstanden-und-geschaftsfuhrern-avb-avg/. Da die AVB-AVG am Versicherungsmarkt nur selten unverändert übernommen werden, wird auf diese im Folgenden nicht weiter Bezug genommen.

40 BGH, Urt. v. 13.04.2016 – IV ZR 51/14; BGH, Urt. v. 13.04.2016 – IV ZR 304/13.

und verschont das Privatvermögen des Managers. Bislang argumentierten die Versicherer in diesen Fällen häufig, die Inanspruchnahme sei nicht ernstlich, weil die versicherte Person keinem Haftungsrisiko ausgesetzt sei. Ohne Haftungsrisiko könne es aber auch keinen Versicherungsfall geben.[41] Der BGH hat nun ausdrücklich klargestellt, dass die Versicherung auch dann zur Deckung verpflichtet ist, „wenn der Geschädigte den Schädiger allein mit Blick auf die Möglichkeit in Anspruch nimmt, im Vollstreckungswege Zugriff auf den Deckungsanspruch des Schädigers gegen seinen Haftpflichtversicherer zu nehmen, und anderenfalls – d.h. bei Fehlen einer Haftpflichtversicherung oder fehlender Eintrittspflicht des Haftpflichtversicherers – von einer Inanspruchnahme des Schädigers absähe."[42] Insbesondere enthalten Versicherungsbedingungen grundsätzlich nicht als „ungeschriebenes Tatbestandsmerkmal ein weitergehendes und eigenständiges Erfordernis der Ernsthaftigkeit des Vorsatzes[,] den Schädiger auch persönlich in Anspruch nehmen zu wollen".[43]

40 Vor dem Hintergrund dieser Rechtsprechung ist damit zu rechnen, dass die Versicherer versuchen werden, das Merkmal der **Ernstlichkeit der Inanspruchnahme** in den Versicherungsbedingungen ausdrücklich zu verankern.

3. Serienschaden

41 Grundsätzlich steht für jede neue Versicherungsperiode die volle Deckungssumme zur Verfügung. Dieser Grundsatz wird allerdings dann eingeschränkt, wenn sich ein Schaden über mehrere Versicherungsperioden erstreckt bzw. verschiedene Schäden tatsächlich oder rechtlich eng miteinander verbunden sind. Für einen solchen **Serienschaden** stellen die Versicherer in der Regel nur die Deckungssumme einer Versicherungsperiode zur Verfügung. Aus mehreren Schadensereignissen wird so ein einzelner Versicherungsfall.[44] Wird bei mehreren Schäden ein Serienschaden festgestellt, ist dies für den Versicherer in der Regel günstig, weil er auch dann nur einmal zahlen muss, wenn sich die Schäden über mehrere Versicherungsperioden verteilen. Die Versicherungsnehmerin sollte daher auf eine möglichst enge Definition der Serienschadensklausel drängen, zumal diesbezüglich sehr unterschiedliche Ausgestaltungen auf dem Versicherungsmarkt existieren.[45]

---

41 So noch OLG Düsseldorf, Urt. v. 12.07.2013 – I-4 U 149/11 = DB 2013, S. 2442; vgl. auch OLG Düsseldorf, Urt. v. 31.01.2014 – I-4 U 176/11 = RS0916981; *Gruber/Mitterlechner/Wax*, § 6 Rn. 117; *Lenz/Weitzel*, PHi 2013, S. 170 (171 ff.).

42 BGH, Urt. v. 13.04.2016 – IV ZR 51/14, Rn. 33.

43 BGH, Urt. v. 13.04.2016 – IV ZR 51/14, Rn. 37.

44 Dabei gelten häufig die Bedingungen und die verbleibende Deckungssumme derjenigen Versicherungsperiode, in die das erste Schadensereignis des Serienschadens fällt.

45 Vgl. *Gruber/Mitterlechner/Wax*, § 6 Rn. 84 ff.

Reichert / Suchy

Da die Sachverhaltsdarstellung im Rahmen der Schadensanzeige bzw. Umstandsmeldung in der Regel die erste Grundlage für die Prüfung eines Serienschadens aufseiten des Versicherers ist, gilt es in diesem Zusammenhang, insbesondere den Umfang der jeweiligen Serienschadensklausel zu kennen und zu berücksichtigen. 42

4. Ausschluss wegen Vorsatzes bzw. Wissentlichkeit

Nach dem gesetzlichen Leitbild soll der Versicherer grundsätzlich nicht haften, wenn eine versicherte Person den Versicherungsfall vorsätzlich herbeigeführt hat (vgl. § 103 VVG). Viele Versicherungsbedingungen weichen insoweit allerdings (in zulässiger Weise) von der gesetzlichen Regel ab, wobei entsprechende individuelle Regelungen zum Ausschluss wegen Vorsatzes bzw. **Wissentlichkeit** regelmäßig abschließend sind.[46] 43

Die häufigsten Deckungsausschlüsse sind in Fällen „wissentlicher Pflichtverletzung" und/oder „vorsätzlicher Schadensverursachung" der versicherten Person vorgesehen. Ein Fall der vorsätzlichen Schadensherbeiführung liegt dann vor, wenn die versicherte Person den Schaden als mögliche Folge vorausgesehen und billigend in Kauf genommen hat (*dolus eventualis*). Deutlich komplexer ist die Frage, was unter einer wissentlichen Pflichtverletzung (*dolus directus*) zu verstehen ist. Regelmäßig wird verlangt, dass die versicherte Person eine bestimmte Pflicht positiv gekannt („Pflichtbewusstsein")[47] und diese Pflicht bewusst verletzt hat („Pflichtverletzungsbewusstsein").[48] Die Darlegungs- und Beweislast dafür, dass die versicherte Person ihre Pflicht wissentlich verletzt hat, trägt dabei grundsätzlich der Versicherer. Ein entsprechender Nachweis ist für den Versicherer allerdings nur schwer zu erbringen, da es sich insoweit um innere Tatsachen aus der Sphäre der versicherten Person handelt. Deshalb nimmt die Rechtsprechung bei einem objektiven Verstoß gegen elementare berufliche Pflichten, „deren Kenntnis nach der Lebenserfahrung bei jedem Berufsangehörigen vorausgesetzt werden kann" (sog. **Kardinalpflichten**),[49] grundsätzlich eine wissentliche Pflichtverletzung durch die versicherte Person an. Der Vortrag weiterer zusätzlicher Indizien durch den Versicherer ist in diesen Fällen entbehrlich, denn bei der Verletzung von Kardinalpflichten könne „vom äußeren Geschehensablauf und dem Ausmaß des objektiven Pflichtverletzungsverstoßes auf innere Vorgänge geschlossen werden".[50] Die (nicht einfache) Erbringung des Gegenbeweises steht der versicherten Person freilich offen. 44

---

46 Vgl. *Gruber/Mitterlechner/Wax*, § 7 Rn. 50.
47 BGH, Urt. v. 28.09.2005 – IV ZR 255/04 = RS0718156; BGH, Urt. v. 17.12.2014 – IV ZR 90/13 = DB 2015, S. 244.
48 *Lange*, § 11 Rn. 14; vgl. OLG Hamm, Urt. v. 07.03.2007 – 20 U 132/06 = RS0928637.
49 BGH, Urt. v. 17.12.2014 – IV ZR 90/13 (Fn. 47); zu den einzelnen Kardinalpflichten vgl. *Lange*, § 11 Rn. 35 ff.
50 BGH, Urt. v. 17.12.2014 – IV ZR 90/13 (Fn. 47).

E. Während der Versicherungsperiode

I. Obliegenheiten

45   Nach Versicherungsbeginn treffen die versicherte Person bzw. die Versicherungsnehmerin eine Vielzahl von Verhaltenspflichten, sog. **Obliegenheiten**, die sich teilweise unmittelbar aus dem Gesetz, teilweise aus den Versicherungsbedingungen ergeben und deren Verletzung gravierende Folgen bis hin zum Ausschluss der Deckung haben können.

46   Die wichtigsten Obliegenheiten sind die **Anzeigepflicht** des Versicherungsfalls (§§ 30, 104 VVG), die Schadensminderungspflicht (§ 82 Abs. 1 VVG), die Obliegenheit zur Befolgung von Weisungen (§ 82 Abs. 2 VVG), die Regresssicherungsobliegenheit (§ 86 Abs. 2 Satz 1 VVG) sowie die **Auskunftspflicht** (§ 31 VVG). Die Darlegungs- und Beweislast für das Vorliegen einer Obliegenheitsverletzung trifft in der Regel den Versicherer.

47   Wird die versicherte Person in Anspruch genommen, sei es gerichtlich oder auch durch ein bloßes Forderungsschreiben, sind sowohl die Versicherungsnehmerin als auch die versicherte Person verpflichtet, den Versicherungsfall innerhalb einer Woche gegenüber dem Versicherer anzuzeigen, § 104 Abs. 1 Satz 2 VVG. Gleiches gilt, wenn gegen die versicherte Person ein Ermittlungsverfahren eingeleitet wird, § 104 Abs. 2 Satz 2 VVG. Verletzt die versicherte Person die Anzeigepflichten grob fahrlässig, kann der Versicherer die Leistung entsprechend kürzen, § 28 Abs. 2 Satz 2 VVG. Ein vollständiger Deckungsausschluss kommt nur bei vorsätzlicher Obliegenheitsverletzung und auch nur dann in Betracht, wenn die Versicherungsbedingungen auf diesen Umstand ausdrücklich hinweisen, § 28 Abs. 2 Satz 1 VVG.

48   Wie auch im allgemeinen Schadensrecht, hat die versicherte Person nach Eintritt des Versicherungsfalls – soweit es ihr möglich ist – dafür zu sorgen, dass der Schaden abgewendet oder jedenfalls gemindert wird, § 82 Abs. 1 VVG.

49   Darüber hinaus ist die versicherte Person nach Eintritt des Versicherungsfalls verpflichtet, den Weisungen des Versicherers Folge zu leisten und ggf. auch Weisungen einzuholen (§ 82 Abs. 2 VVG).[51] Insbesondere vor einem Anerkenntnis oder dem Abschluss eines Vergleichs ist es essenziell, dass sich die versicherte Person eng mit dem Versicherer abstimmt. Eine vorsätzliche Verletzung der Obliegenheit gemäß § 82 Abs. 1, 2 VVG kann zur Leistungsfreiheit, eine grob fahrlässige Verletzung zu einer entsprechenden Leistungskürzung führen, § 82 Abs. 3 VVG.

---

[51] Häufig regeln die Versicherungsbedingungen explizit die Prozessführungsbefugnis des Versicherers sowie das Erfordernis einer vorherigen Zustimmung des Versicherers bei der Auswahl des Rechtsanwalts, wenn dieser nicht auf Grundlage der gesetzlichen Gebührenregelungen, sondern nach Stundensätzen abrechnet.

Leistet der Versicherer auf Schadensersatzansprüche gegen die versicherte 50
Person, gehen mögliche Ersatzansprüche der versicherten Person gegen
Dritte (in der Regel die übrigen, gesamtschuldnerisch haftenden Organmitglieder) auf den Versicherer über, § 86 Abs. 1 VVG. Da zwischen Eintritt
des Versicherungsfalls und der Deckungsleistung des Versicherers einige
Zeit ins Land gehen kann, ist die versicherte Person in der Zwischenzeit
gehalten, potenzielle Regressansprüche (für den Versicherer) zu wahren,
§ 86 Abs. 2 Satz 1 VVG. Verletzt die versicherte Person diese Regresssicherungsobliegenheit, kann der Versicherer die Deckung im Fall vorsätzlicher
Verletzung ausschließen, soweit er durch die Pflichtverletzung am Regress
gehindert ist, § 86 Abs. 2 Satz 2 VVG. Bei grober Fahrlässigkeit kann der Anspruch entsprechend gekürzt werden, § 86 Abs. 2 Satz 3 VVG.

Grundsätzlich ist die Versicherungsnehmerin nach § 31 VVG verpflichtet, dem 51
Versicherer Auskunft über den Versicherungsfall zu erteilen und im Zusammenhang stehende Informationen herauszugeben. Bei der Fremdschadens-
versicherung führt dies jedoch zu einem potenziellen Interessenkonflikt,
weil der Versicherer (sowohl im Fall der Anspruchsabwehr, aber auch im Fall
der Freistellung) im Lager der versicherten Person steht und die Versicherungsnehmerin deshalb befürchten muss, dass der Versicherer die Unterlagen bzw. die darin enthaltenen Informationen an die versicherte Person
weiterleitet und die versicherte Person diese Informationen zur Abwehr des
Anspruchs verwendet. Vor diesem Hintergrund ist fraglich, ob die Auskunftspflicht des § 31 VVG im Rahmen der D&O-Versicherung weiter reichen kann
als der Auskunftsanspruch der versicherten Person gegen die Versicherungsnehmerin im Haftpflichtprozess nach § 810 bzw. § 242 BGB. Die Reichweite
der Auskunftspflicht ist bislang weitgehend ungeklärt. Die Versicherungsnehmerin sollte insofern zumindest über den Abschluss einer entsprechenden Geheimhaltungsvereinbarung nachdenken. Zudem bietet sich ein ausdrücklicher Ausschluss des § 31 VVG in den Versicherungsbedingungen an.
Mit Blick auf die Verletzung der Auskunftsobliegenheit gelten die Ausführungen zur Anzeigepflicht entsprechend: Soweit die Versicherungsbedingungen
ausdrücklich auf ein mögliches Leistungsverweigerungsrecht des Versicherers hinweisen, kann der Versicherer bei vorsätzlicher Pflichtverletzung die
Deckung verweigern.

II. Trennungsprinzip und Bindungswirkung

Grundsätzlich ist nach dem sog. **Trennungsprinzip** (Abb. 1 → Rn. 5) zwi- 52
schen Haftpflichtverhältnis (bei Innenansprüchen das Verhältnis zwischen versicherter Person und Versicherungsnehmerin) und Deckungsverhältnis (das Verhältnis zwischen versicherter Person und Versicherer)
zu unterscheiden. Gleichwohl binden die Feststellungen zu den jeweiligen

Pflichtverletzungen im Haftpflichtprozess das Gericht in einem späteren Deckungsprozess.[52]

53 Im Zusammenhang mit der Frage der Wissentlichkeit der Pflichtverletzung (→ Rn. 43 f.) besteht eine solche **Bindungswirkung** zwischen Haftungs- und Deckungsprozess zwar nicht,[53] jedoch ist insofern die faktische Bindungswirkung zu beachten: Wirft die Versicherungsnehmerin der versicherten Person im Haftpflichtprozess vor, ihre Pflichten wissentlich verletzt zu haben, nimmt sie in Kauf, dass der Versicherer in einem späteren Deckungsprozess mit eben dieser Argumentation die Deckung unter Verweis auf die wissentliche Pflichtverletzung verweigert. Gleiches gilt für deckungsschädliche Feststellungen in strafrechtlichen Verfügungen. Auch insoweit wird der Versicherer die entsprechenden Passagen in einem Strafbefehl, einem Bußgeldbescheid oder einer Einstellungsverfügung der versicherten Person in einem späteren Deckungsprozess entgegenhalten, um seine Leistungspflicht auszuschließen.

III. Abtretung des Deckungsanspruchs

54 Gerade bei Innenhaftungsansprüchen stellt sich für die Versicherungsnehmerin die Frage, ob sie sich (vor einer rechtskräftigen Feststellung des Haftpflichtanspruchs) den Freistellungsanspruch gegen den Versicherer von der versicherten Person abtreten lässt, um unmittelbar gegen den Versicherer vorzugehen.[54] Der Deckungsanspruch wandelt sich dann in einen Zahlungsanspruch um.[55] Die Vorteile liegen auf der Hand: Statt einen Haftungsprozess gegen die Manager und einen weiteren Deckungsprozess gegen den Versicherer anzustrengen, kombiniert die Versicherungsnehmerin Haftpflicht- und Deckungsfrage in einem Prozess gegen den Versicherer.

55 Allerdings ist die **Abtretung** des Deckungsanspruchs an die Versicherungsnehmerin auch mit einem gewissen Risiko verbunden. Denn es stellt sich die Frage, ob die Versicherungsnehmerin bei einer Klage gegen den Versicherer aus abgetretenem Recht ihr Beweislastprivileg verliert. Bislang ist nämlich nicht geklärt, ob die in § 93 Abs. 2 Satz 2 AktG normierte Beweislastumkehr (→ § 4 Rn. 55) auch dann noch zugunsten der Versicherungsnehmerin gilt, wenn die Haftpflichtfrage als Vorfrage im Deckungsprozess gegen den Versicherer geklärt wird.[56]

---

52 BGH, Urt. v. 17.12.2014 – IV ZR 90/13 (Fn. 47).
53 Die Bindungswirkung zwischen Haftungs- und Deckungsverhältnis gilt nicht für mögliche Deckungsausschlüsse, BGH, Urt. v. 17.12.2014 – IV ZR 90/13, Rn. 13 (Fn. 47).
54 Ein pauschaler Ausschluss einer solchen Abtretung ist, mit Ausnahme von Großrisiken (→ Rn. 22), nicht möglich (vgl. § 108 VVG). Der BGH hat mittlerweile auch klargestellt, dass die Versicherungsnehmerin bei Innenhaftungsfällen geschädigter Dritter im Sinne des § 108 Abs. 2 VVG ist – vgl. BGH, Urt. v. 13.04.2016 – IV ZR 51/14, Rn. 25 ff.
55 BGH, Urt. v. 13.04.2016 – IV ZR 51/14, Rn. 30 ff.
56 Die Frage ist durch die Rechtsprechung bislang nicht entschieden. Zum Meinungsstand und zur Möglichkeit einer Beweislastvereinbarung vgl. *Grooterhorst/Looman*, NZG 2015, S. 215 (217).

Reichert / Suchy

Literatur

Armbrüster, Verteilung nicht ausreichender Versicherungssummen in D&O-Innenhaftungsfällen, VersR 2014, S. 1.

Armbrüster, Interessenkonflikte in der D&O-Versicherung, NJW 2016, S. 897.

Dißars, Die E&O-Versicherung, VersR 2009, S. 1340.

Fassbach/Fleck, Das neue Zauberwort für Top-Manager: Verschaffungsklausel für eine Managerhaftpflicht-Versicherung (D&O), in: WirtschaftsWoche Management Blog vom 18.12.2013.

Fassbach/Rahlmeyer, Marshallplan für die D&O-Versicherung, Versicherungs-Praxis 2015, S. 15.

Grooterhorst/Looman, Rechtsfolgen der Abtretung des Freistellungsanspruchs gegen den Versicherer im Rahmen der D&O-Versicherung, NZG 2015, S. 215.

Lenz/Weitzel, Kein Eintritt des Versicherungsfalls in der D&O-Versicherung bei fehlender „ernstlicher Inanspruchnahme", PHi 2013, S. 170.

v. Schenck, Handlungsbedarf bei der D&O-Versicherung, NZG 2015, S. 494.

Kappel / Johannsen

§ 7 Interne Untersuchungen als reaktive Steuerungspflicht

Übersicht

Executive Summary

Leitungs- und Entscheidungspflichten

- Entscheidungspflicht, den Verdacht eines schwerwiegenden Regelverstoßes **wirksam** und mit **angemessenem Aufwand** aufzuarbeiten (→ Rn. 5 ff., 29 ff., 60 ff.),
- Entscheidungspflicht über den **weiteren Umgang** mit dem Sachverhalt auf der Basis hinreichender Informationsgrundlagen (→ Rn. 8 ff.),
- Organisations-, Steuerungs- und Kontrollpflicht bezüglich der angemessenen **Aufarbeitung** (→ Rn. 5 ff., 14 ff.),
- Entscheidungspflicht zur Umsetzung etwaiger *lessons learned*, auch im Sinne der Anpassung und Verbesserung des CMS (→ Rn. 18 f.).

Steuerungsziele

- Ziele richten sich an den Merkmalen und Beteiligten des **konkreten Verdachtsfalls** aus (→ Rn. 19 f.).
- Ist das Unternehmen durch Regelverstöße geschädigt, liegt der Fokus auf der **Rückgewinnung** von Vermögensverlusten und auf **Vorbeugemaß-**

nahmen gegen künftige Unternehmensschädigungen (z.B. Untreue/Betrug/Korruption zulasten des Unternehmens) (→ Rn. 16 ff., 32, 60 ff.).

- Bei **Regelverletzungen aus der Sphäre des Unternehmens**, z.B. durch Mitarbeiter/Organe/Agents, die dem Unternehmen zugutekommen sollen, kommt dem **Unternehmen** faktisch die **Rolle eines „Täters"** zu. Zielsetzung hier: passende Positionierung gegenüber ermittelnden Behörden, Vermeidung von Reputationsschäden, Rückgewinnung der Reputation, Schaffen einer Grundlage für den Dialog mit Geschäftspartnern und anderen Stakeholdern (→ Rn. 22, 25 ff., 28, 35 f., 59 ff.).
- Laufen **behördliche Ermittlungen**, gilt: einer Verselbstständigung der Prozesse gegensteuern, um möglichst viel Hoheit über die Geschehnisse (zurück-)zugewinnen (→ Rn. 25 f., 60 ff.).

Erste Maßnahmen, Umsetzungsschritte und Delegation

- Sachlage ernst nehmen. **Unverzüglich handeln**, aber Ruhe bewahren, (aufgedrängter) Aktionismus schadet häufig mehr, als er nutzt (→ Rn. 4, 13, 35 f.).
- **Erstanalyse** des Verdachtsfalls und **Antizipation** möglicher Entwicklungen mit erfahrenen Experten vornehmen; regelmäßig Erstellung eines **Ausgangsberichts** (→ Rn. 39),
- Definition des **Untersuchungsziels**, Planung der **Struktur** der Untersuchung, **Delegation** operativer Umsetzung an das **Untersuchungsteam**, erforderlichenfalls Einbeziehung eines unabhängigen externen Spezialisten, um erforderliche **Vorerfahrung** im Bereich interner Untersuchungen zu gewährleisten (Strafrecht, Zivil- und Gesellschaftsrecht, Arbeitsrecht, Datenschutz, Ermittlungskompetenz) (→ Rn. 37 ff., 42 ff.),
- Sicherstellung der kontinuierlichen **Einbindung der Unternehmensleitung** in Weichenstellungen, Entscheidungsfindungen und des Fortgangs der Untersuchung (→ Rn. 61 ff., 41),
- Entscheidung der Unternehmensleitung über die interne und externe **Kommunikation**; Definition interner und externer Sprachregelungen, Management von Stakeholder-Interessen/-Erwartungen (→ Rn. 46 f.),
- Prüfung, ob/welche Aufarbeitungskosten durch **Versicherungen** getragen werden (Strafrechtsschutz-, Vertrauensschadens-, D&O-Versicherung) (→ Rn. 31).

Ergebnis, Vorteile und Nutzen

- Die wirksame und sachgerecht dokumentierte Aufarbeitung des Sachverhalts ermöglicht eine passende **Positionierung** gegenüber Behörden, Mitarbeitern, Gremien, Geschäftspartnern und weiteren Stakeholdern (→ Rn. 25, 27 f., 33, 85).

- **Haftungsrisiken** der Unternehmensleitung durch eine nicht rechtzeitig erfolgte oder nicht wirksame Untersuchung wird vorgebeugt (→ Rn. 17 f., 27 f., 60, 85).
- Die **Kompensation** von Vermögensschäden und **Rückgewinnung** von Verlusten wird ermöglicht (→ Rn. 23 ff.).
- Objektive Grundlagen für **Richtigstellungen** und für die **Verteidigung** werden geschaffen (→ Rn. 25, 27 ff., 60 ff.).
- Eine unverzügliche und wirksam durchgeführte Untersuchung ist die beste Grundlage, um **Reputationsschäden** gegenzusteuern (→ Rn. 25, 28).
- Eine Untersuchung ermöglicht eine **aktive Compliance-Positionierung** von Unternehmen und Unternehmensleitung (→ Rn. 25, 29 ff., 60 ff.).

A. Überblick

Wird im Unternehmen der Verdachtsfall eines schwerwiegenden Regelverstoßes, insbesondere mit strafrechtlicher Relevanz (nachfolgend **Verdachtsfall**), bekannt, stellen sich **drei übergeordnete Grundfragen**. 1

- **Ob?** Muss eine interne Untersuchung durchgeführt werden? (→ Rn. 3 ff.)
- **Wie?** Wenn ja, wie muss diese interne Untersuchung durchgeführt werden? (→ Rn. 33 ff.)
- **Was ist die Folge?** Wie ist mit den Ergebnissen der internen Untersuchung umzugehen? (→ Rn. 85 ff.)

Die nachfolgende Erörterung richtet sich an diesen Hauptfragen aus.

Praxistipp 2

Viele Unternehmensleiter stellen bei Aufkommen eines Verdachtsfalls die Frage, ob der Sachverhalt sofort an die Ermittlungsbehörden bekannt gegeben werden muss. Nach dem aktuellen deutschen Strafrecht ist das im Regelfall nicht zwingend.[1] Dessen ungeachtet, ist auf Basis einer Erstanalyse im Einzelfall zu entscheiden, ob der Sachverhalt aus strategischen Erwägungen den Behörden mitgeteilt werden sollte.

---

[1] Zu beachten sind jedoch wenige steuerrechtliche Korrekturpflichten (§§ 370, 153 AO). Mit der Einführung des angedachten Unternehmensstrafrechts würde die Bedeutung der Selbstanzeige durch das Unternehmen voraussichtlich noch ansteigen.

B. Muss eine interne Untersuchung durchgeführt werden?

3 Die interne Untersuchung besteht in der Aufarbeitung eines Sachverhalts durch „**private**", d.h. nicht behördliche **Ermittlungen**. Sie wird vom Unternehmen selbst durchgeführt. Mindestens bei gravierenden Fällen sollte die **Unterstützung** durch externe Spezialisten geprüft werden.

4 Anknüpfungspunkt der internen Untersuchung ist häufig der **Verdacht** strafbaren Handelns (oder Unterlassens). Nach derzeitigem deutschem Strafrecht kann nur eine Individualperson eine Straftat begehen. Diese kann jedoch zu weitreichenden **Konsequenzen** auch für das Unternehmen führen (Geldbußen, Vermögensabschöpfungen, Zivilklagen, Reputationsschaden, Vergabesperren etc.). Dies gilt umso mehr, wenn hochrangige Mitarbeiter oder die Unternehmensführung in den Verdachtsfall verwickelt sind. Aus diesem Grund hat der Verdachtsfall, der zunächst „lediglich" Mitarbeiter und ggf. Organe betrifft, auch und gerade für das Unternehmen und dessen **Organe** zentrale Bedeutung.

5 Die **Unternehmensführung** hat daher zu prüfen, wie sie der **Pflicht**, unternehmensbezogene Entscheidungen am Wohl des Unternehmens auszurichten und Schaden vom Unternehmen abzuwenden, in dieser herausfordernden Situation am besten nachkommt.

6 Bei hinreichenden Anhaltspunkten für mögliche Compliance-Verstöße mit schädigenden Auswirkungen von nicht lediglich geringfügigem Umfang besteht die **Pflicht zur Aufarbeitung** von Verdachtsfällen.

7 Durch die Aufarbeitung werden zunächst (nur) Erkenntnisse zusammengetragen. Auf dieser **Basis** erfolgt dann die Entscheidung, wie mit diesen Erkenntnissen umgegangen wird.

8 Zunächst wird eine angemessene **Informationsgrundlage** für die Entscheidung über den weiteren Umgang mit dem Fall erarbeitet. Hierfür ist eine interne Untersuchung häufig das **geeignete Mittel**. Teilweise kann auch die Einleitung einer behördlichen Aufarbeitung durch das Unternehmen ein geeignetes, ggf. begleitendes oder sich anschließendes Mittel sein. Relevante **Teilfragen** dafür sind: Ist das Unternehmen bei Wahrunterstellung des Verdachtsfalls geschädigt oder eher in einer „Täterrolle"? Sind bereits behördliche Ermittlungen anhängig? Ist der Fall bereits unternehmensintern so bekannt, dass mit einer Kommunikation der Information nach außen zu rechnen ist? Wird der Sachverhalt bereits außerhalb des Unternehmens, z.B. in den Medien, diskutiert?

Praxistipp 9

Vor der Einleitung einer internen Untersuchung sollte zunächst eine rechtliche Erstanalyse bei Wahrunterstellung des Verdachts erfolgen. Zudem sollte eine Sachverhaltsentwicklung in verschiedene Richtungen und die damit verbundenen Konsequenzen durchdacht werden. Auch der Umgang mit möglichen Worst-Case-Szenarien sollte kritisch und anhand vergleichbarer öffentlichkeitswirksamer Fälle antizipiert werden. Mangels spezifischer Erfahrung im Umgang mit Verdachtsfällen strafbaren Verhaltens werden die Dynamik und die Tragweite einer Verselbstständigung eines solchen Falls teilweise auch von erfahrenen Managern unterschätzt. Verdachtsfälle sollten daher unbedingt ernst genommen werden. Eine Herabstufung in der Priorisierung kann immer erfolgen, eine Aufstufung erfolgt hingegen häufig zu spät.

Das Schaffen einer **angemessenen Informationsgrundlage** ist für die 10
Unternehmensführung, unabhängig von der jeweiligen Gesellschaftsform des Unternehmens, essenziell, um die zu treffenden Entscheidungen in den rechtlichen Bereich der **haftungsprivilegierten „unternehmerischen Entscheidung"** zu heben. Bewusst spricht der Gesetzgeber über die sog. **Business Judgement Rule**, § 93 Abs. 1 Satz 2 AktG[2], unternehmerischen Entscheidungen eine weitrechende Haftungsprivilegierung zu.

Unternehmerische Entscheidungen können der Natur der Sache nach 11
mit Risiken für das Unternehmen verbunden sein. Der Entscheider soll aber nicht für jede Entscheidung, die sich im Nachhinein ggf. als wirtschaftlich nachteilig für das Unternehmen herausstellt, persönlich haftbar gemacht werden. Anderenfalls bestünde sonst die Gefahr, dass unter dem Gesichtspunkt potenzieller Haftungsrisiken per se keine diffizilen Entscheidungen mehr getroffen und keine (erforderlichen) Risiken mehr eingegangen würden. Daher soll eine Haftung der Unternehmensführung gegenüber dem Unternehmen ausscheiden, wenn das Vorstandsmitglied eine unternehmerische Entscheidung trifft und auf der Grundlage angemessener Informationen vernünftigerweise annehmen durfte, zum Wohle der Gesellschaft zu handeln (→ Rn. 16). Selbiges gilt für die Geschäftsführung einer GmbH (→ § 1 Rn. 73).

Die **Informationsgrundlage**, auf deren Basis eine Entscheidung getroffen 12
wird, muss umso breiter und gefestigter sein, je wichtiger die Entscheidung für den Bestand und den Erfolg des Unternehmens ist.[3] Wichtig ist es in der Regel, zunächst die **Belastbarkeit** der bekannt gewordenen Ver-

---

2 Diese Privilegierung über die Business Judgement Rule gilt nicht nur für die AG, sondern ebenso für die Haftung des Geschäftsführers einer GmbH (§ 43 GmbHG).
3 Spindler/Stilz/*Fleischer*, § 77 Rn. 44; *Fleischer*, NZG 2003, S. 449 (450).

dachtsmomente zu beurteilen, um zu bestimmen, inwieweit eine weitere Sachverhaltsaufklärung zur Schaffung einer angemessenen Informationsgrundlage erforderlich ist.

13 **Praxistipp**

Liegt eine unkonkrete Verdächtigung durch einen anonymen Hinweisgeber ohne greifbare Ermittlungsansätze vor, kann (und muss) naturgemäß eine weniger intensive, ggf. auch keine weitere, Ermittlung durchgeführt werden, soweit dem Unternehmen bei Wahrunterstellung der Verdachtsmomente kein umfassender Schaden droht. Anders verhält es sich in der Situation, in der ein Hinweis auf konkrete Handlungen und Nennung des Verdächtigen unter Vorlage von Belegen erfolgt.

14 Die genaue **Sachverhaltsaufarbeitung** ist für die Organe des Unternehmens zudem erforderlich, um eventuell **Schadensersatzansprüche** prüfen und geltend machen zu können. Dies gilt vor allem, wenn dem Unternehmen bei Wahrunterstellung des Sachverhalts eine **Geschädigtenrolle** zukommt. Typische Beispiele sind Diebstahl oder Untreue durch Mitarbeiter, Bestechungen durch Lieferanten gegenüber Einkäufern des Unternehmens, Kartellabsprachen oder betrugsrelevante Täuschungen Dritter zulasten des Unternehmens.

15 **Praxisbeispiel**

Die deutsche Unternehmensmutter, ein Multi-Service Unternehmen im Bereich Ingenieurleistungen, Umsatz ca. 2,8 Mrd. €, ca. 6.000 Mitarbeiter, erhält von ihrem slowenischen Tochterunternehmen die Mitteilung, dass ein Subunternehmer gegenüber dem Tochterunternehmen über Scheinrechnungen Gelder für nicht erbrachte Leistungen abgerechnet hat. Dabei soll der Subunternehmer mit dem zuständigen Einkäufer zusammengewirkt haben.

16 Die **Unternehmensführung** hat ihr Handeln am Wohl des Unternehmens auszurichten und Schaden vom Unternehmen abzuwenden.[4] Hierzu gehört auch, **Schadensersatzansprüche** des Unternehmens einzufordern und durchzusetzen.[5] Nur in Ausnahmefällen kann hiervon abgesehen werden, wenn das Wohl des Unternehmens danach verlangt.[6] Liegt kein solcher Ausnahmefall vor und macht die Unternehmensführung einen Schadensersatzanspruch nicht geltend, setzt sie sich selbst einem zivilrechtlichen **Schadensersatzrisiko** aus. Im Einzelfall kann das Unterlassen einer An-

---

4 Vgl. Hüffer/*Koch*, § 93 Rn. 1.
5 Hölters/*Hölters*, § 93 Rn. 165.
6 Dies kann z.B. dann der Fall sein, wenn die Durchsetzbarkeit oder Realisierbarkeit einer Forderung unsicher ist, die Durchsetzung kostenintensiver wäre als die Forderung selbst oder eine Anspruchsverfolgung ggf. mit Reputationsschäden für das Unternehmen verbunden sein könnte.

spruchsgeltendmachung sogar mit einem Risiko eines **strafbaren** Handelns verbunden sein.[7] Insoweit könnte im Einzelfall eine Verletzung der gegenüber dem Unternehmen bestehenden **Vermögensbetreuungspflicht** angenommen werden. Erfährt z.B. ein Mitglied der Unternehmensführung davon, dass ein Mitarbeiter eine „Schwarze Kasse" schafft und hierüber dem Unternehmen Vermögen aus dem regulären Buchungskreis entzogen wird und bleibt dennoch untätig, kann dies den Straftatbestand der **Untreue**, § 266 StGB, erfüllen. Dasselbe gilt mit Blick auf die Mitglieder des Aufsichtsrats.[8]

Wichtig ist mit Blick auf die Pflicht zur Aufarbeitung eines Verdachtsfalls, dass auch das **Ignorieren von vermögensschädigenden Handlungen zulasten des Unternehmens** in der Vergangenheit, abhängig vom Einzelfall, zu einer **Untreuestrafbarkeit** des Entscheiders führen kann. Die Unternehmensführung hat Schadensersatzansprüchen grundsätzlich nachzugehen, da es sich bei diesen Forderungen um Vermögenswerte des Unternehmens handelt. Wichtig ist, dass die Entscheidung über den Umgang mit dem Verdachtsfall von der Unternehmensführung auf Grundlage möglichst umfassender Informationen sowie juristisch abgesichert getroffen wird.   17

Neben dem Gebot, Schadensersatzforderungen einzufordern, trifft die Mitglieder der **Unternehmensleitung** das Gebot, drohende oder bereits eingetretene **Unternehmensschädigungen** zu **unterbinden** und **künftigen Schäden entgegenzutreten**. Auch aus diesem Grund ist die Unternehmensführung gehalten, **Verdachtsmomente aufzuklären**, um die Ursachen für regelwidriges Verhalten nachzuvollziehen und künftig zu **unterbinden**. Dies muss auch durch die pflichtgemäße Anpassung des CMS an die Erkenntnisse aus dem aufgeklärten Sachverhalt geschehen.   18

Im Hinblick auf **Schadensklärung** und **Schadensabwendung** besteht die **Pflicht, Verdachtsfälle** hinreichend **aufzuarbeiten. Ausnahmen** können Fälle sein, in denen eine interne Untersuchung nach einer juristisch abgesicherten umfassenden Erstbewertung des Verdachtsfalls ihren Zweck verfehlen würde. Dies gilt etwa, wenn feststünde, dass die Kosten einer Untersuchung in einem deutlichen Missverhältnis zum möglicherweise entstanden Schaden stünden. Ein anderes Beispiel ist, wenn keine realistischen Möglichkeiten bestünden, Schadensersatzansprüche erfolgversprechend durchzusetzen.[9] Hinzukommen muss, dass die Aufarbeitung auch   19

---

7   Vgl. BGH, Urt. v. 11.11.1982 – 4 StR 406/82: „Der BGH hat mehrfach eine Treuepflicht im Sinne des § 266 StGB angenommen, wenn die Amtsstellung oder rechtsgeschäftliche Vereinbarungen den Täter zur Einziehung oder Durchsetzung von Forderungen verpflichten."
8   Ausführlich: *Helmrich/Eidam*, ZIP 2011, S. 257 ff.
9   Z.B. verfügt der Schuldner über kein hinreichendes Vermögen.

unter Präventionsgesichtspunkten nicht Teil der Compliance-Organisations- und Leitungspflichten ist.

20 Die eben genannten **Ausnahmen** der Aufklärungspflicht sind auch deshalb auf wenige Fälle **begrenzt**, weil bei der internen Untersuchung nach einem Verdachtsfall ja gerade noch kein finaler Sachverhalt feststeht. Im Rahmen der Aufarbeitung können sich die maßgeblichen Eckpunkte für die Bewertung des Sachverhaltes grundlegend verändern. Hieraus kann sich dann die eindeutige Pflicht zur Aufarbeitung ergeben.

21 **Praxisbeispiel**
In vorherigem Beispielfall erklärte der Geschäftsführer der Tochtergesellschaft, man habe über die relevanten Scheinrechnungen „freie Gelder" geschaffen. Diese seien direkt oder indirekt von der Tochtergesellschaft eingesetzt worden, um Aufträge von einem staatlichen Unternehmen zu „erkaufen".

22 Der Fall nimmt hierdurch eine klare Wendung. So ist fraglich, ob das **Unternehmen** noch als **Geschädigter** gesehen werden kann. Die im Raum stehende Zuwendung könnte als Bestechung aus der Sphäre des Unternehmens zu werten sein. Wenn die Korruptionstat dem Unternehmen zuzuordnen ist – wovon auszugehen wäre –, wäre das **Unternehmen** formal-juristisch in erster Linie nun nicht mehr geschädigt, sondern „**Täter**". Die Unternehmensführung muss in dieser Situation prüfen und entscheiden, wie sich das Unternehmen ggf. zivil- und strafrechtlich zu verteidigen hat *(corporate defense)*.

23 Falls der Sachverhalt „nur" unternehmensintern bekannt ist, ist zu prüfen, ob ggf. im **Ausland** eine von der Situation in Deutschland abweichende Pflicht zur Selbstanzeige besteht oder eine **Anzeige** bei den Behörden zumindest **strategisch** eine Option ist. Daneben ist **zivilrechtlich** zu werten, ob und wie ggf. wegen des Verdachtsfalls auf etwaige **Vertragspartner** zugegangen werden muss oder sollte.

24 **Praxistipp**
Wird ein Sachverhalt bereits behördlich untersucht und wird dieser z.B. erst durch konkrete Ermittlungsmaßnahmen, wie Auskunftsersuchen, Durchsuchungen etc., im Unternehmen bekannt, empfiehlt es sich, aktiv auf die Behörde zuzugehen und ein Kommunikationsverhältnis aufzubauen. Auf diese Weise kann ggf. weiteren imageschädigenden Ermittlungsmaßnahmen gegengesteuert und die Position des Unternehmens in Verfahren und öffentlicher Wahrnehmung verbessert werden.
Sobald ein Unternehmen intern von einem Verdachtsfall Kenntnis erlangt, sollte eine Prüfung und Aufarbeitung unter der Erwägung erfolgen, dass dieser jederzeit bekannt werden könnte. Das Unternehmen sollte in der Lage

sein, hierauf unmittelbar zu reagieren (z.B. Zusammenstellung herauszu-gebender Unterlagen, Vorbereitung Pressemeldung, Benennung interner/externer Ansprechpartner).

Die **Aufarbeitung** des Falls ist regelmäßig die **Grundlage der Verteidigung** 25 oder der Kooperation des Unternehmens mit den Behörden. Eine geordnete Kooperation kann ggf. auch als Form der Verteidigung gesehen werden. Es bestehen an dieser Stelle erhebliche Unterschiede zwischen einer Individual- und einer Unternehmensverteidigung. Gerade angelsächsische Behörden sehen die **Kooperation** des Unternehmens als zwingend für Reduzierung von Strafe oder Straferlasse an. Ohne Kooperation fallen die Strafen, die gegen ein Unternehmen verhängt werden, deutlich höher aus, sofern dem Unternehmen Verstöße nachgewiesen werden können.

Praxistipp 26

In den USA ist im September 2015 das sog. Yates-Memorandum[10] veröffent-licht worden, welches zu einer Fokusverschiebung der internen Untersu-chung auf die persönliche Verantwortung von Entscheidern abzielt. Dieser Aspekt wird auch bei internen Untersuchungen in Deutschland spätestens dann zu berücksichtigen sein, wenn der Sachverhalt Implikationen hat, die auch zur Anwendung des amerikanischen Rechts führen.

Anders als im Zivilrecht kann im Strafrecht keine Rechtsordnung vereinbart werden, an der sich der Verdachtsfall messen lassen muss. Strafrecht greift kraft Natur der Sache. Es können mehrere Rechtsordnungen nebeneinander zur Anwendung gelangen und es kann also zu parallelen Ermittlungen in mehreren Ländern kommen. Der Grundsatz des Verbots der Doppelbestra-fung gilt im internationalen Strafrecht nur, wenn zwischen den betroffenen Ländern spezifische Vereinbarungen getroffen sind.[11]

Faktisch kommt der **kooperativen Sachverhaltsaufklärung** durch das 27 Unternehmen mittlerweile auch nach deutschem Recht und vor allem der Praxis an verschiedenen Stellen ähnliche Bedeutung zu.[12] Dies gilt gefestigt im **Kartellrecht**, **immer stärker** aber auch im allgemeinen **Straf- und Ord-nungswidrigkeitenrecht**. Während des staatlichen Ermittlungsverfahrens zeigen sich Vorteile einer Kooperation oftmals durch folgende **Verfahrens-weisen** der Behörden: Auskunftsersuchen statt Hausdurchsuchung, kon-zentrierte Ermittlungen statt „Suche nach Zufallsfunden", Abstimmung

---

10 Das Yates-Memorandum des amerikanischen Justizministerium zielt darauf ab, neben der kollektiven Un-ternehmensverantwortung deutlich mehr Gewicht auf das Herausarbeiten persönlicher Schuldvorwürfe der Unternehmensleitung zu legen, vgl. *Pant*, CCZ 2015, S. 242 ff.
11 Dies gilt etwa innerhalb der Europäischen Union. Ausführlich dazu: *Kappel/Ehling*, BB 2011, S. 2115 ff.
12 Sowohl der aktuelle Gesetzesentwurf zur Einführung eines Unternehmensstrafrechts in Deutschland als auch Erwägungen zur Reform des OWiG sehen ausdrücklich die Aufnahme von Sanktionsreduzierungen bzw. sogar das Absehen von Sanktionen durch die Kooperation in Form der Sachverhaltsaufarbeitung.

staatsanwaltlicher Presserklärungen statt bewusster Medieneskalation. Auch bei der **Bemessung** von Geldbuße und Abschöpfungsbetrag wirkt sich die Kooperationserwartung als ungeschriebener Grundsatz aus.[13] Die Bedeutung der **Aufarbeitung** und der **Kooperation durch Unternehmen** wird in der Zukunft noch erheblich an Bedeutung gewinnen.

28 Daneben sind die Aufarbeitung eines Verdachtsfalls und eine darauf aufbauende Kooperation mit den Behörden wichtig für die **Erhaltung künftiger Geschäftsbeziehungen** des Unternehmens. Wird aus der Sphäre eines Unternehmens eine Straftat, wie z.B. Korruption, begangen, wird das Unternehmen regelmäßig von Geschäftspartnern oder Vergabestellen als **unzuverlässig** eingestuft und von Auftragsvergaben ausgeschlossen ("**Schwarze Listen**").[14] Eine **Kooperation** mit Geschädigten und Behörden bei der Aufarbeitung des Sachverhalts wird daher häufig vorausgesetzt, um wieder als zuverlässiger Geschäftspartner/Auftragnehmer beauftragt zu werden.

29 Die **Pflicht zur reaktiven Sachverhaltsaufarbeitung** leitet sich zudem aus dem **Legalitätsprinzip** ab, wie auch aus dem **Gebot des § 130 OWiG** (→ § 1 Rn. 394, § 5 Rn 30 ff.). Entsprechend dem Legalitätsprinzip hat die Unternehmensleitung für die Einhaltung von Recht und Gesetz durch ihre Mitarbeiter Sorge zu tragen.[15] Wird hiergegen verstoßen, muss die Unternehmensleitung dem nachgehen, um künftigen Gesetzesverstößen wirksam entgegentreten zu können.[16] Diese Pflicht ergibt sich mittelbar auch aus § 130 OWiG. Dieser statuiert die Pflicht des Inhabers eines Betriebs oder Unternehmens, solche Aufsichtsmaßnahmen vorzunehmen, die erforderlich sind, um straf- oder bußgeldbewehrte Zuwiderhandlungen gegen die den Inhaber treffenden Pflichten zu verhindern.[17] Wenn der Unternehmensleiter solche Verstöße nicht reaktiv aufarbeitet, kann zumeist nicht beurteilt werden, welche Maßnahmen künftig zu ergreifen sind, um derartige Verstöße zu verhindern.[18]

30 Wenn erkannte Verfehlungen im Unternehmen nicht entsprechend aufgearbeitet werden, kommt die **Unternehmensführung** ihren (gesetzlichen) **Pflichten** nicht nach. In der *Neubürger*-Entscheidung[19] hat das LG München entschieden, dass grundsätzlich **alle Mitglieder der Unternehmensführung** auch **ressortübergreifend** auf **Schadensersatz** haften, wenn

---

13 *Roxin*, StV 2012, S. 116 (117).
14 Vgl. Rotsch/*Momsen*, § 34 B. Rn. 1.
15 Hölters/*Hölters*, § 93 Rn. 69; Grigoleit/*Grigoleit/Tomasic*, § 93 Rn. 23; *Fleischer*, CCZ 2008, S. 1 (2).
16 Vgl. *Fleischer*, NZG 2014, S. 321 (326).
17 KK-OWiG/*Rogall*, § 130 Rn. 1.
18 Deswegen ist die Aufarbeitung von Verdachtsfällen und Verstößen auch ein wichtiges Kernelement der fortlaufenden Risikoanalyse innerhalb eines CMS.
19 LG München, Urt. v. 10.12.2013 – 5 HK O 1387/10 = DB 2014, S. 766.

sie bekannten Verstößen nicht nachgehen, um solchen künftig effektiv entgegentreten zu können.[20] Auch wenn das Urteil an verschiedenen Stellen angreifbar scheint,[21] ist der festgehaltene Grundsatz weder neu noch überraschend. In der **Essenz** muss die Unternehmensleitung ihr bekannte Missstände aufarbeiten, um diese wirksam abstellen zu können. Anderenfalls macht sie sich angreifbar.

In der Praxis kommt es immer häufiger auch dann zu einem **Vorgehen gegenüber** allen oder einzelnen **Mitgliedern der Unternehmensführung**, wenn diese nicht direkt (als Täter) an den Verfehlungen beteiligt waren. Das gilt auch für Fälle der Geschädigtenrolle eines Unternehmens. Neben grundsätzlichen Compliance-Erwägungen spielen hierbei **wirtschaftliche Erwägungen** eine Rolle. Bei den eigentlichen Tätern lassen sich die entstandenen Schäden oftmals nicht realisieren. Aufsichtsrat und (ggf. neue) Unternehmensführung sind jedoch gehalten, die Schäden nach besten Möglichkeiten durch die **Inanspruchnahme aller potenziellen Schuldner** zu reduzieren. Hinzu kommt, dass der **Unternehmensführung** eine **D&O-Versicherung** zur Seite steht, die im Regelfall eine höhere **Deckungssumme** aufweist als eine Vertrauensschadensversicherung, die Schädigungen durch Mitarbeiter abdeckt. 31

Allein aus Erwägungen zum Schutz des Eigeninteresses hat die Unternehmensführung in der Praxis demnach in den **seltensten Fällen die Option**, einen Verdachtsfall **nicht aufzuarbeiten**. Dies gilt auch dann, wenn möglicherweise in erster Linie **belastendes Material** gegen das Unternehmen generiert wird. Durch die Aufarbeitung schafft die Unternehmensleitung die Grundlage für **strategische Entscheidungen** im Umgang mit dem Verdachtsfall sowie für die hieraus zu ziehenden Konsequenzen mit Blick auf die Einführung oder Optimierung von **Präventivmaßnahmen**, um künftigen Verstößen gegenzusteuern. 32

C. Wie ist eine interne Untersuchung durchzuführen?
I. Definition der Eckpunkte der internen Untersuchung
Bei **Beginn** der internen Untersuchung muss deren wirksame Umsetzung sichergestellt werden. Dies geschieht etwa durch **Definition der Grundmerkmale der Untersuchung**, wie geeignete Teambesetzung, Zuziehung externer Experten (z.B. Recht, forensisches Audit, IT-Forensik), Untersuchungsstrategien (etwa von Datenträgern), Kommunikationsstrategie und rechtlich zuverlässige Dokumentationsformen. Ebenso sind die rechtlichen 33

---

20 LG München, Urt. v. 10.12.2013 – 5 HK O 1387/10 (Fn. 19).
21 *Bürkle*, CCZ 2015, S. 52 ff.

Eckpunkte zu ermitteln, d.h. insbesondere die Berücksichtigung **arbeits-rechtlicher Fragen**, wie die Einbindung des **Betriebsrats** sowie Fragen des **Datenschutzes,** ggf. unter Einbindung des Datenschutzbeauftragten.

34 **Praxistipp**
Wird ein Verdachtsfall bekannt, kann es hilfreich sein, bereits einen ersten „Aktionsplan" greifbar zu haben. Einige Handlungseckpunkte können bereits vor dem Eintritt eines Ernstfalls zusammengestellt werden. Es kann definiert sein, wer intern im Unternehmen in eine Erstanalyse einzubinden ist, welche externen Spezialisten hinzugezogen werden sollten, welche Unternehmensrichtlinien bei der Informationsgewinnung zu beachten sind und wie technisch und rechtlich im Unternehmen eine zügige Datensicherung möglich ist.

35 Wird ein Verdachtsfall bekannt, wird von der Unternehmensleitung **schnelles Handeln** verlangt. Tatbeteiligte versuchen teilweise, **Beweismaterial zu vernichten**, wenn sie „ertappt" werden. Insbesondere eine **schnelle Sicherung von elektronischen Daten** ist hier sehr hilfreich. Im Zweifel sollten zu der Datensicherung **IT-Spezialisten** hinzugezogen werden, um dem Vorwurf der Datenmanipulation als Verteidigungsmittel vorzubeugen. Es ist **entscheidend**, dass sich die **Unternehmensleitung** dem Verdachtsfall **umgehend** annimmt, die Grundsatzentscheidungen für die weitere Untersuchung trifft und insbesondere gegenüber den Stakeholdern und der Öffentlichkeit das Signal aussendet, sich der Angelegenheit unmittelbar und konsequent anzunehmen.

36 **Praxistipp**
Es kann erforderlich sein, relativ schnell sichtbare Untersuchungsmaßnahmen zu treffen. Dies gilt insbesondere dann, wenn der Sachverhalt über belastbare anonyme Meldungen bekannt wird. Der Hinweisgeber wird nämlich darauf warten, dass er eine Reaktion auf seine Meldung hin erhält. Anderenfalls besteht das Risiko einer Resignation oder der Eskalation an Dritte, insbesondere an Ermittlungsbehörden.

37 Die Bedeutung, die ein Unternehmen und die Unternehmensführung dem Fall zuschreibt, wird unter anderem durch die **Teambesetzung** und die Berichtswege verdeutlicht. Die Teambesetzung hängt, wie die Strategie zur Aufarbeitung, vom jeweiligen Fall ab und sollte sich angemessen an dessen Bedeutung orientieren. **In größeren Fällen** hat es sich bewährt, strukturell ein **operatives Projektteam** und ein **kontrollierendes *steering committee*** zu etablieren. Innerhalb des Projektteams ist ggf., abhängig von der Größe der Untersuchung, ein **Project Management Office (PMO)** zu etablieren.

Praxisbeispiel

38

Nach bereits erfolgten Durchsuchungen und Beschlagnahmungen droht wegen eines Kartellverdachts ein substanzieller Schaden durch Sanktionen und Schadensersatz. Eine interne Aufarbeitung ist in diesem Fall unerlässlich. Zunächst gilt es, eine feste Struktur von Projektteam und *steering committee* aufzusetzen. Im Projektteam und *steering committee* kommt den (Compliance-)Anwälten eine wichtige Rolle zu. Für einzelne Ermittlungsschritte werden weitere operative Mitarbeiter sowie Forensikspezialisten einer Wirtschaftsprüfungsgesellschaft eingebunden. Entsprechende Berichte werden turnusmäßig mittels Wochenberichts innerhalb des Projektteams und Weitergabe an das *steering committee* gewährleistet. Es erfolgen zudem regelmäßige Koordinationstreffen innerhalb des Projektteams (monatlich) und *update calls* mit dem *steering committee* bei allen zentralen Entscheidungen. Federführende Anwälte können auch direkt in den Gremien (wie dem Aufsichtsrat) Bericht erstatten. **(Industrieunternehmen, GmbH, Umsatz ca. 600 Mio. €)**

Gerade bei umfangreichen Untersuchungen mit komplexen Sachverhalten   39
und ggf. mehreren „Sachverhaltssträngen" empfiehlt es sich, ein **einheitliches Berichtsformat** zu wählen, um eine sorgfältige und vollständige Dokumentation zu gewährleisten. Eine Nachverfolgung und Koordination wird so deutlich erleichtert. Als typische Bausteine der Dokumentation dienen regelmäßig ein **Ausgangsbericht** für die anfängliche Bestandsaufnahme und die Definition des weiteren Vorgehens, ein **Zwischenbericht** nach dem Abschluss in sich geschlossener Ermittlungsschritte und der Konkretisierung weiterer Maßnahmen sowie ein **Schlussbericht**. Dieser Schlussbericht führt die Ergebnisse der internen Untersuchung zusammen und enthält regelmäßig die weiteren Empfehlungen für den Umgang mit den gewonnenen Erkenntnissen sowie über zu treffende Präventivmaßnahmen. Die Berichtsphasen sind dabei nicht absolut oder statisch zu begreifen, da natürlich auch Zwischenberichte konkrete Empfehlungen über den Umgang mit den bisher gewonnenen Erkenntnissen enthalten können und sollten.

Praxistipp

40

Spätestens der Zwischenbericht sollte auch die Maßnahmen beschreiben, die zur Aufarbeitung ergriffen worden sind. Hierüber kann nachvollzogen werden, dass den Anforderungen aus Compliance-Sicht nachgekommen wird und die Unternehmensführung sich des Falls in angemessener Form angenommen hat.

Neben diesem Bericht empfiehlt sich bei größeren Untersuchungen eine   41
turnusmäßige Berichterstattung über den Fortgang der Untersuchung, mittels derer auch die Unternehmensführung eingebunden wird. Diese sollte

in einem geeigneten knappen und **„vorstandstauglichen" Format** geführt werden, wofür sich eine Kurzpräsentation oder ein „Einseiter" anbietet.

42 Für die **Zusammensetzung des Projektteams** gibt es ebenfalls keine starren Vorgaben. Da es zumeist jedoch vornehmlich um eine rechtliche Analyse des Verdachtsfalls gehen wird, sollte Vertretern mit entsprechender Expertise innerhalb des Teams eine tragende Rolle zukommen. Im Regelfall wird viel für die **Hinzuziehung externer Spezialisten** sprechen, die entsprechende Vorerfahrung mit der Aufarbeitung derartiger Fälle, dem Umgang mit Behörden und der Aufarbeitung und Abwehr von Ansprüchen im Zusammenhang mit Verdachtsfällen haben. Hinzu kommt, dass über die Einbindung externer Anwälte leichter die **Privilegierung** einer geschützten Kommunikation erreicht werden kann.

43 **Praxistipp**

Bei der Aufarbeitung von Verdachtsfällen spielen regelmäßig mehrere Rechtsgebiete ineinander. Es sollte daher darauf geachtet werden, nicht nur Spezialisten für einen einzelnen Rechtsbereich (Straf-, Datenschutz- oder Gesellschaftsrecht), sondern konkret auf die Aufarbeitung und den Umgang mit Verdachtsfällen spezialisierte Anwälte, die derartige Fälle koordinieren können, hinzuzuziehen.

44 Allein rechtliche Expertise reicht bei komplexen Fällen allerdings auch häufiger nicht aus. Inhaltliche Detailfragen können Vertreter anderer Bereiche/Disziplinen teilweise effizienter aufarbeiten als hinzugezogene Vertreter der Rechtsabteilung oder externe Anwälte. Es bieten sich teilweise **gemischte Teams** mit der jeweils geforderten Expertise an. **Typisch** ist z.B. die Zusammenarbeit von Revision, Rechtsabteilung, externen Rechtsanwälten, Compliance-Abteilungen, Wirtschaftsprüfungsgesellschaften und weiteren Forensikern.

45 **Praxistipp**

Es kann sinnvoll sein, Mitarbeiter aus betroffenen Abteilungen als vorübergehende Mitglieder in die Aufarbeitung einzubinden. Dies gilt z.B. bei komplexen Projektgeschäften oder technischen Prozessen, die nachvollzogen werden müssen. Teilweise kann es auch sinnvoll sein, Kronzeugen (→ Rn. 65 ff.) selbst in die Aufarbeitung einzubinden. Das gilt z.B. häufig in Verdachtsfällen kartellrechtlicher Verstöße, in denen Kooperationsvereinbarungen mit beschuldigten Mitarbeitern getroffen werden.

46 **Wichtig** ist, dass die **Unternehmensführung** für sich in Anspruch nimmt, über die Entwicklung der Aufarbeitung und etwaige Weiterentwicklun-

gen der Strategie **fortlaufend informiert** und aktiv **eingebunden** zu werden. Die wesentlichen Entscheidungen dürfen – abhängig von Größe und Bedeutung des Falls – nicht an der Unternehmensführung vorbei erfolgen.

II. Strategieausrichtung an der Rolle des Unternehmens bei Wahrunterstellung des Verdachtsfalls

Ein wichtiger Aspekt für die **Vorgehensweise** bei der internen Untersuchung sind **erneut** die **Grundfragen**, welche Rolle dem Unternehmen voraussichtlich zukommt (Geschädigtenrolle, Situation der *corporate defense*) und ob bereits behördliche Ermittlungen anhängig sind.

47

Praxistipp

48

Die interne Untersuchung ist kein Selbstzweck, sondern Mittel zum Zweck. Der Sachverhalt sollte daher orientiert daran ermittelt werden, was für die weitere rechtliche Analyse relevant ist. Dabei kann sich ein modularer Aufbau anbieten.

1. Das Unternehmen als „Geschädigter"

Ist das Unternehmen bei Wahrunterstellung des Verdachtsfalls in strafrechtlich relevanter Weise geschädigt, z.B. durch unberechtigte Vermögensentnahmen eines Geschäftsführers, zielt die interne Untersuchung in erster Linie darauf ab, den **Verdacht** zu **überprüfen** und **Beweismittel** zu sichern. Im Rahmen der rechtlichen Erstanalyse ist der bekannt gewordene Sachverhalt – ggf. unter entsprechenden Annahmen, die es zu ermitteln gilt – in das Gerüst von Straftatbeständen und Anspruchsnormen einzuordnen. Im Regelfall sind dann die Nachweise für die im Raum stehenden Pflichtverstöße sowie den daraus resultierenden Schaden zu überprüfen. Hierfür ist den entsprechenden **Ermittlungsansätzen** nachzugehen oder, sofern noch keine Ermittlungsansätze greifbar sind, solche zu entwickeln.

49

Praxistipp

50

Wenn es um die Untersuchung hinsichtlich eines oder einiger weniger vermeintlicher Täter geht, ist genau zu prüfen, wann von einer „verdeckten" Ermittlung in die Phase der „offenen", also für den Verdächtigen sichtbaren, Ermittlung übergegangen wird. Die Wahrscheinlichkeit, dass der Verdächtigte versucht, E-Mail-Konten und verdächtige Daten auf seinem Dienst-Laptop bei Kenntniserlangung unkenntlich zu machen, ist erfahrungsgemäß hoch. Ebenso ist die Wahrscheinlichkeit hoch, dass er Mittäter warnt oder anweist, bestimmte Verschleierungshandlungen vorzunehmen.
Spezialisierte IT-Forensiker können oftmals auch „zerstörte" Daten wieder herstellen, sodass diese nutzbar gemacht werden können. Im Einzelfall ist daher zu prüfen, ob ein entsprechender Spezialist für die potenzielle Wiederherstellung hinzugezogen werden sollte.

51 **Praxisbeispiel**
Eine Gruppe von Mitarbeitern kündigt synchron bei dem Arbeitgeber. Gleichzeitig verliert das Unternehmen wichtige Kunden an einen Wettbewerber. Es stellt sich heraus, dass alle kündigenden Mitarbeiter später bei dem Wettbewerber arbeiten. Bei der Herausgabe der Dienst-Laptops zeigte sich, dass alle Daten auf diesen gelöscht waren. IT-Forensiker konnten die Daten wieder herstellen. Diese ergaben, dass schon lange vor Kündigung eine Abstimmung zwischen dem Wettbewerber und den Arbeitnehmern erfolgte.
(Internationale Unternehmensgruppe, Dienstleistungsmarkt, 700 Mio.€ Umsatz, 5.000 Mitarbeiter)

52 In der Situation der Geschädigtenrolle sind regelmäßig so viele Informationen wie möglich zu gewinnen, um die **Ansprüche** des Unternehmens **erfolgversprechend** geltend machen und später auch realisieren zu können. Die Möglichkeiten der **Nachvollziehbarkeit** strafbarer **Schädigungshandlungen** zulasten des Unternehmens sind dabei naturgemäß teilweise begrenzt. Das gilt z.B. mit Blick auf die **Nachvollziehung von Geldflüssen** an Mitarbeiter von Dritten, von Vertragspartnern untereinander (Ausgleichszahlungen), private E-Mail-Accounts etc. Erhärtet sich daher ein Anfangsverdacht einer schädigenden Handlung, bietet es sich oftmals an, **Strafanzeige** zu erstatten, wodurch dann ein staatsanwaltliches Ermittlungsverfahren eingeleitet wird.

53 Die **Strafverfolgungsbehörden sind verpflichtet**, dem angezeigten Sachverhalt nachzugehen, wenn diese ebenfalls einen Anfangsverdacht sehen. Im Rahmen staatlicher Ermittlungen können so auch Bereiche überprüft werden, auf die das Unternehmen selbst keinen Zugriff hat. Das heißt, die Ermittlungsbehörden erlangen Informationen über unternehmensschädigende Sachverhaltskomplexe, die das betroffene Unternehmen ohne staatliches Ermittlungsverfahren nicht erhalten würde. Die Behörde ist hier also tatsächlich „Freund und Helfer" des geschädigten Unternehmens.

54 **Praxistipp**
Je komplexer der Sachverhalt ist, desto wichtiger ist es, die Strafanzeige seitens des Unternehmens gründlich aufzubereiten. Regelmäßig wird dies durch spezialisierte externe Anwälte zu erarbeiten sein. Idealerweise werden den Ermittlungsbehörden dann konkrete Ermittlungsansätze an die Hand gegeben, an denen diese ansetzen können.

55 In der Geschädigtenrolle kann das Unternehmen als Verletzter der Straftat die **Akteneinsicht** bei der ermittelnden Behörde beantragen,[22] die auch

---

22 Entsprechend § 406e StPO.

spätestens mit Abschluss der Ermittlungen zu gewähren ist. Häufig wird diese Einsicht auch früher schon gewährt. Aus der Ermittlungsakte sind oftmals wertvolle Informationen für die Anspruchsdurchsetzung gegen die Verdächtigen zu gewinnen.

Praxistipp   56

In geeigneten Fällen bietet es sich an, gegenüber der Staatsanwaltschaft die Einbindung der Finanzermittlung zum Zweck der sog. Rückgewinnungshilfe anzuregen. Im Ermittlungsverfahren können die Behörden Vermögenswerte der Verdächtigen sicherstellen, um die spätere Zugriffsmöglichkeit des geschädigten Unternehmens hierauf zu sichern.

Neben dem Gesichtspunkt der Informationsgewinnung wird über die Ein-   57
leitung eines Ermittlungsverfahrens unternehmensintern und gegenüber der Öffentlichkeit das **Prinzip der *zero tolerance*** gegenüber Unternehmensschädigungen unterstrichen.

Zu beachten ist jedoch vor der Anzeigerstattung, welche **Risiken** ggf. in   58
einer Fallkonstellation sowie auch in der Wiedergabe des tatsächlichen Sachverhalts liegen können. Risiken können in einer Weiterentwicklung des Sachverhalts liegen, der zu einer Verschiebung in eine „Täterrolle" führt. Risiken können aber auch schlicht in dem Risiko irritierender Medienerstattung liegen. Vorab angestellte Szenarioanalysen können derartige Risiken zumindest teilweise eingrenzen.

2. *Corporate defense*

Bei Verdachtsfällen von **Straftaten, die aus der Sphäre des Unterneh-**   59
mens begangen wurden, muss die **Geschäftsführung möglichst viel Kontrolle** über die Ermittlungen (zurück-)gewinnen: intern wie extern.[23]
Natürlich ist eine etwaige behördliche Ermittlung unabhängig und nicht von dem betroffenen Unternehmen beeinflussbar. Durch die richtige **Kooperation** oder auch Verteidigung kann jedoch teilweise **lenkend eingegriffen** werden.

Die Praxis zeigt, dass in der Drucksituation von erheblichen Vorwürfen   60
gegenüber einem Unternehmen das Risiko besteht, dass diese Situation sowohl das Unternehmen als auch die **Unternehmensführung** und damit ebenfalls die interne Untersuchung **„vor sich hertreibt"** und sich die **Situation „verselbstständigen"** kann. Die Herausforderung liegt darin, die Situation einem möglichst geordneten Prozess zuzuführen und die **Behinderung des operativen Geschäfts** möglichst **einzugrenzen**. „In alle Rich-

---

23 Vgl. *Mansdörfer/Habetha*, Kap. 1 A. 2. Rn. 28 ff.

tungen zu ermitteln", ist an dieser Stelle häufig nicht das richtige Mittel und auch nicht effizient. Es ist „offen", also unvoreingenommen, zu ermitteln. Das ändert aber nichts daran, dass durch die Untersuchung **zielgerichtet** erhebliche Fragen abgearbeitet werden sollten. Wie bereits eingangs festgelegt, darf eine interne Untersuchung keinen Selbstzweck darstellen. Vielmehr geht es darum, kontinuierlich orientiert an der Frage zu arbeiten: „Warum wird untersucht?"

61 In der Praxis empfiehlt es sich, eine enge **Abstimmung** zwischen Projektteam und **Unternehmensführung** zu etablieren und vorzuhalten. Hierüber ist die Unternehmensführung in die Entscheidung über eventuelle „Weiterungen" und neue Ermittlungsschritte stetig einzubinden. So wird auch die Hoheit über das Kostenmanagement gewährleistet.

62 **Praxistipp**
Bei Verdachtsfällen von Straftaten aus der Sphäre des Unternehmens sind interne Untersuchungen regelmäßig mit erheblichen Kosten verbunden. Das liegt zum einen an der rechtlichen Komplexität der Fälle, vor allem aber auch an der strategisch sehr herausfordernden und aufwendigen Sachverhaltsarbeit. Hier sollte die Situation von Anfang an realistisch eingeschätzt werden. Insoweit kann eine zumindest grobe Budgeteinschätzung auch mit den externen Beratern hilfreich sein. Realistisch wird die Entwicklung der Aufarbeitung aber gerade am Anfang schwer einzuschätzen sein. Wichtig: Teilweise werden Aufarbeitung und Verteidigung von Versicherungen (Strafrechtsschutzversicherung, spezielle Regelungen in D&O-Versicherungen) mit abgedeckt. Zumindest bei einem entsprechenden Risikoprofil empfiehlt es sich, einen solchen Abschluss in Erwägung zu ziehen.

63 Regelmäßig stellt sich die Frage, ob intern mehr aufgearbeitet werden muss, als die Behörden unter Achtung strafprozessualer Vorgaben erarbeiten könnten und dürften. Anzumerken ist an dieser Stelle, dass deutsche Strafverfolgungsbehörden **„allzu rigiden" internen Untersuchungen** durchaus auch kritisch gegenüberstehen und die Verwertbarkeit von gewonnenem Beweismaterial teilweise infrage gestellt wird. Eine von vielen Teilfragen ist, ob Mitarbeiter unter entsprechenden Belehrungen befragt und ihnen ein Recht, zu schweigen, gewährt wird, das für den Fall gilt, dass sie sich ansonsten selbst belasten würden.[24]

---

24 *Sarhan*, wistra 2015, S. 449 ff.

Kappel / Johannsen

III. Besondere Betrachtung einzelner Untersuchungsmaßnahmen

Im Folgenden werden die rechtlichen und technischen Besonderheiten 64
von „Standard-Ermittlungsmaßnahmen" im Rahmen einer internen Untersuchung zusammengefasst.

1. Kooperationsvereinbarungen in Form von Amnestieprogrammen und Kronzeugenregelungen

Der Erkenntnisgewinn der internen Untersuchung hängt häufig maßgeb- 65
lich von der **Zusammenarbeit mit den Mitarbeitern** des betroffenen Unternehmens ab. Das gilt unabhängig von der Frage, ob es um eine Situation
der Geschädigtenrolle oder der *corporate defense* geht. Etwa bei kartellrechtlichen Verdachtsfällen stellen **Zeugen** in der Regel die einzige Möglichkeit
dar, tatsächlich Erkenntnisse, etwa über erfolgte Absprachen mit Wettbewerbern, zu erlangen. Dies ist für etwaig zu stellende Bonusanträge und
die damit verbundene mögliche (teilweise) Chance, hohe Geldbußen zu
vermeiden, von enormer Bedeutung.[25]

In derartigen Konstellationen empfiehlt es sich, zunächst unternehmens- 66
intern nach „Zeugen" zu suchen. Ist eine interne Untersuchung in Gang
gesetzt, sind viele **Mitarbeiter** nicht selten **verunsichert** und hinterfragen, ob auch sie selbst ein Vorwurf treffen könnte. Oftmals kann dies von
den Mitarbeitern nicht verlässlich eingeschätzt werden. Das ist bei vorsätzlichen „Haupttätern" regelmäßig anders. Sind konkrete Verdächtige
bekannt und kann man sich vorstellen, dass der Erkenntnisgewinn durch
die Aussage eines Einzelnen die Aufarbeitung erheblich erleichten und so
ggf. weiterer Schaden von dem Unternehmen abgewendet werden kann, ist
über eine **Kooperationsvereinbarung** mit dem betroffenen **Mitarbeiter**
nachzudenken.

Es bietet sich hier zunächst an, die Möglichkeit einer sog. **„Kronzeugenre-** 67
gelung" zu prüfen. Damit wird regelmäßig auf die Inanspruchnahme des
Kronzeugen bei vollständiger und wahrheitsgemäßer Aussage verzichtet.
Daneben kann die Zusage erfolgen, Ermittlungsbehörden die Kooperation
mitzuteilen oder ggf. keine Anzeige gegen den Kronzeugen zu erstatten
oder diesen im Strafverfahren zu unterstützen, z.B. durch die Stellung eines
Verteidigers.

---

25 Der **„Bonusantrag"** ist faktisch eine Kronzeugenregelung mit dem **Kartellamt**, von dem regelmäßig auch
Unternehmen Gebrauch machen.

68 **Praxistipp**

Eine Kronzeugenregelung des Unternehmens ist für die strafrechtliche Verfolgbarkeit an sich irrelevant. Diese wird durch die Regelung nicht ausgeschlossen. Dessen ungeachtet kann die Kooperation mit dem Unternehmen auch für das Strafverfahren für den Kronzeugen von erheblichem Vorteil sein. Der Kronzeuge ist hier zutreffend aufzuklären.

69 Mit einem sog. „**Amnestieprogramm**"[26] richtet sich das Unternehmen, anders als mit der Kronzeugenregelung, regelmäßig an einen breiten **offenen Adressatenkreis**. Diese Maßnahme kann sich anbieten, wenn trotz vorangegangener Bemühungen völlig unklar ist, wo Wissen zu dem Sachverhalt vorhanden sein könnte und welches Ausmaß der Verdachtsfall hat. Auch um den Behörden zu demonstrieren, dass das Unternehmen in einem schwer ermittelbaren Fall alles daran setzt, gleichwohl das Geschehen aufzuarbeiten, kann sich ein Amnestieprogramm anbieten. Mit dem Amnestieprogramm können teilweise gerade solche Zeugen oder „Täter zweiter Reihe" erreicht werden, die sich über eine eigene Verantwortung unsicher sind. Die Zugeständnisse im Rahmen des Amnestieprogramms an die Adressaten decken sich weitestgehend mit denen im Rahmen einer Kronzeugenregelung.

70 **Praxistipp**

Auch wenn Amnestieprogrammen gerade in der Öffentlichkeit oft große Wirkung zukommt, bieten diese sich nicht für alle Fälle an. Derartige Programme sollten nicht inflationär aufgesetzt werden, sondern nur dort, wo diese aus ermittlungstaktischen Gründen sinnvoll sind. Wenn ein Amnestieprogramm durchgeführt wird, ist es wichtig, zu entscheiden, wie der Adressatenkreis des Amnestieprogramms definiert wird. Insbesondere der Verzicht von Ansprüchen gegen Mitglieder der Unternehmensführung ist problematisch und nur in engen Grenzen möglich. Daneben ist zu prüfen, ob Betriebsrat und Datenschutzbeauftragter einzubinden sind.

2. Gespräche mit Mitarbeitern und anderen Wissensträgern (Interviews)

71 Eine der typischen Erkenntnisquellen ist, wie bei staatlichen Ermittlungen, die Befragung von Wissensträgern. Diese wird im Rahmen der internen Untersuchung regelmäßig als **Interview** bezeichnet.[27] Entsprechend den behördlichen Vernehmungen von Beschuldigten und Zeugen gibt es in der internen Untersuchung „konfrontative" und „nicht konfrontative" Interviews bzw. Interviews mit Verdächtigen und solche mit Zeugen.

---

26 Eingehend: Knierim/Rübenstahl/Tsambikakis/*Potinecke*/*Block*, 2. Kap. IV. Rn. 168 ff.
27 Exemplarisch: *Roxin*, StV 2012, S. 116 (116 f.).

Es ist rechtlich umstritten, inwieweit den **Arbeitnehmer** eine **Pflicht** zur 72
vollständigen **Kooperation** und wahrheitsgemäßen Aussage trifft, auch
wenn er sich damit selbst belasten würde. Die Schwierigkeit liegt darin,
dass der Arbeitnehmer entsprechend seiner arbeitsrechtlichen Pflichten[28]
grundsätzlich die Aufarbeitung unterstützen muss.

Im Rahmen eines behördlichen Ermittlungsverfahrens stünde dem Ar- 73
beitnehmer als Beschuldigten das **Recht zu, zu schweigen**. Gegenüber
dem Arbeitgeber ist ein solches Recht, zu schweigen, nicht ausdrücklich
im Gesetz vorgesehen. Da der Arbeitgeber nicht verpflichtet sei, etwaige
Auskünfte des Arbeitnehmers für sich zu behalten, sondern diese an die
Behörden eskalieren oder für zivilrechtliche Ansprüche gegen den Arbeitnehmer nutzen kann, würden die Zeugnisverweigerungsrechte des Straf-
prozessrechts durch die interne Untersuchung umgangen.

Tatsächlich handelt es sich um eine **schwierige Rechtsfrage**, die noch 74
nicht abschließend gelöst ist. Gerade in einer *Corporate-defense*-Situation
kann bei wertender Betrachtung an das Unternehmen aber nicht der
Anspruch gestellt werden, dass dieses „strenger" vorgehen muss als die
Ermittlungsbehörden und in einer Gangart ermittelt, die der Behörde
gesetzlich untersagt wäre. Daher sollte in dieser Konstellation in jedem
Fall der Vernommene auf dessen Recht, zu schweigen, hingewiesen werden. Bei einer Untersuchung in einer Geschädigtenrolle ist der Einzelfall
zu betrachten. Regelmäßig wird derjenige, der das Unternehmen vorsätzlich geschädigt hat, wissen, dass er unrecht gehandelt hat. Die mangelnde
Kooperation im Rahmen der internen Untersuchung wird faktisch nicht der
von ihm befürchtete Anlass einer Kündigung sein, sondern die Tat selbst,
die er begangen hat. Eine Belehrung wird hier nicht zwingend geboten sein.
Das Unternehmen hat hier nicht die Aufgabe, „den Täter zu schützen". Das
Unternehmen ist Verletzter und will seinen Rechten nachgehen.

Neben den rechtlichen Rahmenbedingungen einer Interviewführung ist 75
vor allem auch das **taktische Herangehen** relevant. Hier sind verschiedene
Erwägungen anzustrengen. Das gilt insbesondere für den Zeitpunkt der
Befragung und dem damit regelmäßig verbundenen Informationsstand
des Befragenden. Ebenso ist es hilfreich, möglichst viele Informationen zu
der Person des Befragten zu haben (ist es erfolgversprechender, eine Drucksituation aufzubauen oder mit besonders viel Empathie zu agieren?). Ganz

---

28 Arbeitnehmer sind gemäß §§ 666, 675 BGB, § 106 GewO und ihrer arbeitsvertraglichen Treuepflicht im Regel-
    fall gegenüber dem Arbeitgeber verpflichtet, Auskunft zu ihrem Arbeitsbereich zu erteilen. Der Auskunfts-
    anspruch ist gerichtlich einklagbar und grundsätzlich unabhängig von eigenen Interessen des Arbeitnehmers
    durchsetzbar (BAG, NZA 2002, S. 618 [629]). Soweit die Auskunft nicht den Arbeitsbereich erfasst, liegt eine
    arbeitsvertragliche Nebenpflicht des Arbeitnehmers gemäß §§ 242, 241 Abs. 2 BGB vor.

wichtig ist, dass es in einem Interview darum geht, Wissen abzuschöpfen. Folglich steht das Zuhören im Vordergrund, nicht die eigene Darstellung.

76 **Interviews** sollten nach Möglichkeit gründlich **vorbereitet** werden. Um zielgerichtet befragen zu können, sollten regelmäßig in Vorbereitung sämtliche vorhandenen Informationen ausgewertet werden, die dann zum Gegenstand des Gesprächs gemacht werden können. Im Gespräch selbst stehen verschiedene **Fragemethoden** zur Verfügung. So kann – je nach Sachlage – neutral, aber auch konfrontativ befragt werden. Oft bietet sich auch eine Aufwärmphase an, bevor in konkrete Fragen eingestiegen wird. Nach dem Zuhören kann es sich anbieten, den Befragten mit eventuellen **Widersprüchen** zu konfrontieren. Wenn die Möglichkeit besteht, kann auch zwischen dem ersten „Zuhörtermin" und einem darauffolgenden „Fragentermin" unterschieden werden. Das scheidet naturgemäß aus, wenn nicht beurteilt werden kann, ob es einen Folgetermin geben wird. Das gilt namentlich für ein Gespräch mit Verdächtigen, die erstmals mit den Vorwürfen konfrontiert und danach möglicherweise nicht mehr greifbar sind. Schließlich ist auch abzuwägen, ob der Befragte (Verdächtige) im **Vorfeld** zu dem Interview über den Vorwurf und dem Umstand, dass er hierzu befragt werden soll, informiert werden oder eher überrascht werden soll. Auch dies hängt vom Einzelfall ab. Das Überraschungsmoment ist zumindest nicht immer ein Allheilmittel. So kann die Überraschung gerade auch dazu führen, dass das Gegenüber vollständig mauert und gar nichts sagt. Daher kann es auch eine Option sein, dem Gegenüber gerade die Möglichkeit einer vernünftigen Vorbereitung zu bieten, damit es sich einem Gespräch stellt.

77 Um möglichst umfassend Erkenntnisquellen zu nutzen, sollte der Blick nicht auf Wissensträger innerhalb des Unternehmens begrenzt werden. So kommt es vor, dass gerade auch **Mitarbeiter von Geschäftspartnern** über **wertvolle Informationen** verfügen. Hier liegt nicht selten eine Bereitschaft vor, diese Informationen mitzuteilen.

3. E-Mail- oder Daten-Review

78 Neben Mitarbeiterinterviews bieten Datenauswertungen oder E-Mail-Reviews in der Praxis die größte Aussicht auf Erfolg bei der Sachverhaltsaufklärung. Dabei sind **datenschutz- und arbeitsrechtliche Vorgaben** einzuhalten, um eine Verwertbarkeit aufgefundener Dokumente in späteren Verfahrensstadien sicherstellen zu können. In jedem Fall bietet es sich zudem an, Datenschutzbeauftragte des Unternehmens hinzuzuziehen.

79 In der Umsetzung drängt sich sowohl aus datenschutzrechtlichen als auch aus Effektivitätsgesichtspunkten ein **schrittweises Vorgehen** auf. Sobald rechtlich geklärt ist, inwieweit E-Mails oder andere Daten überhaupt ein-

Kappel / Johannsen

gesehen werden dürfen, sollten Daten dann zunächst unter Zuhilfenahme geeigneter technischer Hilfsmittel gesichert und für ein Review zugänglich gemacht werden. Bei der Frage, wie der Umfang der einzusehenden Daten eingegrenzt werden kann, ist der Untersuchungszweck heranzuziehen. Sollten bereits behördliche Beschlagnahmen stattgefunden haben, sollten zumindest diese Daten in jedem Fall eingesehen werden.

In einem zweiten Schritt sollten – wiederum orientiert am Untersuchungs- [80] zweck – **Suchbegriffe** definiert werden, anhand derer ein automatischer Suchdurchlauf der Daten erfolgt. Der Herausarbeitung der Suchbegriffe kommt für den Erkenntnisgewinn und einer Reduzierung der genierten Datenmengen auf ein handhabbares Maß erhebliche Bedeutung zu.

Praxistipp [81]
Es wäre atypisch, bei Angabe von konkreten Suchbegriffen, wie „Korruption", „Kartellverstoß" oder „Schmiergeld", relevante Treffer zu erlangen. Diese werden regelmäßig im Zusammenhang mit internen Compliance-Schulungen, aber nicht mit tatsächlichen Tathandlungen genannt. Es ist zu überlegen, wer mit wem, wann, worüber im Zusammenhang mit dem Verdachtsfall wie kommuniziert haben könnte.

Die so gewonnenen „Treffer" sollten dann im Einzelnen betrachtet und [82] unter rechtlichen Gesichtspunkten ausgewertet werden. Sollten sich hieraus weitere Erkenntnisse ergeben, kann anhand weiter verfeinerter Suchbegriffe erneut gefiltert werden.

Praxistipp [83]
Derzeit wird das europäische Datenschutzrecht novelliert. In der Neufassung sollen für Verstöße empfindliche Sanktionen (bis zu 4% des Jahresumsatzes) aufgenommen werden. Daher sollte die Einhaltung datenschutzrechtlicher Gebote stets beachtet und vor allem sorgfältig dokumentiert werden.

D. Wie ist mit den Ergebnissen der internen Untersuchung umzugehen?

Klarstellend noch einmal aufgeführt, dient die interne Untersuchung dazu, [84] die Erkenntnisse für eine angemessene Beurteilung und Entscheidung zusammenzutragen. Damit haben diese Erkenntnisse den Zugriffsbereich des Unternehmens noch nicht verlassen. Das Unternehmen will und soll gerade selbst entscheiden, ob, wann und wie es die gewonnenen Informationen nutzt, z.B. an Behörden weiterleitet.

85   Wenn das Unternehmen rein Verletzter ist, kann sich eine frühzeitige ungefilterte Weitergabe an die Behörden durchaus anbieten. In der Situation, dass sich das Unternehmen Sanktionen ausgesetzt sieht, ist hier ggf. differenziert vorzugehen. Deshalb muss die Hoheit über die erlangten Daten und Informationen so gut wie möglich sichergestellt werden. Das heißt, es ist insbesondere darauf zu achten, die Aufarbeitung des Verdachtsfalls so zu gestalten, dass die erarbeiteten Informationen nicht ungefragt und ungefiltert von den Behörden abgeschöpft werden (können). So können z.B. im Rahmen der internen Untersuchung auch Sachverhalte mit potenzieller strafrechtlicher Relevanz ans Licht kommen, welche die Behörden – zuvor – noch gar nicht interessiert hätten und bei eigenen rein staatlichen Ermittlungen auch niemals bekannt geworden wären. Eine Ermittlungsbehörde darf nach deutschem Recht nicht gezielt nach sog. „**Zufallsfunden**" suchen. Die interne Untersuchung muss diese Vorgabe nicht außer Kraft setzen. Die Steuerungsmöglichkeit über die gewonnenen Informationen ist daher zu bewahren. Konkret geht es darum, zu vermeiden, dass Interviewprotokolle, interne Kommunikation im Zuge der internen Aufarbeitung oder Berichte über die interne Untersuchung gegen den Willen des Unternehmens inhaltlich den Behörden bekannt werden, ohne dass die Unternehmensführung hierüber entscheidet.

86   An dieser Stelle ist zu erinnern, dass es in Deutschland noch kein Unternehmensstrafrecht gibt. Das Unternehmen kann daher nach herrschender Auffassung derzeit auch noch keine Beschuldigtenrechte ableiten. Unterlagen können deswegen bei dem Unternehmen als „Drittem" beschlagnahmt werden. Es ist derzeit noch immer umstritten, ob die **Korrespondenz** zwischen Unternehmen und **Unternehmensanwalt** in selbiger Weise privilegiert ist, wie die Korrespondenz zwischen dem Beschuldigten und seinem Verteidiger. Höchstrichterliche Rechtsprechung zu dieser Frage gibt es bislang nicht. Allerdings ist auf Basis aktueller Rechtsprechung wohl davon auszugehen, dass auch die Korrespondenz zwischen Unternehmen und diese im Rahmen einer internen Untersuchung beratenden Rechtsanwälte einem Beschlagnahmeverbot unterliegt.[29] Daher empfiehlt es sich, sowohl die regelmäßige Dokumentation der Untersuchungsergebnisse als auch wesentliche Beweismittel, wie etwa Protokolle über Zeugenaussagen, durch beauftragte Rechtsanwälte erstellen zu lassen.

87   Gerade der Blick in die **US-Praxis** zeigt, dass dort stark darauf geachtet wird, im Rahmen der internen Untersuchung kenntlich zu machen, welche Dokumentation unter das Rechtsanwaltsprivileg fällt und das regelmäßig *work products* erarbeitet werden, die besonders geschützt sind. Auch in

---

29   LG Mannheim, Beschl. v. 03.07.2012 – 24 Qs 1, 2/12.

Kappel / Johannsen

Deutschland sollten Unternehmen und Unternehmensanwalt auf diese Punkte achten. Dabei ist zu erkennen, dass der Schutz der Kommunikation deutlich größer ist, wenn ein externer Anwalt die interne Untersuchung führt, als wenn dies nicht anwaltliche Externe oder ein Syndikus übernimmt.

Es ist deutlich zu kennzeichnen, wenn Korrespondenz unter das Rechtsanwaltsprivileg fällt. Diese ist nicht „inflationär" zu missbrauchen, damit das Privileg nicht gefährdet und in der Konsequenz von der Behörde missachtet werden könnte. Kritische Arbeitsprodukte sollten bis zu der Entscheidung über die geeignete Kommunikationsform beim Rechtsanwalt verbleiben. Bei Interviewprotokollen kann es sich empfehlen, ein Erinnerungsprotokoll als anwaltliches Arbeitsprodukt einem – ggf. beweisstärkeren – gegengezeichneten Wortprotokoll vorzuziehen. Wie üblich, kommt es insoweit auf den Einzelfall an.

88

Die Informationen, die in die staatsanwaltliche Ermittlungsakte gelangen, sind mit hoher Wahrscheinlichkeit zu einem späteren Zeitpunkt auch für spezifische Dritte – z.B. Vertragspartner des Unternehmens als potenzielle Verletzte von Straftaten – einsehbar. Hierauf ist daher bei dem Verfassen von Stellungnahmen und Informationsübergaben unbedingt zu achten.

89

Praxistipp

90

Es sollte stets bedacht werden, dass in einem Worst-Case-Szenario auch die interne Dokumentation einmal von Ermittlungsbehörden beschlagnahmt und ggf. auch von Dritten gelesen werden könnte. Es empfiehlt sich, für den Fall, dass offene behördliche Ermittlungen (mittelbar) gegen das Unternehmen laufen, unbedingt auf die ermittelnde Behörde zuzugehen. Auf diese Weise kann in der Praxis auch ein produktiver Dialog mit der Behörde entwickelt und aufrechterhalten werden. Kooperation ist dabei nicht gleichzusetzen mit einer „vollständigen Unterwerfung". Eine solche erwarten die Staatsanwaltschaften in Deutschland auch nicht. Kritischer ist das Spannungsverhältnis mit angelsächsischen Behörden oder auch den Kartellbehörden zu sehen, die ein noch weitergehendes Verständnis der Kooperation haben.

Literatur

Bürkle, Compliance als Aufgabe des Vorstands der AG – die Sicht des LG München I, CCZ 2015, S. 52 ff.

Fleischer, Corporate Compliance im aktienrechtlichen Unternehmensverbund, CCZ 2008, S. 1 ff.

Fleischer, Aktienrechtliche Compliance-Pflichten im Praxistest: Das Siemens/Neubürger-Urteil des LG München I, NZG 2014, S. 321 ff.

Fleischer, Zum Grundsatz der Gesamtverantwortung im Aktienrecht, NZG 2003, S. 449 ff.

Helmrich/Eidam, Untreue durch Verzicht auf Schadensersatzforderungen gegen (ehemalige) Führungskräfte einer Aktiengesellschaft?, ZIP 2011, S. 257 ff.

Kappel/Ehling, Wie viel Strafe ist genug? – Deutsche Unternehmen zwischen UK Bribery Act, FCPA und StGB, BB 2011, S. 2115 ff.

Pant, „so mag alßdann peinlich frag gebraucht werden." – Zum sog. „Yates-Memorandum": Das U.S.-Justizministerium gewährt künftig Strafrabatt nur noch gegen Auslieferung von Managern, CCZ 2015, S. 242 ff.

Roxin, Probleme und Strategien der Compliance-Begleitung in Unternehmen, StV 2012, S. 116 ff.

Sarhan, Unternehmensinterne Privatermittlungen im Spannungsfeld zur strafprozessualen Aussagefreiheit, wistra 2015, S. 449 ff.

Nolde

§ 8 Datenschutz bei internen Untersuchungen

Übersicht

Executive Summary

Leitungs- und Entscheidungspflichten

- Gesetzkonforme Sachverhaltsaufklärungen im Wege von Compliance/ Beachtung gesetzlicher Grenzen durch Datenschutz-, Straf- und Zivilrecht bei internen Ermittlungsmaßnahmen, Empfehlung der Einschaltung der Rechtsabteilung/externer Juristen,
- Entscheidung und klare grundsätzliche Regelung zur Zulässigkeit **privater Nutzung der IT-Infrastruktur** durch Mitarbeiter, durch die spätere interne Ermittlungen erleichtert werden können (→ Rn. 5 ff.).

Steuerungsziele

- Klärung und Einhaltung der **datenschutzrechtlichen Anforderungen** des unternehmenseigenen CMS betreffend **Auditing**, **Monitoring**, **Hinweisgebersysteme**, **Investigation** etc.

Erste Maßnahmen, Umsetzungsschritte und Delegation

- Abklärung, welche **Betriebsvereinbarungen** mit Relevanz für den betrieblichen **Datenschutz** vorliegen? Sind interne Ermittlungen und andere Compliance-Maßnahmen bereits Bestandteil des betrieblichen Datenschutzes? (Wie) Ist die private Nutzung betrieblicher IT-Infrastruktur geregelt?
- Ein grundsätzliches **Verbot privater IT-Nutzung** durch Regelung/ Betriebsvereinbarung erleichtert interne Untersuchungen, muss aber kontinuierlich durch Kontrollen sichergestellt werden, anderenfalls droht Duldungsfiktion.

Ergebnis, Vorteile und Nutzen

- **Datenschutzkonformität** als eigener „**Wertschöpfungsfaktor" inter-
ner Ermittlungen**: nicht nur Vermeidung neuer Haftungsrisiken und
Gewährleistung verwertbarer Ergebnisse, sondern auch fokussierter(er)
Ressourceneinsatz, Reduktion von Investigation auf das Erforderliche.

A. Einleitung

1   Der Verdacht eines schweren Regelverstoßes im Unternehmen ist mit
Unsicherheit hinsichtlich der Risikobewertung und rechtlicher Unsicherheit gepaart. Entscheiden sich die Verantwortlichen für eine interne Untersuchung, wird schnell deutlich, dass trotz aller „Privatisierungstendenzen"
in Richtung unternehmenseigener Ermittlungen auch noch kein „privates
Strafverfahrensrecht" existiert, das klare Leitplanken bietet.

2   Dies liegt an jahrelanger Passivität des Gesetzgebers, jedoch maßgeblich
auch an hausgemachter Untätigkeit, präventiv datenschutzrechtlich wichtige Weichen zu stellen (etwa durch ein Verbot der **privaten IT-Nutzung**
oder eine geeignete **Betriebsvereinbarung**), und so einer effektiven Untersuchung den Weg zu ebnen.

3   Legale interne Ermittlungen sind aber auch dann noch möglich. Es bleiben
allerdings Restrisiken: von der fraglichen **Verwertbarkeit** der Ermittlungs-
ergebnisse bis hin zu Straftaten im Zuge der Aufklärung. Wer im Akutfall
(auch) auf eigene Ermittlungen setzen will, sollte seinem Unternehmen
rechtzeitig eine eigene „**Verfahrensordnung**" geben.

4   **Praxistipp**
„Darf ich als Arbeitgeber die E-Mails auf dem (firmeneigenen) Rechner des
soeben freigestellten Abteilungsleiters lesen, um einen Korruptionsverdacht
zu überprüfen? Wenn nicht seine E-Mails, dann die gespiegelten auf dem
Rechner seines Sekretariats?" Die Antwort hängt davon ab, welche rechtlichen Voraussetzungen Sie zuvor im Unternehmen geschaffen haben (→ vgl.
die folgenden Ausführungen).

B. Wichtigste Weichenstellung: Regelung der privaten IT-Nutzung

5   Die IT-Infrastruktur und insbesondere **E-Mail-Accounts** sind bei internen
Ermittlungen zentrale Erkenntnisquellen. Unternehmen, die keine geeignete Regelung der Nutzungsrechte und der Zugriffsrechte bei akutem Auf-
klärungsbedarf vorsehen, sind für den Ernstfall nur unzureichend gerüstet.

Denn ein Arbeitgeber, der Organen und Mitarbeitern die **private Nutzung** 6
der IT-Infrastruktur erlaubt oder sie auch nur duldet, sieht sich immer noch
der (im Ergebnis nicht überzeugenden) Rechtsauffassung ausgesetzt, er
werde dadurch zum Telekommunikationsanbieter im Sinne der Begriffs-
bestimmungen des Telekommunikationsgesetzes (TKG) und sei an das
Fernmeldegeheimnis im Sinne des § 88 TKG gebunden.[1]

Das TKG ist jedoch auf einen genuin anderen Regelungszweck und -gehalt 7
ausgerichtet. Es hält für Diensteanbieter daher keine Kontrollbefugnisse
bereit, die den Compliance-Anforderungen, denen sich Unternehmen und
Verantwortliche heute gegenübersehen, Rechnung tragen.

In ihrer „Orientierungshilfe der Datenschutzaufsichtsbehörden zur daten- 8
schutzgerechten Nutzung von E-Mail und anderen Internetdiensten am
Arbeitsplatz"[2] vertritt die Konferenz der Datenschutzaufsichtsbehörden des
Bundes und der Länder – mit Stand: Januar 2016 – gleichwohl nach wie vor
diese Position, mit der Konsequenz, dass ein **Arbeitgeber**, der die private
Nutzung ohne Bedingungen einräumt, ohne Einwilligung eines Beschäftigten **nicht auf sein betriebliches Postfach zugreifen kann**, grundsätzlich
auch nicht auf „dienstliche E-Mails".

Zur **Problemlösung** wird in dieser Orientierungshilfe ein zweistufiges 9
Vorgehen empfohlen: eine umfassende Betriebsvereinbarung und eine (in
ihren Voraussetzungen bereits in der Vereinbarung umrissene) individuelle
Einwilligung. Für beide Stufen werden im Anhang des Papiers Muster an-
geboten. Schon vor dem Hintergrund der eigenen datenschutzrechtlichen
Sanktionskompetenz der meisten Aufsichtsbehörden entspricht es dem
„Gebot des sichersten Weges", diese Position zu berücksichtigen.

Auch die Aufsichtsbehörden weisen allerdings auf die abweichende Recht- 10
sprechung[3] hin, die sich in den letzten Jahren herausgebildet hat und die
einen **anlassbezogenen Zugriff** auf Arbeitsplatzrechner und E-Mails nur
am Bundesdatenschutzgesetz (BDSG), nicht aber am TKG, messen will.
Begründet wird dies insbesondere damit, dass die spezifische Gefährdungslage von Telekommunikation und der Schutz des grundrechtlich geschützten Fernmeldegeheimnisses in dieser Konstellation nicht gegeben seien.
Ergänzt durch weitere – unter anderem am TKG-Gesetzeswortlaut orien-

---

1   Vgl. *Mengel*, BB 2004, S. 2014, 2019.
2   Datenschutzkonferenz, Orientierungshilfe: https://www.datenschutz-mv.de/datenschutz/publikationen/
    informat/internet/oh-internet-arbeitsplatz.pdf.
3   U.a. VGH Hessen, Beschl. v. 19.05.2009 – 6 A 2672/08.Z = RS1044509, vor allem aber arbeitsgerichtliche
    Entscheidungen des LAG Berlin-Brandenburg, Urt. v. 16.02.2011 – 4 Sa 2132/10, DB 2011, S. 1281 = BB 2011,
    S. 2298 und des LAG Niedersachsen, Urt. v. 31.05.2010 – 12 Sa 875/09, RS0864279 = MMR 2010, S. 639.
    Vgl. auch erneut LAG Berlin-Brandenburg, Urt. v. 14.01.2016 – 5 Sa 657/15.

tierte[4] – Argumente der Literatur ist auch diese Ansicht vertretbar. Mit ihrer Orientierung am BDSG als Regelungsregime kommen gesetzliche Erlaubnistatbestände (insbesondere §§ 32, 28 BDSG) in Betracht.[5]

11   Die **Strategie eines „einwilligungsbasierten" Vorgehens** führt demgegenüber nicht aus der Rechtsunsicherheit. Insbesondere werden häufig schon ermittlungstaktische Gründe gegen ein solches „offenes Visier" sprechen. Dies gilt gerade angesichts der hohen Voraussetzungen an eine „informierte Einwilligung"/*informed consent*.[6] Zum anderen kann das Über-/ Unterordnungsverhältnis die Wirksamkeit einer arbeitnehmerseitigen Einwilligung tangieren.[7] Verweigerung und Widerruf durch den Betroffenen schneiden nach einer Ansicht sogar den Rückgriff auf andere Eingriffsbefugnisse mit ab.[8] Bei der Einholung einer Einwilligung muss daher jedenfalls deutlich gemacht werden, dass dies allein aus Gründen der transparenten Unternehmenskultur erfolgt, nicht mangels oder unter Aufgabe einer (bei Heranziehung des BDSG-Regelungsregimes gegebenen) gesetzlichen Rechtsgrundlage.

12   **Zwischenergebnis**: Im Idealfall wird **im Unternehmensregelwerk rechtzeitig klargestellt**, dass der Arbeitgeber für seine Mitarbeiter kein „Telekommunikationsdiensteanbieter" ist und sich bei erforderlichen internen Ermittlungen selbstverständlich an datenschutzrechtliche Vorgaben hält, nicht aber an das Fernmeldegeheimnis des TKG gebunden ist.

13   Wer **präventiv keine Regelung** zur privaten IT-Nutzung und zu Zugriffsrechten bei internen Ermittlungen trifft, wird sich im Ernstfall **entscheiden** müssen, ob er
- der Meinung folgt, die empfiehlt, aufgrund der Einschränkungen des TKG von **eigener Auswertung abzusehen**, bei Verdachtsmomenten vorsorglich frühzeitig die Staatsanwaltschaft einzubinden, diese entsprechend ihrer Kernkompetenz ermitteln zu lassen und über das Akteneinsichtsrecht am Ermittlungsergebnis zu partizipieren oder
- derjenigen Ansicht folgt, die eine **Aufklärung** vager Verdachtsmomente **im eigenen Haus** favorisiert, auf die noch junge Rechtsprechung zur Anwendbarkeit des BDSG und neue Möglichkeiten datensparsamer

---

4   *Krohs/Behling*, ZRFC 2012, S. 28, 32; *Wybitul*, Im Blickpunkt: Interne Ermittlungen durch Unternehmen, http://www.mayerbrown.com/public_docs/art_wybitul_may11_im-blickpunkt.pdf.
5   Zur Situation des Beschäftigtendatenschutzes nach der Entwurfsfassung der Datenschutz-Grundverordnung (DS-GVO-E), *Wybitul/Pötters*, RDV 2016, S. 16 ff.
6   Zur Mitteilungspflicht über laufende Ermittlungen bis zum Zeitpunkt einer Anhörung, auch mit Blick auf § 33 BDSG, vgl. *Vogt*, NJOZ 2009, S. 4206 (4215).
7   Vgl. nunmehr aber BAG, Urt. v. 11.12.2014 – 8 AZR 1010/13 = DB 2015, S. 1296.
8   Zum Streitstand *Gola/Wronka*, RDV 2007, S. 59 (65).

Ermittlungen verweist, datenschutzrechtliche Restrisiken dabei aber nicht gänzlich ausschließen kann.[9]

Für beide Ansichten bestehen **valide rechtliche Argumente**. Datenschutz- und Strafrecht, aber auch Arbeits- und Betriebsverfassungsrecht – wie auch die entsprechenden internen Stakeholder – sind in die Entscheidung ebenso einzubinden wie IT-Soft- und Hardware-Instrumente, die inzwischen ein präzises, deutlich maßvolleres Vorgehen ermöglichen als eine Vollkontrolle im Sinne „gläserner Mitarbeiter". 14

C. Verhältnismäßigkeit statt Vollkontrolle

Besonders zu Beginn interner Ermittlungen ist häufig noch **unklar, ob** tatsächlich eine **Straftat** im Raum steht oder nur eine Pflicht-/**Vertragsverletzung**. Vor dem Hintergrund der jüngsten Verschärfung des § 299 StGB unter Einbeziehung des sog. Geschäftsherrenmodells sind die Übergänge überdies zunehmend fließend. 15

Auch wenn im Detail vieles umstritten ist: Nach den gesetzlichen Regelungen wird ein Eingriff in das Recht auf informationelle Selbstbestimmung gerade dann als besonders schwerwiegend angesehen, **wenn** die Ergebnisse der Analyse **zur Strafverfolgung** genutzt werden sollen. Die **Anforderungen** und vorzunehmenden Abwägungen sind daher in diesem Fall noch **höher**.[10] 16

Auf die allgemeinere Norm des § 32 Abs. 1 Satz 1 BDSG ist somit zurückzugreifen, wenn „der Arbeitgeber seine Rechte wahrnimmt, die mit der Durchführung des Beschäftigungsverhältnisses im Zusammenhang stehen, z.B. durch Kontrollen der Leistung oder des Verhaltens des Beschäftigten".[11] 17

In den Ausführungen zum Ob (→ § 7 Rn. 3 ff.) und Wie (→ § 7 Rn. 34 ff.) unternehmensinterner Ermittlungen wurde bereits auf die **Vorzüge sachgerechten IT-Einsatzes** im Zuge der internen Ermittlungen hingewiesen, insbesondere durch Keywords, die der effizienten Ressourcennutzung dienen, aber auch das informationelle Selbstbestimmungsrecht der Betroffenen schonen und dadurch vielfach einen datenschutzkonformen Ermittlungsansatz überhaupt erst gewährleisten. Denn auf diese Weise können bei geschickter Verfahrensgestaltung **geschützte private Inhalte** elektro- 18

---

9 Böttger/*Nolde*, S. 1167 f.
10 BT-Drucks. 16/13657, S. 21: „Die Aufnahme einer Abwägungsklausel in Satz 2 trägt der Tatsache Rechnung, dass Maßnahmen zur Aufdeckung einer Straftat in der Regel besonders intensiv in das allgemeine Persönlichkeitsrecht eingreifen."
11 BT-Drucks. 16/13657, S. 21.

nisch – ohne Kenntnisnahme[12] – **ausgesondert** werden, und es bleibt nur noch der Zugriff auf betriebliche bzw. nicht geschützte Daten.[13] Dies kann durch Einbindung externer Dienstleister, aber grundsätzlich auch mittels geeigneter Software durch die hauseigene IT umgesetzt werden.[14] Einige Praxisbeispiele und -tipps sollen für häufige Fallstricke sensibilisieren:

19 **Praxisbeispiel**

Ein Mitarbeiter der Einkaufsabteilung lässt seiner Tochter eine Küche einbauen und greift dabei auf einen „bekannten und bewährten" Handwerker zurück, der ständig für seinen Arbeitgeber tätig ist. Er nutzt einen angebotenen „Rabatt" und sieht davon ab, im Unternehmen auf mögliche Interessenkollisionen hinzuweisen. Die Compliance-Abteilung könnte sich hier unter anderem mit den Keywords „Tochter" und „Wohnung" in den E-Mails des Mitarbeiters ein schnelles Bild verschaffen. Problematisch: Insbesondere, wenn die private E-Mail-Nutzung nicht untersagt ist, drohen diese Suchworte in unzulässiger Weise als „Beifang" rein private und familiäre Inhalte zutage zu fördern. Hier ist ggf. an geeignete Keyword-Kombinationen zu denken, die dieses Risiko minimieren.

20 Ebenfalls hoch invasiv wirken sich in der Praxis schnell **Suchkriterien** aus, die im Zuge von Anti-Korruptions- oder Anti-Kartellbemühungen auf bestimmte Geschenke, Restaurants, Essenseinladungen und familiäre oder private Kontakte zu Geschäftspartnern abstellen. In diesem Zusammenhang kann dem Konfliktfeld von Prüfungsbedarf und Beschäftigtendatenschutz auch schon durch Anzeigepflichten von Interessenkollisionen im unternehmensinternen Regelwerk Rechnung getragen werden. Werden diese verletzt, kann das in die datenschutzrechtliche Abwägung einfließen. Gleiches ist z.B. im Zusammenhang mit erhöhten Risiken einer genehmigten Nebentätigkeit zu bedenken:

21 **Praxisbeispiel**

Ein Mitarbeiter, dem eine Nebentätigkeit genehmigt wurde, steht im Verdacht, sich Kundenlisten und andere Informationen an eine private E-Mail-Adresse weitergeleitet zu haben. Das Investigationteam möchte nun „auf Nummer sicher" gehen und will sämtliche E-Mails an die private Adresse, besser noch alle E-Mails mit Freemail-Adressbestandteilen, wie @gmx.de und @web.

---

12 Insoweit sind auch die Ausführungen des BVerfG – (u.a.) in der sog. *Mikado*-Entscheidung – zu berücksichtigen, die aufzeigen, dass der reine Suchlauf über einen Datenbestand das Grundrecht auf informationelle Selbstbestimmung noch nicht berührt: BVerfG, Beschl. v. 17.02.2009 – 2 BvR 1372/07, 2 BvR 1745/07: „Kreditkarteninhaber, zu denen keine solche Abbuchung gespeichert war, wurden dagegen nicht als ‚Treffer' angezeigt und waren in ihren Grundrechten nicht betroffen".

13 Hartmann/*Kiemes/Pauseback*, S. 247, 260; Hartmann/*Murray*, S. 73, 79. Zunehmende Bedeutung bekommen unter dem Gesetzesentwurf zu §§ 32 ff. BDSG auch Anonymisierung und Pseudonymisierung; vgl. zur Anonymisierung im Rahmen der Datenanalyse auch *Geschonneck/Meyer/Scheben*, BB 2011, S. 2677. Zu den Risiken systematischer Kontrollen *Kock/Franke*, NZA 2009, S. 646.

14 Beispielsweise mit Clearwell, Relativity, pst Viewer Pro und vergleichbarer Software.

de, herausfiltern und kontrollieren. Die Weiterleitung an diese Adressen sei als typischer Modus Operandi der unbefugten Verwertung von Geschäftsgeheimnissen bekannt. Problematisch: Auch hier ist der Suchansatz nicht spezifisch genug und droht, die Verhältnismäßigkeit zu sprengen, wenn keine Regelung zur privaten Nutzung getroffen wurde.

D. Datenschutzrechtliche Implikationen weiterer Maßnahmen

Zahlreiche andere interne Ermittlungsansätze erfordern ebenfalls daten-schutzrechtliche Sensibilität, wenn die Haftungsvermeidung nicht zu neuen Risiken führen soll. Erwähnt seien folgende Beispiele: 22

Videoüberwachung wird vielfach **präventiv** und damit anlassunabhängig eingesetzt, aber **auch** als **Ermittlungsinstrument** zur Aufklärung konkreter Verdachtsfälle. Teilweise **bitten** sogar die **Strafverfolgungsbehörden** nach Erstattung von Strafanzeigen **darum**, diese Maßnahmen weiterlaufen zu lassen und dadurch weitere Ermittlungsansätze zu gewinnen. Dass dabei nicht erst mit Kameras in Umkleidekabinen straf- und datenschutzrechtliche Probleme verbunden sind, ist jedem klar.[15] Das BDSG sieht gerade für die Videoüberwachung **öffentlich-zugänglicher Räume** in § 6b eine Kennzeichnungspflicht vor. Nach der Rechtsprechung handelt es sich dabei um eine „Verfahrenssicherung", deren Missachtung nicht schlechthin zur forensischen **Unverwertbarkeit der Aufnahme** führe.[16] 23

> **Praxistipp** 24
>
> Was für E-Search-Maßnahmen gilt, greift auch bei Videoüberwachung: Bei einer Strafanzeige sind die datenschutzrechtlichen Voraussetzungen im Blick zu behalten. Zur größtmöglichen Rechtssicherheit, wie auch im Ermittlungsinteresse, ist dieser Aspekt mit den Verfolgungsbehörden zu besprechen. Dies gilt insbesondere, wenn eine mögliche Fortsetzung der eigenen Ermittlungen gewünscht wird und koordiniert werden muss.

Auch die Einrichtung einer **Whistleblowing Hotline** oder **anderer Hinweisgebersysteme** hat hohe **datenschutzrechtliche Bezüge**. Hier kreist die Diskussion bisher zumeist – wenn überhaupt – um den Schutz des Hinweisgebers. Datenschützer weisen jedoch zutreffend darauf hin, dass auch – und gerade – die bei einer solchen Meldung durch Vorwürfe und Anschuldigungen belasteten Personen schutzbedürftig sind.[17] Zu regeln sind hier auch Fragen der Speicherdauer, der Löschung, der Berichtigung unvollständiger Daten etc. Instruktiv ist hier unter anderem eine Handrei- 25

---

15 Forgó/Helfrich/Schneider/*Cornelius*, Teil XIII Rn. 52 zu Sanktionsrisiken.
16 BAG, Urt. v. 21.06.2012 – 2 AZR 153/11 = DB 2012, S. 2227.
17 Artikel-29-Datenschutzgruppe, Stellungnahme 1/2006, http://ec.europa.eu/justice/policies/privacy/docs/wp-docs/2006/wp117_de.pdf, vgl. aber auch Recall-Erwägungen zu diesem Papier im Working Paper v. 07.07.2015.

chung des Düsseldorfer Kreises, dem überregionalen Gremium der Datenschutzbeauftragten des Bundes und der Länder.[18]

26 **Datenschutzrechtliche Überlegungen** sollte auch anstellen, wer im Rahmen interner Ermittlungen auf Daten aus **Zugangskontrollsystemen** und andere technische und organisatorische Maßnahmen zurückgreifen will (zu § 9 BDSG und der anstehenden Novellierung durch die Datenschutz-Grundverordnung). Eine strenge – und gerade für Compliance-Untersuchungen praxisrelevante – Form der Zweckbindung ist dazu in § 31 BDSG geregelt: Danach sollen „personenbezogene Daten, die ausschließlich zu Zwecken der Datenschutzkontrolle, der Datensicherung u.a. gespeichert werden" auch nur für diese Zwecke verwendet werden. Die Regelung ist eine Ausnahme zu §§ 28 ff. BDSG und stellt die dortigen Rechtsgrundlagen unter den Vorbehalt der in § 31 BDSG vorgesehenen Zweckbindung.[19] Gegebenenfalls ist auch rechtzeitig zu prüfen, ob tatsächlich eine so enge Zwecksetzung – Datensicherheit und Sicherstellung eines ordnungsgemäßen Betriebs – beabsichtigt ist und nicht vorab weitere Nutzungszwecke der Protokolldaten festzulegen sind.[20]

27 Eine **datenschutzrechtliche Sondersituation** ergibt sich auch, wenn die Ergebnisse interner **Ermittlungen** – oder z.B. auch nur auf einer **Whistleblowing Hotline** eingegangene Meldungen – **grenzüberschreitend übermittelt** werden sollen. Hintergrund ist unter anderem, dass das deutsche **Datenschutzrecht kein Konzernprivileg kennt.** Die Übermittlung – auch an andere Konzerngesellschaften – in Drittstaaten im Nicht-EU-Ausland ist durch die Entscheidung des Europäischen Gerichtshofs zum Safe-Harbor-Abkommen noch komplexer geworden.[21] Auch hier kündigten die Aufsichtsbehörden schnell Sanktionen an, wenn noch nicht auf Alternativen, wie sog. Standardvertragsklauseln (*standard contractual clauses*, SCC)[22] oder sog. Binding Corporate Rules (BCR),[23] umgestellt wurde.[24]

28 **Praxistipp**

Eine amerikanische Konzernmutter möchte über sämtliche Mitteilungen, die über eine Whistleblowing Hotline eingehen, umgehend im Detail informiert werden. Hier ist zu überprüfen und anzuregen, ob nicht anonymisierte, abstrahierte Meldungen vor der weiteren Aufklärung zweckdienlicher sind.

---

18 Düsseldorfer Kreis, Handreichung, http://www.datenschutz-hamburg.de/uploads/media/Handreichung_ Whistleblowing-Hotlines.pdf.
19 *Bizer*, DuD 2007, S. 350 (353).
20 *Leopold*, DuD 2006, S. 274 (275).
21 EuGH, Urt. v. 06.10.2015 – Rs. C 362/14 = RS1167947 = NVwZ 2016, S. 43.
22 Vgl. *Thüsing*, § 17 Rn. 28 f.
23 Vgl. *Thüsing*, § 17 Rn. 35 f.
24 http://www.wirtschaftsstrafrecht.de/aktuelles/datenschutz-sanktionsrisiko-safe-harbor-konkretisiert-sich.

Als Nebeneffekt kann dies vor dem Hintergrund zunehmend extensiver Geschäftsherrenhaftung aus strafrechtlicher Sicht auch zur Haftungsvermeidung der dortigen Verantwortlichen beitragen.

E. Fazit: Datenschutz-Compliance als Qualitätsmerkmal interner Ermittlungen

Die **Risiken einer negativen Publizität** in diesem Bereich haben die [29] jüngsten „Datenschutz-Skandale" hinreichend aufgezeigt. Spätestens vor dem Hintergrund der umsatzbezogenen Sanktionen, die aufgrund der Datenschutz-Grundverordnung (→ § 18 Rn. 2, 30 f.) ab 2018 drohen, wird auch ein mögliches Gefälle der Strafen und Bußgelder verschwinden, sodass „Güterabwägungen" – etwa: kartellrechtlich das Windhundrennen um den Bonusantrag, auch um den Preis illegaler Ermittlungen zu gewinnen – immer gefährlicher werden.

Compliance und Datenschutz bilden – richtig verstanden – kein unauf- [30] lösliches Dilemma, im Gegenteil: Wie für Compliance-Maßnahmen insgesamt, gilt auch hier: Was ursprünglich der reinen Haftungsvermeidung dienen mag, kann ein eigener **positiver „Wertschöpfungsfaktor"** werden. Datenschutzrechtliche Grundpfeiler, wie Zweckbindung, Transparenz und Verhältnismäßigkeit, führen zu einer Beschränkung auf erforderliche und angemessene Ermittlungsansätze und vermeiden eine zumeist unzulässige, aber auch mit Blick auf beschränkte Ressourcen kaum sinnvolle „Vollkontrolle".[25]

Literatur

Bizer, Sieben Goldene Regeln des Datenschutzes, DuD 2007, S. 350 ff.
Geschonneck/Meyer/Scheben, Anonymisierung im Rahmen der forensischen Datenanalyse, BB 2011, S. 2677 ff.
Gola/Wronka, Datenschutzrechtliche Auswirkungen einseitig erklärter oder vertraglich gezogener Verarbeitungs- und Verwertungsgrenzen, RDV 2007, S. 59 f.
Kock/Franke, Mitarbeiterkontrolle durch systematischen Datenabgleich zur Korruptionsbekämpfung, NZA 2009, S. 646 ff.
Krohs/Behling, Compliance bei kartellrechtlichen E-Searches, ZRFC 2012, S. 28 f.
Leopold, Protokollierung und Mitarbeiterdatenschutz, DuD 2006, S. 274 f.
Mengel, Kontrolle der E-Mail- und Internet-Kommunikation am Arbeitsplatz, BB 2004, S. 2014.
Sarhan, Unternehmensinterne Privatermittlungen im Spannungsfeld zur strafprozessualen Aussagefreiheit, wistra 2015, S. 449 ff.

---

25 Böttger/*Nolde*, S. 1169.

Vogt, Compliance und Investigations – Zehn Fragen aus Sicht der arbeits-rechtlichen Praxis, NJOZ 2009, S. 4206 f.

Wybitul, Im Blickpunkt: Interne Ermittlungen durch Unternehmen, http://www.mayerbrown.com/public_docs/art_wybitul_may11_im-blickpunkt.pdf.

Wybitul/Pötters, Der neue Datenschutz am Arbeitsplatz, RDV 2016, S. 10 ff.

Kirstan / Laue

§ 9 Externes Compliance Audit

Übersicht

Executive Summary

Leitungs- und Entscheidungspflichten

Im Rahmen ihrer **Geschäftsführungs- und Überwachungspflichten** müssen Vorstand/Geschäftsführung und Aufsichtsrat die Wirksamkeit des CMS überwachen und steuern.

Steuerungsziele

- Vermeidung oder Reduzierung signifikanter **finanzieller Schäden** und nachhaltiger Beeinträchtigungen der **Reputation** des Unternehmens,
- Ausschluss der **persönlichen Haftung** der Organe der Gesellschaft.

Erste Maßnahmen

- Festlegung der **rechtlichen Teilbereiche**, für die ein Wirksamkeitsnachweis über eine IDW PS 980-Prüfung eingeholt werden soll (→ Rn. 49),
- Definition eines **Wirksamkeitszeitraums** bzw. **Angemessenheitsstichtags** für die Prüfung des CMS (→ Rn. 18, 58, 65),
- eventuelle Eingrenzung auf einzelne geografische oder sektorale **Konzernbereiche** (→ Rn. 51),
- rechtzeitige und umfassende Einbeziehung betroffener **Einheiten** und **Fachbereiche** innerhalb der Organisation (z.B. Interne Revision, Rechtsabteilung, Risikomanagement) (→ Rn. 40).

Umsetzungsschritte und Delegation

- Erstellung einer Prüfungsgrundlage durch eine **CMS-Beschreibung** zur Dokumentation der grundlegenden Ausgestaltung des CMS (→ Rn. 52, 56),
- **Beauftragung** eines Wirtschaftsprüfers oder eines anderen geeigneten Prüfers in den vorab definierten Teilbereichen (→ Rn. 76),
- Durchführung eines sog. *readiness review* zur zeitnahen Identifikation offensichtlicher Schwachstellen noch vor dem eigentlichen Prüfungsbeginn (→ Rn. 48),
- anschließend **Prüfung** der Prozesse und Kontrollen mit abschließender Berichterstattung (→ Rn. 35, 36).

Ergebnis, Vorteile und Limitierung

- Ein als **wirksam** eingestuftes CMS ist grundsätzlich geeignet, rechtliche Verstöße zu verhindern bzw. diese aufzudecken und somit den Schaden für das Unternehmen zu mindern (→ Rn. 18, 19).
- Mit der CMS-Prüfung nach IDW PS 980 erhält die Unternehmensleitung zusätzlich zu den internen Prüfungen durch die Compliance-Abteilung und die Innenrevision einen **externen Bericht** zur Erfüllung der Compliance-Organisationspflichten (→ Rn. 4).
- Der Wirksamkeits-, Konzeptions- und Implementierungsnachweis durch den Auditbericht ist auf die geprüften Aspekte der Angemessen-

heit und Wirksamkeit, die ausgewählten Konzernbereiche, Tochterge-sellschaften, Prozesse, Rechtsgebiete und Stichproben sowie auf die ge-prüften Stichtage und Zeiträume **limitiert** (→ Rn. 65, 68).

Anforderungen an Prüfer

Ein mit einer CMS-Prüfung nach IDW PS 980 beauftragter Dienstleister sollte umfassende Kenntnisse in betriebswirtschaftlicher, organisatorischer, recht-licher und prozessbezogener Prüfung vorweisen (→ Rn. 76).

A. Three-Lines-of-Defense-Modell

Das Three-Lines-of-Defense-Modell beschreibt die **drei internen Verteidi-gungslinien** eines Unternehmens gegen Regelverstöße: 1

- Die **operativen Einheiten** bilden die erste Verteidigungslinie. Sie tragen zentrale Verantwortung für die Regeleinhaltung in ihrem jeweiligen Bereich.
- Die zweite Verteidigungslinie sind **Zentralfunktionen,** wie Compliance Office, Rechtsabteilung oder Risikomanagementabteilung, die wesent-liche unternehmensweite Risiken managen. Das Compliance Office führt eigene Assessments und Audits zur Wirksamkeit des CMS sowie Stichprobenkontrollen durch.
- Die **Interne Revision** als unabhängige interne Überwachungsinstanz im Auftrag der Unternehmensleitung bildet die dritte Verteidigungslinie. Sie prüft die Wirksamkeit der ersten beiden Verteidigungslinien.

Die drei Verteidigungslinien umfassen in Großunternehmen meist **vier**   2 *Governance-Risk-Compliance*-Bereiche:[1]

1. Internes Kontrollsystem,
2. Risikomanagement,
3. Compliance Management,
4. Interne Revision.

Das Risikomanagement, das Finanz- und Rechnungswesen, die Interne   3 Revision sowie die Steuer- oder Rechtsabteilung betrachten Risiken jeweils aus ihrer eigenen Perspektive. Ihre **Risikoverantwortungsbereiche** müssen daher schriftlich **abgegrenzt** werden, um Dopplungen und Lücken in der Risikoabdeckung zu vermeiden.

Die **externe Prüfung** des CMS steht außerhalb dieser drei Verteidigungs-   4 linien. Sie kann somit für den Vorstand oder Aufsichtsrat eine unabhängige

---

[1] Vgl. „Leveraging COSO across the Three Lines of Defense", Committee of Sponsoring Organizations of the Treadway Commission, Juli 2015, S. 1–3.

Gesamteinschätzung der Wirksamkeit des CMS über alle Verteidigungslinien hinweg abgeben.[2]

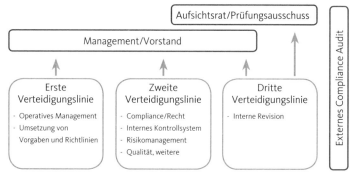

Abb. 1: *Three lines of defense*

B. Prüfungsarten

I. Sieben Grundelemente des Compliance-Management-Systems nach IDW PS 980

5   Grundsätzlich bauen Prüfungen auf einer **Beschreibung** der Aufbau- und Ablauforganisation des CMS auf. Sie wird durch die Compliance-Verantwortlichen des Unternehmens erstellt und sollte mindestens die folgenden, im IDW PS 980 definierten sieben Grundelemente eines CMS abdecken:

- Compliance-Kultur,
- Compliance-Ziele,
- Compliance-Risiken,
- Compliance-Programm,
- Compliance-Organisation,
- Compliance-Kommunikation,
- Compliance-Überwachung und -Verbesserung.

1. Compliance-Kultur

6   Sie ist eine der Grundlagen eines wirksamen CMS, da sie sich auf die Compliance-Motivation der Beschäftigten auswirkt. Die Compliance-Kultur wird durch Grundeinstellungen und Verhaltensweisen des oberen und mittleren Managements stark beeinflusst *(tone at the top)*.

7   Eindeutige Bekenntnisse der Mitglieder des Managements zu regelkonformem Verhalten sowie klare Definition und Kommunikation der Governance-Strukturen sind wesentliche Faktoren für einen positiven Prüfbefund.

---

2   Vgl. IIA The Three Lines of Defense in Effective Risk Management and Control, Januar 2013.

Kirstan / Laue

2. Compliance-Ziele

Diese sollten auf der Grundlage der allgemeinen Unternehmensziele **8** beschrieben werden. Sie sollten neben den CMS-Zielen (z.B. Vermeidung von Korruption oder von Kartellrechtsverstößen) grundlegende (Verhaltens-)Regeln für die (regionalen, rechtlichen oder sektoralen) Teilbereiche des Unternehmens enthalten.

3. Compliance-Risiken

Die systematische Risikoidentifikation und -bewertung sowie die darauf **9** aufbauende Ergebnisanalyse und Maßnahmendefinition ist für ein pflichtgemäß wirksames CMS entscheidend. Compliance-Risiken werden im Hinblick auf die mögliche Gefährdung der verfolgten Compliance-Ziele definiert.

4. Compliance-Programm

Es umfasst präventive, aufdeckende und reaktive Grundsätze und Maß- **10** nahmen, die auf eine Reduzierung der festgestellten Compliance-Risiken ausgerichtet sind. Für eine positive Prüfbeurteilung ist eine eindeutige CMS-Dokumentation wesentlich, die dessen personenunabhängige Funktionsfähigkeit umfasst.

5. Compliance-Organisation

Deren Dokumentation beinhaltet die eindeutige Zuweisung von Rollen und **11** Verantwortlichkeiten, die unter zahlreichen Aspekten integrierte Einbettung in die Unternehmensorganisation sowie die Bereitstellung der notwendigen Ressourcen.

6. Compliance-Kommunikation

Sie bezieht sich auf Verantwortlichkeiten und Aufgaben sowie auf relevante **12** Ereignisse und Ergebnisse zwischen den im Unternehmen Beteiligten sowie gegenüber externen Stakeholdern.

7. Compliance-Überwachung und -Verbesserung

Grundlagen sind die kontinuierliche Erfassung und Bewertung potenzieller **13** Schwachstellen des CMS und die Analyse festgestellter Verstöße. Deren Ergebnisse sollten im Rahmen eines kontinuierlichen Verbesserungsprozesses zur Beseitigung von Schwachstellen des CMS führen.

II. Prüfung von Angemessenheit und Implementierung des Compliance-Management-Systems

Der Standard IDW PS 980 stellt auf die Prüfung der Angemessenheit/Imple- **14** mentierung sowie Wirksamkeit des CMS ab. Dem entsprechen zwei Prüfungsarten, die sich durch Konkretisierungsgrad und Umfang der Prüfungshandlungen unterscheiden.

15 Die Angemessenheits- und Implementierungsprüfung **erfasst** die Dokumentation und Implementierung der CMS-Grundsätze und -Maßnahmen. Diese müssen **geeignet** sein, Risiken für wesentliche Regelverstöße mit hinreichender Sicherheit rechtzeitig erkennbar zu machen und Schaden nach Möglichkeit zu verhindern.

16 Folgende **Prüfungshandlungen** kommen in Betracht:
1. Befragung von Mitgliedern des Managements und des Aufsichtsorgans,
2. Befragung von Personen, die für die Überwachung und die Koordination von Aktivitäten im Zusammenhang mit dem CMS zuständig sind. Erfasst werden Aufgabenstellung, Kompetenz und Erfahrung, Stellung innerhalb der Unternehmenshierarchie, Kenntnisse über mögliche Schwachstellen im CMS, festgestellte Verstöße sowie die Reaktionen des Unternehmens darauf.
3. Durchsicht der Dokumentation des CMS (z.B. CMS-Beschreibung, Prozessbeschreibungen, Zuständigkeitsabgrenzungen und Organisationshandbücher, in denen Verantwortlichkeiten und Maßnahmen zur Sicherstellung der Compliance geregelt sind),
4. Durchsicht von Unterlagen, die durch das CMS generiert werden (z.B. Dokumentation zu festgestellten Verstößen und Sanktionen bei festgestellten Verstößen),
5. Beobachtung von Aktivitäten und Arbeitsabläufen im Rahmen der CMS-Umsetzung.

17 **Praxistipp**
Als Vorbereitung auf eine Implementierungsprüfung kann eine strukturierte Selbsteinschätzung des Implementierungsgrads bei den lokalen Compliance-Verantwortlichen abgefragt werden. Auf ihrer Grundlage können vorab entsprechende Verbesserungsmaßnahmen ergriffen werden. Auf einzelne Aspekte der Selbsteinschätzung kann im Rahmen der Prüfung genauer eingegangen werden.

III. Prüfung der Wirksamkeit des Compliance-Management-Systems

18 Ziel einer umfassenden Wirksamkeitsprüfung ist es, dem Prüfer eine hinreichend sichere Aussage zur Sicherheit darüber zu ermöglichen, ob:
1. die in der CMS-Beschreibung enthaltenen Grundsätze und Maßnahmen in allen wesentlichen Belangen **angemessen dargestellt** sind,
2. sie geeignet sind, mit hinreichender Sicherheit Risiken für wesentliche Regelverstöße rechtzeitig zu **erkennen** und diese zu **verhindern**,
3. sie zu einem bestimmten Zeitpunkt **implementiert** waren und während des Betrachtungszeitraums **wirksam** waren.

Als Beurteilungsgrundlage wird in den ausgewählten Einheiten und Prozessen eine **Konzeptions- und Funktionsprüfung** der im operativen Geschäft definierten Compliance-Maßnahmen durchgeführt. 19

Praxistipp 20
Neben der wirksamen Risikoidentifikation und -bewertung als essenzielle Grundlage des CMS ist die abgestimmte Reaktion auf festgestellte Verstöße ein entscheidendes Element für dessen gesetzlich geforderte Wirksamkeit. Dabei geht es um konsequente Aufklärung, Sanktionierung und Kommunikation. Wichtig ist die transparente Darstellung der getroffenen Maßnahmen innerhalb der Organisation sowie gegenüber autorisierten Bedarfsträgern (Investoren, Gremien).

1. Bedeutung und Limitationen von Prüfungsstandards

Der **IDW Prüfungsstandard (PS) 980** beinhaltet Aussagen zur grundlegenden Ausgestaltung eines CMS und zur Prüfungsdurchführung. Weitere Konkretisierungen enthalten die Standards ISO 19600 zum CMS (2014) und ISO 37001 zum Anti-Bribery-Management (2015). 21

Die Systemprüfung **verifiziert, dass** 22
* die eingerichteten Prozesse und Kontrollen geeignet sind, Verstöße in ausgewählten rechtlichen Teilbereichen zu verhindern, aufzudecken und zu sanktionieren,
* Prozesse tatsächlich eingehalten und Kontrollen durchgeführt wurden.

Sie **zielt nicht auf** das Erkennen einzelner Regelverstöße oder auf die tatsächliche Einhaltung von Regeln.[3] Hierin liegt gleichzeitig eine der Limitationen der Prüfung nach IDW PS 980. 23

Von der Systemprüfung eindeutig **abzugrenzen** ist eine **Überprüfung von einzelnen Geschäftsvorfällen** auf deren tatsächliche Übereinstimmung mit gesetzlichen Vorschriften. Eine solche, eher forensisch ausgerichtete Prüfung wäre eine rein vergangenheitsbezogene Betrachtung. 24

Eine Systemprüfung bietet zwar ebenfalls keine Sicherheit über die Zulässigkeit **künftiger Geschäftsvorfälle**. Sie trifft jedoch eine Aussage über die grundsätzliche Eignung, Angemessenheit und Wirksamkeit der geprüften Aspekte des CMS sowie einzelner präventiver Maßnahmen zur Abwehr von Verstößen. 25

---

3   IDW PS 980 (Tz. 18)

2. Stichprobenverfahren

26 Aus **Wirtschaftlichkeitsgesichtspunkten** kann meist keine Vollprüfung sämtlicher Kontrollausübungen bzw. sämtlicher weltweiter Konzernunternehmen erfolgen.

27 Wie im Rahmen der Jahresabschlussprüfung wird hier zureichende Prüfungssicherheit durch die Untersuchung ausgewählter **Stichproben** auf der Grundlage einer Kosten-Nutzen-Analyse erreicht. Sie kommen sowohl bei der Auswahl der Konzerngesellschaften als auch bei den Kontrollprüfungen zum Einsatz.

28 Inhärentes **Risiko** der stichprobenbasierten Prüfung ist, dass eben jene Konzernunternehmen, bei denen es zu Verstößen kam, nicht Prüfungsgegenstand waren bzw. dass Kontrollverstöße durch die Stichproben nicht entdeckt wurden. Hierin kann eine wesentliche Einschränkung der Aussagekraft einer Prüfung nach IDW PS 980 liegen.

3. Auswahl der Konzerngesellschaften

29 Die Prüfung des CMS muss sich bei global tätigen Unternehmen grundsätzlich auf sämtliche **Konzerngesellschaften** erstrecken. Vergehen in einer ausländischen Tochtergesellschaft werden den Organen der Muttergesellschaft zugerechnet. Eine Beschränkung auf den deutschen Rechtsraum ist deshalb in aller Regel nicht zielführend.

30 Zahlreiche internationale Tochtergesellschaften können jedoch kaum wirksam und wirtschaftlich gleichzeitig geprüft werden. Daher erfolgt eine **Beschränkung** auf eine weltweite **Stichprobe** an Gesellschaften. Die Herausforderung besteht darin, eine aussagekräftige und wirtschaftlich tragbare Auswahl zu treffen, die dennoch eine belastbare Aussage ermöglicht.

31 Erschwert wird diese Aufgabe dadurch, dass keine finanziellen **Maßgrößen** existieren, die einen direkten Bezug zur Anfälligkeit für bestimmte Rechtsverstöße reflektieren. Eine mathematisch ableitbare Stichprobenermittlung ist somit nicht möglich. Umsatzerlöse oder Bilanzsumme wären als rein größenorientierte Kennzahlen beispielsweise nicht geeignet, daraus etwa das Risiko für Korruption abzuleiten.

32 Stattdessen erfolgt eine Stichprobenauswahl der zu prüfenden Konzerngesellschaften meist unter Heranziehung der Compliance-**Risikoanalyse** der Gesellschaft selbst. Die Prüfung geht davon aus, dass diese wirksam durchgeführt worden war und zu zuverlässigen Ergebnissen geführt hatte. Schwächen bei der Risikoidentifikation und -bewertung wirken sich somit

auf die Auswahl der Stichproben und damit auf die Qualität der Aussage des Audits aus.

Zusätzlich kann zur Auswahl der Stichproben ein allgemeiner **Kriterien-** 33
katalog angewandt werden, der zusätzliche Faktoren für die Anfälligkeit für Compliance-Verstöße bildet. Beispiele sind der CPI-Index[4] für den Teilbereich Anti-Korruption oder Marktanteile für den Teilbereich Kartellrecht.

> **Praxisbeispiel** 34
> Zur Ermittlung des Umsetzungsstatus eingerichteter Compliance-Maßnahmen wird ein **Konzernfragebogen** an sämtliche Tochtergesellschaften versandt. Er enthält neben Abfragen zu Größe und Geschäftsbereich auch Fragen zur Implementierung der Prozesse und Kontrollen sowie zu den identifizierten Verstößen. Ergänzt wird der Fragebogen um ein sog. Self Assessment, bei dem die lokalen Ansprechpartner eine eigene Einschätzung des Implementierungsstands und der Wirksamkeit des CMS vornehmen.
> **(Chief Compliance Officer, mittelständisches Familienunternehmen, Maschinenbau, 7.000 Mitarbeiter, etwa 70 ausländische Tochtergesellschaften)**

4. Umfang der Kontrollprüfungen

Auch bei der Wirksamkeitsprüfung der Einzelmaßnahmen scheidet eine 35
Vollprüfung jeder Kontrollausübung innerhalb des zu betrachtenden Zeitraums aus. Ein Grund hierfür ist, dass bei CMS überwiegend manuelle und keine automatisierten Kontrollen relevant sind. Daher erfolgt wiederum eine **Beschränkung** auf Stichproben.

Der **Stichprobenumfang** ist dem der Kontrolle zugrunde liegenden Risiko 36
sowie der Häufigkeit der Kontrollausführung entsprechend. Dabei besteht wiederum das **Risiko**, dass fehlerhafte oder fehlende Kontrollausübungen nicht entdeckt werden, weil die zugehörigen Elemente nicht Bestandteil der Stichprobe waren.

Aus Sicht des Prüfers ist dieses Risiko bei einer sorgfältig erfolgten Planung 37
der Stichprobenumfänge zu tolerieren. Keinesfalls kann aus dem Prüfungsergebnis jedoch der **Schluss** abgeleitet werden, dass es tatsächlich zu keinen Ausnahmen bei den Kontrollhandlungen gekommen ist.

---

4 Der CPI (Corruption Perceiptions Index) von Transparency International listet Länder nach dem Grad auf, in dem dort Korruption bei Amtsträgern und Politikern wahrgenommen wird.

C. Prüfung von Geschäftsprozessen/Verhältnis zu internen Kontrollen

38 Die **Angemessenheits- und Implementierungsprüfung** richtet sich auf
- die Ausgestaltung der Compliance-Prozesse,
- deren Ausprägung innerhalb des CMS,
- die betroffenen Fachbereiche.

39 Dagegen wird bei der **Wirksamkeitsprüfung** die Umsetzung der definierten Anforderungen und Kontrollen über einen Betrachtungszeitraum erhoben und bewertet.

40 Im Rahmen der Wirksamkeitsprüfung werden **Geschäftseinheiten** und **Prozesse** risikoorientiert **ausgewählt**. Danach wird eine Design- und Funktionsprüfung der lokalen Implementierung der Compliance-Maßnahmen innerhalb des Prüfungszeitraums durchgeführt.

41 Das CMS gibt den Geschäftseinheiten auf Grundlage der Risikoanalyse spezifische Maßnahmen vor. Für die Wirksamkeitsprüfung des CMS kann daher ein **breites Spektrum** von Maßnahmen, Geschäftsprozessen und Teilen des Compliance-Programms relevant werden.

42 Typische Bestandteile eines **Compliance-Programms** sind:
- **Leitfäden** und Praxishilfen für das jeweilige Rechtsgebiet,
- Compliance-Schulungen in unterschiedlichen Ausprägungen (z.B. E-Learning oder Präsenzschulungen),
- risikobasierte Anwendung von internen Compliance-**Kontrollen**,
- prozessspezifische **Dokumentations**- und **Koordinationsanforderungen** (z.B. Einbindung der Rechtsabteilung bei bestimmten Verstößen, Rechtsgebieten oder Verträgen).

43 Die lokale Implementierung von Compliance-Maßnahmen stellt insbesondere auch in **mittelständischen** Unternehmen eine Herausforderung dar. Bei internationaler Präsenz von Konzerngesellschaften müssen definierte Compliance-Anforderungen nach unternehmensbezogenen, sprachlichen, kulturellen und rechtlichen Gesichtspunkten im jeweiligen Land ausgeprägt werden.

44
Praxisbeispiel

Im Rahmen eines Compliance-Programms „Anti-Korruption" wurde eine Geschäftspartner-Untersuchung etabliert, die in den jeweiligen Geschäftseinheiten durchgeführt werden musste zur Unterziehung einer Wirksamkeitsprüfung. Hierzu wird in ausgewählten Einheiten geprüft, ob die Geschäftspartner-Untersuchung entsprechend der definierten Vorgaben durchgeführt

Kirstan / Laue

wurde. Dabei wird im Rahmen der Designprüfung beispielsweise die Neuanlage von Lieferanten untersucht. Dafür wird die konsequente Anwendung dieses Prozesses anhand einer aus allen Lieferantenanlagen gezogenen Stichprobe für die Funktionsprüfung validiert.

Praxistipp 45

Wenn im Unternehmen bereits ein Internes Kontrollsystem (IKS) etabliert ist, welches definierte Kontrollen innerhalb der Geschäftsprozesse festlegt, sollte eine bestmögliche Integration zwischen IKS und CMS erfolgen. Ziel ist, über die IKS-Prüfungen gleichzeitig auch Funktionsfähigkeit der CMS-Kontrollen sicherzustellen.

D. Praktischer Ablauf von Audits

I. Prüfungsvorbereitung

Sie ist von zahlreichen **Kriterien** abhängig, die den Ablauf der Prüfung, den Umfang und die Herangehensweise maßgeblich beeinflussen. Beispiele sind der Reifegrad des vorhandenen CMS, Unternehmensgröße, Branche, die zur Prüfung ausgewählten Rechtsbereiche sowie der Zentralisierungsgrad der Konzernorganisation. 46

Praxistipp 47

In vielen Unternehmen besteht Unsicherheit hinsichtlich der

- konkreten **Anforderungen** an Prüfungsnachweise,
- **Soll-Strukturen** der Compliance-Grundelemente,
- **Durchdringung** aller Konzerngesellschaften mit den zentralen Compliance-Maßnahmen.

Daher hat sich bewährt, der eigentlichen Prüfung einen sog. *readiness review* voranzustellen. In einer solchen Vorphase werden die vorhandenen Compliance-Maßnahmen des Unternehmens einem Katalog an Mindestanforderungen gegenübergestellt.

Das Unternehmen ist durch den *readiness review* in der Lage, sich abzeichnende Schwachstellen oder Lücken im CMS frühzeitig zu erkennen und bis zum eigentlichen Beginn der Prüfung abzustellen.

Selbstverständlich schließt auch ein solcher vorgelagerter Schritt nicht aus, dass es im Verlauf der Prüfung zu (weiteren) Feststellungen kommt. Allerdings können durch den *readiness review* ärgerliche, weil offensichtliche Fehler bereits im **Vorfeld adressiert** werden, die anderenfalls im späteren Prüfungsverlauf zu einer Einschränkung oder Versagung der Bescheinigung führen könnten. 48

II. Durchführung

1. Festlegung der Rechtsbereiche

49 Angesichts der unzähligen Gesetze und Normen allein im deutschen Rechtsraum ist es praktisch nicht umsetzbar, eine Prüfung des CMS ohne **Eingrenzung** auf definierte Rechtsbereiche vorzunehmen.

50 Bei der Prüfung des CMS nach IDW PS 980 werden die Aussagen der gesetzlichen Vertreter zur Einrichtung von Maßnahmen und Prozessen auf die **schadensträchtigsten rechtlichen Teilbereiche** (z.B. Anti-Korruption, Kartellrecht oder Datenschutz) limitiert. Bereiche mit mittleren und kleinen Schadenspotenzialen können nicht geprüft werden.

2. Festlegung der zu prüfenden Unternehmensbereiche

51 Die Prüfung nach IDW PS 980 muss nicht zwangsläufig immer für die gesamte weltweite Unternehmensgruppe erfolgen. Der Standard sieht diverse Möglichkeiten vor, zunächst bestimmte **Unternehmensbereiche** der Prüfung zu unterziehen. Möglich ist etwa eine geografische **Eingrenzung** (z.B. Europa und Nordamerika) oder auch die bewusste Auswahl von Unternehmensbereichen oder Sparten. Nach erfolgter Prüfung können dann in den Folgejahren weitere Teile hinzugezogen werden.

3. Erstellung der CMS-Beschreibung

52 Grundlage der Prüfung nach IDW PS 980 ist die Anfertigung einer sog. CMS-Beschreibung. Sie muss sich auf die unter 1. und 2. festgelegten **Rechts- bzw. Unternehmensbereiche** beziehen.

53 In der Beschreibung dokumentiert das Unternehmen die aktuelle **Ausgestaltung** des CMS. Dabei wird anhand der im Standard definierten sieben Grundelemente (→ Rn. 5 ff.) dargelegt, welche Maßnahmen getroffen und welche Kontrollen in den betreffenden Prozessen implementiert wurden, um Rechtsverstöße zu vermeiden, aufzudecken und zu sanktionieren.

54 Die CMS-Beschreibung wird in der Regel durch die **Compliance-Verantwortlichen** des Unternehmens erstellt. Sie stellt im Wesentlichen eine strukturierte Inventarisierung bereits bestehender Prozesse dar.

55 **Praxistipp**
Zu Beginn der Prüfung muss ein umfassender Entwurf der CMS-Beschreibung vorliegen. Es ist jedoch in der Praxis üblich, im Laufe der Prüfung auf Wunsch des Prüfers noch Anpassungen und Finalisierungen vorzunehmen.

4. Prüfungsansatz

Die Prüfung basiert ausschließlich auf den Aussagen, die in der **CMS-Beschreibung** enthalten sind. Hierin liegt eine weitere Limitierung. 56

Die CMS-Beschreibung bildet somit den Prüfungsgegenstand, der Schritt für Schritt abgearbeitet wird. Die Herangehensweise ist davon abhängig, ob eine Angemessenheits- oder Wirksamkeitsprüfung beauftragt wurde. 57

Bei der **Angemessenheitsprüfung** stellt der Prüfer sicher, dass die in der CMS-Beschreibung dargestellten Maßnahmen grundsätzlich geeignet sind, ein bestimmtes Risiko zu adressieren. Sie kann auf die Ebene der Konzernmuttergesellschaft beschränkt werden und bedarf nicht unbedingt einer dezentralen Vor-Ort-Prüfung. 58

Praxistipp 59
Angemessenheit liegt beispielsweise nicht vor, wenn eine Kontrolle von einer nicht dazu ausgebildeten Person oder zu einem falschen Zeitpunkt ausgeführt wurde oder wenn der Zweck der Kontrolle durch ihre inhaltliche Ausgestaltung nicht erreicht werden kann. Auch mangelnde Implementierung schließt selbstverständlich die Angemessenheit aus.

Die Angemessenheitsprüfung ist immer eine **zeitpunktbezogene Prüfung**, d.h., es wird untersucht, ob die betreffenden Maßnahmen an einem Stichtag (z.B. dem 31. Dezember) geeignet und implementiert waren. Hierin liegt eine notwendige Beschränkung der Aussagekraft der Prüfung im Sinne einer Momentaufnahme. 60

Bei der **Wirksamkeitsprüfung** wird in Ergänzung zur Angemessenheitsprüfung unter Zuhilfenahme von **Stichproben** untersucht, ob eine Maßnahme tatsächlich konzernweit systemisch eingehalten bzw. korrekt durchgeführt wurde. 61

Die Wirksamkeitsprüfung ist daher stets eine **zeitraumbezogene Prüfung**, d.h., es wird untersucht, ob die betreffende Maßnahme innerhalb eines bestimmten Zeitfensters in der beschrieben Form ausgeübt wurde. 62

Praxistipp 63
Der Prüfungsstandard gibt keine klaren Vorgaben für einen zu untersuchenden Zeitraum. In der Praxis hat sich ein Mindestzeitraum von sechs Monaten herausgebildet.

64 Bei der Wirksamkeitsprüfung müssen im Gegensatz zur Angemessenheitsprüfung zusätzlich zur Muttergesellschaft ausgewählte **Tochtergesellschaften** einbezogen werden. Interviews und das Einholen umfassender Nachweise machen in aller Regel den Einsatz des Prüfers vor Ort notwendig.

III. Berichterstattung

65 Der **Prüfungsbericht** enthält die **Bescheinigung** über die Angemessenheit bzw. Wirksamkeit des CMS zu einem bestimmten Zeitpunkt bzw. während eines bestimmten Zeitraums. Daneben trifft der Bericht Aussagen zu Feststellungen und Empfehlungen, die aus der Prüfung resultieren.

66 **Feststellungen** beziehen sich auf Prozess- oder Kontrollschwächen, die bei der Prüfung identifiziert wurden, die jedoch – sowohl in einer Einzelbetrachtung als auch aggregiert – zu keiner wesentlichen Schwäche des CMS führen. Bei Vorliegen wesentlicher CMS-Schwächen müsste eine Einschränkung oder gar ein Versagen der Bescheinigung erfolgen.

67 Bei den **Empfehlungen** handelt es sich um Verbesserungsvorschläge des Prüfers zur Optimierung des CMS.

68 Der Prüfungsbericht und die darin enthaltene Bescheinigung beziehen sich stets auf das in der CMS-Beschreibung dargestellte **Gesamtsystem** (z.B. für die gesamte Unternehmensgruppe). Eine zusätzliche Berichterstattung für das CMS auf Ebene der einzelnen **Tochtergesellschaften** findet bei einer IDW PS 980-Prüfung grundsätzlich **nicht** statt, da diese nicht einzelner Prüfungsgegenstand ist.

69 **Praxistipp**
Es ist zu beobachten, dass in Unternehmen großes Interesse an weiterführenden Informationen auch zum individuellen Stand der CMS-Umsetzung bzw. den Schwachstellen in den einzelnen einbezogenen Tochtergesellschaften besteht.

70 Diese Informationslücke kann durch ein **zusätzliches Management Reporting** geschlossen werden, in dem der Prüfer über zusätzliche Einsichten und Eindrücke auch aus den einzelnen Landesgesellschaften berichtet. Diese werden im Idealfall durch **Benchmarking**-Informationen innerhalb der Gruppe oder ggf. anderer Unternehmen vergleichbarer Größe und Branche ergänzt.

E. Nutzen für die Unternehmensleitung

I. Aussagen zur Pflichtgemäßheit des Compliance-Management-Systems und Limitationen

Das CMS wird **intern** den Prüfungen der Internen Revision sowie den Stich- 71
proben- und Flächenprüfungen der Compliance-Abteilung und der Risikomanagementabteilung unterzogen.

Durch die **externe** Prüfung nach IDW PS 980 kann der Vorstand darüber 72
hinaus weitere wichtige Hinweise zur Pflichtgemäßheit des CMS erhalten.

Naturgemäß ist der Prüfungsnachweis nach IDW PS 980 auf die ausge- 73
wählten CMS-Aspekte, Rechtsgebiete, Unternehmensteile, Tochtergesellschaften, Stichproben, Zeitpunkte und Zeiträume **beschränkt**. Ein flächen-
deckender Nachweis der Pflichtgemäßheit des CMS kann daher alleine
durch eine Prüfung nach IDW PS 980 regelmäßig nicht erfolgen.

II. Effizienzanalysen und Benchmarking

Die Prüfung des CMS nach IDW PS 980 ist zunächst ausschließlich auf die 74
Einhaltung von regulatorischen Anforderungen ausgerichtet. Das Unternehmen profitiert darüber hinaus von **Effizienzgewinnen**. Denn im Laufe
der Prüfung erhält der Prüfer Einsicht in zahlreiche Unternehmensbereiche,
hinterfragt die Zuordnung von Risiken und Kontrollen und erkennt redundante Maßnahmen und andere ineffektiv und/oder ineffiziente Prozesse.

Zudem bietet die Prüfung nach IDW PS 980 die Möglichkeit, das unterneh- 75
menseigene CMS durch ein **Benchmarking** mit der Ausgestaltung des
CMS ähnlicher Unternehmen zu vergleichen, welche sich als Good Practice
herausgebildet haben. Hierdurch kann eine weitere Orientierung des
eigenen CMS erfolgen.

F. Qualitative Anforderungen an den Prüfer

Im Rahmen der **Sondierung eines geeigneten Prüfers** zur Durchführung 76
einer CMS-Prüfung werden üblicherweise folgende Entscheidungskriterien
zugrunde gelegt:[5]
1. **Unabhängigkeit:** Der Prüfer sollte durch berufsständische, vertragliche
   und gesetzliche Pflichten unabhängig und objektiv prüfen können.
2. **Fachexpertise:** Branchen-, Organisations-, Prozess-, Risiko-, IT-, juristi-
   sches und betriebswirtschaftliches Fachverständnis,

---

5 Vgl. DICO Arbeitspapier A02 – Durchführung von CMS-Prüfungen – Entscheidungskriterien.

3. **Internationalität:** Kenntnisse in Bezug auf lokale Rechtsnormen und Branchenstandards; Einbindung lokaler Prüfer aufgrund kultureller, rechtlicher und sprachlicher Anforderungen,
4. **Qualitätssicherung:** standardisierter und nachvollziehbarer Qualitätssicherungsprozess (Prüfmethodik, Mitarbeiterausbildung, Qualitätsverifizierung),
5. **Berufsbild:** Wirtschaftsprüfer, Rechtsanwälte, Kaufleute, Innenrevisor.

Teil 3:
Umsetzungsbeispiele internationaler
Compliance-Management-Systeme

Dassler

§ 10 Internationales Compliance-Management-System der adidas Gruppe

Übersicht

Executive Summary

Leitungs- und Entscheidungspflichten

- Internationalisierungsstrategie des CMS (→ Rn. 1),
- Anpassung des CMS an spezifische Branchenmerkmale sowie Parameter des Geschäftsmodells (→ Rn. 33),
- Integration des CMS post-M&A (→ Rn. 33; § 1 Rn. 25 ff.).

Steuerungsziele

- Wirtschaftliche Gestaltung des CMS unter Verwendung bestehender Ressourcen (→ Rn. 32 ff.),
- Bereitstellung monatlicher Compliance-Berichte an den Vorstand (→ Rn. 18, 31, 60),
- Nutzung eines *Compliance Dashboards* durch den Vorstand (→ Rn. 60),
- Ausbau eines integrierten Compliance-, Risiko- und Chancenmanagements (→ Rn. 64),
- sukzessive Entwicklung des internationalen CMS (→ Rn. 70).

Umsetzungsschritte und Delegation

- Weiterentwicklung eines Corporate Responsibility (CR)- und Nachhaltigkeitsprogramms in ein CMS (→ Rn. 20),
- attraktives Kommunikations- und Designkonzept des CMS zur bestmöglichen Ansprache und hoher Akzeptanz bei den Mitarbeitern (→ Rn. 16, 43, 46 ff.),
- *code of conduct* mit Fällen aus der unternehmenseigenen Praxis (→ Rn. 21, 23, 26, 48 ff.; § 1 Rn. 601 ff.),
- attraktive Gestaltung eines Meldesystems bei möglichen Compliance-Verstößen (→ Rn. 50 ff.; § 1 Rn. 137, 203 ff.),
- direkte Kommunikation in *Newsreels, WebEx Meetings, Town Hall Meetings* (→ Rn. 56),
- externe CMS-Prüfung (→ Rn. 65; § 9).

A. Grundfragen eines internationalen Compliance-Management-Systems

1 Mittels einer **Internationalisierungsstrategie** weiten Unternehmen ihre ökonomischen Aktivitäten über nationale Grenzen hinweg aus und nutzen die Potenziale der Globalisierung in unterschiedlichen Stufen der Wertschöpfungsketten. Mit der Entscheidung, **neue Märkte** für den Absatz zu erschließen oder Vorteile mittels einer ausgelagerten Produktion zu generieren, gehen **Herausforderungen** an die Unternehmensführung einher. Neben politischen, kulturellen, gesellschaftlichen, geografischen und nicht zuletzt wirtschaftlichen Faktoren erfordert eine Internationalisierungs-

strategie auch die Berücksichtigung **unterschiedlicher Rechtssysteme**. Damit kommt **Compliance**, also der Einhaltung von Gesetzen und internen Regeln, **im internationalen Umfeld große Bedeutung** zu.

Die Herausforderungen für die Implementierung eines globalen CMS sind komplex. Bei der Konzeption und Implementierung sowie der Messung seiner Effizienz und Wirksamkeit stellen sich folgende **Kernfragen**:   2
- Wie muss ein wirksames internationales CMS ausgestaltet sein?
- Welche Besonderheiten sind in Abhängigkeit des Geschäftsmodells zu berücksichtigen?
- Gibt es Unterschiede für international tätige Unternehmen?
- Welche Möglichkeiten der Implementierung und Kommunikation eines internationalen CMS stehen einem Unternehmen zur Verfügung?
- Welche Erfolgsfaktoren und Problembereiche können anhand des Fallbeispiels der adidas Gruppe abgeleitet werden?

Nachfolgend werden zunächst die Besonderheiten des **Geschäftsmodells eines global tätigen Unternehmens** der Konsumgüterbranche und danach die **Herausforderungen** und zugleich **Chancen** bei der Implementierung eines **internationalen CMS** aufgezeigt.   3

B. Anforderungen an die Compliance im globalen Sportartikelmarkt

Der **Markt** für klassische Sportartikel (u.a. Sportschuhe, Sportbekleidung, Ausrüstung) wird **weltweit** auf ein Umsatzvolumen von ca. **300 Mrd. €,** der europäische Markt auf ca. 67 Mrd. €, geschätzt. Der Sportmarkt im weiteren Sinne umfasst zusätzliche Einnahmen, z.B. aus Vermarktungsrechten, Sponsoring, Eintrittskartenverkäufen, Sporttourismus, Merchandisingaktivitäten oder Spielergehältern. In Deutschland sind ca. **1,7 Mio. Menschen** in der **Sportbranche** beschäftigt, was rund 4,4% aller Erwerbstätigen entspricht. Die deutschen Privathaushalte geben jährlich 87,2 Mrd. € für den Konsum sportbezogener Waren und Dienstleistungen aus. Die **Bruttowertschöpfung** des Sports beträgt in Deutschland **73,1 Mrd. €**. Charakteristisch für den Markt sind hohe **Spezialisierung**, hoher **Internationalisierungsgrad** und vielfältige **Stakeholder**-Beziehungen. Wichtigste **Absatzmärkte** für Sportartikel sind die USA, Großbritannien, Japan, Russland und mit zunehmender Bedeutung China. Sport hat damit eine umfassende, vielfach unterschätzte, ökonomische Dimension.   4

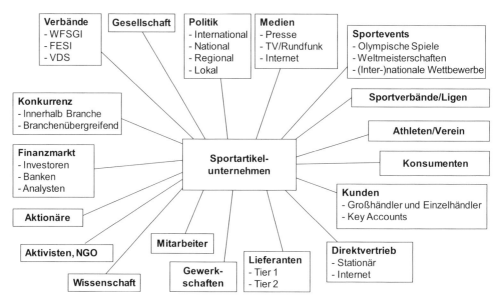

Abb. 1: Stakeholder auf dem Sportartikelmarkt

5 Sport genießt weltweit einen hohen Stellenwert in der Gesellschaft und in den Medien. Damit stehen auch die Akteure auf diesem Markt häufig im Licht der **Öffentlichkeit**, was für das Geschäftsmodell vorteilhaft ist. Gleichzeitig rufen jedoch **Verfehlungen** entsprechende negative Auswirkungen hervor.

6 Die **Distributionsformen** sind vielfältig: Neben direktem Vertrieb über eigene stationäre Markenshops oder E-Commerce-Shops setzen Hersteller größtenteils auf den indirekten Vertrieb und beliefern Großhändler, Facheinzelhändler oder im Rahmen des Key Account Managements Einkaufsverbände oder Sporthandelsketten. Die unterschiedlichen **Vertriebsformen** können entsprechende Compliance-Themen nach sich ziehen.

7 Unternehmen der Sportartikelbranche arbeiten oftmals mit **fragmentierten Lieferketten** und haben bestimmte **Fertigungsstufen ausgelagert**. Da eine Vielzahl der Unternehmen **keine eigenen Produktionsstätten** mehr unterhält, sondern die von ihnen entwickelten Produkte in Kooperation mit rechtlich und wirtschaftlich unabhängigen Partnern produzieren lässt, handelt es sich um **B2B-Strukturen**. Viele der **Produktionsstätten** befinden sich aufgrund der niedrigeren Lohnkosten in **asiatischen Ländern** (z.B. China, Vietnam, Philippinen, Indien, Pakistan) oder in Latein- und Südamerika (z.B. Brasilien).

8 Die Sportartikelindustrie selbst ist zwar nicht reguliert, unterliegt aber dennoch einer hohen Transparenzverpflichtung. Die Popularität des Sports

sowie die Sichtbarkeit der Sportartikelbranche in den Medien oder über Sponsoring-Aktivitäten führen dazu, dass neben der **Finanzbranche** und den **Analysten** vor allem auch **Nichtregierungsorganisationen (NGO)** und **akademische Institutionen** als wichtige Stakeholdergruppen (AAA = *analysts, activists, academics*) ihren Blick auf die Branche richten. Verfehlungen werden **von den Stakeholdern publik gemacht** und Verbesserungen eingefordert. Für Unternehmen ist dies ein weiteres Argument, sich mit dem Thema Compliance intensiv und systematisch zu befassen.

Die wirtschaftlichen **Aktivitäten in unterschiedlichen Ländern** der Erde bringen **Probleme** mit sich. Geforderte **Verhaltensweisen** im Umgang mit Menschen, externen **Stakeholdern** oder **Geschäftspartnern** unterscheiden sich teilweise erheblich.   9

Neben der gesetzlichen Verpflichtung eines wirksamen CMS ist in internationalen Unternehmen eine **handlungsbezogene Unternehmenskultur** erforderlich, die Individuen unterschiedlichster nationaler und lokaler Kulturen, Mentalitäten und Wertevorstellungen einschließt.   10

Durch die **weltweiten, vielstufigen Wertschöpfungsketten** kommt eine zusätzliche Komplexitätskomponente hinzu. Neben dem wirtschaftlichen Erfolg wird von international operierenden Unternehmen zunehmend eine stärkere Verantwortung für die Einhaltung von **Menschenrechten** sowie hoher **Sozial- und Umweltstandards** in ihren Zulieferbetrieben gefordert. Dies wird als **Dreisäulenmodell der nachhaltigen Entwicklung** mit **ökonomischer, ökologischer und sozialer Komponente** bezeichnet.   11

Wie alle globalen Unternehmen ist der **adidas Konzern** einer intensiven **wirtschaftlichen Dynamik** und hohen **Wettbewerbsintensität** ausgesetzt. Gleichzeitig ist das Unternehmen seinen Mitarbeitern und anderen Stakeholdern rechenschaftspflichtig und trägt eine Mitverantwortung für die Beschäftigten in den Zulieferbetrieben sowie gegenüber der Gesellschaft und Umwelt.   12

Die **Konsumenten fordern** gesetzeskonformes und ethisch korrektes Handeln insbesondere von Großkonzernen ein. Kinderarbeit, übermäßige Überstunden sowie unwürdige Sozial- und Arbeitsstandards werden vielfach nicht mehr hingenommen. Proteste und daraus resultierende Umsatzrückgänge entfalten oftmals direkten Einfluss auf den wirtschaftlichen Erfolg.   13

C. adidas Gruppe als Global Player in der Sportartikelindustrie
I. Globalisierung, Geschäftsmodell und Compliance

14 Die adidas Gruppe beschäftigt über **55.000 Mitarbeiter in über 160 Ländern**. Weltweit lässt das Unternehmen mehr als **778 Mio. Produkte** produzieren und generiert damit einen Umsatz von rund **16,9 Mrd. €** (bezogen auf das Berichtsjahr 2015).

15 Das Unternehmen hat weltweit über **160 Tochtergesellschaften**, die – von der Produktionssteuerung über das Marketing bis zum Vertrieb – unterschiedliche Funktionen übernehmen. Darüber hinaus bestehen enge **Kooperationen** mit über **340** unabhängigen **Herstellern** unterschiedlicher **Fertigungsstufen**. Viele dieser Hersteller unterhalten wiederum **Produktionsstätten** in verschiedenen Ländern. Die Anforderungen an adidas bezüglich der erforderlichen sozialen Bedingungen und Umweltaspekte führten zunächst zur Konzeption eines **strategischen Nachhaltigkeitsprogramms**.

II. Vom Nachhaltigkeitsprogramm zum Risk und Compliance Management

16 Die Mehrzahl der weltweit tätigen Unternehmen der Sportartikelindustrie hat **keine eigenen Produktionsstätten**, sondern arbeitet mit Lieferanten verschiedener Fertigungsstufen *(Tier-1 und Tier-2)* zusammen. Die **Wertschöpfung** liegt in den Stufen Forschung und Entwicklung, Design und Produktentwicklung, Vermarktung und Vertrieb sowie in der strategischen Markenführung. Die eigentlichen, sehr arbeitsintensiven Produktionsschritte sind vielfach an **externe Partner ausgelagert**. Damit entfällt die **Kontrolle** über Prozesse, die nicht mehr im eigenen Unternehmen verortet sind. Diese B2B-Beziehung führt dazu, dass mittels Verträgen die Grundlagen für Produktqualitäten, Liefertermine, Preise, aber und gerade auch Sozial- und Umweltaspekte bei den **Lieferanten** eingefordert werden.

17 Die adidas Gruppe hat hierzu bereits im Jahr 1998 die sog. **Arbeitsplatzstandards** *(workplace standards)* als verbindlichen Vertragsbestandteil erstellt und kontinuierlich weiterentwickelt. Es handelt sich um klare Regeln hinsichtlich Gesundheit, Sicherheit, Arbeitsrechten und Umweltschutz für die wenigen eigenen Produktionsstandorte und insbesondere für die externen Zulieferbetriebe. Sie stützen sich auf internationale Gesetze sowie die Konventionen der Internationalen Arbeitsorganisation (ILO) und bilden auch die Säulen des Verhaltenskodex des Weltverbands der Sportartikelindustrie (WFSGI). Alle **Lieferanten** müssen sich an die Standards halten. Sie sind auch **Teil der Herstellerrahmenverträge**, die der adidas Konzern mit seinen Geschäftspartnern abschließt.

Der erste **adidas Sozial- und Umweltbericht** (*our world*) wurde im Jahr 2000 veröffentlicht. Seitdem wird jährlich in einem *sustainability report* über die Aktivitäten berichtet. Zudem werden fokussierte **Teilberichte** zu besonderen Anlässen, beispielsweise zu Sportgroßevents, erstellt. 18

Die spezialisierten **Teams** in den Bereichen **Beschaffung** und **SEA** (*social and environmental affairs*, Sozial- und Umweltangelegenheiten) sind weltweit tätig und **überprüfen**, **schulen** und **beraten** mit über 70 Mitarbeitern die **Vertragslieferanten** beispielsweise hinsichtlich der Einhaltung von Arbeitsplatzstandards und Richtlinien. 19

Die **CR-Bemühungen** von adidas haben branchenweit einen hohen Standard erreicht und genießen weltweit Anerkennung (z.B. Dow Jones Nachhaltigkeits-Indizes [DJSI], FTSE4GOOD Europe Index für nachhaltiges Investment, 100 most sustainable corporations). Für das CMS existierten damit wichtige Grundlagen und Rahmenbedingungen. 20

Basierend auf den Erfahrungen, insbesondere mit den externen Lieferanten in der Wertschöpfungskette, wurde 2006 ein für die gesamte adidas Gruppe verbindlicher und übergreifender **Verhaltenskodex (*code of conduct*)** erstellt. Im Rahmen der Akquisition des Unternehmens Reebok hatte sich gezeigt, dass die gemeinsamen Beschaffungsaktivitäten, aber auch die teils unterschiedlichen Unternehmenskulturen, **einen einzigen Kodex** für den gesamten Konzern erforderlich machten. 21

Reebok hatte als amerikanisches und an der US-Börse notiertes Unternehmen zwar ein **eigenes Compliance-Programm**, das nach der Übernahme durch die adidas AG noch eine Zeit lang weitergeführt wurde. Der 2006 erstellte, **konzernweite Verhaltenskodex** war jedoch ein wichtiger Schritt, um ein gemeinsames Verständnis für Werte, Verhaltensweisen und Unternehmenskultur zu fördern und zu etablieren. 22

Der **adidas *code of conduct*** (CoC) wurde 2014 vollständig **überarbeitet** und mittels einer ganzheitlichen **Kommunikationsstrategie** allen Mitarbeitern der adidas Gruppe weltweit vermittelt. Neue Mitarbeiterinnen und Mitarbeiter erhalten den Verhaltenskodex mit ihren **Einstellungsunterlagen** ausgehändigt. Die Teilnahme an einem **CoC-Online-Training** ist Pflicht. 23

Das Thema Compliance ist bei adidas über zahlreiche **Kommunikationskanäle** intern wie extern sichtbar und erlebbar. Der **Verhaltenskodex** ist dabei die **Grundlage** für das eingeführte CMS und dessen Kommunikation. 24

D. Ganzheitliches Compliance-Management-System der adidas Gruppe: Implementierung und Wirksamkeit

25 Aufbauend auf den unternehmerischen **Erfahrungen** und Erfolgen im **Nachhaltigkeitsmanagement** sowie dem konzernweiten **Risiko- und Chancenmanagement** hat die adidas Gruppe ein **ganzheitliches CMS** etabliert, das sowohl den unternehmensinternen **Prozessen** und dem **Geschäftsmodell** als auch der **Branche** Rechnung trägt.

26 Die Verankerung von Compliance in der Unternehmenskultur lässt sich mit den **vier Unternehmenswerten** Leistung, Leidenschaft, Diversität und Integrität (*performance, passion, diversity, integrity*) begründen. Diese seit 2006 im Unternehmen fest etablierten Werte liefern mit der „Integrität" eine nachvollziehbare, **authentische Komponente** und werden **im *code of conduct*** der adidas Gruppe **weiter spezifiziert** sowie mit Beispielen erwünschten Verhaltens illustriert.

27 Um die einzelnen bereits bestehenden Compliance-Aktivitäten unter ein gemeinsames Dach zu stellen und systematisch auszubauen, wurden bei der adidas AG die Struktur, Praxiserfahrungen und die Infrastruktur des bereits etablierten **Risikomanagement-Systems als Vorbild** genommen, um ein CMS zu konzipieren und zu implementieren. Inhaltlich wurden die **Compliance-Risiken** bereits zuvor im Risikomanagement erfasst.

28 Das **CMS *Fair Play* der adidas Gruppe** folgt den drei CMS-Hauptfunktionen: Vorbeugen, Erkennen und Reagieren.

29 **Vorbeugen**
- Schulungen und internetbasiertes Training zum Verhaltenskodex, das für alle Mitarbeiter weltweit verpflichtend ist,
- allgemeine Schulungen zu rechtlichen Themen (z.B. Datenschutz),
- spezielle Trainingsprogramme (etwa für Kartellrecht),
- Kommunikationsprogramme (mit Elementen wie Plakaten, Flyer, Informationsschulungen oder redaktionellen Beiträgen im Intranet).

30 **Erkennen**
- Kommunikation verschiedener Meldewege bei Verstößen gegen gesetzliche Vorschriften oder interne Richtlinien,
- Einrichtung einer unabhängigen externen Telefonhotline (*Fair Play* Hotline),
- Whistleblower-Programme,
- Benennung von Ansprechpartnern bei möglichen Compliance-Verstößen,
- regelmäßige Durchführung präventiver Audits und Untersuchungen.

Reagieren   31
- angemessene und zeitnahe Reaktion auf Compliance-Verstöße,
- Netzwerk lokaler Compliance-Beauftragter mit direkter Berichtslinie an den Chief Compliance Officer des Konzerns,
- Erfassung, Überwachung und Bericht potenzieller Verstöße über ein internetbasiertes Berichterstattungssystem,
- zeitnahe Reaktion auf Compliance-Verstöße mit angemessenen Sanktionsmechanismen.

I. Implementierung unter wirtschaftlichen Kriterien

Für den Gesamtkonzern konnte in der Anfangsphase mit einem vergleichs-   32
weise **kleinen Team** begonnen werden. Dabei waren die **Erfahrungen** aus der Aufbau- und Implementierungsphase des **Risiko- und Chancenmanagements** sehr hilfreich. Gleichzeitig bestand die Möglichkeit, die bestehenden Compliance-Prozesse systematisch zusammenzufassen und unter einem Dach zu bündeln.

1. Ausweitung der bestehenden IT-Infrastruktur

Die Möglichkeit, die vorhandene **IT-Infrastruktur** auch für das Compliance   33
Management einzusetzen, führte zu einer umfassenden **Kosteneinsparung** und zugleich zu einem wichtigen **Akzeptanzfaktor** bei den Mitarbeitern. Neben dem bereits stabil laufenden **Risikomanagement** werden auch das **Interne Kontrollsystem** sowie **Compliance** durch die **IT-Lösung unterstützt**. Dies ermöglichte eine Vereinheitlichung von Definitionen und förderte Synergien. Nach Anpassung der Software an die Anforderungen des Compliance Managements konnte mit der bekannten Oberfläche bei vielen der bestehenden Nutzer verhältnismäßig schnell umfassende Akzeptanz erzielt werden. Eine weitere **Integration** auch der **Abteilung für Internes Kontrollsystem** in das System wird diskutiert, da die grundlegenden Informationen und Vorgehensweisen von Risikomanagement, Compliance Management und Internem Kontrollsystem ähnlich gelagert sind.

2. Organisatorische Einbettung

Die von adidas verwendete **Risikomanagementmethodik** beinhaltet   34
detaillierte Definitionen zu Risikokategorien und Risikoarten. Sie werden von den Verantwortlichen zur Risikoidentifikation und -bewertung genutzt und vom Konzernrisikomanagementteam regelmäßig aktualisiert.

Die Informationen zu **Risiken und Chancen** werden mittels einer **inter-**   35
netbasierten Software erhoben und von der **Konzernrisikomanagementabteilung** ausgewertet. Dabei werden auch **Compliance-Risiken** abgefragt.

36   Die bewährte **Aufbaustruktur** des Risikomanagements wurde für das CMS auch personalbezogen übernommen. In Analogie zum *Risk-owner*-Netzwerk wurde ein **weltweites Netzwerk von Compliance Officers** etabliert.

37   Hinsichtlich der Personalstärke konnte dabei auf die in der **Rechtsabteilung** vorhandenen **Personalressourcen** zurückgegriffen werden, da die **Chefjuristen in den Ländermärkten** gleichzeitig auch zum jeweiligen **Compliance Officer benannt** wurden.

38   Neben dem Aufbau einer **konzerninternen Compliance-Abteilung** waren somit keine nennenswerten zusätzlichen Personalressourcen in den Märkten notwendig. Allerdings bestand ein deutlich **erhöhter Schulungs- und Trainingsaufwand**.

39   Im weiteren Aus- und Aufbau des Gesamtsystems konnten dann sehr bedarfsgerecht die **Personaldecke erhöht** und **Spezialfunktionen** aufgebaut werden.

40   Eine **Besonderheit** besteht bei adidas sicherlich darin, dass sowohl das Risiko- als auch das Compliance-Management-System organisatorisch in der **Rechtsabteilung angesiedelt** sind. Aus Sicht des Unternehmens hat dies den Vorteil, dass gerade in den Tochtergesellschaften und Ländermärkten die Ansprechpartner der Rechtsabteilung gleichzeitig die Compliance-Beauftragten sind. Jedenfalls bei vornehmlich rechtlich gelagerten Compliance-Risiken führt dies zu effektiveren und effizienteren Prozessen.

41   Für **interne Untersuchungen** wird überwiegend nicht primär, sondern nur zusätzlich auf die lokalen Compliance Officer zurückgegriffen. Zunächst werden **überregionale Teams** beauftragt oder externe Anbieter genutzt. Zusätzlich werden bei Bedarf lokale Compliance Officer oder andere Mitarbeiter vor Ort in die Untersuchungen eingebunden.

42   Weil die **internen Rechtsanwälte** in den **Ländermärkten** direkt **dem General Counsel** des Konzerns und nicht den lokalen Niederlassungen **unterstellt** sind, wird deren Position insbesondere in Compliance-Angelegenheiten zusätzlich gestärkt.

3. Authentischer Name des Compliance-Rahmenwerks: *Fair Play*

Die **Belegschaft** der adidas Gruppe ist mit einem **Gesamtaltersdurch-** 43
schnitt von 30 Jahren vergleichsweise **jung**. Design und Markeninszenie-
rung sind bei adidas Elemente der normalen Geschäftstätigkeit, sodass
auch im Hinblick auf die **Compliance-Kommunikation** eine vergleichsweise **hohe Erwartungshaltung** zu befriedigen ist.

Daher galt es, das Thema Compliance bei adidas bewusst **nicht mit erhobe-** 44
nem Zeigefinger und mittels Abschreckung zu kommunizieren, sondern
interessant zu gestalten und dabei dennoch die relevanten Inhalte unmissverständlich zu vermitteln.

Ein wichtiger Aspekt der Attraktivität des Compliance-Programms war bereits 45
eine gezielt eingesetzte **Namensgebung** für das CMS. Mit dem Namen *Fair*
Play wurde bewusst die Nähe zum Sport gewählt. Die Erfahrung hatte gezeigt,
dass man mit der **Zielgruppe** anhand eines ansprechenden Konzepts kommunizieren musste, um bei dem zunächst als eher wenig attraktiv wahrge-
nommenen Thema Compliance positive Aufmerksamkeit zu erregen.

Mit dem Namen *Fair Play* und wiedererkennbaren **Designelementen** sowie 46
einer frischen, sportlichen **Grundnote der Kommunikation** sollten so –
unter Vermeidung von Überbetonungen und Übertreibungen – bewusst
Kommunikations- und Akzeptanzhürden reduziert werden.

Dieses dem Corporate Design folgende **Kommunikationskonzept** zieht 47
sich bei adidas durch alle eingesetzten Compliance-Kommunikationsmittel
hindurch. Allerdings sollten Design- und Kommunikationsstil maßvoll
eingesetzt, der übrigen internen Kommunikation angepasst und nicht
überstrapaziert werden, um authentisch wirken zu können. Die gewählte
Design- und Bildsprache darf als ein Erfolgselement angesehen werden,
was aus den positiven Rückmeldungen verschiedener Stakeholder im
Unternehmen geschlossen werden kann.

4. adidas *code of conduct*

Die **Überarbeitung** des 2006 erstmalig gruppenweit eingeführten adidas 48
code of conduct im Jahr 2014 war die Chance, ein noch besser auf die **Ziel-**
gruppe angepasstes **Format** zu entwickeln. In Zusammenarbeit mit
externen **Designern** und **Kommunikationsagenturen** wurde der „neue"
Verhaltenskodex verfasst. In ihm wurde gezielt mit **Beispielen**, **Fallstudien**
und einfachen **„Rote-Karte-Anweisungen"** gearbeitet.

49   Die Themen des *code of conduct* wurden **anhand unternehmensnaher Geschäftsvorfälle** und möglicher Compliance-Verstöße ausgewählt. Der Verhaltenskodex wurde in insgesamt **zehn Sprachen** übersetzt. Es hatte sich schnell herausgestellt, dass die englische Version – wenngleich die Unternehmenssprache Englisch ist – in vielen Ländern, insbesondere auch in Risikomärkten, nicht ausreichend war.

5. Etablieren eines Meldesystems

50   Das adidas CMS bietet Mitarbeitern **verschiedene Anlaufpunkte**, um mögliche Compliance-Verstöße zu melden.

51   Neben der *Fair Play*-**Telefonhotline** über einen externen Dienstleister, die auch anonym genutzt werden kann, der Möglichkeit einer ebenfalls extern aufgesetzten **E-Mail-Meldung** oder persönlichem Kontakt zu den Compliance Officers, empfiehlt adidas den Mitarbeitern, sich bei einem möglichen Compliance-Verstoß an eine **Vertrauensperson,** wie den Vorgesetzten, Mitarbeiter der Personalabteilung oder den Betriebsrat, zu wenden.

52   Die externe *Fair Play*-**Hotline** ist **weltweit rund um die Uhr** besetzt. Eventuelle Sprachbarrieren werden mit professionellen **Dolmetschern** vermieden. Der Status des **externen Anbieters** gewährleistet Unabhängigkeit und soll Whistleblower zur Meldung des Vorfalls animieren, wenn er sich nicht im Unternehmensumfeld äußern möchte oder kann. Die Aufgabe des externen Anbieters besteht darin, mit besonders geschultem Personal so viele Informationen wie möglich zu erfragen und diese in das adidas Online-System einzutragen.

53   Die eigentliche **Bearbeitung** des Compliance-Vorfalls erfolgt dann mittels eines standardisierten Prozesses durch die Compliance-Abteilung im Konzern. Der **Whistleblower** kann **anonym** bleiben. Dies kann zwar die Bearbeitung des Falls erschweren, stellt aber vielfach die einzige Möglichkeit zur Aufdeckung von Compliance-Verstößen dar. Die **Telefonnummer** der *Fair Play*-Hotline wird auch über eine breit angelegte **weltweite Verteilung** von Handzetteln und Plakaten unterstützt, die in allen Unternehmensstandorten sowie beispielsweise auch in den Sozialräumen im Einzelhandel verteilt bzw. aufgehängt wurden. So werden auch Mitarbeiter erreicht, die aufgrund ihres Aufgabenprofils über keinen regelmäßigen internen IT-Zugang verfügen.

Abb. 2: Schematischer Ablauf der Meldung eines Compliance-Verstoßes

6. Intranet, Compliance App und weitere moderne Kommunikationsmittel

Eines der **wichtigsten Elemente** zur **wirksamen Einführung eines CMS** 54
ist die Kommunikation. Für das unternehmenseigene **Intranet** wurde eine
Fair Play-Compliance-**Plattform** geschaffen, auf der neben umfassenden
Informationen, Daten und Hinweisen alle relevanten Dokumente hinterlegt
sind. Die Kontaktdaten zur *Fair Play*-Hotline werden plakativ kommuniziert.
Gleiches gilt für die Kontaktdaten des lokalen Compliance-Beauftragten.

Da nahezu die Hälfte der adidas Mitarbeiter im Einzelhandelsumfeld be- 55
schäftigt sind und diese oftmals nur sehr begrenzten Zugang zu Computern
und zum Firmennetzwerk haben, wurde ergänzend eine **Compliance App**
entwickelt, die sich jeder Interessierte auf sein Smartphone herunterladen
kann. Durch die Option, sich die App auf das private oder das firmeneigene
Smartphone herunterzuladen, wird ein zusätzlicher Kommunikationskanal
eröffnet. Über die App können zudem Verstöße direkt an den externen Service
Provider gemeldet werden.

Neben der **direkten Kommunikation** des Compliance Managements an 56
die Mitarbeiter (oft auch in *Newsreels, WebEx Meetings, Town Hall Meetings* etc.), unterstützt das Top Management die Compliance-Bemühungen
mit *tone from the top messagings*, sei es über **Videobotschaften** oder Compliance-relevante Beiträge im Intranet.

II. Wirksamkeit des Compliance-Management-Systems der adidas Gruppe

Die Investitionen von Handels- und Konsumgüterunternehmen in ihre 57
CMS zahlen sich aus. Als **Trend** ist die Zahl der Unternehmen, die von
Wirtschaftskriminalität betroffen sind, in den vergangenen Jahren auch
aufgrund verbesserter Identifikationsmöglichkeiten von Compliance-
Verstößen zurückgegangen. Der neueste Corruption Perceptions Index von
Transparency International belegt gerade für Deutschland eine positive
Entwicklung.

58 Es besteht in der Branche jedoch auch **Nachholbedarf**, insbesondere bei der Vorbeugung von Kartelldelikten und Korruption. Eine wirtschaftliche Bewertung der Wirksamkeit ist dabei nur schwer vorzunehmen. Daher stehen vor allem die Herstellung von **Transparenz** und wirksame **Kontrollen** im Vordergrund. Dies geschieht bei der adidas Gruppe durch ein regelmäßiges **Compliance Reporting an den Vorstand** und an den Aufsichtsrat.

1. Kontrolle und Berichtslinien

59 Der **Chief Compliance Officer** erstattet dem **Vorstand regelmäßig Bericht** über den weiteren Ausbau des Compliance-Programms sowie über maßgebliche Compliance-Fälle, die auch dem Prüfungsausschuss gemeldet werden. Bei definierten Anlässen hat ein **Ad-hoc-Reporting** an den Vorstand oder fest definierte Vertreter zu erfolgen.

60 Der Vorstand erhält einen **monatlichen Bericht** in Form eines *dashboard*, das nach einzelnen Kriterien, wie beispielsweise Art des Verstoßes oder betroffene Ländermärkte, Informationen liefern kann. Diese Vorgehensweise schafft neben der Transparenz ein entsprechendes Verständnis bei der Unternehmensleitung. Dadurch kann der **Vorstand zeitnah** und eigenständig Maßnahmen ergreifen.

61 Zudem erstattet der Chief Compliance Officer dem **Prüfungsausschuss** des Aufsichtsrats vierteljährlich in seinen Sitzungen über den Inhalt und den weiteren Ausbau des Compliance-Programms Bericht.

2. Weiterentwicklung des Compliance-Management-Systems der adidas Gruppe

62 Nachdem die konzeptionellen Grundlagen und organisatorischen Strukturen gelegt wurden, ist es für den Erfolg des Gesamtsystems notwendig, dass es **kontinuierlich überwacht und weiterentwickelt** wird.

63 Hierzu muss das Compliance Office die am CMS beteiligten Abteilungen und Mitarbeiter (z.B. Personalabteilung, interne Kommunikation) im Rahmen eines kontinuierlichen Austauschs **sensibilisieren**. Gleichzeitig müssen **neue Entwicklungen** sowohl von intern als auch von extern aktiv aufgenommen und umgesetzt werden. So eröffnen **neue Technologien** neue Potenziale in der Kommunikation, Interaktion und auch bei der Bearbeitung von Compliance-Fällen.

64 Die zukünftige **Erweiterung** des adidas Systems zielt auf eine Entwicklung von einem reinen Compliance Management zu einem **integrierten Risiko- und Ethikmanagement**. Dazu ist eine enge Kooperation und Koordination

verschiedener Abteilungen und Aufgabenbereiche erforderlich. Die inhaltliche und technologische **Weiterentwicklung** des Gesamtsystems muss sich gerade auch auf die **Interaktion mit den Nutzern** beziehen.

3. Externe CMS-Prüfung

Die Prüfung durch externe Dienstleister schien dem Unternehmen geeig- 65 net, die Wirksamkeit ausgewählter CMS-Teile anhand standardisierter Verfahren auch aus der **Außenperspektive** verifizieren zu lassen. Die adidas Gruppe wird ihr CMS deshalb nach IDW PS 980 auditieren lassen. Wenngleich die rechtliche Entlastungswirkung dieser Art der externen CMS-Prüfung in vielerlei Hinsicht **limitiert** ist (→ § 4 Rn. 60), bietet sie aus Sicht des Unternehmens andere potenzielle Vorteile. Denn bereits die Erfahrung bei der Konzeptionierung des CMS hatte bei adidas gezeigt, dass die Auditvoraussetzung der **systematischen Dokumentation** und Beschreibung **des CMS** eine effektive und effiziente Grundlage und Richtschnur für die weitere Konzeption, Anpassung und Implementierung bildete.

E. Integriertes Compliance-, Risiko- und Chancenmanagement

Vorteilhaft für die Einführung des Compliance Managements war die 66 **Akzeptanz des Risiko- und Chancenmanagements** bei den Mitarbeitern. Die folgende Abbildung illustriert im Überblick die **Symmetrie** dieser beiden Konzepte für den Corporate-Governance-Rahmen. Die dritte Säule, die Interne Kontrolle, wird hier nicht näher betrachtet, ist aber im Gesamtkonzept berücksichtigt.

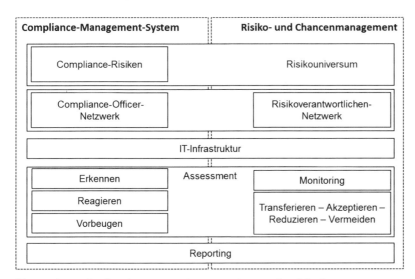

Abb. 3: Struktur und Aufbau des Corporate-Governance-Ansatzes der adidas Gruppe

F. Erfolgsfaktoren

67 Die **weltweite Kooperation** mit rechtlich und wirtschaftlich unabhängigen Lieferanten auf unterschiedlichen Fertigungsstufen führt zu erhöhten Anforderungen an die Compliance der intern und extern Beteiligten.

68 Als eine der Grundlagen des CMS unterhält die adidas Gruppe seit über 15 Jahren ein anerkanntes und bewährtes systematisches **Nachhaltigkeitsprogramm**, um Compliance mit Gesetzen, Arbeitsplatzrichtlinien und internen Policies von den Lieferanten, die überwiegend in den asiatischen Beschaffungsländern angesiedelt sind, einzufordern. Die Erfahrungen zur Compliance externer Beteiligter, wie etwa der Lieferanten, flossen in den konzernweit gültigen **Verhaltenskodex** ein.

69 Die **integrierte Struktur**, eine hochmoderne **Kommunikationsstrategie** und das eingesetzte integrierende **IT-Softwaretool** sind Kernmerkmale des CMS der adidas Gruppe.

70 Ein wesentlicher Erfolgsfaktor für das eingeführte CMS war sicherlich die **sukzessive Entwicklung des internationalen CMS,** die sich als zwingende Notwendigkeit ergeben hatte. Denn durch die zahlreichen Standorte weltweit, eine sehr junge und internationale Belegschaft, Geschäftsaktivitäten in Einkauf, Lieferantensteuerung, Key Account Management sowie die eigenen Handelsaktivitäten war ein sehr **breites Spektrum möglicher Compliance-Verstöße** abzudecken.

71 Gleichzeitig sollte, der Unternehmenskultur folgend, **kein** allein **auf Bestrafung** und **Kontrolle basierendes System**, sondern ein für die Mitarbeiterinnen und Mitarbeiter unterschiedlicher Kulturen akzeptiertes und geschätztes, transparentes sowie werte- und leistungsbezogenes System entwickelt werden. Mittel hierfür waren die Nutzung des vorhandenen IT-basierten Risikomanagement-Systems, eine die Belegschaft sprachlich und vom Designaspekt her ansprechende Kommunikation und auch die gesetzlich erforderlichen CMS-Wirksamkeitskontrollen.

72 Ein CMS funktioniert nur dann, wenn es von den Menschen im Unternehmen akzeptiert wird. Daher kam auch der **adidas Unternehmenskultur** entscheidende Bedeutung für die Wirksamkeit zu. Es hatte sich bei adidas die Erkenntnis eingestellt, dass die Vermittlung von Unternehmenswerten nicht lediglich in einem Verhaltenskodex beschrieben sein sollte, sondern **ständig aufs Neue** eingefordert, kommuniziert und vorgelebt werden musste. Grundlage war die Einsicht, dass es aus wirtschaftlicher Sicht vorteilhaft ist, wenn Compliance bei den Mitarbeitern nicht als Drohgebärde, sondern als persönlicher Mehrwert im Sinne einer verlässlichen Basis angesehen wird, „das Richtige zu tun".

Mackert

§ 11 Internationales Compliance-Management-System der Deutschen Telekom AG

Übersicht

Executive Summary

Leitungs- und Entscheidungspflichten

- Konzernweite Organisations- und Überwachungspflicht des Vorstands (→ Rn. 5, 6),
- Sicherstellung eines einheitlichen CMS des globalen Konzerns (→ Rn. 7 ff.),
- Abschluss von sog. *intra group compliance agreements* (→ Rn. 7).

Steuerungsziele

- Konzernweit geltende Unternehmenswerte (→ Rn. 11),
- Einschätzung von Länderrisiken (→ Rn. 3, 4),
- Compliance Risk Assessment (→ Rn. 16–23),
- Case Management im internationalen Konzern (→ Rn. 46–52),
- Compliance Reporting der internationalen Tochtergesellschaften (→ Rn. 54–57).

Umsetzungsschritte und Delegation

- Aufbau einer internationalen Community (→ Rn. 13),
- konzerneinheitliche Methodik zur Erstellung des Compliance Risk Assessments (→ Rn. 16–17),
- Durchführung des Risk Assessments für jede Einheit (→ Rn. 18–23),
- fachübergreifender Austausch (→ Rn. 14),
- Aufbau von Zertifikatslehrgängen (→ Rn. 14),
- risikoorientierter Prüfprozess von Vertriebspartnern (→ Rn. 35–43),
- konzerneinheitliche Compliance-Richtlinien (→ Rn. 24–25),
- Integration konzernweiter und lokaler interner Regelungen (→ Rn. 26–30),
- Schulungsmaßnahmen für Richtlinien (→ Rn. 31–33),
- Geschäftspartnerprüfungen (→ Rn. 35–43),
- Hinweisgeberportal der Muttergesellschaft und Tochterunternehmen (→ Rn. 44–45),
- externe und interne Compliance-Prüfungen (→ Rn. 59–68).

A. Einleitung

1 Zahlreiche unterschiedliche rechtliche Anforderungen, Kulturen und Wertvorstellungen sind eine Herausforderung für das CMS internationaler Konzerne. Denn ein internationaler oder **global agierender Konzern** muss ein **CMS** aufbauen, das Mindestanforderungen für alle Beteiligungsgesellschaften einschließt. Ein einheitlicher Methodenbaukasten für die Implementierung des CMS hilft globalen Konzernen, den Unternehmensbedürfnissen und Rahmenanforderungen zu entsprechen. Die Umsetzung wird anschließend mit geeigneten Kontrollmaßnahmen kontinuierlich geprüft.

2 Die Deutsche Telekom ist weltweit in ca. 50 Ländern präsent. International vertreten ist sie dort durch eigenständige Legaleinheiten und nicht durch unselbstständige Betriebsstätten. Charakteristisch ist, dass die wesentlichen Beteiligungen erworben wurden und bereits eigenständige Unternehmensstrukturen sowie -kulturen besessen haben. Teilweise handelte es sich um frühere Staatsbetriebe, an denen die öffentliche Hand auch heute noch Anteile besitzt. Zum Teil handelt es sich um die Marktführer in ihren Ländern.

B. Länderrisiken

3 Im Rahmen eines internationalen CMS müssen die Risiken aller Länder eingeschätzt werden, in denen Tochter- und Beteiligungsgesellschaften geschäftliche Aktivitäten entfalten oder ihren Sitz haben. Das Erfordernis erstreckt sich auf M&A, Joint Ventures, strategische Partnerschaften sowie relevante Geschäftspartner einschließlich der *supply chain*.

Jedes Einzelrisiko muss für jedes Land individuell bewertet werden. Bei der 4
Erstellung einer ersten **Risikomatrix** können öffentliche **Indizes** dienen,
wie etwa:

- **Governance Indicators of World Bank**, in welchem **213 Länder** und
  Territorien nach Mitspracherecht und Verantwortlichkeit, politischer
  Stabilität und Abwesenheit von Gewalt, Leistungsfähigkeit der Regie-
  rung, staatlicher Ordnungspolitik, Rechtsstaatlichkeit und Korruptions-
  kontrolle eingestuft werden.
- **Corruption Perceptions Index** (CPI) oder **Bribe Payers Index** (BPI) von
  Transparency International,
- **Antitrust World Reports** der Financial Action Task Force (FATF) als Liste
  von Ländern mit Defiziten im Bereich Wettbewerbsrecht, Geldwäsche
  und Terrorismusfinanzierung,
- **Steueroasen-Listings** der Organisation für wirtschaftliche Zusammenarbeit und Entwicklung (OECD) und der EU,
- **Wettbewerbsrechtsindex**: *Keith N. Hylton et al.*, Antitrust World Reports.

C. Implementierung eines internationalen Compliance-Management-Systems bei der Deutschen Telekom

Der Vorstand des Konzerns bzw. der Muttergesellschaft hat eine **konzern-** 5
weite Compliance-Organisations- und Überwachungspflicht.

Der **Konzernvorstand** muss trotz der grundsätzlichen rechtlichen Selbst- 6
ständigkeit verbundener Unternehmen darauf hinwirken, dass das CMS
organisatorisch ebenfalls die nachgeordneten Unternehmen (insbesondere
auch ausländische Tochter- und Beteiligungsgesellschaften) einbezieht.

Die Praxis zeigt, dass insbesondere von den **ausländischen Beteiligungen** 7
erhebliche Compliance-Risiken ausgehen können. Daher hat die Deutsche
Telekom mit den wesentlichen Konzernunternehmen sog. *intra group
compliance agreements* abgeschlossen. In ihnen sind klare Compliance-
Pflichten der Beteiligten vereinbart. Der Compliance-Abteilung des
Mutterkonzerns sind damit bestimmte Untersuchungs- und Kontroll-
rechte eingeräumt. Der Chief Compliance Officer des Konzerns erhält ein
Mitspracherecht bei der Besetzung und Entlassung der regionalen und
lokalen Compliance Officers. Die Verhandlung der *agreements* trug zu einem
einheitlichen Grundverständnis und vertrauensvoller Zusammenarbeit der
globalen Compliance-Organisation bei.

Unabhängigkeit sowie direkter Zugang zum CEO seitens der Compliance- 8
Organisation sind entscheidende Faktoren für ihre nachhaltige Aufgabenwahrnehmung. Daher ist es sinnvoll, wenn der (Chief) Compliance Officer

als Mitglied des *management board* oder des *board of directors* vertreten ist oder zumindest direkt dem CEO oder CFO berichtet, d.h., dieser der Dienstvorgesetzte ist. Ferner sollte die Möglichkeit einer direkten Berichtslinie, idealerweise als Dienstaufsicht, mindestens jedoch als Fachaufsicht, zum Vorsitzenden des Aufsichtsgremiums oder des Audit Committee sowie zudem eine fachliche Berichtslinie an den Chief Compliance Officer des Konzerns bestehen.

9   Compliance im klassischen Sinne bedeutet die Einhaltung gesetzlicher Anforderungen und konzerninterner Regelwerke. Dies geschieht in der Regel mit dem Hauptziel, Haftungsrisiken zu vermeiden. Nach dem Verständnis der Deutschen Telekom ist dabei Integrität ein entscheidender Bestandteil moderner, gestaltender Compliance(-Kultur). Der **Begriff der Integrität** bezieht sich darüber hinaus auf einsichtsgesteuertes Verhalten entlang wirtschaftsethischer Grundsätze, denen nicht immer rechtliche Verpflichtungen entsprechen müssen.

10   Für die Unternehmensleitung heißt dies, dass sie sich zunächst darüber klar werden muss, ob eine rechtliche Vorgabe als eine von außen auferlegte, einer freien unternehmerischen Tätigkeit prinzipiell entgegenstehende Pflicht angesehen wird oder ob man sich aus einer inneren Überzeugung heraus daran hält und ob man sich auch an nicht gesetzliche geregelte Themengebiete – und falls ja, an welche – halten will. Je internationaler der Konzern in seinen Beteiligungsstrukturen und den in den Gesellschaften zugrunde liegenden Geschäftsmodellen ist, desto schwieriger sind genau diese Thematiken, deren klare Analyse, Bewertung und nachhaltige Umsetzung. Die kulturellen (Länder-)Aspekte sowie Grundeinstellungen resp. Verhaltensweisen des Top Managements (sog. *tone at the top*) spielen eine entscheidende Rolle („gelebte Governance").

11   Ziel ist, Compliance konzernweit so zu definieren, dass Integrität wesensimmanenter Bestandteil wird und somit immer mehr in die Geschäftsmodelle sowie -prozesse durch Anforderungsmerkmale implementiert wird (Integritätsmanagement). Nur wenn Geschäfte durch integere Arbeitsweisen realisiert werden, führt dies zu nachhaltigem Erfolg und zu einem Wettbewerbsvorteil. Um erfolgreich zu sein, müssen das Management und die Mitarbeiter von der Sinnhaftigkeit von Compliance überzeugt sein. Wie dies im Konzern umzusetzen ist, ist die große unternehmensindividuelle Herausforderung.

12   Damit dies gelingt, ist Bedingung, dass der Compliance Officer die Geschäftsmodelle und deren Rahmenbedingungen kennt sowie gemeinsam mit den Geschäftsverantwortlichen Lösungen sucht. Compliance bei der Deutschen

Telekom ist nachgefragter „Sparringspartner" bei der Entwicklung von Geschäftsmodellen, Produkten bzw. Dienstleistungen oder Prozessen und MIT-Gestalter. Das heißt auch, unternehmerische MIT-Verantwortung zu tragen, um als *business enabler* ernst genommen zu werden.

Um im Rahmen neuer Entwicklungen (z.B. Digitalisierung, Industrie 4.0, *Internet of Things* etc.) ein einheitliches Compliance-Verständnis innerhalb der Compliance Community zu schaffen, finden bei der Deutschen Telekom mindestens zweimal im Jahr **Konzern-Compliance-Konferenzen** statt, an denen die Compliance Officer der großen internationalen Beteiligungsgesellschaften und der Chief Compliance Officer des Konzerns teilnehmen. Im Rahmen dieser Treffen werden auch die konzernweite Compliance-Strategie als Teil der Unternehmensstrategie, die Weiterentwicklung des Konzern-CMS sowie aktuell durchzuführende Kampagnen und Projekte besprochen. Die Treffen dienen zudem naturgemäß der Teamfestigung, die sich bei Kampagnen oder Projekten sowie der Bearbeitung von Fällen und gerade auch bei Krisen bewährt hat. Sie unterstützen bei der Deutschen Telekom über die Jahre hinweg den intensiven Austausch und kontinuierlichen persönlichen Dialog im Rahmen einer vertrauensvollen und wertschätzenden Zusammenarbeit innerhalb dcr globalen Compliance-Organisation. 13

Gelingen kann die effektive Umsetzung dieses Selbstverständnisses nur, wenn die Compliance-Mitarbeiter befähigt werden, dieses im Rahmen ihres Jobprofils zu erfüllen. Verschiedene interne als auch externe Plattformen zum Wissenstransfer, zur individuellen aufgabenspezifischen Weiterentwicklung sowie zum konzernweiten Teambuilding, z.B. durch *job visiting* und internationale Projekte/Kampagnen, wurden implementiert. Eine Best Practise Compliance in der Telekom Gruppe sowie ein übergreifender fachbezogener Austausch wurde mit der „Family & Friends" Community aufgebaut (hier sind Mitarbeiter/Manager anderer Risikofunktionen, Querschnittsfunktionen als auch Fachseiten vertreten) und kontinuierlich weiterentwickelt, sodass für alle Beteiligten der Blick „über den Tellerrand" ermöglicht und auf aktuelle Themen (z.B. Veränderungen in der Arbeitswelt, Wettbewerbslage, Marktanforderungen etc.) interdisziplinär eingezahlt wird. Abgerundet wird dies durch die Durchführung von Zertifikats-Lehrgängen, denn hierdurch kann international ein gewisses Qualitätsniveau sichergestellt werden. 14

D. Mindestanforderungen an ein Compliance-Management-System bei der Deutschen Telekom

15 Grundsätzlich sind in einem internationalen Konzern dieselben Elemente eines CMS zu implementieren wie in einem nationalen Konzern.

I. Compliance Risk Assessment

16 Die Gesellschaften des Konzerns Deutsche Telekom verwenden eine konzerneinheitliche Methodik und ein gemeinsames IT-Tool zur Ermittlung der Compliance-Risiken.

17 Die zentrale Compliance-Organisation unterstützt bei der Durchführung durch verschiedene Instrumente. So werden potenzielle **Risiken** und deren **Szenarien** sowie **gesetzliche Regelungen zur Verfügung gestellt. Zur Beurteilung des Ursprungrisikos werden sog.** *Red Flag*-**Fragen** definiert, deren Beantwortung es erleichtern soll festzustellen, ob dieses Risiko grundsätzlich bei der Gesellschaft eintreten kann. Zudem werden Fragestellungen zur Einschätzung des aktuell implementierten **Kontrollumfelds** festgelegt. Dazu wird eine **Rechenlogik** hinterlegt und eine **Plausibilisierung** der Ergebnisse vorgenommen.

18 Die **Verantwortung** für die Durchführung des Compliance Risk Assessments liegt dabei im Rahmen einer **Selbsteinschätzung** in der **operativen Einheit**. Das muss auch so sein, denn in der Zentrale der Deutschen Telekom sind in vielen Gebieten bei den entsprechenden Experten beispielsweise „nur" die deutschen gesetzlichen Regelungen und Rechtsprechungen bekannt.

19 In der **Vorgehensweise** bzw. **Methodik** bestehen keine Unterschiede zwischen nationalen und internationalen Tochtergesellschaften. Unterschiede gibt es allerdings bei der **Bewertung**. Beispielsweise müssen sich auf der Grundlage einer einheitlichen Systematik alle internationalen Gesellschaften mit dem Thema Korruption beschäftigen und dieses Risiko individuell bewerten. Zusätzliche **lokale Risiken** müssen aufgenommen, aber vor Ort definiert werden.

20 Es sind theoretische **Szenarien hinterlegt**, für deren **Eintrittswahrscheinlichkeit** eine Einschätzung abgegeben werden muss. Beispielsweise müssen die Business-Verantwortlichen der internationalen Tochtergesellschaften des Telekom Konzerns bewerten, ob es möglich ist, dass ein Vertriebsmittler einen Teil seines Honorars dazu verwendet, um Aufträge zu akquirieren. Die Szenarien können ergänzt werden – zum einen durch geschäftsmodellspezifische Parameter, aber auch durch solche, die sich

aufgrund von gesetzlichen Regelungen ergeben. Unterstützt werden die Business-Verantwortlichen dabei vom Compliance Officer vor Ort.

Ferner sind im System der Deutschen Telekom vorgenannte **Red Flag-Fragen** hinterlegt, die Warnhinweise auf ein erhöhtes Risiko aufzeigen. Einer dieser Warnhinweise ist beim Risiko der Korruption der Wert des jeweiligen Landes im Corruption Perceptions Index von Transparency International. Damit ist sichergestellt, dass sich beim Risk Assessment das in den Ländern unterschiedliche Korruptionsniveau niederschlägt. 21

Im Anschluss an die Risikobeurteilung wird das **Kontrollumfeld** beurteilt. Auch hierzu werden bei der Deutschen Telekom von der Zentrale klar formulierte Problemstellungen vorgegeben, die von den internationalen **Tochtergesellschaften** zu beantworten sind. Damit soll vor allem **Einheitlichkeit** in der **Bewertung** sichergestellt werden. 22

> **Praxistipp** 23
> Es kann etwa bei den internationalen Tochtergesellschaften erfragt werden, ob in den Geschäftseinheiten ein risikoorientierter Prüfprozess hinsichtlich der Integrität von Vertriebspartnern besteht. Wenn die Risikobewertung ergibt, dass risikomindernde Maßnahmen aufgesetzt werden müssen, sind die Tochtergesellschaften frei in der Maßnahmenwahl. Die Bewertungen werden von der zentralen Compliance-Abteilung plausibilisiert, die letztendliche Entscheidung und somit Verantwortung liegt jedoch bei den lokalen Einheiten. Diese müssen über das Ergebnis des CRA und die definierten Maßnahmen im Compliance-Programm des Folgejahres einen formalen Beschluss fassen, der meist dem Aufsichts- und Kontrollgremium zur Kenntnisnahme vorgelegt wird.

II. Richtlinien

Seitens des Konzern-Vorstands muss ein Mindestsatz an einheitlichen **zentralen** Compliance-Richtlinien vorgegeben und auf deren Umsetzung in den (inter-)nationalen Beteiligungen hingewirkt werden. Dazu zählen, abhängig vom Geschäftsauftrag der zentralen Compliance-Abteilung, z.B. ein zentraler *code of conduct* und – soweit nicht bereits im *code of conduct* enthalten – Regelungen zur Vermeidung von Korruptionsrisiken. 24

Bei der Deutschen Telekom umfassen diese zentralen Regelungen etwa: 25
- eine Anti-Korruptionsrichtlinie,
- eine Regelung zum Umgang mit Geschenken und Einladungen,
- eine Spenden- und Sponsoring-Richtlinie,
- eine Regelung zum Umgang mit Beratern und zahlreiche weitere Bestimmungen.

26 Bei den internationalen Beteiligungen muss **vor Ort** geprüft werden, ob diese Richtlinien 1:1 implementiert werden können. Es kann vorkommen, dass die angestrebte Konzernregelung über die nationale gesetzliche Regelung hinausgeht bzw. nationales Recht entgegensteht. Bestimmte rechtliche Grundlagen sind in allen Ländern gleich oder zumindest ähnlich. So ist Korruption in allen Ländern verboten, in denen die Deutsche Telekom aktiv ist. Dennoch können gleiche Sachverhalte in der rechtlichen Bewertung unterschiedlich ausfallen.

27 Sieht man zudem – wie es die Deutsche Telekom getan hat – in den Regelungen zur Annahme und Vergabe von Geschenken konkrete **Wertgrenzen** vor, können diese nicht ungeprüft von einem **Land** auf ein anderes übertragen werden. Denn die Kaufkraft kann in den verschiedenen Ländern divergieren, der gleiche Wert kann so ein vollständig unterschiedliches Beeinflussungspotenzial haben. Die Besonderheiten der lokalen Gesetzgebung und Rechtsprechung müssen auch insoweit berücksichtigt werden.

28 Es besteht insofern regelmäßig ein **Spannungsverhältnis** zwischen dem Interesse an einer **konzerneinheitlichen Regelung** und dem Interesse, maßgeschneidert auf lokale Besonderheiten einzugehen: Grundsätzlich können lokale landesspezifische Regelungen oder die zentrale Vorgabe als Standard dienen. Wird die zentrale Vorgabe in internationalen Beteiligungsgesellschaften implementiert, besteht zwar weltweit eine einheitliche Regelung, lokal kann diese jedoch in einzelnen Ländern rechtmäßige Handlungsalternativen beschneiden.

29 **Landesspezifische Parameter** müssen sorgfältig geprüft werden, so z.B., ob es Themenstellungen gibt, die bedeutender sein können als in Deutschland, beispielsweise bei Interessenkonflikten. Es gibt Länder, bei denen eine erhöhte Aufmerksamkeit durch strengere Regelungen zur Offenlegung erforderlich ist; z.B. sind in manchen Ländern familiäre Bindungen stärker ausgeprägt, aufgrund der geringen Einwohnerzahl stärkere Verflechtung vorhanden oder es liegen aufgrund der Historie als ehemaliger Staatsbetrieb bestimmte Interessenkonflikte vor.

30 Wichtig ist im Rahmen der Anpassung an lokale Gegebenheiten jedoch, dass die **zentralen Compliance-Vorgaben** nicht **verwässert** werden. So muss z.B. das grundsätzliche Korruptionsverbot für alle Beschäftigten im ganzen Konzern gelten.

III. Schulungen

Die **Einführung neuer**, international geltender **Richtlinien** sollte durch (Präsenz-)Schulungsmaßnahmen begleitet werden. Sie dienen nicht nur der Wissensvermittlung, sondern auch der Überzeugung der risikorelevanten Mitarbeiter von der Vorteilhaftigkeit der neuen Regelungen.

31

International hat es sich bei der Deutsche Telekom bewährt, in einer **ersten Schulung** den **zentralen** und den **lokalen** Compliance Officer **gemeinsam** auftreten zu lassen. Der lokal Verantwortliche kennt die örtlichen Gesetze und ist mit den kulturellen Gepflogenheiten besser vertraut. Der in der Zentrale tätige Verantwortliche kann hingegen einen Eindruck von konkreten Fragen der lokalen Mitarbeiter gewinnen und lokale Problemstellungen vor Ort erfassen. Hierdurch können die Richtlinien, ihre Umsetzung und auch die entsprechenden Trainings verbessert werden. Die weiteren Trainings werden dann nur durch den lokalen Compliance-Verantwortlichen durchgeführt.

32

Die zentrale Compliance-Abteilung erstellt zu zentralen Themengebieten zudem **E-Learnings**, die von den lokalen Gesellschaften adaptiert werden können. Sie werden in die Landessprache übersetzt und können auch rechtliche Besonderheiten der Länder sehr gut ansprechen.

33

IV. Beratungsportal

Mitarbeiter müssen die Möglichkeit haben, in Zweifelsfällen Fragen stellen zu können. **Beratungsportale** müssen die nationalen Gesellschaften des Telekom Konzerns selbst vorhalten. Dies ist sinnvoll, weil unter Umständen Landesgesetze und spezifische kulturelle Faktoren zu berücksichtigen sind. Zudem ist es empfehlenswert, dass die Mitarbeiter einen Ansprechpartner zum E-Learning in ihrer Muttersprache kontaktieren können.

34

V. Geschäftspartnerprüfungen

Für das Handeln seiner Geschäftspartner kann ein Unternehmen dann zur Verantwortung gezogen werden, wenn es seine Verpflichtungen zu deren sorgfältigen Auswahl und hinreichenden Überwachung nicht erfüllt hat. Zusätzlich drohen Reputationsschäden.

35

Praxisbeispiel
Besticht beispielsweise ein beauftragter externer Vertriebsmittler, um an einen Auftrag für das Unternehmen zu kommen, können Mitarbeiter des eigenen Unternehmens mit in die Verantwortung genommen werden und auch das Unternehmen kann belangt werden, wenn die erforderlichen Aufsichtsmaßnahmen unterlassen wurden.

36

37   Zur Reduzierung dieses Risikos haben sich bei der Deutschen Telekom sog. **Geschäftspartnerprüfungen** durchgesetzt. Der Begriff wurde bewusst weit gefasst. Als Geschäftspartner zählen alle Unternehmensexternen, die mit dem Unternehmen in einer geschäftlichen Beziehung stehen. **Beispiele** sind Lieferanten und Kunden, Berater, Vertriebsmittler sowie Joint Venture- und Entwicklungspartner, mit denen das Unternehmen nicht finanziell verflochten ist.

38   Für Geschäftspartnerprüfungen sollten von der Unternehmenszentrale **Mindestvorgaben** gemacht werden, die mit den lokalen Gesellschaften besprochen werden. Ziel ist die formale Verpflichtung aller Beteiligten auf die Vorgaben, um Inhalt, Ausgestaltung und Durchführung der Prüfungen nach einem vergleichbaren risikobasierten Ansatz konzernweit durchzuführen.

39   Dazu werden bei der Deutschen Telekom die kritischen **Produkt- und Dienstleistungsgruppen** unter Berücksichtigung von Länder- und Branchenrisiken identifiziert und Bestandteile der Prüfung definiert. Idealerweise werden Selbstauskünfte von den Geschäftspartnern eingeholt und ein Abgleich mit der konzerneigenen *blacklist* vorgenommen.

40   Eine Mindestvorgabe für die Zusammenarbeit mit Geschäftspartnern ist bei der Deutschen Telekom zudem, dass besonders **kritische Produktgruppen und Leistungsarten** zu definieren sind, für deren Lieferanten bzw. Leistungserbringer **Hintergrundchecks** durchzuführen sind.

41   **Praxisbeispiel**
So zählen **Vertriebsberater** hierzu, die unmittelbar oder mittelbar beim Verkauf von Produkten oder Leistungen oder im Umgang mit Regierungen, Behörden oder sonstigen Angehörigen des öffentlichen Bereichs unterstützen. Risikoreich können aber auch Anbieter von **Bauleistungen** und **Events** sein sowie **Vertriebspartner**, die Produkte ihres Unternehmens unter ihrem oder dem Namen des Unternehmens an Kunden verkaufen.

42   Die **internationalen Tochtergesellschaften** sollten das Verfahren der Hintergrundchecks mitbestimmen können, um sie effektiv gestalten zu können. Sie sollten beispielsweise definieren, welche weiteren kritischen Produkt- und Leistungsgruppen aus ihrer Sicht vorhanden sind und wie der Hintergrundcheck am zweckmäßigsten ausgestaltet werden sollte.

43   Bei der Implementierung einer **konzernweiten Blacklist** ist darauf zu achten, dass man Auftragsdatenvereinbarungen (ADV) mit allen internationalen Tochtergesellschaften abschließt. Insoweit liegt das Augenmerk auf

den Prozessen. Diese weichen in den internationalen Tochtergesellschaften oftmals von denen der Zentrale ab. Zudem sind die relevanten Prozesse häufig nicht in den Compliance-Abteilungen verankert, was es erschwert, ein zentrales und konzernweit harmonisiertes, jedoch wirksames und auch effizienteres Konzept zu implementieren.

VI. Hinweisgeberportal

Jeder Mitarbeiter des Konzerns muss die Möglichkeit haben, Compliance-Verstöße vertraulich bzw. anonym zu melden. Hinweise können grundsätzlich über das **Hinweisgeberportal der Muttergesellschaft** abgegeben werden. In Abhängigkeit von der Konzernstruktur können die Gesellschaften **eigene Portale** einrichten. Die Vorgehensweise kann hier **anders** sein, wenn es sich um selbstständige Tochtergesellschaften handelt oder um reine Vertriebsstätten. 44

Wenn eigene Portale für Untergesellschaften eingerichtet werden, ist sicherzustellen, dass Hinweise ab einer gewissen Größenordnung und Konkretheit in das jeweilige Reporting aufgenommen werden müssen. 45

VII. Case Management

Ein wesentliches Element eines CMS ist das Case Management. Fällen, die bekannt werden, sowie gemeldeten plausiblen Hinweisen muss wirksam nachgegangen werden. 46

Gerade in der internationalen Konzernstruktur gestaltet sich dies schwierig, da in verschiedenen Ländern unterschiedliche Gesetze gelten, die bei der Fallbearbeitung berücksichtigt werden müssen. 47

Typische Fragen mit unterschiedlicher Beurteilung **in verschiedenen Ländern** sind etwa: 48
- Ob und welche Daten dürfen in welcher Weise ausgewertet werden?
- Dürfen Daten das Land verlassen?
- Besteht eine Selbstanzeigepflicht in dem entsprechenden Land?
- Ob und wann sollten Ermittlungsbehörden involviert werden?
- Welche arbeitsrechtlichen Sanktionen sind zulässig?
- Welche zivilrechtlichen Forderungen können geltend gemacht werden?

Entscheidend ist im internationalen Konzern, dass die Gesellschaften bzw. die Aufsichtsgremien „compliant" eingebunden werden und bei **Ermittlungen** „belastungsfähige Gremienbeschlüsse" gefasst werden. Besteht der Verdacht oder ist z.B. in Deutschland tatsächlich ein Geschäftsführungsmitglied in einen Fall involviert, entscheidet der **Aufsichtsrat** (oder der Prüfungsausschuss) einer AG. 49

50 Im internationalen Kontext ist zunächst zu fragen, ob die Rechtslage zur Beschlussfassung der deutschen entspricht. Dies ist auch abhängig von der **Rechtsform** der betreffenden Gesellschaft. Wenn es sich um eine börsennotierte AG handelt, wird ein **Aufsichtsgremium** in einer gesetzlich geregelten Form bestehen. Es kann aber auch sein, dass kein gesetzlich vorgeschriebenes Aufsichtsgremium vorhanden ist, sondern ein fakultatives.

51 Selbst wenn es nicht zwingend rechtlich geboten sein sollte, ist es empfehlenswert, dass auch bei internationalen Beteiligungen in den Aufsichtsgremien die entsprechenden **Beschlüsse** bei Untersuchungen gegen die Geschäftsführung herbeigeführt werden. Dies kann auch eine Empfehlung des Audit Committee sein, das durch einen Beschluss der Geschäftsleitung unterstützt wird.

52 Bei einer externen Untersuchung muss das für deren wirksamen Abschluss erforderliche **Budget** bereitgestellt werden. Nicht immer verfügt ein fakultatives Audit Committee in einer internationalen Gesellschaft jedoch über ein Budget. Dies kann dann von der Gesellschaft selbst oder der Muttergesellschaft zur Verfügung gestellt werden. Probleme können sich beispielsweise ergeben, wenn der **Minderheitsaktionär** in einem Audit Committee einer **Untersuchung** nicht zustimmt und dieser Minderheitsaktionär die öffentliche Hand ist.

E. Kontrolle

53 Trotz eines einheitlichen Compliance-Verständnisses und zentraler Vorgaben, auf die sich alle Beteiligten verpflichtet haben, kann auf Kontrollen nicht verzichtet werden.

I. Reporting

54 **Wichtigstes Kontrollelement** ist das Reporting aufgrund seiner **Regelmäßigkeit** unter Einbeziehung aller **Tochtergesellschaften**. In einem internationalen Konzern dient es unter anderem der **Steuerung** und **Überwachung**.

55 Alle **internationalen Tochtergesellschaften** berichten regelmäßig an ihre jeweilige Unternehmensleitung sowie an die zentrale Compliance-Abteilung des Mutterhauses. Wichtig ist, dass beide Seiten – im Rahmen des gesellschaftsrechtlich Zulässigen – über die gleichen Informationen verfügen.

56 Die **Inhalte** sind genau festgelegt. Berichtet wird über zentrale Maßnahmen bzw. Projekte, das Compliance-Programm der jeweiligen Landesge-

sellschaft sowie dessen Bearbeitungsstand. Zudem sind Fälle ab einer bestimmten Größenordnung an die Zentrale zu berichten. Es handelt sich
um Compliance-relevante Vorgänge, die gemäß Definition des Telekom
Konzerns vorsätzliche und schuldhafte Gesetzes- oder Richtlinienverstöße
nach Maßgabe der gültigen „Compliance Landscape" betreffen sowie den
Konzern-Wesentlichkeitskriterien entsprechen:

- Organe oder 1./2. Berichtsebene betroffen,
- Mitglied des Aufsichtsrats oder des Betriebsrats betroffen (nur Deutsch-
  land),
- Finanzberichterstattung oder Abschlussprüfung betroffen,
- Schadenshöhe ≥ 500.000 €,
- es droht ein erheblicher immaterieller Schaden.

Die internationalen Tochtergesellschaften werden über definierte **Key** 57
Performance Indicators (KPI) gesteuert. Sie betreffen beispielsweise die
Überwachung der Umsetzung von konkreten CMS-Elementen, die Nutzung
von Beratungs- und Hinweisgeberportalen, die Durchführung von Schulungen, die Umsetzung von Geschäftspartnerprüfungen und weitere Projekte
von konzernweitem Interesse. Die zentrale Compliance-Organisation führt
dazu ein **Qualitätsmonitoring** durch. Der lokale Compliance Officer gibt
im Rahmen des **Compliance Reports** zudem eine **Vollständigkeitserklä-
rung** ab, die er unterzeichnet.

Um zu prüfen, ob das CMS wirksam bei den internationalen Beteiligungsge- 58
sellschaften implementiert wurde, kann das CMS extern zertifiziert werden.
Das CMS kann auch intern durch die Revision bzw. die zentrale Compliance-Abteilung geprüft werden.

II. Externe Zertifizierung

Die Deutsche Telekom hat eine **risikoorientierte Zertifizierung des CMS** 59
durch eine Wirtschaftsprüfungsgesellschaft durchführen lassen. In diesem Rahmen wurden konzerneinheitliche Mindestanforderungen an ein
zu implementierendes CMS definiert und durch Kontrollhandlungen der
Wirtschaftsprüfer geprüft. Die Mindestanforderungen und die Kontrollhandlungen mussten intensiv zwischen der zentralen Compliance-Abteilung und den ausländischen Tochtergesellschaften diskutiert werden. Eine
Zertifizierung diszipliniert diese bei der Umsetzung eines CMS. Dadurch
werden Risiken der internationalen Tochtergesellschaften und der Muttergesellschaft reduziert.

Gleichwohl muss man sich auch der **Grenzen** einer **Zertifizierung** bewusst 60
sein: Sie ist eine Systemprüfung, d.h., es werden Prozesse und Kontrollen
geprüft. Werden diese bewusst umgangen, kann es durchaus Verstöße

geben, die lediglich nicht erfasst werden. Die Zertifizierung wird zudem lediglich mit einem klar abgegrenzten Themenfokus und für bestimmte Gesellschaften durchgeführt. Sie kann mit dem Fokus Anti-Korruption, Kartellrecht, Datenschutz oder auch anderen Themengebieten durchgeführt werden. Die zahlreichen anderen – ungeprüften – Bereiche und Deliktsarten werden dabei nicht erfasst.

61   In einem Konzern mit sehr vielen operativ tätigen Beteiligungen wird man ferner nicht alle Gesellschaften zertifizieren lassen können, sondern muss eine risikoorientierte **Auswahl** vornehmen.

62   Eine Zertifizierung **führt nicht zu einer Enthaftung von Vorstand und Aufsichtsrat**. Sie bildet allerdings ein Indiz, dass die Geschäftsleitung ihrer organisatorischen Pflicht nachgekommen ist, ein dem konkreten Risiko angemessenes CMS zu implementieren.

63   Trotz dieser Nachteile erhält man eine gewisse Sicherheit, dass die internationalen Beteiligungsgesellschaften ein als wirksam testiertes CMS implementiert haben, und erkennt, wo es ggf. Nachsteuerungs-/Verbesserungsbedarf in welchen konkreten Themenfeldern gibt. Das ist der große Mehrwert der Zertifizierung.

III. Interne Compliance-Prüfungen

64   Da man nicht alle Beteiligungsgesellschaften durch eine externe Wirtschaftsprüfungsgesellschaft zertifizieren lassen kann, kann man unterstützend Gesellschaften durch die Revision prüfen lassen. Diese Prüfung bezogen auf im Vorfeld von dem zentralen Compliance-Bereich klar definierte Mindestanforderungen kann sinnvoll in andere Prüfungen der Revision integriert werden.

65   Daneben führt die zentrale **Compliance-Abteilung** sog. Compliance Assessments durch. Sie sollen die konzerneinheitliche Ausrichtung des CMS sicherstellen, die Steuerung durch Analyse der Umsetzung in den *business units* verbessern und das CMS im Rahmen des Compliance-Qualitätsmanagements kontinuierlich verbessern. Die bisherigen Erfahrungen sind bei der Deutschen Telekom sehr positiv, denn diese Assessments fördern den Wissensaustausch im Compliance-Netzwerk und intensivieren die Kooperation.

Ferner hat die Deutsche Telekom **Compliance Checks** implementiert. Es handelt sich um anlassunabhängige Vor-Ort-Prüfungen, durch die geprüft werden sollen, ob Compliance-Vorgaben eingehalten werden.

66

> **Praxisbeispiel**
> Wenn etwa die Compliance-Vorgabe besteht, dass Reisen zu Großevents nur in Ausnahmefällen erfolgen sollten, kann geprüft werden, ob dem nachgekommen wird. Wenn es eine Compliance-Vorgabe gibt, dass risikoreiche Berateraufträge durch Compliance freizugeben sind, ist es sinnvoll zu prüfen, ob diese Vorgabe auch angewandt wird, insbesondere in den internationalen Beteiligungen.

67

Neben den Ergebnissen der eigentlichen Prüfung kann durch diese Checks festgestellt werden, ob Defizite des CMS oder einzelner Prozesse oder auch individuelles Fehlverhalten vorliegen.

68

Vogt

§ 12 Internationales Compliance-Management-System der DMG MORI AKTIENGESELL-SCHAFT

Übersicht

Executive Summary

Leitungs- und Entscheidungspflichten

Verantwortung, Steuerung und Monitoring des Aufbaus eines wirksamen CMS der DMG MORI AKTIENGESELLSCHAFT (→ Rn. 11).

Steuerungsziele

- Absicherung der Beziehungen zu Geschäftspartnern im internationalen Umfeld in Bezug auf Reputationsrisiken (→ Rn. 3, 13 f., 24, 36 ff., 47),
- Sicherstellung und Beachtung der internationalen Antikorruptionsgesetze (→ § 13 Rn. 56).

Erste Maßnahmen
- Wirksame Compliance-Kommunikation der Unternehmensleitung intern sowie gegenüber Geschäftspartnern (→ Rn. 8, 11, 31, 47 ff.),
- wirksame Compliance-Risikoanalyse als essenzielle Basis jedes wirksamen CMS (→ Rn. 18 ff., 26, 54 f.).

Umsetzungsschritte und Delegation der Compliance-Risikoanalyse
- Risiko-Scoring der Landesgesellschaften als erster Schritt (→ Rn. 19, 26, 54),
- Zerlegung in Risikoszenarien bezüglich der einzelnen Gesellschaften (→ Rn. 21 ff.),
- Risikoeinordnung nach Eintrittswahrscheinlichkeiten und Schadensauswirkungen (→ Rn. 22, 27),
- Top-down- und Bottom-up-Analyse der Risiken (→ Rn. 23, 25),
- dezentrale Compliance-Risikoanalyse (→ Rn. 26, 41, 54),
- Aufbau von spezifisch wirksamen Compliance-Maßnahmen auf den identifizierten und bewerteten Risikoszenarien (→ Rn. 26 ff.),
- Aufbau eines Compliance-Programms mit folgenden Elementen: Verhaltenskodex, Richtlinien, Verfahrensanweisungen, Selbstverpflichtungen, Helpdesk, Hinweisgebersystem, Kontrollaktivitäten, organisatorische Sicherungsmaßnahmen, Geschäftspartner Due Diligence (→ Rn. 26 ff.),
- Entwicklung eines individuellen Verantwortungsprofils des Chief Compliance Officer (→ Rn. 43),
- Compliance-Kommunikation durch den CCO (→ Rn. 47 ff.),
- Schulungen für das Management (→ Rn. 49 ff.),
- lokale Schulungen, *Train the Trainer*-Veranstaltungen, E-Learning (→ Rn. 50 f.),
- kontinuierliche CMS-Überwachung und -Verbesserung (→ Rn. 8, 53 ff.),
- periodische interne und externe Prüfungen (→ Rn. 54 f.).

A. Bedeutung internationaler Compliance-Programme

1 Unternehmen können sich bei der **Gestaltung** ihrer **Compliance-Programme nicht** auf die jeweiligen **lokalen Gesetze beschränken**. Vielmehr ist ein Compliance-Programm international aufzustellen. **Insbesondere** für **mittelständische** Unternehmen kann dies angesichts beschränkter Ressourcen (für Compliance) eine besondere Herausforderung sein – aufgrund der mit Compliance-Verstößen verbundenen potenziellen Schäden ist dies jedoch unabdingbar.

2 Compliance-Vergehen werden **weltweit** in den unterschiedlichsten Rechtsräumen immer **strenger verfolgt**. Nationale Behörden ahnden Vergehen

mit empfindlichen Strafen, wie etwa Bußgeldern oder Gewinnabschöpfungen, die bis hin zur Existenzgefährdung des betroffenen Unternehmens führen können. Ebenso sind **Sanktionen** der **Weltbank** sowie anderer multilateraler **Entwicklungsbanken** zu befürchten.

Daneben ist für das betroffene Unternehmen ein erheblicher **Reputa-** 3 **tionsverlust** zu befürchten. Kunden und **Geschäftspartner**, die ihrerseits wiederum auf die Integrität ihrer Partner achten, wenden sich häufig ab. Verstärkt wird dieser Effekt durch die globale Verfügbarkeit von Informationen. So konnte etwa der Korruptionsskandal um den brasilianischen Ölkonzern Petrobras weltweit in der Presse verfolgt werden.

Weltweit haben **176 Staaten** die **UN-Konvention gegen Korruption** 4 **(UNCAC)** unterzeichnet. Weitere internationale Vereinbarungen, wie die **OECD-Konvention** gegen die Bestechung ausländischer Amtsträger oder das Strafrechtsübereinkommen des Europarats über Korruption, führen dazu, dass sich auch die unterschiedlichen rechtlichen Grundlagen international angleichen werden. So existieren mittlerweile **in nahezu allen Ländern** mit relevanten Märkten **Anti-Korruptionsgesetze**. Bekannte Beispiele sind etwa der Foreign Corrupt Practices Act (**FCPA**) in den USA oder der UK Bribery Act (**UKBA**) in Großbritannien. **Gleiches** gilt im Bereich des **Kartellrechts**.

Viele dieser Rechtsnormen erheben den Anspruch auf eine **exterritoriale,** 5 **globale Reichweite**. Die exterritoriale Reichweite wichtiger Gesetze sowie eine **Angleichung** der rechtlichen **Rahmenbedingungen** führen auch zu einer **stärkeren Kooperation von Ermittlungsbehörden über Staatsgrenzen hinweg**.

B. Grundelemente des Compliance-Management-Systems der DMG MORI AKTIENGESELLSCHAFT

Der DMG MORI Konzern ist ein weltweit führender Hersteller von spanen- 6 den Werkzeugmaschinen und bietet innovative Dienstleistungen für den gesamten Lebenszyklus der Maschinen an: Mit einem breiten Angebot, das auch Software- und Energielösungen umfasst, verfügt das Unternehmen über eine gewachsene und diversifizierte Kundenstruktur in verschiedenen Branchen.

Den Erfolg des Unternehmens tragen 7.166 Mitarbeiter. Insgesamt 160 nati- 7 onale und internationale Vertriebs- und Servicestandorte stehen unter der weltweiten Marke DMG MORI in direktem Kontakt zu den Kunden. Gemeinsam mit dem japanischen Kooperationspartner, der DMG MORI COMPANY LIMITED, ist so eine Präsenz auf allen wichtigen Märkten weltweit gewährleistet.

8   Die nachfolgende Darstellung der Hauptaspekte des CMS orientiert sich an den Grundelementen des Prüfungsstandards IDW PS 980:
   I.   Compliance-Kultur,
   II. Compliance-Ziele,
   III. Compliance-Risiken,
   IV. Compliance-Programm,
   V.   Compliance-Organisation,
   VI. Compliance-Kommunikation,
   VII. Compliance-Überwachung und -Verbesserung.

I. Compliance-Kultur

9   Die Wirksamkeit eines **CMS** kann nur sichergestellt werden, wenn es von allen Mitarbeitern **akzeptiert** und **umgesetzt** wird. Mit anderen Worten: Ein ansonsten perfekt ausgestaltetes CMS wird zwangsläufig scheitern, wenn dieses von den betroffenen Mitarbeitern nicht akzeptiert wird.

10   Dies stellt Unternehmen insbesondere bei der Implementierung eines **internationalen** CMS vor besondere **Herausforderungen**. So sind etwa **Wertmaßstäbe** und **Moralvorstellungen** trotz der oben beschriebenen Angleichung von **Gesetzesnormen** international nach wie vor stark unterschiedlich ausgeprägt. So ist beispielsweise in China die Verteilung von – teilweise durchaus wertvollen – Geschenken im Geschäftsverkehr sehr tief in der Gesellschaftskultur verwurzelt.

11   Aus diesem Grund ist es international umso wichtiger, eine **klare Compliance-Kultur im Unternehmen** zu etablieren. Hierzu ist das **Commitment** des **Top Managements** unerlässlich. Dies bedeutet ein klares Bekenntnis zu normkonformem Verhalten und die entsprechende Umsetzung in der Organisation. Eine klare Zuständigkeit sollte so definiert werden, dass mindestens **ein Vorstands- oder Geschäftsführungsmitglied** die **Verantwortung** für das **Thema Compliance** übernimmt.[1] Diese Verantwortung ist klar im Unternehmen zu **kommunizieren** und zu demonstrieren. Die Kommunikation sollte den im Unternehmen üblichen Kommunikationskanälen angepasst erfolgen.

12   Der erforderliche *Tone from the Top*-Grundsatz bedeutet ein von Vorstand bzw. Geschäftsführung in einer Ich-Botschaft formuliertes Bekenntnis zu

---

[1]   Die operative Verantwortung für das CMS kann dabei natürlich an einen Compliance-Beauftragten delegiert werden.

Compliance, verbunden mit der klaren Erwartungshaltung, dass die Adressierten sich auch entsprechend verhalten (*leadership message*).

Dies kann idealerweise mit einem **Verhaltenskodex verbunden** werden, der nicht nur an Mitarbeiter, sondern auch an Geschäftspartner adressiert ist. Der DMG MORI Verhaltenskodex[2] adressiert hierbei in insgesamt sechs Kapiteln die Grundsätze und Wertmaßstäbe des Konzerns und wird von einer Botschaft des Vorstands flankiert. Der Kodex gilt für alle Mitarbeiter weltweit und wurde in insgesamt **22 Sprachen** übersetzt, um Mitarbeiter an allen Konzernstandorten zu erreichen.

Auch seitens der **Lieferanten** und **Geschäftspartner** erwartet DMG MORI die Einhaltung der festgeschriebenen Grundsätze. Dies lässt sich das Unternehmen im Rahmen der **Lieferantenbewertung** bestätigen. DMG MORI behält sich darüber hinaus eine Prüfung der Einhaltung dieser Vorgaben vor.

Der Compliance-Kultur wie auch der intrinsischen Compliance-Motivation der Mitarbeiter ist zudem ein **Compliance-konformes Anreizsystem** zuträglich. Hierbei ist insbesondere auf potenzielle **Zielkonflikte,** etwa mit **Umsatzzielen,** zu achten. Nicht Compliance-konformes Verhalten wird konsequent sanktioniert, was allen Mitarbeitern bewusst ist.

Überdies sollte auch **länderspezifisch** die **Integritätsprüfung** bei **Neueinstellungen** und **Beförderungen** fest in den Personalprozessen verankert sein. So werden in den USA Compliance Checks oftmals extern in Auftrag gegeben. In Deutschland hingegen wird in der Regel aufgrund der Erfahrungswerte der Vorgesetzten eine Entscheidung getroffen. Daneben besteht selbstverständlich die Möglichkeit, bei vorherigen Arbeitgebern Referenzen über die Bewerber einzuholen.

II. Compliance-Ziele

Die Unternehmensleitung legt auf **Grundlage** der **allgemeinen Unternehmensziele** und einer Analyse und Gewichtung der für das Unternehmen **bedeutsamen Regeln** die Ziele fest, die mit dem CMS erreicht werden sollen. Dies umfasst insbesondere die Festlegung der relevanten **Teilbereiche** und der in den einzelnen Teilbereichen einzuhaltenden Regeln. Wesentliche Teilbereiche des CMS bei DMG MORI sind Anti-Korruption, Kartellrecht und Exportkontrolle.

13

14

15

16

17

---

2   https://ag.dmgmori.com/de/109-compliance

III. Compliance-Risiken

18 Die **Compliance-Risikoanalyse** kann mit gutem Grund als das **Herzstück** eines internationalen CMS gesehen werden. Nur auf Basis einer dezidierten Risikoanalyse bzw. bei umfassendem Verständnis für die konkreten Risiken, denen ein Unternehmen gegenübersteht, können die Compliance-Maßnahmen zielgerichtet ausgewählt und implementiert werden. Die so generierten **Effizienzvorteile** sind gerade für Unternehmen mit begrenzten Ressourcen im Compliance-Bereich im internationalen Kontext entscheidend.

19 Für DMG MORI hat sich dabei ein **zweistufiger Ansatz** als erfolgversprechend herausgestellt. Dabei erfolgt zunächst ein **Risiko-Scoring** auf Basis inhärenter Risikofaktoren. Diese sind **leicht zu erheben** und ermöglichen so eine **rasche erste Einschätzung** zu besonders risikoanfälligen Ländern und Konzerngesellschaften. Inhärente Risikofaktoren für den Teilbereich Anti-Korruption sind dabei etwa: Korruptionsindex des Landes, Umsatz der Gesellschaft, Anzahl der Mitarbeiter oder die Häufigkeit an Behördenkontakten. Die Ausprägungen der inhärenten Risikofaktoren werden **je Gesellschaft bzw. Land** zu einem **Risiko-Score aggregiert** und Gesellschaften bzw. Länder mit einem besonders hohen Compliance-Risiko identifiziert. Diese erste Analyse kann die **Effektivität** und **Effizienz** im nächsten Schritt der Risikoanalyse deutlich **erhöhen**.

20 Den **zweiten Schritt** bildet die **eigentliche Risikoanalyse**. Hier ist zunächst die **Reichweite** der Analyse festzulegen. Aus der Praxis und auch aus Gründen der Rechtssicherheit empfiehlt es sich hier grundsätzlich, **alle Konzerngesellschaften** in die Analyse einzubeziehen. Bei der **sachlichen Reichweite** kann mit guten Gründen eine Einschränkung auf die unter Ziele definierten Teilbereiche erfolgen.

21 Als nächster Schritt erfolgt eine **Zerlegung** der **Teilbereiche** in konkrete **Risikoszenarien**. Für den Teilbereich Anti-Korruption sind dies bei DMG MORI aktive und passive Bestechung, Erpressung, Vermögensschädigung, finanzielle Unregelmäßigkeiten und Jahresabschlussmanipulation sowie Vetternwirtschaft.

22 Diese **Risikoszenarien** werden anhand ihrer **Eintrittswahrscheinlichkeit** und ihrer **Auswirkungen** bewertet. Die Auswirkung wird dabei idealerweise nicht ausschließlich monetär (z.B. als potenzielle Bußgeldzahlungen) bewertet, sondern auch Aspekte wie ein möglicher Reputationsverlust oder eine Bestandsgefährdung des Unternehmens fließen in die Bewertung ein. Die **Kriterien** der Bewertung sind in der folgenden Darstellung skizziert:

Vogt

gering	bedeutend	kritisch	existenzbedrohend
geringe finanzielle Auswirkungen	mittlere finanzielle Auswirkungen	hohe finanzielle Auswirkungen	existenzbedrohende Auswirkungen
kein Reputationsverlust	geringer Reputationsverlust	bedeutender Reputationsverlust	existenzbedrohender Reputationsverlust
keine gesetzlichen Aspekte	verwaltungsrechtliche Aspekte	strafrechtliche Aspekte	erhebliche strafrechtliche Aspekte
keine Störung des Geschäftsmodells	kleine oder mittlere Störung des Geschäftsmodells	erhebliche Störung des Geschäftsmodells	existenzbedrohende Störung des Geschäftsmodells
keine Gesundheitsbedrohung oder Lebensbedrohung	kleinere Gesundheitsgefährdungen	gesundheitliche oder lebensbedrohliche Folgen	schwere gesundheitliche oder lebensbedrohliche Folgen

Abb. 1: Kriterien zur Risikobewertung

Die **Bewertung von Risikoszenarien** kann auf verschiedene Weise **ope-** 23
rationalisiert werden: Zum einen als **Top-down-Analyse**, bei der sowohl
die Festlegung der Szenarien als auch deren Bewertung durch die Zentrale
erfolgt. Für dieses Verfahren spricht der geringe Aufwand. Allerdings ist
gerade im internationalen Kontext bei diesem Ansatz zu bedenken, dass
lokale Gegebenheiten ggf. nur unzureichend berücksichtigt werden. Auf
die Expertise der Mitarbeiter in den (ausländischen) Konzerngesellschaften
wird hierbei weitestgehend verzichtet.

Bei der alternativen **Bottom-up-Methode** zur Bewertung von Risiko- 24
szenarien erfolgt die Analyse durch die einzelnen Konzerngesellschaften.
Lokale Gegebenheiten können hierdurch berücksichtigt werden. Allerdings
besitzen die in den Konzerngesellschaften Verantwortlichen häufig nur
begrenzte Kenntnis gesellschaftsübergreifender Zusammenhänge. Zudem
dürfte auch die Risikoperzeption bei diesem Ansatz sehr entscheidend von
kulturellen Gegebenheiten geprägt sein. Beispielsweise sei die Geschenk-
kultur in China genannt, die wertvolle Geschenke im Geschäftsleben als
„normal" ansieht und diese nicht mit einem Korruptionsrisiko verbindet.

Da Top-down- und Bottom-up-Analyse jeweils spezifische Vor- und Nach- 25
teile aufweisen, hat sich DMG MORI dazu entschieden, diese **im Gegen-**
stromverfahren zu kombinieren. Dabei erfolgt die **Festlegung** der
Risikoszenarien und deren Bewertung **zunächst auf zentraler Ebene**. Das
Ergebnis wird sodann auf Ebene der **Landesgesellschaften** überprüft und
ggf. **angepasst**.

Die **dezentrale Risikoanalyse** erfolgt dabei in Form von durch den CCO 26
moderierten **Workshops** in den **Gesellschaften**. Da dies jedoch bei der Vielzahl der Konzerngesellschaften nicht jährlich für alle Gesellschaften möglich
ist, wird dabei auf die **Ergebnisse des Risiko-Scorings zurückgegriffen,**
indem **Workshops** zunächst **primär** in besonders **risikoanfälligen Län-**

dern bzw. Gesellschaften durchgeführt werden. Dies schärft zugleich noch mal das Verständnis für Risiken bzw. für die Bedeutung von Compliance insgesamt in diesen Gesellschaften. In weniger risikoanfälligen Ländern bzw. Gesellschaften erfolgt die Risikoerfassung hingegen zunächst **fragebogenbasiert**.

27   Den **identifizierten** und **bewerteten Risikoszenarien** werden **nun** die **Compliance-Maßnahmen** (Compliance-Programm → Rn. 28) **gegenübergestellt** und so **ermittelt**, inwiefern sich **Eintrittswahrscheinlichkeit** und **Auswirkung** durch die Maßnahmen auf ein akzeptables Restrisiko **reduzieren** lassen. Sollte dies nicht möglich sein, sind **weitere Maßnahmen** zu implementieren und der Prozess erneut zu durchlaufen.

IV. Compliance-Programm

28   Als Compliance-Programm wird die **Gesamtheit aller Maßnahmen** verstanden, die es dem Unternehmen ermöglichen, seine **spezifischen Compliance-Risiken** zu reduzieren und damit Compliance-Verstöße möglichst zu verhindern.

1. Verhaltenskodex

29   Der Verhaltenskodex bildet die **Grundlage** für den Umgang des Unternehmens mit all seinen **Anspruchsgruppen** und reflektiert die Einstellung des Unternehmens zu verantwortungsbewusstem, ethisch einwandfreiem und rechtmäßigem Handeln. Dieser wird **neuen Mitarbeitern** zusammen mit ihrem Arbeitsvertrag in einer Art *welcome package* übergeben. Hierzu wurde der Verhaltenskodex in insgesamt **22 Sprachen** übersetzt. **Lieferanten** und **Geschäftspartner** müssen die Akzeptanz und Einhaltung der im Kodex beschriebenen Grundsätze und Prinzipien **bestätigen**.

2. Regelungen

30   Als Regelungen werden im Folgenden sämtliche Arten von (unternehmens-)internen Vorgaben, wie etwa **Richtlinien**, **Verfahrensanweisungen**, **Selbstverpflichtungen** oder **Verhaltensstandards,** bezeichnet. Sie dienen dazu, Sachverhalte klar zu regeln und somit den Mitarbeitern eine Orientierung bei der Vermeidung von Compliance-Risiken bzw. -Verstößen zu geben. In vielen Unternehmen ist jedoch auch eine wahre **Flut von Regelungen** zu finden, die teilweise von den Mitarbeitern als **unverständlich**, **widersprüchlich** oder schlicht nicht bekannt empfunden werden.

31   Aus diesem Grund ist bei DMG MORI ein **strikter Richtlinienprozess** implementiert, der **Verfügbarkeit**, **Aktualität** und **Kommunikation** von Regelungen sicherstellt. Auch wird darauf geachtet, dass Richtlinien stets

verständlich und möglichst wenig abstrakt **formuliert** sind. Im internationalen Kontext muss außerdem sichergestellt sein, dass keine **Sprachbarrieren** entstehen. Wo also Mitarbeiter von einer Richtlinie betroffen sind, die nicht über ausreichende deutsche oder englische Sprachkenntnisse verfügen, werden diese in die lokale Landessprache **übersetzt**.

3. Helpdesk

Ein weiterer grundlegender Baustein eines Compliance-Programms ist die umfassende und **pragmatische Beratung** sowohl des Managements als auch der Mitarbeiter. Dies setzt voraus, dass die mit Compliance-Aufgaben betrauten Mitarbeiter im Unternehmen bekannt und akzeptiert sind. Zudem müssen sie das Vertrauen der Mitarbeiter besitzen. Mit dem DMG MORI Helpdesk haben sowohl Management als auch Mitarbeiter einen Anlaufpunkt für alle Compliance-relevanten Fragestellungen. Von ihm geht eine stark präventive Wirkung aus. 32

Als Erfahrung kristallisierte sich bei DMG MORI heraus, dass viele Menschen gerade bei sensibler Themenstellung ungern in einer **Fremdsprache** korrespondieren. Damit stellte sich die Frage, wie ein Compliance Helpdesk idealerweise zu besetzen ist und wie die Compliance-Funktion insgesamt personell aufgestellt sein sollte. Diese Frage ist auch vor dem Hintergrund unterschiedlicher kultureller Sozialisation zu stellen. Insoweit sei auf die nachfolgenden Ausführungen zur **Compliance-Organisation** (→ Rn. 41 ff.) verwiesen. 33

4. Umgang mit Hinweisen und Verstößen

Erreichen das Unternehmen Hinweise auf potenzielle Compliance-Verstöße, so müssen sie konsequent aufgeklärt und sanktioniert werden. Bei DMG MORI ist ein **stringenter Prozess** implementiert, der den Umgang mit Hinweisen und Verstößen regelt und Eskalationsstufen definiert. Diese Prozessregelung legt fest, wer zu informieren ist und definiert die Verantwortlichkeit der Compliance-Abteilung für die Aufarbeitung der Hinweise bzw. Verstöße. Dabei ist die Compliance-Abteilung berechtigt, andere Abteilungen, wie beispielsweise die Interne Revision, zu den Untersuchungen hinzuzuziehen. 34

5. Kontrollaktivitäten und organisatorische Sicherungsmaßnahmen

Von der Risikoanalyse ausgehend, zählen zu den risikominimierenden Maßnahmen des CMS neben organisatorischen Sicherungsmaßnahmen auch prozessintegrierte sowie prozessübergreifende **präventive** und **reaktive Kontrollen**. Hier ergeben sich Schnittstellen zum **Internen Kontrollsystem** des Unternehmens. 35

6. Geschäftspartner Due Diligence

36   DMG MORI arbeitet mit einer Vielzahl von Geschäftspartnern weltweit zusammen. Als besonderes Risiko stellt sich dabei die **Kooperation** mit **Vertriebsmittlern** dar. Hierunter sind insbesondere solche Geschäftspartner zu verstehen, die gegen Zahlung einer Provision Aufträge an DMG MORI vermitteln.

37   Vor Einschaltung eines externen Vertriebspartners wird daher in einer **Due-Diligence-Prüfung** dessen fachliche Kompetenz und Integrität überprüft. Dies erfolgt durch eine interne Analyse, die durch externe Dienstleister unterstützt werden kann. Dabei werden **Unterlagen,** wie Handelsregisterauszug, Zertifizierungen, Jahresabschlüsse samt Testaten und Referenzen, angefordert. Der **Detail-Level** der Analyse erfolgt hierbei **risikoorientiert.** So ist in **Ländern** mit einem hohen Korruptionsrisiko eine deutlich detailliertere Analyse und ggf. der Einbezug weiterer externer Analysen angezeigt. Eine **Grobeinschätzung des Risikos** wird neben dem Korruptionsindex des betreffenden Landes auch durch bereits bekannte Vorfälle aus der Vergangenheit ermöglicht.

38   Wichtige **Kriterien** für die **Einschätzung** eines potenziellen **Vertriebsmittlers** sind:
- Sind die Eigentümerverhältnisse klar?
- Bestehen intransparente Strukturen?
- Handelt es sich um eine Briefkastenfirma?
- Sind die Geschäftspraktiken des Händlers und/oder Auftragsvermittlers fragwürdig?
- Ist die Reputation fragwürdig?
- Ist der Händler und/oder Auftragsvermittler bereits auf dem Zielmarkt etabliert? Seit wann?

39   In dem **Vertrag** mit einem **Vertriebsmittler** müssen die zu erbringenden Vertriebsleistungen sowie die **Provision** bzw. Vergütung einschließlich ihrer Voraussetzungen eindeutig geregelt werden. Dabei kommen nach Möglichkeit Standardvertriebsverträge und -verkaufsbedingungen zur Anwendung, da diese Unregelmäßigkeiten durch individuelle Vereinbarungen zwischen einem Vertriebsmitarbeiter und dem Vertragspartner erschweren. Zudem ermöglichen sie Vertragsprüfungen als Auditmaßnahme. Im Rahmen von regulären **Compliance Audits** werden zudem an externe **Vertriebspartner** im In- und Ausland gezahlte **Vergütungen** und Provisionen unter dem Gesichtspunkt der Angemessenheit und ordnungsgemäßen Verbuchung überprüft.

In die **Auswahl** von **Lieferanten** fließen ebenfalls **Compliance-** und 40
Nachhaltigkeitsanforderungen ein. So werden neben technischen und
wirtschaftlichen Kriterien bei der **Lieferantenbewertung** auch Kriterien
einbezogen, die das ethisch einwandfreie Verhalten eines potenziellen
Lieferanten bewerten. Hierbei legt DMG MORI **weltweit einheitliche**
Kriterien zugrunde. Die Einhaltung auch ethischer Kriterien kann im
Rahmen von **Lieferantenaudits** überprüft werden. Sämtliche Lieferanten
verpflichten sich auf die Einhaltung der im DMG MORI Verhaltenskodex
beschriebenen Grundsätze und Prinzipien.

V. Compliance-Organisation

Die klare Festlegung und transparente Zuordnung von **Verantwortlich-** 41
keiten im CMS ist für eine angemessene Integration in das bestehende
System der Unternehmensorganisation von DMG MORI unabdingbar. Aus
diesem Grund ist ein **zentrales und dezentrales Verantwortungs- und**
Aufgabenkonzept geschaffen worden.

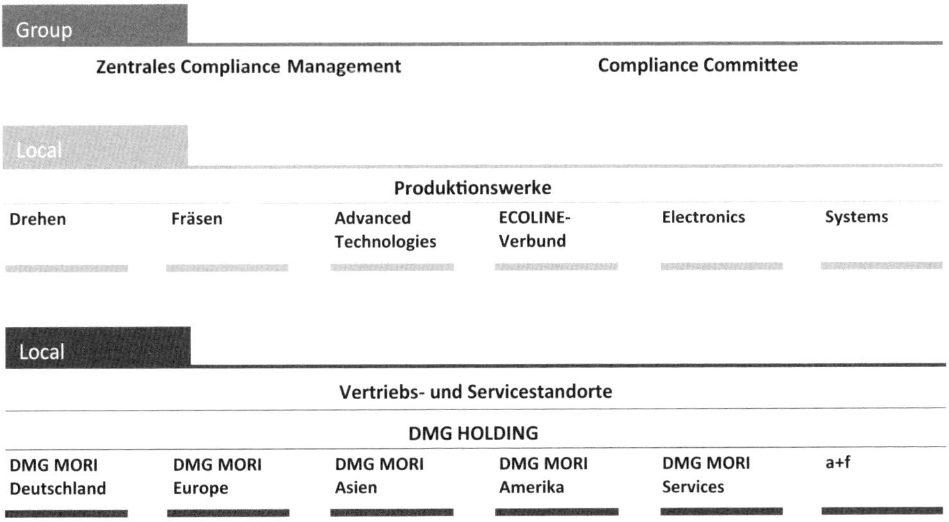

Abb. 2: Compliance-Organisationsstruktur

Auf Konzernebene ist ein **zentraler Chief Compliance Officer** für die über- 42
greifende Koordination des gesamten CMS zuständig, der **vom Vorstand**
benannt wird.

43 Die **Aufgaben und Verantwortlichkeiten** des zentralen Chief Compliance Officer zeichnen sich wie folgt ab:
- Entwicklung der strategischen und konzeptionellen Vorgehensweise des CMS,
- übergreifende Koordination des CMS,
- Compliance Risk Assessment,
- Methoden- und Richtlinienkompetenz,
- Erstellung von Compliance Reportings und Berichterstattung an zentrale Gremien (inkl. Compliance-Verstöße),
- Aufklärung und Aufarbeitung möglicher Compliance-Verstöße,
- Empfang und Bewertung von Hinweisen über Compliance-Verstöße,
- Unterstützung der lokal verantwortlichen Compliance Officer bei strategischen und konzeptionellen Fragen,
- Anlaufstelle für Führungskräfte und Mitarbeiter bei Compliance-Fragen,
- Initiierung und/oder Durchführung von Schulungsmaßnahmen,
- übergreifende Organisation von Compliance Audits,
- fortlaufende Überwachung und Überprüfung der Compliance-Strukturen, -Grundsätze und -Maßnahmen auf ihre Wirksamkeit.

44 Zur Sicherstellung der Umsetzung des CMS wird für jeden Geschäftsbereich und für jede übergreifende Region der Vertriebs- und Servicestandorte der DMG MORI AKTIENGESELLSCHAFT ein **lokal verantwortlicher Compliance Officer** eingesetzt. Für die **Vertriebs- und Servicegesellschaften** wird zudem ein **übergreifender Compliance Officer** betraut.

45 Diese Compliance-Organisationsstruktur spiegelt die operative Unternehmensstruktur des Konzerns wider und stellt eine **effektive und effiziente Steuerung** des CMS sicher. Zudem wird durch diese Compliance-Organisationsstruktur eine **direkte Berichtslinie** – insbesondere für die Meldung von Verdachtsfällen bei Compliance-Verstößen – an das zentrale Compliance Management **sichergestellt**.

46 Die **Zuständigkeit** für das **lokale CMS** und für die **Benennung** eines **lokal** verantwortlichen Compliance Officers liegt **bei der jeweiligen Geschäftsführung**. Durch ein angemessenes **Auswahlverfahren** wird sichergestellt, dass qualifizierte Mitarbeiter in Compliance-relevanten Positionen sind. Die Auswahl der lokalen Compliance Officer erfolgt dabei unter der Berücksichtigung von Integrität und ethisch einwandfreiem Verhalten. Die Verantwortlichkeiten und das vollständige **Aufgabenspektrum** der **lokalen Compliance Officer** werden in zielgruppenspezifischen Meetings besprochen.

VI. Compliance-Kommunikation

Der Erfolg des CMS ist untrennbar mit dem Erfolg der **Kommunikation** der   47
Compliance-Prozesse und -Strategien sowie der damit verbundenen **Erwartungen** an das Verhalten von Mitarbeitern und Geschäftspartnern verbunden. Die Compliance-Kommunikation muss sicherstellen, dass das Verhalten der Zielgruppen **gesteuert** wird und schließlich zu einer **Akzeptanz** des
CMS bei den Mitarbeitern und Geschäftspartnern führt.

Der **Verhaltenskodex** stellt zusammen mit den internen Regelungen einen   48
wesentlichen Bestandteil der **Unternehmensgrundsätze** von DMG MORI dar
und bildet somit die wesentliche Basis für die Compliance-Kommunikation.
Um eine nachhaltige Verankerung von Compliance im Unternehmen effektiv
zu fördern, hat DMG MORI – aufbauend auf den Verhaltensgrundsätzen und
den Compliance-Richtlinien – ein **mehrstufiges Schulungskonzept** im
Unternehmen als wesentliche Kommunikationsmaßnahme aufgesetzt.

1. Schulungen für das Management

Die **Mitglieder des Managements** sowohl der Muttergesellschaft als auch   49
der Tochtergesellschaften werden dabei durch den Chief Compliance Officer
persönlich geschult. Diese Schulungen sind **interaktiv** gestaltet und erlauben die gezielte Beantwortung individueller Fragen. Die Teilnahme an den
Schulungen sollte **dokumentiert** werden, beispielsweise durch Unterschrif-
ten der Teilnehmer. Die Ermittlung der erforderlichen Schulungsteilnehmer
erfolgt durch das Personalwesen und die lokalen Compliance Officer.

2. *Train the Trainer* und lokale Schulungen

In einem *Train the Trainer*-Konzept werden zudem die **lokal** verantwort-   50
lichen **Compliance Officer** geschult. Neben dem Aufgabenspektrum der
lokalen Compliance Officer werden in den Schulungen insbesondere auch
inhaltliche Themen zu den identifizierten Risikobereichen besprochen.

Auf dieser Basis sollen die lokalen Compliance Officer ihrerseits für ihre   51
jeweiligen Gesellschaften **Schulungen in lokaler Sprache** durchführen.
Die Durchführung der Schulungen ist inklusive einer **Unterschriftenliste**
der Teilnehmer zu dokumentieren und dem zentralen Compliance Management zur Verfügung zu stellen. Ebenso ist die **Schulungsplanung** mit dem
zentralen Compliance Management abzustimmen.

3. E-Learning

Ergänzt wird diese Wissensvermittlung durch **webbasierte Schulungen**.   52
Diese Schulungen zielen darauf ab, das Bewusstsein der Mitarbeiter für
Compliance-Risiken konzernweit kontinuierlich zu schärfen und ihnen

Grundkenntnisse der Compliance-Vorschriften zu vermitteln. Soweit erforderlich, sind die webbasierten Schulungen in **lokaler Sprache** anzubieten.

VII. Compliance-Überwachung und -Verbesserung

53 Die Angemessenheit und Wirksamkeit des CMS werden durch DMG MORI stetig überwacht und **kontinuierlich** verbessert. Diese geschieht in einem **mehrstufigen Prozess** unter **Einbeziehung** verschiedener dezentraler Stellen: In den **Konzerngesellschaften** werden **Compliance Self Assessments** durchgeführt. Hierbei werden die Gesellschaften aufgefordert, sich selbst **fragebogengestützt** hinsichtlich Compliance-Themen einzuschätzen. Die **Ergebnisse** dieser Self Assessments werden zwischen **Chief Compliance Officer** und **lokalem Compliance Officer diskutiert**. Hierdurch können sich **wertvolle Einblicke** in die Perzeption von Compliance vor Ort ergeben. Zugleich ergeben sich Einblicke, an welchen Stellen z.B. aufgrund länderspezifischer oder kultureller Gegebenheiten noch Handlungs- bzw. Anpassungsbedarf besteht.

54 Natürlich sind Self Assessments im Rahmen einer angemessenen Überwachung und Verbesserung des CMS allein nicht ausreichend. Vielmehr erfolgen auch **periodische Prüfungen** von Gesellschaften durch die Compliance-Organisation. Die Auswahl der zu prüfenden Gesellschaften erfolgt dabei **risikoorientiert**. So liegt bei DMG MORI der **Prüfungsplanung** etwa das oben beschriebene Risiko-Scoring sowie die szenariobasierte Risikoanalyse zugrunde.

55 Schließlich ist auch die **Interne Revision** in die **Überwachung** und **Verbesserung** des CMS einbezogen. Hierzu werden Prüfungen bezüglich der Einhaltung der Vorgaben des CMS jährlich durch die Konzernrevision im Rahmen des regulären Prüfungsplans durchgeführt. Die **Ergebnisse** der Prüfungen fließen in die **jährlich** durchzuführende **Compliance-Risikoanalyse** ein. Der Einbezug der Internen Revision scheint insbesondere vor dem Hintergrund der **Unabhängigkeit** der Revision **sinnvoll**. Sie ist in der Regel nicht an der Implementierung des CMS beteiligt.

Teil 4:
Wichtigste Compliance-Anwendungsbereiche

Graf / Groß

§ 13 Korruption

Übersicht

Executive Summary

Leitungs- und Entscheidungspflichten

- Überwachungs- und Organisationspflicht für die Errichtung und Aufrechterhaltung eines funktionierenden Compliance-Wesens.

Steuerungsziele

- Nachhaltiges Betonen der Korruptionsprävention als Kardinalspflicht im Unternehmen,
- Eindämmung von Mitarbeiterfehlverhalten durch Sensibilisierung für Korruptionsrisiken (→ Rn. 6).

Erste Maßnahmen

- Durchführung einer Compliance-Risikoanalyse unter Einbeziehung der betroffenen Fachabteilungen (z.B. Vertriebswesen) (→ Rn. 59 f.),
- Einführung eines unternehmensverbindlichen Compliance-Programms,
- Delegierung der Compliance-Verantwortlichkeit auf einen (ggf. dafür eingestellten) Compliance Officer.

Umsetzungsschritte und Delegation

- Aufstellung trennscharfer Regeln bezüglich der Art und Höhe von Zuwendungen sowie der Häufigkeit von Geschenken und Geschäftsessen,
- Einführung hierauf bezogener Berichts-, Melde- und Zustimmungspflichten,
- Einführung des Vier- bzw. Mehraugenprinzips im Beschaffungswesen,
- Sicherstellung einer turnusmäßigen Rotation des Personals in korruptionssensiblen Bereichen,
- Anweisung einer schriftlichen und transparenten Dokumentation von Zahlungsvorgängen,
- Aufnahme von Korruptionsklauseln in vertragliche Vereinbarungen,
- Praktizierung einer restriktiven Freigabepraxis bezüglich (politischer) Spenden,
- Unterlassung von Hospitality-Tickets und sonstigen Einladungen bei engem zeitlichen und sachlichen Zusammenhang zu einer behördlichen Entscheidung,
- Orientierung an Behördenrichtlinien über Art und Höhe der Zuwendung,
- Veranlassung einer Zuwendung an den Amsträger unter ausdrücklichem Vorbehalt der behördlichen Genehmigung,
- Führung einer transparenten Dokumentation der Kommunikationsvorgänge unter ausschließlicher Verwendung von Geschäftsadressen (insbesondere Vermeidung von privaten E-Mail-Adressen).

Wirksamkeit
- Andauernde Überwachungspflicht der Unternehmensleitung bezüglich Compliance-Konformität (→ Rn. 60),
- Aufsichtspflicht der Unternehmensleitung zur Verhinderung von Straftaten durch Mitarbeiter,
- aktive Überprüfung der Funktionalität des Berichts- und Kontrollwesens.

Ergebnis, Vorteile und Nutzen
- Vermeidung von Aufsichtspflichtverletzungen durch Leitungspersonen,
- Vermeidung von Strafverfahren und Geldbußen in empfindlicher Höhe.

A. Einleitender Überblick[1]

I. Erscheinungsformen, Umfang und Folgen von Korruption

Eine allgemein gültige oder gar gesetzliche Definition von Korruption existiert nicht. Am schlüssigsten greift die **Definition,** die Korruption als **„regelwidrigen Tausch von Vorteilen"** beschreibt.[2]   1

Korruption ist ein sehr altes Kriminalitätsphänomen.[3] Allerdings hat sich die Einschätzung innerhalb von Unternehmen, aber auch durch den Gesetzgeber und in der Folge bei Staatsanwaltschaften und der Rechtsprechung in den letzten Jahren stark geändert. Bis 1998 waren Schmiergeldzahlungen im Ausland als nützliche Aufwendungen steuerlich absetzbar. § 299 (Bestechlichkeit und Bestechung im geschäftlichen Verkehr → Rn. 33 ff.) wurde erst mit dem Korruptionsbekämpfungsgesetz vom 13.08.1997 in das Strafgesetzbuch aufgenommen. Eine Erweiterung auf den ausländischen Wettbewerb erfolgte erst mit der Einführung des § 299 Abs. 3 StGB im Jahre 2002. Die frühere Gesetzeslage führte dazu, dass **Korruptionsstraftaten** (ähnlich wie Steuerstraftaten) als eine Art **„Kavaliersdelikt"** angesehen wurden. Es bestand die weitverbreitete Meinung, dass Korruption – jedenfalls im Ausland – erforderlich sei und es sich um eine Straftat im Unternehmensinteresse handle. Rechtsanwälte und Compliance-Experten (soweit es sie damals überhaupt schon gab) wurden als weltfremde „Geschäftsverhinderer" angesehen, die einfach von der Realität keine Ahnung hätten.   2

Die vermeintliche Realität änderte sich jedoch radikal durch die Ermittlungen der Münchner Staatsanwaltschaft gegen die **Siemens AG** ab Ende 2006, die begleitet wurden von Ermittlungen der US-amerikanischen Behörden   3

---

1 Unserem Kollegen *Dr. Maximilian Philipp* danken wir für die wertvolle Mitarbeit bei der Erstellung des Manuskripts.
2 *Volk,* Verhandlungen des 61. DJT in Karlsruhe, Bd. II/1, 1996, L 35 ff.; vgl. *Kindhäuser,* ZIS 2011, S. 461 (463).
3 Schon im Alten Testament findet sich der Hinweis: „Bestechung macht die Augen des Weisen blind und verdreht die Sache dessen, der im Recht ist."

und US-Kanzleien. Mit einem Schlag wurde deutlich, dass Korruption verheerende Folgen auslösen kann. Den Individualverantwortlichen drohen jahrelange Verfahren, Untersuchungshaft, **Haftstrafen**, Verlust des Arbeitsplatzes und nicht zuletzt **wirtschaftlicher Ruin**. Aber auch den Unternehmen drohen erhebliche Reputationsrisiken, Geldbußen und Anwaltskosten in astronomischen Höhen, Wettbewerbssperren und die **Abschöpfung von Gewinnen**, die aus Straftaten erlangt sind (zur Gewinnabschöpfung → § 5 Rn. 45 ff.).

4   Alle die genannten Risiken sind mittlerweile sehr stark in das öffentliche Bewusstsein gerückt, und eine Reihe von Unternehmen war in der Vergangenheit Gegenstand entsprechender Ermittlungen. Seit einigen Jahren wird auch in der Industrie verstärkt über „gute Unternehmensführung" und Vermeidestrategien diskutiert. Hierbei zeigt sich jedoch immer wieder, dass es nicht so sehr auf einen Ethikcode oder ein Compliance-Handbuch ankommt, sondern vielmehr auf das **Vorleben von Werten durch die Unternehmensleitung**. Aber auch die Gefahr von Überreaktionen, teilweise durch harmlose Dinge wie Essenseinladungen oder Weihnachtsgeschenke, stehen im Blick und geraten so mittlerweile in den Verdacht von strafbaren Handlungen.

5   Korruptionsdelikte gehen meist mit **Steuerhinterziehungen** einher, weil Korruptionszahlungen nach § 4 Abs. 5 Nr. 10 EStG nicht abzugsfähig sind. Im Steuerstrafrecht gelten seit Ende 2008 bis zu zehnjährige Verjährungsfristen.[4] Die Frist beginnt bei Veranlagungssteuern erst mit Erlass des Steuerbescheids, sodass immer noch Sachverhalte ins Visier strafrechtlicher Ermittlungen gelangen können, die sich bereits vor 2006 ereignet haben. Gegen derartige Probleme kann auch das beste Compliance-Programm nichts ausrichten und es ist für die betroffenen Unternehmen oftmals sehr schädlich, mit Sachverhalten aus längst vergessen geglaubten Zeiten konfrontiert zu werden. Mittlerweile besteht allerdings weitestgehend Konsens darüber, dass Korruption in hohem Maße sozialschädlich ist. Sie gefährdet das für ein funktionierendes Staatswesen konstitutive Vertrauen in die Integrität staatlichen Handelns und beeinträchtigt zudem die Funktionsfähigkeit des freien Wettbewerbs.

---

4   Eine fünfjährige Verjährungsfrist gilt für die „einfache" Steuerhinterziehung, wohingegen sich die in § 370 Abs. 3 Satz 2 Nr. 1 bis 5 AO genannte zehnjährige Verjährungsfrist auf die – bei Unternehmen regelmäßig einschlägige – Steuerhinterziehung in einem besonders schweren Fall bezieht, vgl. § 370 Abs. 1 AO i.V.m. § 78 Abs. 4 Nr. 4 StGB sowie den durch das JStG 2009 vom 19.12.2008 (BGBl. 2008 I S. 2794, 2828) geänderten § 376 AO. Hinsichtlich der Möglichkeit von Straffreiheit infolge einer Selbstanzeige gilt es zu unterscheiden, dass eine Selbstanzeige gemäß § 371 AO zu ihrer Wirksamkeit der Offenlegung mindestens sämtlicher Steuerstraftaten der letzten zehn Kalenderjahre – ungeachtet einer etwaigen strafrechtlichen Verjährung – bedarf.

Insgesamt ist einleitend festzuhalten, dass Korruption nur schwer einzu- 6
dämmen ist, solange nicht in allen Ländern gleiche Standards herrschen. Es
ist vorrangig Aufgabe der Unternehmen, ihre Mitarbeiter für die drohenden
Risiken zu sensibilisieren und klarzumachen, dass es nicht im Interesse des
Unternehmens sein kann, Straftaten zu begehen.

Korruption blüht aber im Verborgenen. Deshalb ist es schwer, deren Aus- 7
maß zu schätzen. Einigkeit dürfte dahingehend bestehen, dass die von den
Strafverfolgungsbehörden aufgedeckten Taten nur einen Teil der tatsächlich begangenen Straftaten darstellen, wobei es müßig ist, über die Höhe
der „Dunkelziffer" zu spekulieren.

II. Die normative Konturierung der Korruption

Korruption hat viele Gesichter. Dem trägt der Gesetzgeber dadurch Rech- 8
nung, dass er zwischen Korruptionsdelikten mit Amtsbezug (§§ 331 ff. StGB
→ Rn. 10) und solchen im privatwirtschaftlichen Bereich (§§ 299, 300 StGB
→ Rn. 33 ff.) unterscheidet. Zudem existieren Spezialtatbestände, wie die
Betriebsratsbegünstigung gemäß § 119 BetrVG und die Abgeordnetenbestechung gemäß § 108e StGB. Jüngst hat der Gesetzgeber das „Gesetz zur
Bekämpfung von Korruption im Gesundheitswesen" in Gestalt der §§ 299a
und 299b StGB beschlossen,[5] das zum 04.06.2016 in Kraft getreten ist. Infol-
gedessen wird nunmehr auch die Gewährung von Vorteilen an Angehörige
eines Heilberufs strafrechtlich geahndet, wenn diese bei der Verordnung
von Arznei-, Heil- oder Hilfsmitteln oder von Medizinprodukten den Anbieter solcher Leistungen unlauter bevorzugen. Die Begehung von Korruptionsstraftaten geht zumeist mit weiteren Delikten, wie etwa Untreue und
Steuerhinterziehung, einher.

III. Korruptionsdelikte mit internationalem Bezug

Korruption macht auch vor Staatsgrenzen nicht halt. Der Gesetzgeber hat 9
aktuell auf diese Erkenntnis reagiert und durch das **Gesetz zur Bekämpfung der Korruption** vom 20.11.2015[6] sichergestellt, dass die Korruptionsdelikte der §§ 331 ff. StGB nunmehr auch auf Taten von und gegenüber
sog. **„europäischen Amtsträgern"** Anwendung finden. Nach der neuen
Vorschrift des § 335a StGB wird zudem die Bestechung und Bestechlichkeit
ausländischer Amtsträger unter Strafe gestellt.

---

5 Vgl. den Gesetzesentwurf der Bundesregierung vom 21.10.2015 in BT-Drucks. 18/6446 und die Beschlussemp-
fehlung des Ausschusses für Recht und Verbraucherschutz vom. 13.04.2016 in BT-Drucks. 18/8106.
6 Gesetz zur Bekämpfung der Korruption, BGBl. 2015 I Nr. 46, S. 2025.

B. Strafbarkeit von Korruption

I. Korruption mit Amtsbezug, §§ 331 ff. StGB

10 Von den §§ 331 ff. StGB erfasst sind zunächst die Tatbestände der **Vorteilsnahme** (§ 331 StGB) und der **Bestechlichkeit** (§ 332 StGB) als Delikte des Amtsträgers. Spiegelbildlich hierzu sind Tatbestände für den Vorteilsgeber in § 333 StGB (**Vorteilsgewährung**) und § 334 StGB (**Bestechung**) normiert. Dabei knüpft die Systematik der „klassischen" Korruptionsdelikte an die Frage der Pflichtwidrigkeit der zugrunde liegenden Handlung an: Vorteilsnahme bzw. -gabe bezieht sich auf rechtmäßige, Bestechlichkeit und Bestechung beziehen sich auf pflichtwidrige Diensthandlungen.[7]

1. Täterkreis

11 Voraussetzung für die Anwendung der §§ 331 ff. StGB ist die **Beteiligung eines Amtsträgers**.

12 Wer Amtsträger ist, richtet sich nach § 11 Abs. 1 Nr. 2 StGB.[8] Danach sind Amtsträger zunächst **„klassische" Beamte**. Hierzu gehören auch **Minister**, **Bürgermeister** und **Landräte**, nicht aber Bundes- und Landtagsabgeordnete sowie kommunale Mandatsträger.[9]

13 Amtsträger können aber auch **Angestellte juristischer Personen des Privatrechts** sein, sofern diese Gesellschaften als sog. „sonstige Stellen" Behörden gleichzustellen sind. Dies soll insbesondere dann der Fall sein, wenn sie bei ihrer Tätigkeit öffentliche Aufgaben wahrnehmen und dabei derart staatlicher Steuerung unterliegen, dass sie bei einer Gesamtbetrachtung der sie kennzeichnenden Merkmale als **„verlängerter Arm des Staates"** erscheinen.[10]

14 Eine staatliche Steuerung ist ausgeschlossen, wenn ein Privater an dem privatrechtlich organisierten gemischtwirtschaftlichen Unternehmen aus dem Bereich der Daseinsvorsorge in einem Umfang beteiligt ist, dass er durch eine Sperrminorität wesentliche unternehmerische Entscheidungen mitbestimmen kann.[11]

---

7 § 335 StGB setzt darüber hinaus das Unterlassen der Diensthandlung bzw. der richterlichen Handlung im Sinne der §§ 331 ff. StGB gleich.

8 Amtsträger ist, wer nach deutschem Recht a) Beamter oder Richter ist, b) in einem sonstigen öffentlich-rechtlichen Amtsverhältnis steht oder c) sonst dazu bestellt ist, bei einer Behörde oder bei einer sonstigen Stelle oder in deren Auftrag Aufgaben der öffentlichen Verwaltung unbeschadet der zur Aufgabenerfüllung gewählten Organisationsform wahrzunehmen.

9 BGH, Urt. v. 09.05.2006 – 5 StR 453/05, Ls. 1 = RS0795722.

10 BGH, Urt. v. 18.04.2007 – 5 StR 506/06 = RS0796793; BGH, Urt. v. 03.03.1999 – 2 StR 437/98, Rn. 7 = RS0711519.

11 BGH, Urt. v. 02.12.2005 – 5 StR 119/05, Rn. 21 ff. = RS0795293.

Graf / Groß

Praxisbeispiel

15

Im Fall **Kölner Müllskandal** befand sich das betreffende Unternehmen mehrheitlich im Eigentum der öffentlichen Hand. Ungeachtet der Mehrheitsbeteiligung und des unmittelbaren Bezugs zur öffentlichen Daseinsvorsorge befand der BGH, dass eine Strafbarkeit nach § 331 StGB mangels Amtsträgereigenschaft ausscheide. Das Unternehmen unterliege – infolge der gesellschaftsrechtlich verankerten Sperrminorität der privaten Gesellschafterin in Höhe von 25,1% – nicht mehr der staatlichen Steuerung, da hierdurch der öffentlichen Hand wesentliche unternehmerische Entscheidungen entzogen worden seien.

Bei **Unternehmen in Alleininhaberschaft der öffentlichen Hand** ist eine Einzelfallprüfung erforderlich, ob bei einer Gesamtbewertung aller relevanten Umstände die Gleichstellung mit einer Behörde gerechtfertigt ist.[12] Dies hat der BGH etwa bei dem Geschäftsführer einer Körperschaft des öffentlichen Rechts (Bayerisches Rotes Kreuz) verneint, weil es dem Unternehmen an der rechtlichen und tatsächlichen Eingliederung in den Staatsapparat fehle.[13]

16

Die vorgenannten Beispiele verdeutlichen, dass die **Bestimmung der Amtsträgereigenschaft schwierig** ist und sich jede schematische Betrachtung verbietet.[14]

17

Praxistipp

18

In der Praxis sollte bei Abgrenzungsschwierigkeiten im Zweifel von einer Amtsträgereigenschaft ausgegangen werden. Dies sollte jedenfalls immer dann geschehen, wenn der Betreffende
- hoheitliche Aufgaben ausführt,
- bei einer Gesellschaft in Alleininhaberschaft der öffentlichen Hand beschäftigt ist, die nicht rein erwerbswirtschaftlich tätig ist,
- bei einem gemischtwirtschaftlichen Unternehmen der öffentlichen Daseinsvorsorge tätig ist, bei dem der private Anteilseigner keinen wesentlichen Einfluss ausübt.

2. Begriff des Vorteils

Korruptionsdelikte verlangen das Versprechen oder das Fordern bzw. die Hingabe oder Entgegennahme eines Vorteils. Der **Begriff des Vorteils** ist **weit auszulegen:** Vorteil ist jede Leistung, auf die der Amtsträger keinen

19

---

12 BGH, Urt. v. 21.12.2005 – 3 StR 470/04, Rn. 13 = DB 2006, S. 323; BGH, Urt. v. 14.11.2003 – 2 StR 164/03, Rn. 9 = RS0792685.
13 BGH, Urt. v. 15.03.2001 – 5 StR 454/00, Ls. 1 = RS0712660.
14 Infolge einer in der Rspr. erkennbar starken Würdigung von Umständen des Einzelfalls ist die Aufzählung von pauschalen Beispielen von „Amtsträgern" nur begrenzt sachdienlich. Nichtsdestotrotz ist das Vorstandsmitglied einer Landesbank bzw. Sparkasse typischerweise als Amtsträger zu qualifizieren. Typische Bereiche der öffentlichen Daseinsvorsorge und damit für die Annahme einer Amtsträgerschaft naheliegend, sind die Müllentsorgung, die Wasserversorgung, der öffentliche Personennahverkehr und die Fernwärmeversorgung.

Anspruch hat und die zu einer objektiven Besserstellung in wirtschaftlicher, rechtlicher oder persönlicher Hinsicht führt.[15] Obwohl materielle Zuwendungen den Hauptanwendungsfall bilden, kommt jedwede objektiv bestimmbare Besserstellung, z.B. auch eine in Aussicht gestellte Beförderung, in Betracht.[16]

20 Die Höhe der Zuwendung ist dabei grundsätzlich unerheblich. Der **Rabatt** auf eine überteuerte Gegenleistung fällt ebenso unter den Vorteilsbegriff wie eine Leistung, die der Amtsträger ggf. auch von einem anderen hätte erhalten können.[17] Wegen dieser Weite des Vorteilsbegriffs ist es erforderlich, die Mitarbeiter hierfür zu sensibilisieren, ohne den Eindruck zu erwecken, dass bereits normale soziale Verhaltensweisen strafbare Handlungen darstellen.

21 Strafrechtliche Risiken bestehen etwa beim Verschenken von sog. **Hospitality-Tickets** an einen Amtsträger. Hier entfällt ein Vorteil nicht allein deshalb, weil der Amtsträger durch den Besuch einer Sportveranstaltung auch dienstliche Aufgaben im Sinne öffentlicher Repräsentationspflichten wahrnimmt. Mitunter genügt für die Annahme eines Vorteils, dass mit dem Besuch das persönliche Interesse des Amtsträgers befriedigt wird.[18] Klare Richtlinien für eine verbindliche rechtliche Einschätzung existieren nicht,[19] weshalb Hospitality-Tickets an Amtsträger nur in Ausnahmefällen vergeben werden sollten.

22 Auch sonstige Einladungen an Amtsträger – etwa zu **Geschäftsessen** – sollten restriktiv gehandhabt werden. Einladungen in sachlicher oder zeitlicher Nähe zu dienstlichen Entscheidungen des Amtsträgers sollten in jedem Fall unterbleiben.

23 Selbst **Einladungen zu Veranstaltungen** und Kongressen können einen Vorteil im Sinne der Korruptionstatbestände darstellen.[20] Man wird hier nur dann argumentieren können, dass die Einladung ausschließlich die Dienstausübung des Amtsträgers fördert, wenn die Veranstaltung eindeutig fachlich ausgerichtet ist.

---

15 St. Rspr., vgl. etwa BGH, Urt. v. 26.05.2011 – 3 StR 492/10, Rn. 24 = RS0800373.
16 BGH, Urt. v. 11.04.2001 – 3 StR 503/00, Rn. 21 = RS0712728.
17 BGH, Urt. v. 11.04.2001 – 3 StR 503/00, Ls. (Fn. 16); MünchKommStGB/*Krick*, § 299 Rn. 18 m.w.N.
18 BGH, Urt. v. 14.10.2008 – 1 StR 260/08, DB 2008, S. 2532, in Bezug auf die Gewährung von Eintrittskarten eines Fußball-WM-Spiels, zu dem der Angeklagte über seinen Dienstherrn freien Eintritt gehabt hätte.
19 Vgl. die Hilfestellung zur Einschätzung ordnungsgemäßen Vorgehens durch den S20-Leitfaden der Sponsorenvereinigung S20, des DOSB und des BMI, abrufbar als pdf-Datei unter: http://www.dosb.de/fileadmin/fm-dosb/downloads/recht/Sponsoren_S20_leitfaden_250711.pdf, zuletzt abgerufen am: 30.09.2015; zu dessen Beurteilung *Leitner*, in: Livonius/Graf/Wolter/Zöller (Hrsg.), FS Feigen, S. 147 (163).
20 BGH, Urt. v. 23.10.2002 – 1 StR 541/01 = RS0713662.

Praxistipp 24

Der dienstliche Charakter einer Fachveranstaltung darf nicht durch ein aufwendiges Freizeitangebot oder die Einladung des Lebenspartners überlagert werden. Generell ist auf einen fachlichen Rahmen der Veranstaltung zu achten. Die Veranstaltung sollte nicht an touristisch attraktiven Orten durchgeführt werden.

Besondere Probleme bereitet der Praxis der seit 1997 vom Tatbestand erfasste 25 sog. „Drittvorteil". Seit der sog. *Schulfotografen*-Entscheidung des BGH[21] steht fest, dass auch ein der Anstellungskörperschaft des Amtsträgers zufließender Vorteil vom Tatbestand der Korruptionsdelikte erfasst wird. Dadurch wird *public fundraising* durch einen Bürgermeister zum strafrechtlichen Risiko. Unternehmen sind gut beraten, darauf zu achten, Wohltaten für das Gemeinwesen als *good corporate citizen* zu erbringen und diese Wohltaten nicht etwa mit der Vorstellung zu verbinden, einen Auftrag von der öffentlichen Hand zu erhalten.

3. Unrechtsvereinbarung

§§ 331 ff. StGB verlangen eine Verknüpfung zwischen Vorteilszuwendung 26 und den Dienstgeschäften des Amtsträgers. Die sog. „Unrechtsvereinbarung" ist das **„Kernstück aller Bestechungsdelikte"**.[22] Erforderlich ist eine ausdrückliche oder stillschweigende Übereinkunft zwischen dem Zuwendenden und dem Amtsträger dahingehend, dass der erlangte oder in Aussicht gestellte Vorteil seinen Grund gerade in einer erstrebten Diensthandlung oder Dienstausübung hat und die Zuwendung mithin als „Äquivalent" der dienstlichen Tätigkeit fungieren soll.

Unter Compliance-Gesichtspunkten ist in diesem Zusammenhang besonders zu berücksichtigen, dass es ausreicht, wenn ein Vorteil für die künftige 27 oder vergangene Dienstausübung im Allgemeinen gefordert, versprochen oder angenommen wird. Deshalb kann sich die Strafbarkeit wegen Vorteilsannahme oder Vorteilsgewährung auch auf solche Fälle erstrecken, in denen durch einen Vorteil nur das generelle Wohlwollen des Amtsträgers erkauft wird (sog. „Klimapflege").[23]

Die Abgrenzung von strafrechtlich relevantem und straflosem Verhalten 28 ist danach schwierig. Viele Staatsanwaltschaften neigen aber dazu, eine Unrechtsvereinbarung grundsätzlich bei der Gewährung von Vorteilen zu unterstellen. Ob die Grenze zur Strafbarkeit überschritten ist, bestimmt sich

---

21 BGH, Urt. v. 26.05.2011 – 3 StR 492/10 (Fn. 15).
22 BGH, Urt. v. 14.10.2008 – 1 StR 260/08, Rn. 32 (Fn. 18).
23 Vgl. BT-Drucks. 13/8079, S. 15.

nach einer Gesamtschau aller im Einzelfall vorliegenden Indizien. Nach der Rechtsprechung gehören hier insbesondere die Beziehung des Vorteilsgebers zu den dienstlichen Aufgaben des Amtsträgers, die Plausibilität einer anderweitigen Zielsetzung der Zuwendung sowie die Vorgehensweise in Bezug auf die Vorteilszuwendung.[24]

29 **Praxistipp**

In der Praxis sollte dafür Sorge getragen werden, dass Zuwendungen von Vorteilen vollkommen transparent erfolgen. Korrespondenz sollte ausschließlich über die dienstliche Anschrift des Amtsträgers geführt werden. Zudem sollte darauf geachtet werden, intern die tatsächliche, nicht in der Einflussnahme auf den Amtsträger liegende Zielsetzung der Zuwendung zu dokumentieren.

4. Genehmigungsmöglichkeit nach § 331 Abs. 3 bzw. § 333 Abs. 3 StGB

30 Die Genehmigung nach § 331 Abs. 3 StGB gewährt einen durchgreifenden Sanktionsschutz für den Fall, dass sich der Täter einen nicht von ihm geforderten Vorteil versprechen lässt oder annimmt und die zuständige Behörde im Rahmen ihrer Befugnisse die Annahme vorher genehmigt hat oder der Täter unverzüglich bei ihr Anzeige erstattet und sie die Annahme genehmigt. Ausweislich des Wortlauts gilt die Genehmigungsmöglichkeit nur für pflichtgemäße Handlungen. Ebenso wenig kommt die Strafbefreiung in Betracht, wenn der Amtsträger den Vorteil fordert.[25] Der Schutz des § 331 Abs. 3 StGB gilt gemäß § 333 Abs. 3 StGB entsprechend für den Vorteilsgewährenden. Ein wesentlicher Unterschied folgt indes aus dem Umstand, dass es sich der Einflusssphäre und häufig auch der Kenntnis des Gewährenden entzieht, ob der Vorteilsnehmende überhaupt ein Genehmigungsverfahren (erfolgreich) eingeleitet hat.

31 **Praxistipp**

Für den Gewährenden empfiehlt es sich daher: a), den Vorteil stets unter dem (ausdrücklichen) Vorbehalt einer wirksam erteilten Genehmigung durch die sachlich und örtlich zuständige Behörde anzubieten;26 b), sich an den behördenseits erlassenen Richtlinien und Verordnungen zu orientieren, denen sich grundsätzliche Vorgaben für die regelgemäße Annahme von Vorteilen entnehmen lassen.[27]

32 Üblicherweise werden heute Einladungen mit entsprechenden Hinweisen versehen, die etwa wie folgt formuliert werden können: „Den geldwerten Vor-

---

24 BGH, Urt. v. 21.06.2007 – 4 StR 99/07, Rn. 28 f. = RS0796952; vgl. Szesny/Kuthe/*Görtz*, § 26 Rn. 39.
25 *Greeve*, S. 142.
26 MünchKommStGB/*Korte*, § 333 Rn. 31 mit Verweis auf diesbezügliche Einzelfragen in Rn. 15.
27 Vgl. die Gemeinsame Verwaltungsvorschrift des Ministerpräsidenten und der Ministerien über das Verbot der Annahme von Belohnungen, Geschenken und sonstigen Vorteilen durch Beschäftigte des Landes Brandenburg (VV VAnBGV) v. 05.09.2012, abrufbar unter: http://bravors.brandenburg.de/de/verwaltungsvorschriften-220903, zuletzt abgerufen am: 01.03.2016; vgl. ferner Rotsch/*Beckemper*, § 12 Rn. 25.

Graf / Groß

teil haben wir gemäß § 37b EStG für Sie versteuert. Bitte denken Sie an die Einholung einer ggf. erforderlichen Genehmigung." Es ist dringend ratsam, sich entsprechende Genehmigungen bei Zweifelsfällen vorlegen zu lassen.

II. Korruption im geschäftlichen Verkehr, § 299 StGB

Vergleichbar der Systematik der §§ 331 ff. StGB pönalisiert § 299 StGB die Bestechlichkeit in Abs. 1 und die Bestechung in Abs. 2.; in Abgrenzung zu den §§ 331 ff. StGB verlangt die Norm einen Bezug zum geschäftlichen Verkehr.[28] 33

1. Täterkreis: Abgrenzung zur Korruption im Bereich der öffentlichen Verwaltung

§ 299 StGB statuiert mit Blick auf den Täterkreis einen Unterschied zwischen Abs. 1 und 2. 34

Während § 299 Abs. 2 StGB von **jedermann** begangen werden kann, ist die Strafbarkeit nach § 299 Abs. 1 StGB entsprechend der dogmatischen Charakterisierung als echtes Sonderdelikt auf **Angestellte und Beauftragte** eines geschäftlichen Betriebs beschränkt.[29] 35

a) Angestellter

Angestellter ist, wer aufgrund eines Vertrags in einem **weisungsgebundenen Dienst-, Werk- oder Auftragsverhältnis** zum Inhaber eines Geschäftsbetriebs steht, wenngleich es auf die Wirksamkeit des Vertragsverhältnisses nicht ankommt, sondern insoweit die faktische Einwirkungsmöglichkeit auf den Betrieb maßgeblich ist.[30] Angestellte sind danach auch der (ohne förmliche Bestellung eingesetzte) **Geschäftsführer** einer KG oder **GmbH**[31] und **Vorstandsmitglieder** einer **AG.**[32] 36

Kein Angestellter in diesem Sinne ist hingegen der geschäftsführende **Alleingesellschafter einer GmbH oder Ein-Personen-AG.**[33] Denn der Alleingesellschafter steht nicht einem Angestellten, sondern – als wirtschaftlicher Eigentümer – vielmehr einem Betriebsinhaber gleich, (sog.) 37

---

28 So können auch Beamte einer öffentlich-rechtlichen Körperschaft § 299 StGB verwirklichen, wenn sie durch ihr fragliches Handeln am Wirtschaftsverkehr teilnehmen und somit gerade nicht hoheitlich handeln, vgl. MünchKommStGB/*Krick*, § 299 Rn. 4. Entsprechend hat die Rspr. in Bezug auf den Geschäftsführer einer GmbH, deren einziger Gesellschafter eine Körperschaft des öffentlichen Rechts ist, entschieden, vgl. BGH, Urt. v. 15.03.2001 – 5 StR 454/00; Ls. 1 (Fn. 13).
29 Deshalb befasst sich der vorliegende Beitrag im Schwerpunkt mit dem Täterkreis des § 299 Abs. 1 StGB.
30 NK-StGB/*Dannecker*, § 299 Rn. 19; LK/*Tiedemann*, § 299 Rn. 11; MünchKommStGB/*Krick*, § 299 Rn. 4.
31 MünchKomm StGB/*Krick*, § 299 Rn. 4; Achenbach/Ransiek/*Rönnau*, S. 220 (239).
32 So auch LK/*Tiedemann*, § 299 Rn. 14; *Greeve*, S. 203.
33 Vgl. MünchKommStGB/*Krick* § 299 Rn. 4 mit abweichender zutreffender Ansicht in Bezug auf den geschäftsführenden Mitgesellschafter einer GmbH. *Fischer*, § 299 Rn. 8a, erscheint hingegen in Anlehnung an § 266 StGB (rechtliche Selbstständigkeit der juristischen Person) eine Strafbarkeit für vertretbar.

straflose Betriebsinhaberbestechung.[34] Dementsprechend erfasst der Täterkreis weder **Selbstständige** noch den (alleinigen) Gesellschafter.

38   Anders ist dies wiederum für den geschäftsführenden **Alleingesellschafter der Komplementär-GmbH einer GmbH & Co. KG** zu beurteilen, da die KG aus Sicht des GmbH-Geschäftsführers eine andere betriebliche Einrichtung ist, auf deren Entscheidungen dieser Einfluss auszuüben vermag.[35]

b) Beauftragter

39   Dem weit auszulegenden Begriff des Beauftragten unterfällt, wer nicht Betriebsangehöriger oder -inhaber, gleichzeitig aber befugtermaßen für den Betrieb geschäftlich tätig ist und zumindest mittelbar auf Unternehmensentscheidungen Einfluss ausüben kann.[36] Der Begriff hat Auffangfunktion und ist daher weit auszulegen.[37] Kennzeichnend ist für einen Beauftragten, dass er bei seiner geschäftlichen Tätigkeit ausschließlich an die Interessen des Geschäftsherrn gebunden ist, weshalb es ihm auch verwehrt wäre, ein Entgelt von einer anderen Vertragspartei anzunehmen.[38] Als Beauftragte kommen danach etwa Aufsichtsratsmitglieder,[39] Handelsvertreter[40] oder freiberufliche Ingenieure[41] in Betracht.

2. Tathandlungen und Vorteil

40   Für die Tathandlung und den zu gewährenden Vorteil gelten die bei den Amtsdelikten gemachten Ausführungen entsprechend; einen Unterschied macht insoweit nur der erforderliche Zusammenhang zum geschäftlichen Verkehr.

3. Unlautere Bevorzugung im Wettbewerb

41   Die Unrechtsvereinbarung muss sich auf eine zukünftige unlautere Bevorzugung im Wettbewerb bei dem Bezug von Waren oder gewerblichen Leistungen beziehen.[42] **Unlautere Bevorzugung** stellt dabei die für einen Beteiligten gegebene Besserstellung auf sachwidrigen Erwägungen beruhende Entscheidung im Hinblick auf mehrere Mitbewerber dar. Nicht notwendig ist, dass die erhoffte Besserstellung auch tatsächlich eintritt.[43]

---

34 MünchKommStGB/*Krick*, § 299 Rn. 4; Achenbach/Ransiek/*Rönnau*, S. 220 (239).
35 Achenbach/Ransiek/*Rönnau*, S. 220 (239), der jedoch offenlässt, ob in diesem Fall die Stellung eines „Angestellten" oder eines „Beauftragten" anzunehmen ist.
36 *Fischer*, § 299 Rn. 10; MünchKommStGB/*Krick*, § 299 Rn. 5.
37 Erstmals BGH, Urt. v. 13.05.1952 – 1 StR 670/51, Rn. 15 („Begriff ist weit zu fassen"); *Fischer*, § 299 Rn. 10.
38 BGH, Urt. v. 27.03.1968 – I ZR 163/65.
39 MünchKommStGB/*Krick*, § 299 Rn. 5.
40 BGH, Urt. v. 27.03.1968 – I ZR 163/65, Ls.
41 BGH, Urt. 15.05.1997 – 1 StR 233/96, Ls. = RS0781832.
42 Vgl. den Überblick bei Lackner/Kühl/*Heger*, § 299 Rn. 5.
43 Vgl. Rotsch/*Beckemper*, § 12 Rn. 46.

Graf / Groß

Es kommt nicht darauf an, dass die fragliche Bevorzugung in ihrer kon- 42
kreten Gestalt, d.h. in allen Einzelheiten (Zeitpunkt, Anlass, Ausführungs-
weise) bereits feststeht. Ausreichend ist vielmehr eine „in groben Umrissen
erkennbar[e] und festgelegt[e]" Bevorzugungshandlung.[44] Davon ausgenommen sind allerdings solche Zuwendungen, die nur das allgemeine Wohlwollen seitens des Empfängers bewirken sollen oder der gewöhnlichen
„Klimapflege" dienen.[45]

Breiter Konsens besteht dahingehend, dass sozialadäquate Zuwendungen 43
die Voraussetzungen des § 299 StGB nicht erfüllen.[46] **Kleinere Werbe-
geschenke** oder auch die **Einladung zu einem Geschäftsessen** werden
aus dem Bereich des Tatbestands ausgenommen.[47] Dabei werden die Grenzen noch sozialadäquater Zuwendungen bei § 299 StGB grundsätzlich weiter gezogen als im Kontext der Tatbestände der Amtsträgerkorruption,[48]
denn die gesellschaftlichen Üblichkeiten fallen in den beiden Bereichen
auseinander und auch das Rechtsgut der Amtsträgerbestechungsdelikte ist
weitaus „empfindlicher" als das der Angestelltenbestechung.[49] Auch höher-
wertige Zuwendungen dürften im Einzelfall möglich sein, soweit sie zum
individuellen Lebenszuschnitt des Betroffenen passen.[50]

4. Geschäftsherrenmodell

Der Stoßrichtung der Strafbarkeit geschäftlicher Korruption entspricht es, 44
das „Erkaufen" einer unlauteren Bevorzugung im Wettbewerb zu unterbinden. Folgerichtig schied bis vor Kurzem eine Korruptionsstrafbarkeit
aus, wenn es an einer Wettbewerbsverzerrung fehlte. Durch das Gesetz
zur Bekämpfung der Korruption ist – mit Einfügung von Abs. 1 Nr. 2 bzw.
Abs. 2 Nr. 2 – die Reichweite von § 299 StGB auf „Pflichtverletzungen gegenüber dem Unternehmen" ausgedehnt worden. Strafbar ist danach auch
ein Verhalten von Angestellten oder Beauftragten, das zu einer Verletzung
von Pflichten gegenüber dem Geschäftsherrn führt. Die Reichweite der
Neuregelung ist unklar. De facto dürften es Unternehmen künftig selbst
in der Hand haben, durch interne Regeln die Strafbarkeit eines Verhaltens
mitzubestimmen.

---

44 BGH, Urt. v. 14.07.2010 – 2 StR 200/10, Rn. 15 = RS0799579 mit Verweis auf BGH, Urt. v. 29.02.1984 –
    2 StR 560/83 = RS0773496; vgl. auch MAH WirtschaftsstrafR/*Greeve/Dörr*, § 20 Rn. 224.
45 Rotsch/*Beckemper*, § 12 Rn. 45; Volk/*Greeve/Dörr*, § 20 Rn. 224; *Fischer*, § 299 Rn. 13.
46 Vgl. etwa NK-StGB/*Dannecker*, § 299 Rn. 39 f.; MAH WirtschaftsstrafR/*Greeve/Dörr*, § 20 Rn. 221; SK-StGB/
    Rogall, § 299 Rn. 44; LK/*Tiedemann*, § 299 Rn. 28, 58.
47 Vgl. Achenbach/Ransiek/*Rönnau*, S. 220 (252) m.w.N. und unter Verweis auf BGH, Urt. v. 30.01.1959 –
    I ZR 82/57; vgl. auch NK-StGB/*Dannecker*, § 299 Rn. 40.
48 Vgl. statt vieler etwa Müller-Gugenberger/Bieneck/*Blessing*, § 53 Rn. 56.
49 Achenbach/Ransiek/*Rönnau*, S. 220 (252).
50 Unter Umständen kann deshalb auch die einmalige Einladung eines Geschäftspartners mit einem Hospitality-
    Ticket strafrechtlich unbedenklich sein, gleichwohl lassen sich klare Grenzen hier nicht ausmachen, vgl. hierzu
    etwa *Leitner*, in: Livonius/Graf/Wolter/Zöller (Hrsg.), FS Feigen, S. 147 (161 f.).

45 **Praxistipp**

Für Unternehmen sollte daher die Gesetzesänderung Anlass zu einer gründlichen Überprüfung insbesondere der Compliance-Regeln sein. Insbesondere „überregulierte" Unternehmen sollten sich die Frage stellen, welche Pflichtenkataloge vor dem Hintergrund des § 299 StGB wirklich notwendig sind.[51]

III. Weitere Korruptionsdelikte und typische Begleittaten
1. Spezielle Korruptionstatbestände
a) Korruption im Zusammenhang mit Betriebsverfassungsorganen, § 119 BetrVG

46 Eine arbeitsrechtliche Ausprägung der Korruptionsdelikte ist in § 119 Abs. 1 Nr. 3 BetrVG verankert, in der die Betriebsratsbegünstigung unter Strafe gestellt ist. Der Tatbestand ist weit gefasst. Es bedarf weder einer Unrechtsvereinbarung in dem Sinne, dass der gewährte Vorteil in Zusammenhang mit der Amtsführung des Betriebsrats steht noch kommt es auf eine unlautere Bevorzugung des Wettbewerbs an. Andererseits erfasst die Norm keine gewährten Drittvorteile. Deutlich weicht die Norm letztlich von der Systematik der Bestechungsdelikte darin ab, dass für den Betriebsrat selbst die Entgegennahme des Vorteils straflos bleibt.[52]

b) Abgeordnetenbestechung, § 108e StGB

47 Die in § 108e StGB normierte Abgeordnetenbestechung erfasst auch **Mandatsträger kommunaler Gebietskörperschaften** (Kreis-, Stadt- und Gemeinderäte). Andererseits verlangt die gesetzliche Neufassung, dass der Mandatsträger „im Auftrag oder auf Weisung" des Vorteilsgebers handelt, da durch § 108e StGB jene Fälle erfasst werden sollen, in denen der Mandatsträger das Partikularinteresse des Zuwendenden über seine eigene Gewissensentscheidung stellt.[53]

48 Für die Praxis bedeutet dies, dass eine maßvolle „politische Landschaftspflege" nach wie vor nicht untersagt ist.[54] Wird konkret auf die Mandatsführung Einfluss genommen, bleibt abzuwarten, ob ein Handeln „im Auftrag oder auf

---

51 Vgl. *Bielefeld*, Compliance 04/2015, S. 7 (7). Ein Konflikt besteht dabei insoweit, als einerseits das Verhalten von Mitarbeitern beim Bestehen von „über Gebühr" gefassten Compliance-Vorschriften vorschnell in den Strafbarkeitsbereich fallen könnte, andererseits Unternehmen darauf bedacht sein müssen, Compliance-Vorschriften nicht zu großzügig zu handhaben.

52 *Rieble*, CCZ 2008, S. 121 (125); für den grundsätzlich straffrei bleibenden Betriebsrat verbleibt es jedoch bei den Grundsätzen über die Strafbarkeit von Teilnehmern.

53 Vgl. BT-Drucks. 18/476, S. 7.

54 *Michalke*, Compliance-Berater 2014, S. 215 (217): „Wenn der Mandatsträger sich dagegen durch den Vorteil zu seiner Handlung bestimmen lasse und seine innere Überzeugung den Interessen des Vorteilsgebers unterordne, liege darin eine ‚Kommerzialisierung des Mandats', die im Widerspruch zu Art. 38 Abs. 1 Satz 1 GG stünde, wonach Abgeordnete an Aufträge und Weisungen nicht gebunden und nur ihrem Gewissen unterworfen seien."

Graf / Groß

Weisung" auch dann strafbar ist, wenn der betreffende Auftrag oder die Weisung tatsächlich mit der inneren Überzeugung des Mandatsträgers in Einklang steht.[55]

Für das Tatbestandsmerkmal des Vorteils besteht eine Differenzierung zwischen Vorteilen gerechtfertigter und ungerechtfertigter Art, wobei sich eine Einschränkung ausdrücklich aus § 108e Abs. 4 StGB ergibt. Demnach liegt ein ungerechtfertigter Vorteil nicht vor, wenn die Annahme „im Einklang mit den für die Rechtsstellung des Mitglieds maßgeblichen Vorschriften steht", der Vorteil in Form eines politischen Mandats bzw. einer politischen Funktion gewährt wird oder einer nach dem Parteiengesetz oder entsprechenden Gesetzen zulässigen Spende entspricht.   49

2. Typische Begleitdelikte: Untreue, Steuerhinterziehung und Geldwäsche

In der Praxis werden nicht selten neben Korruptionsdelikten auch weitere Strafdelikte, wie die Steuerhinterziehung oder Untreue, verfolgt, die durch die betreffende Leitungsperson in Einzelfällen nicht nur im Wege aktiver Beteiligung begangen werden können.   50

Hauptanwendungsfall der Untreue nach § 266 StGB ist in diesem Zusammenhang die Einrichtung „**Schwarzer Kassen**" durch Unternehmensmitarbeiter. Beachtenswert ist dabei, dass – entgegen allgemeiner Vorstellung, wonach Untreue einen „Vermögensentzug" beim Unternehmen voraussetzt – ein tatbestandlicher „Schaden" auch dann vorliegt, wenn die Verwendung im Interesse des Treugebers erfolgt und sogar zu einem Vermögenszuwachs führt. Mit anderen Worten: Bereits das Verbergen von Vermögen in „Schwarzen Kassen" führt zu einem Vermögensnachteil, ungeachtet einer etwaigen Absicht, die Gelder im wirtschaftlichen Interesse des Treugebers einzusetzen.[56]   51

Nicht immer ist dabei die strafrechtliche Relevanz für den Unterlassenden ohne Weiteres erkennbar, was der folgende **Beispielfall** veranschaulicht:[57]   52

> **Praxisbeispiel**   53
> Der Finanzvorstand erhält Kenntnis von üppigen Überweisungen auf Drittkonten in Steuerparadiesen, die auf Nachfrage bei dem zuständigen Mitarbeiter als Provisionszahlungen an vertriebsbezogene Vermittler von Großprojekten öffentlicher Auftraggeber deklariert werden. Auf weitere Nachfrage erklärt der Mitarbeiter, dass sich die Tätigkeit der Vermittler in reinen

---

55 Insoweit kritisch zur Novellierung *Passarge*, NVwZ 2015, S. 252 (255).
56 BGH, Urt. v. 29.08.2008 – 2 StR 587/07, Ls. 1 = DB 2008, S. 2698.
57 Beispielfall so bereits bei *Moosmayer*, Rn. 58.

„Marketingleistungen" erschöpfe, welche das Unternehmen aus Gründen der Außenwirkung selbst nicht ausführen wolle. Von den jeweiligen Drittkonten würden die Vermittler im Erfolgsfall Barzahlung erhalten. Entsprechende Nachweise für die in Rede stehenden Leistungen existieren nicht.

Sofern der Finanzvorstand gegen diese Vorgänge nicht unmittelbar einschreitet und die Zahlungen durch Mitarbeiter der Steuerabteilung als steuermindernde Betriebsausgaben geltend gemacht werden, kann er sich wegen Steuerhinterziehung und Untreue durch Unterlassen strafbar machen.[58] Denn er duldet eine „Schwarze Kasse" und lässt zu, dass strafrechtlich relevante Vorteile gewährt werden, die den Gewinn gemäß § 4 Abs. 5 Satz 1 Nr. 10 EStG nicht mindern dürfen.

54 Eine weitere Überschneidung zwischen Korruptionsstrafbarkeit und Untreue erfolgt im Rahmen sog. *„Kickback-Konstellationen"*. Dabei knüpft der Unternehmensmitarbeiter seine Zustimmung zum Abschluss eines Vertrags an die Zahlung einer Schmiergeldsumme, die der Geschäftspartner auf die Rechnung für die verlangte Gegenleistung aufschlägt und anschließend an den Mitarbeiter ausschüttet (verdeckte Provision). Da dem Mitarbeiter ein solcher Anspruch nicht zusteht und auch der Vorteil wirtschaftlich aus dem von dem Mitarbeiter betreuten Unternehmensvermögen stammt, ist die Strafbarkeit der Untreue zumeist problemlos anzunehmen.[59] Insoweit stammt nämlich der Vorteil des Täters wirtschaftlich aus dem von ihm betreuten Vermögen.

55 Letztlich ist bei Korruptionsdelikten an die Möglichkeit einer zeitgleich verwirklichten Geldwäsche gemäß § 261 StGB zu denken. Insbesondere das „Verschleiern der Herkunft von Vermögenswerten" kommt in Betracht, da es hierfür bereits ausreicht, wenn der Nachweis, dass die Vermögenswerte aus einer Straftat stammen, erschwert wird.[60]

IV. Korruption mit internationalem Bezug

56 Bestechungskonstellationen mit internationalem Bezug wurden bislang durch das Gesetz zur Bekämpfung internationaler Bestechung (IntBestG) und das EU-Bestechungsgesetz (EUBestG) erfasst. Durch das Gesetz zur Bekämpfung der Korruption sind diese Vorschriften in das Kernstrafrecht übertragen worden. Die Tatbestände der Vorteilsnahme und Vorteilsgewährung nach §§ 331, 333 StGB gelten nunmehr auch für EU-Amtsträger. Durch den neuen § 335a StGB erfolgt außerdem eine Gleichstellung deutscher

---

58 *Moosmayer*, Rn. 59.
59 NK-StGB/*Kindhäuser*, § 266 Rn. 114. In der Regel wird „die Gegenleistung zu einem um das Schmiergeld erhöhten und damit überhöhten Preis" führen, sodass ein Schaden außer Frage steht. Für den Fall, dass „die Leistungen wirtschaftlich ausgeglichen [sind], ist ein Schaden anzunehmen, wenn der Geschäftspartner bereit gewesen wäre, seine Leistung zu einem um das Schmiergeld gekürzten Betrag zu erbringen."
60 Vgl. NK-StGB/*Kindhäuser*, § 261 Rn. 103.

Graf / Groß

Amtsträger mit ausländischen Amtsträgern im Rahmen der Bestechlichkeit und Bestechung (§§ 332, 334 StGB), sofern sich die Tat auf eine künftige, pflichtwidrige Diensthandlung bezieht. Dabei ist es aufgrund des neuen § 5 Nr. 15 StGB unerheblich, ob die Tat im In- oder Ausland begangen wurde. Entscheidend ist nur, ob auf Geber- oder Nehmerseite ein Deutscher involviert ist. Neu ist auch, dass zukünftig bereits die Wahrnehmung von Aufgaben der EU aufgrund eines Auftrags die europäische Amtsträgereigenschaft begründen kann.

Praxistipp 57

Insbesondere Unternehmen, die Lobbyarbeit auf europäischer Ebene durchführen, sind gut beraten, ihre diesbezüglichen Prozesse zu überprüfen und ggf. anzupassen. Zudem ist es erforderlich, deutsche Geschäftsführer von Auslandstöchtern inländischer Unternehmen entsprechend zu sensibilisieren. Denn bei korruptionsverdächtigem Verhalten im Ausland und im Umgang mit ausländischen Amtsträgern ist nunmehr auch bei Sachverhalten mit rein lokaler Bedeutung größere Vorsicht geboten.

C. Ahndbarkeit von Korruption nach § 130 OWiG

Auch unterhalb der Strafbarkeitsschwelle bestehen ernst zu nehmende 58 individuelle Risiken, die sich insbesondere aus § 130 OWiG ergeben. Nach § 130 OWiG haftet der Geschäftsleiter für Pflichtverstöße seiner Mitarbeiter, sofern er vorsätzlich oder fahrlässig Aufsichtsmaßnahmen zur Verhinderung von Straftaten oder Ordnungswidrigkeiten unterlassen hat. Personen mit Geschäftsleitungsverantwortung, zu denen nicht nur Mitglieder des Vorstands bzw. der Geschäftsführung zählen (vgl. § 9 OWiG), können in einem solchen Fall Bußgelder in Höhe von bis zu 10 Mio. €[61] auferlegt werden.

Praxistipp 59

Zur Vermeidung der Haftungsrisiken aus § 130 OWiG sollte auch bei mittelständischen Unternehmen eine Compliance-Risikoanalyse vorgenommen und hieraus effektive Compliance-Maßnahmen abgeleitet werden. So sollten etwa klare Regelungen für Zuwendungen, Häufigkeit von Geschenken und Geschäftsessen einschließlich damit in Zusammenhang stehender Berichts-, Melde- und Zustimmungspflichten getroffen werden.[62] Zudem wird empfohlen, eine Reihe weiterer organisatorischer Vorkehrungen zu implementieren, zu denen etwa das Vier- bzw. Mehraugenprinzip im Beschaffungswesen, die

---

61 Vgl. 8. GWB-Novelle v. 30.06.2013, BGBl. 2013 I Nr. 32, S. 1748. Ausweislich § 130 Abs. 3 Satz 1 OWiG beträgt der Geldbußerahmen bis zu 1 Mio. €; die mit vorgenannter Novelle eingefügte Verweisung auf § 30 Abs. 2 Satz 3 OWiG erlaubt indes, das Höchstmaß unter den dortigen Voraussetzungen zu verzehnfachen.
62 Hierzu im Einzelnen und zu weiteren Pflichten Hauschka Corporate Compliance/*Greeve*, § 25 Rn. 126 ff.

turnusmäßige Rotation des Personals in korruptionssensiblen Bereichen, die schriftliche und transparente Dokumentation insbesondere von Zahlungsvorgängen, die Aufnahme von Korruptionsklauseln in vertragliche Vereinbarungen und die restriktive Freigabepraxis bezüglich (politischer) Spenden gehören sollten.[63]

60   Zu beachten ist aber, dass allein die Durchführung einer Risikoanalyse und Einrichtung eines Compliance-Programms für eine Entlassung aus der bußgeldrechtlichen Verantwortlichkeit nicht ausreichend ist. Vielmehr erwächst aus § 130 OWiG im Falle einer Delegation von Compliance-Aufgaben auf einen Unternehmensmitarbeiter eine anhaltende Überwachungspflicht für die Leitungspersonen. Konkret bedeutet dies, dass eine Verpflichtung zur Einrichtung eines funktionierenden Berichts- und Kontrollwesens besteht.[64]

Literatur

Beckmann, Haftung für mangelhafte Compliance-Organisation: Ein Thema auch für GmbH-Geschäftsführer, GmbHR 2014, S. 113 f.

Bielefeld, Unternehmen stehen vor einem Dilemma, Compliance 04/2015, S. 7.

Caracas, § 130 OWiG – Das lange Schwert der Korruptionsbekämpfung im privaten Sektor – Teil 2, CCZ 2015, S. 218 ff.

Fahl/Müller/Satzger/Swoboda, Ein menschengerechtes Strafrecht als Lebensaufgabe – Festschrift für Werner Beulke zum 70. Geburtstag, 2015.

Geiger, Antikorruption im Gesundheitswesen, CCZ 2011, S. 1 ff.

Kindhäuser, Voraussetzungen strafbarer Korruption in Staat, Wirtschaft und Gesellschaft, ZIS 2011, S. 461 ff.

Krüger, Pharma-Marketing im Gestrüpp des Korruptionsstrafrechts, ZIS 2011, S. 692 ff.

Livonius/Graf/Wolter/Zöller, Strafverteidigung im Wirtschaftsleben – Festgabe für Hanns W. Feigen, 2014.

Michalke, Der neue § 108e StGB – Bestechlichkeit und Bestechung von Mandatsträgern, Compliance Berater 2014, S. 215 ff.

Passarge, Compliance bei Unternehmen der öffentlichen Hand, NVwZ 2015, S. 252 ff.

Rieble, Gewerkschaftsbestechung, CCZ 2008, S. 121 ff.

Volk, Verhandlungen des 61. DJT in Karlsruhe, Bd. II/1, 1996, L 35 ff.

---

63   Einzelheiten hierzu einschließlich unterschiedlicher Entwicklungen der Haftungsnormen im AktG und GmbHG bei Scholz/*Schneider*, § 43 Rn. 1 ff.

64   Vgl. *Beckmann*, GmbHR 2014, S. 113 (113) unter Verweis auf BT-Drucks. 13/9712, S. 15.

Kapp / Krohs

§ 14 Kartellrecht

Übersicht

Executive Summary

Leitungs- und Entscheidungspflichten
- Anpassung des CMS an die kartellrechtsspezifischen Risikoszenarien im Unternehmen (→ Rn. 23, 37).

Steuerungsziele
- Keine Ausnahme für Führungskräfte bei den Maßnahmen zur Kartellrechts-Compliance (→ Rn. 37),
- keine Zielvorgaben gegenüber Mitarbeitern, deren Erreichung fast zwangsläufig Kartellrechtsverstöße erfordern (→ Rn. 37).

Erste Maßnahmen
- Erstellung eines Risikoprofils für das Unternehmen (z.B. durch systematische Befragungen leitender Mitarbeiter zur kartellrechtlichen Risiko-

exponiertheit ihrer Bereiche) und regelmäßige Erneuerung (z.B. unter Berücksichtigung der Ergebnisse interner Kontrollen) (→ Rn. 37),

- Einrichtung von Kontrollmaßnahmen bei besonderer Risikogeneigtheit und verstärkte Kontrollmaßnahmen bei Quasi-Verdachtsmomenten (→ Rn. 37, 60),
- Stellen von gezielten und systematischen Fragebögen an Mitarbeiter (→ Rn. 37, 60),
- Schulung der Mitarbeiter (→ Rn. 37),
- Führung von systematischen Belehrungs- und Compliance-Gesprächen (→ Rn. 47, 60),
- Erstellung eines Notfallplans für drohende Durchsuchungen (→ Rn. 23, 37).

Umsetzungsschritte und Delegation
- Keine Überforderung der Mitarbeiter durch abstrakte kartellrechtliche Hinweise, sondern konkrete und beispielhafte Verhaltensweisen (z.B. in einem Compliance Manual) (→ Rn. 37),
- Aufstellung von Vorlagepflichten für ausgewählte Dokumente (→ Rn. 37),
- frühzeitige Einbindung der Rechtsabteilung/des Compliance Officer (→ Rn. 37, 69, 72).

Wirksamkeit
- Durchführung von (überraschenden) Stichproben (→ Rn. 16, 37),
- interne Sanktionierung von aufgedeckten Kartellrechtsverstößen im Unternehmen (→ Rn. 37).

Ergebnis, Vorteile und Nutzen
- Aufdeckung bereits bestehender Verstöße vor Einleitung von behördlichen Ermittlungsverfahren (→ Rn. 37),
- Nutzung eventueller Vorteile der Kronzeugenregelung (→ Rn. 30 ff.).

A. Bußgeldverfahren
I. Bußgeldverfahren: Kein seltener Geschäftsvorfall

1 Die unerfreulichste Begegnung mit dem Kartellrecht haben Unternehmen, wenn ihre Geschäftsräume oder gar Privatwohnungen ihrer Manager von der Kartellbehörde durchsucht werden. Oft folgt auf eine derartige Durchsuchung ein langwieriges Ermittlungsverfahren und letztendlich ein Bußgeldbescheid. Kartellrechtsverstöße sind kein Kavaliersdelikt, und die Bußgelder erreichen heute drastische Höhen, die vor einigen Jahren noch unvorstellbar waren.

2 Im Jahr 2012 verhängte die Europäische Kommission im Kartellverfahren gegen Hersteller von Fernseh- und Computerbildschirmen das bisher

höchste Gesamtbußgeld (1,4 Mrd. €) außerhalb des Finanzsektors. Gegen LKW-Hersteller sind im Jahr 2016 eventuell noch höhere Bußgelder zu erwarten. Im Jahr 2008 erhielt Saint Gobain im Fall *Autoglas* das bisher höchste Einzelbußgeld für Kartellabsprachen, nämlich 715 Mio. €. Das Bundeskartellamt steht dem nur wenig nach: Im Jahr 2014 verhängte es Bußgelder in Höhe von insgesamt 1,12 Mrd. € (allein davon 338 Mio. € im Wurstkartell).

Im Jahr 2014 durchsuchte das Bundeskartellamt 84 Unternehmen.[1] Durchsuchungen gehören damit zu Vorfällen im Geschäftsablauf eines Unternehmens, die nicht mehr außergewöhnlich sind und daher professionell gehandhabt werden müssen. Auch ein gutes Compliance Management kann das Risiko der Einbeziehung in ein Bußgeldverfahren zwar erheblich mindern, jedoch nicht völlig ausschließen. Das Risiko einer Durchsuchung und einer Beteiligung an einem kartellrechtlichen Ermittlungsverfahren hat inzwischen auch den Mittelstand erreicht, wie nachfolgendes Praxisbeispiel zeigt:

Praxisbeispiel
Im Hydrantenkartell hatte das kleinste beteiligte Unternehmen weniger als 100 Mitarbeiter.[2]

II. Bußgelder gegen natürliche Personen

Bei Verstößen gegen kartellrechtliche Verbote können die deutschen Kartellbehörden gegen **natürliche Personen** Bußgelder verhängen. Eine Gefängnisstrafe droht bei Kartellverstößen daher derzeit nicht (außer bei Verstößen im Zusammenhang mit Ausschreibungen), was manchen Geschäftsmann dazu verleitet, Kartellverstöße noch immer als „Kavaliersdelikt" anzusehen. Hiervon kann man aber angesichts der enorm verstärkten Aktivitäten der Kartellbehörden und der zunehmend höheren Bußgelder heute nicht mehr ausgehen. Aufgrund der Globalisierung der Wirtschaftswelt ist für Unternehmen zudem eine Berührung mit dem angelsächsischen Rechtsraum kaum mehr zu vermeiden, sodass die dortige Kriminalisierung von Kartellrechtsverstößen auch deutsche Unternehmen schnell erfassen kann.

Eine Straftat stellt jedoch auch im deutschen Recht im Rahmen einer Ausschreibung die Beteiligung an einem Submissionskartell nach § 298 StGB dar. In diesem Fall kann gegen die handelnden Personen eine Gefängnisstrafe verhängt werden.

---

1 Bundeskartellamt, Jahresbericht 2014, S. 39.
2 Vgl. http://www.bundeskartellamt.de/SharedDocs/Meldung/DE/Pressemitteilungen/2011/16_12_2011_Hydran-tenkartell.html mit Verweis auf die dort genannten Unternehmen.

7   Ob die Kartellbehörden bei einem Verstoß ein Bußgeld verhängen, steht in ihrem pflichtgemäßen Ermessen. Die Höhe des Bußgeldrahmens beläuft sich heute auf 1 Mio. €.

8   Im Bereich der persönlich Betroffenen sieht die Praxis der Kartellbehörden oft ein **Jahresbruttogehalt** (bzw. Bruchteile davon) als angemessene Buße. Falls den persönlich Betroffenen dieses Bußgeld nicht vom Unternehmen erstattet wird, ist dies doppelt schmerzhaft: Die Steuerlast wird nicht bußgeldmindernd berücksichtigt und das Bußgeld selbst ist steuerlich nicht abzugsfähig.

III. Bußgelder gegen Unternehmen

9   Nach § 30 OWiG kann insbesondere bei **Verstößen von Organmitgliedern**, **Prokuristen** und sonstigen **Leitungspersonen** eines Unternehmens gegen das Kartellrecht grundsätzlich als Nebenfolge eine Geldbuße auch gegen das Unternehmen selbst festgesetzt werden (zur bußgeldrechtlichen Haftung des Unternehmens (→ Rn. 11 ff.).

10   Im **EU-Kartellverfahren** wird das Unternehmen über Art. 23 VO (EG) Nr. 1/2003 ohnehin einer direkten Bußgeldhaftung unterworfen. Sowohl die **Kommission**[3] als auch das **Bundeskartellamt**[4] haben **Leitlinien** für das Verfahren zur Festsetzung von Geldbußen gegen Unternehmen veröffentlicht. In erster Linie spielen die kartellbefangenen Umsätze, die Größe des Unternehmens, die Schwere des Verstoßes und die Dauer der Zuwiderhandlung eine herausragende Rolle, daneben auch eine Fülle weiterer von Fall zu Fall variierender Umstände (z.B. Wiederholungstat).

11   Durch die Möglichkeit in der EU und in Deutschland, Bußgelder gegen Unternehmen von **bis zu 10%** des gesamten weltweiten, im vorausgegangenen Geschäftsjahr erzielten **Konzernumsatzes** zu verhängen, bringen Kartellbußgeldverfahren hohe und nur schwer kalkulierbare finanzielle Risiken mit sich.

12   Im **EU-Recht** haften **Konzernobergesellschaften** auch in den Fällen, in denen Verstöße lediglich von Konzernuntergesellschaften begangen wurden. Dies setzt voraus, dass Konzernmutter und -tochter eine wirtschaftliche Einheit bilden. Im Fall einer 100-prozentigen Kapitalbeteiligung der Muttergesellschaft an der Tochtergesellschaft wird dies aufgrund der durch eine solche Beteiligung vermittelten Einflussmöglichkeiten – auf deren

---

3   Vgl. Europäische Kommission, Leitlinien v. 01.09.2006 für das Verfahren zur Festsetzung von Geldbußen gemäß Art. 23 Abs. 2 Buchst. a der Verordnung (EG) Nr. 1/2003, 2006/C 210/02.

4   Bundeskartellamt, Leitlinien v. 26.05.2013 für die Bußgeldzumessung im Kartellordnungswidrigkeitenverfahren.

tatsächliche Ausübung es nicht ankommt – widerleglich vermutet. Da diese Vermutung nur in den seltensten Fällen entkräftet werden kann, haften Konzernobergesellschaften nunmehr im Regelfall für das wettbewerbsrechtswidrige Verhalten ihrer Tochtergesellschaften – und zwar mit **10% des weltweiten Konzernumsatzes.**[5]

Die **Einführung dieser Konzernhaftung** wird für das **deutsche Recht** 13 derzeit im Rahmen der Umsetzung der EU-Kartellschadensersatz-Richtlinie diskutiert und wird voraussichtlich im Rahmen der 9. GWB-Novelle gegen Ende 2016 im GWB verankert.[6] Aber auch im deutschen Recht gilt bereits jetzt, dass das Bundeskartellamt grundsätzlich auch bei bloßer Haftung der Konzernuntergesellschaft den weltweiten Umsatz des Gesamtkonzerns zur Bestimmung des Bußgeldrahmens (bis zu 10% vom Gesamtumsatz) zugrunde legt.

IV. Bußgelder aufgrund Aufsichtspflichtverletzung

§ 130 OWiG begründet eine Aufsichtspflicht des Unternehmensinhabers 14 gegenüber den Mitarbeitern, um zu verhindern, dass sich der Inhaber unter anderem bei Kartellverstößen der Mitarbeiter „hinter diesen verstecken" kann (zur Haftung nach § 130 OWiG → Rn. 17 ff.). Diese Vorschrift begründet eine Bußgeldhaftung des Unternehmens auch für Fälle, in denen mangels direkter Tatbeteiligung, insbesondere der Organe oder anderer Leitungspersonen, § 30 OWiG nicht eingreift.

Zu den erforderlichen **Aufsichtsmaßnahmen** gehören neben der **Bestel-** 15 **lung, sorgfältigen Auswahl** und **Überwachung der Mitarbeiter** deren **Belehrung** und die Pflicht zum **Einschreiten** bei festgestellten Mängeln.

Ein Unternehmensinhaber kann sich also nicht allein darauf berufen, dass 16 er von einem Kartellverstoß nichts gewusst habe. Zu seiner Exkulpation muss er dartun, den folgenden Anforderungen gerecht geworden zu sein. Die Anforderungen an die Aufsichtspflicht im Einzelnen sind streng. So sind z.B. **stichprobenartige, überraschende Überprüfungen** vorzunehmen, insbesondere, wenn in der Vergangenheit bereits Compliance-Verstöße vorgekommen sind.[7] Eventuell sind aber auch umfassendere Geschäftsprüfungen durchzuführen. Die entsprechende Pflichtendefinition

---

5 EuGH, Urt. v. 10.09.2009 – Rs. C-97/08 P = RS0848357 mit Anmerkung *Kapp*, CCZ 2009, S. 237.
6 Das Bundeskartellamt hat in der Praxis allerdings auch schon nach geltendem Recht versucht, gegen nicht am Kartellrechtsverstoß beteiligte Konzerngesellschaften Bußgelder nach § 130 OWiG zu verhängen, z.B. im Fall *Tondachziegelbranche*, vgl. http://www.bundeskartellamt.de/SharedDocs/Entscheidung/DE/Fallberichte/Kartellverbot/2009/B1-200-06.pdf?__blob=publicationFile&v=4 (aufgrund einer sich später ergebenden Sachverhaltsänderung musste der Bußgeldbescheid jedoch aufgehoben werden).
7 OLG Düsseldorf, Urt. v. 27.03.2006 – VI-Kart 3/05 (OWi) = RS0913116.

hängt dabei sehr stark von der Art der Geschäftätigkeit des Unternehmens sowie dessen Größe ab.

17 Dem Unternehmensinhaber wird nach § 9 OWiG das vertretungsberechtigte Organ einer juristischen Person (Geschäftsführer, Vorstand) bzw. der vertretungsberechtigte Gesellschafter einer Personengesellschaft gleichgestellt. Gleiches gilt für Personen, die vom Inhaber beauftragt wurden, einen Betrieb ganz oder teilweise zu leiten oder ausdrücklich beauftragt wurden, in eigener Verantwortung Aufgaben wahrzunehmen, die dem Inhaber des Betriebs obliegen. Die Aufsichtspflichtverletzung nach § 130 OWiG wird wie der eigentliche Verstoß gegen das Kartellrecht geahndet und begründet ebenso wiederum eine Bußgeldhaftung des Unternehmens nach § 30 OWiG.

V. Weitere Konsequenzen eines Kartellrechtsverstoßes

18 Kartellbußgeldverfahren begründen große Schäden für die Unternehmen. Diese lassen sich wie folgt umschreiben:

- Die Bußgelder als solche stellen eine hohe **finanzielle Belastung** dar (nach aktuell vorherrschender Ansicht in der Regel nicht steuerlich abzugsfähig).
- Die Durchführung von Bußgeldverfahren ist mit **erheblichen Prozesskosten** verbunden. Dabei ist nicht nur an die Verteidigerkosten zu denken, sondern auch an die (betriebswirtschaftlichen) Kosten, welche die in die Verteidigung einbezogenen Unternehmensmitarbeiter bzw. die Zurückstellung anderer Aufgaben im Unternehmen verursachen.
- Bußgeldverfahren sind regelmäßig **langwierige Verfahren**. Während der gesamten Dauer eines Bußgeldverfahrens werden die Geschäftsführung und häufig auch viele andere Mitarbeiter (insbesondere im Vertrieb und im Controlling) immer wieder mit dem Bußgeldverfahren konfrontiert und belastet. Damit gehen oft Zeit und Raum für andere Unternehmensaktivitäten (insbesondere strategische Entscheidungen bzw. deren Umsetzung) verloren. Bußgeldverfahren stellen oft auch eine „mentale Blockade" für Management und Mitarbeiter dar.
- Bußgeldverfahren **belasten Lieferanten- und Kundenbeziehungen**, und zwar selbst dann, wenn das Verfahren nach vielen Jahren mit einem Freispruch enden sollte. Bei Lieferanten und Kunden gibt es auch keine Anerkennung für die Stellung eines Bonusantrags bzw. die Aufdeckung eines Kartells. Oft werden die Kronzeugen sogar besonders hart angegangen.
- Bußgeldverfahren **schädigen den Ruf** eines Unternehmens am Markt. Die Rufschädigung kann unter Umständen auch das Rating und den Börsenwert eines Unternehmens nachhaltig beeinflussen.

- Bußgeldverfahren sind oft die Grundlage für sich **daran anschließende zivilrechtliche Prozesse** (Schadensersatz, Nichtigkeit von Verträgen) von privaten Klägern, wie Kunden (z.B. Zementkartell[8]), ausgeschlossenen Wettbewerbern etc. Sie können auch verwaltungsrechtliche Verfahren der Vorteilsabschöpfung nach sich ziehen.
- Bußgeldverfahren schädigen das Unternehmen am Markt auch durch die von der öffentlichen Hand vielfach verhängten **Sperren** bei Auftragsvergabe und Ausschreibungen. Diese Sperren können oft viele Jahre andauern und sind besonders lästig, da die Sperrfrist erst mit Ende eines Kartells zu laufen beginnt.
- Kartellrechtsverstöße sind oft nicht nur mit Konsequenzen für das Unternehmen, sondern auch mit persönlicher **Haftung für die persönlich Verantwortlichen** verbunden. Unternehmen sind im Regelfall nicht verpflichtet, die persönlichen Bußen zu übernehmen (auch wenn dies zuweilen so in der Praxis gehandhabt wird).
- Zu den bußgeldrechtlichen Konsequenzen kommen für die persönlich Verantwortlichen noch die **gesellschaftsrechtlichen Haftungsfolgen der Managerhaftung** (z.B. Schadensersatz) gegenüber dem Unternehmen (→ § 4) bzw. für die sonstigen Mitarbeiter die arbeitsrechtlichen Folgen (z.B. fristlose Kündigung) hinzu.

Aus den vorgenannten Gründen beschäftigen sich Unternehmen zunehmend mit der Frage, wie sie eine Verstrickung in ein Kartellbußgeldverfahren von vornherein verhindern können. 19

VI. Ablauf eines Kartellbußgeldverfahrens

Das Bundeskartellamt verfügt über drei, ausschließlich für die bußgeldrechtliche Verfolgung von Kartellabsprachen zuständige Beschlussabteilungen (B 10 bis B 12). Da Kartellabsprachen regelmäßig mit Korruptionsdelikten (Bestechung, Erpressung, Betrug etc.) verknüpft sind, arbeiten die Kartellbehörden zunehmend eng mit den Staatsanwaltschaften, dem Bundeskriminalamt, den Rechnungshöfen, Rechnungsprüfungsämtern etc. zusammen. 20

Bußgeldverfahren werden vielfach durch sog. **Kronzeugen-/Bonusanträge** sowie durch (anonyme) Anzeigen von Wettbewerbern oder ehemaligen Mitarbeitern in Gang gebracht. Meist reicht deren Beweismaterial allerdings nicht zur Herstellung einer belastbaren Beweissituation für die Kartellbehörden aus. Aus diesem Grunde werden von den Kartellbehörden weiterhin zahlreiche Durchsuchungen von Geschäftsräumen und Privatwohnungen vorgenommen. Die Durchführung von Durchsuchungen hat inzwischen einen hohen Grad an Professionalität (insbesondere im IT-Bereich) erlangt. 21

---

8 Vgl. OLG Düsseldorf, Urt. v. 18.02.2015 – VI-U (Kart) 3/14 = RS1174913.

Gleiches gilt für die entsprechende Kartellverfolgung durch die Europäische Kommission.

22   Kommt es im Rahmen eines Ermittlungsverfahrens zu einer **Durchsuchung**, gelten folgende **Dos and Don'ts**:
- sofortige Benachrichtigung der Rechtsabteilung/des externen Rechtsberaters,
- Notiz der Namen und Dienstbezeichnungen der Beamten,
- Kopie der Durchsuchungsanordnung und des Beschlagnahmeverzeichnisses sowie der beschlagnahmten Originale bzw. angeforderten Kopien,
- keine Vernichtung von Unterlagen,
- keine Information von Wettbewerbern über die Durchsuchung,
- kein (physischer) Widerstand gegen Beamte,
- keine proaktive Unterstützung der Beamten, jedoch Befolgung von Anweisungen,
- keine Beantwortung/Stellungnahme ohne Rücksprache mit der Rechtsabteilung/dem externen Rechtsberater,
- keine Abgabe freiwilliger Erklärungen,
- Protokollierung von Besprechungen und Durchsuchungshandlungen der Beamten,
- rasche Entscheidungsfindung über Verteidigungsstrategie (z.B. Stellung eines Bonus- bzw. Kronzeugenantrags → Rn. 30 ff.),
- Sicherstellung einer professionellen externen Kommunikation (PR) nach der Durchsuchung.

23   Es liegt in der Verantwortung des Managements, sich und das Unternehmen auf eine mögliche Durchsuchung optimal vorzubereiten.[9] Neben der optimalen Vorbereitung (wirksame Compliance zur Vermeidung von Kartellrechtsverstößen) ist die Erstellung eines **Notfallplans** für den Fall einer Durchsuchung erforderlich. Dies sichert den professionellen Ablauf einer Durchsuchung und vermeidet gravierende Fehler während der Durchsuchung. Gegebenenfalls bieten sich Übungssimulationen (sog. *mock dawn raids*) an.[10]

24   Das Bußgeldverfahren wird von der Kartellbehörde nach deren pflichtgemäßem Ermessen eingeleitet (Opportunitätsprinzip). Nach Durchführung der Ermittlungen wird das Verfahren entweder eingestellt oder ein **Bußgeldbescheid** erlassen. Dem Bußgeldbescheid geht dabei ein **Beschuldigungsschreiben** (bei der Kommission: *statement of objections*) voraus, um den Betroffenen rechtliches Gehör zu ermöglichen. Nach deutschem

---

9   *Kapp*, S. 239 ff.
10 Vgl. mit weiteren Einzelheiten Schultze/*Peter*, B Rn. 93 ff.; Meßmer/Bernhard/*Hilbring*, Kap. 9 Rn. 135.

Verfahrensrecht sind das Unternehmen und die persönlich Betroffenen vom Beginn des Ermittlungsverfahrens an nicht mehr verpflichtet, sich selbst zu belasten oder zur Sache auszusagen. Allerdings dürfen sie die Durchführung von Durchsuchungen auch nicht aktiv behindern.

Die Betroffenen können den Bußgeldbescheid akzeptieren oder Einspruch (bzw. Nichtigkeitsklage auf EU-Ebene) einlegen. Bei Letzterem kommt es im Anschluss zu einer regulären Gerichtsverhandlung nach den Vorschriften des OWiG und der StPO in Deutschland bzw. – auf EU-Ebene – vor dem Gericht der EU. Bei Bußgeldbescheiden des Bundeskartellamts ist das OLG Düsseldorf zuständig. Gegen Gerichtsentscheidungen gibt es die weitere Rechtsbeschwerde zum BGH bzw. EuGH. 25

Sofern die betroffenen Unternehmen mit der Kartellbehörde im Rahmen der Ermittlungen **kooperieren** (ob mit oder ohne Bonus-/Kronzeugenantrag → Rn. 30 ff.), wird das Verfahren vielfach einvernehmlich beendet (sog. *settlement*). In einem solchen Fall wird den Betroffenen ein Rabatt von regelmäßig 10% auf das eigentlich fällige Bußgeld gewährt. Im Rahmen des *settlement* ist das Bundeskartellamt vielfach bereit, rechtlich oder faktisch zweifelhafte Sachverhalte außer Acht zu lassen, um sich auf eindeutige Verstöße zu konzentrieren. Außerdem erlässt das Bundeskartellamt im Regelfall nur einen sog. Kurzbescheid, der wenig zum Sachverhalt aussagt und damit die Kartellanten in einem später möglichen zivilrechtlichen Schadensersatzprozess der Kartellgeschädigten nicht allzu sehr belastet. 26

Als Gegenleistung erwartet die Kartellbehörde von den Betroffenen regelmäßig, dass sie **auf eine umfängliche Akteneinsicht** und – rechtlich allerdings nicht bindend – auf die **Einlegung eines Rechtsmittels verzichten**. Das Bundeskartellamt hat bei einem *settlement* außerdem den Vorteil, die Ermittlungen aufgrund der Geständnisse der Betroffenen beschränken zu können. Dadurch kann das Bundeskartellamt seine knappen Ressourcen anderweitig einsetzen. 27

Ein solches *settlement* stellt daher in der Praxis eine enorme prozessuale Erleichterung für Kartellbehörde und Betroffene dar: In „normalen" gerichtlich ausgefochtenen Bußgeldverfahren kam es schon zu mehr als 90 Verhandlungstagen mit Anwesenheitspflicht aller persönlich Betroffenen. 28

Das Verfahren bei der Kommission läuft im Kern ähnlich. Der größte Unterschied ist allerdings, dass das Gericht nur noch eine Art „Rechtsmäßigkeitskontrolle" vornimmt, während im deutschen Prozess auf Grundlage der strafprozessualen Vorschriften ein umfängliches Verfahren mit zum Teil aufwendiger Beweisaufnahme durchzuführen ist. 29

B. Besonderheit im Kartellrecht: Kronzeugen-/Bonusantrag

30 Zur Verbesserung ihrer Ermittlungserfolge haben die Europäische Kommission, das deutsche Bundeskartellamt und andere nationale Kartellbehörden Regelungen etabliert, die im Einzelfall sogar eine völlige Freistellung von einem sonst verhängten Bußgeld gewähren (sog. Kronzeugen- oder Bonusregelungen).

31 Diesen Programmen ist gemeinsam, dass sie im Grunde die Geschwindigkeit, mit welcher der Kartellbehörde weiterführende Hinweise gegeben werden, belohnen (sog. „Windhundrennen"[11]). Nur der erste Kronzeuge wird nämlich ggf. mit einer vollständigen **Bußgeldbefreiung** belohnt, sofern sein Aufklärungsbeitrag substanziell ist. Die Behörden erhoffen sich dadurch, **Unsicherheit** innerhalb der Kartellmitglieder zu schaffen, sodass für jeden Teilnehmer ein hoher Anreiz besteht, als erster sämtliche ihm zur Verfügung stehenden Beweismaterialien an die Kartellbehörden zu übergeben, um dadurch eine vollständige Bußgeldfreiheit zu erlangen. Dies kann sogar Teil einer Unternehmensstrategie werden: Ein Kartellmitglied geht zur Kartellbehörde, legt alle verfügbaren Beweismittel offen und erreicht dadurch Bußgeldfreiheit (in Deutschland wird gegen ihn das Verfahren oft eingestellt, sodass kein Bußgeldbescheid gegen ihn ergeht). Die anderen Kartellmitglieder und Wettbewerber werden mit hohen Bußgeldern belegt und dadurch in ihrer Wettbewerbsfähigkeit geschwächt. Ein anderes Szenario ist, dass unzufriedene oder im Streit ausgeschiedene Mitarbeiter den Kontakt mit den Kartellbehörden suchen, um sich zu „rächen".

32 **Praxisbeispiel**
Ein Unternehmen beabsichtigte, sich von einem Vertriebsmitarbeiter in Österreich zu trennen. Bei den Abfindungsverhandlungen drohte der Mitarbeiter bei Nichterfüllung seiner (überhöhten) Forderung damit, dass sein Anwalt zwei Leitzordner mit kartellrechtlich belastendem Material an das Bundeskartellamt schicken würde.

33 Das Hauptaugenmerk der Kartellbehörden bei der Kartellverfolgung richtet sich auf die sog. **„Hardcore"-Kartelle** (z.B. Preis-, Kunden- und Gebietsabsprachen).

34 Zu beachten ist, dass die Bonusregelung – so verlockend sie auf den ersten Blick auch erscheinen mag – nur hinsichtlich des Bußgelds Erleichterung verschaffen kann. Völlig unberührt davon bleiben bislang sämtliche **zivil- und verwaltungsrechtliche Sanktionen** wie Schadensersatzforderungen

---

11 Beim „Windhundrennen" kann es manchmal um Stunden oder Minuten gehen, um sich die erste oder zumindest eine günstige Rangposition zu sichern.

von Dritten. Es ist daher gut abzuwägen, ob der bußgeldrechtliche Vorteil des „Windhundes" sich auch insgesamt als sinnvoll für ein Unternehmen erweist.

Das **Management** steht auch ohne vorherige Einleitung eines Bußgeld-   35
verfahrens in der Verantwortung, regelmäßig zu prüfen, ob das Unternehmen zur Sicherung seiner Interessen einen Bonusantrag stellt. Hat eine Durchsuchung im Unternehmen oder bei einem anderen Unternehmen der gleichen Branche stattgefunden, muss in kürzester Zeit – eventuell noch während der Durchsuchung – geprüft und abgewogen werden, ob und mit welchem Inhalt ein Bonusantrag gestellt wird. Das Management muss hierzu schnellstmöglich alle relevanten Informationen beschaffen.

Ferner muss das Management prüfen, ob es bestimmten oder allen in den   36
Verstoß **involvierten Mitarbeitern** eine **Freistellung von Schadenser-satzansprüchen** sowie die Übernahme der Verteidigerkosten und eines möglichen Bußgelds zusagen soll, um diese zur Kooperation zu bewegen.

C. Allgemeine Empfehlungen für kartellrechtliche Compliance-Programme

In Ergänzung der allgemeinen Ausführungen zur Einrichtung und Unter-   37
haltung eines CMS (→ § 1) sind im Kartellrecht folgende Aspekte zur Begrenzung der Managerhaftung zu beachten:

- Es sollte eine **Standortbestimmung** hinsichtlich der relevanten Vorgänge im Unternehmen durchgeführt werden. Hierbei geht es in erster Linie um die Identifizierung der unternehmensspezifischen Gefahrenbereiche im Hinblick auf kartellwidriges Unternehmensverhalten und der Produktlinien mit hohen Marktanteilen, z.B. durch einen **internen Audit**:
  - Schwachstellenanalyse,
  - Definition von Risikobereichen sowie
  - Konzeption von branchen- bzw. unternehmensspezifischen Compliance-Maßnahmen.
- Im Einzelfall, insbesondere bei Quasi-Verdachtsfällen, sollten auch **Mitarbeiterbefragungen**, ggf. sogar schriftlich durch externe Anwälte, durchgeführt werden (*internal investigations* → § 7). Es sollte ein Risikoprofil für das Unternehmen erstellt werden, auch im Hinblick auf die Möglichkeit, ggf. noch rechtzeitig die Vorteile eines Bonus-/Kronzeugenprogramms durch Selbstanzeige in Anspruch nehmen zu können.
- Anschließend sollte ein unternehmensspezifisches CMS in kartellrechtlich risikobehafteten Bereichen des Unternehmens aufgesetzt werden.

- Bei den Compliance-Maßnahmen sollten keine Ausnahmen für Führungskräfte zugelassen werden.
- Es sollte intern eindeutig kommuniziert werden, dass **Kartellrechtsverstöße niemals im Interesse des Unternehmens** sind.
- Den Mitarbeitern sollten keine Zielvorgaben gemacht werden, deren Erreichung fast zwangsläufig Kartellrechtsverstöße erfordert.
- Es sollten regelmäßig kartellrechtliche **Schulungen** für Mitarbeiter durchgeführt werden: Die Schulungen enthalten im Regelfall eine allgemeine Einführung in kartellrechtliche Grundsachverhalte sowie eine unternehmensindividuelle und an den Bedürfnissen der jeweiligen Mitarbeitergruppe orientierte Aufklärung über spezifische, häufig vorkommende Sachverhalte. Der Vertrieb braucht eine andere Schulung als die F&E-Abteilung und diese wiederum eine andere als die M&A-Abteilung. Nur individuell abgestimmte Schulungen werden sicherstellen, dass die betroffenen Mitarbeiter die persönliche Relevanz des Schulungsinhalts nachvollziehen können und keine innere Abwehrhaltung gegen das Kartellrecht einnehmen werden. Die Konsequenzen von Kartellrechtsverstößen für das Unternehmen und die einzelnen Mitarbeiter sind hervorzuheben.
- Es sollte veranlasst werden, dass nach jeder Schulung eine **Teilnahmebestätigung** ausgestellt wird. Es sollten regelmäßige Auffrischungskurse mit unterschiedlichen Schulungsmethoden (z.B. Vortrag, Workshop, E-Learning etc.) angeboten werden.
- Die Mitarbeiter sollten mit **Richtlinien** zum Verhalten bei Ermittlungen und Durchsuchungen durch Kartellbehörden vertraut gemacht werden. Die Mitarbeiter sollten nicht nur durch abstrakte kartellrechtliche Hinweise überprüft werden. Vielmehr sollten ihnen konkrete und beispielhafte Verhaltensweisen (z.B. in einem Compliance Manual) vorgegeben werden. Diese Richtlinien sind regelmäßig zu aktualisieren.
- Es sollte eine **frühzeitige Einbindung der Rechtsabteilung** bzw. des **Compliance Officer** bei allen Fragen des operativen Geschäfts im kartellrechtlichen „Graubereich" sichergestellt werden.
- In Zweifelsfällen – für das Kartellrecht nicht untypisch – ist eine schriftliche Stellungnahme eines Kartellrechtsanwalts einzuholen (*second opinion*).
- Es sollten (ggf. unangekündigte) **Stichproben** durchgeführt werden.
- Intern **aufgedeckte Kartellrechtsverstöße** sind unverzüglich **abzustellen** und die verantwortlichen Mitarbeiter angemessen zu **sanktionieren**.
- Das Unternehmen sollte auf eine eventuelle **Durchsuchung** vorbereitet sein (z.B. durch Erstellung eines **Notfallplans**; Durchführung eines *mock dawn raid* etc.).

- Es sollten Vorlagepflichten bzw. Genehmigungserfordernisse für Aktivitäten mit kartellrechtlichem Risikopotenzial eingeführt werden.
- Bei Verbandsarbeit sollte nicht darauf verzichtet werden, Tagesordnungen und Protokolle zu überprüfen.

D. Horizontale Absprachen
I. Allgemeines

Grundsätzlich sind zwei Typen möglicher wettbewerbswidriger Absprachen und Abstimmungen zu unterscheiden:

- solche zwischen aktuellen oder potenziellen Wettbewerbern (sog. **horizontale Absprachen**/Abstimmungen) und
- Absprachen/Abstimmungen zwischen Unternehmen auf verschiedenen Stufen der Liefer- und Vertriebskette, z.B. zwischen einem Hersteller und einem Vertriebs- bzw. Großhändler (sog. **vertikale Absprachen**/Abstimmungen → Rn. 58 ff.).

Alle Kartellrechtsordnungen enthalten ein mehr oder weniger weitreichendes Verbot wettbewerbswidriger Absprachen und Abstimmungen zwischen Unternehmen (so in Deutschland § 1 GWB und auf EU-Ebene Art. 101 AEUV). Wesentliche Komponenten dieser Verbotsvorschriften sind im deutschen und im EU-Recht:

- das Vorliegen einer abgestimmten Verhaltensweise zwischen zwei oder mehr Unternehmen oder innerhalb einer Unternehmensvereinigung sowie
- der wettbewerbswidrige Zweck oder die wettbewerbswidrige Wirkung der Verhaltensweise.

Dabei muss es sich bei einer kartellrechtlich relevanten Abstimmung nicht zwingend um eine rechtlich verbindliche Vereinbarung handeln. Der im Kartellrecht verwendete Begriff der **Abstimmung bzw. abgestimmten Verhaltensweise** ist sehr weit zu verstehen. Erfasst wird damit jede Art des Zusammenwirkens, die anstelle des sonst selbstständigen Wettbewerbs der Unternehmen tritt. Daher fallen auch sog. *gentlemen's agreement*, d.h. bewusst unverbindliche, aber dennoch erwartungsgemäß praktizierte Abstimmungen und unter Umständen sogar der bloße Austausch wettbewerblich relevanter Informationen zwischen Wettbewerbern (→ Rn. 44 ff.) unter den Begriff der Abstimmung.

Hinsichtlich der horizontalen Abstimmungen ist wiederum zu unterscheiden zwischen sog. **Kernbeschränkungen** (echte oder „Hardcore"-Kartelle) und **Kooperationsvereinbarungen**. Während erstere ausnahmslos unzulässig sind (im Wesentlichen unabhängig von der Marktstruktur und der Marktstellung der Beteiligten), können letztere durchaus zulässig sein, wenn von ihnen auch in Anbetracht der Marktstruktur und Marktstellung der Beteiligten keine wettbewerbsbeschränkenden Wirkungen ausgehen. Sie können selbst bei wettbewerbsbeschränkenden Wirkungen noch zulässig sein, wenn überwiegende, nur aufgrund der wettbewerbsbeschränkenden Kooperation erzielbare Effizienz- und Kundenvorteile gegeben sind (vgl. für das deutsche Recht § 2 GWB und für das EU-Recht Art. 101 Abs. 3 AEUV).

42   Zu den **Kernbeschränkungen** zählen die typischerweise als „Kartelle" bezeichneten Verhaltensweisen, wie Preis-, Konditionen-, Gebiets-, Quotenabsprachen und Absprachen zu Produktionskapazitäten zwischen Wettbewerbern. In Unternehmen und unter deren Mitarbeitern muss bekannt sein, dass für solche Verhaltensweisen keine brauchbaren Rechtfertigungsgründe existieren. Durch die genannten Verhaltensweisen kommt es quasi automatisch zum Vorliegen eines Rechtsverstoßes, der von den Kartellbehörden verfolgt und geahndet wird und dem die Verursachung eines nennenswerten Schadens für direkte und indirekte Kunden nachgesagt wird (häufig ist von einer Preisüberhöhung die Rede, die 15% bis 20% des erzielten Umsatzes ausmachen soll).

43   Als möglicherweise zulässige **Kooperationsprojekte** zwischen Wettbewerbern gelten hingegen z.B. Forschungs- und Entwicklungskooperationen, Produktions- sowie Einkaufskooperationen. Allerdings steht die Zulässigkeit derartiger Kooperationsprojekte dann infrage, wenn die beteiligten Unternehmen über recht hohe Marktanteile verfügen (nach EU-Recht z.B. bei zusammen mehr als 15% bis 25% Marktanteil, je nach Art des Vorhabens). Wettbewerbsbeschränkend sind Kooperationsvorhaben bei beträchtlichen Marktanteilen insbesondere dann, wenn die beteiligten Unternehmen einen großen Anteil ihrer Gesamtproduktion, ihrer gesamten Entwicklungsanstrengungen oder anderweitiger Kostenpositionen (wie z.B. Einkauf) zusammenlegen. Dann entsteht möglicherweise eine derart hohe Kostentransparenz bzw. Produktangleichung, dass nahezu zwangsläufig vertriebsseitig der Preissetzungsspielraum (und damit der Preiswettbewerb) bzw. die Qualitätsdifferenzierung eingeschränkt wird.

II. Informationsaustausch

44   **Auch nur gelegentliche Wettbewerberkontakte** von Mitarbeitern bringen das Risiko mit sich, dass es – geradezu beiläufig – zum Austausch wettbewerblich relevanter Informationen kommt. Das von den Kartellbehörden regelmäßig angenommene Verbot des Austauschs wettbewerblich relevanter Informationen zwischen Wettbewerbern ist in seiner Bedeutung und Tragweite aber erfahrungsgemäß – anders als das vorstehend erläuterte

Verbot echter Absprachen – nicht immer allen Unternehmensmitarbeitern bekannt und daher wichtiger Baustein der Trainingsprogramme im Kartellrechts-Compliance-Management.

Aus Sicht vieler Kartellbehörden, insbesondere des deutschen Bundeskartellamts, führt ein solcher Informationsaustausch ohne Notwendigkeit eines weiteren Nachweises zu einer **wettbewerbswidrigen Abstimmung**. Hat zwischen zwei oder mehr Wettbewerbern ein solcher Austausch – oder eventuell ein einvernehmlicher Informationsfluss nur von einem zum anderen – stattgefunden, ergibt sich hieraus nach kartellbehördlicher Ansicht geradezu zwingend, dass sich die Unternehmen bei ihren weiteren Überlegungen zum Wettbewerbs- und Marktverhalten von diesen Informationen beeinflussen lassen. Es trete damit also im Sinne des Abstimmungsbegriffs ein Zusammenwirken an die Stelle des selbstständigen Wettbewerbs. Dies sei als wettbewerbswidrige Abstimmung anzusehen.

45

Nach dieser Ansicht kann bereits die einmalige Mitteilung z.B. einer beabsichtigten oder im Unternehmen erörterten Preiserhöhung an den Mitarbeiter eines Wettbewerbers einen Kartellrechtsverstoß darstellen. Aus behördlicher Sicht wird damit die **Unsicherheit des Wettbewerbers** über das Marktverhalten des mitteilenden Unternehmens beseitigt. Diese Unsicherheit soll Teil des Wettbewerbsgeschehens sein. Handelt es sich aber bei den ausgetauschten Informationen nicht mehr um zukünftige Planungen und Vorhaben des mitteilenden Unternehmens, sondern um bereits gegenwärtige, insbesondere bereits einigen Kunden **bekannt gewordene Verhaltensweisen** oder gar nur um in der Vergangenheit liegende Umstände (z.B. frühere Preissetzung, erzielte Absatzzahlen und Umsätze), soll es für die wettbewerbliche Relevanz darauf ankommen, ob aus diesen Informationen Rückschlüsse auf das zukünftige Marktverhalten des mitteilenden Unternehmens ermöglicht oder erleichtert werden.

46

Insbesondere **Joint Ventures** und andere Kooperationsprojekte zwischen Wettbewerbern schaffen ein erhöhtes Risiko von Kartellrechtsverstößen in Gestalt eines unzulässigen Informationsaustauschs. Es kommt im Rahmen eines solchen Kooperationsprojekts zu regelmäßigen Kontakten zwischen Mitarbeitern von im Wettbewerb zueinander stehenden Unternehmen. Dabei ist häufig ein gewisser Informationsaustausch ohnehin nicht zu vermeiden, um das Kooperationsprojekt funktionsfähig zu machen und zu erhalten. Dadurch erhöht sich jedoch das Risiko, dass mehr Informationen „fließen" und diese auch an einen größeren Personenkreis zirkuliert werden, als für Planung, Vorbereitung und Durchführung des Projekts notwendig wäre. Von den Kartellbehörden als zulässig angesehen wird jedoch allenfalls ein Austausch zwischen Wettbewerbern über solche geschäftliche

47

Daten, deren Austausch für das Gelingen eines an und für sich zulässigen Kooperationsprojekts erforderlich ist.[12] Den Risiken eines sog. „überschießenden" Informationsaustauschs kann durch besondere Geheimhaltungsanweisungen und -belehrungen gegenüber den involvierten Mitarbeitern und durch die Schaffung sog. *clean teams* begegnet werden.

III. Exkurs: Verband[13]

48 Verbandsarbeit ist inzwischen zu einem glatten kartellrechtlichen Parkett geworden. Auch der Mittelstand kann hiervon hart getroffen werden. Gerade die Verfolgungspraxis des Bundeskartellamts in den letzten zehn Jahren bestätigt dies immer wieder. Viel gefährlicher als die klassischen „Hardcore"-Kartelle sind für Unternehmen Verhaltensweisen, die nicht sofort als kartellrechtsrelevant erkannt werden, wie z.B. alle **Aktivitäten in Verbänden und ihren Arbeitskreisen**. In diesen Fällen fehlt den Unternehmen und ihren Vertretern oft das nötige Unrechtsbewusstsein, sodass sie sprichwörtlich aus allen Wolken fallen, wenn sie eines Tages Besuch von der Kartellbehörde bekommen.

49 **Praxisbeispiel**

Der Waschmittelverband A.I.S.E organisierte eine Umweltschutzkampagne. Im Rahmen der dabei untereinander geführten Gespräche der Waschmittelhersteller soll es zu Preisabsprachen (z.B. Beibehaltung des Preises bei Reduktion der Packungsgröße) gekommen sein, die für die Erzielung des Umwelteffekts nicht erforderlich waren.[14]

50 Grundsätzlich darf die von einem Verband gebotene Plattform nicht für die Errichtung und Durchführung von Kartellen genutzt werden, die Verbandsarbeit schafft also keinen „kartellrechtlichen Freiraum". Dies gilt sowohl für den „offiziellen" Teil der Verbandsarbeit als auch für die „informellen" Gespräche am Rande von Verbandstreffen oder in den Kaffeepausen von Arbeitskreissitzungen. **Allgemeine Erörterungen** der aktuellen Marktlage sind **zulässig**, soweit dabei lediglich öffentlich zugängliche Marktdaten diskutiert werden.

51 Ein **Kartellrechtsverstoß** liegt aber bereits vor, wenn ein Verbandsmitglied **nicht öffentliche Informationen** einseitig, jedoch in der begründeten Erwartung äußert, dass sich andere Verbandsmitglieder daran angepasst verhalten. Voraussetzung ist dabei nicht, dass dieses Verhalten wiederholt auftritt oder lange fortdauert. Die Rechtsprechung hat bereits Fälle abge-

---

12 Vgl. *Kapp/Wegner*, CCZ 2015, S. 207.
13 Vgl. im Einzelnen *Kapp/Hummel*, CCZ 2013, S. 240 ff.
14 Vgl. http://europa.eu/rapid/press-release_IP-11-473_de.htm

urteil, in denen ein einmaliger Verstoß vorlag.[15] Das Management muss also geeignete Maßnahmen zur Verhinderung von Kartellrechtsverstößen ergreifen.

Geht es um die **Teilnahme an Verbandstreffen**, so hat das Management 52
- die jeweiligen Teilnehmer sorgfältig auszuwählen und ggf. für einen turnusmäßigen Wechsel zu sorgen,
- die Tagesordnung vor dem jeweiligen Treffen prüfen zu lassen,
- sicherzustellen, dass die Tagesordnung eingehalten wird und
- dass ein Tagesordnungspunkt zurückgestellt oder eine vorherige Prüfung durchgeführt wird, wenn kartellrechtliche Bedenken bestehen,
- anzuweisen, dass die Teilnehmer die Sitzung unter Protest sofort verlassen, falls kartellrechtliche Bedenken nicht ausgeräumt werden,
- anzuweisen, dass die Teilnehmer ein derart begründetes Verlassen der Sitzung zu Protokoll geben lassen sowie
- die Sitzungsprotokolle des Verbands durch ihre Rechts-/Compliance-Abteilung prüfen zu lassen.

Sind Unternehmen über eine reine Mitgliedschaft auch in der **Mitarbeit im** 53
Verband tätig, so hat das Management zusätzlich
- regelmäßig den Gegenstand der Arbeit in Arbeits- oder Fachkreisen prüfen zu lassen,
- anzuweisen, dass bei der Arbeit in Arbeitskreisen darauf geachtet wird, dass die Diskussion über technische Themen nicht in eine Diskussion bzw. einen Informationsaustausch über Preise, Preiserhöhungen, Liefergebiete etc. abgleitet,
- die mögliche kartellrechtliche Relevanz aller Erklärungen des Verbands einschließlich Presseerklärungen prüfen zu lassen,
- insbesondere die kartellrechtliche Brisanz von Empfehlungen und Boykottaufrufen durch den Verband zu beachten.

IV. Besondere Empfehlungen zur Vermeidung horizontaler Absprachen

Die oben (→ Rn. 38 ff.) dargestellten Konstellationen von (möglichen) 54
Rechtsverstößen sollten Bestandteil von kartellrechtsbezogenen Compliance-Instruktionen sein. Abgesehen von der Frage der Reichweite des Abstimmungsbegriffs (→ Rn. 40) sowie den eventuellen „Tücken" des Informationsaustauschs zwischen Wettbewerbern (→ Rn. 44 ff.) und der Mitarbeit in Verbänden (→ Rn. 48) dürfte die besondere Herausforderung allerdings weniger im Bereich der Instruktionen als im Bereich der **Kontrolle und Aufsichtsmaßnahmen** liegen.

---

15 EuGH, Urt. v. 04.06.2009 – Rs. C-8/08.

55 Dass harte und klare Preisabsprachen zwischen Wettbewerbern verboten sind, dürfte in Unternehmen weitestgehend bekannt sein. Dass sie aber dennoch weiterhin vorkommen, zeigt die Bereitschaft mancher Organmitglieder und Geschäftsführer, in Abwesenheit hinreichender Kontrollen ein solches Verbot nicht ernst zu nehmen und sich über dieses sogar hinwegsetzen zu wollen.

56 Eine wirkliche Überwachung des Mitarbeiterverhaltens im Hinblick auf die Einhaltung kartellrechtlicher Vorschriften, insbesondere eine Art „Echtzeit"-Überwachung, dürfte allerdings kaum möglich sein. Kartellverstöße lassen sich insbesondere nicht durch Zahlungsflüsse auf „Schwarze Konten" o.Ä. identifizieren. Unternehmensindividuelle numerische Kontrollprozesse erscheinen für Zwecke der Kartellrechts-Compliance kaum realisierbar und schon gar nicht erfolgversprechend.

57 Allerdings verlangt die deutsche Rechtsprechung (so insbesondere zu § 130 Abs. 1 OWiG) ein **Mindestmaß an Kontrolle**. Das bloße Vertrauen darauf, dass die Mitarbeiter die Instruktionen und Schulungsinhalte beachten, soll nicht genügen. Das EU-Kartellrecht sieht sogar eine strenge Zurechnung des Mitarbeiterverhaltens zum Unternehmen vor. Damit fordert es geradezu einen vollständigen und uneingeschränkt wirksamen Ausschluss von Kartellrechtsverstößen, um hohen Haftungsrisiken zu entgehen. Ohne systematische Kontrollen dürfte dies für ein Unternehmen kaum erreichbar sein.

58 **Systematische Kontrollen** wiederum, insbesondere eine regelmäßige Kontrolle des möglicherweise relevanten E-Mail-Verkehrs von Mitarbeitern, sind nicht praktikabel. Dies gilt nicht zuletzt wegen der möglichen Konflikte mit dem Datenschutzrecht, dem Telekommunikationsrecht, dem Arbeits- und Betriebsverfassungsrecht sowie der Mitarbeiterwürde, die zumindest bei systematischen, verdachtsunabhängigen Kontrollen bestehen (zu Datenschutzrecht bei E-Mail-Reviews → § 8).

59 Angesichts dessen kann letztlich nur ein mehrstufiges, die Eingriffsintensität gegenüber den Mitarbeitern langsam eskalierendes Kontrollsystem als praktikable und zugleich noch hinreichend wirksame Herangehensweise angesehen werden.[16] Ein solches System vermeidet sofortige und allzu umfassende Eingriffe mit maximaler Intensität. Es setzt vielmehr auf eine breit aufgestellte, moderate Kontrolle, die nur bei Anzeichen besonderer Risikogeneigtheit stärker eingreifende Maßnahmen vorsieht.

---

16 *Krohs/Behling*, ZRFC 2012, S. 28, S. 34.

Bei besonderer Risikogeneigtheit und insbesondere Quasi-Verdachtsmomen- 60
ten könnten gewisse Prüf-/Auditmaßnahmen ggf. die schützenswerten Interessen der betroffenen Mitarbeiter überwiegen. In vielen anderen Fällen wird
hingegen ausreichend sein, „weichere" Kontrollmechanismen heranzuziehen,
wie z.B. gezielte und systematische Fragebögen an Mitarbeiter, systematische
Belehrungs-/Compliance-Gespräche sowie Vorlagepflichten für ausgewählte
Dokumente (z.B. Agenden/Protokolle zu Verbandssitzungen, von Vertragsmus-
tern abweichende Vertragsklauseln).

E. Vertikale kartellrechtsrelevante Vereinbarungen

Nicht nur Absprachen/Abstimmungen zwischen Wettbewerbern können 61
unter das Kartellverbot fallen. Auch Absprachen/Abstimmungen zwischen
Unternehmen, die auf **verschiedenen Stufen** der Liefer-, Herstellungs-
bzw. Vertriebskette tätig sind, können unter Umständen kartellrechtlich
relevant und sogar verboten sein.

Die Wahrscheinlichkeit eines wettbewerbswidrigen Zwecks oder Effekts 62
ist bei horizontalen Abstimmungen (d.h. solchen zwischen Wettbewerbern) wesentlich größer als bei vertikalen Abstimmungen.[17] Dennoch ist
das Vorliegen einer Wettbewerbsbeschränkung auch bei letzteren denkbar.
Beispiele hierfür sind **Vereinbarungen zwischen Markenartikelherstel-
lern und Handelsunternehmen** über die Weiter-/Ladenverkaufspreise
der Markenwaren (sog. *resale price maintenance* – zu unterscheiden von
der zulässigen, rein unverbindlichen Preisempfehlung) und verschiedene
Formen **langfristiger Exklusivvereinbarungen zwischen Lieferanten
und Kunden** (z.B. die Vereinbarung, dass der Abnehmer für die eigene Verwendung oder zwecks Weiterverkaufs keine mit den Vertragsprodukten im
Wettbewerb stehenden Waren abnehmen darf, sog. Alleinbelieferung bzw.
Alleinvertrieb).[18]

Im Bereich der vertikalen Abstimmungen wird nur in der EU die ***resale price*** 63
maintenance als uneingeschränkt verbotene Kernbeschränkung angesehen. In anderen Kartellrechtsordnungen, z.B. im US-amerikanischen Recht,
wird allgemein bei vertikalen Abstimmungen, einschließlich der *resale price
maintenance*, eine Einzelfallabwägung vorgenommen.[19]

---

17 *Bechtold/Bosch*, § 1 Rn. 43, 52.
18 Vgl. Wiedemann/*Seeliger*, § 10 Rn. 268.
19 Hierzu eingehend *Fritzsche*, GRUR Int 2008, S. 381 ff.

I. Preisbindung (*resale price maintenance*)

64   Ein in der kartellrechtlichen Compliance-Praxis sehr relevantes Risikofeld sind die **Beziehungen von (Markenartikel-)Herstellern zu Vertriebspartnern und Handelsunternehmen**. Im Grundsatz sind diese Beziehungen auch aus kartellrechtlicher Perspektive völlig legal. Im Einzelfall können sich aber wettbewerbsrechtliche Fallstricke ergeben.

65   Die Unsicherheiten im kartellrechtlich einwandfreien Umgang mit Vertriebspartnern und Handelsunternehmen haben z.B. in den letzten fünf Jahren in den **Lebensmittel- und Markenartikelindustrien** zu weitreichenden Untersuchungen des Bundeskartellamts geführt. Hierbei ging und geht es um Themen, wie z.B. die nachdrückliche Empfehlung oder gar Kontrolle von Weiterverkaufspreisen und die Rabattgewährung für die Einhaltung der empfohlenen Weiterverkaufspreise durch die Händler. Zur Frage der empfohlenen Weiterverkaufspreise zählt z.B. auch das Aufdrucken von Verkaufspreisen durch die Hersteller auf Ware oder Verpackung. In einer vorläufigen Stellungnahme[20] hat das Bundeskartellamt die Ansicht geäußert, unter bestimmten Umständen könne der mehr als nur einmalige und zudem nachdrückliche Hinweis auf die Preisempfehlung des Herstellers das Handelsunternehmen in seiner Preissetzungsfreiheit wettbewerbswidrig beeinflussen.

66   Ebenso zu diesem Risikobereich zählen der **Austausch** von Informationen **betreffend andere Handelsunternehmen über den Umweg des Herstellers** sowie umgekehrt der **Austausch** von Informationen **betreffend konkurrierende Hersteller über einen gemeinsamen Vertriebshändler**.

II. Sonstige Vertikalbeschränkungen

67   Über die Preisbindung hinaus gibt es zahlreiche Formen nicht preislicher vertikaler Wettbewerbsbeschränkungen. Von diesen sind insbesondere erwähnenswert:

- **Kunden- und Gebietsbeschränkungen – Beispiel:** In jedem Land erhält der dortige Vertriebshändler des Herstellers/Lieferanten das Recht, dessen Produkte dort exklusiv an den Einzelhandel oder Endabnehmer zu vertreiben. Entsprechend wird jedem Vertriebshändler untersagt, außerhalb des Exklusivgebiets, also in den anderen Vertriebshändlern zugewiesenen Gebieten, die Ware zu verkaufen. Unter Umständen – nicht automatisch – wird dadurch aber der sonst mögliche Wettbewerb auf der Ebene der Vertriebshändler unzulässig eingeschränkt.

---

20   Bundeskartellamt, B 11. Beschlussabteilung, Brief v. 13.04.2010: „Vorläufige Bewertung von Verhaltensweisen in Verhandlungen zwischen Herstellern von Markenartikeln, Großhändlern und Einzelhandelsunternehmen zum Zwecke der Konkretisierung der Kooperationspflichten", WuW 2010, S. 786 ff.

- **Ausschließlichkeitsbindungen – Beispiel:** Im Rahmen eines mehrjährigen Liefervertrags vereinbart der Hersteller/Lieferant mit dem Abnehmer, dass dieser für einen bestimmten Zeitraum oder gar während der gesamten Laufzeit des Liefervertrags keine Waren oder nur in begrenztem Umfang Waren eines konkurrierenden Herstellers abnehmen darf. Für die Geltungsdauer der Ausschließlichkeitsbindung schränkt diese ersichtlich die Möglichkeit anderer Hersteller ein, in den Wettbewerb um die Belieferung des konkreten Abnehmers einzusteigen.
- Beschränkungen beim **Internetvertrieb – Beispiel:** Markenartikelhersteller verlangen von ihren direkt belieferten Einzelhändlern, die gelieferten Produkte nicht auf Internetplattformen zu vertreiben oder das Markenzeichen des Herstellers nicht auf anderen Webseiten als den von den Einzelhändlern selbst betriebenen zu verwenden. Den Einzelhändlern wird dadurch die Möglichkeit genommen, die Waren erfolgversprechend (unter Verwendung des Markenzeichens) auf den typischen Internetvertriebsplattformen – wie Amazon Marketplace – zu verkaufen.[21]

Auch andere typische sog. vertikale, möglicherweise wettbewerbsbeschränkende Abstimmungen könnten in diesem Zusammenhang genannt werden (z.B. auch bestimmte Klauseln in Franchise- und Lizenzverträgen). Ob vertikale Abstimmungen tatsächlich wettbewerbsbeschränkend sind oder wirken können und ob keine Rechtfertigung (aufgrund überwiegender Effizienz- und Kundenvorteile) für solche Vereinbarungen bzw. Klauseln in Betracht kommt, hängt von verschiedenen Kriterien ab. Regelmäßig spielen die Marktanteile von Lieferant und Abnehmer, die Dauer der Vereinbarung und das Fehlen bestimmter besonders problematischer Regeln eine wichtige Rolle für die kartellrechtliche Einstufung der Vereinbarung. Im Rahmen dieses Kapitels können diese Kriterien und ihre Bedeutung für den Einzelfall nicht im Detail erörtert werden. Wir verweisen für eine vertiefende rechtliche Darstellung auf die entsprechende Literatur.[22] 68

Für die Kartellrechts-Compliance ist aber allgemein Folgendes zu beachten: Zunächst sollte zusammen mit der Rechtsabteilung und/oder externen Rechtsanwälten erarbeitet werden, welche Klauseln in Liefer- bzw. Abnehmerverhältnissen grundsätzlich zulässig bzw. nur unter bestimmten Voraussetzungen zulässig (z.B. abhängig von den Marktanteilen) oder stets unzulässig sind. Auf dieser Basis können etwa Standardverträge erstellt und den Vertriebsmitarbeitern an die Hand gegeben werden – zusammen mit klaren Instruktionen, dass bei Abweichungen von den Standardverträgen, 69

---

21 Vgl. hierzu aktuell die Grundsatzentscheidung des Bundeskartellamts im Fall *Asics*, http://www.bundeskartellamt.de/SharedDocs/Entscheidung/DE/Entscheidungen/Kartellverbot/2015/B2-98-11.pdf?__blob=publicationFile&v=3.

22 *Kapp*, S. 88 ff.

jedenfalls bei bestimmten abweichenden Klauseln, rechtzeitig vor Vertragsschluss die Compliance-Verantwortlichen, die Rechtsabteilung oder vorab ausgewählte und mit dem Unternehmen vertraute externe Rechtsanwälte einzuschalten sind. Zudem sollte im Rahmen von Schulungs-/Trainingsmaßnahmen den Vertriebsmitarbeitern eine Vorstellung gegeben werden, in welchen Fällen es auf die Marktanteile hinsichtlich der vertragsrelevanten Produkte ankommt und was in etwa unter einem kartellrechtlich definierten Markt zu verstehen ist. Dabei müssen die Vertriebsmitarbeiter zugleich angehalten werden, in allen Zweifelsfällen die Prüfung, was der relevante Markt ist und wie hoch dementsprechend die Marktanteile sein könnten, der Rechtsabteilung bzw. spezialisierten Juristen zu überlassen.

III. Besondere Empfehlungen zur Vermeidung vertikaler Absprachen

70 Im Hinblick auf die Vermeidung vertikaler wettbewerbswidriger Verhaltensweisen sind Maßnahmen, welche relevante Geschäftskontakte registrieren, nicht zielführend. Anders als der bloße Kontakt mit Wettbewerbern ist der mit Kunden, Auftraggebern und Lieferanten, der bei vertikalen wettbewerbswidrigen Verhaltensweisen eine Rolle spielt, nicht als solches risikoerhöhend. Erst die inhaltliche Ausgestaltung der Beziehung zu Kunden, Auftraggebern und Lieferanten kann Anhaltspunkte über die Risikosituation geben.

71 Das Risiko wird hier zunächst dann erhöht, wenn keine durch die Rechtsabteilung vorab geprüften Standardvertragsklauseln und Vertragskonditionen Verwendung finden. Darüber hinaus findet eine Risikoerhöhung statt, wenn die verwendeten Verträge **Klauseln** enthalten, die in besondere Kategorien fallen (lange Laufzeitregelungen, Exklusivitätsklauseln, Wettbewerbsverbote, Treuerabatte etc.).

72 Letzteres setzt für eine Kontrolle zwingend die Einbindung entsprechend sachkundiger Mitarbeiter in der **Rechtsabteilung** voraus, für die ein zwingender Prozess vorgeschrieben werden kann. Anderenfalls dürfte die Notwendigkeit von Kontrollmaßnahmen vom Vorliegen oder Nichtvorliegen anderer risikoerhöhender Faktoren abhängen. Verfügt das Unternehmen in dem relevanten Bereich, z.B. in der EU, über einen Marktanteil von mehr als 30%, so kommt nach EU-Kartellrecht das vom Kartellverbot freistellende Eingreifen der Vertikal-GVO[23] nicht mehr infrage (risikoerhöhend). Liegt der **Marktanteil oberhalb von 40%**, ist sogar die Annahme einer marktbeherrschenden Stellung durch Behörden oder Gerichte gut vorstellbar.[24] Dadurch entsteht ein weiter erhöhtes Risiko, welches unter Umständen die

---

23 Verordnung (EU) Nr. 330/210 der Kommission v. 20.04.2010 über die Anwendung von Art. 101 Abs. 3 des Vertrages über die Arbeitsweise der Europäischen Union auf Gruppen von vertikalen Vereinbarungen und abgestimmten Verhaltensweisen.
24 § 18 Abs. 4 GWB statuiert die (widerlegliche) Vermutung von Marktbeherrschung ab einem Marktanteil von 40%.

Kontrolle sämtlicher von Standards abweichender Vertragswerke durch die Rechtsabteilung nahelegt.

Daneben müsste ein diesbezüglicher Aufsichtsmechanismus die Kontrolle des Prozesses durch regelmäßige, alljährliche Stichproben vorsehen. Dabei würden z.B. im unternehmensinternen Vertragsmanagement bzw. einer dort geführten Datenbank zufällig Verträge ausgewählt, welche auf das Bestehen der oben dargestellten Kontrollvoraussetzungen durchgesehen würden. Lägen diese vor, müsste die Einhaltung des Kontrollprozesses (durch Vorlage des Vertrags in der Rechtsabteilung o.Ä.) nachvollziehbar sein. 73

F. Missbrauchskontrolle

Bei der Missbrauchskontrolle geht es um die kartellrechtliche Kontrolle von Behinderungsmissbrauch, Diskriminierung und weiteren Fällen des Marktmissbrauchs. Diese Fälle des Kartellverstoßes setzen eine entsprechende Marktmacht der betroffenen Unternehmen voraus. Dies kann in diesem Rahmen im Einzelnen nicht behandelt werden, insofern verweisen wir auf die entsprechende Literatur.[25] 74

Literatur

Fritzsche, Der U.S. Supreme Court zu Minimum Resale Price Maintenance: Ökonomische Märchen und Law as Literature, GRUR Int 2008, S. 381 ff.
Kapp/Hummel, Compliance in der Verbandsarbeit, CCZ 2013, S. 240–247.
Kapp/Wegner, Das Gemeinschaftsunternehmen – Kartellrechtliche Herausforderungen von der Wiege bis zur Bahre, CCZ 2015, S. 198–209.
Krohs/Behling, Compliance bei kartellrechtlichen E-Searches, ZRFC 2012, S. 28–34.

---

25 *Kapp*, S. 121 ff.

Demuß

§ 15 Steuerrecht

Übersicht

Executive Summary

Leitungs- und Entscheidungspflichten

- Erfüllung von der Unternehmensleitung als gesetzlichem Vertreter obliegenden steuerrechtlichen Pflichten (→ Rn. 13, 38),
- Lösung des Zielkonflikts zwischen steuerrechtlicher Gesetzestreue und einer möglichst niedrigen Steuerbelastung (→ Rn. 1, 88).

Steuerungsziele

- Vermeidung
  - eines Steuerstrafverfahrens gegen die Unternehmensleitung (→ Rn. 21),
  - von steuerrechtlichen Nachteilen für das Unternehmen (→ Rn. 6),
  - von Schadensersatzrisiken für die Unternehmensleitung (→ Rn. 24),
  - von Reputationsschäden (→ Rn. 27).

Erste Maßnahmen

- Identifikation der steuerrechtlichen Pflichten (→ Rn. 38 ff.),
- Stand der Erfüllung steuerrechtlicher Pflichten (→ Rn. 41),
- Beurteilung etwaiger steuerrechtlicher Risiken (→ Rn. 43).

Umsetzungsschritte und Delegation

- Aufbau eines Tax-CMS (→ Rn. 46 ff.),
- klare Zuordnung von Zuständigkeiten und Verantwortlichkeiten (→ Rn. 47),
- sachgerechte personelle und sachliche Ausstattung der Steuerfunktion (→ Rn. 65),
- Implementierung eines steuerlichen Verhaltenskodex (*Tax code of conduct*), einer Konzernsteuerrichtlinie sowie ggf. weiterer Detailrichtlinien (*Tax manual*) (→ Rn. 86 ff.).

Wirksamkeit
- Uneingeschränktes Commitment der Konzern- und Unternehmensleitung zur steuerrechtlichen Rechtstreue (→ Rn. 87),
- Information von Mitarbeitern mit steuerrechtlich relevanten Tätigkeiten (→ Rn. 85 ff.),
- Aufsicht und Kontrolle von Prozessen und Mitarbeitern (→ Rn. 67),
- Eskalation und Sanktionierung von Compliance-Verstößen (→ Rn. 94),
- Dokumentation sämtlicher ergriffener Maßnahmen (→ Rn. 99).

Ergebnis, Vorteile und Nutzen
- Wirksame Steuerfunktion im Unternehmen und Konzern (→ Rn. 51),
- Sicherstellung der Erfüllung steuerrechtlicher Pflichten (→ Rn. 74 ff.),
- Verringerung von Haftungsrisiken für Geschäftsleitung, Führungskräfte und Mitarbeiter → (Rn. 22),
- Verringerung von steuerstraf- und steuerordnungswidrigkeitsrechtlichen Risiken für Geschäftsleitung, Führungskräfte und Mitarbeiter (→ Rn. 21).

A. Tax Compliance und Tax-Compliance-Management-System

Die Begriffe „Steuerrechtliche Compliance" oder „Tax Compliance"[1] umfassen zunächst die schlichte Verpflichtung der Bürger und Unternehmen, die geltenden Steuergesetze zu achten und ihnen nachzukommen (sog. Legalitätspflicht).[2] Tax Compliance, verstanden als bloße Rechtsbefolgungspflicht steuerlicher Gesetze, steht damit in einem Spannungsverhältnis zur Nutzung von steuerrechtlichen Gestaltungsspielräumen. Legitime Steueroptimierung durch Ausnutzung von Gesetzeslücken und gesetzgeberischen Spielräumen sowie durch Auslegung der Steuerrechtsnormen im Rahmen der juristischen Möglichkeiten findet jedoch ihre Grenze immer dort, wo die Tatbestände von Steuerstraftaten oder Steuerordnungswidrigkeiten erfüllt werden. In diesem engen materiellen Sinne ist Tax Compliance als steuerrechtliche Legalitätspflicht durchaus nichts Neues, sondern stellt vielmehr nur eine „Binsenweisheit"[3] dar.

Tax Compliance wird daher – zu Recht – in einem weiteren Sinne verstanden als „vom Unternehmen strategisch gewollte und durchgeführte Gesetzesbefolgung mit einem Sicherungssystem, das vor Gesetzesverstößen und ihren Folgen schützen soll. Aus der Selbstverständlichkeit des Gesetzesbefehls wird

1

2

---

1   Der englische Terminus hat sich inzwischen durchgesetzt, vgl. etwa jüngst *Aichberger/Schwartz*, DStR 2015, S. 1691; *Neuling*, DStR 2015, S. 558 (560).
2   *Streck/Binnewies*, DStR 2009, S. 229.
3   So zutreffend für Corporate Compliance und Legalitätspflicht *Schneider*, ZIP 2003, S. 645 (646).

etwas im Unternehmen nicht nur passiv Akzeptiertes, sondern aktiv und strategisch Abgesichertes".[4]

3 **Tax Compliance** im Sinne eines **Sicherungssystems** umschreibt damit die Summe der organisatorischen Maßnahmen eines Unternehmens, mit denen gewährleistet werden soll, dass sich die Geschäftsleitung wie auch die Mitarbeiter des Unternehmens und Konzerns rechtmäßig verhalten. Dieser aktive strategische Ansatz wird hier im Folgenden als **Tax-CMS** bezeichnet.[5]

B. Ziele eines Tax-Compliance-Management-Systems
I. Vermeidung steuerrechtlicher Sanktionen

4 Die Verletzung von steuerlichen Pflichten kann verschiedene Sanktionen auslösen, wie:
- Zuschläge für die verspätete Abgabe von Steuererklärungen (§ 152 AO),
- Zuschläge bei fehlender oder verspäteter Vorlage einer Verrechnungspreis-Dokumentation im Sinne des § 90 Abs. 3 AO (§ 162 Abs. 4 AO),
- Zuschläge bei verspäteter Zahlung (Säumniszuschläge gemäß § 240 AO),
- Erhebung eines Verzögerungsgelds gemäß § 146 Abs. 2b AO,
- Schätzungen von Besteuerungsgrundlagen gemäß § 162 Abs. 1 und 3 AO,
- Nachzahlungszinsen gemäß §§ 233a, 235 AO,
- Zwangsgelder gemäß § 328 AO.

5 Adressat dieser Sanktionen ist mit Ausnahme von Zwangsgeldern, die sich auch gegen den gesetzlichen Vertreter eines Unternehmens richten können, nur das steuerpflichtige Unternehmen selbst.

6 **Ziel eines Tax-CMS** muss es daher sein, die sanktionierten Pflichtverletzungen durch entsprechende Maßnahmen und Prozesse zu vermeiden.

II. Vermeidung steuerrechtlicher Haftungsrisiken

7 Die Verletzung von steuerlichen Pflichten kann neben verschiedenen Sanktionen für das steuerpflichtige Unternehmen auch zu einer persönlichen Haftung der Geschäftsführer aus §§ 69, 71 AO führen.

8 Der für die Unternehmenspraxis wichtigste Haftungstatbestand ist § 69 AO. Danach haften die in §§ 34 und 35 AO genannten Personen (gesetzliche Vertreter und ihnen Gleichgestellte) für nicht rechtzeitig festgesetzte oder er-

---

4 *Streck/Binnewies*, DStR 2009, S. 229.
5 Vgl. auch IDW PS 980 für allgemeine CMS. Ähnlich auch *Kromer/Pumpler/Henschel*, CB 2013, S. 186. Zum Teil wird auch von einem Tax-Risk-Management-System gesprochen, vgl. etwa *Aichberger/Schwartz*, DStR 2015, S. 1758 (1763), kritisch hierzu: *Streck/Binnewies*, DStR 2009, S. 229 (231): „Tax Risk Management ist etwas anderes als Tax Compliance, denn es enthält nicht die Wertentscheidung zur Gesetzestreue".

füllte Ansprüche aus dem Steuerschuldverhältnis oder ohne rechtlichen Grund gezahlte Steuervergütungen bzw. Steuererstattungen, soweit diese durch vorsätzliche oder grob fahrlässige Verletzung der ihnen auferlegten Pflichten verursacht worden sind. Die Haftung knüpft dabei an die Stellung als Vorstand bzw. Geschäftsführer einer Gesellschaft an, unabhängig davon, ob dieser tatsächlich die Geschicke der Gesellschaft lenkt oder ob er subjektiv die steuerlichen Pflichten der Gesellschaft kennt oder ob er überhaupt diesbezügliche Einblicke hat.[6]

Neben der objektiven Stellung als gesetzlicher Vertreter (Vorstand oder Geschäftsführer) setzt § 69 AO eine **Verletzung der steuerlichen Pflichten** voraus, wozu **beispielsweise** 9

- Aufzeichnungs- und Buchführungspflichten (§§ 135 ff. AO),
- Auskunfts- und Vorlagepflichten (§§ 93, 97 AO),
- Steuererklärungspflichten (§§ 149 ff. AO) und
- Pflicht zur Steuererklärungsberichtigung (§ 153 AO),
- Einbehaltungs- und Abführungspflichten bei Abzugssteuern (Lohnsteuer, Kapitalertragsteuer) sowie
- steuerliche Zahlungspflichten

gehören.

Nach § 34 AO hat der gesetzliche Vertreter (Vorstand oder Geschäftsführer) diese Pflichten zu erfüllen und für die Entrichtung der Steuerschulden aus den Mitteln der Gesellschaft zu sorgen. 10

Als weiterer Haftungstatbestand kommt § 71 AO in Betracht. Danach haftet auch derjenige persönlich für die verkürzten Steuern oder die zu Unrecht gewährten Steuervorteile sowie für Zinsen nach § 235 AO (Hinterziehungszinsen), der den Tatbestand einer Steuerhinterziehung gemäß § 370 AO erfüllt oder aber an einer solchen Tat teilgenommen hat. 11

Ziel eines Tax-CMS muss es daher sein, die Erfüllung sämtlicher steuerlichen Pflichten sicherzustellen. 12

III. Vermeidung straf- und ordnungswidrigkeitsrechtlicher Risiken

Die Erfüllung der steuerlichen Pflichten des Unternehmens obliegt nach § 34 AO dem gesetzlichen Vertreter, also dem Vorstand bzw. der Geschäftsführung eines Unternehmens. 13

Enthält eine vom gesetzlichen Vertreter unterzeichnete **Steuererklärung** unrichtige oder unvollständige Angaben und werden dadurch Steuern ver- 14

---

6 *Talaska*, BB 2012, S. 1195 (1196); *Aichberger/Schwartz*, DStR 2015, S. 1691 (1693).

kürzt oder nicht gerechtfertigte Steuervorteile erlangt, kann hierdurch der Straftatbestand der **Steuerhinterziehung** (§ 370 Abs. 1 Nr. 1 AO) bzw. der Ordnungswidrigkeitstatbestand der leichtfertigen Steuerverkürzung (§ 378 Abs. 1 AO) verwirklicht werden.

15 Das Steuerstraf- sowie das Steuerbußgeldverfahren richtet sich gegen die handelnden Personen persönlich. Die **Sanktionen** reichen im Strafverfahren von einer **Geldauflage** im Falle einer Einstellung gemäß § 153a StPO bis hin zu Geld- und **Freiheitsstrafe** (mit oder ohne Bewährung) im Falle einer Verurteilung. Im Steuerordnungswidrigkeitenverfahren droht ein **Bußgeld**.

16 Darüber hinaus kann bei einer Verletzung der Aufsichtspflicht ein **Ordnungswidrigkeitenverfahren nach § 130 OWiG** gegen die Geschäftsführung[7] eingeleitet werden. Nach dieser Norm handelt ordnungswidrig, „wer als Inhaber eines Betriebs oder Unternehmens vorsätzlich oder fahrlässig Aufsichtsmaßnahmen unterlässt, die erforderlich sind, um in dem Betrieb oder Unternehmen Zuwiderhandlungen gegen Pflichten zu verhindern, die den Inhaber treffen und deren Verletzung mit Strafe oder Geldbuße bedroht ist, wenn eine solche Zuwiderhandlung begangen wird, die durch gehörige Aufsicht verhindert oder wesentlich erschwert worden wäre" (allgemein zu § 130 OWiG → § 5 Rn. 30 ff.).

17 Damit soll der Begehung von mit Bußgeld oder Strafe bedrohten Zuwiderhandlungen in einem Unternehmen entgegengewirkt werden, soweit hierdurch gegen **betriebsbezogene Pflichten** verstoßen wird, der gesetzliche Vertreter aber als Täter ausscheidet, da er einen anderen für sich handeln ließ.

18 Nach ganz herrschender Meinung stellen **steuerrechtliche Pflichten**, die mit der Führung des Unternehmens zusammenhängen, stets solche betriebsbezogenen Pflichten dar, deren Verletzung unter § 130 OWiG fällt, wenn eine Steuerhinterziehung oder leichtfertige Steuerverkürzung begangen wurde.[8] Über den „Umweg" des § 130 OWiG können Vorstände und Geschäftsführer damit also für eine Steuerhinterziehung oder leichtfertige Steuerverkürzung haftbar gemacht werden, obwohl ihnen persönlich hinsichtlich der betreffenden Taten kein vorsätzliches oder leichtfertiges Handeln zur Last gelegt werden kann. Der Vorwurf besteht hier vielmehr in der Desorganisation innerhalb des Unternehmens sowie der **mangelnden**

---

7 § 130 OWiG hat als Normadressat den Betriebsinhaber. Bei juristischen Personen oder Personengesellschaften sind jedoch die vertretungsberechtigten Gesellschafter, Organe oder Organmitglieder Adressaten der Aufsichtspflichtverletzung, da ausschließlich natürliche Personen taugliche Täter im Sinne des § 130 OWiG sein können, vgl. hierzu schon BayObLG, Urt. v. 25.04.1972 – RReg 8 St 518/71 OWi = RS1023414.
8 Zum Meinungsstand ausführlich *Hunsmann*, DStR 2014, S. 855 (856) m.w.N.

Demuß

Aufsicht und Kontrolle, die zu einer Verletzung steuerlicher Pflichten geführt hat,[9] mithin in einem Organisationsverschulden.

Der Umfang dieser Aufsichtspflicht hängt dabei von den Umständen des Einzelfalls, wie etwa der Größe und Organisation des Betriebs, der Vielfalt und Bedeutung der zu beachtenden Normen sowie den konkreten Überwachungsmöglichkeiten ab. In großen Unternehmen kommt der gesetzliche Vertreter seinen Pflichten regelmäßig bereits nach, wenn er die Erfüllung der steuerlichen Pflichten auf zuverlässig ausgewählte Personen delegiert und diese entsprechend überwacht.[10] Auch diese Personen – etwa Bereichs- oder Abteilungsleiter – können dann ihrerseits über § 9 OWiG taugliche Täter des § 130 OWiG sein, wenn sie eine Aufsichtspflichtverletzung begangen haben. | 19

Ferner drohen bei einer Verletzung der Aufsichtspflicht auch **Sanktionen gegen das Unternehmen selbst**. Denn nach § 30 OWiG kann ein Bußgeld gegen ein Unternehmen verhängt werden, wenn eine Leitungsperson eine Straftat oder Ordnungswidrigkeit, wie beispielsweise eine Steuerhinterziehung nach § 370 AO oder eine leichtfertige Steuerverkürzung nach § 378 AO, begangen hat und dadurch die Pflichten des Unternehmens verletzt worden sind.[11] | 20

Die Tatbestände der §§ 130 und 30 OWiG stellen damit die geringsten Anforderungen unter den in Betracht kommenden Sanktionsnormen, um das Verschulden eines Mitarbeiters der Geschäftsleitung oder einer anderen aufsichtspflichtigen Person sowie dem Unternehmen selbst zuzurechnen.[12] Eine **Entlastung** der aufsichtspflichtigen Personen sowie des Unternehmens selbst kann hier jedoch regelmäßig über den **Nachweis eines bestehenden und funktionierenden Tax-CMS** erreicht werden.[13] | 21

IV. Vermeidung zivilrechtlicher Schadensersatzrisiken

Vorstands- und Geschäftsführungsmitglieder haben bei ihrer Geschäftsführung die Sorgfalt eines ordentlichen und gewissenhaften Geschäftsleiters anzuwenden (vgl. § 93 Abs. 1 Satz 1 AktG, § 43 GmbHG). Verletzen sie vorsätzlich oder fahrlässig ihre Pflichten, sind sie der Gesellschaft gegenüber zum Schadensersatz verpflichtet (sog. **Innenhaftung** → § 4 Rn. 5 ff.). | 22

---

9 *Aichberger/Schwartz*, DStR 2015, S. 1691 (1696).
10 *Aichberger/Schwartz*, DStR 2015, S. 1691 (1696) m.w.N.
11 *Aichberger/Schwartz*, DStR 2015, S. 1691 (1698). Zu Geldbußen gegen Kreditinstitute aufgrund von Beihilfe seitens der Mitarbeiter zur Steuerhinterziehung ihrer Kunden vgl. ausführlich *Reichling*, NJW 2013, S. 2233.
12 *Kiesel/Böhringer*, BB 2012, S. 1190 (1192).
13 *Hunsmann*, DStR 2014, S. 855 (858); *Aichberger/Schwartz*, DStR 2015, S. 1691 (1696) m.w.N. So jetzt auch BMF, BStBl. I 2016, S. 490 (491): „Hat der Steuerpflichtige ein innerbetriebliches Kontrollsystem eingerichtet, das der Erfüllung der steuerlichen Pflichten dient, kann dies ggf. ein Indiz darstellen, das gegen das Vorliegen eines Vorsatzes oder der Leichtfertigkeit sprechen kann, jedoch befreit dies nicht von einer Prüfung des jeweiligen Einzelfalls."

23 Zum Pflichtenkatalog der Geschäftsführung gehört auch die Überwachungspflicht der Geschäftsleitung, für gesetzestreues Verhalten nachgeordneter Mitarbeiter einzustehen und diese zu überwachen. Nach Auffassung des LG München I im sog. *Siemens/Neubürger*-Urteil wird diese Überwachungspflicht „namentlich durch § 91 Abs. 2 AktG dadurch konkretisiert, dass ein Überwachungssystem installiert wird, das geeignet ist, bestandsgefährdende Entwicklungen frühzeitig zu erkennen, wovon auch Verstöße gegen gesetzliche Vorschriften umfasst sind. [...] Die Einrichtung eines mangelhaften Compliance-Systems und auch deren unzureichende Überwachung [...] bedeutet eine Pflichtverletzung.“[14]

24 Damit eine persönliche Haftung des Vorstands vermieden wird, muss Ziel eines Tax-CMS daher sein, durch ein **wirksames Überwachungssystem** Verstöße gegen Steuergesetze frühzeitig zu erkennen.

V. Vermeidung von Reputationsverlusten

25 Steuern, und insbesondere Steuerstrafverfahren, haben sich in den letzten Jahren zu einem medial viel beachteten und in der breiten Öffentlichkeit diskutierten Thema entwickelt. Insbesondere der Ankauf von sog. „Steuer-CDs“ mit nachfolgenden Razzien bei Steuerpflichtigen sowie steuerstrafrechtliche Ermittlungsverfahren gegen Vorstände und Mitarbeiter verschiedener Kreditinstitute mögen hier als Beispiele genannt sein.[15] Dabei ist das potenzielle Risiko steuerstrafrechtlicher bzw. steuerordnungswidrigkeitsrechtlicher Ermittlungen für Unternehmen und ihre Organe in den letzten Jahren kontinuierlich gestiegen.[16] Ursache hierfür sind einerseits ein verschärftes regulatorisches Umfeld und eine zunehmend strengere Rechtsprechung des BGH, andererseits aber auch eine verstärkte Nutzung des strafrechtlichen Instrumentariums durch die Finanzbehörden.[17]

26 Dabei birgt jedes öffentlich bekannt gewordene Ermittlungsverfahren das Risiko eines Reputationsverlusts des betroffenen Unternehmens und seiner Geschäftsführung bei Anteilseignern, Kunden und Geschäftspartnern sowie ggf. der Öffentlichkeit insgesamt. Kommt ein Unternehmen durch illegale Praktiken in die Schlagzeilen und damit in den Fokus der Öffentlichkeit, so droht ein beträchtlicher Ansehensverlust, wobei bereits ein einziger Vorfall genügen kann, um ein über Jahre aufgebautes Unternehmensimage nachhaltig zu beschädigen.[18]

---

14 LG München I, Urt. v. 10.12.2013 – 5 HK O 1387/10 (*Siemens/Neubürger*) = DB 2014, S. 766.
15 Beispiele bei *Kromer/Pumpler/Henschel*, CB 2013, S. 156; *Neuling*, DStR 2015, S. 558 (560); *Aichberger/Schwartz*, DStR 2015, S. 1691.
16 *Geuenich/Kiesel*, BB 2012, S. 155 (157); *Neuling*, DStR 2015, S. 558.
17 *Neuling*, DStR 2015, S. 558; *Aichberger/Schwartz*, DStR 2015, S. 1691.
18 *Aichberger/Schwartz*, DStR 2015, S. 1758 (1760).

Ziel eines Tax-CMS muss daher sein, die Erfüllung sämtlicher steuerlichen Pflichten sicherzustellen und steuerliche Risiken, die zu einem Reputationsverlust führen können, zu vermeiden.

27

C. Pflicht zur Einrichtung eines Tax-Compliance-Management-Systems?

Die Einrichtung eines Tax-CMS liegt in der Organisationsverantwortung der Geschäftsleitung, denn diese trägt – wie oben ausgeführt – die straf-, ordnungswidrigkeiten- und zivilrechtliche Verantwortung für das rechtmäßige Verhalten der Gesellschaft (Legalitätspflicht). Nach der Rechtsprechung hat die Geschäftsleitung den Betrieb daher in Übereinstimmung mit den gesetzlichen Rahmenbedingungen zu organisieren, um sich nicht dem Vorwurf eines Organisationsverschuldens, d.h. eines Unterlassens gebotener Handlungen, auszusetzen.[19] Das LG München I hat im bereits erwähnten *Siemens/Neubürger*-Urteil erstmals ausdrücklich entschieden, dass ein Vorstandsmitglied seiner Organisationspflicht bei entsprechender Gefährdungslage nur genügt, wenn es eine auf Schadensprävention und Risikokontrolle angelegte Compliance-Organisation einrichtet.[20]

28

Der nicht einheitlich beantworteten Frage, aus welcher Norm diese Pflicht herzuleiten ist, kommt keine praktische Bedeutung zu. Denn ein **verantwortungsvoll agierender Geschäftsleiter für den Bereich Steuern** wird nicht umhinkommen, ein wirksames Tax-CMS zu implementieren, um ein gesetzestreues Verhalten sicherzustellen. Unterlässt er dies, sieht er sich nicht nur der permanenten Gefahr ausgesetzt, für Steuern Dritter haften zu müssen (→ Rn. 7), sondern darüber hinaus auch aufgrund (s)einer Aufsichtspflichtverletzung zu einem Bußgeld nach § 130 OWiG herangezogen zu werden (→ Rn. 16). Und von der Gesellschaft droht ihm aufgrund eines Organisationsverschuldens eine Inanspruchnahme auf Schadensersatz[21] (→ Rn. 22).

29

Damit stellt sich weiter die Frage, ob es eines **Tax Compliance Officer** bedarf, wie dies zum Teil in der Literatur gefordert wird[22] und wie Tax Compliance überhaupt in das bestehende Compliance-System (Compliance-Programm) unter Nutzung vorhandener Ressourcen integriert werden kann? Hierzu ist zunächst einmal festzuhalten, dass es sich bei einer Steuerabteilung ebenso wie bei einer Rechtsabteilung an sich um eine Compliance-Organisation

30

---

19 BFH, Urt. v. 21.01.1972 – VI R 187/68, BStBl. II 1972, 364 = RS0742924; BGH, Urt. v. 15.10.1996 – VI ZR 319/95, BHGZ 133, 370 = DB 1996, S. 2483.
20 LG München I, Urt. v. 10.12.2013 – 5 HK O 1387/10 (*Siemens/Neubürger*) = DB 2014, S. 766.
21 *Aichberger/Schwartz*, DStR 2015, S. 1758 (1763) m.w.N.
22 So z.B. *Kromer/Pumpler/Henschel*, CB 2013, S. 156 (160); *Aichberger/Schwartz*, DStR 2015, S. 1691 (1692).

handelt, deren Zweck im Wesentlichen darin besteht, rechtliche Pflichten zu erfüllen. Insofern handelt es sich beim **Leiter der Steuerabteilung** also bereits um eine **originäre Compliance-Funktion** und dementsprechend wird die Zuständigkeit für das Tax-CMS auch zumeist dort gesehen.[23] Aus Organisationssicht bedeutet dies, dass sich für die Geschäftsleitung ab einer bestimmten Größe und Komplexität des Unternehmens bzw. Konzerns die Notwendigkeit der Einrichtung einer (Konzern-)Steuerabteilung ergeben kann, die dann für Tax Compliance im Unternehmen und Konzern verantwortlich zeichnet.

31   Besteht im Unternehmen daneben eine Corporate-Compliance-Abteilung, sind Aufgaben und Zuständigkeiten zwischen beiden Abteilungen klar abzugrenzen, um ein Spannungsverhältnis[24] zu vermeiden. Häufig wird daher Tax Compliance aus dem Bereich der allgemeinen Corporate Compliance ausgenommen und vollständig der Steuerabteilung zugewiesen.[25] In jedem Fall sollte es jedoch auch dann eine enge Abstimmung der Überwachungs- und Dokumentationsmaßnahmen zwischen dem Corporate Compliance Officer und dem Leiter der Steuerabteilung oder einem von diesem benannten Tax Compliance Officer geben.[26]

32   Eine Verpflichtung zur Berufung eines Tax Compliance Officer innerhalb der (Konzern-)Steuerabteilung ist damit jedoch nicht verbunden, kann sich jedoch ab einer bestimmten Größe und Komplexität des Unternehmens bzw. Konzerns als Baustein für ein wirksames Tax-CMS gleichwohl empfehlen.

D. Aufbau und Implementierung eines Tax-Compliance-Management-Systems

33   Beim Aufbau und der Implementierung eines Tax-CMS im Unternehmen und im Konzern sind die folgenden **Kernelemente**[27] zu berücksichtigen:
- vorbehaltloses und uneingeschränktes Bekenntnis der Unternehmens- und Konzernleitung zur steuerlichen Rechtstreue (*commitment*, Compliance-Kultur) (→ Rn. 34),
- Analyse der unternehmensspezifischen steuerlichen Pflichten sowie des damit verbundenen Compliance-Risikos (steuerliche Pflichtenaufnahme und Risikoanalyse)[28] (→ Rn. 38),

---

23 Vgl. Streck/Mack/Schwedhelm/*Streck*, S. 58; *Kromer/Pumpler/Henschel*, CB 2013, S. 156 (160).
24 So Streck/Mack/Schwedhelm/*Streck*, S. 58.
25 Selbiges findet man auch bei weiteren speziellen Compliance-Abteilungen und Zuständigkeiten, wie die Rechtsabteilung, die Personalabteilung oder den Datenschutzbeauftragten.
26 *Kromer/Pumpler/Henschel*, CB 2013, S. 156 (160).
27 Vgl. hierzu auch *Geuenich/Kiesel*, BB 2012, S. 155; *Aichberger/Schwartz*, DStR 2015, S. 1758 (1763).
28 Hier werden bewusst nicht die Begriffe Steuerrisiko oder *Tax Risk* verwendet – so aber *Geuenich/Kiesel*,

- klare Zuordnung von Zuständigkeiten und Verantwortungsbereichen sowie sachgerechte personelle und sachliche Ausstattung (Aufbau einer Organisation) (→ Rn. 46),
- organisatorische Absicherung und Überwachung (Aufsicht und Kontrolle) (→ Rn. 67),
- Information und Schulung der Mitarbeiter (Kommunikation) (→ Rn. 83),
- Eskalation und Konsequenzen bei Compliance-Verstößen (Sanktionierung) (→ Rn. 94),
- vorsorgliche Dokumentation der ergriffenen Maßnahmen (→ Rn. 99).

I. Commitment der Geschäftsleitung zur steuerlichen Rechtstreue (Compliance-Kultur)

Das Schaffen einer Compliance-Kultur, die im Unternehmen breit verankert ist und sowohl von der Geschäftsleitung als auch den Mitarbeitern tatsächlich getragen und gelebt wird, ist Grundlage eines jeden Compliance-Systems.[29] Ausgangspunkt hierfür ist zunächst ein vorbehaltloses und uneingeschränktes Bekenntnis der Unternehmens- und Konzernleitung zur Rechtstreue (sog. *tone from the top*), verbunden mit der Botschaft, dass Verstöße nicht geduldet werden (sog. **zero tolerance policy**).[30]

34

Im steuerlichen Bereich bedeutet dies, dass die Unternehmens- und Konzernleitung das Bekenntnis zur Einhaltung von Steuergesetzen klar als Wert an die Mitarbeiter kommuniziert und sich dabei insbesondere von jeder unzulässigen „Steueroptimierung" im vermeintlichen Interesse des Unternehmens distanziert.

35

Praxistipp

Ein entsprechendes Bekenntnis zur steuerlichen Rechtstreue sollte daher entweder mit in den allgemeinen Verhaltenskodex (*code of conduct*) aufgenommen oder aber ein eigener steuerlicher Verhaltenskodex (*Tax code of conduct*) eingeführt werden.

36

Dadurch wird den Mitarbeitern verdeutlicht und signalisiert, welches Verhalten von ihnen in bestimmten Situationen erwartet wird. Dies betrifft nicht nur Mitarbeiter der Steuerabteilung, denn auch in anderen Abteilungen sind Mitarbeiter für steuerrelevante Informationen mitverantwortlich,

37

BB 2012, S. 155 (156); *Aichberger/Schwartz*, DStR 2015, S. 1758 (1763) – denn es geht hier nicht um ein Steuer-, sondern um ein Compliance-, insbesondere ein Strafbarkeitsrisiko. Siehe auch *Streck/Binnewies*, DStR 2009, S. 229 (231): „Tax Risk Management ist etwas anderes als Tax Compliance, denn es enthält nicht die Wertentscheidung zur Gesetzestreue".

29 *Kromer/Pumpler/Henschel*, CB 2013, S. 156 (159) m.w.N.

30 *Schneider*, ZIP 2003, S. 645 (649).

weil in ihren Abteilungen die internen – für steuerliche Zwecke erforderlichen – Informationen generiert werden.[31]

II. Analyse der unternehmensspezifischen steuerlichen Pflichten sowie des damit verbundenen Compliance-Risikos (Pflichtenaufnahme und Risikoanalyse)

38 Die Erfüllung steuerlicher Pflichten führt zunächst zu der Frage, welche steuerlichen Pflichten für das Unternehmen bzw. im Konzern überhaupt bestehen. Diese Frage ist insoweit von entscheidender Bedeutung, da Steuern im In- und Ausland in der Regel vom Steuerpflichtigen aktiv erklärt werden müssen (**Deklarationsprinzip**) und eine unterlassene bzw. falsche oder unvollständige Steuererklärung (oder -anmeldung) steuerstraf- oder steuerordnungswidrige Konsequenzen nach sich ziehen kann. Dies führt dann zu der weiteren Frage, welche Compliance-Risiken mit der Erfüllung der steuerlichen Pflichten verbunden sind. In diese Bestandsaufnahme sind Tochtergesellschaften sowie ggf. auch Betriebsstätten im Ausland zwingend miteinzubeziehen.[32]

39 Die Analyse der unternehmensspezifischen steuerlichen Pflichten kann zunächst vergangenheitsbezogen durchgeführt werden (Fristwahrungen, Steuernachzahlungen nach einer steuerlichen Außenprüfung, nach Festsetzung von finanziellen Sanktionen wie Verspätungs- und Säumniszuschlägen oder steuerstrafrechtliche Ermittlungsverfahren).[33] Dieser vergangenheitsbezogene Ansatz ist insofern von erheblicher Bedeutung, als die Fortführung einer falschen, im Rahmen einer steuerlichen Außenprüfung bereits einmal beanstandeten steuerrechtlichen Handhabung eines Sachverhalts im Wiederholungsfalle den Vorwurf der vorsätzlichen Steuerhinterziehung begründen kann. Es ist zu beobachten, dass die Veranlagungsbeamten sowie die steuerlichen Außenprüfer gerade solche Wiederholungsfälle inzwischen regelmäßig an die Straf- und Bußgeldstellen zur Prüfung der Einleitung eines steuerstrafrechtlichen Ermittlungsverfahrens abgeben, schon um sich hier nicht selbst dem Vorwurf einer Strafvereitelung im Amt auszusetzen.[34]

---

31 *Kromer/Pumpler/Henschel*, CB 2013, S. 156 (159).
32 *Geuenich/Kiesel*, BB 2012, S. 155 (156).
33 *Aichberger/Schwartz*, DStR 2015, S. 1758 (1763).
34 *Aichberger/Schwartz*, DStR 2015, S. 1758 (1763), die zum einen darauf hinweisen, dass für Veranlagungsbeamte sowie Betriebsprüfer regelmäßig keine Garantenstellung im Sinne des § 258a StGB vorliegen dürfte, zum anderen jedoch auch darauf, dass von Vertretern der Finanzverwaltung geraten wird, auch nur vage Hinweise auf steuerstrafrechtliches Verhalten der Straf- und Bußgeldsachenstelle frühzeitig mitzuteilen.

Praxistipp

40

Feststellungen einer steuerlichen Außenprüfung sollten auch für die Zukunft beachtet werden, anderenfalls wäre die beanstandete Handhabung dem Finanzamt zumindest im Rahmen der Steuererklärung ausdrücklich offenzulegen.

Im Hinblick auf den präventiven Charakter eines Tax-CMS sollte sodann 41 in einem weiteren Schritt eine **systematische Bestandsaufnahme der steuerlichen Pflichten** unter Berücksichtigung der unternehmens- und branchenspezifischen Besonderheiten sowie unter Einbeziehung von in- und ausländischen Tochtergesellschaften sowie Betriebsstätten erfolgen. Als mögliche steuerlichen Pflichten, die es im Rahmen einer internen Tax Due Diligence abzuarbeiten gilt, kämen hier aus Sicht eines inländischen Unternehmens vor allem infrage:

- **Erfüllung von Steuererklärungspflichten** (§§ 149 Abs. 1 Satz 1, 181 Abs. 1 Satz 2 AO i.V.m. z.B. KStG, GewStG, EStG, GrEStG, InvStG, AStG), z.B. für:
  - Körperschaft-und Gewerbesteuer,
  - gesonderte und einheitliche Feststellung des Einkommens,
  - elektronische Übermittlung der Gewinnermittlung, § 5b EStG – eBilanz,
  - Feststellung nach § 18 AStG,
  - Umsatzsteuerjahreserklärung, § 18 Abs. 3 UStG,
  - Versicherungssteuer (im Ausland, soweit nicht Steuerabzug erfolgt ist),
  - Grunderwerbsteuer (insbesondere auch bei Restrukturierungen im Konzern),
  - Zolldeklarationen.
- **Erfüllung von Steueranmeldepflichten** (§ 150 Abs. 1 Satz 3 AO), z.B. für:
  - Umsatzsteuer (monatlich/vierteljährlich), § 18 Abs. 1 UStG,
  - Versicherungssteuer, § 8 VersStG (für Versicherungsleistungen),[35]
  - Lohnsteueranmeldungen (monatlich), §§ 38 ff. EStG,
  - Steuerabzugsbeträge nach §§ 43 ff. EStG (Kapitalertragsteuer),
  - Steuerabzugsbeträge nach § 48 EStG (Bauleistungen),
  - Steuerabzugsbeträge nach § 50a EStG (insbesondere für ausländische Künstler, Lizenzen und Aufsichtsratsmitglieder),
  - Strom- und Energiesteuer (soweit Strom/Energieträger durchgehandelt werden),
  - Zollanmeldungen.

---

35 Hier kann es unter Umständen zu Überraschungen kommen, vgl. etwa zur Versicherungsteuerpflicht einer Vereinbarung konzerninterner Ausfallbürgschaften *Haase*, DStR 2014, S. 2008 (ablehnend), anders jedoch zuvor FG Köln, Urt. v. 06.05.2014 – 2 K 430/11 = RS1045114 (bejahend, aber Nichtzulassungsbeschwerde eingelegt – BFH, Beschl. v. 30.03.2015 - II B 79/1 = RS1047144).

- **Erfüllung von Dokumentations- und Aufbewahrungspflichten**, z.B.
  - im Rahmen der allgemeinen Mitwirkungspflicht, § 90 Abs. 1 AO,
  - im Rahmen der erhöhten Mitwirkungspflicht bei Auslandsbeziehungen, § 90 Abs. 3 AO (Verrechnungspreisdokumentation),
  - Führung von Büchern und Aufzeichnungen, §§ 140 ff. AO,
  - Aufbewahrung von steuerlich relevanten Dokumenten einschließlich Sicherstellung des Datenzugriffs auf EDV-Systeme, § 147 AO.
- **Erfüllung von steuerlichen Anzeige- und Meldepflichten**
  - Anzeige und Berichtigung falscher Steuererklärungen, § 153 AO,
  - Meldung ausländischer Beteiligungen und Betriebsstätten, § 138 AO,
  - Nachweis Anteilsbesitz nach § 22 Abs. 3 UmwStG.
- **Erfüllung von Kapitalmarktinformationen** (*Tax Accounting, Tax Reporting*)
  - Berechnung der latenten Steuern auf Ebene der Einzelgesellschaft,
  - Berechnung der laufenden und latenten Steuern für den Konzernabschluss.

42 Für die ausländischen Tochtergesellschaften sowie Betriebsstätten bestehen zumeist ähnliche steuerliche Pflichten, die je Gesellschaft und Land aufzunehmen wären.

43 Zusammen mit der Aufnahme der möglichen Sanktionen bei Verletzung der steuerlichen Pflichten ergibt sich das abstrakte Compliance-Risikoprofil der Gesellschaft bzw. – in Summe – des gesamten Konzerns.

44 **Ziel der Risikoanalyse** muss es daher sein, dass sämtliche steuerlichen Pflichten des Unternehmens im In- und Ausland einschließlich des damit verbundenen Compliance-Risikos bekannt sind. Die Einhaltung, Steuerung und Überwachung dieser Pflichten ist sodann durch geeignete und wirksame Organisationsstrukturen sicherzustellen.[36]

45 **Praxistipp**

Da insbesondere die Steuererklärungs- und Meldepflichten mit Fristen verbunden sind, empfiehlt es sich, die Ergebnisse der Pflichtenanalyse je steuerpflichtiger Gesellschaft in einer Matrix zusammenzufassen und hierbei steuerliche Pflichten mit einem hohen Compliance-Risiko hervorzuheben.

---

36 *Aichberger/Schwartz*, DStR 2015, S. 1758 (1763).

III. Zuordnung von Zuständigkeiten und Verantwortungsbereichen sowie sachgerechte personelle und sachliche Ausstattung (Aufbau einer Organisation)

Der Aufbau geeigneter und wirksamer Tax-Compliance-Organisationsstrukturen liegt in der originären **Gesamtverantwortung der Geschäftsleitung**[37] und setzt eine   46

- **klare Zuordnung von Zuständigkeiten und Verantwortungsbereichen,**
- **klare Berichtsstruktur sowie**
- **sachgerechte personelle und sachliche Ausstattung**

der mit der Erfüllung der unternehmensspezifischen steuerlichen Pflichten befassten Abteilungen voraus.

1. Kollegiale Geschäftsführungsorgane

Es ist allgemein anerkannt, dass kollegial besetzte Geschäftsleitungsorgane vom Prinzip der Gesamtgeschäftsführung abweichen und daher Aufgaben sowie Verantwortung innerhalb des Kollegialorgans delegiert werden können (sog. **horizontale Delegation**).[38] Dies gilt auch für die Erfüllung steuerlicher Pflichten, die grundsätzlich jedes Mitglied der Geschäftsleitung treffen.[39] Kehrseite der Medaille ist allerdings, dass hieraus eine **Informationspflicht der übrigen Geschäftsführungsmitglieder** erwächst, sodass es insoweit bei einer Gesamtverantwortung des kollegial besetzten Geschäftsleitungsorgans bleibt.[40]   47

Eine **Entlastung** derjenigen Geschäftsführungsmitglieder, in deren Aufgabenbereich die Erfüllung steuerlicher Pflichten nicht fällt, kann daher regelmäßig nur dadurch erreicht werden, dass die **Delegation eindeutig festgelegt** und eine **sorgfältige Auswahl der verantwortlichen Person** getroffen wurde und sich die anderen Geschäftsführungsmitglieder sodann über die Erfüllung steuerlicher Pflichten regelmäßig informieren lassen.[41]   48

> **Praxistipp**   49
> Es empfiehlt sich insoweit, einen schriftlichen Geschäftsverteilungsplan aufzustellen und die Verantwortung für Tax Compliance klar einem Mitglied der Geschäftsleitung zuzuordnen.

---

37 Vgl. *Geuenich/Kiesel*, BB 2012, S. 155 (156); LG München I, Urt. v. 10.12.2013 – 5 HK O 1387/10 (*Siemens/Neubürger*) = DB 2014, S. 766.
38 Vgl. für die AG etwa § 77 Abs. 1 Satz 2 AktG; für die GmbH ist dies ebenfalls anerkannt, vgl. Baumbach/Hueck/ *Zöller/Noack*, § 37 Rn. 29 m.w.N.
39 BFH, Urt. v. 11.05.1962 – VI B 195/60 U.
40 BFH, Urt. v. 26.04.1984 – V R 128/79 = RS0739282; BFH, Urt. v. 17.05.1988 – VII R 90/85 = RS0744615.
41 *Aichberger/Schwartz*, DStR 2015, S. 1758.

50   Die Haftungsverantwortlichkeit der nach dem Geschäftsverteilungsplan unzuständigen Mitglieder des Geschäftsführungsorgans tritt jedoch nur solange zurück, wie nach den Maßstäben der Sorgfalt eines ordentlichen Kaufmanns kein Anlass dazu besteht, eine nicht ordnungsgemäße Erfüllung der steuerlichen Pflichten der Gesellschaft zu vermuten. Anderenfalls endet der Vertrauensgrundsatz und lebt die Gesamtverantwortung sämtlicher vertretungsberechtigter Organmitglieder wieder auf.[42] Die Verantwortung für die Erfüllung steuerlicher Pflichten kann damit also durch eine Verteilung der Geschäfte zwar begrenzt, aber in keinem Fall vollständig aufgehoben werden.[43]

2. Steuerabteilung und externe Steuerberatung

51   In größeren Unternehmen ist regelmäßig eine Konzernsteuerabteilung anzutreffen, an die die Geschäftsleitung die Erfüllung steuerlicher Pflichten – ggf. unter Zuhilfenahme externer Steuerberater – delegiert hat. In kleineren Unternehmen dominiert demgegenüber der ausschließliche Einsatz externer Steuerberater. Eine Verlagerung der steuerlichen Pflichten auf Hilfspersonen (sog. **vertikale Delegation**) ist, unabhängig davon, ob dies die unternehmensinterne Steuerabteilung oder externe Steuerberater sind, dem Grunde nach nicht nur unbedenklich, sondern ggf. sogar verpflichtend. Im Falle der Delegation wandelt sich die Erfüllungspflicht in eine **Auswahl-, Instruktions- und Überwachungspflicht**, da der Vertrauensgrundsatz bei vertikaler Delegation nicht gilt.[44]

a) Delegation von steuerlichen Pflichten

52   Die vertikale Delegation von steuerlichen Pflichten an Hilfspersonen kann grundsätzlich formfrei erfolgen, jedoch sollte etwa im Rahmen eines schriftlichen Geschäftsauftrags klar geregelt sein, welche der im Rahmen der Analyse identifizierten unternehmensspezifischen steuerlichen Pflichten der Steuerabteilung und/oder dem externen Steuerberater obliegen soll.[45]

53   **Praxistipp**

Es empfiehlt sich insoweit auch hier, eine schriftliche Fixierung im Rahmen einer Bereichs- oder Abteilungsbeschreibung bzw. eines Auftragsschreibens an einen externen Berater vorzunehmen.

---

42 Vgl. auch BFH, Urt. v. 26.04.1984 – V R 128/79, wonach sich bei abzeichnender Zahlungsunfähigkeit alle Geschäftsführer um die Gesamtbelange der Gesellschaft kümmern müssen. Hierzu auch *Aichberger/Schwartz*, DStR 2015, S. 1758.
43 BFH, Urt. v. 26.04.1984 – V R 128/79.
44 BFH, Urt. v. 26.11.2008 – V B 210/07.
45 *Aichberger/Schwartz*, DStR 2015, S. 1758 (1759) m.w.N.

Bei mangelnder eigener Sachkunde ist der Geschäftsführer sogar verpflich- 54
tet, fremde Hilfe durch einen Angehörigen eines rechts- oder steuerberatenden Berufs in Anspruch zu nehmen und entsprechende Aufgaben zu
delegieren. In einem solchen Fall hat er dann die Pflicht, diejenigen Personen, denen er die Erledigung der ihm als Vertreter des Steuerpflichtigen
auferlegten steuerlichen Pflichten übertragen hat, laufend und sorgfältig zu
überwachen, sodass er ein Fehlverhalten rechtzeitig erkennen kann, wobei
das Maß dieser Verpflichtung von den jeweiligen Umständen des Einzelfalls
abhängt.[46]

b) Auswahl von Mitarbeitern und externen Beratern

Liegt eine Delegation von Pflichten vor, so kann eine schuldhafte Pflicht- 55
verletzung bereits gegeben sein, falls derjenige, dem die Einhaltung der
steuerlichen Vorschriften übertragen wurde, nicht sorgfältig ausgewählt
wurde (**Auswahlverschulden**).[47]

Die sorgfältige Auswahl gehört auch nach § 130 Abs. 1 Satz 2 OWiG zu den 56
wesentlichen Merkmalen einer „gehörigen Aufsicht". Die Mitarbeiter der
Steuerabteilung müssen daher für die ihnen übertragenden Aufgaben aus-
gebildet und befähigt sein, denn die Fähigkeiten und Kenntnisse der
Mitarbeiter der Steuerfunktion sind sowohl Rahmenbedingung als auch
Instrument für die Effektivität eines Tax-CMS.[48]

> **Praxistipp** 57
> Es sollte eine Stellenbeschreibung erstellt werden, aus der die Aufgaben und
> Verantwortlichkeiten des Mitarbeiters sowie die dazugehörige Qualifikation
> ersichtlich sind.

Aus der Verpflichtung, bei nicht ausreichender eigener Sachkunde fremde 58
Hilfe durch einen Angehörigen eines rechts- oder steuerberatenden Berufs in
Anspruch zu nehmen und entsprechende Aufgaben an diesen zu delegieren,[49]
folgt, dass für die Leitung einer Steuerabteilung regelmäßig eine **rechts- oder
steuerberatende Berufsqualifikation** vorliegen muss, um den Vorwurf
eines Auswahlverschuldens zu vermeiden. Für untergeordnete Positionen
können dann je nach Schwierigkeitsgrad der übertragenden Aufgaben auch
geringere Qualifikationen, z.B. als Steuerfachgehilfe oder Bilanzbuchhalter,
ausreichend sein.

---

46 BFH, Beschl. v. 04.05.2004 – VII B 318/03 = RS0756024.
47 *Aichberger/Schwartz*, DStR 2015, S. 1758 (1759).
48 *Kromer/Pumpler/Henschel*, CB 2013, S. 204 (207).
49 BFH, Beschl. v. 04.05.2004 – VII B 318/03.

59 Auch bei Einschaltung eines (externen) Angehörigen eines rechts- oder steuerberatenden Berufs kann ein Auswahlverschulden theoretisch in Betracht kommen, wenn der ausgewählte externe Berater für die zu übertragene Aufgabe
offensichtlich nicht geeignet oder seine Kanzlei nicht entsprechend personell
ausgestattet ist. In aller Regel wird der Unternehmensleitung bei Einschaltung eines externen Beraters jedoch kein Auswahlverschulden vorzuwerfen
sein. Denn es ist nach der Rechtsprechung generell davon auszugehen, „dass
der Geschäftsführer einer GmbH, der die Sachkunde eines ihm als zuverlässig
bekannten – und als Angehöriger eines rechts- und steuerberatenden Berufs
befugten – steuerlichen Beraters in Anspruch nimmt und der sich auf diesen
verlässt und bei gewissenhafter Ausübung seiner Überwachungspflichten
keinen Anlass findet, die steuerliche Korrektheit der Arbeit des steuerlichen
Beraters infrage zu stellen, im Hinblick auf die ihm durch die Vorschrift des
§ 34 AO 1977 als Vertreter auferlegten Pflichten nicht grob fahrlässig handelt."[50]

60 **Praxistipp**
Bei außergewöhnlichen Aufgaben, die nicht zum Tagesgeschäft der Steuerabteilung gehören, empfiehlt sich die Hinzuziehung und Auswahl eines
spezialisierten externen Beraters der rechts- oder steuerberatenden Berufe.

3. Schattensteuerabteilungen und steuerliche Zulieferabteilungen

61 Neben der eigentlichen Steuerabteilung existieren in vielen Unternehmen
weitere Abteilungen, an die steuerliche Pflichten von der Geschäftsleitung
delegiert sind. So werden in aller Regel die Lohnsteueranmeldungen von
der Personalabteilung und die Umsatzsteueranmeldungen von der Buchhaltung unmittelbar und in eigener Verantwortung vorbereitet und auch
an das Finanzamt übermittelt. Die Versandabteilung kümmert sich in der
Regel in eigener Verantwortung um die zollrechtliche Abwicklung der Ver-
sendungen.

62 Auch wenn diese Abteilungen selbst keine Steuererklärungen oder -an-
meldungen abgeben, so fließen ihre Arbeitsergebnisse häufig doch in
Steuererklärungen mit ein. So wird das handelsrechtliche Ergebnis vom
Rechnungswesen ermittelt, es ist über den Maßgeblichkeitsgrundsatz
Ausgangspunkt für die steuerliche Gewinn- und Einkommensermittlung.
Bestimmte Geschäftsfälle, wie etwa bestimmte nicht abziehbare Betriebs-
ausgaben, sind von der Buchhaltung gesondert aufzuzeichnen und die
Debitoren- und Kreditorenbuchhaltung verbucht die Aus- und Eingangs-
rechnungen einschließlich der Umsatzsteuer. Konzerninterne Verrech-
nungspreise werden häufig vom Vertrieb mit den Tochtergesellschaften

---

50 BFH, Urt. v. 11.05.1962 – VI 195/60 U = BFHE 75, 206 = BStBl III 1962, 342B; BFH, Beschl. v. 04.05.2004 – VII B 318/03.

Demuß

vereinbart oder vom Controlling schlicht festgelegt, ohne dass die Steuerabteilung hier eingebunden ist.

Für derartige Schattensteuerabteilungen sowie steuerliche Zulieferabteilungen gelten im Hinblick auf Auswahl, Instruktion und Überwachung von Mitarbeitern im Grundsatz dieselben Anforderungen wie für Mitarbeiter von Steuerabteilungen, sodass auf die obigen Ausführungen (→ Rn. 55) verwiesen wird. 63

> **Praxistipp** 64
>
> Derartige Schattensteuerabteilungen sowie steuerliche Zulieferer im Unternehmen sind daher zu identifizieren und im Tax-CMS mit zu berücksichtigen.

4. Sachgerechte personelle und sachliche Ausstattung

Die Auswahl geeigneter Mitarbeiter, deren umfassende Einweisung und ggf. Schulung sowie die sachliche Ausstattung sind wesentliche Voraussetzungen für ein wirksames Tax-CMS.[51] Die Geschäftsführung muss ferner die Mittel zur Verfügung stellen, die für eine ordnungsgemäße Erfüllung der steuerlichen Pflichten erforderlich sind. Es trifft sie insoweit eine **Investitionspflicht**, die durch die Größe, die internationale Ausrichtung und sonstige Organisation des Unternehmens, die Tätigkeitsfelder sowie die Vielfalt und Bedeutung der dadurch zu beachtenden Normen bestimmt wird.[52] 65

> **Praxistipp** 66
>
> Es empfiehlt sich, die unternehmensbezogenen steuerlichen Pflichten und deren Erfüllung in regelmäßigen Abständen zu evaluieren.

IV. Organisatorische Absicherung und Überwachung (Aufsicht und Kontrolle)

1. Instruktion und Überwachung der Mitarbeiter

Die ausgewählten Mitarbeiter sind ausreichend über die von ihnen erwarteten steuerlichen Aufgaben von der Geschäftsleitung zu instruieren und zu schulen. Hierzu müssen zunächst sämtliche Zuständigkeiten in klarer und lückenloser Weise zugeordnet sein. 67

> **Praxistipp** 68
>
> Die klare Zuordnung der Aufgaben an einzelne Mitarbeiter der Steuerabteilung sollte schriftlich in Aufgabenbeschreibungen (Stellenbeschreibungen, Abteilungsorganigramme) dokumentiert werden.

---

51 So *Kromer/Pumpler/Henschel*, CB 2013, S. 204 (207).
52 *Aicherger/Schwartz*, DStR 2015, S. 1758 (1760).

69   Bei einer Delegation von steuerlichen Pflichten kann eine schuldhafte Pflichtverletzung ferner gegeben sein, wenn derjenige, dem die Einhaltung der steuerlichen Vorschriften übertragen wurde, nicht hinreichend überwacht wurde (**Aufsichts- oder Überwachungsverschulden**).

70   Der **Umfang der Überwachungspflicht** richtet sich dabei nach der Qualifikation und der Zuverlässigkeit der eingesetzten Hilfsperson. Allgemein gilt, dass die Nachprüfungspflicht umso größer ist, je mehr Grund zu der Annahme besteht, dass die Hilfsperson unzuverlässig oder den fachlichen Anforderungen nicht gewachsen ist. Bei erfahrenen Mitarbeitern fällt der Umfang der Nachprüfungspflicht dafür geringer aus als bei neu eingestellten Mitarbeitern. **Kurzum: Je höher qualifiziert und berufserfahren ein Mitarbeiter ist, umso geringer ist die Kontrollpflicht und umgekehrt.**[53]

71   Für die Geschäftsleitung dürfte ein Überwachungsverschulden innerhalb einer Verantwortungskette jeweils nur für die direkt darunterliegende Hierarchieebene in Betracht kommen (z.B. Leiter der Steuerabteilung), da auch die **Delegation der Überwachung** (sog. **Meta-Überwachung**) grundsätzlich zulässig ist. Soweit diesbezüglich eine Aufsichts- und Überwachungspflicht besteht, ist von der Geschäftsleitung sicherzustellen, dass eine regelmäßige Berichterstattung an sie – etwa im Wege eines **quartalsweisen Tax Compliance Reports** durch den Leiter der Steuerabteilung – erfolgt. Darüber hinaus sind anlassbezogene Berichte (**Ad-hoc-Meldungen**) vorzusehen, soweit die Umstände dies erfordern. Mindestens einmal im Jahr sollte eine turnusmäßige Effizienzprüfung des Tax-CMS durch die Geschäftsleitung erfolgen.[54]

72   Auch **externe Berater** sind als beauftragte Hilfspersonen von der Geschäftsleitung zu überwachen. Sofern sich bei einer entsprechenden Beaufsichtigung des externen Beraters jedoch kein Anlass ergibt, die steuerliche Korrektheit der Arbeit des steuerlichen Beraters infrage zu stellen, handelt die Geschäftsleitung regelmäßig nicht grob fahrlässig.[55]

73   Erlangt die Geschäftsleitung Anhaltspunkte für Unregelmäßigkeiten, ist in allen Fällen ein umgehendes Einschreiten von ihr geboten.[56]

---

53   *Aichberger/Schwartz*, DStR 2015, S. 1758 (1759).
54   *Aichberger/Schwartz*, DStR 2015, S. 1758 (1763).
55   BFH, Urt. v. 11.05.1962 – VI 195/60 U = BFHE 75, 206 = BStBl II 1962, 342B; BFH. Beschl. v. 04.05.2004 – VII B 318/03.
56   *Aichberger/Schwartz*, DStR 2015, S. 1758 (1759) m.w.N.

2. Organisatorische Absicherung durch Prozessmanagement

a) Organisation der Steuerabteilung

Innerhalb der Steuerabteilung sind die Prozesse so einzurichten, dass eine 74 Erfüllung von der Steuerabteilung übertragenden steuerlichen Pflichten jederzeit effektiv gewährleistet ist, wie etwa:

- klare Zuordnung der Zuständigkeiten innerhalb der Steuerabteilung,
- ausreichende personelle und sachliche Ausstattung der Steuerabteilung,
- regelmäßige Abteilungsbesprechungen mit Abgleich der Arbeitsstände,
- Prozesse und Verantwortlichkeiten zur Fristenkontrolle (Fristenkontrollbuch),
- sorgfältige Dokumentation der Arbeitsergebnisse,
- Sicherstellung der Qualitätsstandards durch Vier- oder Mehraugenprinzip,
- ausreichende finanzielle Möglichkeit der Hinzuziehung externer Berater.

Im Grundsatz gelten für die Organisation einer internen Steuerabteilung 75 die gleichen Grundsätze wie für die Büroorganisation eines externen Steuerberatungsbüros, sodass auf die hierzu ergangene Rechtsprechung zur Wiedereinsetzung in den vorherigen Stand gemäß § 110 AO zurückgegriffen werden kann. Denn ein Antrag auf Wiedereinsetzung in den vorigen Stand setzt den glaubhaften Nachweis der ordnungsgemäßen Büroorganisation voraus.[57] Danach muss die Fristenberechnung entsprechend organisiert sein, insbesondere

- muss der Berater seine Mitarbeiter über die Grundsätze der maßgeblichen Fristen und die Folgen einer Fristversäumnis informieren,
- müssen ein Fristenkalender und ein Fristenkontrollbuch geführt werden; ebenso ein Postausgangsbuch für Fristsachen, und zwar lückenlos,
- dürfen Fristen nur von zuverlässigem Personal eingetragen und überwacht werden,
- muss es bei Urlaub oder Krankheit des für die Fristen zuständigen Mitarbeiters Vertretungsregelungen geben,
- muss der steuerliche Berater die Fristenberechnung stichprobenartig prüfen.

Für andere Bereiche als die Fristenkontrolle stellt die Effektivität der Organisation ebenfalls den relevanten Beurteilungsmaßstab für das Tax-CMS dar.[58] 76

---

57 *Pump/Heidl*, DStR 2015, S. 1075.
58 Ausführlich zur Effektivitätsmessung von Tax-CMS *Kromer/Pumpler/Henschel*, CB 2013, S. 204 (209).

b) Organisatorische Einbindung der Steuerabteilung im Unternehmen und im Konzern

77 Da die Hauptaufgabe der Steuerabteilung darin besteht, steuerlich relevante Informationen zu sammeln, zu würdigen und zu verarbeiten, muss der **Informationsfluss innerhalb des Unternehmens sichergestellt** sein, d.h., die für die Erfüllung steuerlicher Pflichten erforderlichen Tatsachen müssen rechtzeitig und vollständig der zuständigen Fachabteilung mitgeteilt werden. Nicht selten werden in der Praxis objektiv fehlerhafte Steuererklärungen bzw. Steueranmeldungen abgegeben, weil die Steuerabteilung nicht hinreichend in die Prüfung des zugrunde liegenden Sachverhalts einbezogen wurde.[59]

78 **Praxistipp**

Um eine ausreichende Information der Steuerabteilung sicherzustellen, empfiehlt sich die Implementierung einer Unterrichtungspflicht an die Steuerabteilung in allen steuerrelevanten Sachverhalten.

79 Der Steuerabteilung sollten daher alle Fachabteilungen bekannt sein, die steuerliche Pflichten bzw. Aufgaben mit steuerrelevantem Bezug (insbesondere Personalabteilung, Einkauf/Vertrieb, Rechnungswesen, Rechtsabteilung) wahrnehmen. Umgekehrt sollte in diesen Abteilungen bekannt sein, dass ihre Arbeitsergebnisse steuerlich relevant sind und in Steuererklärungen einfließen. Sie müssen insoweit in die steuerliche Organisationsstruktur eingebunden sein.

80 Im **Konzern** hat der **Informationsfluss zu den Tochtergesellschaften** eine besondere Bedeutung. Von daher sollte die Konzernsteuerabteilung zumindest über die folgenden Vorgänge von den Tochtergesellschaften unterrichtet werden:

- Abgabe von Steuererklärungen und
- Erhalt von Steuerbescheiden,
- Einlegung von Rechtsbehelfen und Klagen,
- Dokumentation von Verrechnungspreisen,
- Betriebsprüfungen,
- Einleitung von Steuerstrafverfahren.

81 In die Berechnung der laufenden und latenten Steuern im Konzernabschluss sollte die Konzernsteuerabteilung ebenfalls eingebunden sein und die Steuerdaten in den *reporting packages* zumindest validieren. Die Qualität der gemeldeten Steuerdaten lässt sich so im Nachgang mit den Zahlen der betreffenden Steuererklärung abgleichen und sich damit die Effektivität des *Tax Reporting* beurteilen.

---

59 *Aichberger/Schwartz*, DStR 2015, S. 1758 (1759).

Praxistipp 82

Die Meldedaten sollten regelmäßig mit den Ist-Daten der Steuererklärung abgeglichen werden, um Schwächen im *Tax Reporting* zu identifizieren.

V. Information und Schulung der Mitarbeiter (Kommunikation und Richtlinien)

Die Mitarbeiter der Steuerabteilung, der Schattensteuerabteilungen sowie 83 der steuerlichen Zulieferabteilungen müssen nachweisbar über den Umfang ihrer Aufgaben und Pflichten informiert und für diese geschult sein.

Zu unterscheiden sind hier zweierlei Bereiche: Zum einen betrifft die Kom- 84 munikation mit den Mitarbeitern aktuelle steuerrechtliche Entwicklungen und damit die steuerlichen Pflichten an sich, d.h. Tax Compliance im engeren Sinne (→ Rn. 1), zum anderen die unternehmens- und konzerninternen Prozesse, mit denen die Erfüllung dieser Pflichten sichergestellt werden soll, d.h. Tax Compliance im weiteren Sinne (→ Rn. 2).

1. Information über aktuelle steuerrechtliche Entwicklungen

Sowohl die Mitarbeiter der Steuerabteilung als auch diejenigen außerhalb 85 der Steuerabteilung, die sich regelmäßig mit steuerlichen Sachverhalten befassen (z.B. Lohnbuchhaltung), sind regelmäßig zu schulen und über aktuelle Entwicklungen (Gesetzesänderung, Rechtsprechungsänderungen etc.) zu unterrichten. Dies kann beispielsweise in Form von unternehmensinternen Newslettern oder Rundschreiben sowie internen oder externen Fortbildungsveranstaltungen erfolgen. Ferner kann eine Support-Hotline durch Mitarbeiter der Steuerabteilung sinnvoll sein.[60]

2. Information über die internen Prozesse (Tax Compliance Manual, Richtlinien)

Ein in sich konsistentes und funktionierendes Compliance-System setzt ein- 86 deutige Richtlinien und transparente Strukturen voraus, über welche die Mitarbeiter informiert sein müssen. Zentraler Baustein sind dabei Richtlinien, die den Mitarbeitern der Steuerabteilung, aber auch denjenigen anderer Bereiche, die steuerlich relevante Aufgaben wahrnehmen, verbindlich klare Regeln und Prozesse aufzeigen und diese mit Checklisten, Fristenlisten, Verhaltensanweisungen, Dokumentationserfordernissen und Zuständigkeitsregeln unterstützen.[61] Als solche **steuerlichen Richtlinien** kommen vor allem infrage:

---

60 *Aicherger/Schwartz*, DStR 2015, S. 1758 (1764).
61 *Kromer/Pumpler/Henschel*, CB 2013, S. 204 (205); Hauschka/*Besch/Stark*, § 29 Anm. 1.

a) Steuerlicher Verhaltenskodex

87   Das Bekenntnis zur Gesetzestreue wird von der Geschäftsleitung grundsätzlich durch einen Verhaltenskodex (*code of conduct*) an die Mitarbeiter kommuniziert. Dieser allgemeine Verhaltenskodex sollte auch bereits das Bekenntnis zur Einhaltung von Steuergesetzen mit enthalten. Da der allgemeine Verhaltenskodex jedoch in der Regel sehr viele Themen anspricht, wird dies meist nur sehr knapp und oberflächlich erfolgen können.

88   Insofern bietet es sich an, für die Mitarbeiter mit steuerlich relevanten Aufgaben einen eigenen steuerlichen Verhaltenskodex (*Tax code of conduct*) einzuführen und in diesem dann Verhaltensvorgaben zu bestimmen und auch Zielkonflikte zu thematisieren.[62] Insbesondere der Zielkonflikt der steuerlichen Gesetzestreue auf der einen Seite sowie einer möglichst niedrigen Steuerbelastung zugunsten eines möglichst hohen Shareholder Value auf der anderen Seite gilt es hier aufzulösen und seitens der Geschäftsleitung einen klaren und ausnahmslosen Vorrang der steuerlichen Gesetzestreue zu kommunizieren (*zero tolerance*). Tax Compliance muss Vorgabe sowie Bestandteil jeder steuerstrategischen Überlegung sein, der sich andere Ziele der Steueroptimierung in jedem Fall unterzuordnen haben.[63]

b) Konzernsteuerrichtlinie[64]

89   Im Rahmen einer Konzernsteuerrichtlinie (*Group Tax Guideline*) sollten zunächst die Aufgaben und Zuständigkeiten der Konzernsteuerabteilung sowie die interne Organisation der Steuerfunktion innerhalb des Konzerns sowie der Steuerabteilung(en) an die Mitarbeiter kommuniziert werden. Je komplexer die Steuerfunktion aufgestellt ist, z.B. bei Bestehen mehrerer lokaler Steuerabteilungen innerhalb des Konzerns, desto umfangreicher ist der Regelungs- und Kommunikationsbedarf, um die Steuerfunktion transparent darzustellen.

90   Weiter gilt es, im Rahmen einer Konzernsteuerrichtlinie Berichtspflichten sowie ggf. auch Abstimmungs- und Zustimmungserfordernisse seitens der Steuerabteilung für bestimmte Geschäfte zu definieren, damit die Informationsversorgung der Steuerabteilung sowie die Umsetzung der Steuerstrategie sichergestellt sind. Große Bedeutung erlangt dies nicht erst für die Erstellung der Steuererklärungen, sondern bereits für die Berechnung der laufenden und latenten Steuern im Konzernabschluss (*Tax Accounting/Tax Reporting*).

---

62   So auch *Aicherger/Schwartz*, DStR 2015, S. 1758 (1764).
63   *Streck/Binnewies*, DStR 2009, S. 229 (231): „Steueroptimierung versagt, wenn sie im Hinblick auf strafrechtliche Risiken zu vorsichtig ist. Steueroptimierung versagt aber auch, wenn sie die Grenze zur Steuerhinterziehung überschreitet."
64   Ausführlich hierzu Hauschka/*Besch/Stark*, § 29 Anm. 1.

c) Weitere Organisationsrichtlinien

Soweit Gegenstände nicht in einer Konzernsteuerrichtlinie behandelt sind, empfiehlt sich die Einführung spezieller Richtlinien. Als Beispiele seitens der (Konzern-)Steuerabteilung seien hier genannt:[65]

91

- Richtlinie Informationsbedarf,
- Berichtsrichtlinie,
- Richtlinie zur Steuerberechnung und Steuererklärung,
- Umsatzsteuerrichtlinie,
- Fristenrichtlinie,
- Aufbewahrungsrichtlinie,
- Betriebsprüfungsrichtlinie,
- Richtlinie zur steuerlichen Verteidigung,
- Richtlinie bei steuerlichen Durchsuchungen (*dawn raid guideline*),
- Richtlinie zur Einschaltung externer Berater (Beraterrichtlinie),
- Verrechnungspreisrichtlinie,
- Richtlinie Tax Risk Management/Internes Kontrollsystem,
- Richtlinie zur Konzernsteuerplanung,
- Richtlinie für ausländische Gesellschaften.

Als Richtlinien für andere Abteilungen, die Steuererklärungen und/oder -anmeldungen abgeben (Schattensteuerabteilungen) bzw. steuerlich relevante Informationen generieren, kommen infrage:

92

- Bilanzierungsrichtlinie (Finanzbuchhaltung),
- Umsatzsteuerrichtlinie (Finanzbuchhaltung, Einkauf, Vertrieb),
- Lohnsteuerrichtlinie (Personalabteilung),
- Personalentsendungsrichtlinie (Personalabteilung),
- Zollrichtlinie (Versandabteilung),
- Richtlinie für ausländische Gesellschaften.

Praxistipp

93

Die steuerrelevanten Richtlinien sollten in einem Organisationshandbuch Steuern (Tax Compliance Manual) zusammengefasst werden, um dieses den Mitarbeitern an die Hand zu geben.[66]

VI. Eskalation und Konsequenzen bei Compliance-Verstößen (Sanktionierung)

Sofern im Rahmen der Überwachung Verstöße gegen Richtlinien oder Mängel in der Erfüllung steuerlicher Pflichten festgestellt werden, ist ein **umgehendes Einschreiten der Geschäftsleitung** geboten.[67] Die Sachver-

94

---

65 Vgl. hierzu auch *Kromer/Pumpler/Henschel*, CB 2013, S. 204 (205): Hauschka/*Besch/Stark*, § 29 Anm. 1.
66 Vgl. hierzu auch *Kromer/Pumpler/Henschel*, CB 2013, S. 204 (204).
67 *Aichberger/Schwartz*, DStR 2015, S. 1758 (1759) m.w.N.

halte sind aufzuklären (zur Sachverhaltsaufklärung → § 7), die verantwortlichen Mitarbeiter festzustellen und die Ursachen abzustellen.

95 Ein Ermessen für die Geschäftsleitung gibt es insoweit nicht,[68] allerdings zieht das Arbeitsrecht enge Grenzen für eine Sanktionierung. Nicht jeder Verstoß gegen eine Richtlinie oder das Vieraugenprinzip rechtfertigt bereits eine Abmahnung, erst recht keine außerordentliche Kündigung.[69] In **schwerwiegenden Fällen,** wie etwa der Begehung oder Teilnahme an einer vorsätzlichen Steuerhinterziehung,[70] wird die Geschäftsleitung jedoch nicht umhinkommen, eine **Verdachtskündigung** auszusprechen. [71]

96 **Praxistipp**
Damit Erkenntnisse über Compliance-Verstöße und damit frühzeitige Reaktionen überhaupt möglich sind, sollten bereits bei Implementierung des Tax-CMS entsprechende Reaktions- und Eskalationsstufen berücksichtigt werden.

97 **Praxisbeispiel**

AUFGABE	KONTROLLE	REAKTION	ESKALATION
Tochtergesellschaft hat Steuererklärung bis zum 31. Mai beim Finanzamt einzureichen.	Konzernsteuerabteilung hat im Rahmen des quartalsweisen Steuer-Reportings die Abgabe von Steuererklärungen zu kontrollieren.	Konzernsteuerabteilung hat bei Nichterfüllung der Abgabeverpflichtung mit dem Sachbearbeiter bei der Tochtergesellschaft Kontakt aufzunehmen und Gründe für Nichtabgabe zu klären. Maßnahmen zur künftigen fristgerechten Abgabe der Steuererklärung sind zu erörtern und lokal einzuführen.	Konzernsteuerabteilung hat bei schuldhafter Verletzung der Pflichterfüllung durch den lokalen Sachbearbeiter den Vorgesetzten/ Geschäftsführer zu informieren; im Wiederholungsfall ist der Finanzvorstand zu informieren.

---

68 Dies ergibt sich aus der *zero tolerance policy*, vgl. *Schneider*, ZIP 2003, S. 645.
69 Eine außerordentliche Kündigung setzt zumindest den Verdacht einer Straftat voraus. Vgl. hierzu auch *Hauschka/Greeve*, BB 2007, S. 165 (171) m.w.N.
70 Etwa in Fällen, in denen Mitarbeiter einer Bank der Beihilfe zu einer Steuerhinterziehung beschuldigt wurden, vgl. LG Düsseldorf, Urt. v. 21.11.2011 – 10 KLs 14/11 = RS0873989.
71 *Hauschka/Greeve*, BB 2007, S. 165 (171).

Im Übrigen gilt es, einen offenen und transparenten Umgang mit Problemen und einfachen Arbeitsfehlern im Unternehmen zu etablieren, damit diese rasch abgestellt und schwerwiegende Konsequenzen vermieden werden können.[72]

VII. Vorsorgliche Dokumentation der ergriffenen Maßnahmen

Der Vorwurf eines Organisationsmangels kann insgesamt nur dann entkräftet werden, wenn die getroffenen Maßnahmen ausreichend dokumentiert sind. Nur so kann möglichen Vorwürfen – insbesondere nach §§ 130, 30 OWiG – effektiv entgegengetreten werden.[73] Das LG München I hat im bereits erwähnten *Siemens/Neubürger*-Urteil nicht nur darauf abgestellt, dass eine Pflicht besteht, ein Frühwarn- und Überwachungssystem einzurichten, sondern dass darüber hinaus auch eine Rechtspflicht besteht, dieses System zu dokumentieren.[74]

Das Erfordernis der Dokumentation gilt für die allgemeinen Richtlinien und Grundsätze ebenso wie für die auf Grundlage der Richtlinien getroffenen Einzelmaßnahmen (einschließlich Sanktionen).

VIII. Fazit

Durch die Implementierung eines wirksamen Tax-CMS können sowohl Haftungsrisiken als auch steuerstraf- und steuerordnungswidrigkeitsrechtliche Risiken für die Geschäftsleitung, die Mitarbeiter als auch das Unternehmen selbst erheblich reduziert werden. Da die Ermittlungsbehörden inzwischen auch von den §§ 130, 30 OWiG im steuerrechtlichen Bereich zunehmend Gebrauch machen und Zivilgerichte Schadensersatzansprüche gegen Vorstände ausdrücklich auf die unterlassene Einrichtung eines funktionierenden Compliance-Systems stützen werden,[75] hat die Bedeutung eines funktionierenden Tax-CMS im gleichen Maße zugenommen.

---

72 *Kromer/Pumpler/Henschel*, CB 2013, S. 156 (160).
73 *Aichberger/Schwartz*, DStR 2015, S. 1758 (1764) m.w.N.
74 LG München I, Urt. v. 10.12.2013 – 5 HK O 1387/10 (*Siemens/Neubürger*) = DB 2014, S. 766.
75 LG München I, Urt. v. 10.12.2013 – 5 HK O 1387/10 (*Siemens/Neubürger*) = DB 2014, S. 766.

Literatur

Aichberger/Schwartz, Tax Compliance – Der Vorstand im Fokus? Teil I: DStR 2015, S. 1691; Teil II: DStR 2015, S. 1758.

Binnewies/Streck, Tax Compliance, DStR 2009, S. 229.

Geuenich/Kiesel, Tax Compliance bei Unternehmen – Einschlägige Risiken und Folgerungen für die Praxis, BB 2012, S. 155.

Haase, Sind konzerninterne Ausfallbürgschaften versicherungssteuerpflichtig? DStR 2014, S. 2008.

Hauschka/Greeve, Compliance in der Korruptionsbekämpfung – Was müssen, was sollen, was können die Unternehmen tun?, BB 2007, S. 165.

Hunsmann, Die Aufsichtspflichtverletzung (§ 130 OWiG) unter besonderer Berücksichtigung des Steuerrechts, DStR 2014, S. 855.

Kiesel/Böhringer, Tax Compliance – Risikominimierung durch sanktionsbezogene Enthaftungsmaßnahmen, BB 2012, S. 1190.

Kromer/Pumpler/Henschel, Beurteilung der Effektivität eines Tax-Compliance-Systems – Teil 1: CB 2013, S. 156; Teil 2: CB 2013, S. 186.

Neuling, Tax Compliance im Unternehmen: schlichte Anzeige (§ 153 AO) vs. Selbstanzeige, DStR 2015, S. 558.

Pump/Heidl, Grundregeln eines ordnungsgemäßen Fristenmanagements DStR 2015, S. 1075.

Reichling, Selbstanzeige und Verbandsgeldbuße im Steuerstrafrecht, NJW 2013, S. 2233.

Schneider, Compliance als Aufgabe der Unternehmensleitung, ZIP 2003, S. 645.

Streck/Binnewies, Tax Compliance, DStR 2009, S. 229.

Talaska, Tax Compliance in Unternehmen – Organhaftung, BB 2012, S. 1195.

Annuß

§ 16 Arbeitsrecht

Übersicht

Executive Summary

Steuerungsziele

Verhinderung folgender zentraler Compliance-Verstöße:

- Arbeitnehmerüberlassung ohne Erlaubnis oder für einen nicht nur vorübergehenden Zeitraum (→ Rn. 3 ff.),
- Verstöße gegen das Arbeitszeitgesetz, insbesondere das Verbot, Arbeitnehmer an einem Tag länger als zehn Stunden zu beschäftigen (→ Rn. 8 ff.),
- Behinderung oder Beeinflussung der Betriebsratsarbeit (→ Rn. 15 ff.),
- Benachteiligung oder Begünstigung von Betriebsratsmitgliedern (→ Rn. 18),
- Verstöße gegen das Jugendarbeitsschutzgesetz (→ Rn. 21 ff.),
- Nichtgewährung des Mindestlohns (→ Rn. 29 ff.),
- Missachtung des Schutzes für Schwangere (→ Rn. 34 ff.),
- Verstoß gegen Schutzbestimmungen zugunsten Schwerbehinderter, insbesondere unterbliebene oder nicht rechtzeitige Information der Schwerbehindertenvertretung (→ Rn. 38 ff.),
- unterlassene oder nicht rechtzeitige Abführung von Sozialversicherungsbeiträgen (→ Rn. 42 ff.).

Erste Maßnahmen, Umsetzungsschritte und Delegation

Beachtung der arbeitsrechtlichen Rahmenbedingungen bei der Aufarbeitung von Compliance-Verstößen:

- Beteiligungsrechte des Betriebsrats bei internen Untersuchungen (→ Rn. 48),
- arbeitsrechtliche Überlegungen vor der Auflegung von Amnestieprogrammen (→ Rn. 55 f.),
- Grundsätze der beschränkten Arbeitnehmerhaftung gelten auch bei Schadensersatzansprüchen wegen Verletzung von Compliance-Pflichten (→ Rn. 57 f.),
- zweiwöchige Erklärungsfrist bei fristloser Kündigung (→ Rn. 61).

A. Bedeutung von Compliance im Arbeitsrecht

Aus Sicht des Arbeitsrechts beschreibt der Begriff Compliance zwei verschiedene Themenkreise. Einerseits geht es um die Frage, welche arbeitsrechtlichen Gesetzesbestimmungen zwingende Beachtung verlangen und die Unternehmensleitung im Falle von Verstößen möglicherweise sogar mit Geldbuße oder Strafe bedrohen (→ Rn. 2 ff.). Andererseits gibt das Arbeitsrecht wesentliche Rahmenbedingungen für die Aufarbeitung von Compliance-Verstößen im Unternehmen und die Möglichkeiten ihrer Ahndung vor (→ Rn. 46 ff.).

B. Typische Compliance-Verstöße im Arbeitsrecht

Die folgende Darstellung gibt einen Überblick über die wichtigsten arbeitsrechtlichen Compliance-Pflichten und die möglichen Folgen ihrer Verletzung. Daneben sind vielfältige weitere gesetzliche Anforderungen auf dem Gebiet des Arbeitsrechts zu beachten, die hier nicht näher beschrieben werden.

I. Arbeitnehmerüberlassung

1. Vorgaben des Arbeitnehmerüberlassungsgesetzes (AÜG)

Werden Arbeitnehmer einem anderen Arbeitgeber zur Arbeitsleistung überlassen, ist dafür grundsätzlich eine **Erlaubnis** erforderlich (§ 1 Abs. 1 Satz 1 AÜG). Die Arbeitnehmerüberlassung darf in jedem Fall **nur vorübergehend** erfolgen, sodass Arbeitnehmer nicht für einen längeren Zeitraum als 18 Monate ununterbrochen an denselben Entleiher verliehen werden können (so künftig die ausdrückliche Beschränkung in § 1 Abs. 1a AÜG n.F.).

Einer **Erlaubnis** bedarf es allerdings **nicht** für die Überlassung von Arbeitnehmern zwischen Arbeitgebern **desselben Wirtschaftszweigs** zur Vermeidung von Kurzarbeit oder Entlassungen auf der Grundlage eines Tarifvertrags (§ 1 Abs. 3 Nr. 1 AÜG). Ebenso ist die Überlassung zwischen **Konzernunternehmen** erlaubnisfrei, wenn der Arbeitnehmer nicht zum Zweck der Überlassung eingestellt und beschäftigt wird (§ 1 Abs. 3 Nr. 2 AÜG). Entsprechendes gilt für die sonstige gelegentliche Überlassung zwischen Arbeitgebern (§ 1 Abs. 3 Nr. 2a AÜG). Auch wenn die Vereinbarkeit dieser beiden Ausnahmen mit dem europäischen Recht unsicher ist, handelt es sich um geltendes deutsches Recht.

Gemäß § 10 Abs. 4 Satz 1 AÜG ist der Verleiher verpflichtet, dem Leiharbeitnehmer für die Zeit der Überlassung an den Entleiher die im Betrieb des Entleihers für einen vergleichbaren Arbeitnehmer des Entleihers geltenden wesentlichen Arbeitsbedingungen zu gewähren, insbesondere das gleiche Entgelt (*Equal-pay*-Grundsatz – vgl. demnächst voraussichtlich § 8 AÜG n.F.: Gleichstellungsgebot).

2. Sanktionsdrohung

6 Bei Verstößen gegen das Arbeitnehmerüberlassungsgesetz (AÜG) drohen Geldbußen von bis zu zwischen 1.000 € und 500.000 € (§ 16 Abs. 2 AÜG).

3. Sonstige Risiken bei Arbeitnehmerüberlassung

7 Der Entleiher haftet generell für den **Gesamtsozialversicherungsbeitrag** wie ein selbstschuldnerischer Bürge, soweit ihm Arbeitnehmer gegen Vergütung zur Arbeitsleistung überlassen worden sind (§ 28e Abs. 2 Satz 1 SGB IV). Wird erlaubnispflichtige Arbeitnehmerüberlassung ohne Erlaubnis betrieben, ohne dass der Entleiher schuldlos über das Vorliegen einer Erlaubnis irrt, so haftet der Entleiher ferner neben dem Verleiher für die auf den Arbeitslohn des verliehenen Arbeitnehmers entfallende Lohnsteuer (§ 42d Abs. 6 EStG). Im Übrigen wird bei unerlaubter Arbeitnehmerüberlassung kraft Gesetzes ein Arbeitsverhältnis zwischen Entleiher und dem Arbeitnehmer begründet (§ 10 Abs. 1 AÜG).

II. Arbeitszeitverstöße
1. Vorgaben des Arbeitszeitgesetzes (ArbZG)
a) Werktägliche Arbeitszeit

8 Die werktägliche Arbeitszeit darf **acht Stunden** nicht überschreiten (§ 3 Satz 1 ArbZG). Sie kann allerdings ohne Weiteres auf bis zu zehn Stunden verlängert werden, wenn innerhalb von sechs Kalendermonaten oder innerhalb von 24 Wochen durchschnittlich acht Stunden werktäglich nicht überschritten werden (§ 3 Satz 2 ArbZG). Das Arbeitszeitgesetz legt eine **Sechstagewoche** mit den Werktagen Montag bis Samstag zugrunde, sodass bei einer Fünftagewoche eine kontinuierliche Arbeitszeit von 9 Stunden und 36 Minuten täglich möglich ist. Allerdings ist der Arbeitgeber verpflichtet, jeden Einzelfall **aufzuzeichnen**, in dem Arbeitnehmer länger als acht Stunden täglich arbeiten (§ 16 Abs. 2 ArbZG). Diese Pflicht besteht auch, sofern im Betrieb ansonsten **Vertrauensarbeitszeit** praktiziert wird.

9 Bei einer täglichen Arbeitszeit von mehr als sechs Stunden sind **Ruhepausen** von mindestens 30 Minuten und bei einer täglichen Arbeitszeit von mehr als neun Stunden Ruhepausen von mindestens 45 Minuten vorzusehen (§ 4 Satz 1 ArbZG). Nach Beendigung der täglichen Arbeitszeit ist eine ununterbrochene Ruhezeit von mindestens elf Stunden zu beachten (§ 5 Abs. 1 ArbZG).

10 In **Tarifverträgen** bzw. durch **Betriebsvereinbarung** kann in gewissem Umfang von den Vorgaben des Arbeitszeitgesetzes abgewichen werden (§ 7 ArbZG).

b) Sonn- und Feiertagsruhe

Gemäß § 9 Abs. 1 ArbZG dürfen Arbeitnehmer an Sonn- und Feiertagen von 0:00 bis 24:00 Uhr nicht beschäftigt werden. Verschiedene Ausnahmen von dem **Verbot der Sonn- und Feiertagsbeschäftigung** sind in § 10 ArbZG geregelt. Weitere Ausnahmen können durch Rechtsverordnung zugelassen werden (§ 13 ArbZG). 11

2. Beschränkter Geltungsbereich

Das Arbeitszeitgesetz gilt insbesondere nicht für leitende Angestellte im Sinne des § 5 Abs. 3 BetrVG (§ 18 Abs. 1 ArbZG). 12

Es gilt ferner nicht für Personen unter 18 Jahren; für sie enthält das Jugend-arbeitsschutzgesetz (JArbSchG) besondere Regelungen. 13

3. Sanktionsdrohung

Verstöße gegen die zwingenden Bestimmungen des Arbeitszeitgesetzes sind in der betrieblichen Praxis häufig anzutreffen, bleiben allerdings in vielen Fällen ohne die im Arbeitszeitgesetz angedrohten schwerwiegenden Folgen. Bei Verletzung der gesetzlichen Vorgaben droht gemäß § 22 Abs. 2 ArbZG ein **Bußgeld** in Höhe von bis zu 15.000 €. Werden die Arbeitszeitverstöße beharrlich wiederholt oder erfolgen sie vorsätzlich unter Gefährdung des Arbeitnehmers, kann sogar **Freiheitsstrafe** bis zu einem Jahr oder **Geldstrafe** verhängt werden (§ 23 ArbZG). 14

III. Betriebsverfassungsrecht
1. Materielle Vorgaben
a) Wahlbeeinflussung

Gemäß § 20 BetrVG darf niemand die Wahl des Betriebsrats behindern oder „durch Zufügung oder Androhung von Nachteilen oder durch Gewährung oder Versprechen von Vorteilen beeinflussen". Der Grat zwischen noch zulässiger Parteinahme/Unterstützung des Arbeitgebers für bestimmte Wahlbewerber und unzulässiger Wahlbeeinflussung ist in der Praxis schmal. 15

> **Praxisbeispiel** 16
> Unzulässig ist das Inaussichtstellen von Vorteilen durch den Arbeitgeber an einzelne Arbeitnehmer, für den Fall, dass sie sich als Wahlbewerber zur Verfügung stellen. Unzulässig ist auch die Wahlwerbung des Arbeitgebers für eine bestimmte Liste. Zulässig ist hingegen ein allgemeiner Hinweis des Arbeitgebers auf die Bedeutung der Betriebsratswahl.

b) Behinderung der Betriebsratsarbeit

17 Die Schwelle zur strafbaren Betriebsratsbehinderung wird vom Arbeitgeber in hitzigen Auseinandersetzungen mit Betriebsräten leicht überschritten. Sie kann beispielsweise in der Veröffentlichung der durch die Betriebsratstätigkeit verursachten Kosten gegenüber der Belegschaft liegen, wenn nicht gleichzeitig darauf hingewiesen wird, dass der Arbeitgeber zur Kostentragung verpflichtet ist. Im Übrigen liegt sie zwar nicht in der gelegentlichen **Nichteinhaltung von Beteiligungsrechten** des Betriebsrats, wohl aber in deren systematischer Missachtung. Auch der Versuch des Arbeitgebers, in der Belegschaft politischen Druck auf den Betriebsrat zu erzeugen, um den Betriebsrat zu einem bestimmten Verhalten zu veranlassen, kann in besonderen Fällen eine verbotene Behinderung der Betriebsratstätigkeit darstellen.

c) Benachteiligungs- und Begünstigungsverbot

18 Nach § 78 Satz 2 BetrVG dürfen Mitglieder des Betriebsrats und sonstiger betriebsverfassungsrechtlicher Arbeitnehmervertretungen wegen ihrer Tätigkeit nicht benachteiligt oder begünstigt werden. Dies bedeutet insbesondere, dass die **Vergütung** von Betriebsratsmitgliedern mindestens derjenigen von vergleichbaren Arbeitnehmern mit betriebsüblicher Entwicklung entsprechen muss (§ 37 Abs. 4 BetrVG). Darüber hinaus ist eine etwaige bessere Entwicklung, die das Betriebsratsmitglied aufgrund seiner individuellen Fähigkeiten und Fertigkeiten bei gewöhnlichem Lauf der Dinge genommen hätte, zu berücksichtigen. Besondere Leistungen als Betriebsratsmitglied dürfen hingegen nicht vergütungserhöhend berücksichtigt werden; unzulässig ist es auch, Betriebsratsvorsitzende ohne Weiteres wie Führungskräfte zu vergüten. Betriebsratsbegünstigung droht auch in vielen anderen Bereichen: So ist die Bereitstellung eines Parkplatzes für den Betriebsratsvorsitzenden unzulässig, wenn anderen Arbeitnehmern kein Parkplatz zur Verfügung steht, und auch die Einladung zu einem Fußballspiel oder zu einem Abendessen ist unzulässig, wenn sie wegen der Betriebsratstätigkeit erfolgt.

2. Sanktionsdrohung

19 Erfüllt der Arbeitgeber Aufklärungs- oder Auskunftspflichten gegenüber dem Betriebsrat nicht ordnungsgemäß, so kann gegen ihn eine **Geldbuße** bis zu 10.000 € verhängt werden (§ 121 BetrVG). Wer die Wahl eines Betriebsrats bzw. einer sonstigen betrieblichen Arbeitnehmervertretung oder deren Tätigkeit behindert, kann mit **Freiheitsstrafe** bis zu einem Jahr oder **Geldstrafe** bestraft werden (§ 119 Abs. 1 Nr. 1, 2 BetrVG). Gleiches gilt, wenn ein Mitglied bzw. Ersatzmitglied des Betriebsrats oder einer sonstigen betrieblichen Arbeitnehmervertretung um seiner Tätigkeit willen **benachteiligt oder**

begünstigt wird (§ 119 Abs. 1 Nr. 3 BetrVG). Bei Straftaten nach § 119 BetrVG handelt es sich um **strenge Antragsdelikte**, wobei der Antrag nur einem engen Kreis von Antragsberechtigten eröffnet ist (§ 119 Abs. 3 BetrVG); ohne einen solchen Strafantrag kann keine Strafverfolgung stattfinden.

3. Sonstige Risiken im Betriebsverfassungsrecht

Werden Betriebsratsmitgliedern rechtswidrig wirtschaftliche Begünstigungen wegen ihrer Betriebsratstätigkeit zuteil, so können die für das Unternehmen Handelnden sich dadurch der **Untreue** gemäß § 266 StGB schuldig machen. Gleiches gilt, wenn dem Betriebsrat eine Sachmittelausstattung gewährt wird, die über das für eine ordnungsgemäße Wahrnehmung der Betriebsratstätigkeit Erforderliche (§ 40 BetrVG) hinausgeht. In diesen Fällen droht auch Strafbarkeit wegen **Steuerhinterziehung** (§ 370 AO) oder leichtfertiger Steuerverkürzung (§ 378 AO), wenn die unzulässigen wirtschaftlichen Begünstigungen oder der Aufwand für die ungerechtfertigten Sachmittel gewinnmindernd als Betriebsausgaben geltend gemacht werden (Abzugsverbot gemäß § 4 Abs. 5 Satz 1 Nr. 10 EStG). [20]

IV. Jugendarbeitsschutz und Schutz von Auszubildenden
1. Materielle Vorgaben

Gemäß § 2 Abs. 1 JArbSchG ist **Kind** im Sinne des Jugendarbeitsschutzgesetzes, wer noch nicht 15 Jahre alt ist. **Jugendlicher** ist nach § 2 Abs. 2 JArbSchG, wer mindestens 15, aber noch nicht 18 Jahre alt ist. Den Kindern im Sinne des Jugendarbeitsschutzgesetzes stehen solche Jugendlichen gleich, die der Vollzeitschulpflicht unterliegen (§ 2 Abs. 3 JArbSchG). [21]

Kinder dürfen nicht beschäftigt werden (§ 5 Abs. 1 JArbSchG). Eine Ausnahme gilt für die Beschäftigung von Kindern über 13 Jahren, soweit der Personensorgeberechtigte einwilligt und die Beschäftigung leicht sowie für Kinder geeignet ist (§ 5 Abs. 3 JArbSchG). Jugendliche, die der Vollzeitschulpflicht unterliegen, dürfen während der Schulferien für höchstens vier Wochen im Kalenderjahr beschäftigt werden (§ 5 Abs. 4 JArbSchG). [22]

Jugendliche dürfen nicht mehr als acht Stunden täglich und nicht mehr als 40 Stunden wöchentlich beschäftigt werden (§ 8 Abs. 1 JArbSchG). Ist allerdings an einzelnen Werktagen die Arbeitszeit auf weniger als acht Stunden verkürzt, dürfen Jugendliche an den übrigen Werktagen derselben Woche achteinhalb Stunden arbeiten (§ 8 Abs. 2a JArbSchG). Grundsätzlich dürfen Jugendliche nur **zwischen 6:00 und 20:00 Uhr** (§ 14 Abs. 1 JArbSchG) und nur an fünf Tagen je Woche (§ 15 JArbSchG) beschäftigt werden. An Samstagen sowie Sonn- und Feiertagen dürfen Jugendliche grundsätzlich nicht und am 24. sowie 31.12. grundsätzlich nicht nach 14:00 Uhr beschäftigt werden (§§ 16–18 JArbSchG). Ferner dürfen Jugendliche nicht mit Tätigkeiten [23]

betraut werden, die sie psychischen oder körperlichen Gefahren aussetzen (§ 22 JArbSchG); auch **Akkordarbeit** ist für Jugendliche untersagt
(§ 23 JArbSchG).

24   Nicht mit der **Beaufsichtigung, Anweisung oder Ausbildung von
Jugendlichen** beauftragt werden dürfen solche Personen, die wegen
eines Verbrechens zu mindestens zweijähriger Freiheitsstrafe verurteilt
wurden (§ 25 Abs. 1 Satz 1 Nr. 1 JArbSchG). Gleiches gilt für Personen, die
wegen Sexualstraftaten, Straftaten nach dem Betäubungsmittelgesetz,
dem Jugendschutzgesetz oder wenigstens zweimal wegen Straftaten nach
dem Gesetz über die Verbreitung jugendgefährdender Schriften verurteilt
wurden (§ 25 Abs. 1 Satz 1 Nr. 3–5 JArbSchG) sowie für solche Personen, die
wegen einer vorsätzlichen Straftat, die sie als Arbeitgeber, Ausbildender
oder Ausbilder zum Nachteil von Kindern oder Jugendlichen begangen
haben, zu einer Freiheitsstrafe von mehr als drei Monaten verurteilt wurden
(§ 25 Abs. 1 Satz 1 Nr. 2 JArbSchG).

25   Die **Ruhepausen** müssen bei einer Arbeitszeit von viereinhalb bis sechs
Stunden mindesten 30 Minuten und bei einer Arbeitszeit von mehr als
sechs Stunden mindestens 60 Minuten betragen. Nach Beendigung der
täglichen Arbeitszeit ist Jugendlichen eine ununterbrochene Freizeit von
mindestens zwölf Stunden zu gewähren (§ 11 JArbSchG).

26   Im Verhältnis zu **Auszubildenden** im Sinne des Berufsbildungsgeset-
zes (BBiG) ist zu beachten, dass ihnen nur Aufgaben übertragen werden
dürfen, die dem Ausbildungszweck dienen und ihren körperlichen Kräften angemessen sind (§ 14 Abs. 2 BBiG). Überdies sind Auszubildende für
die Teilnahme am Berufsschulunterricht sowie an Prüfungen freizustellen
(§ 15 BBiG).

2. Sanktionsdrohung

27   Bei Verstößen gegen das **Jugendarbeitsschutzgesetz** droht eine **Geldbuße**
bis zu 15.000 € (§ 58 Abs. 4 JArbSchG); weitergehend droht sogar **Freiheitsstrafe** bis zu einem Jahr oder Geldstrafe, wenn eine gesetzeswidrige Handlung beharrlich wiederholt wird oder durch sie ein Kind oder ein Jugendlicher
(bzw. im Einzelfall eine noch nicht 21 Jahre alte Person) in seiner Gesundheit
oder seiner Arbeitskraft gefährdet wird (§ 58 Abs. 5 JArbSchG). Selbst wenn
die Gefährdung der Gesundheit oder Arbeitskraft nur **fahrlässig** verursacht
wird, droht Freiheitsstrafe bis zu sechs Monaten oder Geldstrafe (§ 58 Abs. 6
JArbSchG).

Verstößt ein Arbeitgeber gegen wesentliche Pflichten im Rahmen eines **Berufsausbildungsverhältnisses**, droht Geldbuße bis zu 5.000 € (§ 102 BBiG).   28

V. Mindestlohn
1. Materielle Vorgaben
Ansprüche von Arbeitnehmern auf eine Mindestvergütung können sich   29
insbesondere aus dem Mindestlohngesetz (MiLoG) oder aus einem Tarifvertrag ergeben. Damit Anspruch auf tarifliche Vergütung besteht, ist nicht
in jedem Fall beiderseitige Beteiligung am Tarifvertrag erforderlich; vielmehr kann sich die Geltung eines Tarifvertrags auch aus einer Allgemein-
verbindlicherklärung (§ 5 TVG) oder aus einer Rechtsverordnung gemäß § 7
Arbeitnehmer-Entsendegesetz (AEntG) ergeben.

2. Sanktionsdrohung
Wird der **gesetzliche Mindestlohn** in Höhe von derzeit 8,50 € brutto je   30
Stunde nicht oder nicht rechtzeitig gezahlt, droht eine **Geldbuße** in Höhe
von bis zu 500.000 € (§ 20 Abs. 1 Nr. 9, Abs. 3 MiLoG). Das Gleiche gilt, wenn
ein Unternehmen ein anderes Unternehmen mit der Ausführung von Werk-
oder Dienstleistungen in erheblichem Umfang beauftragt, von dem es weiß
oder fahrlässig nicht weiß, dass dieses bei der Erfüllung des Auftrags den
gesetzlichen Mindestlohn nicht oder nicht rechtzeitig zahlt (§ 21 Abs. 2 Nr. 1,
Abs. 3 MiLoG).

Wird der nach dem Arbeitnehmer-Entsendegesetz auf der Grundlage all-   31
gemeinverbindlicher Tarifverträge (§ 3 AEntG) oder aufgrund Rechtsverordnung allgemein zu beachtender Tarifverträge (§ 7 AEntG) zu leistende
branchenbezogene Mindestlohn nicht gezahlt, droht ebenfalls ein
Bußgeld in Höhe von bis zu 500.000 € (§ 23 Abs. 1 Nr. 1, Abs. 3 AEntG).

Wird ansonsten ein dem Arbeitnehmer tarifvertraglich oder aufgrund   32
seines Arbeitsvertrags zustehender Vergütungsbestandteil nicht gewährt,
besteht keine Strafdrohung.

3. Sonstige Risiken bei Nichtgewährung des Arbeitsentgelts
Wird das dem Arbeitnehmer zustehende Arbeitsentgelt nicht in voller Höhe   33
gewährt, so können sich daraus schwerwiegende sozialversicherungs-
und strafrechtliche Konsequenzen ergeben. Auf die geschuldete Arbeits-
vergütung sind **Sozialversicherungsbeiträge** selbst insoweit zu entrichten,
wie die Vergütung tatsächlich nicht (vollständig) gezahlt wird (sog. „Entstehungsprinzip" statt „Zuflussprinzip"). Beachtet ein Arbeitgeber das nicht,
droht ihm nicht nur die scharfe sozialversicherungsrechtliche Haftung, sondern auch Strafbarkeit nach § 266a StGB (→ Rn. 45).

VI. Mutterschutz
1. Materielle Vorgaben

34 **Schwangere** dürfen nicht beschäftigt werden, soweit anderenfalls nach ärztlichem Zeugnis Leben oder Gesundheit von Mutter oder Kind gefährdet wäre (§ 3 Abs. 1 MuSchG). Ferner dürfen Schwangere generell in den letzten sechs Wochen vor der Entbindung nicht beschäftigt werden, sofern sie sich nicht ausdrücklich zur Arbeitsleistung bereit erklären (§ 3 Abs. 2 MuSchG). Im Übrigen dürfen Schwangere nicht mit schweren körperlichen Arbeiten und nicht mit solchen Arbeiten beschäftigt werden, bei denen sie gesundheitsgefährdenden Risiken ausgesetzt sind (§ 4 Abs. 1 MuSchG).

35 **Mütter** dürfen innerhalb von acht Wochen (bei Früh- und Mehrlingsgeburten: zwölf Wochen) nach der Entbindung nicht beschäftigt werden (§ 6 MuSchG). **Stillenden Müttern** ist auf ihr Verlangen die zum Stillen erforderliche Zeit, mindestens aber zweimal täglich eine halbe Stunde oder einmal täglich eine Stunde freizugeben (§ 7 Abs. 1 MuSchG).

36 Schwangere und stillende Mütter dürfen nicht mit **Mehrarbeit**, nicht in der **Nacht** zwischen 20:00 und 6:00 Uhr sowie an Sonn- und Feiertagen beschäftigt werden (§ 8 Abs. 1 MuSchG).

2. Sanktionsdrohung

37 Verstöße gegen Verpflichtungen des Arbeitgebers aus dem Mutterschutzgesetz (MuSchG) können mit einer **Geldbuße** bis zu 15.000 € geahndet werden (§ 21 Abs. 2 MuSchG). Werden wesentliche Pflichten vorsätzlich verletzt und wird dadurch die Frau in ihrer Arbeitskraft oder Gesundheit gefährdet, droht **Freiheitsstrafe** bis zu einem Jahr oder Geldstrafe (§ 21 Abs. 3 MuSchG).

VII. Schwerbehindertenschutz
1. Materielle Vorgaben

38 Soweit nicht eine Rechtsverordnung gemäß § 79 Nr. 1 SGB IX etwas anderes bestimmt, haben Arbeitgeber mit mehr als 20 Arbeitsplätzen grundsätzlich auf 5% der Arbeitsplätze **schwerbehinderte Menschen zu beschäftigen** (vgl. § 71 Abs. 1 Satz 1 SGB IX). Überdies treffen den Arbeitgeber gemäß § 80 SGB IX verschiedene Anzeige-, Auskunfts- und Informationspflichten im Hinblick auf schwerbehinderte Menschen (vgl. § 156 Abs. 1 Nr. 2–6 SGB IX).

39 Der Arbeitgeber hat die zuständige Schwerbehindertenvertretung gemäß § 81 Abs. 1 Satz 4 SGB IX unmittelbar nach Eingang über **Bewerbungen** von schwerbehinderten Menschen oder Vermittlungsvorschläge der Bundesagentur für Arbeit zu unterrichten. Ferner muss er alle Beteiligten über die

getroffene Entscheidung unter Darlegung der Gründe gemäß § 81 Abs. 1 Satz 9 SGB IX unverzüglich informieren (§ 156 Abs. 1 Nr. 9 SGB IX).

Nach § 95 Abs. 2 SGB IX muss der Arbeitgeber die **Schwerbehindertenvertretung in allen Angelegenheiten**, die einen einzelnen oder die schwerbehinderten Menschen als Gruppe berühren, **unverzüglich und umfassend unterrichten** und vor einer Entscheidung anhören sowie über die getroffene Entscheidung unverzüglich unterrichten (bußgeldbewehrt gemäß § 156 Abs. 1 Nr. 9 SGB IX). Diese Unterrichtungspflicht geht in der Praxis außerordentlich weit, so ist beispielsweise auch über Baumaßnahmen auf dem Betriebsgelände zu unterrichten, die ein Hindernis für blinde schwerbehinderte Menschen darstellen können. 40

2. Sanktionsdrohung

Die Verletzung der in der Praxis vielfach unbekannten gesetzlichen Pflichten nach dem SGB IX kann eine Geldbuße bis zu 10.000 € zur Folge haben (§ 156 Abs. 2 SGB IX). 41

VIII. Sozialversicherungsrecht
1. Materielle Vorgaben

Das Sozialversicherungsrecht erlegt dem Arbeitgeber zahlreiche Pflichten, insbesondere **Melde-, Auskunfts- und Zahlungspflichten**, auf. Praktisch bedeutsam ist insbesondere der Katalog der Meldepflichten in § 28a SGB IV, wonach der Arbeitgeber beispielsweise für jeden in der Kranken-, Pflege-, Renten- oder Arbeitslosenversicherung kraft Gesetzes Versicherten den Beginn (Abs. 1 Nr. 1) und das Ende (Abs. 1 Nr. 2) der versicherungspflichtigen Beschäftigung, die Zahlung einmaligen Arbeitsentgelts (Abs. 1 Nr. 12) oder den Beginn bzw. das Ende der Altersteilzeitarbeit (Abs. 1 Nr. 16, 17) an die Einzugsstelle zu melden hat. Ferner muss der Arbeitgeber gemäß § 28f Abs. 1 Satz 1 SGB IV für jeden Beschäftigten, getrennt nach Kalenderjahren, Entgeltunterlagen im Geltungsbereich dieses Gesetzes in deutscher Sprache führen und bis zum Ablauf des auf die letzte Sozialversicherungsprüfung gemäß § 28p SGB IV folgenden Kalenderjahres geordnet aufbewahren. 42

Herausragende praktische Relevanz hat die in § 28e SGB IV verankerte Pflicht des Arbeitgebers, den **Gesamtsozialversicherungsbeitrag** (mithin sowohl Arbeitgeber- als auch Arbeitnehmerbeiträge) zu zahlen. Zu beachten ist insoweit, dass die Pflicht des Arbeitgebers zur Leistung der Sozialversicherungsbeiträge nicht an die tatsächlich gezahlte Vergütung anknüpft (kein „Zuflussprinzip"), sondern bereits an das Entstehen des Entgeltanspruchs des Arbeitnehmers (sog. „**Entstehungsprinzip**"). 43

2. Sanktionsdrohung

44 Eine Verletzung der Informations- und Aufbewahrungs- bzw. einiger weiterer Pflichten kann gemäß § 111 SGB IV mit einem **Bußgeld** bis zu 50.000 € geahndet werden.

45 Eine wesentlich härtere Sanktionsdrohung besteht, falls der Arbeitgeber der Einzugsstelle Sozialversicherungsbeiträge (auch vorübergehend) vorenthält oder unrichtige oder unvollständige Angaben macht oder die Richtigstellung falscher Angaben unterlässt und es deshalb zur Vorenthaltung von Sozialversicherungsbeiträgen kommt. Für diese Konstellationen droht § 266a Abs. 1 StGB eine **Freiheitsstrafe** von bis zu fünf Jahren oder **Geldstrafe** an.

C. Arbeitsrechtliche Rahmenbedingungen für die Aufarbeitung von Compliance-Verstößen

46 Ist es im Unternehmen zu Compliance-Verstößen gekommen, sind die arbeitsrechtlichen Vorgaben sowohl für die interne Sachverhaltsaufklärung (→ Rn. 47 ff.) als auch bei der Entscheidung über die im Verhältnis zu den pflichtwidrig handelnden Mitarbeitern zu ergreifenden Maßnahmen (→ Rn. 57 ff.) relevant.

I. Arbeitsrechtlicher Rahmen interner Untersuchungen

47 Vor Durchführung interner Untersuchungen sollte der Arbeitgeber eine sorgfältige rechtliche Bewertung der geplanten Ermittlungsmaßnahmen vornehmen. Sind sie nämlich rechtswidrig, drohen nicht nur rechtliche Auseinandersetzungen mit dem Betriebsrat, der Schwerbehindertenvertretung oder jedem einzelnen betroffenen Arbeitnehmer, sondern besteht auch das Risiko einer **prozessualen Unverwertbarkeit** der Untersuchungsergebnisse,[1] was insbesondere die Chancen des Arbeitgebers in einem späteren Kündigungsschutzprozess wesentlich verschlechtern kann.

1. Beteiligung der Arbeitnehmervertretungen

48 Die Freiheit des Arbeitgebers, die vorhandenen EDV-Systeme zur Erlangung mitarbeiterbezogener Informationen einzusetzen, insbesondere die E-Mail-Accounts der Mitarbeiter auszuwerten, ist in der Praxis oftmals durch **Betriebsvereinbarungen über die Nutzung der EDV-Systeme** beschränkt. Ist in einer Betriebsvereinbarung beispielsweise vorgesehen, dass eine Datenauswertung, die Aufschluss über das Verhalten der einzelnen Arbeitnehmer

---

1 Vgl. etwa BAG, Urt. v. 21.06.2012 – 2 AZR 153/11 = DB 2012, S. 2227; BAG, Urt. v. 20.06.2013 – 2 AZR 546/12 = DB 2014, S. 246.

ermöglicht, nicht zulässig ist, so darf sie auch bei Verdacht strafbarer Handlungen einzelner Arbeitnehmer nicht durchgeführt werden, soweit nicht zuvor Einvernehmen mit dem Betriebsrat über eine Ausnahmeregelung zur Betriebsvereinbarung erreicht wird. Soweit der Arbeitgeber – oder die von ihm eingesetzten Berater – zur Datenauswertung im Betrieb **neue EDV-Programme** einsetzen möchten, kann dies wegen des **Mitbestimmungsrechts** gemäß § 87 Abs. 1 Nr. 6 BetrVG nicht ohne Zustimmung des Betriebsrats bzw. deren Ersetzung durch die Einigungsstelle erfolgen.

Darüber hinaus sind bei der Ausgestaltung eines formalisierten **Interviewverfahrens** sowie von **Personalfragebögen** mögliche Mitbestimmungsrechte des Betriebsrats gemäß § 87 Abs. 1 Nr. 1 BetrVG und § 94 BetrVG zu beachten. 49

Eine (drohende) Verletzung von Beteiligungsrechten des Betriebsrats kann **Unterlassungsansprüche** begründen, die vom Betriebsrat ggf. im einstweiligen Verfügungsverfahren geltend gemacht werden können. 50

Sind von den Untersuchungen schwerbehinderte Menschen betroffen, ist ferner an die **Unterrichtung der Schwerbehindertenvertretung** gemäß § 95 Abs. 2 SGB IX zu denken. 51

> **Praxistipp** 52
> Die Arbeitnehmervertretungen sind bei Compliance-Untersuchungen meist sehr kooperativ. Es ist daher erfahrungsgemäß sinnvoll, die Arbeitnehmervertretungen möglichst frühzeitig einzubinden und die Gesamtsituation mit ihnen zu erörtern.

2. Rechte und Pflichten der Arbeitnehmer bei internen Untersuchungen

Arbeitnehmer sind grundsätzlich verpflichtet, an internen Untersuchungen mitzuwirken und zumindest auf Weisung des Arbeitgebers **wahrheitsgemäß und umfassend** über ihre für das Untersuchungsziel relevanten Kenntnisse und Wahrnehmungen **zu berichten**. Die Reichweite der Arbeitnehmerpflichten in diesem Zusammenhang ist noch nicht abschließend geklärt. Insbesondere ist unklar, ob ein Arbeitnehmer die Aussage verweigern darf, wenn er sich dadurch der Gefahr straf- oder arbeitsrechtlicher Sanktionen oder einer Belastung mit Schadensersatzansprüchen aussetzen würde.[2] Im Ergebnis dürfte dies allerdings zu bejahen sein. 53

---

2 Vgl. dazu etwa *Schürrle/Olbers*, CCZ 2010, S. 178.

54 Der Arbeitnehmer hat grundsätzlich keinen Anspruch auf die **Hinzuziehung eines Rechtsanwalts** zu einer Befragung durch den Arbeitgeber. Auch die **Hinzuziehung eines Betriebsratsmitglieds** kann der Arbeitnehmer nicht verlangen, wenn es allein um die Aufklärung konkreten Fehlverhaltens geht. Dennoch ist es in der Praxis meist sinnvoll, den Arbeitnehmern bei entsprechendem Wunsch die Hinzuziehung eines Rechtsanwalts und/oder Betriebsratsmitglieds zu gestatten.

3. Amnestieprogramm

55 Werden in einem Unternehmen in größerem Umfang Compliance-Verstöße bekannt, so stehen die betroffenen Mitarbeiter einer internen Aufarbeitung des Sachverhalts häufig ablehnend gegenüber und versuchen, ihre Tatbeiträge zu vertuschen. Diese „**Mauer des Schweigens**" kann in der Praxis in vielen Fällen durch ein Amnestieprogramm durchbrochen werden. **Typische Inhalte eines Amnestieprogramms** sind der Verzicht auf Kündigungen und die zwangsweise Durchsetzung von Schadensersatzansprüchen sowie die Übernahme von Anwaltskosten und ggf. sogar Geldbußen, die gegen die Mitarbeiter verhängt werden.[3] Diese Schutzgewährungen werden regelmäßig daran geknüpft, dass der Mitarbeiter an der Sachverhaltsaufklärung vollumfänglich und vorbehaltlos mitwirkt.

56 In der Praxis wird die Auflegung von Amnestieprogrammen häufig nicht ausreichend vorbereitet. Vor ihrer Verabschiedung **sollte sorgfältig bedacht werden**, welche materiellen Nachteile sich – ggf. mittelbar nach der Figur des sog. gestörten Gesamtschuldnerausgleichs – durch den Verzicht auf Schadensersatzansprüche oder deren zwangsweise Durchsetzung ergeben können. Ferner ist abzuwägen, welche Folgen aus einem Kündigungsausschluss resultieren können, da sich auch bei voll geständigen Arbeitnehmern – häufig auch aufgrund vergaberechtlicher oder regulatorischer Vorgaben – in vielen Fällen ergibt, dass sie nicht weiterbeschäftigt werden können. Besondere Zurückhaltung ist geboten, soweit Arbeitnehmer der ersten Führungsebene in den Schutz des Amnestieprogramms einbezogen werden sollen.

II. Arbeitsrechtliche Sanktionen
1. Schadensersatzansprüche

57 Schadensersatzansprüche des Arbeitgebers gegen Compliance-widrig handelnde Arbeitnehmer sind nach den **Grundsätzen der beschränkten Arbeitnehmerhaftung** limitiert, soweit der Arbeitnehmer die Schädigung des Arbeitgebers nicht vorsätzlich herbeigeführt hat. Auch bei vorsätzlicher Verletzung von Compliance-Pflichten können Arbeitnehmer daher vom

---

3 Siehe im Einzelnen *Annuß/Pelz*, BB-Special 4/2010, S. 14 f.; *Kahlenberg/Schwinn*, CCZ 2012, S. 81 f.

Arbeitgeber oftmals nur auf einen geringen Betrag in Anspruch genommen werden, sofern sie den Arbeitgeber nicht bewusst schädigen wollten.[4]

2. Disziplinarische Maßnahmen

Disziplinarische Maßnahmen zur Ahndung von Compliance-Verstößen sind insbesondere die **Ermahnung**, die **Abmahnung** sowie die **ordentliche** oder ggf. sogar **außerordentliche fristlose Kündigung**.   58

Der Ausspruch einer **Abmahnung** sollte bei Compliance-Verstößen nicht erfolgen, bevor der Sachverhalt umfassend aufgeklärt ist und das Verhalten des Arbeitnehmers abschließend bewertet werden kann. Eine Abmahnung „verbraucht" nämlich den Kündigungsgrund derart, dass wegen des abgemahnten Sachverhalts später keine wirksame Kündigung mehr ausgesprochen werden kann.[5] Gleiches dürfte im Ergebnis bei einer bloßen **Ermahnung** gelten (sie unterscheidet sich von der Abmahnung dadurch, dass sie lediglich die Pflichtverletzung rügt und den Arbeitnehmer zu pflichtgemäßem Verhalten auffordert, allerdings nicht mit arbeitsrechtlichen Konsequenzen einschließlich einer möglichen Kündigung für den Fall einer erneuten Pflichtverletzung droht).   59

Ob Compliance-Verstöße – insbesondere bei Fehlen einer einschlägigen vorherigen Abmahnung – eine **Kündigung** des Arbeitsverhältnisses rechtfertigen können, ist eine Frage des Einzelfalls. Wesentlich ist jeweils, ob der Arbeitnehmer davon ausgehen durfte, dass trotz der von ihm begangenen Pflichtverletzung das Arbeitsverhältnis fortgesetzt wird. Dies kann bei Pflichtverletzungen, die „schlechterdings unentschuldbar" erscheinen, auch ohne vorherige einschlägige Abmahnung zu verneinen sein. Die Arbeitsgerichte neigen allerdings dazu, eine – auch strafrechtlich relevante – Pflichtverletzung zur Rechtfertigung einer Kündigung ohne vorherige Abmahnung nicht ausreichen zu lassen, wenn der Arbeitnehmer davon ausgehen durfte, dass sein Verhalten von der Geschäftsleitung toleriert würde, insbesondere, wenn der Arbeitnehmer sich nur als Akteur innerhalb eines von der Geschäftsleitung unterstützten Systems verstehen durfte.   60

---

4 Vgl. zu den Grundsätzen der beschränkten Arbeitnehmerhaftung BAG, Beschl. v. 27.09.1994 – GS 1/89 = DB 1994, S. 2237; BAG, Urt. v. 21.05.2015 – 8 AZR 116/14, 8 AZR 867/13 = DB 2015, S. 2882.
5 Zum Verbrauch des Kündigungsrechts durch die Abmahnung BAG, Urt. v. 09.03.1995 – 2 AZR 644/94.

61 Eine **außerordentliche fristlose Kündigung** kommt bei Vorliegen eines wichtigen Grundes gemäß § 626 Abs. 1 BGB in Betracht, sodass dem Arbeitgeber auch eine Fortsetzung des Arbeitsverhältnisses bis zum Ablauf der ordentlichen Kündigungsfrist nicht zugemutet werden kann. Dabei ist Eile geboten, weil eine fristlose Kündigung aus wichtigem Grund nur **innerhalb von zwei Wochen** nach Kenntnis des Kündigungsbefugten vom Kündigungsgrund ausgesprochen werden kann (§ 626 Abs. 2 BGB) und bei Existenz eines Betriebsrats oder Sprecherausschusses auch noch dessem Anhörung (§ 102 BetrVG, § 32 SprAuG) innerhalb dieser Frist erfolgen muss. Allerdings beginnt die Kündigungserklärungsfrist nicht zu laufen, solange das Unternehmen den Sachverhalt mit der gebotenen Eile angemessen aufklärt.[6] Zu bedenken ist im Übrigen, dass eine fristlose Kündigung nicht nur als Tat-, sondern bei Vorliegen besonderer Umstände auch als sog. **Verdachtskündigung** erfolgen kann, sofern bereits der Verdacht einer schwerwiegenden Pflichtverletzung dem Unternehmen eine Fortsetzung der Zusammenarbeit mit dem Arbeitnehmer unzumutbar macht.[7] Formale Wirksamkeitsvoraussetzung einer solchen Verdachtskündigung ist, dass der Arbeitgeber alle zumutbaren Anstrengungen zur Aufklärung des Sachverhalts unternommen hat und dennoch den dringenden Verdacht einer schwerwiegenden Verfehlung nicht ausräumen konnte. Zu diesen Anstrengungen gehört insbesondere, dass dem Arbeitnehmer die Gelegenheit gegeben wird, sich umfassend zu dem gegen ihn bestehenden Verdacht und den ihm zugrunde liegenden tatsächlichen Umständen zu äußern.

Literatur
Annuß/Pelz, BB-Special 4/2010, S. 14.
Kahlenberg/Schwinn, Amnestieprogramme bei Compliance-Untersuchungen im Unternehmen, CCZ 2012, S. 81.
Schürrle/Olbers, Praktische Hinweise zu Rechtsfragen bei eigenen Untersuchungen im Unternehmen, CCZ 2010, S. 178 f.

---

6   Instruktiv LAG Hamm, Urt. v. 15.07.2014 – 7 Sa 94/14 = RS0859062.
7   BAG, Urt. v. 16.07.2015 – 2 AZR 85 /15 = DB 2016, S. 419.

Larisch / Steup

§ 17 M&A

Übersicht

Executive Summary

Leitungs- und Entscheidungspflichten

- Pflicht zur Durchführung einer Compliance Due Diligence (→ Rn. 3 ff.),
- Entscheidung über die Durchführung der Transaktion unter Berücksichtigung der Ergebnisse der Compliance Due Diligence (→ Rn. 40 ff.).

Steuerungsziele

- Vermeidung bzw. Minimierung von Haftungsrisiken für Compliance-Verstöße des Zielunternehmens (→ Rn. 9 f.),
- Ermittlung eines angemessenen Kaufpreises und Vereinbarung einer adäquaten vertraglichen Risikoverteilung unter Berücksichtigung der Compliance-Risiken des Zielunternehmens (→ Rn. 16, 42),
- Etablierung eines geeigneten CMS im Zielunternehmen im unmittelbaren Anschluss an den Vollzug der Transaktion (→ Rn. 14 f.).

Erste Maßnahmen
- Festlegung klarer Zuständigkeiten für die Durchführung der Compliance Due Diligence → (Rn. 12, 38),
- erste Einschätzung des Risikoprofils des Zielunternehmens (→ Rn. 19 ff.).

Umsetzungsschritte und Delegation
- Definition des Umfangs der Compliance Due Diligence je nach Risikopotenzial des Zielunternehmens (→ Rn. 17 ff.),
- Analyse von materiellen Compliance-Risiken und der Angemessenheit des bestehenden CMS des Zielunternehmens (→ Rn. 10 ff.).

Wirksamkeit
- Dokumentation der Ergebnisse der Compliance Due Diligence (→ Rn. 35).

Ergebnis, Vorteile und Nutzen
- Absicherung gegen Haftungs- und Verlustrisiken aus Compliance-Verstößen des Zielunternehmens (→ Rn. 7 ff.),
- Abschätzbarkeit des Investitionsbedarfs zur Einrichtung eines angemessenen CMS im Zielunternehmen (→ Rn. 15),
- Verhandlung eines angemessenen Kaufpreises und weiterer vertraglicher Absicherungen im Hinblick auf materielle Compliance-Risiken (→ Rn. 16, 42).

A. Einleitung

1   Die Erkenntnis, dass Compliance bei M&A-Transaktionen eine eigenständige, durchaus hervorgehobene Bedeutung zukommt, setzt sich in Wissenschaft und Praxis erst langsam durch. Nimmt man die Geschäftsleiterpflichten bei M&A-Transaktionen einerseits und die Compliance-bezogenen Risiken, die für die Käufergesellschaft im Zusammenhang mit M&A-Transaktionen erwachsen, andererseits in den Blick, zeigt sich, dass hier **besondere Haftungsrisiken für die Geschäftsleiter** bestehen.

2   Für Geschäftsleiter ergeben sich bei der Vorbereitung und Durchführung einer M&A-Transaktion in verschiedener Hinsicht Compliance-bezogene Pflichten: Sie müssen eine Compliance Due Diligence durchführen (→ Rn. 3 ff.), sicherstellen, dass die rechtlichen Anforderungen, die den Transaktionsprozess selbst betreffen, eingehalten werden (→ Rn. 37 ff.), etwaige, im Rahmen der Compliance Due Diligence identifizierte Compliance-Risiken angemessen würdigen (→ Rn. 40 ff.) und nach Vollzug der Transaktion dafür Sorge tragen, dass das Zielunternehmen in die Compliance-Organisation der Käufergruppe integriert wird (→ Rn. 43 f.).

B. Pflicht zur Durchführung einer Compliance Due Diligence

Da M&A-Transaktionen für die Käufergesellschaft erhebliche Compliance-bezogene Haftungs- und Reputationsrisiken begründen (→ Rn. 7 ff.), ist die Geschäftsleitung in Wahrnehmung ihrer Pflicht zur sorgfältigen Vorbereitung eines Unternehmenserwerbs (→ Rn. 4 ff.) gehalten, die Due Diligence auch auf die materiellen Compliance-Risiken (→ Rn. 10 ff.) und das CMS des Zielunternehmens (→ Rn. 14 f.) zu erstrecken.[1]

I. Pflicht zur sorgfältigen Vorbereitung eines Unternehmenserwerbs

Die Entscheidung über einen Unternehmenserwerb unterliegt aus Sicht der Geschäftsleitung als unternehmerische Entscheidung den Grundsätzen der Business Judgement Rule, d.h., die Geschäftsleitung muss mit Blick auf den Erwerb des Zielunternehmens vernünftigerweise annehmen dürfen, auf der Grundlage angemessener Information zum Wohle der Käufergesellschaft zu handeln (vgl. § 93 Abs. 1 Satz 2 AktG).

In der Praxis wird zur Schaffung einer angemessenen Informationsgrundlage für den Unternehmenserwerb in aller Regel eine Due Diligence durchgeführt, in welcher unter anderem die wirtschaftlichen, finanziellen, operativen, technischen, steuerlichen und rechtlichen Verhältnisse des Zielunternehmens durchleuchtet werden. Der Zweck der Due Diligence besteht darin, „eine hinreichend abgesicherte Grundlage für die zu treffende unternehmerische Entscheidung zu haben und die vorhandenen Risiken in einem gewissen, mit zumutbarem Aufwand erreichbaren Umfang zu begrenzen".[2]

Bei einem Unternehmenserwerb mit erheblicher wirtschaftlicher Tragweite und Auswirkung auf die Unternehmensstrategie wird man heute grundsätzlich von einer **Pflicht der Geschäftsleitung der Käufergesellschaft** ausgehen müssen, eine **Due Diligence durchzuführen**.[3] Die Bestimmung des Umfangs der Informationsbeschaffung ist wiederum eine unternehmerische Entscheidung der Geschäftsleitung.[4] Die Anforderungen variieren insoweit je nach Größe und Bedeutung der Transaktion.[5]

II. Risiko des „Erbens" von Compliance-Risiken des Zielunternehmens

Stellt sich nach dem Vollzug der Transaktion heraus, dass das Zielunternehmen gegen geltendes Recht verstoßen hat, kann dies gravierende Folgen haben. So ist insbesondere möglich, dass gegen das Zielunternehmen Buß-

---

1 Vgl. stellvertretend *Frank*, Compliance-Risiken bei M&A-Transaktionen, S. 90 f.
2 OLG Oldenburg, Urt. v. 22.06.2006 – 1 U 34/03, DB 2006, S. 2511 = NZG 2007, S. 434 (436 f.).
3 MünchKommAktG/*Spindler*, § 93 Rn. 102.
4 MünchKommAktG/*Spindler*, § 93 Rn. 102 ff.
5 Umnuß/*Fietz*, Kap. 9 Rn. 2.

gelder und/oder Geldstrafen festgesetzt sowie entstandene Gewinne für verfallen erklärt bzw. eingezogen werden. Daneben besteht das Risiko, dass Vertragspartner zivilrechtliche Schadensersatzklagen gegen das Zielunternehmen erheben. Außerdem drohen der Ausschluss von öffentlichen Vergabeverfahren (*blacklisting*) und Steuernachzahlungen. Bei ins Gewicht fallenden Compliance-Verstößen kann auch die Reputation des Zielunternehmens nachhaltig Schaden erleiden. Ein nicht zu unterschätzendes Risiko besteht des Weiteren darin, dass die Behörden ihre Untersuchungen oftmals auch gegen einzelne Geschäftsleiter bzw. wesentliche Mitarbeiter des Zielunternehmens richten; das operative Geschäft des Zielunternehmens kann hierdurch spürbar beeinträchtigt werden. Schließlich ist denkbar, dass die Einstellung rechtswidriger Praktiken des Zielunternehmens bei diesem zu Umsatzeinbußen führt und sich umgekehrt die Aufwendungen in Zukunft durch die Einführung eines rechtstreuen Verhaltens erhöhen. All dies zeigt: Etwaige **Compliance-Verstöße des Zielunternehmens können zu** einer (ins Gewicht fallenden) **Minderung des Werts des Zielunternehmens** führen.

8   Die negativen Auswirkungen etwaiger Compliance-Verstöße des Zielunternehmens müssen nicht auf das Zielunternehmen beschränkt sein, sondern können durchaus auch die **Sphäre der Käufergesellschaft und ihrer verbundenen Unternehmen** erreichen. So ist nicht auszuschließen, dass die Käufergesellschaft und ihre verbundenen Unternehmen nach dem Vollzug der Transaktion – im Sinne einer Konzernhaftung – unmittelbar durch Behörden und/oder Vertragspartner des Zielunternehmens in Anspruch genommen werden. Dieses Risiko ist besonders hoch, wenn etwaige Compliance-Verstöße des Zielunternehmens nach dem Vollzug der Transaktion (mangels eines wirksamen CMS) fortgesetzt werden. Die Aufarbeitung etwaiger Compliance-Verstöße des Zielunternehmens kann ferner erhebliche (personelle und finanzielle) Ressourcen der Käufergesellschaft in Anspruch nehmen, die dann an anderer Stelle fehlen. Schließlich besteht das Risiko, dass es zu einem Transfer der (infolge des Compliance-Verstoßes) negativen Reputation von der Zielgesellschaft auf die Käufergesellschaft und ihre verbundenen Unternehmen kommt. Dies gilt in besonderem Maße, wenn etwaige Compliance-Verstöße des Zielunternehmens erst nach dessen vollständiger Integration in die Käufergruppe (ggf. nach erfolgter Umfirmierung und *rebranding*) aufgedeckt werden.

III. Gegenstand der Compliance Due Diligence

9   Um zu verhindern, unbekannte Compliance-Risiken des Zielunternehmens gewissermaßen zu „erben" und ggf. sogar die eigene Unternehmensgruppe damit zu „infizieren", muss sich die Geschäftsleitung der Käufergesellschaft vergewissern, dass beim Zielunternehmen sämtliche straf- und bußgeld-

bewehrten Gesetze und unternehmensinternen Richtlinien eingehalten werden (Due Diligence hinsichtlich der materiellen Compliance-Risiken → Rn. 10 ff.) und das Zielunternehmen über adäquate Regelwerke und organisatorische Vorkehrungen verfügt, um systematisches Fehlverhalten im Unternehmen verhindern bzw. entsprechende Warnzeichen rechtzeitig erkennen und die erforderlichen Gegenmaßnahmen einleiten zu können (Due Diligence hinsichtlich des CMS → Rn. 14 ff.).

1. Materielle Compliance-Risiken

Im Rahmen der Compliance Due Diligence ist zu untersuchen, ob beim Zielunternehmen **sämtliche straf- und bußgeldbewehrten Gesetze und unternehmensinternen Richtlinien** eingehalten werden. Die Analyse der materiellen Compliance-Risiken, die mit der Geschäftstätigkeit des Zielunternehmens einhergehen, ist durchaus vergleichbar mit der Risikoanalyse des eigenen Unternehmens (→ Rn. 13). 10

Soweit im Rahmen der Due Diligence in der Vergangenheit liegende Compliance-Verstöße offengelegt werden, bildet dies häufig einen guten ersten Ansatzpunkt für die Erfassung der materiellen Compliance-Risiken des Zielunternehmens. Die Compliance Due Diligence sollte sich hierauf indes nicht beschränken, da durchaus denkbar ist, dass beim Zielunternehmen auch Compliance-Risiken bestehen, die dem Verkäufer selbst (noch) nicht bekannt sind und die deshalb auch nicht als solche im Datenraum oder bei den *expert sessions* identifiziert und offengelegt werden. Gerade die **Aufdeckung** solcher **verdeckten materiellen Compliance-Risiken** ist das vordringliche Ziel der Compliance Due Diligence. 11

Praxistipp

Compliance-Verstöße können sich in sämtlichen Unternehmensbereichen ereignen. Deshalb ist von zentraler Bedeutung, für eine enge Verzahnung der verschiedenen, in die Due Diligence involvierten Spezialisten im Hinblick auf Compliance-relevante Themen Sorge zu tragen. Neben einer allgemeinen Sensibilisierung für das Thema zu Beginn des Transaktionsprozesses erfordert dies insbesondere einen regelmäßigen und systematischen Austausch der verschiedenen Spezialisten zu den Compliance-relevanten Themen im weiteren Verlauf des Transaktionsprozesses. Jedenfalls vor dem Erreichen wesentlicher Meilensteine (Abschluss der ersten Phase der Due Diligence; Abgabe des bindenden Angebots; Unterzeichnung des Unternehmenskaufvertrags; Vollzug der Transaktion) sollten Besprechungen bzw. Telefonkonferenzen mit den relevanten Spezialisten stattfinden, in denen ein Austausch zu Compliance-Themen ermöglicht wird. In der Praxis bietet sich ferner an, ein eigenes Prüfungsteam 12 für die Compliance Due Diligence zu bilden,[6] das dann unter anderem auch die Koordination der Spezialisten im Hinblick auf Compliance-relevante Themen übernimmt.

2. Compliance-Management-System

13 Die Geschäftsleitung genügt ihrer Organisationspflicht bei entsprechender Gefährdungslage nur dann, wenn sie eine **Compliance-Organisation** einrichtet, die **auf Schadensprävention und Risikokontrolle** ausgerichtet ist.[7] Entscheidend für den Umfang im Einzelnen sind dabei Art, Größe und Organisation des Unternehmens, die zu beachtenden Vorschriften, die geografische Präsenz als auch die Verdachtsfälle aus der Vergangenheit.[8] Die Verantwortung für die Compliance ist dabei konzernweit zu verstehen, d.h., die Geschäftsleitung der Konzernobergesellschaft muss sowohl bei der Risikoanalyse als auch hinsichtlich des CMS den Gesamtkonzern in den Blick nehmen, um effektiv systematischem Fehlverhalten bei Geschäften des Unternehmens vorzubeugen.[9]

14 Unmittelbar nach dem Vollzug der Transaktion trifft die Geschäftsleitung der Käufergesellschaft mithin die Pflicht, für ein effektives CMS beim Zielunternehmen Sorge zu tragen. Das Vorhandensein und die Effektivität des CMS des Zielunternehmens ist zweckmäßigerweise daher bereits im Rahmen der Compliance Due Diligence im Detail zu untersuchen.

15 **Praxistipp**
Bei der Analyse des bestehenden CMS des Zielunternehmens sollte sich die Käufergesellschaft von folgenden Fragen leiten lassen:
- Hat das Zielunternehmen ein CMS etabliert und ist dieses ordnungsgemäß dokumentiert?
- Wird das CMS des Zielunternehmens auch tatsächlich gelebt? Um dies zu ermitteln, bietet sich eine Befragung von Mitarbeitern im Rahmen der Compliance Due Diligence sowie die stichprobenartige Kontrolle der Behandlung von bisher eingegangenen Compliance-Beschwerden im Zielunternehmen an.[10]
- Falls beim Zielunternehmen noch kein CMS besteht, wie hoch werden voraussichtlich die Kosten sein, um ein solches System nach dem Vollzug der Transaktion neu zu entwickeln und zu implementieren? Wie hoch wird voraussichtlich der Aufwand für die Integration eines bereits bestehenden Systems in das System der Käufergesellschaft ausfallen? Bei den Kosten

---

6   Berens/Brauner/Strauch/Knauer/*Höttges/Hagemeister*, S. 535.
7   LG München, Urt. v. 10.12.2013 – 5 HKO 1387/10 – *Siemens/Neubürger* = DB 2014, S. 766.
8   LG München, Urt. v. 10.12.2013 – 5 HKO 1387/10 – *Siemens/Neubürger* (Fn. 7).
9   *Moosmeyer*, Rn. 16.
10 *Moosmeyer*, Rn. 265.

sind unter anderem Schulungen von Mitarbeitern und die Anpassung der Dokumentation und die Einführung oder Umstrukturierung des vorhandenen Systems zu berücksichtigen.[11]

Soweit die Analyse des CMS des Zielunternehmens ergibt, dass insoweit Handlungsbedarf besteht, sollte dies bei der Verhandlung des Kaufpreises berücksichtigt und frühzeitig für die nach dem Vollzug der Transaktion ansetzende Integrationsplanung (Post-Merger-Integration) vorgemerkt werden (→ Rn. 43). 16

IV. Adäquater Umfang einer Compliance Due Diligence

Der Umfang einer Compliance Due Diligence kann je nach Zielgesellschaft stark variieren. Für ein etabliertes deutsches Unternehmen, das bereits regulatorischen Anforderungen unterliegt, müssen andere Maßstäbe gelten als für ein Unternehmen aus einem Land mit hohem Korruptionsrisiko und unübersichtlicher Unternehmensstruktur. Die Kosten und der zeitliche Aufwand einer Compliance Due Diligence müssen in einem angemessenen Verhältnis zur Wahrscheinlichkeit eines Compliance-Verstoßes und der Größe des Schadensrisikos stehen.[12] 17

Für eine effiziente Vorgehensweise ist es somit vorteilhaft, die Due Diligence in zwei Schritten[13] durchzuführen: Zunächst werden potenzielle materielle Compliance-Risiken ermittelt und ein Risikoprofil des Zielunternehmens erstellt. Dann erfolgt je nach Risikoprofil des Zielunternehmens eine risikoorientierte Compliance Due Diligence. Diese **abgestufte Vorgehensweise** führt sowohl auf der Zeit- als auch auf der Kostenebene zu Einsparungen. 18

1. Analyse des Risikoprofils der Zielgesellschaft

Bei der Analyse des Risikoprofils der Zielgesellschaft können unternehmensbezogene, geschäftsmodellbezogene sowie geografische bzw. sektorspezifische Risiken unterschieden werden.[14] 19

Praxistipp 20

Für eine erste Einschätzung der materiellen Compliance-Risiken des Zielunternehmens kann auf allgemein verfügbare Quellen zurückgegriffen werden. Dazu gehört eine gründliche Recherche im Internet und in den Medien, auf der Homepage des Zielunternehmens sowie in öffentlichen Registern (in Deutschland z.B. im Bundesanzeiger und Handelsregister).

---

11 *v. Busekist/Timmerbeil*, CCZ 2013, S. 225 (226).
12 Grundlegend *Ullrich/von Hesberg*, CB 2015, S. 233 (237).
13 *Ullrich/von Hesberg*, CB 2015, S. 233 ff.
14 *Ullrich/von Hesberg*, CB 2015, S. 233 (234 ff.).

a) Unternehmensbezogene Risiken

21 Bei den unternehmensbezogenen Risiken sind die für die Zielgesellschaft geltende **Rechtsordnung** sowie die **gesellschaftsrechtliche Struktur** zu ermitteln. Des Weiteren sind **laufende interne und externe Untersuchungen** aufzudecken. Auch **in der Vergangenheit aufgetretene Vorfälle**, insbesondere schon erfasste Compliance-Verstöße und Revisionsberichte, sind zu untersuchen und auf ihre Bedeutung für den aktuellen Compliance-Zustand des Zielunternehmens und zukünftige Haftungsrisiken zu analysieren. Neben der Art und Schwere des Verstoßes ist von besonderer Bedeutung, ob es sich um einen Einzelfall oder um systematische Vergehen handelt.

22 Das Vorhandensein eines CMS wirkt sich positiv auf die Risikobeurteilung aus. Wichtig ist aber auch, wie diese im Unternehmen „gelebt" wird, insbesondere, ob die Unternehmensspitze die Beachtung der Compliance-Kultur fordert und fördert. Sollte kein CMS bestehen, stellt dies ein Indiz für ein größeres Compliance-Risiko dar.

b) Geschäftsmodellbezogene Risiken

23 Manche Geschäftsmodelle haben eine höhere Anfälligkeit für Compliance-Verstöße als andere. Risikobehaftet sind vor allem Verträge mit der **öffentlichen Hand** und **Staatsunternehmen** sowie Kontakte zu **Regierungen**. Besonderes Augenmerk sollte außerdem darauf gelegt werden, ob Staatsbedienstete als Anteilseigner, Geschäftsführer oder Berater in der Zielgesellschaft tätig sind und/oder das Geschäftsmodell durch eine Abhängigkeit von öffentlichen Aufträgen und Genehmigungen charakterisiert ist.

24 Ein weiterer Faktor ist die **Vertriebsstruktur**. Bei einem indirekten Vertrieb unter Einsatz von Vertriebsmittlern besteht eine höhere Anfälligkeit für Korruption und demnach ein größeres Compliance-Risiko als beim direkten Vertrieb. Hier gilt es, möglichst umfassend herauszuarbeiten, unter welchen Voraussetzungen etwaige Vertriebsmittler von der Zielgesellschaft ausgewählt und überwacht werden.

25 Auch die **Kundenstruktur** ist zu beachten. Hat das Zielunternehmen nur wenige größere Abnehmer, findet sich typischerweise eine höhere Korruptionsbereitschaft als bei einer Kundenstruktur, die sich durch eine Vielzahl von Abnehmern und vergleichsweise geringe Umsatzanteile der einzelnen Abnehmer auszeichnet.

c) Geografische und sektorspezifische Risiken

26 Für das Risikoprofil des Zielunternehmens ist ferner bedeutsam, in welchen Geografien und in welchen Sektoren es aktiv ist.

Ein hohes Risikoprofil kann für **Jurisdiktionen** angenommen werden, die   27
ausweislich des OECD Foreign Bribery Reports oder des Transparency International Corruption Perceptions Index als **besonders korruptionsanfällig** gelten. Dasselbe gilt, wenn das Zielunternehmen in den Anwendungsbereich des US-amerikanischen Foreign Corrupt Practices Act (**FCPA**) und/ oder des **UK Bribery Act 2010** fällt.

Des Weiteren ist aufgrund des unterschiedlich hohen Korruptionsrisikos   28
zu klären, in welchen Sektoren – etwa im **Gesundheitswesen** oder in der **Verteidigungsindustrie** – besondere Geschäftsbeziehungen bestehen und welche Funktion die Zielgesellschaft im jeweiligen Markt erfüllt.

Risikobehaftet sind auch **enge Märkte** mit nur wenigen Wettbewerbern, da   29
dies die Wahrscheinlichkeit für kartellrechtliche Verstöße erhöht.

2. Priorisierung in Abhängigkeit von dem Risikoprofil der Zielgesellschaft

Nachdem im ersten Schritt ein Risikoprofil des Zielunternehmens erstellt   30
worden ist, kann im zweiten Schritt eine detaillierte Untersuchung der als besonders risikoreich eingestuften Bereiche erfolgen. Eine vollständige Analyse aller Bereiche kann, wie schon aufgezeigt, oft zu kosten- und zeitintensiv sein.

> **Praxistipp**   31
> Ein besonders effektiver Weg der Annäherung an Compliance-Themen ist erfahrungsgemäß, Interviews mit der Geschäftsführung und weiteren leitenden Angestellten sowie (falls vorhanden) mit dem Compliance Officer zu führen. Dabei sollte auf einen respektvollen, aber offenen Umgang geachtet werden.

Bei einem **geringen Risikoprofil** handelt die Geschäftsleitung in der Regel   32
ermessensgerecht und pflichtgemäß, wenn nur eine begrenzte Compliance Due Diligence hinsichtlich der wichtigsten Schwerpunkte durchgeführt wird. Diese begrenzte Compliance Due Diligence sollte folgende Aspekte umfassen:[15]

- **CMS:** Es ist festzustellen, ob in der Zielgesellschaft bereits ein CMS eingerichtet ist. Sollte dies der Fall sein, kommt es darauf an, was es schon für Richtlinien gibt, ob regelmäßig Schulungen durchgeführt werden und wie gut die Compliance im Unternehmen organisiert und etabliert ist. Zudem sollten vorhandene Revisions- und Betriebsprüfungsberichte sowie Erkenntnisse aus einer ggf. existenten Whistleblowing Hotline miteinbezogen werden.

---

15 *Ullrich/von Hesberg*, CB 2015, S. 233 (236).

- **Zurückliegende Verstöße:** Ob schon in der Vergangenheit Compliance-Verstöße begangen wurden, kann teilweise durch eine Recherche in öffentlich zugänglichen Quellen festgestellt werden. Zudem sollten möglicherweise laufende juristische Auseinandersetzungen oder behördliche Verfahren recherchiert werden.
- Verträge der Gesellschaft mit **Beratern, Agenten** und anderen **Intermediären** sollten offengelegt und bei Bedarf auf ihre rechtliche Wirksamkeit überprüft werden. Gerade bei internationalen Geschäftsbeziehungen oder Projekten mit großem Umfang kann der Einsatz von Vertretern, Vermittlern oder anderen Intermediären anfällig für Korruption sein.
- Vertragspartner der Gesellschaft sollten ebenfalls auf ihr Risikopotenzial überprüft werden. Die Zielgesellschaft sollte grundsätzlich vor der Aufnahme von Geschäftsbeziehungen alle ihre Vertragspartner selbst untersucht haben (sog. *Third Party Due Diligence*). Sollte dies nicht der Fall sein, ist Augenmerk darauf zu richten, das nur „saubere" Geschäftsbeziehungen vorliegen.
- Die **Compliance-Kultur** des Zielunternehmens ist ein wichtiges Indiz. Management-Interviews können zum einen eine Einschätzung dafür geben, wie die Compliance im Unternehmen organisiert ist. Zum anderen sind sie auch ein gutes Indiz dafür, wie engagiert die Geschäftsführung selbst ist und ob sie die Compliance-Kultur selbst vorlebt. Das Gleiche gilt auch für Interviews mit dem Compliance Officer des Unternehmens.

33 Bei einem **mittleren Risikoprofil** sollte die Compliance Due Diligence ausführlicher ausfallen und insbesondere folgende Prüfungspunkte umfassen:[16]
- Wenn **einzelne Sachverhalte** im ersten Schritt der Anlass für die intensivere Due-Diligence-Prüfung waren, sollten diese so genau wie möglich aufgeklärt werden. Dazu müssen ggf. auch externe Berater beauftragt werden.
- Die **Buchhaltung/Finanzdaten** sollten eingesehen werden. Insbesondere ist darauf zu achten, dass Zahlungsströme ordnungsgemäß dokumentiert werden.
- Der Fokus sollte außerdem auf die **Regelung des Zahlungsverkehrs** im Unternehmen gelegt werden: Etwaige Unregelmäßigkeiten bei Zahlungsfreigaben können ein wichtiges Indiz für mögliche Compliance-Verstöße sein. Idealerweise besteht eine Aufgabentrennung im Sinne eines Vieraugenprinzips für größere Zahlungen.
- Die **Befragung von Mitarbeitern** muss unter Umständen ausgeweitet werden. Alle Mitarbeiter, die wichtige Aufgaben erfüllen, besondere

---

16 *Ullrich/von Hesberg*, CB 2015, S. 233 (237).

Vertrauenspositionen oder sonstiges Sonderwissen haben (z.B. solche mit Kundenkontakt), sollten entweder persönlich interviewt werden oder zumindest einen Fragebogen ausfüllen.

Bei einem **hohen Risikoprofil**, insbesondere bei konkreten Funden von Compliance-Verstößen, ist eine eingehende Due Diligence erforderlich:[17]   34

- Die **Analyse der Buchhaltung** sollte ausgeweitet und so detailliert wie möglich vorgenommen werden. Bilanzen, Cashflows, Gewinn- und Verlustrechnung, Planungsrechnungen, EDV-Systeme, Produktion, Einkauf, Forschung und Entwicklung müssen in die Analyse einbezogen werden.[18] Zahlungen an Intermediäre (Berater, Vertreter etc.) müssen nachvollziehbar sein.
- Auch **Geschäftspartner** sollten intensiv überprüft werden. Lieferanten und Kunden sollten selbst eine angemessene Compliance-Kultur aufweisen, alle Geschäftsbeziehungen sollten zudem auf Anfälligkeiten für Korruption und kartellrechtliche Verstöße überprüft werden.
- Weitere Sachverhalte, die ein besonders **hohes Risikopotenzial** aufweisen, sollten vertieft aufgeklärt werden. Hilfreich kann eine gründliche Recherche im Internet sein. Zudem sollten ggf. externe Berater hinzugezogen werden.

3. Bewertung des Risikoprofils des Zielunternehmens

Es ist empfehlenswert, die Ergebnisse der Compliance Due Diligence ausführlich zu dokumentieren (**Compliance Due Diligence Report**[19]) und sie unternehmensintern vor der Entscheidung über die weitere Vorgehensweise bewerten zu lassen.[20]   35

Praxistipp   36
Bei der Bewertung des Risikoprofils des Zielunternehmens sollte die Geschäftsleitung dem Transaktionsteam folgende Kontrollfragen stellen:
- Baut das Geschäftsmodell auf unlauterem Verhalten auf, was zu einem Umsatzeinbruch bei Änderung der Geschäftspraxis führen könnte?
- Drohen Bußgelder/Gewinnabschöpfung? In welchen Jurisdiktionen (wo werden Compliance-Verstöße durchgesetzt)?
- Drohen Steuernach- und/oder -strafzahlungen?
- Droht eine Vergabesperre?
- Drohen Schadensersatzklagen von Kunden und/oder Wettbewerbern?
- Droht die Einsetzung eines Monitors?
- Wie hoch sind die zu erwartenden Reputationsschäden?

---

17 *Ullrich/von Hesberg*, CB 2015, S. 233 (237).
18 *Frank*, Compliance Risiken bei M&A-Transaktionen, S. 109; *Ullrich/von Hesberg*, CB 2015, S. 233 (237).
19 *Hanke/Socher*, NJW 2010, S. 829 (830).
20 *Moosmeyer*, Rn. 267.

- Sind Schlüsselmitarbeiter betroffen?
- Wie hoch sind die Kosten für die Implementierung eines (funktionierenden) Compliance-Systems bzw. für weitere Aufklärungsmaßnahmen?

C. Pflicht zur Einhaltung der rechtlichen Anforderungen im Transaktionsprozess

37 Die Geschäftsleitung trifft während der gesamten Transaktion eine Aufsichts- und Schadensabwendungspflicht.[21]

38 **Praxistipp**

Empfehlenswert ist die Bildung eines Teams aus Verantwortlichen im Unternehmen und ggf. externen Beratern, welches die gesamte Transaktion begleitet und speziell als Ansprechpartner für alle Compliance-relevanten Themen zuständig ist.[22]

39 Es gibt eine Reihe von rechtlichen Anforderungen, die den Transaktionsprozess selbst betreffen und deren Einhaltung die Geschäftsleitung durch eine entsprechende Strukturierung und Organisation des Transaktionsprozesses sicherstellen muss. Zu nennen sind in diesem Kontext etwa **Verschwiegenheitspflichten**, welchen die Käufergesellschaft und/oder das Zielunternehmen unterliegen, bei börsennotierten Gesellschaften die gesetzlichen Vorschriften zu **Insidergeschäften** und zur **Ad-hoc-Publizität** (§§ 12 ff. WpHG), die kartellrechtlichen **Grenzen des Informationsaustauschs** und das **Vollzugsverbot**, d.h., das Verbot, die Transaktion (auch nur teilweise) zu vollziehen, bevor die ggf. erforderliche Freigabe im Fusionskontrollverfahren erteilt wurde sowie die Schranken, die vor allem das **Arbeits- und das Datenschutzrecht** der Offenlegung von personenbezogenen Informationen seitens des Zielunternehmens an die Käufergesellschaft ziehen.

D. Pflicht zur angemessenen Würdigung identifizierter Compliance-Risiken

40 Die Geschäftsleitung ist verpflichtet, etwaige im Rahmen der Compliance Due Diligence identifizierte Risiken angemessen zu würdigen.

41 Wurde ein besonders hohes Compliance-Risiko für das Zielunternehmen ermittelt, kann die Geschäftsleitung unter Umständen verpflichtet sein, die

---

21 KK-AktG/*Mertens/Cahn*, § 93 Rn. 80.
22 Mit Darstellung der Zusammenstellung eines möglichen Teams: Berens/Brauner/Strauch/Knauer/*Berens/ Hoffjan/Strauch*, S. 115 ff.; Umnuß/*Fietz*, Kap. 9 Rn. 8 f.

Verhandlungen zu beenden und von einem Erwerb des Zielunternehmens Abstand zu nehmen (**Compliance-Risiko als *deal breaker***).[23]

Weniger gravierenden Compliance-Risiken kann die Geschäftsleitung demgegenüber Rechnung tragen, indem a) der **Kaufpreis** über einen entsprechenden „Risikoabschlag" reduziert, b) die **Transaktionsstruktur** angepasst (z.B. *asset deal* statt *share deal*; Herauslösung besonders risikoträchtiger Bereiche aus dem Zielunternehmen vor dem Vollzug der Transaktion)[24] und/oder c) das entsprechende Compliance-Risiko im Unternehmenskaufvertrag über **Garantien und Freistellungen** (sowie möglicherweise einen Kaufpreis-Einbehalt) haftungsrechtlich abgesichert wird.

E. Pflicht zur Integration des Zielunternehmens in die Compliance-Organisation der Käufergruppe

Nach dem Vollzug der Transaktion ist die Geschäftsleitung verpflichtet, das Zielunternehmen ordnungsgemäß in die Käufergruppe zu integrieren.[25] Wie bereits hervorgehoben wurde, ist dies im Hinblick auf das CMS von besonderer Bedeutung (**Compliance-bezogene Post-Merger-Integration**). Anderenfalls besteht das Risiko, dass die Käufergesellschaft und ihre verbundenen Unternehmen nach dem Vollzug der Transaktion – im Sinne einer Konzernhaftung – unmittelbar durch die Behörden und/oder Vertragspartner des Zielunternehmens in Anspruch genommen werden (→ Rn. 8).

> **Praxistipp**
>
> Das Thema Compliance sollte integraler Bestandteil des Integrationsprozesses sein. Die im Rahmen der Compliance Due Diligence begonnene Compliance-bezogene Risikoanalyse sollte vertieft und speziell für das Thema Compliance ein Integrationsplan vorbereitet werden. Die Geschäftsleitung sollte die Umsetzung des Integrationsplans in regelmäßigen Abständen überwachen.

---

23 *Hanke/Socher*, NJW 2010, S. 829 (830).
24 *Timmerbeil/Mansdörfer*, BB 2011, S. 323.
25 Oppenländer/Trölitzsch/*Grunßer*, § 36 Rn. 19.

Literatur

Hanke/Socher, Fachbegriffe aus M&A und Corporate Finance – Der Unternehmenskauf in der Due Diligence Phase, NJW 2010, S. 829 ff.

Timmerbeil/Mansdörfer, Die Behandlung kartellrechtlicher Bußgeldrisiken im Rahmen von M&A-Transaktionen, BB 2011, S. 323 ff.

Ullrich/von Hesberg, Step-by-step: Compliance-Due Diligence, CB 2015, S. 233 ff.

v. Busekist/Timmerbeil, Die Compliance Due Diligence in M&A-Prozessen, CCZ 2013, S. 225 ff.

Härting

§ 18 Datenschutz

Übersicht

Executive Summary

Leitungs- und Entscheidungspflichten

- Umfassendes Datenschutzaudit zur Vermeidung von Bußgeldern, aufsichtsbehördlichen Maßnahmen und Reputationsschäden (→ Rn. 6),
- Umstellung der Datenverarbeitungsprozesse im Hinblick auf das 2018 in Kraft tretende neue europäische Datenschutzrecht (→ Rn. 13).

Erste Maßnahmen

- Bestandsaufnahme über alle datenschutzrechtlich relevanten Verarbeitungsvorgänge (→ Rn. 23),
- Bestandsaufnahme über alle Dienstleister, die mit der Verarbeitung personenbezogener Daten beauftragt sind – einschließlich Cloud-Diensten (→ Rn. 51),
- Sicherstellung, dass ein betrieblicher Datenschutzbeauftragter ordnungsgemäß bestellt ist (→ Rn. 56).

Umsetzungsschritte und Delegation

- Einholung von Einwilligungserklärungen und Formulierung der gesetzlich vorgeschriebenen Belehrungen (→ Rn. 14),

- Umstellung von Prozessen auf „berechtigte Interessen" nach dem neuen europäischen Recht einschließlich hinreichender Dokumentation (→ Rn. 24),
- Abschluss von Verträgen über die Auftragsdatenverarbeitung einschließlich Dokumentation der sorgfältigen Auswahl der Dienstleister (→ Rn. 50),
- Implementierung von Richtlinien für Meldeprozesse und zur Erfüllung von Ansprüchen der Betroffenen (→ Rn. 64).

Ergebnis, Vorteile und Nutzen
- Absicherung des Unternehmens gegen wirtschaftliche Schäden – Haftung, Bußgelder, Verfahrenskosten (→ Rn. 69),
- Absicherung des Unternehmens gegen Reputationsschäden und gegen eine Skandalisierung von Datenschutzpannen (→ Rn. 1).

A. Datenschutzrecht im Überblick

1   2008 war das Jahr der „Datenschutzskandale". Seitdem gehört der Datenschutz zu den unverzichtbaren Compliance-Themen. Dies zum einen wegen der unangenehmen Folgen eines möglichen Konflikts mit den Datenschutzbehörden, zum anderen aber auch wegen der verheerenden medialen Auswirkungen von „Datenpannen" und „Datenlecks".

2   Um den datenschutzrechtlichen Compliance-Anforderungen zu genügen, bedarf es der Kenntnis wesentlicher Grundsätze des Datenschutzes und der technisch-organisatorischen Anforderungen, die sich aus dem Datenschutzrecht ergeben. Die Bestellung eines betrieblichen Datenschutzbeauftragten ist essenziell, um Sanktionen zu vermeiden. Dies gilt umso mehr, als 2018 mit dem Inkrafttreten der **europäischen Datenschutz-Grundverordnung (EU-DSGVO)** zu rechnen ist, die den Rahmen der behördlichen Sanktionen erheblich erweitern wird. Ab 2018 drohen bei Datenschutzverstößen Strafen in Millionenhöhe.

3   Bis zum Inkrafttreten der EU-DSGVO ergeben sich die Anforderungen an den betrieblichen Datenschutz maßgeblich aus dem Bundesdatenschutzgesetz (BDSG). Nach dem BDSG gilt für alle **personenbezogenen Daten** das Verbotsprinzip. Ob Kundendaten, Mitarbeiterdaten oder Daten von Drittbetroffenen: Jede Form der Verarbeitung dieser Daten bedarf entweder einer Einwilligung der Betroffenen (→ Rn. 14) oder einer gesetzlichen Grundlage (→ Rn. 21), die die Datenverarbeitung legitimiert. Von zentraler Bedeutung sind Auskunfts-, Widerspruchs-, Löschungs- und andere Betroffenenrechte, die durch die EU-DSGVO in Zukunft noch erheblich an Bedeutung gewinnen werden. Besonderheiten gelten beim Outsourcing, insbesondere bei der Verarbeitung von Daten in der Cloud.

Für eine datenschutzkonforme Unternehmensorganisation sind die tech- 4
nisch-organisatorischen Anforderungen von zentraler Bedeutung, die sich
aus dem BDSG ergeben. Die pflichtgemäße Bestellung eines betrieblichen
Datenschutzbeauftragten sollte zudem selbstverständlich sein.

I. Verbotsprinzip

Das Datenschutzrecht fußt auf dem Verbotsprinzip (§ 4 Abs. 1 BDSG): Die 5
Datenverarbeitung ist **nicht grundsätzlich erlaubt, sondern verboten.**[1]
Dies gilt allerdings nur für Daten mit Personenbezug (§ 3 Abs. 1 BDSG). Fehlt
es an einem Personenbezug, ist das Datenschutzrecht insgesamt nicht
anwendbar.

> **Praxisbeispiel (Datenschutzaudit)** 6
> Für eine gemeinnützige Organisation (NGO) mit 200 Mitarbeitern in ganz
> Deutschland wird ein Datenschutzaudit erstellt. Dieses Audit beginnt mit
> einer Bestandsaufnahme, die sämtliche personenbezogenen Daten umfasst,
> die in der Organisation vorhanden sind und dem Datenschutzrecht unter-
> liegen. In dem Audit werden diese Daten in Kategorien unterteilt (Mitarbeiter,
> Unterstützer, Presse, Dritte, Newsletter, Webseiten-Aufrufe etc.) und jeweils
> einer Prüfung unterzogen, ob und inwieweit für diese Daten Einwilligungen
> der Betroffenen vorliegen. Fehlt es an Einwilligungen, wird geprüft, ob
> gesetzliche Erlaubnistatbestände in Betracht kommen, die eine Vorhaltung
> und Verarbeitung der jeweiligen Daten legitimieren.

Die Datenschutzbehörden neigen zu einem extensiven Verständnis des 7
„Personenbezugs". Immer dann, wenn sich der Bezug eines Datums auf
eine bestimmte Person nicht ausschließen lässt, wird der „Personenbezug"
bejaht.[2] Dies hat zur Folge, dass man im Zweifel stets von der Anwendbarkeit des Datenschutzrechts ausgehen sollte.

Die Datenschutzbehörden bejahen einen Personenbezug beispielsweise bei 8
E-Mail-Adressen, Cookies, IP-Adressen, Kennnummern und Pseudonymen.

Die EU-DSGVO wartet in Art. 4 Nr. 1 mit einer längeren Definition des Per- 9
sonenbezugs auf: „[...] alle Informationen, die sich auf eine identifizierte
oder identifizierbare natürliche Person (im Folgenden ‚betroffene Person')
beziehen; als identifizierbar wird eine natürliche Person angesehen, die
direkt oder indirekt, insbesondere mittels Zuordnung zu einer Kennung wie
einem Namen, zu einer Kennnummer, zu Standortdaten, zu einer Online-
Kennung oder zu einem oder mehreren besonderen Merkmalen identifi-

---

1   Vgl. *Härting*, CR 2011, S. 169, 173; *Peifer*, K&R 2011, S. 543, 544 f.
2   Vgl. *Härting*, Internetrecht, Rn. 187 ff.

ziert werden kann, die Ausdruck der physischen, physiologischen, gene-
tischen, psychischen, wirtschaftlichen, kulturellen oder sozialen Identität
dieser natürlichen Person sind".

10   Die Definition legt die Deutung nahe, dass jede Art von *identifier* – ob Auto-
kennzeichen, Steuernummer oder auch IP-Adresse – als personenbezoge-
nes Datum gilt und somit ohne Rücksicht auf die näheren Umstände des
Sachverhalts dem Datenschutzrecht unterfällt.

11   Auch Erwägungsgrund 30 der EU-DSGVO ist zu entnehmen, dass jede „Kennung" Personenbezug haben soll und somit auch Maschinen- und Sach-
daten weitestgehend dem Datenschutzrecht unterfallen.

12   Die EU-DSGVO führt somit tendenziell eher zu einer Erweiterung als zu
einer Einschränkung des Anwendungsbereichs des Datenschutzrechts.

13   **Praxistipp**
Gründe der Vorsorge sprechen dafür, bereits jetzt den Maßstab der EU-DSGVO
anzulegen und jedenfalls von einem äußerst weiten Verständnis des Personenbezugs auszugehen. Im Zweifel sollte man sich beispielsweise bei „Maschinen-
daten" nicht auf den fehlenden Personenbezug verlassen, solange es jedenfalls eine Person gibt, die die „Maschine" bedient und der daher das Datum
zugeordnet werden kann.

II. Einwilligung

14   Die Einwilligung ist oft die sicherste und verlässlichste Grundlage für eine
Datenverarbeitung. Dabei muss sichergestellt werden, dass die Einwilligung freiwillig erfolgt und der Betroffene umfassend über den Zweck der
Datenverarbeitung und die beabsichtigte Nutzung der Daten informiert
wird. Darüber hinaus bedarf es einer revisionssicheren Dokumentation
aller Einwilligungen.

15   Gemäß § 4 Abs. 1 BDSG ist die Verarbeitung personenbezogener Daten
erlaubt, wenn der Betroffene eingewilligt hat. Die Einwilligung ist nach
§ 4a Abs. 1 Satz 1 BDSG wirksam, wenn sie auf der freien Entscheidung des
Betroffenen beruht. Der Betroffene ist auf den vorgesehenen Zweck der
Erhebung, Verarbeitung oder Nutzung hinzuweisen (§ 4a Abs. 1 Satz 2 BDSG).
Es muss deutlich werden, unter welchen Bedingungen welche Daten genutzt
werden sollen.[3]

---

3   Vgl. OLG Köln, Urt. v. 17.06.2011 – 6 U 8/11, Rn. 17 = RS0945952.

An einer Freiwilligkeit kann es fehlen, wenn die Einwilligung in einer   16
Situation wirtschaftlicher oder sozialer Schwäche oder Unterordnung erteilt
wird oder wenn der Betroffene durch übermäßige Anreize finanzieller oder
sonstiger Natur zur Preisgabe seiner Daten verleitet wird.[4] Allerdings übt
der Betroffene durch die Einwilligung ein Selbstbestimmungsrecht aus. Die
Handlung ist rechtmäßig, weil der Rechteinhaber es so will, nicht weil sie
objektiv interessengerecht erscheint.[5] Es steht dem Betroffenen frei, eine
Datenverarbeitung zu billigen, an der er selbst kein Interesse hat oder die
dem äußeren Anschein nach gegen seine Interessen gerichtet sein mag.[6]

Für eine informierte Einwilligung genügt es, wenn sie **online per Anklick-**   17
feld erteilt wird (*Opt-in*) und in unmittelbarer Nähe des Anklickfelds klar
und deutlich auf die Datenschutzbestimmungen verwiesen wird, die über
einen Hyperlink abrufbar sind.

In seinen Entscheidungen zu *PAYBACK*[7] und *HappyDigits*[8] hat der BGH ent-   18
schieden, dass es zulässig ist, Einwilligungserklärungen in **Allgemeine**
Geschäftsbedingungen aufzunehmen, wenn dem Betroffenen die Möglichkeit gegeben wird, die Einwilligung – durch Streichung der Erklärungen
oder über ein Anklickfeld – zu verweigern (*Opt-out*).

Einwilligungserklärungen bedürfen einer transparenten Gestaltung. Umfang   19
und Inhalt der Einwilligung dürfen dem Betroffenen nicht verborgen bleiben. Ansonsten droht die Unwirksamkeit der Klausel wegen Verstoßes gegen
das sog. **Transparenzgebot** (§ 307 Abs. 1 Satz 2 BGB).[9] Ist eine (an sich klar
und eindeutig formulierte) Einwilligungserklärung an unerwarteter Stelle
im Text untergebracht, die einem Verstecken gleichkommt, kann die Klausel
als überraschend im Sinne des § 305c Abs. 1 BGB eingestuft werden mit der
Folge, dass sie nicht Vertragsbestandteil wird.

Dasselbe gilt, wenn die Klausel als Bevollmächtigung zur Weitergabe von   20
Daten an Dritte „zur Formulierung von bedarfsgerechten Angeboten und
Informationen" formuliert ist, da diese Formulierung dazu führen kann,
dass der Verwender die Daten nach Gutdünken weitergibt.[10] Unwirksam ist
auch eine Klausel, nach welcher der Nutzer des Online-Spiels dem Spiele-
betreiber eine „Generalvollmacht" für die Versendung von Informationen

---

4   BGH v. 16.07.2008 – VIII ZR 348/06, BGHZ 177, 253 ff. *(PAYBACK)*; BGH v. 11.11.2009 – VIII ZR 12/08, CR 2010,
    S. 87 ff. *(HappyDigits)*; OLG Köln, Urt. v. 17.06.2011 – 6 U 8/11, Rn. 15 (Fn. 3).
5   *Ohly*, GRUR 2012, S. 983, 984.
6   VG Berlin v. 24.05.2011 – 1 K 133/10, Rn. 29.
7   BGH v. 16.07.2008 – VIII ZR 348/06, BGHZ 177, 253 ff. *(PAYBACK)*.
8   BGH v. 11.11.2009 – VIII ZR 12/08, CR 2010, S. 87 ff. *(HappyDigits)*.
9   Vgl. LG Bonn v. 31.10.2006 – 11 O 66/06, CR 2007, S. 237 f.
10 LG Dortmund v. 23.02.2007 – 8 O 194/06; vgl. auch OLG Köln v. 23.11.2007 – 6 U 95/07, WRP 2008, S. 1130 ff.

erteilen muss, ohne dass er weiß, was und zu welchem Zweck und an wen die persönlichen Daten übermittelt werden.[11]

21 Durch die EU-DSGVO wird die Einwilligung neuen Einschränkungen unterworfen. Zum einen wird es ein umfassendes Kopplungsverbot geben,[12] zum anderen findet sich in Erwägungsgrund 43 Satz 1 EU-DSGVO eine Formulierung, die Datenverarbeitungen auf der Grundlage von Einwilligungen vielfach riskant werden lassen: „Um sicherzustellen, dass die Einwilligung freiwillig erfolgt ist, sollte diese in besonderen Fällen, wenn zwischen der betroffenen Person und dem Verantwortlichen ein klares Ungleichgewicht besteht, insbesondere, wenn es sich bei dem Verantwortlichen um eine Behörde handelt, und es deshalb in Anbetracht aller Umstände in dem speziellen Fall unwahrscheinlich ist, dass die Einwilligung freiwillig gegeben wurde, keine gültige Rechtsgrundlage liefern."

22 Jedes „klare Ungleichgewicht" zwischen Betroffenem und Datenverarbeiter gefährdet in Zukunft die Wirksamkeit der Einwilligung. Dies ist ein Damoklesschwert, das einen rechtskonformen Datenverkehr mit Verbrauchern erheblich erschwert.

23 **Praxistipp**

Bis zum Inkrafttreten der EU-DSGVO erscheint es ratsam, Datenverarbeitungsprozesse, die auf Einwilligungen beruhen, einer Überprüfung zu unterziehen. Gesetzliche Erlaubnistatbestände, wie die Erlaubnis aufgrund von „berechtigten Interessen" (Art. 6 Abs. 1 Buchst. f EU-DSGVO), können in Zukunft eine verlässlichere Basis der Datenverarbeitung sein als Einwilligungen.

III. Gesetzliche Abwägungstatbestände

24 Bereits nach geltendem Recht sind die gesetzlichen Abwägungstatbestände der §§ 28 und 29 BDSG eine häufige Legitimationsgrundlage für die betriebliche Datenverarbeitung.

25 So ist nach § 28 Abs. 1 Satz 1 Nr. 1 BDSG das Erheben, Speichern, Verändern oder Übermitteln personenbezogener Daten oder ihre Nutzung als Mittel für die Erfüllung eigener Geschäftszwecke zulässig, wenn es für die Begründung, Durchführung oder Beendigung eines rechtsgeschäftlichen oder rechtsgeschäftsähnlichen Schuldverhältnisses mit dem Betroffenen erforderlich ist.

---

11 LG Berlin v. 28.10.2014 – 16 O 60/13, Rn. 62.
12 Vgl. *Härting*, ITRB 2016, S. 36 ff.

Dasselbe gilt nach § 28 Abs. 1 Satz 1 Nr. 2 BDSG für die Verarbeitung von Daten, 26
soweit dies zur Wahrung berechtigter Interessen der verantwortlichen Stelle
erforderlich ist und kein Grund zu der Annahme besteht, dass das schutzwürdige Interesse des Betroffenen an dem Ausschluss der Verarbeitung oder
Nutzung überwiegt.

§ 28 Abs. 1 Satz 1 Nr. 3 BDSG erlaubt die Verarbeitung von Daten, wenn die 27
Daten allgemein zugänglich sind oder die verantwortliche Stelle sie veröf-
fentlichen dürfte, es sei denn, dass das schutzwürdige Interesse des Betroffenen an dem Ausschluss der Verarbeitung oder Nutzung gegenüber dem
berechtigten Interesse der verantwortlichen Stelle offensichtlich überwiegt.

§ 29 BDSG enthält eine Reihe von zusätzlichen Anforderungen für den Fall, 28
dass die Datenverarbeitung geschäftsmäßig zum Zwecke der Übermittlung erfolgt, wie dies insbesondere bei Adresshändlern und Auskunfteien,
aber auch bei Informations-„Übermittlern" im Internet der Fall ist. Da die
Betreiber des Portals geschäftsmäßig Daten übermitteln, hat der BGH in
seiner *spickmich.de*-Entscheidung die Anwendbarkeit des § 29 BDSG bejaht.[13]
Dieselbe Auffassung hat der BGH bezüglich des Arztbewertungsportals
jameda.de vertreten,[14] nachdem bereits das OLG Frankfurt a.M.[15] und das LG
Hamburg[16] in diesem Sinne entschieden hatten.

Eine geschäftsmäßige Erhebung im Sinne des § 29 BDSG liegt vor, wenn die 29
Tätigkeit auf Wiederholung gerichtet und auf eine gewisse Dauer angelegt
ist. Eine Gewerbsmäßigkeit im Sinne einer Gewinnerzielungsabsicht ist
nicht erforderlich.[17]

Durch die EU-DSGVO werden die gesetzlichen Erlaubnistatbestände erheb- 30
lich erweitert. Dies gilt insbesondere für Art. 6 Abs. 1 Buchst. f EU-DSGVO,
der – im Ansatz ähnlich wie die §§ 28 und 29 BDSG – eine Abwägung vorsieht: „[...] die Verarbeitung ist zur Wahrung der berechtigten Interessen
des Verantwortlichen oder eines Dritten erforderlich, sofern nicht die Interessen oder Grundrechte und Grundfreiheiten der betroffenen Person, die
den Schutz personenbezogener Daten erfordern, überwiegen, insbesondere
dann, wenn es sich bei der betroffenen Person um ein Kind handelt."

Die Anforderungen an ein „berechtigtes Interesse" sind nicht allzu streng. 31
So reicht es beispielsweise für die Weitergabe von Daten an Dritte aus, dass

---

13 BGH, Urt. v. 23.06.2009 – VI ZR 196/08 = RS0725040 = NJW 2009, S. 2888 ff. *(spickmich.de)*.
14 BGH, Urt. v. 23.09.2014 – VI ZR 358/13, Rn. 29 ff. *(Ärztebewertung II)* = RS0709388.
15 OLG Frankfurt a.M., Urt. v. 08.03.2012 – 16 U 125/11, Rn. 20 = RS0920775.
16 LG Hamburg, Urt. v. 20.09.2010 – 325 O 111/10, Rn. 32 = RS0874828.
17 BGH, Urt. v. 23.06.2009 – VI ZR 196/08 (Fn. 13).

Dritte ein „berechtigtes Interesse" geltend machen können. Dies ist insbesondere für den Adresshandel von erheblicher Bedeutung.

32 Bei der Auslegung des Begriffs „berechtigter Interessen" nähert sich Erwägungsgrund 47 Satz 1 bis 4 EU-DSGVO in erstaunlichem Maße US-amerikanischen Vorstellungen des Privatsphäreschutzes an. Denn die „redlichen Erwartungen" der Betroffenen werden zum zentralen Bezugspunkt der Abwägung. Daten, deren Verarbeitung die Betroffenen „redlicherweise erwarten" dürfen, stehen dem Zugriff des Datenverarbeiters nach Art. 6 Abs. 1 Buchst. f EU-DSGVO weitestgehend offen.

33 Erwägungsgrund 47 Satz 6 EU-DSGVO erlaubt – pauschal – die Datenverarbeitung, sofern es um die Bekämpfung von Betrug geht. Ebenso pauschal erlaubt Erwägungsgrund 49 Satz 1 und 2 EU-DSGVO die Datenverarbeitung zu Zwecken der Daten- und IT-Sicherheit. Erwägungsgrund 47 Satz 7 EU-DSGVO stellt zudem klar, dass die Datenverarbeitung zu Zwecken der Direktwerbung von einem berechtigten Interesse getragen sein kann.

IV. Betroffenenrechte
1. Auskunft, Zugriff, Portabilität

34 Nach § 34 Abs. 1 BDSG sind Unternehmen zur unentgeltlichen Auskunft an den Betroffenen verpflichtet, sofern dieser eine Auskunft verlangt über
- die zu seiner Person gespeicherten Daten, auch soweit sie sich auf die Herkunft dieser Daten beziehen,
- den Empfänger oder die Kategorien von Empfängern, an die Daten weitergegeben werden und
- den Zweck der Speicherung.

35 Jedes Auskunftsersuchen ist unverzüglich zu beantworten.

36 **Praxistipp**
Daher empfiehlt es sich, im Unternehmen Richtlinien zu implementieren, die eine sofortige Benachrichtigung des betrieblichen Datenschutzbeauftragten vorsehen, sobald ein Auskunftsersuchen im Unternehmen eingeht. Die jeweils zuständigen Fachabteilungen müssen den Datenschutzbeauftragten dann zügig mit allen Informationen versorgen, die für die pflichtgemäße Auskunft benötigt werden.

37 Durch die EU-DSGVO werden die Auskunftspflichten erheblich erweitert. Insbesondere wird ein Zugriffsrecht (*access*) geschaffen, das in Art. 15 EU-DSGVO dahingehend konkretisiert wird, dass der Datenverarbeiter dem Betroffenen auf Verlangen eine „Kopie" aller verarbeiteten Daten überlassen muss.

In Fällen, in denen die Datenverarbeitung auf der Grundlage einer Einwilligung oder zum Abschluss oder zur Erfüllung eines Vertrags erfolgt, hat der Betroffene zudem nach Art. 20 EU-DSGVO das Recht, vom Datenverarbeiter jederzeit die Herausgabe von Daten in einer strukturierten Form und einem gängigen Format zu verlangen (**Datenübertragbarkeit**). 38

Das Recht auf Datenübertragbarkeit steht unter der Voraussetzung, dass der Datenverarbeiter die Daten vom Betroffenen erhalten hat. Hat der Datenverarbeiter die Daten (richtiger: die Informationen) anderweitig erlangt (vgl. Art. 14 EU-DSGVO), findet Art. 29 EU-DSGVO keine Anwendung. 39

Die Vorgaben zur strukturierten Form und zu einem gängigen Format bedeuten nicht, dass eine Interoperabilität bzw. Kompatibilität vorgeschrieben wird. Dies stellt Erwägungsgrund 55 Satz 4 EU-DSGVO klar. 40

Insgesamt stellen Art. 15 und Art. 20 EU-DSGVO die betroffenen Unternehmen vor die Herausforderung einer Umsetzung in unternehmensinterne Prozesse. Dabei wird insbesondere die IT-Abteilung einzubinden sein, um praktikable Datenvorhaltungsprozesse zu implementieren, welche die Portabilität gewährleisten, die Art. 20 EU-DSGVO verlangt. 41

2. Berichtigung, Löschung, Sperre

Nach § 35 BDSG bestehen umfassende Rechte des Betroffenen auf die Berichtigung, Löschung und Sperre von Daten. Ähnliche Regelungen finden sich in den Art. 16 bis 18 EU-DSGVO. 42

Bei dem Berichtigungsanspruch kommt durch die EU-DSGVO ein neues Recht auf Ergänzung „unvollständiger" Daten hinzu (Art. 16 Satz 2 EU-DSGVO). Dieses Recht kann auch durch eine Art Gegendarstellung („ergänzende Erklärung") ausgeübt werden. 43

Der Löschungsanspruch als Recht auf Vergessenwerden ist derzeit in § 35 Abs. 2 BDSG und zukünftig in Art. 17 Abs. 1 EU-DSGVO geregelt (*right to be forgotten*). Die Sperrung von Daten ist jetzt in § 35 Abs. 3, 4 und 8 BDSG und zukünftig in Art. 18 EU-DSGVO geregelt. Substanzielle Unterschiede sind nicht ersichtlich. Durch die EU-DSGVO neu eingeführt ist allerdings eine Ergänzung des Löschungsanspruchs durch eine Pflicht zur Benachrichtigung Dritter über die Löschung (Art. 17 Abs. 2 EU-DSGVO). 44

Berichtigungs-, Löschungs- und Sperransprüche sollten unter Aufsicht des betrieblichen Datenschutzbeauftragten in geordneter Form bearbeitet werden. Da die Stärkung der Betroffenenrechte zu den Kernanliegen der EU-DSGVO zählt, ist ab 2018 damit zu rechnen, dass die Datenschutzauf- 45 sichtsbehörden Verstöße gegen die Betroffenenrechte mit empfindlichen Bußgeldern sanktionieren werden.

V. Technisch-organisatorische Anforderungen

46 Die Anlage zu § 9 Satz 1 BDSG enthält **„acht Gebote des Datenschutzes"** – die technischen und organisatorischen Anforderungen an den Datenschutz und die Datensicherheit. Diese Anforderungen sind in der aufsichtsbehördlichen Praxis eine wichtige Leitlinie, an der sich die Unternehmen orientieren sollten. Ergänzend empfiehlt sich eine Heranziehung der Checkliste, welches das Bayerische Landesamt für Datenschutzrecht zu den „acht Geboten" erarbeitet hat.[18]

47 Die „acht Gebote" umfassen die Verpflichtungen,
* Unbefugten den Zutritt zu Datenverarbeitungsanlagen zu verwehren (**Zutrittskontrolle**),
* zu verhindern, dass Datenverarbeitungssysteme von Unbefugten genutzt werden können (**Zugangskontrolle**),
* zu gewährleisten, dass die zur Benutzung eines Datenverarbeitungssystems Berechtigten ausschließlich auf die ihrer Zugriffsberechtigung unterliegenden Daten zugreifen können (**Zugriffskontrolle**),
* zu gewährleisten, dass personenbezogene Daten bei der elektronischen Übertragung oder während ihres Transports oder ihrer Speicherung auf Datenträger nicht unbefugt gelesen, kopiert, verändert oder entfernt werden können (**Weitergabekontrolle**),
* zu gewährleisten, dass nachträglich überprüft und festgestellt werden kann, ob und von wem personenbezogene Daten in Datenverarbeitungssysteme eingegeben, verändert oder entfernt worden sind (**Eingabekontrolle**),
* zu gewährleisten, dass personenbezogene Daten, die im Auftrag verarbeitet werden, nur entsprechend den Weisungen des Auftraggebers verarbeitet werden können (**Auftragskontrolle**),
* zu gewährleisten, dass personenbezogene Daten gegen zufällige Zerstörung oder Verlust geschützt sind (**Verfügbarkeitskontrolle**) und
* zu gewährleisten, dass zu unterschiedlichen Zwecken erhobene Daten getrennt verarbeitet werden können.

48 Artikel 32 EU-DSGVO tritt an die Stelle der Anlage zu § 9 BDSG und enthält eine Auflistung von verpflichtenden Maßnahmen des Datenverarbeiters, die sich deutlich von der Anlage zu § 9 BDSG unterscheidet: „Unter Berücksichtigung des Stands der Technik, der Implementierungskosten und der Art, des Umfangs, der Umstände und der Zwecke der Verarbeitung sowie der

---

18 Bayerisches Landesamt für Datenschutzaufsicht, Checkliste: Datensicherheit, Januar 2014, https://www.lda. bayern.de/lda/datenschutzaufsicht/lda_daten/BayLDA_Checkliste_Datensicherheit.pdf

unterschiedlichen Eintrittswahrscheinlichkeit und Schwere des Risikos für die Rechte und Freiheiten natürlicher Personen treffen der Verantwortliche und der Auftragsverarbeiter geeignete technische und organisatorische Maßnahmen, um ein dem Risiko angemessenes Schutzniveau zu gewährleisten; diese Maßnahmen schließen unter anderem Folgendes ein:

a) die Pseudonymisierung und Verschlüsselung personenbezogener Daten;
b) die Fähigkeit, die Vertraulichkeit, Integrität, Verfügbarkeit und Belastbarkeit der Systeme und Dienste im Zusammenhang mit der Verarbeitung auf Dauer sicherzustellen;
c) die Fähigkeit, die Verfügbarkeit der personenbezogenen Daten und den Zugang zu ihnen bei einem physischen oder technischen Zwischenfall rasch wiederherzustellen;
d) ein Verfahren zur regelmäßigen Überprüfung, Bewertung und Evaluierung der Wirksamkeit der technischen und organisatorischen Maßnahmen zur Gewährleistung der Sicherheit der Verarbeitung."

49 Die Verpflichtungen sind erstaunlich allgemein gehalten und weisen nicht die Detailgenauigkeit auf, die für manche andere Vorschrift der EU-DSGVO kennzeichnend ist. Alle Datenverarbeitungsprozesse werden jedenfalls ab 2018 an den neuen Anforderungen auszurichten sein. Man darf hoffen, dass es Handreichungen der Datenschutzbehörden geben wird, welche die Umsetzung der neuen Anforderungen erleichtern.

VI. Cloud Computing und Auftragsdatenverarbeitung

50 Die Auftragsdatenverarbeitung ist die datenschutzrechtliche Antwort auf fortschreitende Prozesse des Outsourcings und auf die sich in den letzten Jahren verstärkende Verlagerung der Datenverarbeitung in die Cloud. Dabei ist eine sorgfältige Auswahl der Dienstleister essenziell (§ 11 Abs. 2 Satz 1 BDSG). Mit den Dienstleistern sind Verträge abzuschließen, die deren Verpflichtungen nach Maßgabe des § 11 Abs. 2 Satz 2 BDSG sorgfältig festlegen. Sämtliche Vorgänge der Datenverarbeitung, die an Dienstleister outgesourct werden, sind sorgfältig zu dokumentieren.

51 **Praxisbeispiel (ADV-Audit)**
In einem mittelständischen Unternehmen aus der Werbewirtschaft mit ca. 50 Mitarbeitern wurden systematisch alle Fälle erfasst, in denen Dienstleister mit der Verarbeitung personenbezogener Daten beauftragt wurden. Hierzu zählten beispielsweise Dienstleister, die mit der Versendung regelmäßiger Newsletter beauftragt wurden, aber auch ein amerikanischer Dienstleister, dessen Software zur Verwaltung der Kundendatenbank eingesetzt wurde.
Bei sämtlichen Dienstleistern wurde untersucht, ob überhaupt Verträge nach § 11 Abs. 2 Satz 2 BDSG geschlossen wurden. Die Verträge waren teilweise nachträglich geschlossen bzw. ergänzt, um den gesetzlichen Anforderungen zu genügen. Für die Zukunft wurden Guidelines verabschiedet, die gewährleisten sollen, dass bei der Einschaltung neuer Dienstleister vorab jeweils der betriebliche Datenschutzbeauftragte zugezogen wird, um Rechtskonformität zu sichern.

52 Nach § 3 Abs. 8 Satz 3 BDSG sind Personen und Stellen, die im Inland, in einem anderen Mitgliedstaat der EU oder einem anderen Vertragsstaat des Abkommens über den Europäischen Wirtschaftsraum personenbezogene Daten im Auftrag erheben, verarbeiten oder nutzen keine „Dritten". Die Übermittlung von Daten an den Auftragnehmer stellt daher Datenverarbeitung im Sinne des § 3 Abs. 4 Nr. 3 BDSG dar mit der Folge, dass das Verbotsprinzip (§ 4 Abs. 1 BDSG) nicht gilt. Dies setzt allerdings voraus, dass ein Vertrag über die Auftragsdatenverarbeitung geschlossen wird, der die Anforderungen des § 11 Abs. 2 Satz 2 BDSG erfüllt.

53 In der EU-DSGVO wird die Auftragsdatenverarbeitung zur „Dame ohne Unterleib". Eine Vorschrift, die die Parteien – parallel zu § 3 Abs. 8 Satz 3 BDSG – vom Verbotsprinzip befreit, fehlt. Stets wird sich bei der Auftragsdatenverarbeitung die Vorfrage stellen, ob der Auftraggeber zur Einschaltung des Auftragnehmers gemäß Art. 6 Abs. 1 Buchst. f EU-DSGVO aufgrund „berechtigter Interessen" befugt ist. Hiervon wird auszugehen sein, wenn die Voraussetzungen des Art. 28 EU-DSGVO eingehalten werden.

54 In Art. 28 Abs. 3 EU-DSGVO findet sich die Verpflichtung zum Abschluss eines Vertrags über die Auftragsdatenverarbeitung, die § 11 Abs. 2 Satz 2 BDSG entspricht.

55 Eine Verpflichtung zur sorgfältigen Auswahl des Auftragnehmers, die § 11 Abs. 2 Satz 1 BDSG entspricht, findet sich in Art. 26 Abs. 1 EU-DSGVO. Art. 26 Abs. 2 und Abs. 4 EU-DSGVO enthalten ergänzende Bestimmungen für den Fall der Einschaltung eines Sub-Auftragnehmers.

VII. Bestellung eines Datenschutzbeauftragten

Nach § 4f Abs. 1 BDSG besteht für die meisten Unternehmen die Verpflichtung zur Bestellung eines betrieblichen Datenschutzbeauftragten. Eine Ausnahme gilt nur für Unternehmen, in denen höchstens neun Personen personenbezogene Daten automatisiert verarbeiten, dies aber auch nur, wenn keine der Ausnahmen vorliegt, die in § 4f Abs. 1 Satz 5 BDSG geregelt sind. **56**

Der Datenschutzbeauftragte ist der Geschäftsleitung organisatorisch unmittelbar zu unterstellen, er agiert insoweit weisungsfrei (§ 4f Abs. 3 Satz 1 und 2 BDSG). Ihm ist die Möglichkeit der Fortbildung zu geben. Soweit dies zur Erfüllung seiner Aufgaben erforderlich ist, sind dem Datenschutzbeauftragten Hilfspersonal sowie Räume, Einrichtungen, Geräte und Mittel zur Verfügung zu stellen (§ 4f Abs. 5 Satz 1 BDSG). **57**

Weder die Geschäftsleitung noch der Betriebsinhaber können sich selbst zum Datenschutzbeauftragten bestellen. Bei kleineren Unternehmen handelt es sich zumeist um ein Nebenamt. Dieses Nebenamt darf nicht mit anderen Aufgaben des Datenschutzbeauftragten kollidieren, um auszuschließen, dass sich der Datenschutzbeauftragte bei der Ausübung seines Amts selbst kontrollieren muss. **58**

Nach Art. 37 Abs. 1 Buchst. b und c EU-DSGVO ist in einem Unternehmen immer dann ein Datenschutzbeauftragter zu bestellen, wenn eine „umfangreiche regelmäßige und systematische Überwachung" von Betroffenen zu den Kernaktivitäten des Unternehmens zählt oder wenn sensible Daten verarbeitet werden. **59**

Anders als nach § 4f Abs. 1 BDSG kommt es nicht auf die Zahl der im Betrieb Beschäftigten an. Artikel 37 Abs. 4 EU-DSGVO enthält allerdings eine Öffnungsklausel, die es dem nationalen Gesetzgeber erlaubt, die Bestellung eines betrieblichen Datenschutzbeauftragten auch dann zur Pflicht zu erklären, wenn die Voraussetzungen des Art. 37 Abs. 1 EU-DSGVO nicht erfüllt sind. Es ist zu erwarten, dass der deutsche Gesetzgeber von dieser Öffnungsklausel Gebrauch machen wird, sodass es hierzulande dabei bleiben wird, dass in aller Regel betriebliche Datenschutzbeauftragte bestellt werden müssen. **60**

B. Datenschutzverstöße

I. Meldepflicht

§ 42a BDSG verpflichtet das Unternehmen zur Meldung von Datenschutzverstößen an die Betroffenen und an die zuständige Aufsichtsbehörde. Dies gilt, wenn schwerwiegende Beeinträchtigungen für die Rechte oder schutzwürdige Interessen der Betroffenen drohen und die Datenpanne **61**

- besonders sensible personenbezogene Daten (§ 3 Abs. 9 BDSG) oder
- personenbezogene Daten zu Bank- oder Kreditkartenkonten oder
- personenbezogene Daten, die einem Berufsgeheimnis unterliegen, oder
- personenbezogene Daten betrifft, die sich auf strafbare Handlungen oder Ordnungswidrigkeiten oder den Verdacht strafbarer Handlungen oder Ordnungswidrigkeiten beziehen.

62 Verstöße gegen die Meldepflicht sind mit einem Bußgeld von bis zu 300.000 € sanktioniert und zudem mit Schadensersatzansprüchen der Betroffenen.

63 Ob die Voraussetzungen des § 42a BDSG vorliegen, ist nicht immer leicht zu beurteilen. Im Zweifel ist eine Meldung stets der sicherste Weg. Verfrühte und vorschnelle Meldungen können allerdings das Kundenvertrauen gefährden und zu behördlichen Maßnahmen führen, die personelle Unternehmensressourcen ohne Not binden.

64 **Praxisbeispiel (Richtlinien zu Datenpannen)**
Für ein mittelständisches Handelsunternehmen mit mehr als 100 Mitarbeitern werden Richtlinien zum Umgang mit Datenpannen erstellt. Die Mitarbeiter werden zur Meldung jedes Verdachts auf einen Datenschutzverstoß angewiesen. Der betriebliche Datenschutzbeauftragte ist zur Entgegennahme der Meldungen und zu einer ersten Vorprüfung verpflichtet. Die Prüfung der Voraussetzungen des § 42a BDSG erfolgt in Abstimmung mit der Rechtsabteilung und der Unternehmensleitung. Ist eine Meldepflicht gegeben, werden die pflichtgemäßen Meldungen ausschließlich durch die Unternehmensleitung unterzeichnet.

65 Artikel 33 und 34 EU-DSGVO sehen eine erhebliche Ausweitung der Meldepflichten vor. In Zukunft werden Datenpannen bei der zuständigen Aufsichtsbehörde innerhalb von 72 Stunden anzuzeigen sein (Art. 33 EU-DSGVO). Die Datenschutzverstöße sind sorgfältig zu dokumentieren (Art. 33 Abs. 5 EU-DSGVO), und für die Meldung wird ein detaillierter Bericht vorgeschrieben (Art. 33 Abs. 3 EU-DSGVO). Daneben besteht vielfach eine Verpflichtung zur Meldung an die Betroffenen, die eigenen Förmlichkeiten unterliegt (Art. 34 EU-DSGVO).

66 Nicht zuletzt mit Blick auf den erweiterten Sanktionsrahmen der EU-DSGVO mit sehr empfindlichen Bußgeldern müssen sich alle Unternehmen bis 2018 auf die verschärften Meldepflichten einstellen. Es wird neuer Richtlinien bedürfen, die eine unverzügliche Meldung aller Datenschutzverstöße einschließlich möglicher Verdachtsfälle beim betrieblichen Datenschutz-

beauftragten oder der Unternehmensleitung gewährleisten mit einem Reglement, das den verschärften gesetzlichen Pflichten umfassend Rechnung trägt.

II. Behördliche Sanktionen

Die zuständige Datenschutzbehörde kann nach derzeitigem Recht Bußgelder   67
von bis zu 300.000 € verhängen. Daneben besteht das Recht zu Verwaltungsakten, die ein Unternehmen beispielsweise zur Datenlöschung oder zur Unterlassung der Nutzung bestimmter Dienst verpflichtet.

Nach Art. 83 EU-DSGVO wird es ab 2018 einen Bußgeldrahmen von bis zu 4%   68
des weltweiten Jahresumsatzes des Unternehmens geben. Die verstärkte Durchsetzung datenschutzrechtlicher Anforderungen ist das Kernanliegen der EU-DSGVO. Alle Unternehmen werden sich darauf einzustellen haben, dass die Datenschutzbehörden von ihren erweiterten Befugnissen in spürbarem Umfang Gebrauch machen werden.

III. Privatrechtliche Sanktionen: Zivilrecht und Wettbewerbsrecht

Privatrechtliche und wettbewerbsrechtliche Sanktionen sind bei Daten-   69
schutzverstößen bislang die Ausnahme. Insbesondere ist nach wie vor ungeklärt, ob und unter welchen Voraussetzungen die §§ 4, 28 ff. BDSG[19] und § 13 Abs. 1 TMG[20] Marktverhaltensregelungen im Sinne des § 4 Nr. 11 UWG und damit abmahnfähig sind.[21]

In den letzten Jahren sind persönliche Daten zunehmend zu einem Wirt-   70
schaftsgut geworden. Zugleich sind Verbraucher erheblich sensibler, wenn es um Datenschutz geht. Datenschutz ist zu einem Wettbewerbsfaktor geworden, sodass es nur eine Frage der Zeit ist, bis sich die Auffassung durchsetzt, dass Verstöße gegen das Datenschutzrecht ausnahmslos als wettbewerbswidrig gemäß § 4 Nr. 11 UWG anzusehen sind. In diese Richtung weisen die durch die letzte Reform des Gesetzes über Unterlassungsklagen bei Verbraucherrechts- und anderen Verstößen (UKlaG) geschaffenen Klagerechte der Verbraucherverbände. Mit dem Inkrafttreten der EU-DSGVO wird zudem in Art. 80 ein Verbandsklagerecht geschaffen.

Artikel 80 Abs. 1 EU-DSGVO eröffnet dem Betroffenen die Möglichkeit, eine   71
Non-Governmental Organisation (NGO – Nichtregierungsorganisation) mit der Durchsetzung eines Entschädigungsanspruchs nach Art. 81 EU-DSGVO zu

---

19 OLG Karlsruhe v. 09.05.2012 – 6 U 38/11, Rn. 32 mit Anm. *Schneider*, NJW 2012, S. 3315 f. = RS0935851; *Linsenbarth/Schiller*, WRP 2013, S. 576, 580; a.A. OLG München v. 12.01.2012 – 29 U 3926/11, Rn. 26 mit Anm. *Schröder*, ZD 2012, S. 331 f. = RS0951202.

20 KG Berlin v. 29.04.2011 – 5 W 88/11, Rn. 32 ff. = RS0899262.

21 *Härting/Strubel*, IPRB 2011, S. 231 f., *Huppertz/Ohrmann*, CR 2011, S. 449, 451 m.w.N.

beauftragen, Letzteres aber nur, wenn die Gesetze des jeweiligen Mitgliedstaates dies zulassen. Artikel 80 Abs. 2 EU-DSGVO gibt zudem den Mitgliedstaaten die Befugnis, NGO zu ermächtigen, Rechte der Betroffenen gemäß Art. 77 bis 79 DSGVO auch ohne einen entsprechenden Auftrag der Betroffenen durchzusetzen.

72 Artikel 82 EU-DSGVO gewährt dem Betroffenen umfassende Ansprüche gegen Datenverarbeiter bei der Verletzung von Pflichten, die sich aus der EU-DSGVO ergeben. Die Ansprüche richten sich auf den Ersatz materiellen und immateriellen Schadens. Das Verschulden wird gemäß Art. 82 Abs. 3 EU-DSGVO vermutet. Bei der Auftragsdatenverarbeitung kommen sowohl Ansprüche gegen den Verantwortlichen als auch Ansprüche gegen den Auftragsverarbeiter in Betracht (Art. 82 Abs. 2 EU-DSGVO).

Literatur

Härting, Datenschutz-Grundverordnung, ITRB 2016, S. 36 ff.

Härting/Strubel, Datenschutz und Wettbewerbsrecht, IPRB 2011, S. 231 ff.

Härting, Datenschutz zwischen Transparenz und Einwilligung – Datenschutzbestimmungen bei Facebook, Apple und Google, CR 2011, S. 169.

Huppertz/Ohrmann, Wettbewerbsvorteile durch Datenschutzverletzungen?, CR 2011, S. 449 ff.

Linsenbarth/Schiller, Datenschutz und Lauterkeitsrecht – Ergänzender Schutz bei Verstößen gegen das Datenschutzrecht durch das UWG?, WRP 2013, S. 576 ff.

Ohly, Zwölf Thesen zur Einwilligung, GRUR 2012, S. 983 ff.

Peifer, Verhaltensorientierte Nutzeransprüche – Tod durch Datenschutz oder Moderation durch das Recht?, K&R 2011, S. 543 ff.

Executive Summary

Leitungs- und Entscheidungspflichten

- Verantwortung der Unternehmensleitung für die Implementierung angemessener Sicherungsmaßnahmen zur Verhinderung von Geldwäsche und Terrorismusfinanzierung (→ Rn. 12).

Steuerungsziele

- Nachhaltige Ausgestaltung der Präventionsarbeit unter Berücksichtigung des risikobasierten Ansatzes (→ Rn. 14),
- Sensibilisierung der Mitarbeiter durch zielorientierte Schulung (→ Rn. 71).

Erste Maßnahmen

- Risikoinventur unter Berücksichtigung wesentlicher Faktoren, wie Kunden-, Produkt-, Länder-, Transaktionsrisiko und Vertriebsweg (→ Rn. 16),
- Klärung der Verantwortlichkeiten und Benennung eines zuständigen Ansprechpartners für Mitarbeiter und externe Personen (→ Rn. 70).

Umsetzungsschritte und Delegation

- Auf Grundlage einer aktuellen Risikoanalyse sind interne Sicherungsmaßnahmen zu implementieren (→ Rn. 18).
- Einführung eines EDV-Monitoring-Systems zur dauerhaften Überwachung von Geschäftsbeziehungen und Transaktionen (sofern regulatorisch erforderlich) (→ Rn. 13, 51),
- Erstellung von Arbeitsrichtlinien und Prozessbeschreibungen, welche die regulatorischen Anforderungen beinhalten und auf die Geschäftstätigkeit des Verpflichteten zugeschnitten sind (→ Rn. 65),
- Einbindung der für die Prävention in Sachen Geldwäsche und Terrorismusfinanzierung zuständigen Person in den Geschäftsablauf einschließlich Informationsweitergabe zur Sicherung der Steuerungsziele (→ Rn. 70),
- Einrichtung einer direkten Berichtspflicht an die Unternehmensleitung (→ Rn. 67).

Wirksamkeit

- Fortlaufende Überprüfung und Weiterentwicklung der implementierten Sicherungsmaßnahmen hinsichtlich deren Wirksamkeit (→ Rn. 16, 65),
- Prüfung der Präventionsarbeit durch unternehmensinterne neutrale Einheiten, wie beispielsweise Interne Revision (→ Rn. 65).

Ergebnis, Vorteile und Nutzen
- Vermeidung von Bußgeldern und Sanktionen (→ Rn. 101),
- effiziente Präventionsarbeit gegen Geldwäsche und Terrorismusfinanzierung als Beleg für eine funktionierende Unternehmenssteuerung (→ Rn. 95 ff.).

A. Grundlagen
I. Geldwäsche: Definition und Erscheinungsformen

Die Phänomene Geldwäsche und Terrorismusfinanzierung sind nicht nur geeignet, die Reputation und Solidität eines hierzu missbrauchten Unternehmens zu bedrohen, sondern auch die Integrität und Stabilität des gesamten Finanzplatzes zu gefährden. Zur Minimierung dieser Risiken ist eine funktionsfähige Präventionsarbeit gegen Geldwäsche und Terrorismusfinanzierung erforderlich. Zentrales Ziel ist es, auf risikoorientierter Basis, für Transparenz in den Geschäftsbeziehungen und Transaktionen zu sorgen. 1

Zu einer ordnungsgemäßen Corporate Compliance gehört eine **funktionsfähige Präventionsarbeit** gegen Geldwäsche und Terrorismusfinanzierung. 2

Geldwäsche ist in § 261 Abs. 1 Satz 1 StGB definiert und beschreibt eine Handlung, die einen Gegenstand, der aus einer rechtswidrigen Tat herrührt, verbirgt, dessen Herkunft verschleiert oder die Ermittlung der Herkunft, das Auffinden, den Verfall, die Einziehung oder die Sicherstellung eines solchen Gegenstands vereitelt oder gefährdet. 3

Die Erscheinungsformen der Geldwäsche sind vielfältig. Typisch sind die sog. **drei Phasen der Geldwäsche**: *Placement* (→ Rn. 5), *Layering* (→ Rn. 6) und *Integration* (→ Rn. 7). Das Drei-Phasen-Modell wurde von der US-Zollbehörde entwickelt und basiert auf Erfahrungen aus der Drogenbekämpfung. 4

1. *Placement*

In der **ersten Phase der Geldwäsche** werden die inkriminierten Gelder der Vortat in den legalen Wirtschaftskreislauf eingebracht. Im klassischen und heute ggf. veralteten Modell der Geldwäsche erfolgte das Einbringen der Gelder überwiegend über Bankkonten. Beispielsweise war es üblich, hohe Bargeldsummen, die aus Drogendelikten bzw. Prostitution herrühren, auf Bankkonten einzuzahlen und diese somit dem legalen Finanzkreislauf zuzuführen. Diese Erscheinungsform des *Placement* ist inzwischen seltener geworden. Andere Formen gewinnen an Attraktivität. Insbeson- 5 dere **anonyme Geschäfte im Internet**, wie beispielsweise Online-Glück-spiele, oder Geschäfte mit fingierten Unternehmen werden zu Geldwäsche-zwecken missbraucht.

2. *Layering*

6 Die **zweite Phase der Geldwäsche** verschleiert die Herkunft der Gelder. Sie erfolgt in der Regel durch komplexe, unübersichtliche Finanztransaktionen bzw. Handlungsabläufe. Ziel der Geldwäscher ist es, die Spur des Geldes durch die Aneinanderreihung einer Vielzahl von Transaktionen zu verwischen. Üblicherweise werden Transaktionen länderübergreifend und durch die Einbindung von sog. *Offshore*-Gesellschaften abgewickelt.

3. *Integration*

7 Im Rahmen der **dritten Phase der Geldwäsche** werden die in den vorherigen Phasen bereits „sauber gewaschenen" Vermögenswerte reinvestiert. Die Vermögenswerte stehen den Initiatoren des Geldwäschevorgangs nun zur Verfügung und können mittels legaler Geschäfte in den Wirtschaftskreislauf eingeschleust werden. Ein typischer Fall der *Integration* ist der Erwerb von Immobilien.

II. Financial Action Task Force

8 Neben den lokalen Aufsichtsbehörden, die die Einhaltung der regulatorischen Anforderungen zur Bekämpfung von Geldwäsche und Terrorismusfinanzierung überwachen, ist die **Financial Action Task Force** (**FATF**) die wohl wichtigste **supranationale Organisation** in diesem Aktionsfeld. Die FATF wurde im Juli 1989 von den Staatschefs der G7-Staaten und dem Präsidenten der EG-Kommission als Expertengruppe mit der Zielsetzung gegründet, wesentliche Methoden sowie Erscheinungsformen der Geldwäsche zu analysieren und Abwehrmaßnahmen zu deren Bekämpfung zu entwickeln.

9 Die FATF führt eigene Prüfungen hinsichtlich der Effektivität der Präventionsmaßnahmen in den Mitgliedsländern durch und erstellt hierüber Berichte. Maßstab der Prüfungen der FATF sind ihre sog. 40+9-Empfehlungen. Die Empfehlungen beinhalten Ausführungen zur Geldwäschebekämpfung und der Terrorismusfinanzierung und stellen **Best Practise** dar. Der letzte Prüfungsbericht über die von Deutschland ergriffenen Maßnahmen zur Bekämpfung der Geldwäsche und der Terrorismusfinanzierung stammt vom 19.02.2010. Obgleich die Berichte der FATF keine rechtlich bindenden Auswirkungen haben, sind sie doch ein wesentlicher Bestandteil bei Risikoanalysen und führen nicht selten zu Anpassungen in den lokalen regulatorischen Anforderungen. Beispielsweise diente das **Gesetz zur Optimie-**

rung der Geldwäscheprävention (GeldwäschprävOptG)[1] insbesondere der Behebung der Feststellungen im Bericht der FATF vom 19.02.2010.

III. Lokale Gesetzgebung

Das derzeit in Deutschland zu beachtende **Gesetz über das Aufspüren** 10
von Gewinnen aus schweren Straftaten (Geldwäschegesetz – GwG) basiert im Wesentlichen auf der 3. EU-Anti-Geldwäscherichtlinie vom 15.12.2005, dem Tag ihres Inkrafttretens. Befassten sich die ersten beiden Richtlinien ausschließlich mit der Bekämpfung der Geldwäsche, so zielt die 3. Richtlinie, aufgrund der Ereignisse vom 11.09.2001, auf das Phänomen der Terrorismusfinanzierung.

Im Bereich der Finanzwirtschaft wird das Geldwäschegesetz durch zahl- 11
reiche Rundschreiben der Bundesanstalt für Finanzdienstleistungsaufsicht (BaFin) konkretisiert. Ferner sind die Auslegungs- und Anwendungshinweise der Deutschen Kreditwirtschaft (DK) zur Verhinderung der Geldwäsche, Terrorismusfinanzierung und sonstiger strafbarer Handlungen (Stand: 01.02.2014) ein wichtiger Leitfaden für die Praxis. Die Auslegungs- und Anwendungshinweise der Deutschen Kreditwirtschaft (DK) wurden von der BaFin zur Verwaltungspraxis erklärt.[2]

IV. Terrorismusfinanzierung

§ 1 Abs. 2 GwG enthält eine **Definition** des Terminus **Terrorismusfinan-** 12
zierung. Es handelt sich um die Bereitstellung oder Sammlung finanzieller Mittel in Kenntnis dessen, dass sie ganz oder teilweise dazu verwendet werden (sollen), um

- eine terroristische Vereinigung zu bilden[3] oder
- einen (Völker-)Mord oder Totschlag, eine Körperverletzung oder Verbrechen gegen die Menschlichkeit bzw. Kriegsverbrechen zu begehen[4] oder
- um andere (terroristische) Straftaten zu begehen, d.h. solche, die mit dem Ziel begangen werden, die Bevölkerung auf schwerwiegende Weise einzuschüchtern, öffentliche Stellen oder eine internationale Organisation rechtswidrig zu einem Tun oder Unterlassen zu zwingen oder die politischen, verfassungsrechtlichen, wirtschaftlichen oder sozialen Grundstrukturen eines Landes oder einer internationalen Organisation ernsthaft zu destabilisieren oder zu zerstören.[5]

---

1 Gesetz zur Optimierung der Geldwäscheprävention v. 22.12.2011 – BGBl. I 2011 Nr. 70, S. 2959.
2 Vgl. BaFin-Rundschreiben 1/2012 (GW).
3 Verweis auf § 129a StGB.
4 Verweis auf § 89c StGB.
5 Verweis auf Art. 1 bis 3 des Rahmenbeschlusses 2002/475/JI des Rates v. 13.06.2002 zur Terrorismusbekämpfung (ABl. EG Nr. L 164 S. 3), vgl. dazu Erbs/Kohlhaas/*Häberle*, § 1 Rn. 3 m.w.N.

13 **Praxistipp**

Präventionsarbeit zur Verhinderung von Terrorismusfinanzierung gestaltet sich schwierig. Es ist in der Regel für die Verpflichteten kaum zu erkennen, dass ein Vertragspartner mit der Begründung einer Geschäftsbeziehung oder der Ausführung einer Transaktion terroristische Zwecke verfolgt. Ohne ausreichende Kenntnisse über das soziale Umfeld einer Person ist Präventionsarbeit in diesem Bereich kompliziert. Hilfreich können EDV-Systeme sein, die das Transaktionsverhalten eines Kunden über einen längeren Zeitraum analysieren. Es empfiehlt sich, die Systeme so einzustellen, dass bei Transaktionen von oder in bestimmte Länder eine Auffälligkeit generiert wird. Da Terrorismusfinanzierung jedoch vermehrt über **alternative Zahlungssysteme**, die ein Monitoring der Transaktionen nicht zulassen, abgewickelt wird, ist dies nur eine beschränkt zielführende Maßnahme zur Minimierung der Terrorismusfinanzierung.

V. Risikobasierter Ansatz

14 Die rechtlichen Vorgaben zur Verhinderung von Geldwäsche und Terrorismusfinanzierung bieten an mehreren Stellen den Verpflichteten **Ermessensspielräume** bei der Ausgestaltung der Präventionsmaßnahmen an. Beispielsweise bestehen Ermessensspielräume im gesamten Bereich der kundenbezogenen Sorgfaltspflichten (insbesondere § 3 Abs. 4 und § 6 Abs. 1 GwG).[6]

15 Folglich sind Präventionsmaßnahmen vom Verpflichteten nicht statisch auf jede Geschäftsbeziehung oder Transaktion anzuwenden, sondern am konkreten Risiko, das der Geschäftsbeziehung oder der Transaktion innewohnt, auszurichten.

16 Auf den ersten Blick scheint der risikobasierte Ansatz im Vergleich zum *rule-based approach* als eine Erleichterung für die Verpflichteten, da diese nach eigener Einschätzung die zu ergreifenden Maßnahmen bestimmen können. Dieser Eindruck relativiert sich bei der konkreten Festlegung der Präventionsmaßnahmen. Denn eine angemessene Anwendung des risikobasierten Ansatzes erfordert zunächst eine **sorgfältige Gefährdungsanalyse** der Verpflichteten in Bezug auf die eingegangene oder noch einzugehende Geschäftsbeziehung. Nur bei einer Auseinandersetzung mit der Risiko- und Gefährdungslage, die sich aus unterschiedlichen Faktoren, wie beispielsweise Länder-, Produkt-, Kunden-, Transaktionsrisiko, Rechtsform, Branche und Vertriebsweg, ergibt, können zielführende Präventionsmaßnahmen getroffen werden.

---

6 Siehe hierzu auch Auslegungs- und Anwendungshinweise der Deutschen Kreditwirtschaft (DK) zur Verhinderung von Geldwäsche, Terrorismusfinanzierung und „sonstigen strafbaren Handlungen" Stand: 01.02.2014, Zeile 80.

Die regulatorischen Anforderungen an die Ausgestaltung einer Gefähr-   17
dungsanalyse für Verpflichtete im Finanzbereich hat die BaFin im Rundschreiben 8/2005 schriftlich fixiert. Im Rahmen der Gefährdungsanalyse
sind institutsspezifische Risiken zu Zwecken von Geldwäsche und Terrorismusfinanzierung zu erfassen, zu identifizieren, zu kategorisieren, zu
gewichten sowie darauf aufbauend geeignete Präventionsmaßnahmen zu
treffen.[7]

Die Anwendung des risikobasierten Ansatzes ist nicht auf die Sorgfalts-   18
pflichten beschränkt. Vielmehr ist der risikobasierte Ansatz explizit auch
bei der Ausgestaltung der internen Sicherungsmaßnahmen nach § 9 GwG
zu beachten. Beispielsweise kann das Schulungswesen der Verpflichteten
risikobasiert ausgestaltet werden. Es bietet sich an, Mitarbeiter, die vermehrt mit risikobehafteten Vorgängen befasst sind, häufiger bzw. intensiver zu schulen als Personen, die nur in einem geringen Maße mit geld-
wäscherelevanten Vorgängen konfrontiert werden.

Praxistipp   19
Der risikobasierte Ansatz eröffnet den Verpflichteten die Möglichkeit, eine
zielgerichtete Geldwäschepräventionsarbeit zu betreiben und die in diesem
Zusammenhang erforderlichen Prozesse an die Geschäftätigkeit anzupassen. Eine regelbasierte Vorgehensweise, die sich statisch an regulatorischen Vorgaben orientiert, ist weder zeitgerecht noch erwünscht. Es ist
jedoch explizit darauf zu achten, dass bei der Festlegung der risikobasierten
Präventionsmaßnahmen die Herleitung der Maßnahmen **nachvollziehbar
dokumentiert** ist.

VI. Adressatenkreis
Der Kreis der Adressaten ist in § 2 Abs. 1 GwG geregelt. Das Gesetz bezeich-   20
net Personen, die die Anforderungen des Geldwäschegesetzes zu beachten
haben, als **Verpflichtete**.

Normadressaten des Geldwäschegesetzes sind gemäß § 2 Abs. 1 GwG **nicht**   21
nur Unternehmen der Finanzbranche, wie Kreditinstitute und Versiche-
rungsunternehmen, sondern auch Rechtsanwälte, Patentanwälte, Notare,
Wirtschaftsprüfer, Steuerberater, Immobilienmakler, Spielbanken, Veranstalter von Glücksspielen sowie Personen, die mit gewerblichen Gütern
handeln.

---

7   Vgl. BaFin-Rundschreiben 8/2005 (GW).

B. Sorgfaltspflichten

22 Das Geldwäschegesetz unterscheidet **drei Kategorien** von Sorgfaltspflichten:
- allgemeine Sorgfaltspflichten, § 3 GwG (→ Rn. 25 ff.),
- verstärkte Sorgfaltspflichten, § 6 GwG (→ Rn. 43 ff.),
- vereinfachte Sorgfaltspflichten, § 5 GwG (→ Rn. 60 ff.).

23 Hinsichtlich der Anwendung der jeweiligen Kategorie gilt der Grundsatz,
dass die allgemeinen Sorgfaltspflichten anwendbar sind, sofern die Risikolage des Einzelfalls nicht die Anwendung der vereinfachten Sorgfaltspflichten erlaubt bzw. die Anwendung verstärkter Sorgfaltspflichten erfordert.

24 Die Sorgfaltspflichten setzen das *Know-your-customer*-Prinzip um. Das *KYC*-
Prinzip stellt den wohl wichtigsten Baustein in der Geldwäscheprävention
dar.

I. Allgemeine Sorgfaltspflichten

25 § 3 Abs. 1 GwG beinhaltet die Standardanforderungen, die von den Verpflichteten bei der Begründung und bei bestehenden Geschäftsbeziehungen sowie bei der Durchführung von Transaktionen in Höhe von 15.000 €
einzuhalten sind.

26 Diese umfassen folgende Maßnahmen:
- Identifizierung des Vertragspartners, § 3 Abs. 1 Nr. 1 GwG (→ Rn. 27 ff.),
- Einholung von Informationen zur Abklärung über den Zweck und die
  Art der angestrebten Geschäftstätigkeit, soweit diese nicht offensichtlich
  sind, § 3 Abs. 1 Nr. 2 GwG (→ Rn. 32 ff.),
- Abklärung des wirtschaftlich Berechtigten einschließlich der Abklärung
  der Eigentums- und Kontrollstruktur, soweit der Vertragspartner keine
  natürliche Person ist, § 3 Abs. 1 Nr. 3 GwG (→ Rn. 35 ff.),
- kontinuierliche Überwachung der Geschäftsbeziehung, § 3 Abs. 1 Nr. 4 GwG
  (→ Rn. 40 ff.).

1. Identifizierung des Vertragspartners

27 Im Rahmen der allgemeinen Sorgfaltspflichten ist zunächst der Vertragspartner zu identifizieren.[8] Die Identifizierungspflicht umfasst zwei
Elemente: **Feststellung der Identität** und **Verifizierung der Angaben**.
Vertragspartner ist grundsätzlich jede natürliche oder juristische Person,
mit der eine Geschäftsbeziehung eingegangen wird bzw. die Vertragspartner

---

8 Siehe hierzu auch Auslegungs- und Anwendungshinweise der Deutschen Kreditwirtschaft (DK) zur Verhinderung von Geldwäsche, Terrorismusfinanzierung und „sonstigen strafbaren Handlungen" Stand: 01.02.2014,
Zeile 4.

Glaab

der außerhalb einer Geschäftsbeziehung durchgeführten Transaktion (sog. Gelegenheitstransaktion) ist. Maßgeblich für eine Geschäftsbeziehung ist das schuldrechtliche Verhältnis zwischen den Parteien.

Die zur Identitätsfeststellung zu erhebenden Daten sind in § 4 Abs. 3 GwG geregelt. Bei natürlichen Personen umfasst die Identitätsfeststellung nachfolgende Angaben (vgl. § 4 Abs. 3 Nr. 1 GwG): 28
- Name,
- Geburtsort,
- Geburtsdatum,
- Staatsangehörigkeit,
- Anschrift.

Bei **natürlichen Personen** erfolgt die Verifizierung anhand eines gültigen **amtlichen Ausweises**, der ein Lichtbild des Inhabers enthält und mit dem die Pass- und Ausweispflicht im Inland erfüllt wird. Als Grundsatz gilt, dass die Dokumente zur Verifizierung geeignet sind, die den Anforderungen des Passgesetzes entsprechen.[9] 29

Bei **juristischen Personen** und **Personenhandelsgesellschaften** sind folgende Angaben im Rahmen der Identitätsfeststellung zu erheben: 30
- Anschrift des Sitzes bzw. Hauptniederlassung,
- Firma/Name/Bezeichnung,
- Rechtsform,
- Registernummer (soweit vorhanden),
- Namen der Mitglieder des Vertretungsorgans/gesetzliche Vertreter.

Die Verifizierung der Angaben erfolgt anhand von **Handels- oder Genossenschaftsregisterauszügen** bzw. Auszügen aus sonstigen amtlichen Registern.[10] 31

2. Einholung von Informationen über den Zweck und die Art der angestrebten Geschäftstätigkeit

Neben der Identifizierung des Vertragspartners sind Informationen über den Zweck und die Art der Geschäftsbeziehung einzuholen, sofern sich diese nicht bereits zweifelfrei aus der Geschäftsbeziehung ergeben.[11] Diese aufsichtliche Vorgabe soll die **Komplettierung des Risikoprofils** des Vertragspartners sicherstellen. Denn nur wenn der Verpflichtete weiß, weshalb der Vertragspartner eine Geschäftsbeziehung eingeht bzw. eine 32

---

9 Vgl. § 4 Abs. 4 Nr. 1 GwG.
10 Vgl. § 4 Abs. 3 Nr. 2 und Abs. 4 Nr. 2 GwG.
11 § 3 Abs. 1 Nr. 2 GwG.

Transaktion durchführt, lässt sich das Risiko zielführend ermitteln. Der Verpflichtete entscheidet, in welchem Ausmaß Unterlagen zu Zweck und Art der Geschäftsbeziehung einzuholen sind.

33 Bei der Nutzung von Standardprodukten der Verpflichteten entfällt in der Regel die Pflicht zur Einholung von Informationen über den Zweck der Geschäftsbeziehung. Beispielsweise kann bei Bankkunden in Form natürlicher Personen grundsätzlich angenommen werden, dass die eröffneten Konten zu privaten Zwecken verwendet werden.[12]

34 **Praxistipp**
Die Ermittlung von Art und Zweck der Geschäftsbeziehung sollte im Rahmen der Identifizierung erfolgen. Eine zeitliche Trennung von Identifizierung und der Ermittlung der Art und des Zwecks der Geschäftsbeziehung dürfte zu einer Erhöhung des administrativen Aufwands führen.

3. Abklärung des wirtschaftlich Berechtigten

35 Der Verpflichtete (→ Rn. 20) muss klären, ob sein Vertragspartner für eigene Rechnung oder für einen sog. wirtschaftlich Berechtigten handelt.[13] **Wirtschaftlich Berechtigter** ist die natürliche Person, in deren Eigentum oder unter deren Kontrolle der Vertragspartner letztlich steht oder die natürliche Person, auf deren Veranlassung eine Transaktion letztlich durchgeführt oder eine Geschäftsbeziehung letztlich begründet wird (§ 1 Abs. 6 GwG).

36 Grundsätzlich existieren drei verschiedene Konstellationen einer wirtschaftlichen Berechtigung:
- Veranlassung eines Vertragspartners zu einem bestimmten Geschäft,
- Kontrolle oder Eigentum des Vertragspartners,
- Begünstigter einer fremdnützigen Gestaltung.

37 Die bei juristischen Personen und Personengesellschaften existente Vermutungsregel besagt, dass eine natürliche Person, die direkt oder indirekt 25% oder mehr der Stimmrechts- oder Kontrollanteile hält, als wirtschaftlich Berechtigter anzusehen ist.

38 Der wirtschaftlich Berechtigte muss zunächst **ermittelt** werden. Hierbei hat sich der Verpflichtete mit der Eigentums- und Kontrollstruktur des Vertragspartners auseinanderzusetzen. Der Verpflichtete kann sich grundsätzlich aller ihm zur Verfügung stehenden Hilfsmittel bedienen. Eine regulatorisch

---

12 Siehe auch weitere Beispiele in Auslegungs- und Anwendungshinweise der Deutschen Kreditwirtschaft (DK) zur Verhinderung von Geldwäsche, Terrorismusfinanzierung und „sonstigen strafbaren Handlungen" Stand: 01.02.2014, Zeile 17.
13 Vgl. § 3 Abs. 1 Nr. 3 GwG.

pflichtweise zu berücksichtigende Vorgehensweise existiert nicht. In Betracht kommen in erster Linie Organigramme und Unterlagen des Vertragspartners.

Sodann müssen die **Angaben** zum wirtschaftlich Berechtigten **verifiziert** werden. Dies hat anhand verlässlicher Informationsquellen zu erfolgen.[14]   39

4. Kontinuierliche Überwachung der Geschäftsbeziehung

Die vierte Pflicht der allgemeinen Sorgfaltspflichten ist die kontinuierliche   40
Überwachung der Geschäftsbeziehung sowie der durchgeführten Transaktionen.[15] Eine einmalige Überprüfung der Identität des Vertragspartners und der Informationen über Zweck und Art der Geschäftsbeziehung reicht grundsätzlich nicht aus. Mögliche Risiken, die zu Beginn einer Geschäftsbeziehung nicht erkennbar oder gar nicht existent waren, können zu einem späteren Zeitpunkt auftreten.

Der Gesetzgeber hat nicht festgelegt, wie die regelmäßigen Überprüfungen   41
durchzuführen sind. Es obliegt den Verpflichteten selbst, einen stringenten und nachvollziehbaren Prozess zur kontinuierlichen Überwachung zu implementieren. Es empfiehlt sich bereits bei Begründung der Geschäftsbeziehung, den **Vertragspartner einer Risikoklasse zuzuordnen**. Je nach Risikoklasse ist der Geschäftspartner „früher" oder „später" zu überprüfen. Als Risikofaktoren für die Zuordnung eines Vertragspartners zu einer Risikoklasse dürften beispielsweise die Geschäftstätigkeit des Vertragspartners, die Branche, die Ausgestaltung der regulatorischen Beaufsichtigung des Vertragspartners und der Wohn- bzw. Unternehmenssitz zählen.

> **Praxistipp**   42
> Bei der Ausgestaltung des Prozesses zur kontinuierlichen Überwachung ist darauf zu achten, dass der Verpflichtete auch tatsächlich in der Lage ist, die eigenen internen Vorgaben umzusetzen. In diesem Zusammenhang sind insbesondere die beim Verpflichteten existierenden **personellen Ressourcen** zu berücksichtigen. Es ergibt keinen Sinn, kurze Intervalle zur Überprüfung der vorhandenen Informationen zum Vertragspartner festzulegen, wenn der Verpflichtete tatsächlich und vorhersehbar nicht in der Lage sein wird, diese Intervalle einzuhalten. Das nachfolgende Schaubild zeigt beispielhaft die Überprüfungsintervalle, sortiert nach Risikokategorie.

---

14 Ausführliche Beschreibung zur Vorgehensweise bei der Abklärung des wirtschaftlich Berechtigten beinhalten die Auslegungs- und Anwendungshinweise der Deutschen Kreditwirtschaft (DK) v. 01.02.2014, Zeilen 24 ff. Die Auslegungs- und Anwendungshinweise gehen zudem auf zahlreiche Rechtsformen und deren Besonderheiten bei der Abklärung des wirtschaftlich Berechtigten ein.

15 § 3 Abs. 1 Nr. 4 GwG.

ERGEBNIS RISIKOSCORING	AKTUALISIERUNG DER KUNDEN-INFORMATIONEN
Geringes Risiko	Spätestens nach drei Jahren
Mittleres Risiko	Spätestens nach zwei Jahren
Hohes Risiko	Jährlich

Abb. 1: Überprüfungsintervalle

II. Verstärkte Sorgfaltspflichten

43   Die Verpflichteten (→ Rn. 20) haben gemäß § 6 Abs. 1 GwG, über die allgemeinen Sorgfaltspflichten hinaus, angemessene Maßnahmen zu ergreifen, wenn ein **erhöhtes Geldwäscherisiko** besteht. Die Vorschrift beinhaltet bewusst keine abschließende Aufzählung entsprechender Maßnahmen. Sie statuiert vielmehr ein allgemeines Erfordernis zur Anpassung der Sicherungsmaßnahmen bei erhöhtem Risiko. Es handelt sich hierbei um eine Festlegung des risikobasierten Ansatzes, der eine eigene Risikoeinschätzung des Vertragspartners durch die Verpflichteten erwartet.

1. Geschäftsbeziehungen mit politisch exponierten Personen

44   Ein **praxisrelevanter Fall**, in dem grundsätzlich von einer erhöhten Risikolage und somit von verstärkten Sorgfaltspflichten auszugehen ist, liegt bei Geschäftsbeziehungen zu sog. politisch exponierten Personen vor. Hier wird vermutet, dass von diesen Personen aufgrund ihres **persönlichen Netzwerks ein erhöhtes Korruptionsrisiko** ausgeht. Es besteht die Gefahr, dass diese Personen ihr Netzwerk auch zur Begehung von Unregelmäßigkeiten nutzen und für diese Tätigkeiten Leistungen entgegennehmen, die ihnen nicht zustehen.[16] Gemäß § 6 Abs. 2 Nr. 1 GwG haben die Verpflichteten angemessene und risikoorientierte Verfahren anzuwenden, um bestimmen zu können, ob der Vertragspartner und ggf. der wirtschaftlich Berechtigte als politisch exponierte Person anzusehen ist.

45   Als **politisch exponierte Personen** (PeP) gelten:
- Personen, die ein wichtiges öffentliches Amt ausüben oder ausgeübt haben[17],
- Personen, die unmittelbare Familienmitglieder einer vorgenannten Person sind[18],
- bekanntermaßen nahestehende Personen.[19]

---

16   Hinsichtlich der Historie und des Ursprungs der Regelungen siehe auch Herzog/*Achterlik*, § 6 Rn. 3.
17   Welche natürlichen Personen, die ein wichtiges öffentliches Amt ausüben, als politisch exponiert anzusehen sind, ist in den Durchführungsbestimmungen für die Richtlinie 2005/60/EG des Europäischen Parlaments und des Rates v. 04.08.2006 festgelegt.
18   Art. 2 Abs. 2 der Durchführungsrichtlinie: Ehepartner, Partner, der nach einzelstaatlichem Recht dem Ehepartner gleichgestellt ist, Kinder und deren Ehepartner oder Partner, Eltern.
19   Vgl. Art. 2 Abs. 3 der Durchführungsrichtlinie.

Hinsichtlich der Hierarchieebene in Bezug auf die ausgeübten Ämter ist zu beachten, dass ausschließlich **hochrangige Funktionen** erfasst sind. Nicht zugehörig sind hingegen Funktionsträger mit mittleren oder niedrigeren Funktionen (beispielsweise Abgeordnete in Regionalparlamenten oder Bürgermeister). Gemäß § 6 Abs. 2 Nr. 1 Satz 2 GwG sind nur öffentliche Ämter auf nationaler Ebene relevant. Öffentliche Ämter unterhalb der nationalen Ebene sind nur dann als wichtige öffentliche Ämter anzusehen, wenn deren politische Bedeutung mit einer ähnlichen Position auf nationaler Ebene vergleichbar ist.[20]   46

In Bezug auf die nahestehenden Personen besteht für die Verpflichteten **keine Nachforschungspflicht** (vgl. § 6 Abs. 2 Nr. 1 Satz 4 GwG). Dies bedeutet, dass die Verpflichteten nur dann von einem Näheverhältnis zwischen einer dritten Person und einer als politisch exponierte Person (PeP) als identifizierten Vertragspartner oder wirtschaftlich Berechtigten auszugehen haben, wenn das Näheverhältnis öffentlich bekannt ist oder der Grund zur Annahme existiert, dass eine derartige Beziehung besteht.   47

2. Klärung des Status politisch exponierter Personen (PeP-Status)

Gemäß § 6 Abs. 2 Satz 1 Nr. 1 GwG haben die Verpflichteten angemessene, risikoorientierte Verfahren zu implementieren, um feststellen zu können, ob es sich bei dem Vertragspartner oder dem wirtschaftlich Berechtigten um eine politisch exponierte Person handelt. Zu diesem Zweck haben die Verpflichteten einen standardisierten Prozess einzurichten, mithilfe dessen sie die Vertragspartner und den wirtschaftlich Berechtigten in Bezug auf den PeP-Status überprüfen.   48

Die Kontrolle des PeP-Status erfolgt üblicherweise anhand sog. PeP-Datenbanken. Es handelt sich hierbei um **Listen bzw. Datenbanken**, die von privaten Anbietern angeboten werden und zum Abgleich des PeP-Status genutzt werden können. Die Nutzung dieser Listen ist zulässig, da weder der Gesetzgeber noch der Regulator eine offiziell verbindliche Liste mit politisch exponierten Personen veröffentlicht. Obgleich die von den Privatunternehmen angebotenen Listen in Nuancen voneinander abweichen, dürfte die Nutzung einer solchen Datenbank den Anforderungen des § 6 Abs. 2 Nr. 1 GwG genügen. Der Gesetzgeber erwartet ausschließlich angemessene, risikoorientierte Verfahren zur Bestimmung des PeP-Status. Eine konkrete Vorgehensweise gibt das Gesetz nicht vor.   49

---

20 Vgl. Auslegungs- und Anwendungshinweise der Deutschen Kreditwirtschaft (DK) Stand: 01.02.2014, Zeilen 42 ff.

50 **Praxistipp**

Die Nutzung von PeP-Datenbanken ist als Best Practise anzusehen. Eine manuelle Überprüfung des Vertragspartners und des wirtschaftlich Berechtigten dürfte zeitintensiv und fehleranfällig sein. Ferner erscheint die Nutzung von PeP-Datenbanken auch bei Prüfungen durch die interne oder externe Revision zielführend, da hier eine **stringente, standardisierte Behandlung** der zu überprüfenden Personen erfolgt.

3. Gesetzliche Vorgaben bei Vorliegen des PeP-Status

51 Handelt es sich bei dem Vertragspartner oder dem wirtschaftlich Berechtigten um eine politisch exponierte Person, so gilt Folgendes:

- Die Begründung einer Geschäftsbeziehung durch einen für den Verpflichteten Handelnden ist von der **Zustimmung eines vorgesetzten Mitarbeiters** abhängig.[21]
- Es sind angemessene Maßnahmen zu ergreifen, mit denen die **Herkunft der Vermögenswerte** bestimmt werden kann, die im Rahmen der Geschäftsbeziehung oder der Transaktion eingesetzt werden.[22] Lässt sich die Herkunft der Vermögenswerte trotz der ergriffenen Maßnahmen nicht bestimmen, ist die Geschäftsbeziehung nicht zu begründen. Welche Maßnahmen zur Bestimmung der Herkunft der Vermögenswerte angemessen sind, dürfte entsprechend dem individuellen Risiko des Vertragspartners bzw. des wirtschaftlich Berechtigten variieren. Es obliegt insofern den Verpflichteten, zu entscheiden, welche Maßnahmen zur Bestimmung der Herkunft der Vermögenswerte zielführend sind.

Praxistipp

Ein einfaches, aber probates Mittel zur Bestimmung der Herkunft der Vermögenswerte dürfte die direkte Befragung des Kunden sein.[23] Im Rahmen einer Kundenbefragung kann eruiert werden, welche Geschäfte der Kunde betreibt und ob aus diesen Geschäften die Vermögenswerte stammen. Um hinreichende Kenntnis über die Herkunft der Vermögenswerte zu erhalten, können auch Fragen zu Geschäftspartnern hilfreich sein. Im Hinblick auf die Kundenbefragung ist jedoch zu beachten, dass ein „blindes Vertrauen" auf die Aussagen des Kunden nicht als „angemessen" anzusehen ist. Es ist erforderlich, dass die Antworten des Kunden mit den bereits gesammelten Kundeninformationen, beispielsweise aus öffentlichen Quellen, plausibilisiert werden. Sofern Widersprüche zwischen den Antworten des Kunden im Rahmen der Kundenbefragung und den bereits gesammelten Kundeninformationen bestehen, sind weitere Maßnahmen zu ergreifen.

---

21 § 6 Abs. 2 Nr. 1 Satz 4 Buchst. a GwG.
22 § 6 Abs. 2 Nr. 1 Satz 4 Buchst. b GwG.
23 Vgl. auch Herzog/*Achterlik*, § 6 Rn. 22.

- Es ist eine **verstärkte kontinuierliche Überwachung der Geschäftsbeziehung** sicherzustellen, wobei der Verpflichtete selbst festlegen kann, wie die Überwachung dieser risikobehafteten Geschäftsbeziehung angemessen ausgestaltet wird. Sofern es sich bei den Verpflichteten um Kreditinstitute handelt, bietet sich die Nutzung der EDV-Systeme, die von Kreditinstituten nach § 25h Abs. 2 KWG grundsätzlich zu betreiben sind, an. Hier können spezielle Indizien/Typologien eingepflegt werden, die eine regelmäßige und im Vergleich zu anderen Kunden häufigere Begutachtung der Geschäftsbeziehung, einschließlich der Transaktionen, erfordern. Sofern es die Anzahl der Kunden, die nach den verstärkten Sorgfaltspflichten zu behandeln sind, zulässt, kann auch eine manuelle Bearbeitung der Transaktionen dieser Kundengruppe adäquat sein. Im Hinblick auf die Aktualisierung der *KYC*-Informationen sind vergleichsweise kurze Aktualisierungsintervalle festzulegen. Entscheidend für die Ausgestaltung der Überwachungsmaßnahmen ist die Risikolage des Kunden. Eine allgemein verbindliche Vorgehensweise existiert nicht.

Praxistipp

Bei der Nutzung von EDV-Systemen zur kontinuierlichen Überwachung der Geschäftsbeziehung ist darauf zu achten, dass die **EDV-Systeme zielführend konfiguriert und** *customized* sind. Wichtig ist, dass die EDV-Systeme sich an der Geschäftstätigkeit des Verpflichteten sowie seiner Kunden orientieren und entsprechend eingestellt sind. Die Übernahme bzw. Nutzung von Standardeinstellungen eines Herstellers entspricht nicht einer adäquaten angemessenen Präventionsarbeit und widerspricht dem risikobasierten Ansatz.

4. Inlands- vs. Auslands-PeP

Die Pflicht zur Prüfung eines Vertragspartners und des wirtschaftlich Berechtigten erstreckt sich sowohl auf inländische als auch ausländische PeP. Obgleich die Überprüfungspflicht für den Vertragspartner und den wirtschaftlich Berechtigten losgelöst vom Sitz existiert, besteht in Bezug auf die anzuwendenden Sorgfaltspflichten die Möglichkeit, **Inlands-PeP und Auslands-PeP unterschiedlich zu behandeln**. 52

Die Verpflichteten können gemäß § 6 Abs. 2 Nr. 1 Satz 7 GwG bei **inländischen PeP** mit deutscher Staatsangehörigkeit die **allgemeinen Sorgfaltspflichten** (→ Rn. 25 ff.) anwenden, es sei denn, aus der Risikobewertung im Einzelfall ergibt sich ein höheres Risiko. Der Gesetzgeber hebt durch den Hinweis auf die Risikobewertung des Einzelfalls noch einmal die Anwendung des risikobasierten Ansatzes hervor. 53

54 **Praxistipp**

Aus Praktikabilitätsgründen kann es im Einzelfall zielführender sein, auf die vom Gesetzgeber eingeräumte unterschiedliche Behandlung (in Bezug auf die anzuwendenden Sorgfaltspflichten) von inländischen und ausländischen PeP zu verzichten. Denn der Dokumentations- und Begründungsaufwand ist bei einer differenzierten Vorgehensweise nicht zu unterschätzen. Die Verpflichteten haben bei der Anwendung der allgemeinen Sorgfaltspflichten im Bereich der inländischen PeP nachvollziehbar zu begründen und auch zu dokumentieren, dass im konkreten Fall keine risikoerhöhenden Umstände bekannt sind.

5. Verlust des PeP-Status

55 Die Pflicht zur Erfüllung der verstärkten Sorgfaltspflichten entfällt grundsätzlich immer dann, wenn der Vertragspartner und der wirtschaftlich Berechtigte das wichtige politische Amt seit mindestens einem Jahr nicht mehr ausgeübt haben. Der PeP-Status an sich bleibt bestehen.

56 **Praxistipp**

In der Praxis sollten die Verpflichteten abwägen, ob der Aufwand, eine Person nach Wegfall des „direkten" PeP-Status nach den allgemeinen Sorgfaltspflichten zu behandeln, sich tatsächlich lohnt. Unter Umständen verursacht die Begründung und Dokumentation, die für die Anwendung der allgemeinen Sorgfaltspflichten erforderlich ist, mehr Aufwand als die unveränderte Anwendung der verstärkten Sorgfaltspflichten.

6. Video-Identifizierung kein Fall der verstärkten Sorgfaltspflichten

57 Im Zeitalter des Online-Bankings wird der Gang des Bankkunden in die Filiale zur Abwicklung von Bankgeschäften immer seltener. Insbesondere jüngere Menschen möchten in der Lage sein, Bankgeschäfte unabhängig von Ladenöffnungszeiten tätigen zu können. Auch der Kontoeröffnungsprozess einschließlich der Legitimationsprüfung sollte sich aus Sicht vieler Kunden bequem von zu Hause durchführen lassen können. Eine sich an den Erwartungen der Zeit orientierende Alternative zur herkömmlichen Identifikation mittels Postident-Verfahren ist die vergleichsweise neue Identifizierung im Rahmen der Video-Übertragung. Insbesondere Direktbanken sehen in der Identifizierung mittels Video-Übertragung ein erhebliches Potenzial zur Optimierung des Kontoeröffnungsprozesses. Die Identifizierung mittels Video-Übertragung ermöglicht beispielsweise eine Kontoeröffnung bzw. Durchführung der Legitimationsprüfung außerhalb der üblichen Geschäftszeiten (des Kreditinstituts und der Deutschen Post AG als Anbieter des Postident-Verfahrens). Grundsätzlich ist eine Kontoeröffnung „rund um die Uhr" möglich.

Die regulatorischen Anforderungen an eine Identifizierung hat die BaFin mit   58
Rundschreiben 4/2016 vom 10.06.2016 dargestellt und darauf hingewiesen,
dass bei einer Identifizierung mittels Video-Übertragung unter Umständen
kein Fall der Fernidentifizierung im Sinne des § 6 Abs. 2 Nr. 2 GwG vorliegt,
da der Kunde so persönlich anwesend ist. Das Rundschreiben besagt, dass
bei einer Video-Übertragung die zu identifizierende Person und der Mitarbeiter sich „von Angesicht zu Angesicht" gegenübersitzen und kommunizieren.[24]

Praxistipp   59
Sofern Verpflichtete die Identifizierung der Kunden mithilfe der Video-Übertragung vornehmen möchten, sind die im Rundschreiben 4/2016 (GW) der
BaFin kommunizierten regulatorischen Anforderungen zwingend einzuhalten. Die Mitarbeiter des Verpflichteten haben unter anderem Fotos oder
Screenshots der gezeigten Ausweisdokumente anzufertigen, welche die für
die Identifizierung erforderlichen Angaben zeigen. Bei der Implementierung
eines Prozesses zur Identitätsprüfung mittels Video-Übertragung ist eine
Einbindung des **Datenschutzbeauftragten** zu empfehlen.

III. Vereinfachte Sorgfaltspflichten

Nach § 5 Abs. 1 Satz 1 GwG können Verpflichtete in den Fällen des § 5 Abs. 2   60
Nr. 1–4 GwG vereinfachte Sorgfaltspflichten anwenden. Voraussetzung für
die Anwendbarkeit der vereinfachten Sorgfaltspflichten ist, dass kein Fall
der verstärkten Sorgfaltspflichten vorliegt und die Risikobewertung des
Einzelfalls die Anwendung der vereinfachten Sorgfaltspflichten zulässt. Der
Gesetzgeber hat mit § 5 GwG eine **Privilegierung** von Personen vorgenommen, bei denen er ein geringes Geldwäscherisiko antizipiert.

Die vereinfachten Sorgfaltspflichten des § 5 GwG beinhalten insbesondere   61
Erleichterungen im Hinblick auf die Intensität der Überwachung der Geschäftsbeziehung. Demnach können Geschäftsbeziehungen bei Anwendung der vereinfachten Sorgfaltspflichten in größeren Intervallen einer
Überprüfung unterzogen werden.

Auch die vereinfachten Sorgfaltspflichten verlangen – analog zu den allge-   62
meinen Sorgfaltspflichten – die Identifizierung des Vertragspartners und
die Feststellung des wirtschaftlich Berechtigten.

Die vereinfachten Sorgfaltspflichten haben seit der Novellierung des Geld-   63
wäschegesetzes durch das Gesetz zur Optimierung der Geldwäscheprävention (GeldwäschprävOptG) ihren Anreiz verloren. Die Erleichterungen des

---

24   Vgl. Rundschreiben 4/2016 (GW) v. 10.06.2016.

§ 5 GwG sind im Vergleich zu den allgemeinen Sorgfaltspflichten des § 3 GwG gering. Lediglich die **Intensität der Überwachung** des Vertragspartners ist als wesentliche Erleichterung erwähnenswert.

64 **Praxistipp**

Sofern die vereinfachten Sorgfaltspflichten angewendet werden, ist auf eine aussagekräftige Dokumentation zur Nutzung der Vorschrift zu achten. Es sollte schriftlich fixiert sein, dass die Risikolage des Einzelfalls die Anwendung der vereinfachten Sorgfaltspflichten zulässt und zudem kein Fall der verstärkten Sorgfaltspflichten existiert.

C. Implementierung interner Sicherungsmaßnahmen

65 Ein neben den allgemeinen Sorgfaltspflichten des § 3 GwG (→ Rn. 25 ff.) wesentlicher Bestandteil der Geldwäscheprävention ist die Implementierung risikoadäquater, interner Sicherungsmaßnahmen (§ 9 GwG). Interne Sicherungsmaßnahmen sind grundsätzlich von allen Verpflichteten (→ Rn. 20 ff.) umzusetzen. Sie sollen sowohl Unregelmäßigkeiten in Sachen Geldwäsche und Terrorismusfinanzierung bereits bei der Anbahnung einer Geschäftsbeziehung oder Ausführung einer Transaktion erkennen als auch Vorkommnisse in bestehenden Geschäftsbeziehungen aufdecken. Ferner sollen die internen Sicherungsmaßnahmen gewährleisten, dass die Verpflichteten nicht zur Durchführung krimineller Aktivitäten missbraucht werden können.

66 Nachfolgend werden die wesentlichen internen Sicherungsmaßnahmen beschrieben. Zu beachten ist, dass die von den Verpflichteten zu ergreifenden internen Sicherungsmaßnahmen dem eigenen Risikoprofil zu entsprechen haben und insofern auch für die Implementierung über die in § 9 GwG angesprochenen Sicherungsmaßnahmen hinausgehende Schritte zu ergreifen sind.

I. Geldwäschebeauftragter

67 Verpflichtete im Sinne des § 2 Abs. 1 Nr. 3 (Finanzunternehmen[25]), Nr. 11 (Spielbanken) und Nr. 12 GwG (Veranstalter und Vermittler von Glücksspielen im Internet) müssen einen der Geschäftsleitung unmittelbar nachgeordneten Geldwäschebeauftragten sowie einen Vertreter bestellen (vgl. § 9 Abs. 2 Nr. 1 GwG).

---

25 Für Unternehmen der Finanzbranche ergibt sich die Pflicht zur Bestellung eines Geldwäschebeauftragten aus § 25h Abs. 4 Satz 1 KWG.

Wesentliche Aufgabe des Geldwäschebeauftragten ist die Bündelung 68
aller internen Informationen zur Bekämpfung der Geldwäsche und Terrorismusfinanzierung. Ausführliche Beschreibungen zu Aufgaben, Verantwortungsbereich, Kompetenzen sind in Zeilen 83 ff. der Auslegungs- und
Anwendungshinweise der Deutschen Kreditwirtschaft (DK) vom 01.02.2014
aufgeführt. Obgleich die dort beschriebene Verwaltungspraxis sich in erster
Linie an Unternehmen der Finanzbranche richtet, dürften die Ausführungen auch als Orientierungshilfe für Verpflichtete außerhalb der Finanzbranche heranzuziehen sein.

Der Geldwäschebeauftragte ist zentraler Ansprechpartner für Mitarbeiter 69
und Strafverfolgungsbehörden, das Bundeskriminalamt – Zentralstelle für
Verdachtsmeldungen – und die nach § 16 Abs. 2 GwG für die Verpflichteten
jeweils zuständige Behörde.

> **Praxistipp** 70
> Obgleich die Pflicht zur Bestellung eines Geldwäschebeauftragten als
> interne Sicherungsmaßnahme nur für bestimmte Verpflichtete besteht,
> so empfiehlt es sich, auch für die übrigen Verpflichteten einen Prozess zu
> implementieren und Zuständigkeiten festzulegen, die sicherstellen, dass
> eine Person beim Verpflichteten als zentraler Ansprechpartner im Bereich
> Geldwäscheprävention existiert. Es sollte schriftlich fixiert sein, wer Ver-
> dachtsmeldungen und Kontrolltätigkeiten vornimmt bzw. wer für die Schu-
> lung von Mitarbeitern und deren Zuverlässigkeit zuständig ist.

II. Schulung

Nach § 9 Abs. 2 Nr. 3 GwG müssen die Verpflichteten sicherstellen, dass 71
alle Beschäftigten über Typologien und aktuelle Methoden der Geldwäsche
und der Terrorismusfinanzierung und die nach dem Geldwäschegesetz bestehenden Pflichten durch geeignete Maßnahmen unterrichtet werden.
Dies umfasst die regelmäßige Teilnahme der Mitarbeiter an Fortbildungs-
programmen zu Transaktionen oder Geschäftsbeziehungen, die mit Geldwäsche oder Terrorismusfinanzierung in Zusammenhang stehen können.

Der zu schulende Mitarbeiterkreis ist weit gefasst und beschränkt sich nicht 72
auf die Beschäftigten, die mit der Durchführung von Transaktionen und
der Anbahnung und Begründung von Geschäftsbeziehungen befasst sind.
Von der Möglichkeit, einzelne Mitarbeiter von der Schulungspflicht auszu-
nehmen, sollte nur in einem sehr restriktiven Rahmen Gebrauch gemacht
werden. Die Gründe für den Verzicht der Schulung von einzelnen Mitarbeitern sind nachvollziehbar zu dokumentieren. Aus Praktikabilitätsgründen
mag es in Einzelfällen opportun erscheinen, alle Mitarbeiter des Unterneh-

mens zu schulen und sich insofern den Aufwand zu ersparen, nachvollziehbar zu begründen, weshalb einzelne Personen von der Schulungspflicht ausgenommen werden.

73 Die **Ausgestaltung der Schulungsprogramme** sowie die Teilnahmefrequenz sind risikobasiert durch jedes Unternehmen **individuell festzulegen**. Maßgeblich sollen insbesondere die individuelle Risikosituation des Unternehmens, die Berührungspunkte von Mitarbeitern mit Geschäftsanbahnungen und Transaktionen sowie anlassbezogen Umstände, wie gesetzliche Neuregelungen, sein. Schulungen können sowohl in Form von Präsenzschulungen als auch mittels EDV-Programmen durchgeführt werden.

74 **Praxistipp**
Schulungen sollten auf die Geschäftstätigkeit des Verpflichteten sowie der Kunden zugeschnitten sein. Abstrakte theoretische Erläuterungen, die keinen Bezug zur tatsächlichen Geschäftstätigkeit des Verpflichteten aufweisen, sind erfahrungsgemäß nur bedingt in der Lage, die Sensibilität der Mitarbeiter zu verbessern. Idealerweise haben Schulungen einen hohen Praxisbezug und sind mit Fallbeispielen angereichert.

III. Zuverlässigkeitsprüfung

75 Gemäß § 9 Abs. 2 Nr. 4 GwG haben Verpflichtete (→ Rn. 20 ff.) sicherzustellen, dass die Beschäftigten einer Zuverlässigkeitsprüfung unterzogen werden. Diese Prüfung erstreckt sich grundsätzlich auf **alle Mitarbeiter** des Verpflichteten. Eine Differenzierung zwischen Mitarbeitern, die befugt sind, bare oder unbare Transaktionen auszuführen und Mitarbeitern, die reine Verwaltungsaufgaben durchführen, existiert nicht. Die Pflicht zur Überprüfung der Zuverlässigkeit ist nicht auf eigene Mitarbeiter des Verpflichteten beschränkt, sondern umfasst auch **externe Personen und Dienstleister**, die für den Verpflichteten tätig werden (beispielsweise auch Zeitarbeitskräfte).

76 Intention der Vorschrift ist es, das Eindringen von Mittelsmännern und „Brückenköpfen" in die für Geldwäsche und Terrorismusfinanzierung wichtigen Berufs- und Unternehmensgruppen zu verhindern.[26]

77 § 9 Abs. 2 Nr. 4 GwG beinhaltet eine **Definition der Zuverlässigkeit**. Als nicht zuverlässig gilt im Allgemeinen, wer Straftaten begangen hat, die einen Bezug zur ausübenden Tätigkeit haben, z.B. Eigentums- und Vermögensdelikte (z. B. Diebstahl, Unterschlagung, Erpressung, Hehlerei, Betrug, Subventionsbetrug, Untreue, Urkundenfälschung). Hierzu zählen

---

26 Vgl. auch Herzog/*Warius*, § 9 Rn. 102 ff.

Glaab

auch kleinere Gesetzesverstöße, wenn diese so häufig vorkommen, dass sie einen Hang zur Nichtbeachtung geltender Vorschriften erkennen lassen.

Anhaltspunkte für mangelnde Zuverlässigkeit können ferner sein:[27]   78
- beharrliche Verletzung geldwächerechtlicher Pflichten oder interner Anweisungen bzw. Richtlinien,
- Unterlassung der Meldung von Tatsachen im Sinne des § 11 Abs. 1 GwG,
- Beteiligung an zweifelhaften Transaktionen oder Geschäften,
- Kenntnis von Zwangsmaßnahmen (z.B. Pfändungen und Vollstreckungen des Gerichtsvollziehers) gegenüber einem Mitarbeiter,
- Urlaubsvermeidung und stetige Bemühung zur Verhinderung von Abwesenheitszeiten,
- Verwaltung von Geschäftsunterlagen in privat sowie häufige Mitnahme von Unterlagen ohne ersichtlichen Grund,
- häufige Arbeitszeit außerhalb der üblichen Arbeitszeiten.

Welche Dokumente bzw. Nachweise die zu überprüfende Person dem Verpflichteten vorzulegen hat, ist risikobasiert zu bestimmen. Üblicherweise wird die Zuverlässigkeit anhand eines **polizeilichen Führungszeugnisses**, anhand der **Bewerbungsunterlagen**, ggf. mithilfe einer **SCHUFA-Selbstauskunft** und im Rahmen eines persönlichen Gesprächs geprüft.   79

Hinsichtlich des **Zeitpunkts der Durchführung der Zuverlässigkeitsprüfung** ist anzumerken, dass die Verpflichteten die Zuverlässigkeit sowohl bei Begründung eines Dienst- oder Arbeitsverhältnisses als auch während des Beschäftigungsverhältnisses zu kontrollieren haben. Die **Ergebnisse der Zuverlässigkeitsprüfung** sind zu **dokumentieren** und müssen sowohl für die Interne Revision als auch für den Geldwäschebeauftragten, den Prüfer des Jahresabschlusses und den mit einer Prüfung nach § 44 Abs. 1 KWG beauftragten Prüfern ungehindert verfügbar sein.   80

D. Verdachtsmeldewesen

Gemäß § 11 Abs. 1 Satz 1 GwG haben die Verpflichteten den zuständigen **Strafverfolgungsbehörden** Tatsachen mitzuteilen, die auf eine Straftat nach § 261 StGB (Geldwäsche) oder eine Terrorismusfinanzierung hindeuten. Darüber hinaus besteht eine Meldepflicht nach § 11 Abs. 1 Satz 2 GwG, sofern der Vertragspartner seiner Offenlegungspflicht nach § 4 Abs. 6 Satz 2 GwG zuwiderhandelt.   81

---

27 Vgl. Auslegungs- und Anwendungshinweise der Deutschen Kreditwirtschaft (DK) Stand: 01.02.2014, Zeile 86b.

I. Meldepflicht nach § 11 Abs. 1 Satz 1 GwG

82 § 11 Abs. 1 Satz 1 GwG statuiert eine Pflicht zur Zusammenarbeit zwischen Verpflichteten und den für die Strafverfolgung originär zuständigen Behörden. Ausgehend von stetig wechselnden Erscheinungsformen der Geldwäsche und Terrorismusfinanzierung ist es zwingend erforderlich, dass die Personen, die in Geschäftsvorfälle mit erhöhtem Geldwäscherisiko eingebunden sind, die Strafverfolgungsbehörden bei deren Ermittlungstätigkeiten unterstützen.

83 Geldwäscheprävention ist ohne eine aktive Mithilfe der Verpflichteten ineffizient und kaum vorstellbar. Beispielsweise ist im **Finanzsektor** aufgrund des Massengeschäfts ein **besonderes Gefährdungspotenzial** in Sachen Geldwäsche vorhanden. Umso mehr ist es notwendig, dass die Strafverfolgungsbehörden über aktuelle Erscheinungsformen der Geldwäsche durch die Betroffenen informiert werden, um zeitnah reagieren zu können. Ein erhöhtes Gefährdungspotenzial dürfte auch bei Verpflichteten existieren, bei denen Transaktionen im vermehrten Maße bar getätigt werden (beispielsweise Spielbanken oder Personen, die gewerblich mit Gütern handeln).

II. Meldepflicht nach § 11 Abs. 1 Satz 2 GwG

84 Neben der Pflicht zur Meldung nach § 11 Abs. 1 Satz 1 GwG haben Verpflichtete nach § 11 Abs. 1 Satz 2 GwG auch dann eine Meldung vorzunehmen, wenn der Vertragspartner gegen seine Offenlegungspflicht aus § 4 Abs. 6 Satz 2 GwG[28] verstoßen und nicht offengelegt hat, dass er die Geschäftsbeziehung oder die Transaktion für einen wirtschaftlich Berechtigten begründen, fortsetzen oder durchführen will.

85 Die Pflicht zur Offenlegung ist Bestandteil der Mitwirkungspflicht des Vertragspartners. Hierdurch soll der Tatsache Rechnung getragen werden, dass der Verpflichtete seinen Abklärungspflichten nur nachkommen kann, wenn er von seinem Vertragspartner die erforderlichen Informationen erhält.

III. Schwelle der Verdachtsmeldung

86 Gemäß § 11 Abs. 1 Satz 1 GwG haben die Verpflichteten eine Verdachtsmeldung zu erstellen, sofern **Tatsachen vorliegen, die auf Geldwäsche oder Terrorismusfinanzierung „hindeuten"**. Eine klare **Gewissheit** muss somit **nicht vorliegen**.

---

28 Der Vertragspartner hat gegenüber dem Verpflichteten offenzulegen, ob er die Geschäftsbeziehung oder die Transaktion für einen wirtschaftlich Berechtigten begründen, fortsetzen oder durchführen will.

Der Verpflichtete hat also weder eine vorläufige oder gar abschließende **87** Bewertung zum „Verdachtsgrad" vorzunehmen noch die rechtlichen Voraussetzungen einer Tat nach § 261 StGB zu prüfen.[29] Es genügt, dass der Verpflichtete „einen Sachverhalt nach allgemeinen Erfahrungen und seinem beruflichen Erfahrungswissen unter dem Blickwinkel seiner Ungewöhnlichkeit und Auffälligkeit im jeweiligen geschäftlichen Kontext"[30] würdigt. Erforderlich sind aber weiterhin **hinreichend aussagekräftige Anhaltspunkte**, sodass eine Meldung „ins Blaue" unzulässig ist.[31] Die Verifizierung, ob tatsächlich eine Geldwäsche oder Terrorismusfinanzierung vorliegt, ist Sache der Ermittlungsbehörden und nicht der Verpflichteten.[32]

IV. Unverzüglichkeit und Form der Meldung

Die Verdachtsmeldungen haben unverzüglich zu erfolgen, d.h. ohne **88** schuldhaftes Zögern. Die Unverzüglichkeit der Meldung soll sicherstellen, dass die Strafverfolgungsbehörden ihre Arbeit zeitnah aufnehmen können. Die Verdachtsmeldungen können **mündlich, telefonisch, fernschriftlich** oder durch **elektronische Datenübermittlung** abgegeben werden.

> **Praxistipp** **89**
> Nützliche Hinweise und Vorlagen zur Vornahme der Verdachtsmeldungen sind auf der Internet-Präsenz der Financial Intelligence Unit (FIU) Germany abrufbar.[33]

V. Verbot der Informationsweitergabe und Wartefrist

Ergänzt wird die Verpflichtung zur Meldung von Verdachtsfällen nach **90** § 11 GwG durch das in § 12 GwG enthaltene Verbot der Informationsweitergabe. Das Verbot der Informationsweitergabe stellt einen fundamentalen „Eckpfeiler" in der Geldwäscheprävention dar.[34]

Grundsätzlich ist es verboten, den Auftraggeber einer Transaktion und **91** einen sonstigen Dritten über die Absicht bzw. Vornahme einer Verdachtsmeldung zu informieren. Dieses Verbot gilt sowohl für „Melder" selbst als auch für alle Mitarbeiter des Verpflichteten. Das Verbot der Informationsweitergabe bedeutet zum einen, dass der Verpflichtete nicht initiativ über die (beabsichtigte) Meldung bzw. ein Ermittlungsverfahren sprechen darf und zum anderen, dass er zum konkreten Fall auch keine Auskünfte auf Anfragen erteilen darf.

---

29 Erbs/Kohlhaas/*Häberle*, § 11 Rn. 3 f.
30 BR-Drucks. 317/11, S. 49.
31 Erbs/Kohlhaas/*Häberle*, § 11 Rn. 3 f.
32 Erbs/Kohlhaas/*Häberle*, § 11 Rn. 3 f.
33 Siehe unter www.bka.de.
34 Vgl. BR-Drucks. 168/08, S. 98.

92 **Praxistipp**

Es ergeben sich immer wieder Probleme, wenn Kunden auf die Durchführung einer Transaktion drängen bzw. auf den Eingang von Geldern warten. Um die Ermittlungen nicht zu beeinträchtigen, ist es zwingend erforderlich, dass die Kundenberater oder die Personen, die einen unmittelbaren Kontakt zu den von einer Meldung betroffenen Person haben, das Verbot der Informationsweitergabe kennen und zum Vorgang schweigen. Da es mitunter aus ermittlungstaktischen Erwägungsgründen zielführend ist, eine Geschäftsbeziehung nicht zu kündigen, um die Möglichkeit der Beobachtung der Geschäfte des Beschuldigten beizubehalten, sollte ggf. die weitere **Vorgehensweise mit den zuständigen Ermittlungsbehörden abgestimmt** werden.

93 Nach § 11 Abs. 1a GwG darf eine angetragene Transaktion frühestens durchgeführt werden, wenn dem Verpflichteten die Zustimmung der Staatsanwaltschaft übermittelt wurde oder wenn der **zweite Werktag** nach dem Abgangstag der Meldung verstrichen ist, ohne dass die Durchführung der Transaktion durch die Staatsanwaltschaft untersagt wurde.

94 **Praxistipp**

Innerhalb der Stillhaltefrist ergeben sich weitere praktische Herausforderungen für den Verpflichteten, falls der von einer Verdachtsmeldung Betroffene auf die Durchführung einer Transaktion drängt bzw. sich über den Stand der Durchführung der Transaktion erkundigt. In diesen Fällen hat der Verpflichtete sowohl die Stillhaltefrist als auch das Verbot der Informationsweitergabe zu beachten. Den Verpflichteten bleibt, um die regulatorischen Pflichten ausreichend zu beachten, kaum etwas anderes übrig, als dem Betroffenen eine der Wahrheit widersprechende bzw. nicht vollumfängliche Antwort auf die Anfrage zu geben. In Einzelfällen erscheint die Absprache der weiteren Vorgehensweise mit den Strafverfolgungsbehörden als zielführend und gibt den Verpflichteten ein erhöhtes Maß an Sicherheit im Umgang mit dem Betroffenen.

E. 4. EU-Anti-Geldwäscherichtlinie

95 Am 05.06.2015 wurde die 4. EU-Anti-Geldwäscherichtlinie (EU 2015/849) im Amtsblatt der Europäischen Union veröffentlicht. Parallel zur Anti-Geldwäscherichtlinie wurde die **Geldtransferverordnung** (EU 2015/847) im Amtsblatt bekannt gegeben. Sowohl Richtlinie als auch Verordnung sind am 25.06.2015 in Kraft getreten.

Innerhalb von zwei Jahren haben die Mitgliedstaaten die neuen Regelungen 96
der Richtlinie in nationales Recht umzusetzen. Auch die Geldtransferverordnung wird erst mit Ablauf dieser Frist Gültigkeit erlangen.

Die Anpassung der 3. EU-Anti-Geldwäscherichtlinie war insbesondere 97
erforderlich, da die europäischen regulatorischen Anforderungen bisher
noch nicht die überarbeiteten Empfehlungen der FATF aus dem Jahr 2012
berücksichtigten.

I. Stärkung des risikobasierten Ansatzes

Die neue Anti-Geldwäscherichtlinie betont nochmals den **risikobasierten** 98
Ansatz. Die in der 3. EU-Anti-Geldwäscherichtlinie gemachten – eher
statischen – Vorgaben zu vereinfachten und verstärkten Sorgfaltspflichten
wurden zugunsten einer pflichtweise vorzunehmenden Betrachtung des
Einzelfalls aufgegeben. Dies bedeutet, dass die Verpflichteten, gleichgültig
der Anwendung von allgemeinen, vereinfachten oder verstärkten Sorgfaltspflichten, eine Risikobeurteilung vornehmen müssen und entsprechend
des identifizierten Risikos angemessene Maßnahmen zu ergreifen haben.[35]

II. Register zu wirtschaftlich Berechtigten

Gemäß Art. 30 der Richtlinie besteht für den Kunden zukünftig eine neue 99
Art der Mitwirkungspflicht. Juristische Personen sind demnach künftig verpflichtet, präzise und aktuelle Angaben zu ihren wirtschaftlich Berechtigten
sowie zu Art und Umfang der wirtschaftlichen Berechtigung einzuholen
und aufzubewahren. Die entsprechenden Informationen sind in jedem
Mitgliedstaat in einem zentralen Register aufzubewahren.

Das Register ist nicht öffentlich einsehbar. Zugang erhalten lediglich Auf- 100
sichtsbehörden, zentrale Verdachtsmeldestellen, Verpflichtete im Rahmen
der Erfüllung ihrer Kundensorgfaltspflichten sowie – soweit dies nach den
nationalen Datenschutzbestimmungen zulässig ist – andere Personen oder
Organisationen, die ein berechtigtes Interesse nachweisen können. Die
registerführende Stelle muss die Angaben nicht überprüfen. Dies wird auch
Aufgabe der Verpflichteten sein.

III. Sanktionen

Im Gegensatz zur 3. EU-Anti-Geldwäscherichtlinie beinhaltet die novellierte 101
Richtlinie konkrete Vorgaben, wie Verstöße gegen die rechtlichen Vorgaben
zur Bekämpfung der Geldwäsche und Terrorismusfinanzierung zu sanktionieren sind. Das derzeit maximal zu verhängende Bußgeld nach § 17 GwG in
Höhe von 100.000 € wird zukünftig auf 5.000.000 € oder 10% des jährlichen

---

35 *Kunz/Schirmer*, BB 2015, S. 2436.

Gesamtumsatzes von Kredit- und Finanzinstituten angehoben.[36] Obgleich die zukünftigen Bußgelder nicht die Dimensionen von US-Sanktionen erreichen, stellt diese Anpassung eine **deutliche Verschärfung** dar.

102 **Praxistipp**

Die 4. EU-Anti-Geldwäscherichtlinie dürfte keine unüberwindbaren Probleme für die Verpflichteten mit sich bringen. In Deutschland stellt ein Großteil der neuen europäischen Anforderungen bereits jetzt geltendes Recht dar, sodass der Anpassungsbedarf überschaubar sein dürfte.[37] Die Verpflichteten haben sich jedoch frühzeitig mit den neuen Anforderungen auseinanderzusetzen und etwaige Adjustierungen der Prozesse vorzunehmen. Die Anpassung der internen Prozesse an die neue Rechtslage ist revisionssicher zu dokumentieren.

Literatur

Kunz/Schirmer, 4. EU-Geldwäsche-RL: Auswirkungen auf Unternehmen, Banken und Berater, BB 2015, S. 2435 ff.

Rößler, Auswirkungen der vierten EU-Anti-Geldwäsche-Richtlinie auf die Kreditwirtschaft, WM 2015, S. 1406 ff.

Zentes/Glaab, Novellierung des Geldwäschegesetzes (GwG): Ausblick auf das Gesetz zur Optimierung der Geldwäscheprävention, BB 2015, S. 1475 ff.

---

36 Siehe auch Fachartikel von *Hans Martin Lang, Jan Noll*, BaFin unter https://www.bafin.de/SharedDocs/Veroeffentlichungen/DE/Fachartikel/2015/fa_bj_1506_geldwaesche.html

37 *Kunz/Schirmer*, BB 2015, S. 2443.

Pawlytsch / Zimack

§ 20 Umweltschutz und Arbeitssicherheit

Übersicht

Executive Summary

Leitungs- und Entscheidungspflichten

- Vergegenwärtigen der vom betrieblichen Umweltschutz umfassten Themen: Immissionsschutz, Abfallwirtschaft, Gewässerschutz und Ressourcenwirtschaft (→ Rn. 2 ff.),
- Prüfung der für das Unternehmen bestehenden Risiken im Zusammenhang mit den genannten Themen (→ Rn. 15 ff.).

Steuerungsziele

- Verschaffung eines Überblicks über die einschlägigen Regelwerke (→ Rn. 5 ff.),
- Vermeidung von Risiken, Schäden und Folgeschäden für Mitarbeiter und Unternehmen (→ Rn. 13, 15 ff.).

Erste Maßnahmen

- Einrichtung eines Projekts zur Implementierung eines CMS mit Beteiligung der Fachabteilungen (→ Rn. 30).

Umsetzungsschritte und Delegation

- Festlegung einer Unternehmensorganisation für die Compliance (→ Rn. 25, 30, 46),
- Aufbau eines Rechtskatasters (→ Rn. 31 ff.),
- Benennung eines Verantwortlichen für die Umsetzung (→ Rn. 30).

Wirksamkeit

- Erfüllung der Unternehmerpflichten und damit Einhaltung der Regelkonformität (→ Rn. 40),
- Information der Unternehmensleitung bei Abweichungen (→ Rn. 43),
- Sicherstellung der Aktualität der Regelwerke und daraus abzuleitender Pflichten (→ Rn. 44).

Ergebnis, Vorteile und Nutzen

- Rechtliche und wirtschaftliche Sicherung des unternehmerischen Erfolgs (→ Rn. 1),
- Sicherung der Teilnahme am Wettbewerb (→ Rn. 16, 19),
- Bündelung von Ressourcen durch Integration der Management-Systeme (→ Rn. 27 f., 37).

A. Betrieblicher Umweltschutz und Arbeitssicherheit als Teil eines Compliance-Management-Systems

1 Mit dem betrieblichen Umweltschutz und der Arbeitssicherheit werden Bereiche betrachtet, für die eine **Vielzahl von Regelwerken** auf nationaler und europäischer Gesetzgebungsebene gelten. **Ständige Rechtsänderungen** in diesen Bereichen müssen mit einer **verlässlichen Aktualisierung** der einzuhaltenden **Unternehmerpflichten** einhergehen. Der wirtschaftliche Erfolg betroffener Unternehmen oder Organisationseinheiten hängt stark davon ab, inwieweit sich die Verantwortlichen mit dem Thema Compliance im betrieblichen Umweltschutz und der Arbeitssicherheit auseinandersetzen und wirksame Steuerungs- und Kontrollelemente umsetzen.

Der betriebliche Umweltschutz umfasst die Themen

- Immissionsschutz[1],
- Abfallwirtschaft[2],
- Gewässerschutz[3] und
- Ressourcenwirtschaft.[4]

2

Alle vier Themenbereiche sind mit Risiken (→ Rn. 15 ff.) für die betroffenen Unternehmen behaftet. Eine betriebliche Tätigkeit kann von einem, mehreren oder allen vier Themenbereichen tangiert sein.

3

Die **Arbeitssicherheit** mit ihren Regelungen zur Vermeidung von Arbeitsunfällen zielt auf den **Schutz der Gesundheit der Beschäftigten** in einem Unternehmen ab, der **Umweltschutz** auf den **Erhalt des natürlichen Umfelds** und des Lebensraums. Beide Bereiche sind mit ihren Regelwerken (→ Rn. 12) auf **Prävention** und damit der Vermeidung von Folgen ausgerichtet.

4

Die Frage, welche Compliance-Anforderungen an den betrieblichen Umweltschutz und die Arbeitssicherheit zu stellen sind, richtet sich in erster Linie nach der konkreten Unternehmenstätigkeit und weniger an dessen Größe, Rechtsform oder Umsatzzahlen. Ein Unternehmen, das Mitarbeiter in einer Abfallbehandlungsanlage beschäftigt, muss höhere Anforderungen einhalten als ein Unternehmen ausschließlich mit Büroarbeitsplätzen. Vorgaben des betrieblichen Umweltschutzes sind meist schon in kleinen Unternehmen zu beachten.[5] Dort fallen Abfälle an, die ordnungsgemäß entsorgt werden müssen, es gibt Abwasser, das besonders behandelt werden muss oder der ordnungsgemäße Betrieb einer Abscheideranlage für Leichtflüssigkeiten oder Speisefette muss sichergestellt und die Anforderungen an die Ressourcenwirtschaft müssen eingehalten werden, weil ein Energiemanagement-System eingeführt wird oder raumlufttechnische Anlagen vorhanden sind. Entsorgungsunternehmen mit eigenen Abfallbehandlungsanlagen oder produzierende und dienstleistende Unternehmen mit Produktionsanlagen, in denen verschiedene und vor allem gefährliche Produktionsabfälle entstehen, sind stärker und weitreichender von den Regelwerken betroffen. Für diese Unternehmen gelten höhere Compliance-Anforderungen.

5

---

[1] Mit den Pflichten aus dem Bundes-Immissionsschutzgesetz (BImSchG) und den jeweiligen Verordnungen zur Durchführung des BImSchG, insbesondere der Vierten Verordnung zur Durchführung des Bundes-Immissionsschutzgesetzes (4. BImSchV).

[2] Insbesondere mit den Pflichten aus dem Kreislaufwirtschaftsgesetz (KrWG) und den untergesetzlichen Verordnungen.

[3] Mit den Pflichten aus dem Wasserhaushaltsgesetz (WHG) und den untergesetzlichen Verordnungen.

[4] Beispielsweise Anforderungen an die Energieeffizienz und Abfallvermeidung.

[5] Beispielsweise Unternehmen des Gaststättengewerbes oder Unternehmen des Einzelhandels.

6　Die Herausforderung betroffener Unternehmen besteht darin, zu wissen, welche Regelwerke für ihre Unternehmenstätigkeiten einschlägig sind. Die für ein CMS zu berücksichtigenden Regelwerke sind für den betrieblichen Umweltschutz und die Arbeitssicherheit auf jeden Fall **alle Gesetze und Verordnungen**, die Bundes-, Landes- und der europäische Gesetzgeber erlassen haben.

7　**Behördliche Bescheide** zählen ebenfalls zu den einschlägigen Regelwerken. Aus ihnen ergeben sich durch die Verwendung von **Nebenbestimmungen**[6] zahlreiche weitere Pflichten. Werden diese Pflichten missachtet, kann der Entzug der Genehmigung oder der Erlaubnis und somit die Beeinträchtigung oder gar ein Verbot der Unternehmenstätigkeit die Folge sein.

8　Ebenso zu den Regelwerken gehören die normenkonkretisierenden **Verwaltungsvorschriften** im Bereich der Anlagensicherheit. Verwaltungsvorschriften haben zwar keine unmittelbare Rechtswirkung auf ein Unternehmen, sondern binden unmittelbar nur die Behörden. Dienen jedoch Verwaltungsvorschriften der Konkretisierung unbestimmter Rechtsbegriffe, haben sie unmittelbare Auswirkung auf das Unternehmen und sind von diesen verbindlich einzuhalten.[7] Normenkonkretisierende Verwaltungsvorschriften sind in Technischen Anleitungen[8] oder Technischen Regeln[9] zu finden.

9　Die Pflichten aus dem **Arbeitssicherheitsgesetz (ASiG)** und dem **Arbeitsschutzgesetz (ArbSchG)** im Bereich der Arbeitssicherheit werden durch eine Vielzahl von Pflichten in der **Deutschen Gesetzlichen Unfallversicherung (DGUV)** ergänzt. Bei der DGUV handelt es sich um verbindlich zwischen der Berufsgenossenschaft und seinen Mitgliedern festgeschriebene Regeln.[10] Als autonomes Recht[11] sind sie keine gesetzlichen Bestimmungen im formellen Sinne. Wegen der Verbindlichkeit der Pflichten müssen Bestimmungen der DGUV als Regelwerk betrachtet werden.

10　**Interne Verhaltensregeln** als Regelwerke nehmen eine untergeordnete Rolle ein. Die weitreichenden und zum Teil strengen Pflichten im Bereich des betrieblichen Umweltschutzes und der Arbeitssicherheit unterliegen einer staatlichen Überwachung einschließlich der Ahndung von Verstößen. Aus internen Verhaltensregeln können **freiwillig weiterreichende Anforderungen** zum Schutz des Menschen und der Umwelt festgelegt werden. Diese

---

6　Vgl. zu dem Begriff der Nebenbestimmung § 36 VwVfG.
7　BVerwG, Urt. v. 29.08.2007 – 4 C 2.07 = RS1014964.
8　Vgl. TA Luft und TA Lärm.
9　Vgl. TRGS für Gefahrstoffe, TRBS für Betriebliche Sicherheit und ASR für Arbeitsschutz.
10　Vgl. § 15 Abs. 1 SGB VII.
11　*Meinel*, S. 18.

Festlegungen dienen dem Ansatz, Compliance neben einer Regeltreue auch als Förderung der Integrität eines Unternehmens anzusehen. Interne Verhaltensregeln sollten aus Zweckmäßigkeitsgründen in ein CMS aufgenommen werden, falls ein Unternehmen solche festgeschrieben hat. DAX- und MDAX-Unternehmen, die Anforderungen des betrieblichen Umweltschutzes und der Arbeitssicherheit zu beachten haben, müssen zwingend auch die unternehmensinternen Richtlinien in ihr CMS einbeziehen.[12]

Kundenanforderungen und damit einhergehende Verträge als Regelwerke zu betrachten, erlangen Bedeutung über die Implementierung eines Qualitätsmanagement-Systems nach DIN EN ISO 9001. **11**

Im betrieblichen Umweltschutz und der Arbeitssicherheit kann Regelkonformität erreicht werden, wenn folgende Bestimmungen als **Regelwerke** in ein CMS aufgenommen werden: **12**
- gesetzliche Bestimmungen (Gesetze und Verordnungen des Bundes, des Landes und Europas),
- Genehmigungen und Erlaubnisse der zuständigen Behörde,[13]
- Vorschriften der Deutschen Gesetzlichen Unfallversicherung (DGUV),
- technische Richtlinien (des Bundes, des Landes und Europas),
- interne Verhaltensregeln als Anforderung aus dem Deutschen Corporate Governance Kodex (DCGK),[14]
- Anforderungen von Kunden (Verträge).[15]

Compliance bedeutet, dass sich unternehmerische Tätigkeiten durch die Erfüllung von einschlägigen Pflichten, die sich aus verschiedenen Regelwerken ergeben, leiten lassen sollten. Das setzt voraus, dass das Unternehmen oder die Organisation alle für sie einschlägigen Regelwerke kennt, erfasst und die sich daraus ergebenen **Pflichten benennt**. Sind diese festgelegt und in einem System (→ Rn. 29 ff.) wirksam und nachvollziehbar implementiert, sind Pflichtverstöße ausgeschlossen. Bedeutsam ist dabei, dass der Schutz von Mensch und Umwelt nicht lediglich postuliert wird. **13**

Betroffene Unternehmen sollten die ihren Unternehmenstätigkeiten immanenten Risiken weniger als Last betrachten, sondern vielmehr als Ausdruck einer wirtschaftlichen Chance. Dieser Ansatz zur Pflichtenerfüllung mit dem unternehmerischen Anspruch an ein regelkonformes Verhalten erleichtert die Umsetzung von Compliance. **14**

---

12 Vgl. Ziff. 4.1.3 DCGK.
13 Soweit sich ein Unternehmen den Regeln der DIN EN ISO 9001 (Qualitätsmanagement) unterworfen hat, sind zwingend behördliche Auflagen zu erfüllen.
14 Vgl. Ziff. 4.1.3 DCGK.
15 Soweit sich ein Unternehmen den Regeln der DIN EN ISO 9001 unterworfen hat.

I. Risiken im betrieblichen Umweltschutz und in der Arbeitssicherheit

15 Compliance sollte im betrieblichen Umweltschutz und der Arbeitssicherheit als **Teil des Risikomanagements** angesehen werden.[16] Denn die Motivation der Unternehmensleitung, sich mit Compliance auseinanderzusetzen, wird getrieben von der festen Absicht, Schäden oder sonstige negativen Konsequenzen auszuschließen.

16 Verstöße gegen die oben genannten (→ Rn. 12) Regelwerke und der aus ihnen erwachsenden Pflichten können (auch ohne einen konkreten Gefahreneintritt für Mensch und Umwelt als der höchsten Schadensstufe) dazu führen, dass Unternehmen ihre Tätigkeiten einstellen müssen oder vom Wettbewerb ausgeschlossen werden. Als solche vorgelagerten Risiken gelten der **Verlust der Zuverlässigkeit** (→ Rn. 17 ff.) und der **Verlust der Anlagenzulassung** (→ Rn. 22). Alle Risiken können sich gleichzeitig verwirklichen oder aber auch einzeln betrachtet negative Auswirkungen auf die Unternehmenstätigkeit haben.

1. Compliance als Garant für den Erhalt der Zuverlässigkeit

17 Der bedeutsamste Risikoaspekt besteht in dem **Verlust der Zuverlässigkeit**. Der Compliance-Ansatz zur Regeltreue wird dadurch zu einer Unterkategorie des Zuverlässigkeitserhalts.

18 Die Zuverlässigkeit wird für Unternehmen (als natürliche sowie juristische Personen) durch einen Auszug aus dem Gewerbezentralregister nachgewiesen. Dieses Register beinhaltet sämtliche Gewerbetreibende in Deutschland und wird vom Bundesamt für Justiz geführt. Die einzelnen verantwortlichen Mitarbeiter weisen zusätzlich ihre Zuverlässigkeit als Auszug aus dem Bundeszentralregister nach. Im Bundeszentralregister werden Verfehlungen gegen das Strafgesetzbuch eingetragen. Im Gewerbezentralregister werden die in § 149 Abs. 2 GewO erfassten Umstände festgehalten, wie etwa rechtskräftige Bußgeldentscheidungen im Zusammenhang mit der Gewerbetätigkeit. Regelmäßig ist von einer Zuverlässigkeit auszugehen, wenn sich in den Auszügen keine Einträge befinden. Befinden sich dort Einträge, erfolgt eine differenzierte Betrachtung hinsichtlich der Anzahl der Verstöße, der Höhe der Bußgelder, der Anzahl von Wiederholungstaten und, ob der Betroffene die Gewähr dafür bietet, die in Rede stehende Tätigkeit **zukünftig** ordnungsgemäß auszuüben.[17]

---

16 Beachte: Für Unternehmen, die nach DIN EN ISO 9001 zertifiziert sind, gilt der risikobasierte Ansatz bereits zwingend.

17 VGH Bayern, Urt. v. 07.10.2010 – 20 B 10.396; OVG Nordrhein-Westfalen, Urt. v. 14.11.2000 – 21 A 2891/99 = RS0971279; *Spindler*, S. 55 ff.

Der Erhalt der Zuverlässigkeit ist Voraussetzung für die Zulassung eines 19
Unternehmens zum Wettbewerb. Ohne Zuverlässigkeit fehlt Unternehmen die formale Eignung, um an Ausschreibungen öffentlicher Auftraggeber teilzunehmen. Auch bei Auftragsvergaben durch privat organisierte
Unternehmen werden seitens der Auftraggeber häufig Zuverlässigkeits-
nachweise verlangt. Darüber hinaus ist die häufig Zuverlässigkeit **formale
Voraussetzung**, um verschiedene **Unternehmenstätigkeiten** im betrieblichen Umweltschutz wahrnehmen zu können.[18]

Entfällt die Zuverlässigkeit im Laufe der Ausübung der Unternehmens- 20
tätigkeit, ist den zuständigen Behörden gestattet, Unternehmenstätigkeiten
einschließlich des Betriebs von Industrieanlagen einzustellen. Der unternehmerische Erfolg und die Existenz sind daher entscheidend von dem
Erhalt der Zuverlässigkeit abhängig.

Die Verknüpfung von Verstößen gegen Rechtspflichten und dem Verlust der 21
Zuverlässigkeit bilden die Bußgeldnormen in den Regelwerken (→ Rn. 12).
Bußgeldnormen, vielfach mit der Überschrift Ordnungswidrigkeiten versehen, knüpfen unmittelbar an einen Pflichtverstoß, also an die Missachtung
einer Pflicht, die sich aus einem Regelwerk ergibt, an. Sanktioniert wird ein
schuldhaftes Verhalten[19] gegen diese Pflicht. Auf eine unmittelbare Beeinträchtigung für Mensch und Umwelt kommt es dabei nicht immer an. Die
Nachteile, die einem Unternehmen dadurch entstehen, sind zum einen
monetär (**Festsetzung von Bußgeldern** oder Gewinnabschöpfung). Zum
anderen besteht die Gefahr bei wiederholten und besonders schwerwiegenden Verstößen in dem Verlust der Zuverlässigkeit mit den Folgewirkungen:
Ausschluss als Bieter um öffentliche und sonstige Aufträge, **Entzug
von Betriebsgenehmigungen** oder **Versagung von Unternehmenstätigkeiten**.

2. Compliance als Garant für den Anlagenbetrieb

Unternehmen, die Anlagen betreiben, haben zwingend sicherzustellen, 22
dass die Genehmigungsvoraussetzungen jederzeit eingehalten werden.
Dabei handelt es sich um Auflagen oder Pflichten aus gesetzlichen Bestimmungen oder des Arbeitsschutzes. Neben dem Erfordernis der Zuverlässigkeit besteht hier das Risiko, dass bei Verstoß gegen eine solche Pflicht die
Betriebsgenehmigung der Anlage entzogen werden kann.[20]

---

18 Vgl. § 53 Abs. 2 Satz 1 KrWG.
19 Vgl. § 10 OWiG.
20 Vgl. §§ 20 und 21 BImSchG.

3. Compliance zur Abwehr von Gesundheits- und Umweltgefahren

23 Mit Compliance im betrieblichen Umweltschutz und der Arbeitssicherheit gilt es, Gesundheitsschäden von den Mitarbeitern und Umweltschäden von dem Unternehmen abzuwenden. Das Erkennen solcher Gefahren und die frühzeitige Definition der Schutzmaßnahmen kann das unternehmerische Risiko gering halten.

II. Notwendigkeit von Compliance

24 Betrieblicher Umweltschutz und Arbeitssicherheit sind wie kaum ein anderer Rechtsbereich von einer **starken Regelungsdichte** gekennzeichnet. Erschwerend kommt hinzu, dass die Regelwerke aus unterschiedlichen Rechtsgebieten stammen und in Einzelfällen Sachverhalte auch unterschiedlich betrachten.

25 Aus diesem Risikopotenzial (→ Rn. 15 ff.) heraus ergibt sich zwingend die Notwendigkeit, den Betrieb mithilfe eines CMS abzubilden, um zu wissen, welche Regelwerke gelten und welche Pflichten einzuhalten sind. Es liegt nahe, zur Minimierung und Beseitigung dieser Gefahren wirksame **Abläufe** festzuschreiben, **Verantwortliche** zu benennen und damit kontinuierlich einen **Prozess** zu **steuern**, mit dem eine Organisation gewährleistet, dass sie **regelkonform** agiert. Unternehmen mit hohen Compliance-Anforderungen müssen die komplexen Abläufe einer Systematik zuführen. Anderenfalls ist Regeltreue nicht wirksam einzuhalten, weil der Unternehmensleitung unbekannt bleibt, ob die relevanten Regelwerke und die daraus einschlägigen Pflichten erfasst, Verantwortlichen zugewiesen und erfüllt worden sind. Compliance darf nicht als Selbstzweck betrachtet werden oder als eine lediglich wettbewerbsrechtliche[21] Regeltreue, sondern als eine **organisierte Struktur**, welche die Verwirklichung der **Risiken** des betrieblichen Umweltschutzes und der Arbeitssicherheit **ausschließt**. Dabei bedeutet Compliance **Regelkonformität aller** das Unternehmen betreffenden **einschlägigen Regelwerke** für diesen Bereich.

III. Compliance-Vorgaben in Management-Systemen

26 In den Normen verschiedener Management-Systeme[22] finden sich Vorgaben zur Compliance – vgl. DIN EN ISO 50001 (**Energiemanagement-System**), DIN EN ISO 14001 (**Umweltmanagement-System**), OHSAS 18001 (**Arbeitsschutzmanagement-System**). Haben Unternehmen oder Organisationen gegenüber einer Zertifizierungsorganisation erklärt, den Anwendungsbereich der Management-Normen einzuhalten, sind diese Normen verbind-

---

21 Vgl. § 1 GWB.
22 Vgl. DIN EN ISO 50001 (Energiemanagement-System), DIN EN ISO 14001 (Umweltmanagement-System), OHSAS 18001 (Arbeitsschutzmanagement-System).

lich umzusetzen. Unternehmen sollten sich nicht davon leiten lassen, dass mit der Umsetzung eines Management-Systems ein wirksames CMS für den gesamten Bereich des betrieblichen Umweltschutzes und der Arbeitssicherheit implementiert ist. Vorsicht ist insbesondere deshalb geboten, weil die Normen immer nur Teilbereiche und nicht die Gesamtheit der Regelwerke eines rechtlichen Themenbereichs mit den einschlägigen Pflichten, ihren Auswirkungen und Folgen erfassen. Selbst das Qualitätsmanagement-System nach DIN EN ISO 9001, dem ein risikobasierter Ansatz zugrunde liegt, kann nur auf einzelne Unternehmensbereiche oder einzelne Unternehmenstätigkeiten und damit auch nur einschränkend als anwendbar erklärt werden. Mit den Anforderungen an ein Rechtskataster nach der DIN EN ISO 50001 wird ausschließlich der Teilbereich der Ressourcenschonung betrachtet.

Es existiert derzeit kein Management-System, das die Gesamtheit der Regelwerke und Pflichten für den betrieblichen Umweltschutz und für die Arbeitssicherheit erfasst. Kritisch zu sehen sind die Management-Normen in Bezug auf ein CMS, weil diese Normen eine Momentaufnahme eines zu einem bestimmten Zeitpunkt darzustellenden Zustands abbilden. Bleibt dabei unberücksichtigt, dass gerade gesetzliche Pflichten kontinuierlich veränderbar sind, fehlt die Verknüpfung zur Aktualität der Pflicht und damit zur Regelkonformität. Es geht letztlich nicht darum, irgendeine Pflicht zu erfüllen, sondern die **jeweils gültige**. 27

Unter dem Gesichtspunkt **integrierter Management-Systeme** ist es Unternehmen und Organisationen zu empfehlen, die Implementierung eines CMS voranzubringen. 28

B. Implementierung eines wirksamen Compliance-Management-Systems

Die Notwendigkeit zur Implementierung eines CMS entsteht häufig durch Hinweise externer Auditoren, die Abweichungen bei der Zertifizierung verschiedener Management-Systeme feststellen. Als Mängel werden fehlende Dynamik des Systems, fehlende Aktualität oder fehlende Nachhaltigkeit aufgezeigt. Anstoß ist aber auch oft die Notwendigkeit, eine Instandhaltungsorganisation umzusetzen. Eine **Instandhaltungsorganisation** wird notwendig, sobald Arbeitsmittel[23] nach den Anforderungen der Betriebssicherheitsverordnung (BetrSichV) geprüft werden müssen. Ein Unternehmen, das eine Vielzahl von Geräten, Maschinen und Werkzeugen nutzt oder Anlagen betreibt, sollte für die Prüfungen, die vor der Inbetriebnahme und 29

---

23   Vgl. Legaldefinition in § 2 Abs. 1 BetrSichV.

dann regelmäßig durchzuführen sind,[24] verbindliche Prüfungsintervalle notieren.

30 Der Aufbau eines CMS erfordert eine **Projektplanung**. Für Unternehmen und Organisationen mit hohen Compliance-Anforderungen sind die zeitlichen und personellen Ressourcen bereitzustellen. Frühzeitig sollten interdisziplinär die einzelnen Projektschritte festgelegt werden. Mit dem Projektplan sollte geklärt werden, ob andere, bereits implementierte Management-Systeme in das CMS miteinbezogen werden. Das ist wegen des einheitlichen Ansatzes der Normen, **Regelkonformität** herzustellen und aufgrund der Schaffung von **Synergien** zweckmäßig. Das CMS kann dadurch aber auch gezielt, nachhaltig und umfassend umgesetzt werden. Nachteilig wirken bei der Umsetzung eines integrierten Management-Systems die zum Teil verschiedenen Blickwinkel der Normen auf die Regelkonformität und das Erfordernis des Zusammenwirkens der verschiedenen Management-Beauftragten.[25] Frühzeitig wird die Unternehmensleitung in ihrer Organisation daher einen verantwortlichen **Compliance-Beauftragten**[26] benennen müssen.

I. Rechtskataster als Instrument eines Compliance-Management-Systems

31 Wichtiges Instrument eines CMS ist das Rechtskataster als **Sammlung aller für das Unternehmen relevanten Regelwerke** (→ Rn. 12). Der Aufbau des Rechtskatasters beginnt mit einer Benennung aller Regelwerke des betrieblichen Umweltschutzes und der Arbeitssicherheit, die das Unternehmen betreffen.

32 Sind die Regelwerke benannt, muss im nächsten Schritt herausgearbeitet werden, welche Regeln für das Unternehmen **einschlägig** sind. Notwendig ist dies, weil das Unternehmen nicht regelmäßig von allen Regeln eines Regelwerks betroffen sein wird. Eine Regel ist der Paragraf in einem Gesetz oder der Artikel in einer Verordnung des europäischen Gesetzgebers. Soweit es sich bei dem Regelwerk um einen Genehmigungsbescheid (→ Rn. 7) handelt, sind alle Regeln des Bescheids in das Rechtskataster aufzunehmen. Handelt es sich hingegen um eine relevante gesetzliche Bestimmung (→ Rn. 6), sind für das Unternehmen die einschlägigen Regeln von Interesse.

---

24 Vgl. §§ 15, 16 BetrSichV.
25 Qualitätsmanagement-, Energiemanagement- oder Umweltmanagementbeauftragter.
26 In der Funktionsbezeichnung der Person, die als Verantwortlicher für das integrierte Management benannt wird, ist die Unternehmensleitung frei.

Praxisbeispiel 33

Ein Abfallbeförderer von ausschließlich nicht gefährlichen Abfällen ist von
§ 54 KrWG, der den Umgang mit gefährlichen Abfällen regelt, nicht betroffen.
In seinem Rechtskataster hat er § 54 KrWG als relevante Regel nicht aufgenommen. Sollte das Unternehmen zu einem späteren Zeitpunkt auch die
Beförderung gefährlicher Abfälle anbieten, wird es das Rechtskataster aktualisieren müssen.
**(Geschäftsführung, kleines Familienunternehmen, Containerdienst, 40 Mit-
arbeiter)**

Aus den relevanten Regeln muss anschließend die **einzuhaltende Pflicht** 34
benannt werden. Diese Aufgabe erfordert Rechtswissen, Prozess- und
Ablaufdenken. Sprachlich muss die Pflicht eine Handlungsanweisung an
einen Verantwortlichen enthalten.

Praxistipp 35

Eine Pflicht sollte regelmäßig wie folgt beschrieben werden: „es ist sicherzustellen", „es ist dafür zu sorgen", „es ist zu veranlassen", „es ist zu gewährleisten", „es ist zu überprüfen".

Die Pflicht, die aus einem Regelwerk herausgearbeitet wurde, muss schließ- 36
lich einem **Verantwortlichen zugewiesen** und von diesem auch erfüllt werden. Die Nennung eines Prozessverantwortlichen ist keinesfalls ausreichend.
Zwar fordern dies die Management-Normen,[27] aber für ein wirksames CMS
muss eine Person für die Erfüllung der Pflicht verantwortlich sein.

Unternehmen, die integriert die Anforderungen aus dem Umweltmanage- 37
ment[28] umsetzen, müssen berücksichtigen, dass dieses Management lediglich
global die relevanten Regeln einbezieht, ohne daraus eine konkrete Handlungspflicht abzuleiten und einem Verantwortlichen zuzuweisen. Die statische Betrachtung dieses Management-Systems sollte die Unternehmensleitung im Sinne eines wirksamen Rechtskatasters (→ Rn. 45) aufgeben und die
Pflichten konkretisieren.

Praxisbeispiel 38

Das Unternehmen ist von 300 Regeln betroffen und daraus sind 177 Handlungspflichten abgeleitet worden.
**(Geschäftsführung, mittelständisches Unternehmen, Maschinenbau, 300 Mit-
arbeiter)**

---

27 Vgl. DIN EN ISO 50001 (Energiemanagement-System), DIN EN ISO 14001 (Umweltmanagement-System),
    DIN EN ISO 30001 (Risikomanagement-System).
28 Vgl. DIN EN ISO 14001.

II. Dynamisches Rechtskataster als Wirksamkeitsfaktor

39 Dynamik erlangt ein Rechtskataster (→ Rn. 31 ff.) durch drei Maßnahmen:
- Eine konkrete Aufgabe, welche die Erfüllung der Pflicht sicherstellt, wird einem Mitarbeiter im Unternehmen zugewiesen.
- Die Einhaltung der Pflichten muss durch Eskalationsmechanismen kontrolliert werden.
- Die Aktualisierung des Rechtskatasters ist zu gewährleisten.

40 Die aus der Regel abgeleitete Pflicht (→ Rn. 34) muss, um Compliance und Regeltreue gewährleisten zu können, konkretisiert werden. Dazu sind die Handlungsschritte, mit denen die Pflichterfüllung erreicht werden kann, in einer **konkreten Aufgabe** zu beschreiben. Die Aufgabe muss wiederum einer **verantwortlichen Person** zugewiesen werden. Bei dieser verantwortlichen Person wird es sich abhängig von der Unternehmensorganisation um eine andere als die verantwortliche Person für die Pflichterfüllung handeln. Mit der Erfüllung der Aufgabe wird schließlich die Pflicht erfüllt und Regelkonformität gesichert.

41 Für die Unternehmensleitung ist es wichtig, rechtzeitig zu erkennen, ob die Pflicht tatsächlich erfüllt worden ist. Ein wirksames **Kontrollinstrument**, das Versäumnisse rechtzeitig aufzeigt, ist unerlässlich.

42 **Praxistipp**

Es bietet sich an, mit einem Ampelsystem zu arbeiten. Die entsprechenden Farben zeigen den Status der Pflichterfüllung an: Grün = Pflicht ist erfüllt, Gelb = Pflicht ist in Bearbeitung, Rot = keine Erledigung.

43 Gleichzeitig sollte die **Ampelfunktion** mit dem **E-Mail-System** des Unternehmens verknüpft werden. Die Unternehmensleitung wird rechtzeitig durch eine E-Mail über das Versäumnis einer Pflichterfüllung und der Pflichteninhaber rechtzeitig über sein Versäumnis informiert. Pflichterfüllung und damit Regeltreue können somit wirksam kontrolliert werden.

44 Regelwerke und relevante Regeln unterliegen einer stetigen Veränderung. Es ist daher wichtig, diese Veränderungen in ein Rechtskataster einfließen zu lassen. Verändern sich Regelwerke und relevante Regeln, können sich die Pflichten und daraus abzuleitenden Aufgaben verändern. Ein Aktualisierungsservice muss die Veränderungen erfassen und das Rechtskataster weiterentwickeln.

Das Rechtskataster hat folgenden Aufbau: 45
- Regelwerk,
- relevante Regeln aus dem Regelwerk,
- Pflichten, die sich aus den relevanten Regeln ableiten,
- Pflichterfüllung, die einem Verantwortlichen zugeordnet ist,
- Aufgaben, die sich aus den Pflichten ableiten,
- Aufgabenerfüllung, die einem Verantwortlichen zugeordnet ist.

Für die Unternehmensleitung bestehen Haftungsrisiken, wenn Pflichten 46
an eine verantwortliche Person nicht ordnungsgemäß delegiert werden.
Nicht ausreichend ist es, lediglich in dem Rechtskataster eine Person als
Verantwortlichen für die Erfüllung einer Pflicht zu benennen. Beachtet werden muss, dass diese Zuordnung eine klassische Übertragung von Unternehmerpflichten, die sich an den Anforderungen einer ordnungsgemäßen
Pflichtenübertragung messen lassen müssen, darstellt. Die Übertragung
der Pflicht muss an eine persönlich und fachlich geeignete Person erfolgen,
welche die Aufgabenübertragung schriftlich dokumentiert (→ § 1 Rn. 207,
214; § 2 Rn. 42). Die Auswirkung der Pflichtenübertragung besteht darin,
dass die Unternehmensleitung die Pflichtenerfüllung kontrollieren muss
(→ § 2 Rn. 41 f.; § 3 Rn. 53 f.).

III. Software Tools als Instrument eines Compliance-Management-Systems

Nach der Erfahrung der Autoren ist die Unterstützung durch eine leis- 47
tungsstarke Software für ein CMS im betrieblichen Umweltschutz und der
Arbeitssicherheit unerlässlich. Denn ein effektives CMS erfordert nicht
nur die Erstellung eines strukturierten und verzweigten Rechtskatasters,
sondern auch ein Kontrollinstrument, welches der Unternehmensleitung
ermöglicht, erfüllte und unerfüllte Pflichten zu erkennen. Dies lässt sich
nur mit Unterstützung einer geeigneten Software realisieren. Die Software
sollte auch Veränderungen in der fachlichen Erweiterung und der Veränderung der Organisationsstruktur des Unternehmens abbilden.

Ausschließlich Tabellen oder Listen sind unzureichend, vor allem, wenn 48
hohe Compliance-Anforderungen einzuhalten sind oder ein integriertes
Management umgesetzt werden muss. Tabellen und Listen stellen zudem
eine statische Momentaufnahme dar. Die Gefahr besteht, dass das Unternehmen mit seinen dynamisch verändernden Pflichten nicht mehr abgebildet wird.

49   Die folgenden **Umsetzungsschritte** sollten bei der Implementierung eines CMS mithilfe eines Software Tools beachtet werden:

Durchführung eines Compliance Audits als Workshop
- Analyse der aktuellen betrieblichen Situation,
- Benennung einzubeziehender Unternehmensbereiche,
- Bewertung der relevanten Regelwerke.

Aufbau eines Rechtskatasters
- Ermittlung der relevanten Regelwerke und Eingabe in das Compliance-Software Tool,
- Einbindung des Rechtskatasters in eine Pflichtenverwaltung,
- Verbindung der relevanten Regeln mit den Regelwerken,
- Ermittlung und Einpflege der Pflichten, Zuordnung zu den Verantwortlichen,
- Benennung der Aufgaben, die aus den Pflichten in einem Bereich entstehen,
- Anlage von Bearbeitungsintervallen und Zuordnung zu den Verantwortlichen.

Überprüfung der Softwaresystematik und des Workflows (Prozessanalyse)
- Anzeige der Pflichterfüllung (grüne Ampel),
- Anzeige des Pflichtversäumnisses (rote Ampel),
- Mitteilung an Pflichtverantwortlichen bei unerfüllter Aufgabe und Mitteilung an Unternehmensleitung bei unerfüllter Pflicht.

Aktualisierung
- Überprüfung des Rechtskatasters auf Aktualität,
- Analyse der betroffenen Pflichten und Aufgaben,
- Einarbeitung von Veränderungen.

C. Systematik eines Compliance-Management-Systems mittels eines Software Tools

50   In den nachfolgenden Gliederungspunkten ist zu den einzelnen Themenbereichen des betrieblichen Umweltschutzes und der Arbeitssicherheit die Systematik eines wirksamen Rechtskatasters mit einem Software Tool dargestellt.

I. Immissionsschutz

Regelwerk: 4. Verordnung zur Durchführung des Bundes-Immissions- 51
schutzgesetzes (4. BImSchV)

Regel: § 1 4. BImSchV – Genehmigungspflichtige Anlagen
„Die Errichtung und der Betrieb der im Anhang 1 genannten Anlagen
bedürfen einer Genehmigung [...] Hängt die Genehmigungsbedürftigkeit
der im Anhang 1 genannten Anlagen vom Erreichen oder Überschreiten
einer bestimmten Leistungsgrenze oder Anlagengröße ab, ist jeweils auf
den rechtlich und tatsächlich möglichen Betriebsumfang der durch denselben Betreiber betriebenen Anlage abzustellen."

Pflicht: Es ist sicherzustellen, dass die im Unternehmen betriebenen
Anlagen auf ihren Genehmigungsstatus überprüft sind und, wenn notwendig, eine Genehmigung beantragt wird.

Verantwortlich: Hauptabteilungsleiter Produktion

Aufgabe: Die betriebenen Anlagen in der Abteilung Maschinenbau sind auf
ihren Genehmigungsstatus zu überprüfen.

Durchführung der Aufgabe: jährlich sowie bei aktuellen Veränderungen
im Anlagenbetrieb

Verantwortlich: Abteilungsleiter Immissionsschutz

II. Abfallwirtschaft

Regelwerk: Kreislaufwirtschaftsgesetz (KrWG)   52

Regel: § 49 Abs. 3 und 4 KrWG – Registerpflicht
„Die Pflicht [...], ein Register zu führen, gilt auch für die Erzeuger, Besitzer,
Sammler, Beförderer [...] von gefährlichen Abfällen.
Auf Verlangen der zuständigen Behörde sind die Register vorzulegen."

Pflicht: Es ist durch regelmäßige Überprüfung sicherzustellen, dass alle
Vorschriften der Registerpflicht eingehalten werden.

Verantwortlich: Hauptabteilungsleiter Umweltschutz

Aufgabe: Überprüfung des abfallrechtlichen Registers auf Vollständigkeit,
Aktualität und vorgeschriebene Form

Durchführung der Aufgabe: quartalsweise

Verantwortlich: Einkauf Sachgebiet Entsorgung

III. Gewässerschutz

53 **Regelwerk:** Wasserhaushaltsgesetz (WHG)

Regel: Wasserrechtliche Erlaubnis aus 2005 (Versickerungsbecken), Punkt 11 der Auflagen
„Das Niederschlagswasser ist entsprechend der Genehmigungsfestlegungen zu untersuchen. Dem Erlaubnisnehmer wird aufgegeben, das anfallende Niederschlagswasser von den mindestens einmal jährlich nach einer längeren Trockenperiode von einem akkreditierten Labor auf nachfolgend genannte Parameter zu untersuchen. [...] Des Weiteren ist im Abstand von zwei Jahren eine Sedimentprobe aus dem Schlammfängen zu entnehmen und ebenfalls auf die vorgenannten Parameter zu untersuchen."

Pflicht: Es ist sicherzustellen, dass Punkt 11 der Erlaubnis eingehalten wird.

Verantwortlich: Hauptabteilungsleiter Betrieb

Aufgabe: Es ist zu veranlassen, dass das Sediment aus den Schlammfängern nach den Parametern der Auflage 11 untersucht wird.

Durchführung der Aufgabe: seit 15.04.2016 alle zwei Jahre

Verantwortlich: Abteilungsleiter Gewässerschutz/Umweltschutz

IV. Arbeitssicherheit

54 **Regelwerk:** Arbeitsschutzgesetz (ArbSchG)

Regel: § 5 Abs. 1 ArbSchG – Beurteilung der Arbeitsbedingungen
„Der Arbeitgeber hat durch eine Beurteilung der für die Beschäftigten mit ihrer Arbeit verbundenen Gefährdung zu ermitteln, welche Maßnahmen des Arbeitsschutzes erforderlich sind."

i.V.m. § 6 Abs. 1 Satz 1 ArbSchG – Dokumentation
„Der Arbeitgeber muss über die je nach Art der Tätigkeiten und der Zahl der Beschäftigten erforderlichen Unterlagen verfügen, aus denen das Ergebnis der Gefährdungsbeurteilung, die von ihm festgelegten Maßnahmen des Arbeitsschutzes und das Ergebnis ihrer Überprüfung ersichtlich sind."

Pflicht: Es ist sicherzustellen, dass in allen Abteilungen Gefährdungsbeurteilungen erstellt wurden und diese regelmäßig überprüft und aktualisiert werden.

Verantwortlich: Leiter Abteilung Arbeitssicherheit – Übertragung der Pflicht nach § 10 ArbSchG durch die Geschäftsführung

Aufgabe: Überprüfung der Gefährdungsbeurteilung in der Abteilung Fertigung/Dreherei auf Aktualität und fachliche Richtigkeit

Durchführung der Aufgabe: halbjährlich

Verantwortlich: Abteilungsleiter Fertigung

Literatur

Meinel, Betrieblicher Gesundheitsschutz: Vorschriften, Aufgaben und Pflichten für den Arbeitgeber, 6. Auflage 2015.
Spindler, Unternehmensorganisationspflichten, Zivilrechtliche und öffentlich-rechtliche Regelungskonzepte, 2011.

Abkürzungsverzeichnis

a.A.	andere(r) Ansicht
a.a.O.	am angegebenen Ort
Abb.	Abbildung
ABl. EG	Amtsblatt der Europäischen Gemeinschaften
Abs.	Absatz
ADV	Auftragsdatenvereinbarung
a.E.	am Ende
AEntG	Arbeitnehmer-Entsendegesetz
AEUV	Vertrag über die Arbeitsweise der Europäischen Union
AG	Amtsgericht; Aktiengesellschaft; Die Aktiengesellschaft (Zeitschrift)
AktG	Aktiengesetz
allg.M.	allgemeine Meinung
Alt.	Alternative
Anm.	Anmerkung
AO	Abgabenordnung
ArbGG	Arbeitsgerichtsgesetz
ArbSchG	Arbeitsschutzgesetz
ArbZG	Arbeitszeitgesetz
Art.	Artikel
AS	Australian Standard™ Compliance
ASiG	Gesetz über Betriebsärzte, Sicherheitsingenieure und andere Fachkräfte für Arbeitssicherheit
ASR	Technische Regeln für Arbeitsstätten
AStG	Außensteuergesetz
AsylVfG [AsylG]	Asylverfahrensgesetz/Asylgesetz
AufenthG	Aufenthaltsgesetz
AÜG	Arbeitnehmerüberlassungsgesetz
AWG	Außenwirtschaftsgesetz
BAFin	Bundesanstalt für Finanzdienstleistungsaufsicht
BAG	Bundesarbeitsgericht
BayObLG	Bayerisches Oberstes Landesgericht
BB	Betriebs-Berater (Zeitschrift)
BBiG	Berufsbildungsgesetz
Bd.	Band
BDSG	Bundesdatenschutzgesetz
Bek.	Bekanntmachung
Beschl.	Beschluss
BetrSichV	Betriebssicherheitsverordnung
BetrVG	Betriebsverfassungsgesetz
BFH	Bundesfinanzhof
BFHE	Entscheidungen des Bundesfinanzhofs

BGB	Bürgerliches Gesetzbuch
BGBl.	Bundesgesetzblatt (Teil I, II, III)
BGH	Bundesgerichtshof
BGHZ	Entscheidungen des Bundesgerichtshofs in Zivilsachen
BilMoG	Bilanzrechtsmodernisierungsgesetz
BImSchG	Bundes-Immissionsschutzgesetz
BImSchV	Verordnung zur Durchführung des Bundes-Immissionsschutzgesetzes
BJR	Business Judgement Rule
BKartA	Bundeskartellamt
BKR	Zeitschrift für Bank- und Kapitalmarktrecht
BMF	Bundesministerium der Finanzen
BR	Bundesrat
BStBl.	Bundessteuerblatt
BT-Drucks.	Bundestagsdrucksache
Buchst.	Buchstabe
BVerfG	Bundesverfassungsgericht
bzw.	beziehungsweise
CB	Compliance Berater (Zeitschrift)
CCO	Chief Compliance Officer
CCZ	Corporate Compliance Zeitschrift
CEO	Chief Executive Officer
CFO	Chief Financial Officer
CFPOA	Corruption of Foreign Public Officials Act (Kanada)
CM	Compliance Management, auch: Crisis Management
CMS	Compliance-Management-System
CoC	code of conduct
COO	Chief Operating Officer
COSO	Committee of Sponsoring Organizations of the Treadway Commission
CPI	Corruption Perceptions Index
CR	Corporate Responsibility
CRA	Community Reinvestment Act
CRIM-MAD	ergänzende Richtlinie zur MMVO über strafrechtliche Sanktionen
CRM	Customer Relationship Management
CRO	Chief Risk Officer
CSR	Corporate Social Responsibility
D&O	Directors & Officers-Versicherung (Vermögensschaden-Haftpflicht-versicherung)
d.h.	das heißt
DB	Der Betrieb (Zeitschrift)
DCGK	Deutscher Corporate Governance Kodex
DGUV	Deutsche Gesetzliche Unfallversicherung
DIN	Deutsche Industrie-Norm, Deutsches Institut für Normung
DIIR	Deutsches Institut für Interne Revision

DMS	Document-Management-System
DrittelbG	Drittelbeteiligungsgesetz
DSB	Datenschutzbeauftragter
DSGVO-E	Entwurf Datenschutz-Grundverordnung
DStR	Deutsches Steuerrecht (Zeitschrift)
DuD	Datenschutz und Datensicherheit (Zeitschrift)
E&O	Errors&Omissions (Versicherung für Vermögensschäden durch Fehler/ Unterlassen)
ebd.	ebenda
EBIT	Earnings before interest and taxes
EBITDA	Earnings before interest, taxes, depreciation and amortisation
EGAktG	Einführungsgesetz zum Aktiengesetz
EL	Ergänzungslieferung
EStG	Einkommensteuergesetz
etc.	et cetera
EuBestG	EU-Bestechungsgesetz
EU-DSGVO	EU-Datenschutz-Grundverordnung
EuGH	Europäischer Gerichtshof
f.	folgende
FATF	Financial Action Task Force
FCPA	US Foreign Corrupt Practices Act
ff.	fortfolgende
FG	Finanzgericht
FGO	Finanzgerichtsordnung
Fn.	Fußnote
FT	Fidelity Trust, Vertrauensschadenversicherung
GenG	Genossenschaftsgesetz
GewO	Gewerbeordnung
GewStG	Gewerbesteuergesetz
GG	Grundgesetz für die Bundesrepublik Deutschland
ggf.	gegebenenfalls
GmbH	Gesellschaft mit beschränkter Haftung
GmbH & Co. KG	Gesellschaft mit beschränkter Haftung & Compagnie Kommandit- gesellschaft
GmbHG	Gesetz betreffend die Gesellschaften mit beschränkter Haftung
GmbHR	GmbH-Rundschau (Zeitschrift)
GoB	Grundsätze ordnungsmäßiger Buchführung
GRC	Governance, Risk, Compliance
GrEStG	Grunderwerbsteuergesetz
GRUR	Gewerblicher Rechtsschutz und Urheberrecht (Zeitschrift)
GWB	Gesetz gegen Wettbewerbsbeschränkungen
GwG	Geldwäschegesetz
HGB	Handelsgesetzbuch

Hrsg.	Herausgeber
Hs.	Halbsatz
HR	Human Resources
HRM	Human Resources Management
i.d.F.	in der Fassung
i.V.m.	in Verbindung mit
IDW	Institut der Wirtschaftsprüfer in Deutschland e.V.
IDW PS 980	IDW Prüfungsstandard 980
IKS	Internes Kontrollsystem
ILO	Internationale Arbeitsorganisation
inkl.	inklusive
InsO	Insolvenzordnung
IntBestG	Gesetz zur Bekämpfung internationaler Bestechung
InvStG	Investmentsteuergesetz
IPO	Initial Public Offering
IPRB	Der IP-Rechts-Berater (Zeitschrift)
ISO	International Organization for Standardization
ITRB	Der IT-Rechts-Berater (Zeitschrift)
JArbSchG	Jugendarbeitsschutzgesetz
JStG	Jahressteuergesetz
JuS	Juristische Schulung (Zeitschrift)
JZ	JuristenZeitung
K&R	Kommunikation & Recht (Zeitschrift)
Kap.	Kapitel
KG	Kammergericht; Kommanditgesellschaft
KGaA	Kommanditgesellschaft auf Aktien
KPI	Key Performance Indicators
KMU	Kleine und mittelständische Unternehmen
KonTraG	Gesetz zur Kontrolle und Transparenz im Unternehmensbereich
KrWG	Kreislaufwirtschaftsgesetz
KSchG	Kündigungsschutzgesetz
KStG	Körperschaftsteuergesetz
KWG	Kreditwesengesetz
LAG	Landesarbeitsgericht
LG	Landgericht
LKA	Landeskriminalamt
Ls.	Leitsatz
M&A	Mergers and Acquisitions
m.w.N.	mit weiteren Nachweisen
MaComp	Mindestanforderungen an Compliance und die weiteren Verhaltens-, Organisations- und Transparenzpflichten nach §§ 31 ff. WpHG
MAR	Marktmissbrauchsverordnung
MBO	Management by Objectives

MiLoG	Mindestlohngesetz
Mio.	Million(en)
MitbestG	Mitbestimmungsgesetz
MMR	MultiMedia und Recht (Zeitschrift)
MMVO	Marktmissbrauchsverordnung
Mrd.	Milliarde(n)
MuSchG	Mutterschutzgesetz
n.F.	neue Fassung
n.rkr.	nicht rechtskräftig
NGO	Non Governmental Organization/Nichtregierungsorganisation
NJOZ	Neue Juristische Online-Zeitschrift
NJW	Neue Juristische Wochenschrift
Nr.	Nummer
NStZ	Neue Zeitschrift für Strafrecht
NVwZ	Neue Zeitschrift für Verwaltungsrecht
NZA	Neue Zeitschrift für Arbeitsrecht
NZG	Neue Zeitschrift für Gesellschaftsrecht
NZI	Neue Zeitschrift für Insolvenz- und Sanierungsrecht
NZWiSt	Neue Zeitschrift für Wirtschafts-, Steuer- und Unternehmensstrafrecht
o.Ä.	oder Ähnliche(s)
OECD	Organisation for Economic Co-operation and Development
OHG	offene Handelsgesellschaft
OLAF	Office européen de lutte antifraude
OLG	Oberlandesgericht
ONR	ON-Regeln des Austrian Standards Institute
OVG	Oberverwaltungsgericht
OWi	Ordnungswidrigkeit
OWiG	Gesetz über Ordnungswidrigkeiten
PartGG	Partnerschaftsgesellschaftsgesetz
PCGK	Public Corporate Governance Kodex
PeP	politisch exponierte Person
PHi	Haftpflicht international – Recht & Versicherung (Zeitschrift)
QMS	Qualitätsmanagement-System
RDV	Recht der Datenverarbeitung (Zeitschrift)
resp.	respektive
RG	Reichsgericht
RM	Risk Management/Risikomanagement
RMS	Risk-Management-System
Rn.	Randnummer
ROI	Return on Investment
Rs.	Rechtssache
RS	Fundstelle DER BETRIEB-Datenbank
Rspr.	Rechtsprechung

S.	Seite
s.u.	siehe unten; siehe unter
SchiedsVZ	Zeitschrift für Schiedsverfahren
SchwarzArbG	Schwarzarbeitsbekämpfungsgesetz
SEC	United States Securities and Exchange Commission
SGB IV	Sozialgesetzbuch (SGB) Viertes Buch (IV) – Gemeinsame Vorschriften für die Sozialversicherung
SGB IX	Sozialgesetzbuch (SGB) Neuntes Buch (IX) – Rehabilitation und Teilhabe behinderter Menschen
SGB VII	Sozialgesetzbuch (SGB) Siebtes Buch (VII) – Gesetzliche Unfallversicherung
SOA, SOX	Sarbanes-Oxley Act
sog.	sogenannt(e)
SprAuG	Sprecherausschussgesetz
st.Rspr.	ständige Rechtsprechung
StGB	Strafgesetzbuch
StPO	Strafprozessordnung
str.	streitig
StV	Strafverteidiger (Zeitschrift)
StVollzG	Strafvollzugsgesetz
SVR	Straßenverkehrsrecht (Zeitschrift)
TA Luft	Technische Anleitung zur Reinhaltung der Luft
Teilurt.	Teilurteil
TKG	Telekommunikationsgesetz
TMG	Telemediengesetz
TRBS	Technische Regeln für Betriebssicherheit
TRGS	Technische Regeln für Gefahrstoffe
TVG	Tarifvertragsgesetz
Tz.	Textziffer
u.a.	unter anderem; und andere
u.U.	unter Umständen
UKBA	UK Bribery Act
UKlaG	Unterlassungsklagengesetz
UMAG	Gesetz zur Unternehmensintegrität und Verbesserung des Anfechtungsrechts
UmwG	Umwandlungsgesetz
UNCAC	United Nations Convention against Corruption
Urt.	Urteil
UStG	Umsatzsteuergesetz
usw.	und so weiter
u.v.a.	und viele andere
UWG	Gesetz gegen den unlauteren Wettbewerb
v.	vom

Versäumnisurt.	Versäumnisurteil
VersR	Versicherungsrecht (Zeitschrift)
VersStG	Versicherungssteuergesetz
VGH	Verfassungsgerichtshof
vs.	versus
vgl.	vergleiche
VVG	Versicherungsvertragsgesetz
VwVfG	Verwaltungsverfahrensgesetz
WBC	Whistleblowing Committee
WFSGO	Weltverband der Sportartikelindustrie [World Federation oft he Sporting Goods Industry]
WHG	Wasserhaushaltsgesetz
WiStrG	Wirtschaftsstrafgesetz
wistra	Zeitschrift für Wirtschafts- und Steuerstrafrecht
WM	Wertpapier-Mitteilungen (Zeitschrift für Wirtschafts- und Bankrecht)
WpAIV	Wertpapierhandelsanzeige und -Insiderverzeichnisverordnung
WpHG	Wertpapierhandelsgesetz
WPO	Wirtschaftsprüferordnung
WpÜG	Wertpapiererwerbs- und Übernahmegesetz
WRP	Wettbewerb in Recht und Praxis (Zeitschrift)
WuW	Wirtschaft und Wettbewerb (Zeitschrift)
z.B.	zum Beispiel
ZCG	Zeitschrift für Corporate Governance
ZD	Zeitschrift für Datenschutz
ZfS	Zeitschrift für Schadensrecht
Ziff.	Ziffer
ZIP	Zeitschrift für Wirtschaftsrecht
ZIR	Zeitschrift Interne Revision
ZIS	Zeitschrift für Internationale Strafrechtsdogmatik
ZPO	Zivilprozessordnung
ZRFC	Risk, Fraud & Compliance (Zeitschrift)
ZRFG	Risk, Fraud & Governance (Zeitschrift)
ZVG	Gesetz über die Zwangsversteigerung und die Zwangsverwaltung
ZWH	Zeitschrift für Wirtschaftsstrafrecht und Haftung im Unternehmen

Literaturverzeichnis

Zur Spezialliteratur siehe die Hinweise am Ende der einzelnen Kapitel.

Kommentare

Baumbach/Hueck, GmbHG, 20. Auflage 2013
(zitiert: Baumbach/Hueck/*Bearbeiter*)

Bechtold/Bosch, Kommentar zum Kartellgesetz: GWB, 8. Auflage 2015
(zitiert: *Bechtold/Bosch*)

Beck'scher Online-Kommentar GmbHG, Stand: 15.01.2016
(zitiert: BeckOK GmbHG/ *Bearbeiter*)

Ebenroth/Boujong/Joost/Strohn, Handelsgesetzbuch, Band 1, 3. Auflage 2014; Band 2,
3. Auflage 2015
(zitiert: E/B/J/S/*Bearbeiter*)

Erbs/Kohlhaas, Strafrechtliche Nebengesetze, Band 1, 205. Ergänzungslieferung, Oktober 2015
(zitiert: Erbs/Kohlhaas/*Bearbeiter*)

Fischer, Strafgesetzbuch und Nebengesetze, 62. Auflage 2015
(zitiert: *Fischer*)

Forgó/Helfrich/Schneider, Betrieblicher Datenschutz, 2014
(zitiert: *Forgó/Helfrich/Schneider*)

Grigoleit, AktG, 2013
(zitiert: Grigoleit/*Bearbeiter*)

Großkommentar zum AktG, Band 1 bis 8, 4.; 5. Auflage 2015
(zitiert: Großkomm-AktG/*Bearbeiter*)

Henssler/Strohn, Gesellschaftsrecht, 2. Auflage 2014
(zitiert: Henssler/Strohn/*Bearbeiter*)

Herzog, Geldwäschegesetz, 2. Auflage 2014
(zitiert: Herzog/*Bearbeiter*)

Hirte/Mülbert/Roth, Kommentar zum Aktiengesetz, Band 4/1: §§ 76–91, 5. Auflage 2015
(zitiert: Hirte/Mülbert/Roth/*Bearbeiter*)

Hölters, AktG, 2. Auflage 2014
(zitiert: Hölters/*Bearbeiter*)

Hüffer/Koch, AktG, 12. Auflage 2016
(zitiert: *Hüffer/Koch*)

Karlsruher Kommentar zum Gesetz über Ordnungswidrigkeiten: OWiG, 4. Auflage 2014
(zitiert: KK-OWiG/*Bearbeiter*)

Kindhäuser/Neumann/Paeffgen, Strafgesetzbuch, 4. Auflage 2013
(zitiert: Kindhäuser/Neumann/Paeffgen/*Bearbeiter*)

Kölner Kommentar zum Aktiengesetz, Zöllner/Noack, Band 1 bis 7, 3. Auflage 2009
(zitiert: KK-AktG/*Bearbeiter*)

Kremer/Bachmann/Lutter/v. Werder, Kommentar DCGK, 6. Auflage 2016
(zitiert: Kremer u.a./*Bearbeiter*)

Lackner/Kühl, Strafgesetzbuch, 28. Auflage 2014
(zitiert: Lackner/Kühl/*Bearbeiter*)

Leipziger Kommentar Strafgesetzbuch, Band 10, 12. Auflage 2008
(zitiert: LK/*Bearbeiter*)

Lutter/Hommelhoff, GmbHG, 18. Auflage 2012
(zitiert: Lutter/Hommelhoff/*Bearbeiter*)

Meyer-Goßner/Schmitt, Strafprozessordnung, 59. Auflage 2016
(zitiert: Meyer-Goßner/Schmitt/*Bearbeiter*)

Michalski, Kommentar zum GmbH-Gesetz, 2. Auflage 2010
(zitiert: Michalski/*Bearbeiter*)

Münchener Kommentar Aktiengesetz, Band 1 bis 7, 4. Auflage 2014
(zitiert: MünchKommAktG/*Bearbeiter*)

Münchener Kommentar zum GmbHG, Band 1 bis 3, 2. Auflage 2016
(zitiert: MünchKommGmbHG/*Bearbeiter*)

Münchener Kommentar zum Handelsgesetzbuch, Band 1 (4. Auflage 2016) bis Band 3
(3. Auflage 2013)
(zitiert: MünchKommHGB/*Bearbeiter*)

Münchener Kommentar zum Strafgesetzbuch, Band 5, 2. Auflage 2014
(zitiert: MünchKommStGB/*Bearbeiter*)

Münchener Kommentar zur Strafprozessordnung, Band 1, 2014
(zitiert: MünchKommStPO/*Bearbeiter*)

Münchener Kommentar zur Zivilprozessordnung, Band 1 und 2, 4. Auflage 2013
(zitiert: MünchKommZPO/*Bearbeiter*)

Musielak/Voit, ZPO, 13. Auflage 2016
(zitiert: Musielak/Voit/*Bearbeiter*)

Nomos Kommentar zum Strafgesetzbuch, 3 Bände, 4. Auflage 2013
(zitiert: NK-StGB/*Bearbeiter*)

Palandt, Bürgerliches Gesetzbuch, 75. Auflage 2016
(zitiert: Palandt/*Bearbeiter*)

Roth/Altmeppen, GmbHG, 7. Auflage 2012
(zitiert: Roth/Altmeppen/*Bearbeiter*)

Schmidt/Lutter, Aktiengesetz, 3. Auflage 2015
(zitiert: Schmidt/Lutter/*Bearbeiter*)

Scholz, GmbHG, Band 1 bis 3, 11. Auflage 2012
(zitiert: Scholz/*Bearbeiter*)

Spindler/Stilz, Kommentar zum AktG, Band 1 und 2, 3. Auflage 2015
(zitiert: Spindler/Stilz/*Bearbeiter*)

Thüsing, Beschäftigtendatenschutz und Compliance, 2. Auflage 2014
(zitiert: *Thüsing*)

Wolter (Hrsg.), Systematischer Kommentar Strafgesetzbuch, Loseblatt
(zitiert: SK-StGB/*Bearbeiter*)

Hand- / Lehr- / Formularbücher / Festschriften

Achenbach/Ransiek, Handbuch Wirtschaftsstrafrecht, 3. Auflage 2012
(zitiert: Achenbach/Ransiek/*Bearbeiter*)

Berens/Brauner/Strauch/Knauer, Due Diligence bei Unternehmens-
akquisitionen, 7. Auflage 2013
(zitiert: Berens/Brauner/Strauch/Knauer/*Bearbeiter*)

Böttger, Wirtschaftsstrafrecht in der Praxis, 2011
(zitiert: Böttger/*Bearbeiter*)

Bürkle/Hauschka, Der Compliance Officer, 2015
(zitiert: Bürkle/Hauschka/*Bearbeiter*)

Forgó/Helfrich/Schneider, Betrieblicher Datenschutz, 2014
(zitiert: Forgó/Helfrich/Schneider/*Bearbeiter*)

Frank, Compliance Risiken bei M&A Transaktionen, 2012
(zitiert: *Frank*, Compliance-Risiken bei M&A-Transaktionen)

Greeve, Korruptionsdelikte in der Praxis, 2005
(zitiert: *Greeve*)

Gruber/Mitterlechner/Wax, D&O-Versicherung, 2012
(zitiert: *Gruber/Mitterlechner/Wax*)

Härting, Internetrecht, 5. Auflage 2014
(zitiert: *Härting*)

Hartmann, Internationale E-Discovery und Information Governance, 2011
(zitiert: Hartmann/*Bearbeiter*)

Hauschka, Formularbuch Compliance, 2013
(zitiert: Hauschka/*Bearbeiter*)

Hauschka/Moosmayer/Lösler, Corporate Compliance, 3. Auflage 2016
(zitiert: Hauschka/Lösler/Moosmayer/*Bearbeiter*)

Hoffmann/Liebs, Der GmbH-Geschäftsführer, 3. Auflage 2009
(zitiert: *Hoffmann/Liebs*)

Ignor/Mosbacher, Handbuch Arbeitsstrafrecht. Personalverantwortung als Strafbarkeitsrisiko, 3. Auflage 2016
(zitiert: Ignor/Mosbacher/*Bearbeiter*)

Ihrig/Schäfer, Rechte und Pflichten des Vorstands, 2014
(zitiert: *Ihrig/Schäfer*)

Kapp, Kartellrecht in der Unternehmenspraxis, 2. Auflage 2014
(zitiert: *Kapp*)

Knierim/Rübenstahl/Tsambikakis, Internal Investigations – Ermittlungen im Unternehmen, 1. Auflage 2012
(zitiert: Knierim/Rübenstahl/Tsambikakis/*Bearbeiter*)

Krieger/Schneider, Handbuch Managerhaftung, 2. Auflage 2010
(zitiert: Krieger/Schneider/*Bearbeiter*)

Lange, D&O-Versicherung und Managerhaftung, 2014
(zitiert: *Lange*)

Mansdörfer/Habetha, Strafbarkeitsrisiken des Unternehmers, 2015
(zitiert: *Mansdörfer/Habetha*)

Meßmer/Bernhard, Praxishandbuch Kartellrecht im Unternehmen, 2015
(zitiert: Meßmer/Bernhard/*Bearbeiter*)

Moosmayer, Compliance, 3. Auflage 2015
(zitiert: *Moosmayer*)

Müller-Gugenberger/Bieneck, Wirtschaftsstrafrecht, 5. Auflage 2011
(zitiert: Müller-Gugenberber/Bieneck/*Bearbeiter*)

Münchener Anwaltshandbuch Personengesellschaftsrecht, 2. Auflage 2015
(zitiert: MAH Personengesellschaftsrecht/*Bearbeiter*)

Münchener Anwaltshandbuch Verteidigung in Wirtschafts- und Steuerstrafsachen, 2. Auflage 2014
(zitiert: MAH WirtschaftsstrafR/*Bearbeiter*)

Münchener Handbuch des Gesellschaftsrechts, Band 1, 4. Auflage 2014
(zitiert: *Bearbeiter*, in: MünchHdb GesR I)

Münchener Handbuch des Gesellschaftsrechts, Band 3, 4. Auflage 2012
(zitiert: *Bearbeiter*, in: MünchHdb GesR III)

Münchener Handbuch des Gesellschaftsrechts, Band 4, 4. Auflage 2015
(zitiert: *Bearbeiter*, in: MünchHdb GesR IV)

Münchener Handbuch des Gesellschaftsrechts, Band 7, 5. Auflage 2016
(zitiert: *Bearbeiter*, in: MünchHdb GesR VII)

Oppenländer/Trölitzsch, Praxishandbuch der GmbH-Geschäftsführung, 2. Auflage 2011
(zitiert: Oppenländer/Trölitzsch/*Bearbeiter*)

Rotsch, Criminal Compliance, 2015
(zitiert: Rotsch/*Bearbeiter*)

Schüppen/Blumenberg/Crezelius (Hrsg.), Festschrift für Wilhelm Haarmann, 2015
(zitiert: *Bearbeiter*, in: FS Wilhelm Haarmann)

Schultze, Compliance-Handbuch Kartellrecht, 2014
(zitiert: Schultze/*Bearbeiter*, Compliance-Handbuch Kartellrecht)

Semler/Peltzer/Kubis, Arbeitshandbuch für Vorstandsmitglieder, 2. Auflage 2015
(zitiert: Arbeitshdb. Vorstandsmitglieder/*Bearbeiter*)

Semler/v. Schenck, Der Aufsichtsrat, §§ 95–116, 161, 170–172, 394 und 395 AktG, Kommentar, 1. Auflage 2015
(zitiert: Semler/v. Schenck/*Bearbeiter*)

Streck/Mack/Schwedhelm, Tax Compliance, 2010
(zitiert: Streck/Mack/Schwedhelm/*Bearbeiter*)

Szesny/Kuthe, Kapitalmarkt Compliance, 2014
(zitiert: Szesny/Kuthe/*Bearbeiter*)

Thüsing, Beschäftigtendatenschutz und Compliance, 2. Auflage 2014
(zitiert: *Thüsing*)

Umnuß, Corporate Compliance Checklisten, 2. Auflage 2012
(zitiert: Umnuß/*Bearbeiter*)

Wiedemann, Handbuch des Kartellrechts, 2. Auflage 2008; 3. Auflage 2016
(zitiert: Wiedemann/*Bearbeiter*)

Stichwortverzeichnis

Die fetten Zahlen verweisen auf Paragrafen, die mageren Zahlen auf Randnummern.

Jetzt zusätzlich das eBook sichern und vom günstigen Vorzugspreis profitieren!

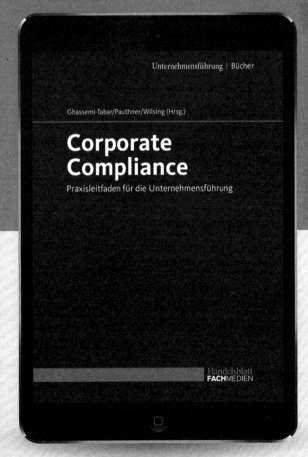

Vielen Dank, dass Sie sich für das Buch „Corporate Compliance – Praxisleitfaden für die Unternehmensführung" entschieden haben.

Sichern Sie sich zusätzlich die eBook-Version:

Als Käufer des gedruckten Buches profitieren Sie vom günstigen Vorzugspreis von 26,70 € (statt 89 €).

Sichern Sie sich gleich Ihr eBook zum vergünstigten Preis:

**Handelsblatt Fachmedien Kundenservice
Fon 0800 000-1637
eMail kundenservice@fachmedien.de**

Handelsblatt Fachmedien GmbH | Kundenservice | Grafenberger Allee 293 | 40237 Düsseldorf
Fon 0800 000-1637 | Fax 0800 000-2959 | eMail kundenservice@fachmedien.de